INOVAÇÕES E MODIFICAÇÕES DO CÓDIGO DE PROCESSO CIVIL

Avanços, desafios e perspectivas

Impresso no Brasil | Printed in Brazil

EDITORA DEL REY LTDA
www.livrariadelrey.com.br

Editor: Arnaldo Oliveira

Editor Adjunto: Ricardo A. Malheiros Fiuza

Editora Assistente: Waneska Diniz

Coordenação Editorial: Wendell Campos Borges

Diagramação: Alfstudio

Revisão: RESPONSABILIDADE DO AUTOR

Capa: Alfstudio

Editora / MG
Rua dos Goitacases, 71 - Sala 709-C – Centro
Belo Horizonte-MG – CEP 30190-050
Tel.: (31) 3284-5845
editora@delreyonline.com.br

I588 Inovações e modificações do Código de Processo Civil: avanços, desafios e perspectivas. / Fernando Gonzaga Jayme, Renata C. Vieira Maia, Ester Camila Gomes Norato Rezende, Helena Lanna Figueiredo (Coord.). Belo Horizonte: Del Rey, 2017.

568 p.
ISBN: 978-85-384-0479-8

1. Brasil. [Código de processo civil (2015)]. 2. Processo civil, legislação, Brasil. I. Jayme, Fernando Gonzaga (Coord.). II. Maia, Renata C. Vieira (Coord.). III. Rezende, Ester Camila Gomes Norato (Coord.). IV. Figueiredo, Helena Lanna (Coord.).

CDU: 347.91/95(81)

ORGANIZAÇÃO
Fernando Gonzaga Jayme
Renata C. Vieira Maia
Ester Camila Gomes Norato Rezende
Helena Lanna Figueiredo

INOVAÇÕES E MODIFICAÇÕES DO CÓDIGO DE PROCESSO CIVIL

Avanços, desafios e perspectivas

Del Rey editora

Belo Horizonte
2017

ÍNDICE

NORMAS FUNDAMENTAIS DO PROCESSO

FUNDAMENTOS DO PROCESSO ESTRUTURAL

Paulo Henrique dos Santos Lucon[1]

Sumário: 1-Introdução. 2- Colaboração processual. 3- Decisões programáticas. 4- Execução de políticas públicas. 5- Encerramento: O estímulo às soluções negociadas.

1. Introdução

O processo, com seu ínsito caráter instrumental, deve se adequar às características do direito material que ele visa a atuar. Isso significa que a instrumentalidade não pode ser compreendida apenas como um postulado normativo que permite desconsiderar eventuais vícios quando atingidos os objetivos perseguidos pelo direito material. Essa é apenas uma de suas funções. O caráter instrumental do processo exige antes de tudo que ele se adapte às exigências de cada um dos direitos sob o risco de se tornar ineficaz, pois o instrumento que não serve ao seu fim acaba por tornar-se inútil. Nesse sentido, diante da atual complexidade dos ordenamentos jurídicos, formados por microssistemas muito distintos entre si, não há como figurar um modelo único de processo capaz de servir a todos os direitos – daí a denominada crise do procedimento ordinário.[2]

Diante disso, passa-se, então, a projetar modalidades de tutela jurisdicional diferenciada ou a conferir poderes ao juiz ou às partes para adaptar o pro-

---

1 Professor Associado da Faculdade de Direito do Largo de São-Francisco – USP. Livre-Docente, Doutor e Mestre em Direito Processual Civil pela mesma Instituição. Presidente do Instituto Brasileiro de Direito Processual IBDP. Advogado.

2 (). Ver: "Non esiste un unico processo che offra un'unica forma di tutela per tutte le situazioni di vantaggio, ma esistono, invece, una pluralità di processi ed una pluralità di forme di tutela giurisdizionale; la diversità di questi processi e di queste forme di tutela, e le loro varie combinazioni, riflettono la diversità dei bisogni di tutela delle situazioni di vantaggio (...) Perché sia assicurata la tutela giurisdizionale di una determinata situazione di vantaggio, non basta che a livello di diritto processuale sia predisposto un procedimento quale che sia, ma è necessario che il titolare della situazione di vantaggio violata (o di cui si minaccia la violazione) possa utilizzare un procedimento (o più procedimenti) strutturato in modo tale da potergli fornire una tutela effettiva e non meramente formale o astratta del suo diritto"(Andrea Proto Pisani, *Lezioni di diritto processuale civile*, 5ª ed., Napoli: Jovene, 2012, p. 6).

cedimento comum às especificidades de cada causa. Nesse contexto é que se inserem os denominados *processos estruturais*:[3] tal expressão designa os processos voltados à tutela de direitos cuja atuação não se atinge por atos isolados ou por medidas estanques, pelo contrário, demandam diálogo e cooperação ao longo de todo o procedimento e a adoção de medidas flexíveis que podem ser alteradas de acordo com a modificação das circunstâncias fáticas.

O exemplo de processo estrutural, por excelência, é aquele voltado à implantação de políticas públicas que envolvem direitos coletivos de interesse público: não cumpre, com efeito, de forma devida a função jurisdicional o juiz que isoladamente, em um solilóquio judicial, impõe à administração pública a obrigação de prestar um determinado serviço público sem conhecer, por exemplo, as receitas orçamentárias do ente público ou que não acompanha a efetiva implantação da medida de modo a alterar a execução imposta às necessidades concretas e atuais, conforme o caso. Magistrados que atuam dessa maneira tratam litígios de natureza complexa, com impactos múltiplos, como se fossem meras obrigações de fazer ou de pagar quantia isoladas no tempo e no espaço. Agindo dessa forma, tais magistrados não se dão conta da função social, política e jurídica que desempenham e da necessária responsabilidade que devem assumir ao lidar com direitos dessa natureza.

Diante desse contexto, neste ensaio procura-se delinear os principais fundamentos dos processos estruturais bem como as mudanças que eles ensejam na compreensão de institutos típicos do direito processual. Não obstante melhor fosse, em termos de previsibilidade e segurança jurídica, a aprovação de um projeto de lei específico para regulamentar a intervenção do Poder Judiciário em políticas públicas é possível que de *lege lata* algumas das conclusões expostas a seguir sejam desde logo aplicáveis.[4]

2. Colaboração processual

O art. 6º do Código de Processo Civil estabelece que *"todos os sujeitos do processo devem cooperar entre si para que se obtenha, em tempo razoável, decisão de mérito justa e efetiva"*. No processo cooperativo, característico do atual Estado Constitucional, não se pode conceber um procedimento que não seja estru-

---

3 (). Ver: Ada Pellegrini Grinover, *Ensaio sobre a processualidade. Fundamentos para uma nova teoria geral do processo*, Brasília: Gazeta Jurídica, 2016, p. 48 e ss.

4 (). Tramita no Congresso Nacional Projeto de Lei n. 8.058/2014 que procura disciplinar a intervenção do Poder Judiciário em políticas públicas, apresentado por Ada Pellegrini Grinover, Kazuo Watanabe e Paulo Henrique dos Santos Lucon.

turado senão a partir de um diálogo constante entre o juiz e as partes ao longo de todas as fases procedimentais, inclusive a respeito daquelas questões que o juiz pode conhecer de ofício de modo a evitar assim a emissão de decisões-surpresa.[5] Evitar o processo de armadilhas deve ser uma premissa a ser respeitada por todos os sujeitos do processo, mais particularmente pelo julgador que, afinal, produz as decisões a repercutir na vida dos sujeitos parciais do processo. Do princípio da cooperação decorrem, portanto, deveres para o magistrado, como o *dever de prevenção*, que impõe ao juiz o dever de alertar as partes para necessidade de correção de um vício que impeça o julgamento de mérito, e o *dever de consulta*, segundo o qual uma questão não pode ser decidida sem que às partes tenha sido conferida a oportunidade de se manifestar a respeito.

Os processos de natureza estrutural, por seu turno, dadas as características do direito material que eles visam a atuar, conformam os deveres que informam o princípio da colaboração a partir de outros parâmetros. Quando se esta diante de um litígio complexo, cujas premissas fáticas podem não ser identificáveis desde logo e cuja resposta adequada para o caso, muitas vezes, não é uma só, exige-se dos sujeitos envolvidos no litígio um diálogo contínuo e prospectivo a respeito de todos os elementos que compõem a controvérsia. Soluções unipessoais, nessas hipóteses, produzem resultados indesejados, porque tendem a ser distantes da realidade, logo não adequadas ao direito material: um único sujeito, por exemplo, seja ele parte ou juiz, não é capaz por si só de conhecer todas as implicações que envolvem a tutela de um direito coletivo de interesse público. Imagine-se, por exemplo, hipótese envolvendo dano ambiental de grandes proporções. Os legitimados ativos para tutela do direito coletivo violado podem não conhecer toda a extensão do dano causado – o que justifica a formulação de pedido genérico e a flexibilização da regra da eventualidade para a delimitação do objeto litigioso e o juiz, por seu turno, pode não antever a adequação e o resultado das medidas por ele determinadas para a tutela do direito coletivo daí o necessário acompanhamento contínuo dos programas de execução, ao invés da imposição de um único comando ("pague-se"; "cumpra-se").

Nos processos estruturais em que figura como parte ou interessada a administração pública, verifica-se, pois, a necessidade de diálogo e cooperação institucional entre os poderes. Uma das principais causas de atritos entre órgãos estatais reside na falta de comunicação entre eles a respeito das expecta-

---

5 (). Ver: Carlos Alberto Alvaro de Oliveira, *Do formalismo no processo civil, proposta de um formalismo valorativo*, 4ª. ed, São Paulo: Saraiva, 2010; Daniel Mitidiero, *Colaboração no processo civil, pressupostos sociais, lógicos e éticos*, São Paulo: RT, 2008.

tivas e das limitações de cada um no que condiz à implantação de uma determinada política pública – por isso as críticas à denominada judicialização da política.[6] A intervenção do Poder Judiciário em matéria de políticas públicas, por um lado, é necessária diante da inércia dos outros poderes que impedem a satisfação de direitos fundamentais assegurados pela Constituição Federal, mas pode se tornar indesejável, se não forem levadas em consideração as capacidades e limitações de cada ente público. O princípio da menor onerosidade em matéria de execução de políticas públicas significa justamente que o Poder Judiciário não pode inviabilizar as atividades da administração, por isso, indispensável que toda decisão judicial nessa matéria seja informada sobre eventuais programas da administração para a política pública em questão e sobre a receita orçamentária disponível. Evita-se, com isso, que sejam proferidas decisões inexequíveis que acabam por deslegitimar o próprio Poder Judiciário. O fenômeno da judicialização da política é um dado da realidade que não pode ser ignorado, mas que pode ter seus inconvenientes minorados pelo diálogo e cooperação entre os poderes.

Diretamente atrelado ao princípio da colaboração, como se pode depreender, está, portanto, o princípio do contraditório, segundo a concepção de que todos os sujeitos parciais do processo têm o direito de influenciar a formação do convencimento judicial. Em matéria de processo estrutural, a devida observância de um contraditório ampliado permite que sejam fornecidos aos julgadores todos os elementos necessários à formação de seu convencimento a respeito do direito a ser tutelado. Nesse sentido, destaca-se a figura do *amicus curiae*. Um procedimento adequado à solução dos conflitos de interesse público deve contar com a maior participação possível da sociedade civil organizada, a fim de aperfeiçoar a jurisdição e facultar a participação de entidades com representatividade adequada ao caso. Confere-se, com isso, maior legitimidade a decisão judicial.

Se nos processos de natureza individual, a atuação das partes na formação do convencimento judicial encontra amparo na inafastabilidade da tutela jurisdicional e nos seus princípios correlatos, contraditório e ampla defesa, de modo a se assegurar que qualquer sujeito de direito não tenha o seu patrimônio jurídico invadido sem antes ter tido a oportunidade de se manifestar, nos processos de natureza estrutural, que se destinam a tutela de um direito coletivo de interesse público, a formação do convencimento judicial deve se dar

---

6 (). Ver: Ada Pellegrini Grinover, Paulo Henrique dos Santos Lucon, Kazuo Watanabe, "PL sobre controle jurisdicional de políticas públicas é constitucional" in *Conjur* (http://www.conjur.com.br/2015-fev-23/pl-controle-jurisdicional-politica-publica-constitucional).

também com ampla participação daqueles que, em função de uma relação de pertinência temática com a matéria discutida, tem condições de fornecer elementos para a construção da correta decisão judicial. Por isso é que se justifica nessas instâncias a intervenção do *amicus curiae* e a realização de audiências públicas. Nesse sentido, o art. 138 do Código de Processo Civil autoriza o juiz ou relator, em função da relevância da matéria e sua repercussão, admitir a intervenção no processo de pessoa natural ou jurídica com representatividade adequada, ou seja, capaz de fornecer elementos à formação do convencimento judicial de interesse geral.

3. Decisões programáticas

A necessidade de justificar determinada escolha impõe restrições ao subjetivismo de qualquer prolator racional de decisões. Ciente de que deve explicitar seu convencimento, o formulador de decisões que pretende ser racional é constrito a não decidir com base em fundamentos que não podem por ele ser expostos. Se essa lógica deve ser aplicada em qualquer âmbito decisional, com maior razão isso ocorre nos casos em que se estabelece uma relação que revela determinada forma de manifestação do poder estatal. Essa tarefa, contudo, torna-se cada vez mais complexa nos dias atuais diante de contexto marcado por uma hiperinflação legislativa e pela utilização de termos jurídicos indeterminados para regulamentação das condutas. A mera aplicação da lei ao caso concreto, a exigir do julgador a explicitação do nexo de pertinência entre as *fattispecie* abstrata e concreta, é substituída por uma atividade complexa de justificação em que o magistrado deve, dentre outras atividades, (I) demonstrar o significado por ele atribuído a cada um desses termos indeterminados, (II) realizar juízo de ponderação, quando diante de conflito entre normas com caráter de princípio e (III) indicar o estado ideal de coisas a ser promovido com a sua decisão. Caso assim não proceda, o magistrado tende a justificar suas decisões com base em expressões vazias que bem poderiam ser empregadas em uma miríade de casos diversos e está com isso traçado o caminho da arbitrariedade.[7]

Independentemente desses novos desafios, algumas noções a respeito da atividade de justificação das decisões judiciais possuem caráter universal, como, por exemplo, a necessidade de a motivação ser: (I) expressa, sendo vedada motivação implícita, por conta da violação que isso representaria ao

---

7 (). Ver: Paulo Henrique dos Santos Lucon, "Motivação das decisões jurídicas e o contraditório: identificação das decisões imotivadas de acordo com o NCPC", in *Revista do Advogado*, v. 126, p. 169-174, 2015.

imperativo da publicidade dos atos estatais; (ii) clara, ou seja, desprovida de ambiguidades e contradições e; (iii) logicamente sustentável.[8] Atendidos esses requisitos mínimos pode-se afirmar que a motivação cumpre as funções que dela são esperadas.

Como se sabe, a motivação, sob o aspecto político de legitimação do poder estatal, é uma garantia contra o arbítrio judicial e, sob o ponto de vista endoprocessual assegura um melhor funcionamento do mecanismo processual, isso porque, ao persuadir as partes da justiça da decisão, a motivação reforça a autoridade da decisão tomada, e, com isso, desestimula a parte sucumbente a impugná-la.[9] Se isso não ocorrer e a parte decidir se insurgir contra a decisão que lhe é prejudicial, é a motivação que permitirá sejam individuados os vícios a respeito dos quais versarão as razões recursais. Por isso, não deve ser considerada motivada decisão que subtraia da parte que sucumbiu informações necessárias ao exercício do contraditório.

Se o direito de ação, compreendido como o direito de praticar todos os atos processuais previstos em lei para obtenção de tutela jurisdicional definitiva, não comporta restrições de qualquer ordem, não pode o Poder Judiciário limitar o exercício desse direito deixando de fornecer informação necessária à parte que deseja se insurgir contra decisão que lhe foi desfavorável.[10] Se ao recorrente é imposto o ônus de explicitar os motivos para que seja proferida nova decisão, sob pena de o recurso não ser conhecido, dele não pode ser cerceado o acesso às razões determinantes do julgamento que lhe foi desfavorável, ou então, estaria o jurisdicionado submetido a uma verdadeira situação *kafkiana*, já que não lhe seriam fornecidas condições de ele se ver livre do jugo estatal.[11]

Processos de natureza estrutural exigem a par de observarem todas essas considerações de natureza geral sobre o dever de motivação , decisões de caráter programático em que o juiz possa projetar sua decisão para o futuro. Em outras palavras, não basta que a decisão judicial simplesmente imponha uma ordem de pagamento ou uma obrigação de fazer ao responsável pela violação a um direito

---

8 (). Ver: José Rogério Cruz e Tucci, *A motivação da sentença no processo civil*, São Paulo: Saraiva, 1987, pp. 15-21.

9 (). Ver: Michele Taruffo, *La motivazione della sentenza civile*, Padova: Cedam, 1975, pp. 374-375. A respeito dos escopos da motivação - subjetivo, técnico e público -, *cf.* novamente, José Rogério Cruz e Tucci, *A motivação da sentença no processo civil*, São Paulo: Saraiva, 1987, n.5, pp. 21-24.

10 (). Ver: Heitor Vitor Mendonça Sica, *O direito de defesa no processo civil brasileiro, um estudo sobre a posição do réu*, São Paulo: Atlas, 2011, pp. 23-41.

11 (). Ver: José Carlos Barbosa Moreira, *O juízo de admissibilidade no sistema dos recursos civis*, Rio de Janeiro, 1968, pp. 103-107.

coletivo. Comandos dessa natureza tendem a ser ineficazes, pois o direito material em questão não se realiza em um único ato. De nada adianta impor a um poluidor, por exemplo, a obrigação de pagar uma determinada indenização, se não é possível indicar na sentença de modo preciso a extensão dos danos.

Por isso, após a construção do processo em colaboração com as partes, deve o juiz indicar em sua decisão as medidas necessárias que a princípio devem ser empregadas para atuação do direito material a ser tutelado. À medida que tais medidas forem implantadas, durante o contínuo processo de execução, cumpre ao juiz verificar se elas promovem ou não o direito a ser tutelado.

No direito argentino, por exemplo, encontra-se um caso emblemático ("Beatriz Mendoza") em que o tribunal abriu mão da rigidez processual e requereu das partes a elaboração de um plano de recuperação ambiental, com o respectivo cronograma de execução, que foi submetido à apreciação da sociedade civil por meio de audiências públicas. A sentença desse caso fixou, pois, critérios gerais para o cumprimento do direito a ser tutelado ao invés de impor o cumprimento de uma obrigação específica.

Outro caso paradigma pode ser encontrado no tratamento dado a questão da mineração na região de Criciúma em Santa Catarina. Nesse caso, pretendia-se recuperação de área degradada pela atividade de mineração. A decisão judicial impôs, então, aos réus o dever de oferecerem em seis meses projeto de recuperação da área, além de ser prevista a imposição de multa para as mineradoras adequarem suas condutas à legislação ambiental.

Como se pode constatar, em ambos esses casos, substitui-se, portanto, na parte dispositiva da decisão uma simples ordem por um modo de cumprimento. Pode-se afirmar, portanto, que em sede de processos estruturais, o princípio da correlação entre a demanda e a sentença deve levar em consideração a efetiva tutela do direito coletivo violado. Será observado tal princípio, se referido direito for tutelado, independentemente dos meios empregados para tanto.

4. Execução de políticas públicas

Nos itens anteriores já se delineou o elemento essencial do processo de execução de políticas públicas: o caráter flexível das medidas impostas a fim de assegurar a efetiva tutela do direito coletivo de interesse público a partir do diálogo e da colaboração – daí o porquê da expressão "execução negociada" para se referir a esse tipo de processo. Dada a natureza do direito material a ser tutelado são ineficazes medidas típicas de execução direta ou indireta idealizadas para os litígios individuais de natureza pecuniária.

Em execuções de políticas públicas, medidas expropriatórias ou coercitivas, as mais das vezes, não produzem os resultados que delas se esperam. De nada serve para os fins do processo, em se tratando de litígios coletivos de interesse público, a imposição de uma determinada obrigação e a previsão de uma multa para o caso de seu descumprimento. Soluções dessa natureza acabam por criar situações teratológicas: sem a previsão de um programa de execução a ser seguido, a tutela do direito coletivo acaba por se tornar inexequível e isso gera a imposição de multas que se acumulam e muitas vezes ultrapassam o valor do dano causado.[12]

Para efetiva implantação de uma determinada política pública, deve-se, após fixado o cronograma e o plano necessário à tutela do direito coletivo violado, dar início à execução que se concretizará em atenção ao princípio da colaboração e de modo flexível. Vale dizer: cumpre aos sujeitos do processo acompanhar a implantação das medidas a fim de averiguar sua adequação para com o direito material a ser tutelado, pois a depender desse juízo, novas providências podem ser impostas ou então medidas já aplicadas podem vir a ser revogadas.[13]

5. Encerramento: O estímulo às soluções negociadas

Como último fundamento dos processos estruturais, deve ser mencionada a necessária prevalência das soluções negociadas ante as soluções imperativas,

---

12 (). Ver: "Não raro, na execução de sentenças condenatórias de implantação de políticas públicas, o roteiro é repetitivo: o juiz fixa um prazo intuitivo, o prazo é extrapolado, o Ministério Público protesta, o juiz fixa multa diária, o réu pede mais prazo, as multas acumulam-se até cifras milionárias e a obrigação de fazer continua sendo descumprida ou cumprida de forma parcial ou insatisfatória. Pior: esse acúmulo infindável de multas é cobrado da pessoa jurídica de direito público, não do agente político ou do servidor resistente, o que acaba sangrando o Erário e, com isso, prejudicando a manutenção de serviços públicos essenciais (embora seja razoável admitir-se o redirecionamento das *astreintes* contra os terceiros cuja cooperação seja imprescindível para a efetivação da tutela, contanto que a adoção da medida seja precedida do devido processo legal)" (Eduardo José da Fonseca Costa, "A 'execução negociada' de políticas públicas em juízo" *in* Revista de Processo, vol. 212/2012, p. 25 - 56, Out/2012)

13 (). Ver: "O cumprimento da sentença, por sua vez, deve ser flexibilizado, com a participação da administração mediante planejamentos aprovados pelo juiz, que deve acompanhar a execução, podendo servir-se para tanto de um terceiro independente, pertencente a órgãos públicos ou privados, que se ocupe de acompanhar as diversas fases da execução (aprovação do planejamento, cronograma de execução, seu controle, adaptações dos planos iniciais), sempre em comunicação estreita com o juiz e sob seu comando" (Ada Pellegrini Grinover, *Ensaio sobre a processualidade. Fundamentos para uma nova teoria geral do processo*, Brasília: Gazeta Jurídica, 2016, pp. 51-52).

em uma clara substituição da "cultura da sentença" pela "cultura da pacificação".[14] Tal prevalência, aliás, deve se fazer presente não somente nos processos de interesse público, mas em todo e qualquer processo, observadas, naturalmente, suas especificidades e limitações ditadas pelo direito material.

A lógica dos processos estruturais voltados à tutela de direitos coletivos de interesse público é a de que em função da natureza desse direito material não há como se imaginar que de cada litígio emergirá apenas um vencedor. Se esses processos forem conduzidos a partir dessa ótica individualista, a tutela do direito coletivo não alcançará bons termos. A solução ideal para a tutela de direitos coletivos de interesse público exige certas doses de concessões por ambas as partes, daí a inegável importância das técnicas de mediação, conciliação e a celebração de negócios jurídicos processuais voltados à solução desses litígios.

A autocomposição é uma forma de eliminação do conflito, pelos próprios protagonistas (bilateral - pela transação) ou por apenas um deles (unilateral - pela renúncia ou submissão), que pode se dar de modo espontâneo ou induzido. A autocomposição induzida é a que tem a intervenção de uma terceira pessoa, que poderá atuar como conciliador ou mediador. A atuação do conciliador, em comparação a do mediador, é mais ativa, pois ele pode sugerir, inclusive, soluções para o conflito, enquanto o mediador procura criar condições para que se estabeleça o diálogo entre as partes. Portanto, diante de pretensões intransigentes das partes, o conciliador além de expor as consequências que daí advirá, poderá propor, também, uma solução alternativa para o conflito.

Nesse contexto, o Código de Processo Civil de 2015 atribui ao juiz a função de tentar a qualquer tempo conciliar as partes. Deve o juiz, portanto, estar capacitado para a prática de tal atividade. Não pode ele, por exemplo, fazer ameaças às partes, antecipando qual será o teor da sua decisão, a fim de tentar conciliá-las. Esse tipo de postura descaracteriza o instituto da conciliação e o deslegitima perante as partes como método viável para a solução das controvérsias. Por essa razão o Código de Processo Civil também prevê que o juiz ao tentar compor amigavelmente as partes deverá contar preferencialmente com o auxílio de conciliadores e mediadores judiciais. Nos casos de processos estruturais, a autocomposição tem ainda maior razão de ser antes de instaurados os litígios. As técnicas de negociação pré-processual são as mais efetivas para a tutela do direito coletivo, pois enquanto não instaurado o ambiente de disputa, maior a disposição das partes à realização de acordos que propiciam

---

14 (). Ver: Kazuo Watanabe, "Cultura da sentença e cultura da pacificação", in *Estudos em homenagem à Professora Ada Pellegrini Grinover*, organização: Flávio Luiz Yarshell e Maurício Zanoide de Moraes, São Paulo, DPJ, 2005, esp. n. 11, p. 687, e n. 15, p. 689.

ao litígio uma tutela célere e adequada – já que de acordo com as pretensões e disponibilidades das partes.

Nesse sentido, tem-se que uma das principais inovações do Código de Processo Civil de 2015 foi justamente o reconhecimento da existência como categoria autônoma dos negócios jurídicos processuais. Dispõe, a propósito, o art. 190 do Código que *"versando o processo sobre direitos que admitam autocomposição, é lícito às partes plenamente capazes estipular mudanças no procedimento para ajustá-lo às especificidades da causa e convencionar sobre os seus ônus, poderes, faculdades e deveres processuais, antes ou durante o processo"*. Com a positivação dessa cláusula geral, supera-se concepção a respeito da indisponibilidade do direito processual de modo a privilegiar a autonomia das partes, reconhecendo que são elas quem tem maior interesse em acordar a forma mais adequada para a resolução do conflito, ajustando o processo às especificidades de cada causa.

Nos processos estruturais, a partir de um negócio jurídico processual, as partes poderão, por exemplo, fixar o modo de apuração de danos, bem como as formas e os procedimentos adequados à sua reparação. Portanto, independentemente da aprovação de um projeto de lei específico para regulamentar a intervenção do Poder Judiciário em políticas públicas, pela via dos negócios jurídicos processuais é possível a criação de um procedimento que fuja das raias do procedimento ordinário e que seja adequado à tutela dos direitos coletivos de interesse público, ou seja, flexível e orientado pelo princípio da colaboração. Pela via dos negócios jurídicos processuais, em síntese, é possível a flexibilização do procedimento, a sua simplificação e a admissão de uma execução contínua dos programas necessários à tutela do direito coletivo. Tais negócios jurídicos processuais inserem-se em um quadro de reconhecimento de disponibilidade não do interesse público, mas do modo de obtenção da tutela adequada desse direito. A autorização para celebração desses negócios jurídicos parte da premissa de que para o interesse público, uma solução negociada, por ser mais eficiente, é, por conseguinte, a mais adequada quando comparada às tradicionais soluções da jurisdição estatal.

AS NORMAS FUNDAMENTAIS DO CPC/2015 COMO CHAVES DE COMPREENSÃO ADEQUADA DA NOVA LEGISLAÇÃO

Flávio Quinaud Pedron[1]

Sumário: 1- Ponto de partida: CPC/2015 e a força normativa dos princípios processuais. 2-Repensando o conceito de processo subjacente ao CPC/2015: A superação da tradição autoritária de processo. 3- O devido processo legal e seus princípios integrantes. 4- Considerações finais. 5-Referências bibliográficas.

1. Ponto de partida: CPC/2015 e a força normativa dos princípios processuais.

O paradigma de Direito e de Estado inaugurado pela Constituição da República de 1988, para o Brasil, foi responsável por provocar profundas rupturas e transformações no sistema jurídico nacional. Primeiro por suplantar a experiência autoritária iniciada em 1964, reestabelecendo a ordem democrática,[2] em substituição a um já esgaçado modelo autoritário de Estado e de Direito. Em segundo, ser responsável por imprimir, no direito brasileiro, uma preocupação com a proteção dos direitos fundamentais (compreendendo esses *não* apenas como os direitos e as garantis individuais redutoramente) estendendo a tutela normativa constitucional para além da Constituição de 1988 e irradiando sua eficácia para todos os ramos jurídicos. Alguns autores do Direito Constitucional falam, então em um Bloco de Constitucionalidade e, ao mesmo tempo, identificam a eficácia horizontal das normas de direito fundamentais (com aplicabilidade nas relações entre particulares).

---

1 Doutor e Mestre em Direito pela UFMG. Professor Adjunto do Mestrado em Direito Público e da Graduação da Faculdade Guanambi (Bahia). Professor Adjunto da PUC-Minas (Graduação e Pós-graduação). Professor Adjunto do IBMEC. Membro da Associação Brasileira de Direito Processual Constitucional (ABDPC). Membro da Rede Brasileira de Direito e Literatura. Advogado.

2 CARVALHO NETTO, Menelick. Requisitos pragmáticos da interpretação jurídica sob o paradigma do Estado Democrático de Direito. *Revista de Direito Comparado*, v. 3, mai. 1999.

Dessa forma, a partir de então, coube a cada sistema jurídico em particular se reconstruir sob novas diretrizes constitucionais. Um destaque fundamental foi a preocupação trazida pelo paradigma do Estado Democrático de Direito, em sua leitura procedimental, com o tratamento normativo dos princípios jurídicos. Isso porque os princípios,[3] após uma longa caminhada pela história do Direito, deixaram se ocupar um papel meramente marginal no processo de aplicação do direito (muitas vezes relevados à função subsidiária de integração/complementação do ordenamento jurídico em casos de lacunas; ou ainda uma equivalência, equivocada, com os chamados direitos naturais) para adquirir uma normatividade constitucional sob a forma de direitos fundamentais.[4]

É claro que ainda há uma tendência em uma grande parte da doutrina nacional, sob a influência da jurisprudência do Tribunal Constitucional alemão e Alexy,[5] tomar os princípios como dotados de uma aplicação *gradual* equivalente aos valores. Não compartilhamos desta leitura, assumindo ao inverso uma postura deontologicamente adequada, como igualmente o faz Dworkin, para quem os princípios exigem um raciocínio de adequação (ao invés de balanceamento), que acaba por afirmar que em cada caso concreto, apenas um deve ser aplicável, pois o anterior e visualizado caso de colisão é apenas aparente e decorrente de uma má interpretação do próprio caso *sub judice*.[6]

Seguindo este pressuposto dworkiano, o art. 926 do NCPC determina "os tribunais devem uniformizar sua jurisprudência e mantê-la estável, íntegra e coerente", de modo a respeitar a cadeia decisória desde a primeira análise (leading case) e, em especial, com respeito dos fundamentos determinantes (ratio decidendi) que nortearam a aplicação. A busca de delineamento de um sistema dogmático íntegro e adequado, que leve a sério os princípios do modelo constitucional de processo e que aplique as normas de tessitura aberta, torna imperiosa uma compreensão precisa da teoria dos princípios e da adequada leitura que o Novo CPC procura viabilizar para a melhoria do acesso à justiça democrático.

Dessa forma, os princípios que estruturam o chamado Devido Processo Legal também passarão por transformação/reconstrução, mas principalmente,

---

3 Ver, especialmente, para mais detalhes, o capítulo 2 da obra: THEODORO JR, Humberto; NUNES, Dierle; BAHIA, Alexandre; PEDRON, Flávio. *Novo CPC: Fundamentos e Sistematização*. 3. ed. Rio de Janeiro: Forense, 2016.

4 ALEXY, Robert. *Teoría de los derechos fundamentales*. Trad. Ernesto Garzón Valdés. Madri: Centro de Estudios Constitucionales, 1997.

5 ALEXY, Robert. *Teoría de los derechos fundamentales*. Trad. Ernesto Garzón Valdés. Madri: Centro de Estudios Constitucionales, 1997.

6 DWORKIN, Ronald. *Levando os direitos a sério*. São Paulo: Martins Fontes, 2002, p. 119-120.

passaram a serem elevados a categoria de princípios/direitos constitucionais. A partir daí, a doutrina processual e constitucional passou a falar em um Devido Processo (agora) Constitucional, que atuaria definindo *um modelo geral de processo* para todas as suas subdivisões (cível, penal, trabalhista, etc.).[7] Isso é de extrema relevâncias, haja vista que o CPC/2015 funciona como base normativa supletiva para todos os demais tipos de procedimento, na forma do art. 15: "Na ausência de normas que regulem processos eleitorais, trabalhistas ou administrativos, as disposições deste Código lhes serão aplicadas supletiva e subsidiariamente". Logo, o conjunto de normas fundamentais tem plena aplicabilidade de todos esses também, já que são diretamente ligados às normas constitucionais.

2. Repensando o conceito de processo subjacente ao CPC/2015: A superação da tradição autoritária de processo.

Antes de analisarmos os princípios presentes no título das Normas Fundamentais, entretanto, é preciso levar em conta que no cenário europeu, já na década de 1970, a doutrina do direito processual civil já começava a perceber a existência de uma ruptura paradigmática provocadora de profundas transformações práticas no *conceito de processo*.

Fazzalari[8] apresenta a ideia de que a figura do contraditório encontrava-se mal compreendido pela doutrina da teoria geral do processo, razão pela qual passa a atribuir a ele um sentido de destaque.

Abandonando a noção reducionista segundo a qual o contraditório é apenas um direito de bilateralidade de audiência (dizer e contradizer), elabora uma proposta que o concebe como direito de informação e influência na construção do provimento (decisão) jurisdicional.

---

7 ANDOLINA, Italo; VIGNERA, Giuseppe. *Il modelo costituzionale del processo civile italiano*. Turim: Giappichelli, 1990. Basta observar o art. 1º do CPC/2015 para que tal noção possa ficar clara: "Art. 1º. O processo civil será ordenado, disciplinado e interpretado conforme os valores e as normas fundamentais estabelecidos na Constituição da República Federativa do Brasil, observando-se as disposições deste Código".

8 FAZZALARI, ELio. *Istituzioni di diritto processuale*. 8. ed. Pádua: Cedam, 1996. Ver também: NUNES, Dierle. *Processo jurisdicional democrático:* uma análise crítica das reformas processuais. Curitiba: Juruá, 2008; PEDRON, Flávio Quinaud. Reflexões sobre o "acesso à justiça" qualitativo no Novo Código de Processo Civil Brasileiro. In.: DIDIER JR., Fredie; NUNES, Dierle; FREIRE, Alexandre [coord.]. *Normas Fundamentais*. Salvador: Juspodivm, 2016. [Coleção Grandes Temas do Novo CPC, vol. 8]; e FERNANDES, Bernardo Gonçalves; PEDRON, Flávio Quinaud. *O Poder Judiciário e(m) Crise*. Rio de Janeiro: Lumen Juris, 2008.

A consequência direta de suas conclusões leva ao abandono pela insuficiência teórica e democrática da afirmação de que o processo poderia ter sua natureza jurídica explicada como espécie de relação jurídica a se desenvolver entre autor, réu e Estado-juiz; sendo que este último ocuparia uma posição de superioridade hierárquica sobre os demais, titularizando direitos subjetivos que o permitiram exigir condutas (atuações) por parte dos demais.

Também buscou abandonar a equivocada noção de que o magistrado deveria atender no exercício da função jurisdicional a *escopos metajurídicos*,[9] ideia essa já presente na doutrina de Franz Klein, que ligadas ao paradigma do Estado Social, acabaram por provocar uma hipertrofia do magistrado.[10]

Sob as novas luzes, o processo, então, é espécie de procedimento, mas com um fator distintivo, a presença do contraditório (como direito das partes ao tratamento em simétrica paridade e a condição de coautores do provimento).

Os vínculos de sujeição das partes perante o magistrado são substituídos por direitos de liberdade de participação (o que implica em contrapartida o dever de o magistrado respeitar tais direitos) demonstrando a todo o curso do processo, e principalmente, em sua decisão, que a mesma foi construída fundamentadamente (art. 489, § 1º do CPC/2015), ou seja, utilizando os argumentos trazidos pelas partes e acabando com o mito de que a decisão judicial é fruto de uma consciência discricionária exclusiva e subjetiva.[11]

Esse novo conceito de processo, presente finalmente no Código de Processo Civil de 2015 (CPC/2015) é a chave hermenêutica para qualquer início de leitura da nova legislação, bem como para a correta compreensão dos princípios constituidores da cláusula do Devido Processo (Constitucional).

3. O devido processo legal e seus princípios integrantes.

Avançado esse ponto introdutório, podemos passar a análise da cláusula do Devido Processo e de seus princípios integrantes. A Constituição de 1988 traz menção expressa a ela no seu art. 5º LIV, quando afirma que "ninguém será privado da liberdade ou de seus bens sem o devido processo legal".

---

9 DINAMARCO, Cândido Rangel. *A Instrumentalidade do Processo*. 14. ed. São Paulo: Malheiros, 2009.

10 NUNES, Dierle. *Processo jurisdicional democrático:* uma análise crítica das reformas processuais. Curitiba: Juruá, 2008.

11 STRECK, Lênio. *O que é isto:* decido conforme minha consciência? Porto Alegre: Livraria do Advogado, 2010.

Há aqui uma clara referência história a tradição inglesa que começa com a Magma Carta de 1215 (com forte influência do direito germânica, por causa de Guilherme, o Conquistador, de origem normanda) desenvolvida graças a genialidade de Edward Coke,[12] no século XVIII.

Alguns autores, como Didier Jr,[13] segundo a jurisprudência do STF,[14] procedem a uma distinção entre uma leitura forma (ou procedimental) - que estaria ligada às garantias processuais em si - e uma leitura substancial - que se voltaria para a *racionalidade* das decisões judiciais.[15]

Acerca do princípio do contraditório, podemos destacar que após a perspectiva impressa pelo paradigma do Estado Democrático de Direito, já não se mostra mais adequada a perspectiva que o associa a mero direito formal de *bilateralidade de audiência ou de paridade de armas*; ou seja, os artigos 9ª, 10 e 11 do CPC/2015 adotam uma leitura segundo a qual o contraditório deve ser visto de modo muito mais ampliado, assumindo-se como verdadeiro direito de participação na co-construção das decisões judiciais (poder de influência).

Destarte, o judiciário não observa o contraditório apenas quando garante a cada um dos litigantes oportunidades opostas de manifestação; a exigência normativa agora passa a exigir que o magistrado demonstre claramente na fundamentação da sentença (art. 489, §1º do CPC/2015) que os argumentos trazidos pelas partes foram recebidos e analisados pelo magistrado para a formulação de sua decisão.

---

12 ARAÚJO PINTO, Cristiano Paixão; BIGLIAZZI, Renato. *História Constitucional Inglesa e Norte-Americana*: do surgimento à estabilização da forma constitucional. Brasília: UnB, 2008.

13 DIDIER Jr., Fredie. *Curso de Direito Processual Civil*. vol 1. 17 ed. Salvador: Juspodivm, 2015.

14 STF, RE n. 374.981, em 28/03/2005, Rel. Min. Celso de Mello; Informativo n. 381 do STF.

15 Discordamos da afirmação da doutrina em geral quando esta reduz o exame da racionalidade da atividade jurisdicional apenas ao emprego da metodologia de critérios como *razoabilidade* (tradição inglesa) e/ou *proporcionalidade* (tradição alemã). Para mais detalhes sobre isso, nos reportamos a: CATTONI DE OLIVEIRA, Marcelo Andrade; QUINAUD PEDRON, Flávio. O que é uma decisão judicial fundamentada? Reflexões para uma perspectiva democrática do exercício da jurisdição no contexto da reforma do processo civil. In: BARROS, Flaviane de Magalhães; BOLZAN DE MORAIS, José Luis (orgs.). *Reforma do processo civil:* perspectivas constitucionais. Belo Horizonte: Fórum, 2010; bem como ao capítulo 2 da obra THEODORO JR, Humberto; NUNES, Dierle; BAHIA, Alexandre; PEDRON, Flávio. Novo CPC: Fundamentos e Sistematização. 3. ed. Rio de Janeiro: Forense, 2016.

Logo se o juízo identificar a existência de fundamento decisório sobre o qual as partes ainda não tiveram oportunidade de se pronunciar, ele antes deve submeter a questão a manifestação dessas partes.[16]

O princípio da ampla defesa, por sua vez, ainda que guarde grande ligação com o contraditório não se confunde com o mesmo, pois diz respeito a liberdade/responsabilidade das partes na escolha dos argumentos, teses e provas a serem utilizadas no *inter* processual para demonstrar suas pretensões.

A ordem jurídica dispões que as partes podem selecionar seus meios de provas dentro de daqueles que sejam lícitos, ainda que não tipificados pela legislação (art. 369 do CPC/2015). Contudo, até por dicção constitucional (art. 5º, LVI, da CR/88), vedará o emprego de prova ilícita.

O princípio da isonomia é também fundamental para o processo democrático. Previsto no art. 7º, dispôs que: "É assegurada às partes paridade de tratamento em relação ao exercício de direitos e faculdades processuais, aos meios de defesa, aos ônus, aos deveres e à aplicação de sanções processuais, competindo ao juiz zelar pelo efetivo contraditório".

Cabe aqui uma observação: de modo comum, alguns juristas insistem em confundir o princípio da isonomia com o princípio da igualdade (previsto no art. 5º, *caput* da CR/88).

Isso não é acertado! Por igualdade ainda acreditam tais pensadores que o Estado Democrático de Direito admitiria a normativa de matriz aristotélica segundo a qual "deve tratar igualmente os iguais e desigualar os desiguais nos limites de suas desigualdades". Contudo, tal leitura mostra-se ainda presa ao paradigma do Estado Social, talvez porque ainda difundida em monografia de autores como Bandeira de Mello.[17] Em oposição, o jurista norte-americano Dworkin[18] apresenta uma reconstrução sob a forma da chamada "igualdade de recursos" preocupado com o respeito as escolhas individuais, bem como negando a possibilidade de qualquer ação paternalista por parte do Estado.

Cada sujeito do processo (e não apenas as partes, já que isso deve incluir o magistrado e o Ministério Público) deve ter mesmas oportunidades de argumentação e atuação na estrutura do procedimento.

---

16 DIDIER Jr., Fredie. *Curso de Direito Processual Civil.* vol 1. 17 ed. Salvador: Juspodivm, 2015, p. 81.

17 BANDEIRA DE MELLO, Celso Antônio. *O Conteúdo Jurídico do Princípio da Igualdade.* 3ª ed. São Paulo: Malheiros, 2012.

18 DWORKIN, Ronald. *A Virtude Soberana: teoria e prática da igualdade.* Tradução Jussara Simões. São Paulo: Martins Fontes, 2005. Partilhando dessa mesma leitura de modo igualmente pioneiro temos a obra de OMMATI, José Emílio Medauar. *Uma Teoria dos Direitos Fundamentais.* 2ª ed. Rio de Janeiro: Lumen Juris, 2015.

A cláusula do devido processo (constitucionalizada) ainda apresentar uma exigência de vital importância – inclusive para a verificação da observância dos princípios anteriores no processo em questão – o dever jurisdicional de fundamentar suas decisões.[19]

Por fundamentação, diferentemente do que parece assumir uma parcela da doutrina nacional, equivocadamente, *não estamos tomando como sinônimo a noção de motivação*! Motivar é dar as razões subjetivas que moveram determinado sujeito a agir de um certo modo. Contudo, ela só observa uma perspectiva individual. Quando o magistrado motiva uma decisão (em sentido amplo, quer decisões interlocutórias, quer sentenças ou acórdãos), ele dá uma justificativa pessoal para aquela decisão, mostrando que há lógica em sua escolha. Isso é apenas reduzido quando comparado com a fundamentação, que, por sua vez, exige que um intersubjetividade.

A fundamentação obriga que o agente explique não apenas seus motivos, mas porque desconsidera como válido os argumentos trazidos pelos outros partícipes; com isso, força-o a promoter um raciocínio de correção: teme tem o ônus de provar para os outros que sua escolha, ou decisão, é a melhor decisão possível acerca daquele caso concreto.

Orbitando e interagindo com os demais princípios da cláusula do devido processo, temos outras normas, como o acesso à jurisdição,[20] a celeridade procedimental e a economicidade.

No que toca o direito fundamental de acesso à jurisdição, destacamos que as transformações operadas de ordem jurídico-paradigmáticas não mais admitem condicionantes ao livre exercício do direito-de-ação, entendido como

---

19 CATTONI DE OLIVEIRA, Marcelo Andrade; QUINAUD PEDRON, Flávio. O que é uma decisão judicial fundamentada? Reflexões para uma perspectiva democrática do exercício da jurisdição no contexto da reforma do processo civil. In: BARROS, Flaviane de Magalhães; BOLZAN DE MORAIS, José Luis (orgs.). *Reforma do processo civil:* perspectivas constitucionais. Belo Horizonte: Fórum, 2010.

20 Em outra oportunidade ver: PEDRON, Flávio Quinaud. Reflexões sobre o "acesso à justiça" qualitativo no Novo Código de Processo Civil Brasileiro. In.: DIDIER JR., Fredie; NUNES, Dierle; FREIRE, Alexandre [coord.]. *Normas Fundamentais*. Salvador: Juspodivm, 2016. [Coleção Grandes Temas do Novo CPC, vol. 8]; PEDRON, Flávio Quinaud. Reflexões sobre o "acesso à justiça" qualitativo no Estado Democrático de Direito. In: THEODORO JR., Humberto; CALMON, Petrônio. NUNES, Dierle. *Processo e Constituição: Os dilemas do processo constitucional e dos princípios processuais constitucionais*. Rio de Janeiro: GZ, 2010. Demonstramos que não é adequado utilizar a expressão "acesso à justiça" em razão da confusão técnica operada. Confundir Judiciário com Justiça é resultado de uma tradição de pensamento que não operou o giro democrático da teoria do processo, nem tomou consciência do caráter mítico-platônico inerente. Com Luhmann podemos identificar uma oportunista e cômoda corrupção sistêmica, que apenas favorece a crença (irracional) na hipertrofia do judiciário.

direito fundamental de provocar a jurisdição para impedir lesão ou ameaça de lesão a direito.

Como já demonstrado pela perspectiva democrática da teoria do processo, tal direito-de-ação é autônomo e desgarrado de qualquer ligação do direito material, bem como abstrato, não cabendo mais ao autor demonstrar previamente a *tese concretista* de Chiovenda.[21]

Contudo, pensar o direito-de-ação apenas em sua faceta quantitativa é um equívoco! Isso porque de nada adianta para o respeito ao devido processo um ingresso na seara do processo, sem que haja concomitantemente respeito aos demais princípios processuais constitucionais. Daí porque defendemos um acesso à jurisdição qualitativo.[22]

Uma importante inovação se encerra no art. 4º do CPC/2015: "Art. 4o As partes têm o direito de obter em prazo razoável a solução integral do mérito, incluída a atividade satisfativa".

Trata-se da chamada *regra de primazia do mérito*, que reestrutura toda a lógica de condução do sistema de sanabilidade dos atos procedimentais, permitindo, sempre que possível, que atos que anteriormente ensejavam a extinção do procedimento sem resolução do mérito (art. 485 do CPC/2015) ou o não conhecimento/seguimento de um recurso - reforçando a construção de uma jurisprudência defensiva por parte dos Tribunais brasileiros - agora sejam ao máximo de esforço saneados e convalidados, exatamente para que, com isso, o procedimento possa se desenvolver até um provimento de mérito final.

Dois princípios processuais constitucionais que somente mais recentemente integraram a cláusula do devido processo, por força da Emenda Constitucional n. 45/2004, são a celeridade (ou razoável duração do processo) e economicidade. Acerca de reflexão quanto a ambos, importante destacar que a ordem processual deve sempre buscar desenvolver mecanismos, procedi-

---

21 CHIOVENDA, Giuseppe. *Instituições de direito processual civil.* 3. ed. São Paulo: Saraiva, 1969. v. I.

22 PEDRON, Flávio Quinaud. Reflexões sobre o "acesso à justiça" qualitativo no Novo Código de Processo Civil Brasileiro. In.: DIDIER JR., Fredie; NUNES, Dierle; FREIRE, Alexandre [coord.]. Normas Fundamentais. Salvador: Juspodivm, 2016. [Coleção Grandes Temas do Novo CPC, vol. 8]; PEDRON, Flávio Quinaud. Reflexões sobre o "acesso à justiça" qualitativo no Estado Democrático de Direito. In: THEODORO JR., Humberto; CALMON, Petrônio. NUNES, Dierle. *Processo e Constituição: Os dilemas do processo constitucional e dos princípios processuais constitucionais.* Rio de Janeiro: GZ, 2010. Concidentemente, temos as reflexões de NUNES, Dierle; TEIXEIRA, Ludmila. *Acesso à justiça democrático.* Brasília: Gazeta Jurídica, 2013.

mentos e institutos processuais com o objetivo tanto de promover uma diminuição de tempo do processo (celeridade), como ainda de seu custo (economicidade). O tempo é um grave problema do direito processual e o esforço intelectual pela gestão do procedimento deve sempre ser contínua.

Contudo, tais princípios apresentam ambos uma dupla dimensão: por um lado, dizem respeito ao esforço da doutrina e do legislativo que deverão (re) pensar continuamente os procedimentos e seus institutos sempre desenvolvendo modelos mais rápido e econômicos, sem que haja violação dos demais princípios constitucionais processuais (principalmente do contraditório); de outro, dizem respeito ao magistrado como representante do juízo, responsável pelo gerenciamento do procedimento, que deverá agir sempre a não gerar atrasos (tempos mortos) e repetições de atos desnecessários a solução do processo (nulidades), bem como não admitir que as partes promovam com seus atos delongas desnecessárias e unicamente voltadas para a demora ilícita do procedimento (como típicas expressões da má-fé processual).

4. Considerações finais.

De posse desse brevíssimo quadro, é possível, então, notar que o CPC/2015 já lança novos desafios ao estudo do direito processual civil brasileiro, principalmente por incorporar uma normatividade principiológica (mas já elevada à categoria de direitos fundamentais processuais pela Constituição de 1988) e, de tal sorte, força uma ruptura paradigmática para caminhar em consonância com os ditamos e anseios do processo democrático.

Não é por mesmos que os artigos iniciais partem de tal premissa e, de modo, algum podem ser deixados de lado quando da interpretação das demais normas contidas no restante do Código.

Como toda novidade, há quem desenvolva receio e medo pelas mudanças – que pode ser notada pelas manifestações de resistência e até mesmo de repúdio ao CPC/2015, principalmente, por parte de membros da magistratura brasileira.

O que é uma pena, pois viver em uma ordem democrática, bem como em trazer tal ideologia para a seara do processo, não mais se trata de uma opção, muito antes, o CPC/2015 não inova, apenas diz o que já está estabelecido no art. 5º da Constituição de 1988. Mas muitas vezes, nos parece (por mais estranho que seja) que o óbvio deva ser repetido pela legislação infraconstitucional para adquirir normatividade e respeito pelos partícipes processuais.

5. Referências bibliográficas

ALEXY, Robert. *Teoría de los derechos fundamentales*. Trad. Ernesto Garzón Valdés. Madri: Centro de Estudios Constitucionales, 1997.

ANDOLINA, Italo; VIGNERA, Giuseppe. *Il modelo costituzionale del processo civile italiano*. Turim: Giappichelli, 1990.

ARAÚJO PINTO, Cristiano Paixão; BIGLIAZZI, Renato. *História Constitucional Inglesa e Norte-Americana: do surgimento à estabilização da forma constitucional*. Brasília: UnB, 2008.

BANDEIRA DE MELLO, Celso Antônio. *O Conteúdo Jurídico do Princípio da Igualdade*. 3ª ed. São Paulo: Malheiros, 2012.

CARVALHO NETTO, Menelick. Requisitos pragmáticos da interpretação jurídica sob o paradigma do Estado Democrático de Direito. *Revista de Direito Comparado*, v. 3, mai. 1999.

CATTONI DE OLIVEIRA, Marcelo Andrade; QUINAUD PEDRON, Flávio. O que é uma decisão judicial fundamentada? Reflexões para uma perspectiva democrática do exercício da jurisdição no contexto da reforma do processo civil. In: BARROS, Flaviane de Magalhães; BOLZAN DE MORAIS, José Luis (orgs.). *Reforma do processo civil: perspectivas constitucionais*. Belo Horizonte: Fórum, 2010.

CHIOVENDA, Giuseppe. *Instituições de direito processual civil*. 3. ed. São Paulo: Saraiva, 1969. v. I.

DIDIER Jr., Fredie. *Curso de Direito Processual Civil*. vol 1. 17 ed. Salvador: Juspodivm, 2015.

DINAMARCO, Cândido Rangel. *A Instrumentalidade do Processo*. 14. ed. São Paulo: Malheiros, 2009.

DWORKIN, Ronald. *A Virtude Soberana: teoria e prática da igualdade*. Tradução Jussara Simões. São Paulo: Martins Fontes, 2005.

DWORKIN, Ronald. *Levando os direitos a sério*. São Paulo: Martins Fontes, 2002.

FAZZALARI, ELio. *Istituzioni di diritto processuale*. 8. ed. Pádua: Cedam, 1996.

FERNANDES, Bernardo Gonçalves; PEDRON, Flávio Quinaud. *O Poder Judiciário e(m) Crise*. Rio de Janeiro: Lumen Juris, 2008.

NUNES, Dierle. *Processo jurisdicional democrático*: uma análise crítica das reformas processuais. Curitiba: Juruá, 2008

NUNES, Dierle; TEIXEIRA, Ludmila. Acesso à justiça democrático. Brasília: Gazeta Jurídica, 2013.

OMMATI, José Emílio Medauar. *Uma Teoria dos Direitos Fundamentais*. 2ª ed. Rio de Janeiro: Lumen Juris, 2015.

PEDRON, Flávio Quinaud. Reflexões sobre o "acesso à justiça" qualitativo no Novo Código de Processo Civil Brasileiro. *In.*: DIDIER JR., Fredie; NUNES, Dierel; FREIRE, Alexandre [coord.]. *Normas Fundamentais*. Salvador: Juspodivm, 2016. [Coleção Grandes Temas do Novo CPC, vol. 8].

PEDRON, Flávio Quinaud. Reflexões sobre o "acesso à justiça" qualitativo no Estado Democrático de Direito. In: THEODORO JR., Humberto; CALMON, Petrônio. NUNES, Dierle. *Processo e Constituição: Os dilemas do processo constitucional e dos princípios processuais constitucionais*. Rio de Janeiro: GZ, 2010.

STRECK, Lênio. *O que é isto: decido conforme minha consciência?* Porto Alegre: Livraria do Advogado, 2010.

THEODORO JR, Humberto; NUNES, Dierle; BAHIA, Alexandre; PEDRON, Flávio. *Novo CPC: Fundamentos e Sistematização.* 3. ed. Rio de Janeiro: Forense, 2016.

NORMAS FUNDAMENTAIS E O PROCESSO JURISDICIONAL DEMOCRÁTICO: INOVAÇÕES E DESAFIOS

Jéssica Galvão Chaves[1]

Welington Luzia Teixeira[2]

1. Considerações iniciais: As normas fundamentais e o novo Código de Processo Civil

Uma das maiores inovações do novo Código de Processo Civil brasileiro (Lei 13.105, de 16 de março de 2015) consta da parte geral[3], livro I, capítulo I,

---

1 Mestranda em Direito Processual pela Pontifícia Universidade Católica de Minas Gerais. Especialista em Direito Processual Civil pela Universidade Gama Filho (2014) e em Direito Internacional pelo Centro de Direito Internacional - CEDIN - (2012). Professora de Direito Processual Civil da Escola Superior de Advocacia da Ordem dos Advogados do Brasil, seção Minas Gerais e do Instituto de Educação Continuada (IEC) PUC - Arcos. Membro da Associação Brasileira de Direito Processual. Assistente judiciário atuando na equipe de assessoria de Desembargador do TJMG.

2 Advogado, Professor Universitário, Mestre em Direito Processual Civil pela Pontifícia Universidade Católica de Minas Gerais, Ex- Conselheiro Federal e Estadual da Ordem dos Advogados do Brasil, seção Minas Gerais, Coordenador do Programa de Educação Continuada denominado Caravana do NCPC, da Escola Superior da Advocacia da OAB/MG.

3 Registra-se que sob o prisma da organicidade e coesão objetivadas pela comissão de juristas que elaboram o novo Código de Processo Civil a criação de uma parte geral no vigente código (SCHMITZ, Leonard Ziesemer. A Teoria Geral do Processo e a Parte Geral do Novo Código de Processo Civil. In: DIDIER JR. Fredie (coord.) MACÊDO, Lucas Buril; PEIXOTO, Ravi; FREIRE, Alexandre (orgs). Novo CPC doutrina selecionada, v. 1: parte geral. Salvador: juspodivm, 2015, p. 103).

intitulado das normas fundamentais do Processo Civil, que disciplina expressamente a constitucionalização das normas processuais civis[4].

Trata-se de disciplinar dentro do bojo do Código de Processo Civil as garantias processuais constitucionais, de modo a evidenciar a imprescindibilidade consubstanciada no sentido de que todas as normas infraconstitucionais devem guardar estrita observância aos ditames constitucionais, devendo ser esse o pressuposto de conduta de todos os profissionais do Direito (advogados, juízes, promotores, defensores públicos, etc).

Pontue-se que a constitucionalização contida nos dispositivos normativos do *"Capítulo I - Das normas fundamentais do Processo Civil"* foi um dos objetivos da comissão na elaboração do novo Código de Processo Civil, nos termos da exposição de motivos da comissão do anteprojeto[5], advindo do movimento de constitucionalização do Direito, iniciado no início do século XX[6].

Nesse sentido, os 12 (doze) primeiros artigos do novo Código de Processo Civil, abrangendo regras e princípios e não sendo um rol taxativo, inauguram a positivação da constitucionalização das normas processuais civis e, por conseguinte, do devido processo constitucional.

Nota-se que alguns dispositivos são a reprodução das normas constitucionais[7], tornando mais evidente à assertiva de que toda a aplicação e interpreta-

---

4 Fredie Didier Jr pontua: "O CPC, com clara inspiração no CPC português, dedicou o seu primeiro capítulo a apresentar um pequeno elenco com as normas fundamentais do processo civil brasileiro - arts. 1º a 12 (DIDIER JR, Fredie. CABRAL, Antonio do Passo; CRAMER, Ronaldo (coords). Comentários ao novo Código de Processo Civil. Rio de Janeiro: Forense, 2015, p.1).

5 Consta na exposição de motivos da comissão do anteprojeto: "poder-se-ia dizer que os trabalhos da Comissão se orientaram precipuamente por cinco objetivos: 1. Estabelecer expressa e implicitamente verdadeira sintonia fina com a constituição federal [...]. Esta Exposição de Motivos obedece à ordem dos objetivos acima listados. 1 a Necessidade de que fique evidente a harmonia da lei ordinária em relação à Constituição Federal da República fez com que se incluíssem no Código, expressamente, princípios constitucionais, na versão processual. Por outro lado, muitas regras foram concebidas, dando concreção a princípios constitucionais, como, por exemplo, as que preveem um procedimento, com contraditório e produção de provas, prévio à decisão que desconsidera da pessoa jurídica, em sua versão tradicional, ou "às avessas". Está expressamente formulada a regra no sentido de que o fato de o juiz estar diante de matéria de ordem pública não dispensa a obediência ao princípio do contraditório".

6 CÂMARA, Alexandre Freitas. Dimensão Processual do Princípio do Devido processo Constitucional. In: DIDIER JR. Fredie (coord.) MACÊDO, Lucas Buril; PEIXOTO, Ravi; FREIRE, Alexandre (orgs). Novo CPC doutrina selecionada, v. 1: parte geral. Salvador: juspodivm, 2015, p. 246.

7 DIDIER JR, Fredie. CABRAL, Antonio do Passo; CRAMER, Ronaldo (coords). Comentários ao novo Código de Processo Civil. Rio de Janeiro: Forense, 2015, p.2.

ção das disposições normativas processuais civis devem estar em consonância com o texto magno da Constituição Federal/88.

Nesses termos, evidencia-se que o processo jurisdicional, partindo do horizonte do modelo constitucional do processo, deve ser "*isonômico, que se desenvolve em contraditório, perante o juízo natural, que proferirá decisões fundamentadas, alcançando-se seu resultado final em tempo razoável*"[8].

Para tanto, o presente artigo objetiva descrever as inovações realizadas pelo vigente Código de Processo Civil ao disciplinar todo um arcabouço normativo fundamental para a sua aplicabilidade e interpretação.

Já no terceiro tópico busca-se apresentar o grande desafio que esta sendo enfrentando, paulatinamente, após um 1 (ano) de vigência do Código de Processo Civil, consubstanciado na necessidade dos operadores do Direito guardarem estrita observância ao conjunto normativo constante do novo Código de Processo Civil.

Ato contínuo será empreendido a correlação necessária entre as normas fundamentais e o processo jurisdicional democrático, diante da necessidade, na atual quadra histórica, de se compreender o processo jurisdicional democrático como uma "*estrutura normativa constitucionalizada que é dimensionada por todos os princípios constitucionais dinâmicos*"[9].

Por fim, pontue-se que em virtude da garantia processual do contraditório como influência e não-surpresa, comparticipação e policentrismo processual toda a atividade endoprocessual deve-se dar por meio da atuação das partes, em simétrica paridade, sendo ausente qualquer preponderância de atuação, nos ditames do devido processo constitucional.

2. Normas fundamentais e as inovações perpetradas pelo novo sistema processual civil

O presente tópico objetiva delinear as inovações perpetradas pelo novo sistema processual civil, nos termos disciplinados nos arts. 1º a 12º, do CPC/15.

---

8 CÂMARA, Alexandre Freitas. Dimensão Processual do Princípio do Devido processo Constitucional. In: DIDIER JR. Fredie (coord.) MACÊDO, Lucas Buril; PEIXOTO, Ravi; FREIRE, Alexandre (orgs). Novo CPC doutrina selecionada, v. 1: parte geral. Salvador: juspodivm, 2015, p. 248.

9 NUNES, Dierle José Coelho. Processo Jurisdicional democrático. 1.ed.4ª reimpr. Curitiba: Juruá, 2012, p.250.

Assim, denota-se que o disposto no art. 1º, do CPC[10] estabelece que a Constituição Federal de 1988 dita à aplicação e interpretação das normas oriundas do Código de Processo Civil, regulamentando positivamente o modelo constitucional de processo[11].

Sob tal prisma Fredie Didier Jr pontua[12]:

> O enunciado é, ainda, manifestação clara de reconhecimento da força normativa da Constituição, um dos aspectos fundamentais do pensamento jurídico contemporâneo. Não foi por acaso, portanto, que o legislador resolveu fazer essa declaração logo no primeiro artigo, como uma espécie de preâmbulo do novo Código de Processo Civil.

O art. 2º[13] disciplina duas normas basilares do nosso sistema processual. A primeira é no sentido de que o processo é iniciado pela parte interessada, denominado de princípio da inércia e a segunda consubstancia-se na assertiva de que o processo é desenvolvido mediante o impulso oficial.

Nesses termos, o exercício da função jurisdicional pelo juiz, somente pode-se dar por iniciativa da parte interessada. Pontue-se que no atual sistema processual civil inexiste a permissibilidade de instauração de ofício do processo de inventário, ausente qualquer reprodução semelhante ao disposto no art. 989, do CPC/73[14][15].

---

10 Art. 1º O processo civil será ordenado, disciplinado e interpretado conforme os valores e as normas fundamentais estabelecidos na Constituição da República Federativa do Brasil, observando-se as disposições deste Código.

11 Pontue-se que há décadas os estudiosos do direito processual já afirma a constitucionalização das normas processuais. Sobre a temática remete-se o leitor aos trabalhos de Baracho, Dierle Nunes.

12 DIDIER JR, Fredie. CABRAL, Antonio do Passo; CRAMER, Ronaldo (coords). Comentários ao novo Código de Processo Civil. Rio de Janeiro: Forense, 2015, p.3.

13 Art. 2º O processo começa por iniciativa da parte e se desenvolve por impulso oficial, salvo as exceções previstas em lei.

14 Art. 989. O juiz determinará, de ofício, que se inicie o inventário, se nenhuma das pessoas mencionadas nos artigos antecedentes o requerer no prazo legal.

15 DIDIER JR, Fredie. CABRAL, Antonio do Passo; CRAMER, Ronaldo (coords). Comentários ao novo Código de Processo Civil. Rio de Janeiro: Forense, 2015, p. 4.

Lado outro, na atualidade o juiz pode instaurar a execução de sentença de obrigação de fazer e não fazer (arts. 536 e 538, CPC/15[16]), do incidente de resolução de demandas repetitivas (arts. 976 e 977, CPC/15[17]), de conflito de

---

16 Art. 536. No cumprimento de sentença que reconheça a exigibilidade de obrigação de fazer ou de não fazer, o juiz poderá, de ofício ou a requerimento, para a efetivação da tutela específica ou a obtenção de tutela pelo resultado prático equivalente, determinar as medidas necessárias à satisfação do exequente.
§ 1º Para atender ao disposto no caput, o juiz poderá determinar, entre outras medidas, a imposição de multa, a busca e apreensão, a remoção de pessoas e coisas, o desfazimento de obras e o impedimento de atividade nociva, podendo, caso necessário, requisitar o auxílio de força policial.
§ 2º O mandado de busca e apreensão de pessoas e coisas será cumprido por 2 (dois) oficiais de justiça, observando-se o disposto no art. 846, §§ 1º a 4º, se houver necessidade de arrombamento.
§ 3º O executado incidirá nas penas de litigância de má-fé quando injustificadamente descumprir a ordem judicial, sem prejuízo de sua responsabilização por crime de desobediência.
§ 4º No cumprimento de sentença que reconheça a exigibilidade de obrigação de fazer ou de não fazer, aplica-se o art. 525, no que couber.
§ 5º O disposto neste artigo aplica-se, no que couber, ao cumprimento de sentença que reconheça deveres de fazer e de não fazer de natureza não obrigacional.
Art. 538. Não cumprida a obrigação de entregar coisa no prazo estabelecido na sentença, será expedido mandado de busca e apreensão ou de imissão na posse em favor do credor, conforme se tratar de coisa móvel ou imóvel.
§ 1º A existência de benfeitorias deve ser alegada na fase de conhecimento, em contestação, de forma discriminada e com atribuição, sempre que possível e justificadamente, do respectivo valor.
§ 2º O direito de retenção por benfeitorias deve ser exercido na contestação, na fase de conhecimento.
§ 3º Aplicam-se ao procedimento previsto neste artigo, no que couber, as disposições sobre o cumprimento de obrigação de fazer ou de não fazer.

17 Art. 976. É cabível a instauração do incidente de resolução de demandas repetitivas quando houver, simultaneamente:
I - efetiva repetição de processos que contenham controvérsia sobre a mesma questão unicamente de direito;
II - risco de ofensa à isonomia e à segurança jurídica.
§ 1o A desistência ou o abandono do processo não impede o exame de mérito do incidente.
§ 2o Se não for o requerente, o Ministério Público intervirá obrigatoriamente no incidente e deverá assumir sua titularidade em caso de desistência ou de abandono.
§ 3º A inadmissão do incidente de resolução de demandas repetitivas por ausência de qualquer de seus pressupostos de admissibilidade não impede que, uma vez satisfeito o requisito, seja o incidente novamente suscitado.
§ 4º É incabível o incidente de resolução de demandas repetitivas quando um dos tribunais superiores, no âmbito de sua respectiva competência, já tiver afetado recurso para definição de tese sobre questão de direito material ou processual repetitiva.
§ 5º Não serão exigidas custas processuais no incidente de resolução de demandas repetitivas.
Art. 977. O pedido de instauração do incidente será dirigido ao presidente de tribunal:
I - pelo juiz ou relator, por ofício;
II - pelas partes, por petição;
III - pelo Ministério Público ou pela Defensoria Pública, por petição.

competência (art. 951, CPC/15[18]) e do incidente de arguição de inconstitucionalidade (art. 948, CPC/15[19])[20].

A segunda parte do art. 2º estabelece que o desenvolvimento do processo se dá por impulso oficial, não sendo necessária a manifestação de vontade das partes. Nesse esteio, evidencia-se que ao órgão judicial competente cabe promover os atos necessários para a regular tramitação do processo.

O art. 3º[21] consagra o princípio da inafastabilidade da jurisdição, sendo a substância do *caput* do dispositivo normativo cópia da norma constitucional disciplinada no inciso XXXV, do art. 5º, da CF/88[22], visto que somente houve substituição da "*apreciação pelo Poder Judiciário*" para "*apreciação juris dicional*"[23] .

Depreende-se do § 1º, do art. 3º a afirmação que a arbitragem é uma forma jurisdicional de solução consensual de conflitos, bem, como dos § 2º e 3º a criação de um sistema multiportas de solução de conflitos, por meio da medição e conciliação que devem ser estimuladas durante todo o curso processual, incumbindo ao Estado promover, sempre que possível, a solução consensual dos conflitos.

Parágrafo único. O ofício ou a petição será instruído com os documentos necessários à demonstração do preenchimento dos pressupostos para a instauração do incidente.

18 Art. 951. O conflito de competência pode ser suscitado por qualquer das partes, pelo Ministério Público ou pelo juiz.
Parágrafo único. O Ministério Público somente será ouvido nos conflitos de competência relativos aos processos previstos no art. 178, mas terá qualidade de parte nos conflitos que suscitar.

19 Art. 948. Arguida, em controle difuso, a inconstitucionalidade de lei ou de ato normativo do poder público, o relator, após ouvir o Ministério Público e as partes, submeterá a questão à turma ou à câmara à qual competir o conhecimento do processo.

20 DIDIER JR, Fredie. CABRAL, Antonio do Passo; CRAMER, Ronaldo (coords). Comentários ao novo Código de Processo Civil. Rio de Janeiro: Forense, 2015, p. 4.

21 Art. 3º Não se excluirá da apreciação jurisdicional ameaça ou lesão a direito.
§ 1º É permitida a arbitragem, na forma da lei.
§ 2º O Estado promoverá, sempre que possível, a solução consensual dos conflitos.
§ 3º A conciliação, a mediação e outros métodos de solução consensual de conflitos deverão ser estimulados por juízes, advogados, defensores públicos e membros do Ministério Público, inclusive no curso do processo judicial.

22 Art. 5º, inc. XXXV, da CF/88: - a lei não excluirá da apreciação do Poder Judiciário lesão ou ameaça a direito.

23 DIDIER JR, Fredie. CABRAL, Antonio do Passo; CRAMER, Ronaldo (coords). Comentários ao novo Código de Processo Civil. Rio de Janeiro: Forense, 2015, p. 5.

Dando continuidade, denota-se do art. 4º[24] a garantia processual da duração razoável do processo e o princípio da primazia da decisão de mérito. A garantia processual da duração razoável do processo também expressamente positivada na Convenção Americana de Direitos Humanos, também conhecida como pacto de São José da Costa Rica, deve ser compreendida no prisma da eficiência processual, conforme pontua Alexandre Freitas Câmara[25].

Nesses termos, haverá a observância da duração razoável do processo quando o trabalho endoprocessual dispendido por todos os sujeitos processuais e o tempo para a sua realização for o necessário para a produção de uma decisão final, em acordo com o modelo constitucional de processo[26].

Ressalta-se que no prisma do modelo constitucional de processo inexiste oposição entre celeridade do processo e duração razoável do processo, visto que o processo jurisdicional deve durar o tempo necessário (nem mais, nem menos) para a formação da decisão.

A partir da compreensão do processo jurisdicional democrático que a decisão de mérito é o resultado da participação de todos os sujeitos processuais, em simétrica paridade, evidencia-se dos arts. 5º[27] (boa-fé processual), 6º[28] (cooperação processual), 7º[29] (igualdade processual e o dever do juiz zelar pelo efetivo contraditório), 9º[30] (princípio do contraditório) e 10º[31] (proibição de deci-

---

24 Art. 4º As partes têm o direito de obter em prazo razoável a solução integral do mérito, incluída a atividade satisfativa.

25 CÂMARA, Alexandre Freitas. Dimensão Processual do Princípio do Devido processo Constitucional. In: DIDIER JR. Fredie (coord.) MACÊDO, Lucas Buril; PEIXOTO, Ravi; FREIRE, Alexandre (orgs). Novo CPC doutrina selecionada, v. 1: parte geral. Salvador: juspodivm, 2015, p. 252.

26 CÂMARA, Alexandre Freitas. Dimensão Processual do Princípio do Devido processo Constitucional. In: DIDIER JR. Fredie (coord.) MACÊDO, Lucas Buril; PEIXOTO, Ravi; FREIRE, Alexandre (orgs). Novo CPC doutrina selecionada, v. 1: parte geral. Salvador: juspodivm, 2015, p. 252.

27 Art. 5º Aquele que de qualquer forma participa do processo deve comportar-se de acordo com a boa-fé.

28 Art. 6º Todos os sujeitos do processo devem cooperar entre si para que se obtenha, em tempo razoável, decisão de mérito justa e efetiva.

29 Art. 7º É assegurada às partes paridade de tratamento em relação ao exercício de direitos e faculdades processuais, aos meios de defesa, aos ônus, aos deveres e à aplicação de sanções processuais, competindo ao juiz zelar pelo efetivo contraditório.

30 Art. 9º Não se proferirá decisão contra uma das partes sem que ela seja previamente ouvida. Parágrafo único. O disposto no caput não se aplica: I - à tutela provisória de urgência; II - às hipóteses de tutela da evidência previstas no art. 311, incisos II e III; III - à decisão prevista no art. 701.

31 Art. 10. O juiz não pode decidir, em grau algum de jurisdição, com base em fundamento a

são surpresa) a construção de um arcabouço normativo que visa implementar a concepção no sentido de que toda a atuação das partes endoprocessual deve se dar por meio da boa-fé processual, de forma cooperativa, com estrito respeito ao contraditório entendido como garantia de influência e não surpresa[32].

Pontua Dierle Nunes[33]:

> O delineamento de uma moderna concepção isonômica do contraditório somente se inicia de modo mais afetivo a partir desse momento, mediante a percepção da doutrina processual germânica de que este não poderia mais ser analisado tão-somente como mera garantia formal de bilateralidade da audiência, mas, sim, como uma possibilidade de influência (Einwirkungsmöglichkeit) sobre o conteúdo das decisões (BAUR, 1945, p. 403) e sobre o desenvolvimento do processo, com inexistentes ou reduzidas possibilidade de surpresa (BENDER, STRECKER, 1978, p. 554).
> [...]
> Impõe-se, assim, a ***leitura do contraditório como garantia de influência*** no desenvolvimento e resultado do processo.
> O contraditório é guindado a elemento normativo estrutural da comparticipação (COMOGLIO, 1988, p. 2), assegurando, constitucionalmente, o policentrismo processual.
> [...]
> Desse modo, o ***contraditório constitui uma verdadeira garantia de não surpresa*** que impõe ao juiz o dever de provocar o debate acerca de todas as questões, inclusive as de conhecimento oficioso, impedindo que em "solitária onipotência" aplique normas ou embase a decisão sobre fatos completamente estranhos à dialética defensiva de uma ou de ambas as partes (FERRI, 1988, p. 781-782).

Sobre a necessidade de se entender a garantia processual do contraditório na sua dimensão substantiva registra Alexandre Freitas Câmara[34]:

> Deve-se dar ao princípio do contraditório uma dimensão substancial (e não meramente formal), de modo a ser ele capaz de assegurar a efetiva participação das partes no processo, com influência na formação do resultado.

---

respeito do qual não se tenha dado às partes oportunidade de se manifestar, ainda que se trate de matéria sobre a qual deva decidir de ofício.

32 Remete-se ao leitor ao artigo escrito por Dierle Nunes, nos idos de 2004, denominado "O Princípio do Contraditório", Revista Síntese de direito Civil e processual Civil. Porto alegre, v.1, n. 1, set./out.1999.

33 NUNES, Dierle José Coelho. Processo Jurisdicional democrático. 1.ed.4ª reimpr. Curitiba: Juruá, 2012, p. 226-229.

34 CÂMARA, Alexandre Freitas. Dimensão Processual do Princípio do Devido processo Constitucional. In: DIDIER JR. Fredie (coord.) MACÊDO, Lucas Buril; PEIXOTO, Ravi; FREIRE, Alexandre (orgs). Novo CPC doutrina selecionada, v. 1: parte geral. Salvador: juspodivm, 2015, p. 255.

> Quer-se com isto afirmar que o contraditório não pode ser visto como mera garantia formal de que às partes se dará, ao longo do processo, a possibilidade de falar, de se manifestar. O contraditório é, muito mais do que o "direito de falar", o direito de ser ouvido, impondo-se deste modo, ao juiz, o dever de ouvir o que as partes têm a dizer, levando em consideração seus argumentos ao proferir a decisão.

Ressalva-se que mesmo sobre questões que o magistrado pode conhecer de ofício é vedada a prolação de decisões surpresas.

O art. 8º, CPC/15[35] nos ensinamentos de Fredie Didier Jr *"possui três partes bem distintas entre si"*[36]. A primeira afirmação que se extrai do dispositivo normativo em questão é a reprodução substantiva do disciplinado no art. 5º, LINDB, ao asseverar que *"ao aplicar o ordenamento jurídico, o juiz atenderá aos fins sociais e as exigências do bem comum"*[37].

A segunda assertiva que se pode depreender é no sentido de consolidar que ao juiz no exercício da função jurisdicional deve resguardar e promover a dignidade da pessoa humana, observada a proporcionalidade e a razoabilidade[38].

A terceira e última afirmação contida no art. 8º, CPC/15 é a reprodução fiel dos princípios da administração pública da legalidade, publicidade e eficiência, descritos no *caput*, do art. 37, CF/88[39].

Depreende-se da leitura do art. 11º, do CPC/15[40] que seu conteúdo trata-se de uma reprodução do disposto no inciso IX, do art. 93, da CF/88[41] trazendo

---

35 Art. 8º Ao aplicar o ordenamento jurídico, o juiz atenderá aos fins sociais e às exigências do bem comum, resguardando e promovendo a dignidade da pessoa humana e observando a proporcionalidade, a razoabilidade, a legalidade, a publicidade e a eficiência.

36 DIDIER JR, Fredie. CABRAL, Antonio do Passo; CRAMER, Ronaldo (coords). Comentários ao novo Código de Processo Civil. Rio de Janeiro: Forense, 2015, p. 24.

37 DIDIER JR, Fredie. CABRAL, Antonio do Passo; CRAMER, Ronaldo (coords). Comentários ao novo Código de Processo Civil. Rio de Janeiro: Forense, 2015, p. 24.

38 DIDIER JR, Fredie. CABRAL, Antonio do Passo; CRAMER, Ronaldo (coords). Comentários ao novo Código de Processo Civil. Rio de Janeiro: Forense, 2015, p. 24.

39 Art. 37, CF/88: "A administração pública direta e indireta de qualquer dos Poderes da União, dos Estados, do Distrito Federal e dos Municípios obedecerá aos princípios de legalidade, impessoalidade, moralidade, publicidade e eficiência e, também, ao seguinte:".

40 Art. 11. Todos os julgamentos dos órgãos do Poder Judiciário serão públicos, e fundamentadas todas as decisões, sob pena de nulidade. Parágrafo único. Nos casos de segredo de justiça, pode ser autorizada a presença somente das partes, de seus advogados, de defensores públicos ou do Ministério Público.

41 Art. 93, inc. IX, CF/88: todos os julgamentos dos órgãos do Poder Judiciário serão públicos, e fundamentadas todas as decisões, sob pena de nulidade, podendo a lei limitar a presença, em determinados atos, às próprias partes e a seus advogados, ou somente a estes, em casos nos quais a preservação do direito à intimidade do interessado no sigilo não prejudique o interesse público à informação.

a afirmação constitucional de que, regra geral, todos os julgamentos ocorridos perante o judiciário brasileiro serão públicos, bem, como que todas as decisões, sem exceção, devem ser devidamente fundamentadas.

Por fim, o art. 12º, CPC/15[42] disciplina a regra de observância à ordem cronológica de conclusão. Depreende-se do dispositivo ora analisado que o juiz, no momento de prolatar as decisões de mérito, deve julgar primeiro o processo que esta há mais tempo concluso em seu gabinete.

Sobre a temática adverte Fredie Didier Jr[43]:

> 1. Regra da obediência à ordem cronológica de conclusão. Como forma de concretizar o princípio republicano da igualdade, o art. 12 do CPC impõe que o juiz observe a ordem cronológica de conclusão do processo, quando for proferir uma decisão final.
> Em certo sentido, a regra também concretiza o princípio da duração razoável do processo, pois disciplina o tempo da decisão, evitando que processos conclusos há mais tempo tenham seu deslinde prolongado indefinidamente (CABRAL, 2013ª, p.90-91).

Diante da necessidade de observância do modelo constitucional de processo conclui-se que as normas fundamentais deverão conduzir toda a aplicação e interpretação das normas processuais civis, na construção de decisões resultantes da atuação de todos os sujeitos processuais em comparticipação e policentrismo processual.

---

42 Art. 12. Os juízes e os tribunais atenderão, preferencialmente, à ordem cronológica de conclusão para proferir sentença ou acórdão. § 1º A lista de processos aptos a julgamento deverá estar permanentemente à disposição para consulta pública em cartório e na rede mundial de computadores. § 2º Estão excluídos da regra do caput: I - as sentenças proferidas em audiência, homologatórias de acordo ou de improcedência liminar do pedido; II - o julgamento de processos em bloco para aplicação de tese jurídica firmada em julgamento de casos repetitivos; III - o julgamento de recursos repetitivos ou de incidente de resolução de demandas repetitivas; IV - as decisões proferidas com base nos arts. 485 e 932; V - o julgamento de embargos de declaração; VI - o julgamento de agravo interno; VII - as preferências legais e as metas estabelecidas pelo Conselho Nacional de Justiça; VIII - os processos criminais, nos órgãos jurisdicionais que tenham competência penal; IX - a causa que exija urgência no julgamento, assim reconhecida por decisão fundamentada. § 3º Após elaboração de lista própria, respeitar-se-á a ordem cronológica das conclusões entre as preferências legais. § 4º Após a inclusão do processo na lista de que trata o § 1º, o requerimento formulado pela parte não altera a ordem cronológica para a decisão, exceto quando implicar a reabertura da instrução ou a conversão do julgamento em diligência. § 5º Decidido o requerimento previsto no § 4º, o processo retornará à mesma posição em que anteriormente se encontrava na lista. § 6º Ocupará o primeiro lugar na lista prevista no § 1º ou, conforme o caso, no § 3º, o processo que: I - tiver sua sentença ou acórdão anulado, salvo quando houver necessidade de realização de diligência ou de complementação da instrução; II - se enquadrar na hipótese do art. 1.040, inciso II.

43 DIDIER JR, Fredie. CABRAL, Antonio do Passo; CRAMER, Ronaldo (coords). Comentários ao novo Código de Processo Civil. Rio de Janeiro: Forense, 2015, p. 39.

3. Desafio: Estrita observância as normas fundamentais

Evidenciado as principais inovações advindas pelas normas fundamentais no Código de Processo Civil, o maior desafio a ser enfrentado é fazer com que os profissionais do Direito observem as disposições normativas constantes do atual código. Ou seja, a necessidade de estrita observância ao modelo constitucional de processo, após 1 (um) ano de vigência do Código de Processo Civil e de 28 (vinte e oito) anos da Constituição Federal/88 mostra-se um desafio na atualidade.

Nesses termos, evidencia-se a postura reticente dos magistrados ao cumprir o disposto no vigente Código de Processo Civil.

Pode-se citar, por exemplo, a decisão publicada no diário oficial dia 13/12/2016, proferida pelo juiz titular da 1ª Vara Cível da comarca de Ribeirão das Neves, Minas Gerais, que nos autos do processo 0201333.69.2011.8.13.0231, extinguiu o processo, sem resolução do mérito, na forma do art. 485, VIII, CPC/15, sem ofertar as partes prazo para manifestar-se, constituindo a decisão uma verdadeira surpresa para as partes.

Sabe-se que na atualidade do sistema processual civil há vedação expressa contida no *caput*, do art. 9º e 10º, do CPC/15, a prolação de decisão surpresa.

Registra Alexandre Freitas Câmara[44]:

> Contraria o princípio do contraditório (e, pois, o devido processo constitucional), portanto, qualquer decisão que tenha sido proferida sem que seja ela o resultado de um processo desenvolvido segundo um contraditório efetivo, substancial, em que as partes vejam respeitado de forma substancial seu direito de serem ouvidas (*right to be heard*).
>
> [...]
>
> Resultam daí dois pontos: o primeiro é a obrigatoriedade de que o juiz examine, na decisão que profira, todos os fundamentos suscitados pela parte e que sejam, em tese, capazes de lhe assegurar resultado favorável no processo (exatamente nos termos do que consta do art. 489, § 1º, IV, do novo Código de processo Civil brasileiro); o segundo é a vedação das "decisões-surpresa".
>
> [...]
>
> O órgão jurisdicional deve, portanto, esclarecer previamente quais são so pontos (de fato e de direito) relevantes para a decisão (proibição das decisões-surpresas).
>
> Também este é o ponto que ainda não ingressou na cultura forense brasileira. Por aqui é frequente encontrar processos em que o juiz profere sen-

---

44 CÂMARA, Alexandre Freitas. Dimensão Processual do Princípio do Devido processo Constitucional. In: DIDIER JR. Fredie (coord.) MACÊDO, Lucas Buril; PEIXOTO, Ravi; FREIRE, Alexandre (orgs). Novo CPC doutrina selecionada, v. 1: parte geral. Salvador: juspodivm, 2015, p. 256-258.

tença com base em fundamento que suscita de ofício (especialmente, mas não apenas, no que diz respeito às causas de extinção do processo sem resolução do mérito).

O emblemático caso ora estudado não é isolado[45] demonstrando o grande desafio a ser enfrentado, após um ano de vigência do Código de Processo Civil 2015.

Espera-se que todo o conjunto normativo do Código de Processo Civil 2015 possa atuar de forma contrafática corrigindo as vicissitudes da prática processual, visto que *"uma das funções primárias do Direito é a de impedir e fiscalizar comportamentos "inadequados" que as pessoas assumiram dentro da busca de seus interesses pessoais"*[46].

4. Normas fundamentais e o processo jurisdicional democrático

A partir da concepção do Estado Democrático de Direito e da compreensão do processo jurisdicional democrático denota-se que inexiste espaço endoprocessual de discricionariedade judicial atinente à observância das normas fundamentais.

Vale dizer que as normas fundamentais constantes do art. 1º ao 12º, do CPC/15 constituem substancialmente normas constitucionais processuais estabelecidas no bojo da codificação processual civil, cuja obediência é obrigatória.

Pontue-se que o processo jurisdicional democrático não é um instrumento para o exercício da atividade jurisdicional pelo juiz, mas, *"uma estrutura normativa"*[47], na qual os princípios constitucionais processuais são dimensionados dinamicamente[48], objetivando impedir arbitrariedades e discricionariedades, na construção comparticipada e policêntrica da decisão final.

Pontua Dierle Nunes[49]:

---

45 De igual maneira, depreende-se o Colendo Superior Tribunal de Justiça continua aplicando o enunciado de súmula nº. 320, nos recursos aviados após a vigência do CPC/15, conforme se verifica do AgInt no AREsp 931974 / SP, Relatoria Min. Sérgio Kukina.

46 NUNES, Dierle José Coelho. A função contrafática do Direito e o Novo CPC. Revista do advogado, p. 51. Disponível em <https://www.academia.edu/10431262/A_fun%C3%A7%-C3%A3o_contra-f%C3%A1tica_do_direito_e_o_Novo_CPC>.

47 NUNES, Dierle José Coelho. Processo Jurisdicional democrático. 1.ed.4ª reimpr. Curitiba: Juruá, 2012, p. 250.

48 NUNES, Dierle José Coelho. Processo Jurisdicional democrático. 1.ed.4ª reimpr. Curitiba: Juruá, 2012, p. 250.

49 NUNES, Dierle José Coelho. Processo Jurisdicional democrático. 1.ed.4ª reimpr. Curitiba: Juruá, 2012, p. 251.

> O sistema brasileiro de processo dimensionaria, assim, adequadamente seu viés democrático, no qual todas as esferas de exercício do poder encontrariam um controle compartilhado, uma blindagem de mão dupla, em um espaço de problematização incessante, que impediria o subjetivismo e o autoritarismo judicial, de um lado, e a má fé e a procrastinação por parte do advogado, do outro.
> Resgatar a importância do espaço público processual, no qual todos os interessados possam participar do aprimoramento do sistema jurídico, pode representar a tentativa de redescoberta da importância dessa estrutura normativa contra a indiferença e a apatia (coletiva) política na qual os cidadãos (clientes não participantes) estão imersos, e que são geradas pelo argumento dos "manipuladores olímpicos do poder" e pelos seus discursos tecnológicos de máxima eficácia prática e de diminuta repercussão social (cidadã).

Assim, pode-se dizer que o Código de Processo Civil de 2015 é a primeira codificação processual brasileira genuinamente democrática, gerada com vista no modelo constitucional de processo[50].

5. Conclusão

O Código de Processo Civil de 2015 ao disciplinar as normas fundamentais que constituem a matriz interpretativa da vigente codificação inovou, representando um grande avanço democrático.

Um arcabouço normativo de garantias constitucionais processuais objetivando atuar de maneira contrafática, inibindo qualquer conduta, cuja realização não tenha sido pautada pela estrita observância aos dispositivos ali expressos.

Por conseguinte, pode-se concluir, que a disposições das normas fundamentais encontra-se umbilicalmente ligada ao processo jurisdicional democrático, assim, como, a compreensão dinâmica das garantias processuais constitucionais, sendo inarredável a sua observância por todos os autores processuais.

---

50 MADEIRA, Dhenis Cruz. A influência do processo constitucional sobre o novo CPC. In: DIDIER JR. Fredie (coord.) MACÊDO, Lucas Buril; PEIXOTO, Ravi; FREIRE, Alexandre (orgs). Novo CPC doutrina selecionada, v. 1: parte geral. Salvador: juspodivm, 2015, p. 2015.

6. Referências

CÂMARA, Alexandre Freitas. Dimensão Processual do Princípio do Devido processo Constitucional. In: DIDIER JR. Fredie (coord.) MACÊDO, Lucas Buril; PEIXOTO, Ravi; FREIRE, Alexandre (orgs). Novo CPC doutrina selecionada, v. 1: parte geral. Salvador: juspodivm, 2015.

DIDIER JR, Fredie. CABRAL, Antonio do Passo; CRAMER, Ronaldo (coords). Comentários ao novo Código de Processo Civil. Rio de Janeiro: Forense, 2015.

GIACCOMOLLI, Nereu José. O devido processo penal: abordagem conforme a constituição Federal. 2. ed. São Paulo: Atlas, 2015.

MADEIRA, Dhenis Cruz. A influência do processo constitucional sobre o novo CPC. In: DIDIER JR. Fredie (coord.) MACÊDO, Lucas Buril; PEIXOTO, Ravi; FREIRE, Alexandre (orgs). Novo CPC doutrina selecionada, v. 1: parte geral. Salvador: juspodivm, 2015.

NUNES, Dierle José Coelho. Processo Jurisdicional democrático. 1.ed.4ª reimpr. Curitiba: Juruá, 2012.

NUNES, Dierle José Coelho. A função contrafática do Direito e o Novo CPC. Revista do advogado. Disponível em < https://www.academia.edu/10431262/A_fun%C3%A7%C3%A3o_contra-f%C3%A1tica_do_direito_e_o_Novo_CPC>.

SCHMITZ, Leonard Ziesemer. A Teoria Geral do Processo e a Parte Geral do Novo Código de Processo Civil. In: DIDIER JR. Fredie (coord.) MACÊDO, Lucas Buril; PEIXOTO, Ravi; FREIRE, Alexandre (orgs). Novo CPC doutrina selecionada, v. 1: parte geral. Salvador: juspodivm, 2015.

FUNDAMENTAÇÃO DAS DECISÕES JUDICIAIS – MUDANÇAS NO JUDICIÁRIO FACE O CPC 2015[1]

Alexandre Gustavo Melo Franco de Moraes Bahia[2]

Sumário: 1-Introdução. 2- Fundamentação das decisões no novo CPC.3- Primeiras Impressões: Recepção do art. 489 pelo Judiciário. 4- Considerações finais.

1. Introdução

O CPC 2015 trouxe grandes contribuições para a renovação do Direito Processual como um todo no Brasil. Vale destacar a colocação de princípios constitucionais de processo nos artigos que abrem o Código, criando um microssistema que deve orientar toda a leitura da nova lei[3]. Para o que nos interessa aqui lembramos disposições da maior importância como a primazia do julgamento de mérito (art. 4º) e uma renovação do princípio do contraditório, que deve garantir não apenas "paridade de armas" e oportunidade de manifestação, mas também e fundamentalmente, direito de influência sobre o resultado da decisão e a garantia da não-surpresa – ver arts. 7º a 10.

Dentro do que vem sendo chamado de **contraditório substancial** – garantias de não surpresa e de influência, da bilateralidade da audiência e da simétrica paridade de armas –[4], destaque para os arts. 9º e 10: seguindo o que já

---

1 Texto em homenagem ao Prof. Lenio Luiz Streck.

2 Doutor em Direito – UFMG. Prof. Adjunto na UFOP e IBMEC-BH. Bolsista de Produtividade do CNPq. Coordenador do Mestrado em Direito da UFOP.

3 A constitucionalização do processo é um fenômeno que se observa na Europa após a 2ª Guerra mas que por aqui apenas se dá com a Constituição de 1988. Cf. COMOGLIO, Luigi Paolo. Garanzie costituzionale e "giusto processo" (modelli a confronto). **Revista de Processo**, n. 90, p. 95-150, abr./jun. 1998; MACHADO, Felipe Daniel Amorim; CATTONI DE OLIVEIRA, Marcelo Andrade (coords.). **Constituição e processo: a contribuição do processo para o constitucionalismo brasileiro**. Belo Horizonte: Del Rey, 2009; CURI, Ivan Guerios; NUNES, Dierle; BAHIA, Alexandre. Processo Constitucional Contemporâneo. **Boletim da Faculdade de Direito - Universidade de Coimbra**, v. LXXXV, p. 343-374, 2009. Disponível em: <http://migre.me/vOd3Q>.

4 Dierle Nunes já pontua tais questões há alguns anos: "Em relação às partes, o contraditório

foi estabelecido em outros Códigos estrangeiros, o CPC estabelecer que o juiz não pode proferir decisão, mesmo quando a lei o permite fazê-lo "ex officio" (inclusive por inércia da parte), sem que as partes tenham oportunidade de se manifestar - ou, pelo menos, que seja previamente ouvida a parte "contra a qual" será dada a decisão[5].

A regra vale para qualquer tipo de decisão - definitiva, interlocutória -, em qualquer grau de jurisdição - inclusive extraordinária - e em qualquer tipo de procedimento[6]. Aqui não se garante *somente* o direito ao contraditório,

---

aglomera um feixe de direitos dele decorrentes, entre eles: a) direito a uma cientificação regular durante todo o procedimento, ou seja, uma citação adequada do ato introdutivo da demanda e a intimação de cada evento processual posterior que lhe permita o exercício efetivo da defesa no curso do procedimento; b) o direito à prova, possibilitando-lhe sua obtenção toda vez que esta for relevante; c) em decorrência do anterior, o direito de assistir pessoalmente a assunção da prova e de se contrapor às alegações de fato ou às atividades probatórias da parte contrária ou, mesmo, oficiosas do julgador; e d) o direito de ser ouvido e julgado por um juiz imune à ciência privada (*private informazioni*), que decida a causa unicamente com base em provas e elementos adquiridos no debate contraditório" (NUNES, Dierle. **Processo jurisdicional democrático: uma análise crítica das reformas processuais**. Curitiba: Juruá, 2008, p. 230). Ver também: PICARDI, Nicola. Il principio del contradditorio. **Rivista di Diritto Processuale**, Milano, Cedam, n. 3, jul./set. 1988, p. 677; THEODORO JR, Humberto; NUNES, Dierle. Uma dimensão que urge reconhecer ao contraditório no direito brasileiro: sua aplicação como garantia de influência e não surpresa. **Revista de Processo**, v. 168, p. 107-141, 2009; BAHIA, Alexandre Gustavo Melo Franco; VECCHIATTI, Paulo Roberto Iotti. O Dever de Fundamentação, Contraditório Substantivo e Superação de Precedentes Vinculantes (overruling) no novo CPC - ou do repúdio a uma nova Escola da Exegese. *In*: FREIRE, Alexandre (*et al.*) (orgs.). **Novas Tendências do Processo Civil**. Volume II. Salvador: JvsPodivm, 2014, p. 27-46.

5 As exceções são, quanto ao art. 9º, as tutelas de urgência e de emergência, quando, pela natureza das mesmas, poderá o juiz proferir decisão sem prévia manifestação da parte prejudicada, ficando diferido o contraditório logo (na sequência) ou eventual irresignação (via recurso). Tais exceções, como manda a hermenêutica mais clássica, não podem ser interpretadas senão de forma restritiva, é dizer, não se pode acrescentar outras hipóteses nas quais o juiz esteja dispensado de primeiro ouvir as partes antes de decidir.

6 Por exemplo, no caso de extinção sem resolução do mérito (art. 495 - CPC/2015), o juiz deve "conceder à parte oportunidade para, se possível, corrigir o vício" (art. 318 - CPC/2015). Ou no caso de juntada de documento aos autos, mesmo sendo matéria de ordem pública, não pode se seguir decisão sem antes seja dada oportunidade de conhecimento e manifestação das partes. Como decidiu o TJMG: "... ainda que se trate de matéria de ordem pública, veda-se seu conhecimento de ofício, sem qualquer prévio debate entre as partes acerca do tema, sob pena de violação do princípio do contraditório. Nesse sentido é o ensinamento doutrinário: '(...) o contraditório constitui verdadeira garantia de não surpresa que impõe ao juiz o dever de provocar o debate acerca de todas as questões, inclusive as de conhecimento oficioso, impedindo que em 'solitária onipotência' aplique normas ou embase a decisão sobre fatos completamente estranhos à dialética defensiva de uma ou de ambas as partes'. (NUNES, Dierle; BAHIA, Alexandre; CÂMARA, Bernardo; SOARES, Carlos Henrique. Curso de Direito Processual Civil: Fundamentação e Aplicação. Belo Horizonte: Fórum, 2011, p. 83)" (TJMG. Apel. Cív. 1.0024.11.333043-5/001. 5ª Câm. Cível, Rel. Des. Luís Gambogi, j. 26/06/2014).

trata-se também de norma que pode auxiliar na celeridade processual, uma vez que, por exemplo, dada sentença que, surpreendendo a parte, extingue o processo sem resolução do mérito a respeito de nulidade – que seria sanável –, poderá haver recurso (ou melhor, podem haver vários recursos, inclusive às instâncias extraordinárias) que irá consumir tempo e dinheiro públicos para, talvez, vir a ser cassada a sentença após anos de questionamento. O problema em tal caso – nem tão hipotético – está no fato de haver recursos ou em uma decisão malfeita/precipitada? Qualquer nulidade ou tese que o juiz "descubra" para se manifestar nos autos deve ser antes comunicada às partes para que se manifestem antes que isso se traduza em uma decisão.

Os dois destaques feitos acima (a solução integral da lide e o contraditório substancial) se ligam diretamente ao **art. 489**, que trata das decisões judiciais e que, em seus parágrafos §§1° e 2°, disciplinam a forma como se espera que o Judiciário cumpra o art. 93, IX da Constituição acerca da fundamentação das decisões.

No presente pretendemos relembrar as bases teóricas que sustentam as disposições normativas acerca da fundamentação das decisões judiciais sob o CPC/2015 e apontar alguns entendimentos que, infelizmente, vão na contramão do que é pretendido pela lei. Tem-se consciência de que mudanças na lei não provocam mudanças automáticas de cultura – mudar a lei não transforma, por si, a realidade; no entanto, chama a atenção a insistência de determinados segmentos em se postar frontal e abertamente contra a lei.

Se, como dito, mudanças de cultura são lentas e isso é aceitável (até certo ponto), no entanto, a atitude deliberada de descumprir a lei – por aqueles órgãos que apenas existem para "dizer o direito" – é um dado muito preocupante e diz sobre o tipo de Judiciário que estamos construindo no Brasil.

2. Fundamentação das decisões no novo CPC

Decisões que não tratam os casos como casos mas como teses[7], é dizer, um dos grandes problemas na fundamentação das decisões anteriormente não estava no uso de princípios, leis, súmulas ou precedentes para decidir e sim em não se mostrar em que medida tais elementos se ajustam às particularidades do caso; de igual modo problemático entendimento segundo o qual pode ser pinçada uma tese sem que se enfrente o seu contrário. **Essas são as exigências dos parágrafos 1° e 2° do art. 489 – CPC/2015**, como veremos.

7 BAHIA, Alexandre. **Recursos Extraordinários no STF e no STJ**. 2ª ed. Juruá: Curitiba, 2016.

O acúmulo de trabalho não pode autorizar o Judiciário a abrir mão de sua única função própria que é resolver casos. Vale lembrar que o art. 489 se liga diretamente aos princípios já mencionados dos arts. 4º e 7º-10. Não há solução integral da lide e nem respeito ao contraditório se o caso não é decidido – e não se considera decidido um caso em que não são observadas as questões de mérito postas ou no qual as partes não vejam refletidas na decisão as teses/provas que sustentam seu direito. Ao mesmo tempo, não há, num Estado Democrático de Direito, espaço para subjetivismos/patrimonialismos no Judiciário, devendo ser rechaçada qualquer defesa de um "livre convencimento" que signifique algo além da garantia de imparcialidade do julgador face a pressões políticas, econômicas ou sociais externas ao caso[8].

Não se trata, agora, de mera posição doutrinária mais "garantista". Isso está na lei e não está a cargo do julgador negar-lhe vigência ou deixar de aplicá-la, a menos que alegue sua inconstitucionalidade – mas isso precisa ser feito explicitamente e com a devida fundamentação. Tais diretrizes não são como os antigos "princípios gerais do direito" da LINDB, que seriam usados em caso de lacuna, são, ao contrário, normas, de observância obrigatória[9]. Não que antes a fundamentação ou o respeito ao contraditório, ampla defesa e devido processo legal já não fossem obrigatórios, uma vez que constam da Constituição; o que ocorre agora é que tais princípios foram "detalhados" na novel legislação ordinária.

O entendimento consolidado dos nossos Tribunais sobre a fundamentação das decisões sustenta que *o juiz não é obrigado a responder a todas as questões*

---

8 Sobre isso, Lenio Streck aponta: "por que, depois de uma intensa luta pela democracia e pelos direitos fundamentais (...) deve(ría)mos continuar a *delegar ao juiz a apreciação discricionária* nos casos de regras (...) que contenham vaguezas e ambiguidades e nas hipóteses dos assim denominados *hard cases*? Volta-se, sempre, ao lugar do começo (...). Discricionariedades, arbitrariedades, inquisitorialidades, positivismo jurídico: tudo está entrelaçado" (STRECK, Lenio L. **O Que é Isto – Decido Conforme Minha Consciência?** Porto Alegre: Livraria do Advogado, 2010, p. 56). E, noutro texto: "[o] sistema normativo pátrio utiliza o princípio do livre convencimento motivado do juiz, o que significa dizer que o magistrado não fica preso ao formalismo da lei nem adstrito ao laudo pericial produzido nos autos, devendo o julgador analisar o caso concreto, levando em conta sua livre convicção pessoal" (STRECK, Lenio. O Novo CPC, os Precedentes e a Decisão Jurídica: os ganhos da adoção do integracionismo dworkiniano. *In.*: FREIRE, Alexandre (*et al.*) (orgs.). **Novas Tendências do Processo Civil**: Estudos sobre o Projeto do Novo Código de Processo Civil. Volume IV, Salvador: Juspodivm, 2014). O autor ainda chama a atenção para o fato de que forma retiradas do Novo CPC expressões clássicas do processo civil brasileiro: o texto original ainda trazia, em vários trechos, expressões como "o juiz apreciará livremente", que foram, praticamente, todas retiradas (STRECK, Lenio. O Novo CPC, *cit.*).

9 STRECK, Lenio. "Não sei... mas as coisas sempre foram assim por aqui". **Consultor Jurídico**, 19/09/2013. Disponível em: <http://www.conjur.com.br/2013-set-19/senso-incomum-nao-sei-coisas-sempre-foram-assim-aqui#_ftnref1_7676>. Ver também: THEODORO JR, Humberto; NUNES, Dierle; BAHIA, Alexandre; PEDRON, Flávio Quinaud. **Novo CPC: Fundamentos e sistematização**. 3ª ed. Rio de Janeiro: GEN Forense, 2016, p. 53 e segs.

postas pelas partes se, a partir de uma (algumas) puder solucionar integralmente a lide[10]. Há, inclusive, **decisão do STF com repercussão geral** sobre a tese:

> 2. Alegação de ofensa aos incisos XXXV e LX do art. 5º e ao inciso IX do art. 93 da Constituição Federal. Inocorrência. **3. O art. 93, IX, da Constituição Federal exige que o acórdão ou decisão sejam fundamentados, ainda que sucintamente, sem determinar, contudo, o exame pormenorizado de cada uma das alegações ou provas, nem que sejam corretos os fundamentos da decisão.** 4. Questão de ordem acolhida para **reconhecer a repercussão geral, reafirmar a jurisprudência do Tribunal,** negar provimento ao recurso e autorizar a adoção dos procedimentos relacionados à repercussão geral (grifos nossos) (STF, AI. n. 791292 QO-RG, Pleno, Rel. Min. Gilmar Mendes, DJe. 13/08/2010)[11].

O próprio STF, no entanto, possuía decisões em sentido contrário. Dois anos antes da acima citada, o mesmo Min. Gilmar Mendes, no RE. n. 434.059, após exposição do caso, inicia seu voto afirmando que "há muito vem a doutrina constitucional enfatizando que o direito de defesa não se resume a simples direito de manifestação no processo". Então, após citar alguns autores brasileiros clássicos, parte para a doutrina alemã, de onde vêm alguns dos cânones sobre o contraditório substancial acima expostos:

> Apreciando o chamado "Anspruch auf rechtliches Gehör" (...), assinala a Corte Constitucional que essa pretensão envolve não só o direito de manifestação e o direito de informação sobre o objeto do processo, mas também o direito de ver os seus argumentos contemplados pelo órgão incumbido de julgar (...). Daí afirmar-se, correntemente, que a pretensão à tutela jurídica, que corresponde exatamente à garantia consagrada no art. 5º, LV, da Constituição, contém os seguintes direitos: (I) – direito de informação (...); (II) - direito de manifestação (...), possibilidade de manifestar-se (...) sobre os elementos fáticos e jurídicos constantes do processo (...). (III) – direito de ver seus argumentos considerados (...), que exige do julgador capacidade de apreensão e isenção de ânimo (...) para contemplar as razões apresentadas (...). Sobre o direito de ver os seus argumentos contemplados pelo órgão julgador, que corresponde, obviamente, ao dever do juiz de a eles conferir atenção, pode-se afirmar que envolve não só o dever de tomar conhecimento, como também o de considerar, séria e detidamente, as razões apresentadas (STF, RE. n. 434059, Pleno. Rel. Min. Gilmar Mendes, DJe. 12/09/2008)[12].

---

10 Por exemplo, no STJ: ED. RMS. 31798, 1ª T., Rel. Min. Sérgio Kukina, DJe., 19/12/2013; no TST: ED. AIRR. n. 35340-33.2005.5.06.0003, 3ª T, Rel. Min. Rosa Weber, DEJT. 17/10/2008.

11 Vale anotar o voto vencido do Min. Marco Aurélio que discordou do entendimento da maioria.

12 Cf. OMMATI, José Emílio Medauar. A Fundamentação dos decisões Jurisdicionais no Pro-

Como se percebe em muito boa hora veio a disposição do Novo CPC acerca da necessidade de "estabilidade, integridade e coerência" da jurisprudência – art. 926. Para que o Tribunal estabelecesse o entendimento com repercussão geral precisaria enfrentar as decisões em sentido contrário a fim de mostrar o erro em que elas teriam incidido e fixar o novo entendimento "correto"; o que não pode ocorrer é, como ocorreu ali, que o mesmo Tribunal (e o mesmo Relator) ora decida de uma forma ora de outra sem proceder ou ao *overruling* ou ao *distinguishing*[13].

Voltando à questão da fundamentação das decisões vale repisar que o que está disposto vale para qualquer tipo de decisão, de qualquer grau e em qualquer procedimento. O §1° estipula quando uma decisão **não** será considerada fundamentada[14].

Os incisos I a III se referem à "decisão que não decide" (o caso), mas que, tomando-o apenas como um "tema", despe-o de suas particularidades (das nuances do evento traduzidas em provas e alegações), e a partir dele cria uma tese genérica.[15] O inciso I trata das decisões que apenas "indicam, reproduzem ou parafraseiam" normas, mas não mostram como a lei, geral e abstrata, se aplica ao caso. O inciso II trata de uma realidade recorrente que é a presença dos chamados "conceitos jurídicos indeterminados" – como dignidade da pessoa humana, boa-fé objetiva, a função social do contrato, a função social da propriedade – e que, se não forem utilizados de forma constitucionalmente corre-

---

jeto do Novo Código de Processo Civil. *In*: FREIRE, Alexandre (*et. al.*) (orgs.). **Novas Tendências do Processo Civil: Estudos sobre o Projeto do Novo Código de Processo Civil**. Vol. III. Salvador: JusPodivm, 2014.

13 THEODORO JR, Humberto; NUNES, Dierle; BAHIA, Alexandre; PEDRON, Flávio Quinaud. **Novo CPC**, *cit*., p. 373 e segs.; BAHIA, Alexandre; SILVA, Diogo Bacha e. O novo CPC e a sistemática dos precedentes: para um viés crítico das reformas processuais. **Direito, Estado e Sociedade**, n. 46, 2015, p. 38 a 71. Disponível em: <http://direitoestadosociedade.jur.puc-rio.br/media/Artigo2_46.pdf>; NUNES, Dierle; BAHIA, Alexandre. Precedentes no CPC-2015: *por uma compreensão constitucionalmente adequada do seu uso no Brasil*. **Revista do Ministério Público do Estado do Rio de Janeiro**, n. 57, p. 17-52, jul./set. 2015. Disponível em: <http://migre.me/vO8Vm>; BAHIA, Alexandre; SILVA, Diogo Bacha e; PEDRON, Flávio Quinaud; CATTONI DE OLIVEIRA, Marcelo A. Presunção de Inocência: uma contribuição crítica à controvérsia em torno do julgamento do Habeas Corpus n.° 126.292 pelo Supremo Tribunal Federal. **Empório do Direito**, 24.02.2016. Disponível em: <http://emporiododireito.com.br/presuncao-de-inocencia-uma-contribuicao-critica>.

14 Para o que se segue ver: THEODORO JR, Humberto; NUNES, Dierle; BAHIA, Alexandre; PEDRON, Flávio Quinaud. **Novo CPC**, *cit*., p. 346 e segs.

15 Como já temos defendido há algum tempo, o Tribunal não decide "teses", mas casos, e isso não é diferente quando se trata da formação de um precedente, que, aliás, nada mais é do que a resolução de um caso. Cf. BAHIA, Alexandre. **Recursos Extraordinários no STF e no STJ**. *cit*., p. 222 e segs. e 354.

ta, podem representar uma autorização em branco para que o órgão julgador decida "qualquer coisa" a partir de argumentos (não ditos) de religião, moral, preconceitos etc., e tente blindar sua decisão com a invocação de um conceito genérico que poderia servir, em tese, para outros dispositivos, quando não, para dispositivos justamente em sentido contrário. Por isso que a sentença/acórdão tem de estar em ligação direta às especificidades do caso. O inciso III fala de forma mais geral do que já foi tratado nos dois anteriores, já que invocar "motivos que se prestariam a justiçar qualquer outra decisão" pode ser feito através da indicação genérica de norma ou de conceitos jurídicos indeterminados (ou da indicação genérica de súmula e precedente, de que trataremos abaixo). Mas o Novo CPC quer insistir na exigência de que **casos concretos sejam decididos com base em questões e fundamentos concretos**. Ora, se as partes gastam tempo e recursos próprios e do Judiciário para expor suas razões e fazer suas provas, uma decisão cujos fundamentos seja apenas a reprodução automática de outras tantas – ou que poderia ser reproduzida às centenas –, de fato, não se está provendo jurisdição, mas apenas dando uma falsa impressão de acesso à justiça. No Estado Democrático de Direito, o acesso à justiça tem de ser qualitativo e não apenas formal.[16]

O inciso IV retoma o que já falávamos acima acerca dos arts. 9º e 10, isto é, não se considera fundamentada a decisão que "não enfrentar todos os argumentos deduzidos no processo **capazes de, em tese, infirmar a conclusão adotada pelo julgador**". Como já dissemos, isso representa um grande giro na forma como os Tribunais lidam com a questão. O julgador deverá mostrar que seu entendimento resiste a qualquer outro argumento em contrário constante dos autos[17].

Os incisos V e VI explicitam a tendência de mixagem de jurisdição que acompanhamos no Brasil desde o final do século passado com a crescente valorização de precedentes[18]. No art. 489, um inciso (V) fala sobre a menção

---

16 NUNES, Dierle; TEIXEIRA, Ludmila. **Acesso à Justiça Qualitativo**. Brasília: Gazeta Jurídica, 2013.

17 DERZI, Misabel de Abreu Machado; BUSTAMANTE, Thomas. O efeito vinculante e o princípio da motivação das decisões judiciais: em que sentido pode haver precedentes vinculantes no Direito Brasileiro? *In*: FREIRE, Alexandre (*et al.*) (orgs.). **Novas Tendências do Processo Civil: Estudos sobre o projeto de Novo Código de Processo Civil**. Salvador: Jus Podivm, 2013, p. 360.

18 Cf. WAMBIER, Teresa (coord.). **Direito Jurisprudencial**. São Paulo: Revista dos Tribunais, 2012; MENDES, Aluisio G. de Castro (*et al.*) (coords.). **Direito Jurisprudencial**. Volume II. São Paulo: Revista dos Tribunais, 2014; NUNES, Dierle; BAHIA, Alexandre. Formação e aplicação do direito jurisprudencial: alguns dilemas. **Revista do Tribunal Superior do Trabalho**, v. 79, p. 118-144, 2013; BAHIA, Alexandre; NUNES, Dierle. Tendências de Pa-

genérica e abstrata de súmulas e precedentes e o outro (VI) justamente da falta de uso dos mesmos (quando houver e forem adequados ao caso, com/sem a indicação de uma das partes nesse sentido). No primeiro caso, a hipótese se assemelha à do inciso I a respeito do uso também abstrato de normas, é dizer, tanto num caso como noutro, o que se tem são juízes/Tribunais que não enfrentam o caso, mas apenas subtraem do mesmo o seu "tema" (supra) e buscam em normas, precedentes e/ou súmulas alguma menção à mesma temática, para, então, "decidirem" a causa. No segundo caso o erro se dá ao contrário: se o julgador deixa de usar precedente ou súmula sem mostrar que o mesmo foi superado (*overruled*) ou que o caso possui particularidades que reclamam uma solução diversa (*distinguishing*)[19].

A respeito de ambos (incisos V e VI), há que se observar o seguinte: a decisão pelo uso ou não de súmulas e precedentes é uma tarefa complexa e, mais uma vez, é dependente do caso que se está a julgar. Da mesma forma que, como dito, uma norma pode ou não ser adequada à solução de um caso, uma súmula/precedente apenas será/não adequado tomando-se todas as características relevantes constantes dos autos. Súmulas e precedentes, da mesma forma que normas, não são "trunfos que zeram o jogo argumentativo", de maneira que uma vez transcrita uma Súmula ou feita referência a um caso com repercussão geral não haja necessidade de acrescentar mais nada. Ao contrário das leis (gerais e abstratas), precedentes e súmulas não o são. Eles são decorrentes diretos – e só fazem sentido assim – dos casos que lhes deram origem; e isso mesmo no caso de Súmulas, que, como entendemos, não se "descolam"

dronização Decisória no PLS nº 166/2010: o Brasil entre o Civil Law e o Common Law e os Problemas na Utilização do "Marco Zero Interpretativo". *In*: BARROS, Flaviane de M.; BOLZAN, José L. de Morais (coords.). **Reforma do processo civil: perspectivas constitucionais**. Belo Horizonte: Fórum, 2010, p. 75-95.

19 Dizer que um precedente se adequa ou não ao caso atual não é, de forma alguma, um exercício "exato/objetivo". Ao contrário, é atividade que, ainda que contenha técnicas – e há várias e diversas entre si (cf. Ver também RAMIRES, Mauricio. ***Crítica a aplicação de precedentes no direito brasileiro***. Porto Alegre: Livraria do Advogado, 2010) –, envolve disputa hermenêutica e argumentativa. Um bom exemplo de técnica nesse sentido é lembrado por Michel Rosenfeld: as partes/juiz podem argumentar, face a um caso paradigma, em uma relação de aproximação ou de distanciamento: a depender do grau de abstração (distanciamento) que se coloca entre dois casos – o presente e o(s) representado(s) num precedente/súmula –, elementos particulares de cada um deles podem ficar "borrados" em razão do distanciamento, fazendo com que casos pouco similares possam parecer praticamente idênticos e o inverso também é verdadeiro: se se aproxima em demasia, casos similares podem parecer total e irremediavelmente diferentes, impedindo o uso do precedente (ROSENFELD, Michel. **A Identidade do Sujeito Constitucional**. Belo Horizonte: Mandamentos, 2003).

da jurisprudência que lhes ocasionou[20]. Não é constitucionalmente adequado (seja aqui no Brasil, seja em qualquer país que se vale de precedentes) querer aplicá-los sem buscar-lhes o sentido nos casos originais[21]. Ao mesmo tempo, uma vez que há precedente/súmula que poderia ser "prima facie" aplicável, tem o órgão julgador o ônus de mostrar se entende que o mesmo não é adequado ao caso: que há especificidades (fazendo, então, um *distinguishing*) ou que o precedente/súmula estão superados (*overruling*), o que impede seu uso num e noutro casos.[22] Desde que começou o processo de "commonlização" do direito brasileiro – isto é, leituras equivocadas do que são e para que servem os precedentes e que vem se traduzindo em leis, doutrina e jurisprudência[23] – não faltou quem pensasse que o uso de precedentes e súmulas facilitaria o trabalho de aplicação do Direito. A realidade, no entanto, é outra: a soma daqueles com as normas apenas tornou nosso sistema mais complexo e exige muito mais dos seus aplicadores do que antes.

O art. 489 ainda possui uma regra de fundamentação para os casos de "conflitos entre princípios". O §2º trata da hipótese do juiz ter de fazer "ponderação" entre princípios em conflito *prima facie* aplicáveis. Não importa aqui se aquele que julga aplicará a teoria aleyana ou a dworkiniana/güntheriana[24], o

---

20 CF. DERZI, Misabel De Abreu Machado; BUSTAMANTE, Thomas. O efeito vinculante e o princípio da motivação das decisões judiciais. *cit.*, p. 360-361.

21 Sobre o mecanismo de funcionamento dos precedentes em países de "common law", ver: LADEIRA, Aline Hadad; BAHIA, Alexandre. O Precedente Judicial em Paralelo às Súmulas Vinculantes: pelas (re)introdução da faticidade do mundo jurídico. **Revista de Processo**, vol. 234, agosto 2014, p. 275-301; BAHIA, Alexandre. As Súmulas Vinculantes e a Nova Escola da Exegese. **Revista de Processo**, v. 206, abril 2012, p. 359-379; NUNES, Dierle; BAHIA, Alexandre. "Jurisprudência instável" e seus riscos: a aposta nos precedentes vs. uma compreensão constitucionalmente adequada do seu uso no Brasil. MENDES, Aluisio G. de Castro (*et al.*) (coords.). **Direito Jurisprudencial. Volume II**. São Paulo: Revista dos Tribunais, 2014; BAHIA, Alexandre; SILVA, Diogo Bacha e. Transcendentalização dos precedentes no novo CPC: equívocos acerca do efeito vinculante. *In*: FUX, Luiz (*et al*) (orgs.). **Novas tendências do direito processual**. Vol. IV. Salvador: JvsPodivm, 2014.

22 Cf. THEODORO JÚNIOR, Humberto, NUNES, Dierle; BAHIA, Alexandre. Public interest litigation and co-participative judicial enforcement of public policies. **Civil Procedure Review**, v. 5, p. 20-58, 2014. Disponível em: <http://migre.me/vNJ3W>.

23 Por todos, ver os textos do Prof. Lenio L. Streck, particularmente uma sequência de três textos sobre o tema: "Por que commonlistas brasileiros querem proibir juízes de interpretar?". **Conjur**, 22.08.2016. Disponível em: <http://migre.me/vO93N>; "Crítica às teses que defendem o sistema de precedentes - Parte II". **Conjur**, 29.09.2016. Disponível em: <http://migre.me/vO94h>; e: "Uma tese política à procura de uma teoria do direito: precedentes III". **Conjur**, 06.10.2016. Disponível em: <http://migre.me/vO950>.

24 Sobre isso ver: THEODORO JR, Humberto; NUNES, Dierle; BAHIA, Alexandre; PEDRON, Flávio Quinaud. **Novo CPC**, *cit.*, p. 368.

importante é que, ao final, terá de mostrar em que medida as particularidades do caso o fizeram decidir em um ou outro sentido.

As exigências são grandes e, como já dito, demandam mudanças de atitude que envolvem um "giro copernicano" face a boa parte do que é feito nos tribunais país afora. Sem qualquer pretensão de esgotar o tema ou se afirmar qual é "a realidade" pós-Código, traremos algumas pistas a respeito da recepção das disposições tratadas no próximo Capítulo.

3. Primeiras Impressões: Recepção do art. 489 pelo Judiciário

Começamos por uma história que ocorreu logo depois de aprovado o CPC/2015. Em maio de 2015, no "3º Congresso da Magistratura Laboral", o Prof. Lenio Streck defendeu os §§1º e 2º do art. 489 perante um público de magistrados e outros operadores do direito – particularmente, trabalhista e em termos consonantes com o que aqui se defende. Segundo ele: "o novo CPC visa a evitar que magistrados apenas citem dispositivos legais e precedentes sem relacioná-los com o caso em questão"[25]. Em resposta, na sequência, o juiz trabalhista Xerxes Gusmão

> ... sustentou ser irreal a exigência de analisar todas as alegações apresentadas pelas partes. Para o juiz, se a regra for aplicada literalmente, a Justiça irá parar, uma vez que, em muitos casos, os autores e réus elencam mais de 50 argumentos. Na opinião dele, se o magistrado se basear nas principais alegações, nas provas mais relevantes e no direito aplicado ao caso concreto, a decisão estará suficientemente fundamentada[26].

Ao que o juiz Xerxes acrescentou que não caberia ao legislador dizer o que o juiz tem de colocar em suas decisões e arrematou: "Se a fundamentação passar a ser examinar todas as alegações das partes, eu peço exoneração e vou para o Zimbabwe..."[27].

Há uma série de questões a serem comentadas aqui. Antes de mais nada é preciso ter claro – uma vez que isso é repetido com alguma frequência – que o CPC/2015 não diz que o juiz é obrigado a responder a todos os argumentos. O que o **art. 489, §1º, IV** prescreve é que o magistrado, ao analisar os argumentos

---

25 RODAS, Sérgio. Fundamentação de decisões no novo CPC gera confronto entre advogado e juiz. **Conjur**, 26.05.2015. Disponível em: <http://migre.me/vO96d>.

26 *Idem.*

27 *Idem.*

e provas de ambas as partes e confrontá-los com o que o Direito estipula, ele se decide por uma tese que vai ao encontro de uma das partes – tese que, de alguma forma, deve refletir o que foi produzido/debatido no processo, como temos insistido, ou seja, a decisão não deve ser uma surpresa às partes –, esta deve poder "resistir" a qualquer *anti*-tese (antítese) posta pela outra parte e que, *prima facie*, poderia fazer sentido para o caso mas, que, confrontada com o Direito e com as particularidades dos autos, se mostra descabida ou abusiva. É só isso. Se, dos "50 argumentos", como consta da citação acima, apenas o argumento número 01 se contrapõe ao adotado pelo magistrado é sobre este que ele deve se dedicar no que se refere a justificar sua recusa ao contraponto de sua tese. **Não** é necessário fazer um ***Tratado* sobre os argumentos n. 2 a 50; pode desconsiderá-los totalmente em sua decisão. O que não pode é deixar de enfrentar o(s) argumento(s) que pode(m) "em tese, infirmar a [sua] conclusão"** (IV do §1º do art. 489).

Para o magistrado citado o juiz poderia se basear apenas nas "principais alegações...". Veja-se que a decisão sobre o que é o mais relevante, a respeito de provas e alegações, só o é mesmo a partir das particularidades do caso. Isso não é um dado objetivo; ao contrário, envolve um exercício de hermenêutica. Não há nenhum problema nessa tomada de decisão – aliás, é o que se espera –, contudo, se há, "do outro lado", uma antítese ao que ele considerou a tese correta, ela (e não outras) deve ser enfrentada. Logo, se assim o fizer, não precisará *se mudar para o Zimbabwe*.

Insistimos também em outro ponto: uma boa fundamentação, na qual as partes possam ver que suas questões foram levadas a sério – principalmente, que a parte vencida veja que sua antítese foi enfrentada pelo juiz ao adotar a tese contrária – pode diminuir o uso de recursos e isso por duas razões: primeiro porque o Tribunal, diante de uma decisão estruturada corretamente, poderá ter uma maior tendência em mantê-la, o que pode gerar uma expectativa de insucesso que pode contribuir para um uso menor de recursos e facilitar a detecção daqueles recursos "meramente protelatórios"; em segundo lugar porque a parte pode se sentir "representada" na decisão, ainda que sucumbente, e não recorrer. Sabe-se que um dos grandes desafios quanto à lentidão no Judiciário é detectar o abuso do direito de ação. Diferenciar um recurso legítimo de um meramente protelatório é fundamental não só para a aplicação de penalidades mas principalmente para se gerar uma expetativa de não-agir, que se espraia para toda a comunidade jurídica. Não é o que se tem até então. A litigância de má-fé pode bem se esconder por trás daquela de boa-fé, uma vez, que, por exemplo, há taxas de sucesso tão altas em recursos como a apelação.

> Com decisões mais bem fundamentadas, após uma cognição mais bem preparada (art. 357), inclusive com possibilidade de acordo processual típico com fixação de limitação cognitiva e efeitos preclusivos (...), confia-se na diminuição das enormes taxas de reforma, fruto do atual debate superficial. Conforme se verifica por meio dos dados disponibilizados pelo Conselho Nacional de Justiça quando da edição do Relatório *Justiça em Números 2013* (...), a taxa de reforma das sentenças em sede de apelação, considerada a totalidade dos Estados, apesar de não ser representativa de metade ou mais dos processos que chegam aos Tribunais nessa mesma fase processual, é expressiva[28].

A resistência para com a fundamentação das decisões tal qual disposta no art. 489 – e seus consectários, arts. 4º e 7º-10 – pode também ser vista nos **Enunciados** sobre o CPC/2015 aprovados pela Escola Nacional de Formação e Aperfeiçoamento de Magistrados (**ENFAM**), em encontro com 500 magistrados em agostos de 2015. Não teremos espaço aqui para comentar os Enunciados com profundidade, contudo, vale a pena listar a total desconformidade dos Enunciados n. 1 a 3, 5 e 6, 10, 13 e 47 face o CPC/2015[29]. O que há nestes textos é a negação da mudança exigida pela nova legislação e a afirmação categórica de não submissão à lei, o que é muito preocupante, haja vista que eles foram aprovados em um encontro com aqueles que têm como função, justamente, a *jurisdictio*.

Por fim, na jurisprudência podemos citar um caso já decidido pelo STJ que, infelizmente, mostra que o Tribunal não se adequou à nova norma. Em julgamento de Embargos de Declaração a 1ª Seção decidiu manter o acórdão embargado. Vale mencionar que a decisão atacada havia negado provimento contra decisão denegatória de cabimento de Embargos de Divergência em razão do recorrente não ter atacado especificamente "os fundamentos do acórdão recorrido" limitando-se à "alegação genérica de violação dos arts. 131, 458 e 535 do CPC". Importa salientar um dos fundamentos trazidos pelo recorrente no sentido de que o CPC/2015 imporia que o Relator não poderia se valer de "formalismo e de jurisprudência defensiva para evitar entregar às partes a

---

28 THEODORO JR, Humberto; NUNES, Dierle; BAHIA, Alexandre; PEDRON, Flávio Quinaud. **Novo CPC**, *cit.*, p. 22-23. Os dados mencionados mostram que há uma média nacional de sucesso em recursos para o 2º grau de quase 34%, sendo que em vários Estados essa taxa passa dos 40%. Não é possível se fazer uma afirmação peremptória sobre uma relação necessária entre decisão bem fundamentada e menor uso de recursos, contudo, como dito, é possível sugerir uma mudança nesse sentido, ao menos, pelo uso mais frequente da penalidade de litigância de má-fé.

29 Disponíveis em: <http://migre.me/vOchV>. Para críticas aos Enunciados ver também: NUNES, Dierle; DELFINO, Lúcio. Enunciado da Enfam mostra juízes contra o contraditório do novo CPC. **Conjur**, 03.09.2015. Disponível em: <http://migre.me/vOcUH>.

resolução do direito material. Defende que, por força do novo CPC, devem ser desconsideradas as formalidades quando a matéria de fundo encontra-se em dissonância com a jurisprudência e a legislação aplicável ao caso".

A resposta do STJ foi, genericamente, afirmar que o recurso havia sido negado em razão de jurisprudência que havia se consolidado antes do CPC/2015 sobre o cabimento de recurso em tais casos e então repete aquele entendimento mencionado no início do texto:

> O julgador não está obrigado a responder a todas as questões suscitadas pelas partes, quando já tenha encontrado motivo suficiente para proferir a decisão. Não há vício de fundamentação quando o aresto recorrido decide integralmente a controvérsia, de maneira sólida e fundamentada. A manifestação da parte revela, em verdade, inconformidade da parte com o resultado do julgamento (STJ, 1ª Seção, EDcl. AgRg. EAREsp. n. 156.681, Rel. Min. Diva Malerbi, j. 08.06.2016).

Sem querer entrar no mérito do caso – se é ou não cabível Embargos de Divergência no caso –, é importante salientar que o Tribunal mantém entendimento que reputamos não ser conforme o que exige os §§1º e 2º do art. 489: o julgador é, sim, obrigado a enfrentar a tese contrária àquela que ele adota; pode, sim, haver vício de fundamentação quando a decisão recorrida, por exemplo, apenas cite Súmulas sem mostrar sua incidência no caso específico, como se poderia questionar no caso, além do que seria necessário "filtrar" tais Súmulas e precedentes face os ditames do CPC/2015, não apenas quanto a Embargos de Divergência mas também quanto à prevalência de julgamento de mérito e de um formalismo constitucional democrático, questões positivadas na novel legislação[30]. Não é possível aqui adentrar o caso para verificar se há, de fato, divergência jurisprudencial no interior do STJ sobre a questão debatida, de toda sorte se havia esta se manteve.

4. Considerações finais

Não havia nenhuma dúvida sobre o desafio que seria/é readequar a forma como decisões judiciais eram/são fundamentadas no Brasil. Durante anos a fio o discurso da aceleração a todo custo foi a resposta para a "crise do Poder Judiciário". Desde os anos 1990 todas as reformas se deram quase exclusivamente visando criar medidas que combatiam as consequências da alta litigiosidade – e muito pouco foi feito sobre suas causas. Com isso, é dizer, com o acúmulo de

30 THEODORO JR, Humberto; NUNES, Dierle; BAHIA, Alexandre; PEDRON, Flávio Quinaud. **Novo CPC**, *cit.*, p. 26 e segs.

causas e o incentivo à aceleração como forma de combate ao problema, não é de se admirar que muitos dos que decidem tenham se sentido confortáveis em "produzir"[31] decisões-padrão (genéricas), que apenas repetem/parafraseiam textos de lei, de súmulas ou de precedentes, que se valem de "trunfos" como "dignidade da pessoa humana", "boa-fé" ou "afetividade" ou que fazem ponderações entre princípios de forma abstrata, ou, ainda, em que se tenha tomado uma das teses da parte sem que esta tenha sido confrontada com a tese contrária da outra – esta última exigência talvez seja a que mais polêmica gerou/tem gerado.

Uma fundamentação adequada das decisões implica mudanças: em primeiro lugar, respeito à lei por aqueles que aplicam o direito; em segundo lugar, mudança de paradigma; em nadar contra a corrente da inércia que faz com que as coisas continuem como estão. E é preciso dizer bem claramente: as coisas não estão boas. Nossos problemas não são apenas de quantidade mas também de qualidade. Aliás, uma coisa não pode prevalecer de modo absoluto anulando a outra.

Ter-se uma decisão que cumpra os ditames do art. 489 é o mínimo que se pode esperar em um Estado Democrático de Direito. Que haja resistências isso é, até certo ponto, esperado. O que não pode haver é, nem a postura beligerante/preconceituosa para com a lei, e, o que talvez seja pior, a continuidade acrítica e cínica como se a lei nada dissesse. Caberá à doutrina e à jurisprudência se unirem em favor da máxima aplicação do CPC/2015.

5. Referências Bibliográficas

BAHIA, Alexandre. As Súmulas Vinculantes e a Nova Escola da Exegese. **Revista de Processo**, v. 206, abril 2012, p. 359-379.

BAHIA, Alexandre. **Recursos Extraordinários no STF e no STJ**. 2ª ed. Juruá: Curitiba, 2016.

BAHIA, Alexandre; NUNES, Dierle. Tendências de Padronização Decisória no PLS nº 166/2010: o Brasil entre o Civil Law e o Common Law e os Problemas na Utilização do "Marco Zero Interpretativo". *In*: BARROS, Flaviane de M.; BOLZAN, José L. de Morais (coords.). **Reforma do processo civil: perspectivas constitucionais**. Belo Horizonte: Fórum, 2010, p. 75-95.

---

31 O verbo é o que é utilizado como um dos critérios para aferir o "merecimento" nas promoções de juízes, conforme a redação dada à alínea "c" do inciso II do art. 93 da Constituição pela EC. 45/04 (a emenda de reforma do Judiciário).

BAHIA, Alexandre; SILVA, Diogo Bacha e. Transcendentalização dos precedentes no novo CPC: equívocos acerca do efeito vinculante. *In*: FUX, Luiz (*et al*) (orgs.). **Novas tendências do direito processual**. Vol. IV. Salvador: JvsPodivm, 2014.

BAHIA, Alexandre; SILVA, Diogo Bacha e. O novo CPC e a sistemática dos precedentes: para um viés crítico das reformas processuais. **Direito, Estado e Sociedade**, n. 46, 2015, p. 38 a 71. Disponível em: <http://direitoestadosociedade.jur.puc-rio.br/media/Artigo2_46.pdf>.

BAHIA, Alexandre; VECCHIATTI, Paulo Roberto Iotti. O Dever de Fundamentação, Contraditório Substantivo e Superação de Precedentes Vinculantes (overruling) no novo CPC – ou do repúdio a uma nova Escola da Exegese. *In*: FREIRE, Alexandre (*et al.*) (orgs.). **Novas Tendências do Processo Civil**. Volume II. Salvador: JvsPodivm, 2014, p. 27-46.

BAHIA, Alexandre; SILVA, Diogo Bacha e; PEDRON, Flávio Quinaud; CATTONI DE OLIVEIRA, Marcelo A. Presunção de Inocência: uma contribuição crítica à controvérsia em torno do julgamento do Habeas Corpus n.º 126.292 pelo Supremo Tribunal Federal. **Empório do Direito**, 24.02.2016. Disponível em: <http://emporiododireito.com.br/presuncao-de-inocencia-uma-contribuicao-critica>.

COMOGLIO, Luigi Paolo. Garanzie costituzionale e "giusto processo" (modelli a confronto). **Revista de Processo**, n. 90, p. 95-150, abr./jun. 1998.

CURI, Ivan Guerios; NUNES, Dierle; BAHIA, Alexandre. Processo Constitucional Contemporâneo. **Boletim da Faculdade de Direito - Universidade de Coimbra**, v. LXXXV, p. 343-374, 2009. Disponível em: <http://migre.me/vOd3Q>.

DERZI, Misabel de Abreu Machado; BUSTAMANTE, Thomas. O efeito vinculante e o princípio da motivação das decisões judiciais: em que sentido pode haver precedentes vinculantes no Direito Brasileiro? *In*: FREIRE, Alexandre (*et al.*) (orgs.). **Novas Tendências do Processo Civil: Estudos sobre o projeto de Novo Código de Processo Civil**. Salvador: Jus Podivm, 2013.

LADEIRA, Aline Hadad; BAHIA, Alexandre. O Precedente Judicial em Paralelo às Súmulas Vinculantes: pelas (re)introdução da faticidade do mundo jurídico. **Revista de Processo**, vol. 234, agosto 2014, p. 275-301.

MACHADO, Felipe D. Amorim; CATTONI DE OLIVEIRA, Marcelo A. (coords.). **Constituição e processo: a contribuição do processo para o constitucionalismo brasileiro**. Belo Horizonte: Del Rey, 2009.

MENDES, Aluisio G. de Castro (*et al.*) (coords.). **Direito Jurisprudencial**. Volume II. São Paulo: Revista dos Tribunais, 2014.

NUNES, Dierle. **Processo jurisdicional democrático: uma análise crítica das reformas processuais**. Curitiba: Juruá, 2008.

NUNES, Dierle; BAHIA, Alexandre. Formação e aplicação do direito jurisprudencial: alguns dilemas. **Revista do Tribunal Superior do Trabalho**, v. 79, p. 118-144, 2013.

NUNES, Dierle; BAHIA, Alexandre. "Jurisprudência instável" e seus riscos: a aposta nos precedentes vs. uma compreensão constitucionalmente adequada do seu uso no Brasil.

MENDES, Aluisio G. de Castro (*et al.*) (coords.). **Direito Jurisprudencial. Volume II**. São Paulo: Revista dos Tribunais, 2014.

NUNES, Dierle; BAHIA, Alexandre. Precedentes no CPC-2015: por uma compreensão constitucionalmente adequada do seu uso no Brasil. **Revista do Ministério Público do Estado do Rio de Janeiro**, n. 57, p. 17-52, jul./set. 2015. Disponível em: <http://migre.me/vO8Vm>.

NUNES, Dierle; DELFINO, Lúcio. Enunciado da Enfam mostra juízes contra o contraditório do novo CPC. **Conjur**, 03.09.2015. Disponível em: <http://migre.me/vO-cUH>.

NUNES, Dierle; TEIXEIRA, Ludmila. **Acesso à Justiça Qualitativo**. Brasília: Gazeta Jurídica, 2013

OMMATI, José Emílio Medauar. A Fundamentação dos decisões Jurisdicionais no Projeto do Novo Código de Processo Civil. *In*: FREIRE, Alexandre (*et. al.*) (orgs.). **Novas Tendências do Processo Civil: Estudos sobre o Projeto do Novo Código de Processo Civil**. Vol. III. Salvador: JusPodivm, 2014.

PICARDI, Nicola. Il principio del contraddittorio. **Rivista di Diritto Processuale**, Milano, Cedam, n. 3, jul./set. 1988, p. 677.

RAMIRES, Mauricio. ***Crítica a aplicação de precedentes no direito brasileiro***. Porto Alegre: Livraria do Advogado, 2010.

ROSENFELD, Michel. **A Identidade do Sujeito Constitucional**. Belo Horizonte: Mandamentos, 2003.

RODAS, Sérgio. Fundamentação de decisões no novo CPC gera confronto entre advogado e juiz. **Conjur**, 26.05.2015. Disponível em: <http://migre.me/vO96d>.

STRECK, Lenio L. **O Que é Isto – Decido Conforme Minha Consciência?** Porto Alegre: Livraria do Advogado, 2010.

STRECK, Lenio L. "Não sei... mas as coisas sempre foram assim por aqui". **Conjur**, 19/09/2013. Disponível em: <http://www.conjur.com.br/2013-set-19/senso-incomum-nao-sei-coisas-sempre-foram-assim-aqui#_ftnref1_7676>.

STRECK, Lenio. O Novo CPC, os Precedentes e a Decisão Jurídica: os ganhos da adoção do integracionismo dworkiniano. *In.*: FREIRE, Alexandre (*et al.*) (orgs.). **Novas Tendências do Processo Civil**: Estudos sobre o Projeto do Novo Código de Processo Civil. Volume IV, Salvador: Juspodivm, 2014.

STRECK, Lenio. Por que commonlistas brasileiros querem proibir juízes de interpretar? **Conjur**, 22.08.2016. Disponível em: <http://migre.me/vO93N>.

STRECK, Lenio. Crítica às teses que defendem o sistema de precedentes - Parte II. **Conjur**, 29.09.2016. Disponível em: <http://migre.me/vO94h>.

STRECK, Lenio. Uma tese política à procura de uma teoria do direito: precedentes III. **Conjur**, 06.10.2016. Disponível em: <http://migre.me/vO950>.

THEODORO JR, Humberto; NUNES, Dierle. Uma dimensão que urge reconhecer ao contraditório no direito brasileiro: sua aplicação como garantia de influência e não surpresa. **Revista de Processo**, v. 168, p. 107-141, 2009.

THEODORO JÚNIOR, Humberto, NUNES, Dierle; BAHIA, Alexandre. Public interest litigation and co-participative judicial enforcement of public policies. **Civil Procedure Review**, v. 5, p. 20-58, 2014. Disponível em: <http://migre.me/vNJ3W>.

THEODORO JR, Humberto; NUNES, Dierle; BAHIA, Alexandre; PEDRON, Flávio Quinaud. **Novo CPC: Fundamentos e sistematização**. 3ª ed. Rio de Janeiro: GEN Forense, 2016.

WAMBIER, Teresa (coord.). **Direito Jurisprudencial**. São Paulo: Revista dos Tribunais, 2012.

DESAFIOS PARA A CORRETA FUNDAMENTAÇÃO DAS DECISÕES JUDICIAIS: ALGUMAS CONSIDERAÇÕES SOBRE AS CRÍTICAS AO ART. 489, §1º DO CPC

Thiago Carlos de Souza Brito[1]

1. Introdução

O novo Código de Processo Civil (CPC/15), com vistas a melhorar a prestação jurisdicional, trouxe diversas modificações em relação ao procedimento. Partindo da premissa de que promoção dos princípios da celeridade e efetividade, o legislador alterou o procedimento ordinário para incluir a audiência de conciliação preliminar; concentrou atos processuais em uma só manifestação (contestação, reconvenção, exceções); extinguiu procedimentos especiais e recursos; criou incidentes nos tribunais; unificou prazos recursais, dentre outros. Mas não só isso.

Algumas alterações inseridas no CPC/15 tiveram o intuito de depurar os problemas existentes na atuação do Poder Judiciário. Dentre eles, destaca-se o déficit de fundamentação das decisões judiciais. A prática forense indicava que os magistrados, em algumas oportunidades, deixavam de motivar as suas decisões adequadamente. José Rogério Cruz e Tucci, ainda na década de 80, alertava existirem "*inúmeras e inadmissíveis distorções encontradiças na*

---

1 Mestre e Doutorando em Direito Processual Civil pela Universidade Federal de Minas Gerais (UFMG). Professor da Faculdade de Desenvolvimento do Rio Grande do Sul – FADERGS. Membro Refundador e Diretor Executivo do IDPro – Instituto de Direito Processual. Advogado.

praxe forense de todo o País, dentre as quais, as que admitem como suficiente a motivação aparente ou implícita, ou aquelas que simplesmente adotam as razões expendidas por um dos integrantes do processo."[2] Em razão disso, era necessário repensar a fundamentação das decisões, de modo que o ato judicial esteja adequado ao Estado Democrático de Direito, uma vez que sem a devida motivação não há contraditório efetivo e processo justo.[3]

Não que a fundamentação, por si só, seja garantia de uma decisão justa. Como nos lembra Piero Calamandrei, uma "*sustentação extensa e cuidadosa pode revelar, no juiz, o desejo de esconder para si e para outros, com arabescos logísticos, a perplexidade em que se encontra.*"[4] Ainda assim, é ela elemento essencial para legitimar a atividade jurisdicional perante as partes que estão em litígio e a sociedade, ao controlar a discricionariedade do magistrado no momento de decisão. Até mesmo porque o Poder Judiciário não possui mesma validação popular pelas eleições periódicas, como ocorre com os demais Poderes constituídos.[5]

Por isso, e seguindo a experiência estrangeira,[6] o dever de fundamentação das decisões foi inserido no texto constitucional, expressamente previsto no art. 93, inc. IX, da CF/88. A despeito da aplicabilidade imediata da regra constitucional, não havia na legislação infraconstitucional regulamentação específica, de modo que as mesmas práticas indesejadas mencionadas por Cruz e Tucci perduravam. Com efeito, o legislador inovou no novo CPC ao estabelecer disciplina pormenorizada sobre a matéria, conforme se verifica no seu art. 489, §1º.

---

2 TUCCI, José Rogério Cruz e. **A Motivação da Sentença no Processo Civil**. São Paulo: Saraiva, 1987, p. 153.

3 MITIDIERO, Daniel. Fundamentação e Precedente: Dois Discursos a partir da Decisão Judicial. *In*.: **Revista de Processo**, Vol. 206, p. 61-78, Abril. São Paulo: RT, 2012, p. 62.

4 CALAMANDREI, Piero. **Eles, os Juízes, Vistos por nós, os Advogados**. 3ª Tiragem. São Paulo: Pilares, 2013, p. 129

5 MARINONI, Luiz Guilherme. **Teoria Geral do Processo**. São Paulo: RT, 2006, p. 407.

6 Interessante destacar que diversos países, no século XX, após a queda de regimes ditatoriais, inseriram em suas constituições a regra da fundamentação obrigatória. Afirma Rodrigo Ramina de Lucca (*in*: **O Dever de Motivação das Decisões Judiciais: Estado de Direito, Segurança Jurídica e Teoria dos Precedentes**. 2ª Ed. Salvador: Juspodivm, 2016, p. 117-118) que: "*São ótimos exemplos: Constituição mexicana de 1917 (art. 16), promulgada após a longa guerra civil que sucedeu a Revolução de 1910; Constituição italiana de 1948 (art. 111), promulgada após a queda do fascismo; Constituição grega de 1975 (arts. 6, 1 e 10,1), promulgada após a queda do 'Regime dos Coronéis'; Constituição espanhola de 1978 (art. 120, 3), promulgada após a queda do franquismo; Constituição peruana de 1979 (art. 233, 4), promulgada após a queda de ditadura militar; Constituição portuguesa de 1976, reformada em 1982 (art. 205, 1), promulgada após a Revolução dos Cravos e a queda do Estado Novo; e a Constituição brasileira de 1988, promulgada após a queda da ditadura militar.*"

Entretanto, tal regulamentação não recebeu a acolhida de parte da literatura especializada, tendo sido alvo de severas críticas. Dentre elas, destacamos aquelas elaboradas exatamente por aqueles a quem foram tais regras destinadas. As associações dos magistrados brasileiros tecerem diversas considerações negativas ao mencionado dispositivo. Dentre elas, destacamos: (i) violação à independência funcional dos magistrados; (ii) ofensa ao princípio do livre convencimento; e (iii) burocratização do ato de julgar. Por óbvio, não estão listadas aqui todas as impugnações elaboradas ao mencionado dispositivo, mas foram elas escolhidas considerando os limites do presente trabalho. Necessário, portanto, responder tais críticas com vistas a afastar qualquer dúvida quanto à sua pertinência, sob pena de transformar-se, indevidamente, em letra morta.

2. O conteúdo da fundamentação das decisões conforme o CPC

A atividade de julgar sempre esteve envolta em certo grau de misticismo, uma vez concentra aquele momento no qual, de forma "*misteriosa e clarividente*",[7] o juiz decide quem é merecedor da proteção estatal e quem vai sofrer as consequências da violação da lei. Por isso, historicamente, poucos são os textos legais que estabelecem a forma como deve ser motivada uma decisão judicial. As cartas constitucionais e diplomas processuais, quando muito, apenas estabeleciam a sua obrigatoriedade, sem maiores detalhamentos ou diretrizes.

Em nossa tradição jurídica, as decisões judiciais, para ser consideradas válidas, deveriam atender apenas aos *requisitos* mínimos (ou *elementos*, como corretamente prevê o CPC/15), quais sejam, a presença do relatório, da fundamentação e do dispositivo. Tais requisitos estavam previstos no CPC de 1939 (art. 280), 1973 (art. 458), e foi devidamente replicado no Código de 2015 (art. 489). Nenhuma consideração havia, nos revogados diplomas processuais, quanto à *forma* da fundamentação. Assim, com vistas a estabelecer as diretrizes mínimas daquilo que se entende ser a correta fundamentação, o CPC/15 definiu alguns critérios para averiguar se o ato judicial decisório pode ser considerado válido.

Assim, segundo as disposições previstas no art. 489, §1º do CPC/15, o magistrado deve organizar o seu discurso justificador de modo a apresentar para as partes e a coletividade o raciocínio desenvolvido para chegar à conclusão que estará contida no comando decisório. Em tal percurso lógico, devem ser enfren-

---

7 CALAMANDREI, Piero. **Eles, os Juízes, Vistos por nós, os Advogados**... *Op. cit.*, p. 126.

tadas questões preliminares e de mérito formuladas pelas partes, utilizando as provas produzidas no caso e o Direito aplicável em espécie. Em consequência, caso inexista a fundamentação da decisão, padecerá tal ato judicial de um vício formal, que causará a sua nulidade, após o reconhecimento judicial.[8]

Parece certo afirmar, ainda que não exista, ao menos em nosso conhecimento, pesquisas quantativas em sentido contrário, que as decisões sem qualquer fundamentação são a exceção no sistema jurídico brasileiro. Na verdade, percebe-se a ocorrência, em maior volume, da deficiência ou inutilidade da fundamentação.[9] Assim, ao invés de delimitar aquilo que entende pela correta fundamentação, optou o legislador por uma definição negativa, ou seja, indicou no §1º do art. 489 situações nas quais entende que a decisão judicial *não* se encontra devidamente motivada. Certamente, as situações descritas pelo Diploma Processual como ausentes de fundamentação são meramente exemplificativas, não se configurando rol taxativo de deficiência na motivação das decisões judiciais.

No inciso I do art. 489, estabelece o legislador que não será considerado fundamentada "*se limitar à indicação, à reprodução ou à paráfrase de ato normativo, sem explicar sua relação com a causa ou a questão decidida;*". Tal dispositivo tem o objetivo de evitar a simples indicação de norma jurídica (princípio, regra ou precedente), sem demonstração fática da sua aplicabilidade. Isso porque, ao elaborar a solução para o litígio, o julgador faz uma interpretação da lei incidente no caso. E o referido ato de interpretar é carregado de atividade valorativa, que deve ser evidenciada no momento de elaboração da decisão. Assim, o *iter* percorrido pelo magistrado deve incluir a explanação sobre a escolha de determinado texto normativo ou precedente aplicável no caso concreto.

Por sua vez, no inc. II, dispõe que não deve o julgador "*empregar conceitos jurídicos indeterminados, sem explicar o motivo concreto de sua incidência no caso;*". Tem-se aqui clara preocupação com cláusulas gerais e conceitos indeterminados, que trazem em si tipos normativos que dependem de acréscimos fáticos inseridos pelo julgador diante do caso concreto. Tais conceitos são es-

---

8 Sobre o tema, ao discutir as nulidades processuais no CPC/73, afirma Aroldo Plínio Gonçalves (in: **Nulidades no Processo**. 2ª Ed. Belo Horizonte: Del Rey, 2012, p. 65) que: "*Se a sentença for materialmente existente, mas tiver sido lavrada com omissão dos requisitos exigidos para sua regularidade, como o relatório (art. 458, I, do C. Pr. Civil) ou a fundamentação (art. 458, II, do C. Pr. Civil), é ato cujo defeito o torna passível de nulidade, que, como já se repetiu, para se configurar, deve ser judicialmente declarada.*"

9 DIDIER JÚNIOR, Fredie; OLIVEIRA, Rafael Alexandria de; BRAGA, Paula Sarno. **Curso de Direito Processual Civil: Teoria da Prova, Direito Probatório, Decisão, Precedente, Coisa Julgada e Tutela Provisória**. Vol. 2. 10ª ed. Salvador: Jus Podivm, 2015, 2015, p. 326.

senciais para efetividade do Direito, pois permitem enunciados normativos com o conteúdo propositalmente indeterminados e que têm o intuito de propiciar uma adaptação entre o sistema jurídico calcado em normas de conteúdo rígido e uma realidade social mutável, líquido. Podem ser eles exemplificados pela "boa-fé" (art. 422, CC), "interesse público" (art. 178, inc. I, do CPC), "bem comum" (art. 8º, do CPC), "tempo razoável" (art. 6º, do CPC), "grande repercussão social" (art. 947, do CPC), etc. Por sua vez, cláusulas gerais são enunciados normativos que tanto o poder de escolha do conteúdo, mas também a consequência jurídica. São exemplos o poder geral de cautela (art. 301, do CPC), devido processo legal (art. 5º, inc. LIV da CF), dentre outros. A sua utilização na fundamentação das decisões deve ser acompanhada de uma correlata demonstração do elemento concretizador de tal dispositivo no caso concreto, determinando caso a caso a indeterminação de tais conceitos.

Já no inc. III, veda-se a possibilidade de o julgador "*invocar motivos que se prestariam a justificar qualquer outra decisão*". O objetivo de tal dispositivo é, certamente, a utilização de decisões modelo, supostamente aplicáveis a um sem número de processos em sua natureza diversos entre si. Pretende-se evitar expressões genéricas, vagas, sem qualquer respaldo no contexto fático do caso em julgamento. Fredie Didier indica os seguintes exemplos "É bastante comum o operador do direito deparar-se, no seu dia-a-dia, com decisões do tipo 'presentes os pressupostos legais, concedo a tutela provisória', ou simplesmente 'defiro o pedido do autor porque em conformidade com as provas produzidas nos autos', ou ainda 'indefiro o pedido, por falta de amparo legal'."[10] Se uma mesma decisão puder ser transportada de um processo para outro, certamente não estará ela fundamentada.

Por sua vez, no inc. IV, ausente será a fundamentação se o magistrado "*não enfrentar todos os argumentos deduzidos no processo capazes de, em tese, infirmar a conclusão adotada pelo julgador*". A pretensão das partes, deduzida em juízo, é sustentada por diversos argumentos. Ao julgador, é vedado desconsiderar elementos argumentativos que as partes formularam no processo. Trata-se, aqui, de uma concretização do princípio da congruência, o qual exige a estrita correlação entre as alegações das partes e aquilo que foi decidido. Ademais, para uma aplicação correta do princípio do contraditório, a tese derrotada tem o direito de ver os seus argumentos respondidos de forma exaustiva. Uma vez que a derrota importará na perda de um bem da vida, a parte perdedora tem o direito constitucional de ver as suas pretensões enfrentadas pelo

---

10 DIDIER JÚNIOR, Fredie; OLIVEIRA, Rafael Alexandria de; BRAGA, Paula Sarno. **Curso de Direito Processual Civil**... *Op. cit.*, 2015, p. 334.

Poder Judiciário. Sendo assim, o julgador, para motivar de forma adequada, deve, para acolher o pedido do autor, decidir todas as alegações do réu; e para julgar improcedente dos pedidos do autor, enfrentar de forma exaustiva cada uma de suas pretensões.[11]

Ademais, haverá ausência de fundamentação, conforme o inc. V do art. 489, se o julgador "*se limitar a invocar precedente ou enunciado de súmula, sem identificar seus fundamentos determinantes nem demonstrar que o caso sob julgamento se ajusta àqueles fundamentos.*" Pretende-se combater com o mencionado dispositivo a pratica usual, da simples transcrição dos enunciados sumulares ou dos precedentes dos Tribunais brasileiros. Com efeito, para ser devidamente fundamentada, deve o julgador demonstrar a identidade, ou no mínimo, a similitude, fática existente entre a causa em julgamento e os fatos que deram origem à súmula ou precedente. Para tanto, necessária a utilização de elementos idênticos da decisão anterior. Sem tal elucidação, a simples utilização do Direito Jurisprudencial ocorreria de forma aleatória e sem critérios.

Por fim, inexistirá fundamentação quando "*deixar de seguir enunciado de súmula, jurisprudência ou precedente invocado pela parte, sem demonstrar a existência de distinção no caso em julgamento ou a superação do entendimento.*" O inciso VI deve ser lido em conjunto com o inciso V do mesmo artigo, acima mencionado. Da mesma forma que o legislador exige que o magistrado, ao aplicar a súmula ou precedente, demonstre a sua adequação ao caso concreto, também deverá demonstra casuisticamente os motivos que o levaram a afastar o precedente ou súmula. Aqui, é possível identificar um dos problemas existentes no Poder Judiciário brasileiro, que contribuiu para a modificação na legislação que culminou no novo Diploma Processual, a saber, a ausência de subordinação hierárquica entre os tribunais. Conforme será visto adiante, baseados de forma errônea no princípio do livre convencimento, os juízes e cortes estaduais insistem em não aplicar o entendimento consolidado nos Tribunais superiores. A única forma juridicamente aceitável para proceder de tal forma seria fazer a distinção (*distinguish*) entre os julgados, ou mesmo a sua superação (*overruling*). Portanto, se um precedente ou súmula foi suscitado por uma das partes, deve o magistrado segui-lo ou demonstrar, motivadamente, que tal precedente não se aplica ao caso em julgamento.

Assim, se uma decisão judicial, proferida pelo Poder Judiciário brasileiro que deixar de atender a qualquer dos requisitos acima elencados, padecerá ela de um vício de fundamentação, que causará a sua nulidade.

---

11 DIDIER JÚNIOR, Fredie; OLIVEIRA, Rafael Alexandria de; BRAGA, Paula Sarno. **Curso de Direito Processual Civil**... *Op. cit.*, p. 336.

3. Óbices à aplicação do artigo 489, §1°, do CPC

Após uma análise detida dos dispositivos que regulamentam a fundamentação das decisões no CPC/15, não haveria, em princípio, maiores críticas aos elementos nele consignados. Até mesmo porque, em tese, tais incisos apenas reforçam aquilo que já seria esperado de um julgador no momento de justificação. Ou seja, a inovação do novo diploma processual estaria restrita à consolidação legislativa de uma prática comum no cotidiano forense.

Acrescente-se que, ao analisar-se as situações previstas no art. 489, do CPC, não há qualquer inovação no ordenamento jurídico, uma vez que eram decorrência lógica do texto constitucional. Em interessante levantamento jurisprudencial, Carlos José Cordeiro e Josiane Araújo Gomes demonstram que as hipóteses previstas nos incisos do §1°, do art. 489, já eram entendidas enquanto ausência de fundamentação antes de sua vigência. [12] O CPC/15, portanto, apenas reforça e consolida aquilo que já era esperado do julgador ao decidir em um processo.

Todavia, a imediata efetividade do mencionado dispositivo legal tem encontrado resistência inesperada. Segundo as associações de juízes, os incisos sobre a fundamentação das decisões, "*terão impactos severos, de forma negativa, na gestão do acervo de processos, na independência pessoal e funcional dos juízes e na própria produção de decisões judiciais em todas as esferas do país, com repercussão deletéria na razoável duração dos feitos*". Considerando destacadamente a origem de tais críticas, bem como a importância da fundamentação em uma sociedade democrática, necessário se faz afastar algumas dessas críticas, com vistas a permitir a maior efetividade do Novo CPC.

3.1. Violação à independência funcional dos magistrados

No final da tramitação no Congresso Nacional, quando já possuía o CPC a sua configuração final e estava pronto para a sanção presidencial, a Associação dos Magistrados Brasileiros - AMB, a Associação dos Juízes Federais do Brasil – AJUFE e a Associação Nacional dos Magistrados da Justiça do Trabalho – ANAMATRA, enviaram uma solicitação à então Presidente da República para que vetasse o art. 489, tendo em vista que não estaria ele em conformidade com a independência funcional dos magistrados. Em síntese, afirmam que a

---

12 CORDEIRO, Carlos José; GOMES, Josiane Araújo. Motivação das Decisões Judiciais: Estudo à Luz do Art. 489 do Novo Código de Processo Civil. In: **Revista de Processo**, Vol. 261, p. 53-86, Novembro. São Paulo: RT, 2016.

necessidade de refutação de todas as razões apresentadas pelas partes seria inviável. Como pode ser lido na nota pública elaborada pela ANAMATRA:

> Cite-se como exemplo o inciso IV do parágrafo 1º do artigo 486 ("não enfrentar todos os argumentos deduzidos no processo capazes de, em tese, infirmar a conclusão adotada pelo julgador"), que enuncia uma utopia totalitária. Esperar que o juiz – em tempos de peticionamento eletrônico e dos impressionantes "ctrl C" e "ctrl V" – refute um a um todos os argumentos da petição inicial, da contestação e das várias peças recursais, ainda quando sejam argumentos de caráter sucessivo ou mesmo contraditórios entre si (porque será possível tê-los, p.ex., no âmbito das respostas processuais, à vista do princípio da eventualidade da defesa), tendo o juiz caminhado por uma linha lógica de decisão que obviamente exclui os outros argumentos, é exigir do agente público sobretrabalho inútil e violar obliquamente o princípio da duração razoável do processo.[13]

Assim, sustentam que o órgão jurisdicional é independente para apreciar os pedidos, sendo suficiente a fundamentação que simplesmente aponta as razões que sustentam o dispositivo. Ou seja, "*bastava a não contradição entre as proposições constantes na sentença.*"[14] A jurisprudência dos Tribunais brasileiros é rica de exemplos de que o juiz deve escolher quais argumentos da parte serão respondidos e desconsiderar aquilo que entende não ser pertinente.[15]

Não são necessários maiores esforços para demonstrar a importância da autonomia os magistrados para decidir as questões. Sem tal prerrogativa, não se mostra viável efetivar o direito da parte que existe apenas no plano abstrato, interpretar os fatos comprovados no procedimento e entregar o bem da vida àquele que entender vencedor do litígio. Nesse diapasão, o art. 41 da Lei Complementar nº 35/79 (Lei Orgânica da Magistratura Nacional - LOMAN), é claro ao dispor que "*(...) o magistrado não pode ser punido ou prejudicado pelas opiniões que manifestar ou pelo teor das decisões que proferir*", de modo a garantir a necessária independência ao julgar.

Todavia, tal prorrogativa deve ser interpretada em conjunto com princípio do contraditório, que deve ser o critério para pautar a discussão sobre fundamentação.[16] Como afirma TERESA ARRUDA ALVIM WAMBIER, o dever de fundamentação das decisões na verdade configura-se a última manifestação do

---

13 Disponível em <<http://www.anamatra.org.br/noticias/anamatra-reage-a-criticas-sobre-vetos-propostos-ao-novo-codigo-de-processo-civil>>. Acesso no dia 12/1/2017.

14 MITIDIERO, Daniel. **Fundamentação e Precedente**... *Op. cit.*, p. 63.

15 LUCCA, Rodrigo Ramina de. **O Dever de Motivação das Decisões Judiciais**... *Op. cit.*, p. 225.

16 MITIDIERO, Daniel. **Fundamentação e Precedente**... *Op. cit.*, p. 63.

contraditório, uma vez que é mecanismo de garantia de viabilização de constatação das partes de terem sido ouvidas e suas pretensões atendidas.[17] Com efeito, o princípio do contraditório possui especial relevância no CPC/15, tendo sido definido no art. 5º, 9º e 10º, de modo a efetivar a participação e não surpresa.

No plano da fundamentação, discute-se aqui a extensão da fundamentação, ou seja, quais questões devem ser obrigatoriamente enfrentadas pelo julgador.[18] Ora, se contraditório, em síntese, é o direito que as partes têm de influir no julgamento, somente será ele efetivado se houver o debate das questões controvertidas, com a resposta dos fundamentos levantados por cada um dos litigantes. De nada adianta conceder a parte o direito de manifestar-se antes de qualquer manifestação do juiz se não houver "*um interlocutor aberto e disposto a receber informações e se convencer.*"[19]

Na decisão judicial, como afirmam Luiz Guilherme Marinoni e Sergio Arenhart, inexiste motivação se o magistrado se limita a "*lembrar as provas e argumentos que servem ao vencedor.*"[20] Aqui reside a maior contribuição do CPC/15. Isso porque a fundamentação tem maior relevância para parte vencida, pois permite à ela conhecer os motivos pelos quais os seus argumentos não foram acolhidos pelo julgador. Deve o perdedor, que terá o seu patrimônio jurídico atingido pela decisão, conhecer os motivos que justificam tal intromissão do Estado. Por conseguinte, se o magistrado se limita a repetir ou transcrever os argumentos que entende vencedor, a fundamentação simplesmente não atingiu os objetivos dela esperados.

Nem mesmo é suficiente para afastar a obrigatoriedade de responder os argumentos das partes o excesso de processos. Ora, se os juízes possuem uma quantidade de processos enorme, tal problema não será resolvido com a retirada de uma garantia constitucional concedida às partes. O problema na demora da prestação jurisdicional, que viola o direito das partes ao processo célere (art. 5º, inc. LXXVIII, da CF/88) não pode ser combatido com a violação do dever constitucional de fundamentar (art. 93, inc. IX, da CF/88). "*A demora dos pro-*

---

17 WAMBIER, Teresa Arruda Alvim. **Omissão Judicial e Embargos de Declaração**. São Paulo: RT, 2005. p. 389.

18 Como afirma Daniel Mitidiero (*in*: **Fundamentação e Precedente**... *Op. cit.*, p. 62.), ao discutir-se a fundamentação, dois problemas emergem, a saber: (i) a extensão da fundamentação e a (ii) motivação das decisões diante de princípios, regras e postulados, bem como dos conceitos jurídicos indeterminados e cláusulas abertas.

19 LUCCA, Rodrigo Ramina de. **O Dever de Motivação das Decisões Judiciais**... *Op. cit.*, p. 206.

20 MARINONI, Luiz Guilherme; ARENHART, Sergio Cruz. **Processo de Conhecimento.** 7ª ed. São Paulo: RT, 2008, p. 475.

cessos é causa de injustiça e insegurança jurídica e não pode solucionada com a geração demais injustiça e mais insegurança jurídica."[21]

Assim, não subsiste o entendimento que, ao seguir uma linha lógica na decisão, todos os argumentos das partes se encontram implicitamente respondidos. Na verdade, é contra tal posicionamento, manifestamente contrário ao conceito de contraditório substancial adotado pelo legislador, que inspiraram os incisos do art. 489, §1º, do CPC.

3.2. Ofensa ao princípio do livre convencimento: O problema da reprodução de súmulas e jurisprudência dominante

Lado outro, outra crítica sustenta, em síntese, que o art. 489, §1º do CPC incentiva a padronização decisória, bem com afastaria a liberdade constitucional do juiz de decidir de acordo com as suas convicções. Tal posicionamento é assim sintetizado:

> De outra parte, quanto aos incisos V e VI do parágrafo único do mesmo artigo 489, diga-se da sua quase esquizofrenia. Por tais preceitos, será nula a sentença que "se limitar a invocar precedente ou enunciado de súmula, sem identificar seus fundamentos determinantes nem demonstrar que o caso sob julgamento se ajusta àqueles fundamentos"; logo, o juiz não pode simplesmente aplicar a súmula de jurisprudência a caso que evidentemente se subsuma a ela, devendo "identificar" (enaltecer?) seus fundamentos determinantes. Mas não é só. Assim como não pode "simplesmente" decidir com base em súmula de jurisprudência de tribunais superiores, também não pode deixar de decidir conforme essa mesma súmula (o que denota, no limite, um tratamento esquizoide da matéria), porque também será nula a sentença que "deixar de seguir enunciado de súmula, jurisprudência ou precedente invocado pela parte, sem demonstrar a existência de distinção no caso em julgamento ou a superação do entendimento". No limite, restará ao juiz reproduzir súmulas e enaltecê-las --- conquanto não sejam constitucionalmente vinculantes.[22]

Para sustentar o mesmo posicionamento adotado no diploma revogado, defendem o livre convencimento motivado do magistrado. Assim, interpretam o art. 93, inc. IX, da CF/88, em conjunto com o art. 370 do CPC/2015, para afastam a incidência do art. 489, §1º, do CPC/2015.

---

21 LUCCA, Rodrigo Ramina de. **O Dever de Motivação das Decisões Judiciais**... *Op. cit.*, p. 227.

22 Disponível em <<http://www.anamatra.org.br/noticias/anamatra-reage-a-criticas-sobre--vetos-propostos-ao-novo-codigo-de-processo-civil>>. Acesso no dia 12/1/2017

Antes de mais nada, necessário esclarecer que o vocábulo "livre", e seus derivados, acompanhado de convencimento não mais existe no CPC/15. No CPC/73, no art. 131, havia disposição no sentido de que o juiz "apreciará livremente a prova". Entretanto, todas as referências ao "livre convencimento motivado" foram retiradas do CPC/15 e, como afirmam Fredie Didier Junior, Rafael Alexandria de Oliveira e Paula Sarno Braga, "*o silêncio é eloquente. O convencimento do julgador deve ser racionamento motivado: isso é quanto basta para a definição do sistema de valoração da prova pelo juiz adotado pelo CPC-2015.*"[23] Assim, o legislador estabeleceu que o juiz deve pautar sua atuação pelo princípio do "convencimento motivado" ou "persuasão racional." E tal princípio, por certo, disciplina também as regras de fundamentação das decisões.

Por outro lado, considerando a convergência entre os sistemas jurídicos, nota-se a inserção de institutos originários do sistema de *common law*, com especial relevo na valorização das decisões proferidas pelos tribunais superiores.[24] Em tal contexto, verifica-se a inclusão dos referidos artigos 926, 927 e 928. O art. 926 é expresso ao afirmar que "*Os tribunais devem uniformizar sua jurisprudência e mantê-la estável, íntegra e coerente.*" Não que se trate de algo novo. O ato de seguir as decisões pretéritas, proferidas pelos Tribunais, possui longa tradição no Direito brasileiro. Desde a lusitana figura dos "assentos", inserida nas Ordenações Filipinas e mantida durante o Brasil Imperial, "*a jurisprudência nunca perdeu por completo o valor de guia para os julgamentos.*"[25] O CPC/2015 pretende, parece certo, fortalecer o sistema de precedentes que seja estável e seguro.[26] Nessa linha, essencial que na fundamentação o julgador considere as decisões pretéritas

---

23 DIDIER JÚNIOR, Fredie; OLIVEIRA, Rafael Alexandria de; BRAGA, Paula Sarno. **Curso de Direito Processual Civil**... *Op. cit.*, p. 103.

24 Afirmam Alexandre Melo Franco Bahia e Aline Hadad Ladeira (*In*: O Precedente Judicial em Paralelo a Súmula Vinculante: Pela (Re)Introdução da Faticidade no Mundo Jurídico. *In*: **Revista de Processo**. Vol. 234, Ago/2014, São Paulo: RT, p. 277): "É de se ver que as várias reformas legislativas ocorridas em nosso ordenamento jurídico nas últimas décadas permitiram a entrada de institutos incomuns à tradição do civil law, *inspirando, sobretudo, na valorização do precedente oriundo do* common law. *Basta ver, por exemplo, a edição da EC 45/2004 que institui entre nós a denominada súmula vinculante (art. 103-A da CF/1988), além das reformas legislativas do Código de Processo Civil que instituíram as denominadas súmulas obstativas de recurso ou, ainda, deram poderes ao relator para prover (ou não) monocraticamente recurso quando haja súmula ou jurisprudência dominante.*"

25 MOREIRA, José Carlos Barbosa. Súmula, Jurisprudência, Precedente: Uma escalada e Seus Riscos. *In*: MOREIRA, José Carlos Barbosa. **Temas de Direito Processual**. 9ª Série. São Paulo: Saraiva, 2007, p. 300.

26 THEODORO JÚNIOR, Humberto; NUNES, Dierle José Coelho; BAHIA, Alexandre Melo Franco; PEDRON, Flávio Quinaud. **Novo CPC: Fundamentos e Sistematização**. Rio de Janeiro: Forense, 2015, p. 302-303.

Em tal contexto, ao estabelecer que o magistrado deve respeitar os precedentes consolidados na jurisprudência pretende o legislador efetivar o princípio da segurança jurídica e permitir ao jurisdicionado a previsibilidade na apreciação dos litígios levados até o Poder Judiciário.[27] A decisão judicial não pode ser aleatória, na qual a procedência ou improcedência do pedido depende da convicção pessoal do juiz que recebeu a ação. Tal coerência somente será obtida por meio da sistemática dos precedentes, no qual as opiniões e interpretações individuais de determinado magistrado são afastadas em respeito ao entendimento consolidado.[28] E nos casos que necessário for a superação ou distinção entre o caso em julgamento e o entendimento adotado pelo Tribunal no precedente, os instrumentos para tanto já existem, por meio do *overruling* e do *distinguish*.

Não se mostra razoável que a magistratura avoque o princípio do livre convencimento para conceder aos juízes ampla liberdade ao julgar. Até mesmo porque nenhuma liberdade pode ser exercida de forma absoluta. Conforme Ronald Dworkin,[29] acrescidas as sugestões de Lenio Streck,[30] é necessário

27 Nesse sentido, ver GONÇALVES, Gláucio Ferreira Maciel; ASSIS, Guilherme Bacelar Patrício de. O Prospective Overruling nas Supremas Cortes Brasileiras: A Possibilidade de Modulação Temporal dos Efeitos das Decisões Revogadoras de Precedentes Consolidados à Luz da Dogmática Jurídica Moderna e do Novo Código de Processo Civil - CPC/2015. In: **Revista de Processo**. Vol. 258, p. 357-383, Agosto. São Paulo: RT, 2016.

28 LUCCA, Rodrigo Ramina de. **O Dever de Motivação das Decisões Judiciais**... *Op. cit.*, p. 227.

29 DWORKIN, Ronald. *O Império do Direito*. 2ª ed. São Paulo: Martins Fontes, 2003, p. 227-232. Afirmam Dierle Nunes, Flávio Pedron e Alexandre Bahia (Precedentes e a Busca pela Decisão Correta. *In*: THEODORO JÚNIOR, Humberto (coord). **Processo Civil Brasileiro**. Belo Horizonte: Del Rey, 2016, p. 196) que: "É isso que Dworkin quer dizer quando fala em única resposta correta ou na melhor decisão judicial. Percebe-se aqui que o espaço de discricionariedade é eliminado para dar lugar a um espaço hermenêutico e argumentativo. Hercules deve convencer a sociedade que confiou aquele caso ao seu julgamento que fez o melhor que podia – sua decisão tem a pretensão contrafática de ser a única resposta adequada ao caso não apenas pelo esforço hermenêutico mencionado, mas também porque o juiz devera tomar o caso dentro das particularidades do mesmo e não como um 'standard', um tema. Isso não tem como ser feito sem que estejamos dispostos a fundamentar adequadamente a decisão."

30 Afirma o referido autor (*In*: **Novo CPC terá mecanismos para combater decisionismos e arbitrariedades?** CONJUR. Disponível em << http://www.conjur.com.br/2014-dez-18/senso-incomum-cpc-mecanismos-combater-decisionismos-arbitrariedades#_ftnref>>. Acesso em 12/1/2017) que: "*Assim, haverá coerência se os mesmos preceitos e princípios que foram aplicados nas decisões o forem para os casos idênticos; mais do que isto, estará assegurada a integridade do direito a partir da força normativa da Constituição. A coerência assegura a igualdade, isto é, que os diversos casos terão a igual consideração por parte do Poder Judiciário. Isso somente pode ser alcançado através de um holismo interpretativo, constituído a partir de uma circularidade hermenêutica. Já a integridade é duplamente composta, conforme Dworkin: um princípio legislativo, que pede aos legisladores que tentem tornar o conjunto de leis moralmente coerente, e um princípio jurisdicional, que demanda que a lei,*

que exista coerência e integridade ao aplicar-se o Direito ao caso concreto. O dispositivo em questão, na verdade, não ofende ou invalida a atuação jurisdicional do magistrado, mas sim concretiza, de forma pormenorizada, a regra constitucional de fundamentação prevista no art. 93, inc. IX, da CF/88.

Em tempo, tampouco é valido o argumento de que as partes excedem no seu direito de peticionar , inserindo precedentes impertinentes ao caso e que, por isso, estão os magistrados autorizados a fundamentarem de forma livre, com vistas a identificar a solução mais justa para o litígio. Ora, se o argumento aduzido pela parte é irrelevante ou manifestamente procrastinatório, uma vez que não se adequa à matéria em discussão no processo, deve o magistrado demonstrar a impertinência e condenar a parte em função da litigância de má-fé, nos termos do art. 17 e 80 do CPC/15. Tais alegações não devem ser ignoradas pelo magistrado, mas sim punidas, por meio dos instrumentos previstos no CPC/15.

Diante disso, ao analisar os dispositivos referentes à fundamentação das decisões, não há que se falar em violação ao princípio da persuasão racional do julgador.

3.3. Burocratização do ato de julgar

Por fim, os detratores sustentam também haver uma "burocratização do ato de julgar", que tornaria o ato decisório excessivamente complexo e dispendioso, causando um suposto prejuízo à duração razoável do processo.

De plano, interessante perceber o quanto as críticas elaboradas, destacadamente pela magistratura, evidenciar uma cultura latente e um modo de pensar arraigado. Com efeito, retirando-se a terminologia processual, sustentam as associações que os tribunais estão assoberbados de processos, de modo que fundamentar adequadamente se mostra um estorvo. Por isso, deve ser mantida as coisas como estão, validando decisões como "presentes os requisitos legais, defiro a tutela de urgência pleiteada" ou "nos termos da jurisprudência iterativa deste tribunal, nego provimento ao recurso", bem como as decisões padronizadas, como afirma Athos Gusmão Carneiro, resultado da informatização do Poder Judiciário, "*com uma fundamentação tão genérica que e imprecisa que se aplica a um grande número de lides semelhantes*".[31] Exemplos da prática forense, ao que parece, não faltam.

---

tanto quanto possível, seja vista como coerente nesse sentido."

31 CARNEIRO, Athos Gusmão. Sentença Mal Fundamentada e Sentença Não Fundamentada. *In*: **Revista de Processo**. N. 81, p. 220-225. São Paulo: RT, 1996, p. 222.

Volver o estudo para os exemplos históricos pode auxiliar na compreensão do fenômeno. Para tanto, fato ocorrido na Espanha imperial auxilia na construção do argumento. O Rei Carlos III proibiu, por meio da Real Cédula de 23 de Junho de 1768, os Juízes de Maiorca fundamentarem suas sentenças. Tal proibição esteve vigente até o século XIX, quando a *Ley de Enjuiciamiento Civil* espanhola de 1881 (art. 372), sancionou com nulidade os atos desprovidos de fundamentação. As razões invocadas para a proibição da fundamentação era a economia processual, com vistas a evitar os recursos, bem como o tempo gasto pelo magistrado com a elaboração da fundamentação. Exemplos outros na história são fartos.[32] Ou seja, não é de hoje que os juizes justificam a ausência de fundamentação com vistas a garantir uma suposta celeridade processual.

No entanto, a fundamentação das decisões é uma garantia para o jurisdicionado e toda a sociedade e por isso, desde a Revolução Francesa, as cartas constitucionais e demais códigos de processo civil dos países ocidentais preveem tal obrigação em seus textos. Segundo Rui Portanova,[33] o princípio da motivação integral o rol dos princípios processuais, e impõe ao juiz o dever de motivar a sua decisão, ao apresentar as justificativas que embasam o julgamento por ele proferido. Assim, está o referido princípio no exato ponto de "*tensão que existe entre a liberdade de julgar e a necessidade de limitar o arbítrio judicial*".[34] Por isso, a fundamentação está inserida no contexto da publicidade do processo, que garante ao jurisdicionado o acesso às informações relativas ao Poder Judiciário na sua atividade judicante. Parece ser claro que o dever de fundamentar as decisões surge como forma de evitar a desconfiança e a insegurança que o julgamento secreto causaria na sociedade. A fundamentação, portanto, visa a justificar, convalidar, racionalizar e tornar aceitável a decisão.[35] Retirar tal garantia com base na alegação de que os processos seriam julgados de forma mais célere configura-se manifesto retrocesso para as garantias individuais.

Não obstante, o argumento apresentado evidencia uma falácia que deve ser rechaçada com veemência. Ora, como sustentar que os processos não são julgados no prazo razoável somente em razão da obrigação de motivar as de-

---

32 Nesse sentido, ver LUCCA, Rodrigo Ramina de. **O Dever de Motivação das Decisões Judiciais**... *Op. cit.*, p. 94-104.

33 PORTANOVA, Rui. **Princípios do Processo Civil**. Porto Alegre: Livraria do Advogado, 1995, p. 229.

34 PORTANOVA, Rui. **Princípios do Processo Civil**... *Op. cit.*, p. 229.

35 TARUFFO, Michele. **A Motivação da Sentença Civil.** São Paulo: Marcial Pons, 2015, p. 116.

cisões. Na verdade, a demora na prestação jurisdicional é causada por um sem número de fatores, destacadamente a falta de estrutura do Poder Judiciário, o tempo morto nos escaninhos, litigância exacerbada, cultura da ampla recorribilidade, etc. Ademais, como apontam Ada Pelegrini Grinover, Paulo Henrique dos Santos Lucon e José Rogério Cruz e Tucci, "*Seria o mesmo que considerar prejudicial à celeridade do processo a produção de uma prova relevante e necessária à resolução do litígio.*"[36] Aqui, não há possibilidade de meio termo: de nada adianta um processo célere se não souberem as partes os motivos pelos quais a sua pretensão foi acolhida ou rejeitada.

Por isso, o CPC/15 não burocratiza o ato de decidir, mas sim instrumentaliza e define critérios mínimos para a validação da decisão.

4. Conclusões

Diante de todo o exposto, podemos concluir que:

a) não subsiste o entendimento que, ao seguir uma linha lógica na decisão, todos os argumentos das partes se encontram implicitamente respondidos. A correta compreensão do conceito de fundamentação das decisões, tal qual previsto no art. 489, §1º, do CPC, exige do julgador a resposta de todos os argumentos aduzidos pelas partes, destacadamente a parte perdedora, sob pena de violação direta ao princípio do contraditório.

b) o CPC/15 não estabeleceu um sistema de julgamento que coloca o magistrado como mero repetidor do entendimento consolidado em súmula e jurisprudência dominante. A necessidade de segurança, coerência e integridade do ordenamento jurídico determina que o Poder Judiciário, ao decidir os casos levados ao seu conhecimento, não permita a existência de decisões dispares e contraditórias.

c) o ato de decidir deve respeitar as regras definidas pelo legislador, com vistas a justificar, convalidar, racionalizar e tornar aceitável a decisão. Tal garantia não pode ser afastada com a justificativa de que os processos seriam julgados de forma mais célere, vez que viola diretamente os preceitos constitucionais.

5. Referências bibliográficas

---

36 GRINOVER, Ada Pellegrini; LUCON, Paulo Henrique dos Santos; TUCCI, José Rogério Cruz e. **Em Defesa das Inovações Introduzidas pelo NCPC**. CONJUR. Disponível em: << http://www.conjur.com.br/2015-mar-14/defesa-inovacoes-introduzidas-cpc>>. Acesso em 10/1/2017.

BAHIA, Alexandre Melo Franco; LADEIRA, Aline Hadad. O Precedente Judicial em Paralelo a Súmula Vinculante: Pela (Re)Introdução da Faticidade no Mundo Jurídico. In: **Revista de Processo**. Vol. 234, Ago/2014, São Paulo: RT.

CALAMANDREI, Piero. **Eles, os Juízes, Vistos por nós, os Advogados**. 3ª Tiragem. São Paulo: Pilares, 2013.

CARNEIRO, Athos Gusmão. Sentença Mal Fundamentada e Sentença Não Fundamentada. *In*: **Revista de Processo**. N. 81, p. 220-225. São Paulo: RT, 1996.

CORDEIRO, Carlos José; GOMES, Josiane Araújo. Motivação das Decisões Judiciais: Estudo à Luz do Art. 489 do Novo Código de Processo Civil. *In*: **Revista de Processo**, Vol. 261, p. 53-86, Novembro. São Paulo: RT, 2016.

DIDIER JÚNIOR, Fredie; OLIVEIRA, Rafael Alexandria de; BRAGA, Paula Sarno. **Curso de Direito Processual Civil: Teoria da Prova, Direito Probatório, Decisão, Precedente, Coisa Julgada e Tutela Provisória**. Vol. 2. 10ª ed. Salvador: Jus Podivm, 2015.

DWORKIN, Ronald. O Império do Direito. 2ª ed. São Paulo: Martins Fontes, 2003.

GONÇALVES, Aroldo Plínio. **Nulidades no Processo**. 2ª Ed. Belo Horizonte: Del Rey, 2012.

GONÇALVES, Gláucio Ferreira Maciel; ASSIS, Guilherme Bacelar Patrício de. O Prospective Overruling nas Supremas Cortes Brasileiras: A Possibilidade de Modulação Temporal dos Efeitos das Decisões Revogadoras de Precedentes Consolidados à Luz da Dogmática Jurídica Moderna e do Novo Código de Processo Civil – CPC/2015. *In*: **Revista de Processo**. Vol. 258, p. 357-383, Agosto. São Paulo: RT, 2016

GRINOVER, Ada Pellegrini; LUCON, Paulo Henrique dos Santos; TUCCI, José Rogério Cruz e. **Em Defesa das Inovações Introduzidas pelo NCPC.** CONJUR. Disponível em: << http://www.conjur.com.br/2015-mar-14/defesa-inovacoes-introduzidas-cpc>>. Acesso em 10/1/2017.

LUCCA, Rodrigo Ramina de. **O Dever de Motivação das Decisões Judiciais: Estado de Direito, Segurança Jurídica e Teoria dos Precedentes**. 2ª Ed. Salvador: Juspodivm, 2016.

MARINONI, Luiz Guilherme; ARENHART, Sergio Cruz. **Processo de Conhecimento**. 7ª ed. São Paulo: RT, 2008.

MARINONI, Luiz Guilherme. **Teoria Geral do Processo**. São Paulo: RT, 2006.

MITIDIERO, Daniel. Fundamentação e Precedente: Dois Discursos a partir da Decisão Judicial. *In*.: **Revista de Processo**, Vol. 206, p. 61-78, Abril. São Paulo: RT, 2012.

MOREIRA, José Carlos Barbosa. Súmula, Jurisprudência, Precedente: Uma escalada e Seus Riscos. *In*: MOREIRA, José Carlos Barbosa. **Temas de Direito Processual**. 9ª Série. São Paulo: Saraiva, 2007.

NUNES, Dierle José Coelho; BAHIA, Alexandre Melo Franco; PEDRON, Flávio Quinaud. Precedentes e a Busca pela Decisão Correta. In: THEODORO JÚNIOR, Humberto (coord). **Processo Civil Brasileiro: Novos Rumos a Partir do CPC/2015**. Belo Horizonte: Del Rey, 2016.

PORTANOVA, Rui. **Princípios do Processo Civil**. Porto Alegre: Livraria do Advogado, 1995.

STRECK, Lênio Luiz. **Novo CPC terá mecanismos para combater decisionismos e arbitrariedades?** CONJUR. Disponível em << http://www.conjur.com.br/2014-dez-18/senso-incomum-cpc-mecanismos-combater-decisionismos-arbitrariedades#_ftnref>>. Acesso em 12/1/2017.

TARUFFO, Michele. **A Motivação da Sentença Civil**. São Paulo: Marcial Pons, 2015.

THEODORO JÚNIOR, Humberto (coord). **Processo Civil Brasileiro: Novos Rumos a Partir do CPC/2015**. Belo Horizonte: Del Rey, 2016.

THEODORO JÚNIOR, Humberto; NUNES, Dierle José Coelho; BAHIA, Alexandre Melo Franco; PEDRON, Flávio Quinaud. **Novo CPC: Fundamentos e Sistematização**. Rio de Janeiro: Forense, 2015.

TUCCI, José Rogério Cruz e. **A Motivação da Sentença no Processo Civil**. São Paulo: Saraiva, 1987.

WAMBIER, Teresa Arruda Alvim. **Omissão Judicial e Embargos de Declaração**. São Paulo: RT, 2005.

CONVENÇÕES PROCESSUAIS

AVANÇOS E DESAFIOS DAS CONVENÇÕES PROCESSUAIS NO CPC/15

Trícia Navarro Xavier Cabral[1]

Sumário: 1 - Os avanços do CPC/15. 2 - Aspectos relevantes das convenções processuais. 3 - Desafios em torno das convenções processuais. 4 – Conclusão. 5 – Referências bibliográficas.

1. Os avanços do CPC/15

A reforma do Código de Processo Civil ocorrida em 2015 foi um desdobramento das alterações ideológicas sofridas no nosso Estado Democrático de Direito, que exigiu que vários institutos processuais precisassem ser revisitados e reavaliados para se adaptarem às exigências contemporâneas da disciplina.

O Anteprojeto, convertido no Projeto de Lei do Senado n. 166/2010, apresentou uma Exposição de Motivos com os seguintes objetivos: 1) estabelecer expressa e implicitamente verdadeira sintonia fina com a Constituição Federal; 2) criar condições para que o juiz possa proferir decisão de forma mais rente à realidade fática subjacente à causa; 3) simplificar, resolvendo problemas e reduzindo a complexidade de subsistemas, como, por exemplo, o recursal; 4) dar todo o rendimento possível a cada processo em si mesmo considerado; 5) imprimir maior grau de organicidade ao sistema, dando-lhe, assim, mais coesão.

Com efeito, a ideia de simplificação[2] e flexibilidade do procedimento, com uma maior participação das partes na condução do processo, foi uma aposta dos envolvidos nessa nova codificação, na tentativa de conferir mais efetivi-

1 Doutora em Direito Processual pela UERJ. Mestre em Direito Processual pela UFES. Juíza de Direito no Estado do Espírito Santo. Membro-efetivo do IBDP.

2 "A simplificação do direito é fenômeno hodierno que se estende ao direito processual, por isso se adotou para o processo de conhecimento um procedimento comum, padrão, adaptável pelo juiz de acordo com as vicissitudes do caso concreto, permitindo-lhe ser o artesão da forma como proceder até o alcance da resposta judicial a ser cumprida. Assim é que o caso concreto há de demonstrar ao juiz a necessidade de convocação de terceiros interessados via edital, realizar provas em espécie, abreviar o rito e sentenciar antecipadamente etc., tudo sob a obediência ao *due process of law*." (FUX, Luiz. O novo processo civil. In: FUX, Luiz (Coord.). *O novo processo civil brasileiro (direito em expectativa)*: reflexões acerca do projeto do novo Código de Processo Civil. Rio de Janeiro: Forense, 2011. p. 14-15).

dade à relação jurídica processual, sem se descuidar da segurança jurídica, imprescindíveis para o sucesso de qualquer reforma legislativa.

Importante salientar que no ordenamento brasileiro, que segue o modelo da *civil law*, a forma[3] preestabelecida do ato e do procedimento ainda é sinônimo de ordem, segurança e previsibilidade, capaz de evitar arbítrios e preferências dos agentes públicos frente aos particulares e assegurar a isonomia de tratamento entre os envolvidos na relação jurídica processual. Isso faz com que haja certa dificuldade em desapegar do modelo tradicional de processo, que confere pouca margem de disposição aos sujeitos processuais sobre a forma e sequência dos atos e do procedimento.[4]

Nesse contexto, a regulamentação das convenções processuais típicas e atípicas pode ser considerada um dos maiores avanços na nova codificação, uma vez traz possibilidades e perspectivas capazes de transformar por completo o atual formato do processo civil, que antes atribuía predominantemente ao magistrado os poderes diretivos.

Essa atuação excessiva do juiz na condução do processo em relação ao poder de autodeterminação das partes ensejou um desequilíbrio entre os atores processuais, levando, em muitos casos, ao arbítrio.

Assim, o novo Código deu lugar a uma participação mais efetiva e cooperativa das partes, especialmente na adequação do procedimento às particularidades da causa, garantindo, por conseguinte, mais legitimidade na solução do conflito.

Destarte, foram fortalecidos princípios como o contraditório, a igualdade, e a liberdade, esta por meio do exercício do poder de autorregramento da vontade das partes[5], democratizando a relação jurídica processual em prol de soluções mais justas e de uma maior satisfação do jurisdicionado.

---

3 "A forma, no processo civil, está diretamente ligada à ideia de organização e de previsibilidade do procedimento, bem como de controle contra o arbítrio do Estado e até como fator de equilíbrio entre as partes (aspectos positivos de sua utilização). Não é por outro motivo que se costuma afirmar que o processo é eminentemente formal, no sentido de penhor da legalidade e segurança das partes. Quando, porém, utilizada em excesso, a forma pode levar ao formalismo, transformando-se em um mal, na medida em que pode até impedir a consecução das finalidades do processo." (AMENDOEIRA JUNIOR, Sidney. *Fungibilidade dos meios*. São Paulo: Atlas, 2008. (Coleção Atlas de Processo Civil). p. 14).

4 "Apesar da liberdade das formas e do progressivo abandono do formalismo, por todos defendidos, não há ato sem forma, porque é a forma que introduz o ato no processo." (GRECO, Leonardo. O processo de execução. 1. ed. Rio de Janeiro: Renovar, 1999. v. 1. p. 257).

5 O tema é tratado em: DIDIER JR. Fredie. *Curso de Direito Processual Civil*: introdução ao Direito Processual Civil, Parte Geral e Processo de Conhecimento. 17ª ed. Salvador: JusPODIVM, 2015, p. 132-136.

E após um ano de vigência do CPC/15, o que se observa é que a assimilação dessas técnicas pela doutrina ocorreu de modo instantâneo, o mesmo não podendo se dizer quando a experiência prática, especialmente em razão da cultura publicística que envolve o processo civil brasileiro.

Resta, então, analisar o que vem dando certo no cotidiano forense e o que ainda demanda maior envolvimento e aceitação por parte dos profissionais do direito.

2. Aspectos relevantes das convenções processuais

As convenções processuais constituem espécies da flexibilização procedimental, que o nosso ordenamento jurídico já vinha adotando de duas formas: a) por imposição legal; e b) por ato do juiz.

Porém, a novidade em tema de adequação do procedimento surge em relação a outras duas espécies previstas no CPC/15: a) a por ato conjunto das partes e do juiz; b) e a por atos de disposição das partes. Estas hipóteses estão estabelecidas nos artigos 190 e 191, do CPC/2015.[6]

Registre-se que essas possibilidades de adaptação do procedimento também fizeram parte das reformas legislativas no direito estrangeiro[7], como na

---

6 Art. 190. Versando o processo sobre direitos que admitam autocomposição, é lícito às partes plenamente capazes estipular mudanças no procedimento para ajustá-lo às especificidades da causa e convencionar sobre os seus ônus, poderes, faculdades e deveres processuais, antes ou durante o processo.
Parágrafo único. De ofício ou a requerimento, o juiz controlará a validade das convenções previstas neste artigo, recusando-lhes aplicação somente nos casos de nulidade ou de inserção abusiva em contrato de adesão ou em que alguma parte se encontre em manifesta situação de vulnerabilidade.
Art. 191. De comum acordo, o juiz e as partes podem fixar calendário para a prática dos atos processuais, quando for o caso.
§ 1º O calendário vincula as partes e o juiz, e os prazos nele previstos somente serão modificados em casos excepcionais, devidamente justificados.
§ 2º Dispensa-se a intimação das partes para a prática de ato processual ou a realização de audiência cujas datas tiverem sido designadas no calendário.

7 "Esta nossa conclusão sobre a eclosão de um novo sistema gerencial no estudo do processo civil se revelará pela análise de alguns ordenamentos jurídicos (Inglaterra, Estados Unidos e Portugal), que, independentemente de se filiarem ao sistema adversarial ou inquisitorial, acabam permitindo que o procedimento seja flexibilizado em favor da adequada tutela de direitos, pouco se importando se isto representa ou não quebramento do modelo processual historicamente desenhado." (GAJARDONI, Fernando da Fonseca. *Flexibilização procedimental*: um novo enfoque para o estudo do procedimento em matéria processual, de acordo com as recentes reformas do CPC. São Paulo: Atlas, 2008. – (Coleção Atlas de Processo Civil/ coordenação Carlos Alberto Carmona), p. 112).

Alemanha[8], Itália[9]-[10] e França[11].

A modificação do procedimento por ato conjunto das partes e do juiz é a hipótese do calendário processual prevista no art. 191, que permite que os sujeitos processuais preestabeleçam datas para a prática de seus atos, adequando o ritmo e a duração da demanda às especificidades do caso concreto. Trata-se de negócio processual típico, ou seja, estabelecido pela própria lei.

Já a possibilidade de as partes firmarem uma convenção processual, dispondo sobre seus ônus, poderes, faculdades e deveres processuais, tanto extrajudicialmente, quanto durante o processo judicial, está identificada no art. 190, do CPC/15, e reflete a hipótese de cláusula geral de negociação processual, ou convenção processual atípica, cujo formato pode ser regulamentado pelas partes e, em regra, não necessita da homologação do juiz.

A instituição de convenções processuais atípicas pelo legislador abriu um leque enorme de atos de disponibilidade processual pelas as partes, que agora devem se familiarizar com as características inerentes ao instituto.

Quanto aos requisitos das convenções processuais, o artigo 190, *caput*, do CPC, os define como: a) direitos que admitam autocomposição; b) capacidade plena das partes; c) convenção sobre ônus, poderes, faculdades e deveres processuais das partes.

O primeiro requisito prevê que a convenção deve versar sobre direitos que admitam autocomposição. Aqui estão incluídos os direitos processuais e as regras sobre o procedimento, desde que sejam normas processuais disponíveis

---

8 Abordando o tema: TROCKER, Nicolò, Poteri del giudice e diritti delle parti nel processo civile: gli insegnamenti di Calamandrei e le riforme processuali in Europa. In: SCARSELLI, Giuliano (Org.). *Poteri del giudice e diritti delle parti nel processo civile: atti del Convegno di Siena del 23-24 novembre 2007*. Napoli; Roma: Edizioni Scientifiche Italiane, 2010. p. 165-195. (Quaderni de Il Giusto Processo Civile, 4). p. 174-179.

9 Relatando as principais reformas no sistema processual italiano, consultar: CARPI, Federico, Quelques remarques sur les reformes du procès civil en Italie. In: CADIET, Loïc; CANIVET, Guy (Dirs.). *1806-1976-2006, de la commémoration d´un code à l'autre*: 200 ans de procédure civile en France. Paris: Lexis Nexis; Litec, 2006. p. 301-310.

10 Remo Caponi analisa a mutação genética que vem acontecendo no direito processual, para se permitir que haja maior ingerência das partes no procedimento, afastando-se a antiga dicotomia entre o direito público e o direito privado (CAPONI, Remo. Autonomia privata e processo civile: gliaccordi processual. In: SCARSELLI, Giuliano (Org.). *Poteri del giudice e diritti delle parti nel processo civile*: atti del Convegno di Siena del 23-24 novembre 2007. Napoli; Roma: Edizioni Scientifiche Italiane, 2010. p. 145-159. Quaderni de Il Giusto Processo Civile, 4).

11 CADIET, Loïc. Les conventions relatives au procès en droit français: sur la contractualisation du règlement des litiges. *Revista de Processo*. São Paulo: Revista dos Tribunais, ano 33, v. 160, p. 71, jun. 2008.

ou, ao menos, que não recaiam sobre interesses processuais predominantemente estatais.

Importante ressaltar que a disponibilidade do objeto pactuado pode se referir tanto ao direito material quanto às normas processuais, embora a indisponibilidade do direito material não afete a disponibilidade do direito processual que se pretende convencionar (cláusula de diferendo) e vice versa.[12]

Porém, não seria admissível convencionar sobre normas processuais cogentes, cuja identificação nem sempre é de fácil constatação[13]. Por outro lado, as indisponibilidades estabelecidas na lei civil também devem ser observadas pelas partes quando do estabelecimento das convenções instituídas dentro ou fora do processo.

O segundo requisito exige a capacidade plena das partes. Mas de qual capacidade a lei estaria se referindo, a prevista na lei civil ou a na processual? É certo que quando as convenções sobre processo são realizadas dentro do processo, exige-se para o ato a capacidade de ser parte, a de estar em juízo e a postulatória. Porém, a dúvida surge quando a convenção em tema de processo é realizada extrajudicialmente. Haveria necessidade de se atender às exigências processuais ou bastaria a capacidade de direito de que trata a lei material?

Barbosa Moreira, por entender se tratar de um negócio jurídico de natureza material, defende que, para as convenções que versem sobre processo futuro, bastaria a capacidade civil, não sendo necessária a capacidade processual, salvo lei em contrário. Também não seria exigível a capacidade postulatória, pois os requisitos devem ser os mesmos do negócio a que aderem, já que essas cláusulas geralmente estariam embutidas em negócio jurídico de direito material.[14] Em sentido inverso, Diogo Almeida entende que se trataria de ato de natureza processual, de modo a exigir tanto a capacidade processual quanto a capacidade postulatória.[15]

Entretanto, considerando que o ato teria natureza material, até o seu ingresso no processo não seria exigível nem a capacidade de estar em juízo

---

12 Nesse sentido: ALMEIDA, Diogo Assumpção Rezende de. *Das convenções processuais no processo civil*. 2014. 247 p. Tese (Doutorado em Direito) – Universidade do Estado do Rio de Janeiro, Rio de Janeiro, 2014. p. 177.

13 BARBOSA MOREIRA, José Carlos. Convenções das partes sobre matéria processual. In: *Temas de direito processual*: terceira série. São Paulo: Saraiva, 1984, p. 91.

14 BARBOSA MOREIRA, José Carlos. Convenções das partes sobre matéria processual. In: *Temas de direito processual*: terceira série. São Paulo: Saraiva, 1984, p. 94.

15 ALMEIDA, Diogo Assumpção Rezende de. *Das convenções processuais no processo civil*. 2014. 247 p. Tese (Doutorado em Direito) – Universidade do Estado do Rio de Janeiro, Rio de Janeiro, 2014. p. 120-121.

e nem a postulatória, podendo a convenção ser instituída apenas pela capacidade de ser parte. Assim, ainda que o objeto da convenção verse acerca de algum direito processual ou sobre o procedimento, ela pode ser firmada por pessoas que não possuem o devido conhecimento técnico para tanto, só se exigindo a presença de advogado quando do ingresso do ato em sede processual.

De qualquer forma, como o assunto ainda é incipiente no meio jurídico, juristas que participam de estudos sobre o tema produziram o seguinte enunciado: "*Há indício de vulnerabilidade quando a parte celebra acordo de procedimento sem assistência técnico-jurídica.*".[16]

Dando-se prosseguimento aos requisitos legais, o terceiro trata do objeto das convenções, que pode ser sobre ônus, poderes, faculdades e deveres processuais das partes.

Ressalte-se que, no campo extraprocessual, é ineficaz a convenção que envolva *atos do juiz* ou que dependa de sua anuência, uma vez que é terceiro nessa relação jurídica, de modo que a eficácia do ato só se aperfeiçoaria após a introdução da convenção no processo e a consequente aceitação judicial.

Já a convenção sobre ônus, poderes, faculdades *das partes* não gera muita polêmica, sendo possível identificar, de plano, algumas hipóteses[17], como o fez o grupo de juristas que estuda a evolução do assunto em nosso ordenamento, em seus enunciados: "*São admissíveis os seguintes negócios processuais, dentre outros: pacto de impenhorabilidade, acordo de ampliação de prazos das partes de qualquer natureza, acordo de rateio de despesas processuais, dispensa consensual de assistente técnico, acordo para retirar o efeito suspensivo de recurso, acordo para não promover execução provisória; pacto de mediação ou conciliação extrajudicial prévia obrigatória, inclusive com a correlata previsão de exclusão da audiência de conciliação ou de mediação prevista no art. 334; pacto de exclusão contratual da audiência de conciliação ou de mediação prevista no art. 334; pacto de disponibilização prévia de documentação (pacto de disclosure), inclusive com estipulação de sanção negocial, sem prejuízo de medidas coercitivas, mandamentais, sub-rogatórias ou indutivas; previsão de meios alternativos de comunicação das partes entre si; acordo de produção antecipada de prova; a escolha consensual de depositário-administrador no caso do art. 866; convenção*

16 Enunciado n. 18 do Fórum Permanente de Processualistas Civis (FPPC).

17 Sobre a possibilidade de se atribuir legitimação extraordinária por meio de um negócio jurídico, ver: DIDIER JR., Fredie. Fonte normativa da legitimação extraordinária no novo Código de Processo Civil: a legitimação extraordinária de origem negocial. *Revista de Processo*, São Paulo, Revista dos Tribunais, ano 39, v. 232, p. 69-76, jun. 2014.

que permita a presença da parte contrária no decorrer da colheita de depoimento pessoal" E ainda: "*São admissíveis os seguintes negócios, dentre outros: acordo para realização de sustentação oral, acordo para ampliação do tempo de sustentação oral, julgamento antecipado do mérito convencional, convenção sobre prova, redução de prazo.*".[18]

No referido encontro de processualistas (FPPC) ainda restou estabelecido um enunciado restritivo[19]-[20]: "*Não são admissíveis os seguintes negócios bilaterais, dentre outros: acordo para modificação da competência absoluta, acordo para supressão da primeira instância, acordo para afastar motivos de impedimento do juiz, acordo para criação de novas espécies recursais, acordo para ampliação das hipóteses de cabimento de recursos*.".

Por sua vez, remanesce dúvida em relação aos deveres processuais. Seria possível o estabelecimento de outros deveres e sanções processuais em sede de convenção em matéria processual? A resposta é positiva, sendo certo que as partes podem criar outros deveres processuais e suas correspondentes sanções não especificadas em lei no bojo de uma convenção em matéria de processo. Nesse sentido, inclusive, foi editado outro enunciado: "*As partes podem, no negócio processual, estabelecer outros deveres e sanções para o caso do descumprimento da convenção*.".[21]

No que tange ao regime jurídico das convenções processuais, ele é responsável por estabelecer os parâmetros de tratamento e formas de funcionamento do instituto em nosso ordenamento jurídico processual.

Inicialmente deve ser registrado que há diferença entre o regime jurídico das convenções firmadas extrajudicialmente e judicialmente.[22] No âmbito extrajudicial adotam-se as normas de direito material para a sua constituição.

---

18 Enunciados n. 19 e 21, respectivamente, do Fórum Permanente de Processualistas Civis (FPPC).

19 Enunciado n. 20 do Fórum Permanente de Processualistas Civis (FPPC).

20 Como exemplo de restrição, Michele Taruffo não concorda com a concepção consensualista da verdade, a qual admite que fatos afirmados na inicial sejam tidos por verdadeiros, caso não haja contestação sobre os mesmos. TARUFFO, Michele. Verdade negociada? P. 634-657. Disponível em: http://www.e-publicacoes.uerj.br/index.php/redp/article/view/11928/9340. Acesso em: 01/08/2014.

21 Enunciado n. 17 do Fórum Permanente de Processualistas Civis (FPPC).

22 São quatro os momentos de estipulação das convenções: a) anterior ao conflito; b) depois do conflito; c) durante o processo com eficácia diferida no tempo; d) no decorrer do processo com eficácia imediata. Nesse sentido: ALMEIDA, Diogo Assumpção Rezende de. *Das convenções processuais no processo civil*. 2014. 247 p. Tese (Doutorado em Direito) – Universidade do Estado do Rio de Janeiro, Rio de Janeiro, 2014. p. 181.

Já no campo processual, devem ser respeitadas as regras de direito material e também as de direito processual, em uma espécie de regime jurídico misto.[23]

Dito isso, verifica-se a necessidade de estabelecer a forma das convenções em tema de processo, tanto a extrajudicial quanto a judicial. Com efeito, elas devem ser formuladas de modo escrito, não se admitindo a estipulação desse tipo de acordo de modo verbal, ou, ao menos, sem ser posteriormente documentado. Isso porque seus termos têm a eficácia condicionada ao ingresso no processo e ainda sofrem controle por parte do juiz quanto à sua validade, sendo certo, também, que as cláusulas que incluem as prerrogativas do juiz dependem de sua concordância. Por esses motivos, a forma oral não seria adequada para os fins a que se destina a convenção em comento.[24]

Por sua vez, extrajudicialmente, a convenção pode ser feita em um instrumento autônomo, como um contrato atípico (art. 425, do Código Civil), ou então ser parte integrante de um negócio jurídico mais amplo.[25] Nesse passo, em regra, a disposição extrajudicial em matéria processual admite variados modelos, sem prejuízo de que lei posterior crie novas formas ou restrições. Já dentro do processo a convenção pode ser trazida pelas partes em suas peças individuais ou então por meio de um ato processual conjunto.[26]

Portanto, essas são as principais características das convenções processuais que devem ser observadas pelas partes e advogados quando da formatação da avença.

---

23 Nesse sentido, BARBOSA MOREIRA, José Carlos. Convenções das partes sobre matéria processual. In: *Temas de direito processual*: terceira série. São Paulo: Saraiva, 1984, p. 93.

24 Em sentido contrário, Diogo Almeida entende que a forma deve ser livre (escrita ou verbal), desde que suficiente para exprimir a manifestação de vontade dos envolvidos, salvo previsão expressa em lei. Pode fazer parte do contrato principal, em termo aditivo ou anexo, ou em instrumento específico para tratar de direitos e deveres processuais. ALMEIDA, Diogo Assumpção Rezende de. *Das convenções processuais no processo civil.* 2014. 247 p. Tese (Doutorado em Direito) – Universidade do Estado do Rio de Janeiro, Rio de Janeiro, 2014. 123-124.

25 Conforme preceitua Diogo Almeida, os acordos relativos ao processo são feitos por meio de cláusulas contratuais chamadas de *clauses de différend*, inseridas dentro de um negócio jurídico estabelecido na lei civil (ex.: compra e venda) e aplicáveis a processos futuros na eventualidade de surgir conflitos contratuais. Possuem características contratuais e estabelecem obrigações e deveres atípicos às partes. ALMEIDA, Diogo Assumpção Rezende de. *Das convenções processuais no processo civil.* 2014. 247 p. Tese (Doutorado em Direito) – Universidade do Estado do Rio de Janeiro, Rio de Janeiro, 2014. p. 36.

26 As convenções processuais também podem ser formuladas na petição inicial (art. 57, NCPC) petição conjunta sobre questões de fato e de direito e ainda sobre o procedimento. ALMEIDA, Diogo Assumpção Rezende de. *Das convenções processuais no processo civil.* 2014. 247 p. Tese (Doutorado em Direito) – Universidade do Estado do Rio de Janeiro, Rio de Janeiro, 2014. p. 39.

3. Desafios em torno das convenções processuais

Conforme mencionado, as convenções processuais podem ser formuladas antes de iniciar o processo ou após a sua instauração. Contudo, sua utilização ainda tem sido tímida em relação às suas potencialidades.

No campo extraprocessual a convenção processual mais comum é a referente à cláusula de eleição de foro, que é uma convenção processual típica (art. 63, CPC/15) presente na grande maioria dos contratos.

Já na esfera judicial a ampliação consensual de prazos, o acordo para suspensão do processo (art. 313, II), e o - adiamento negocial da audiência (art. 362, I) são as hipóteses mais frequentes de adaptação consensual do procedimento.

Também tem sido comum as partes realizarem autocomposição judicial ou extrajudicial para fins de constituição de título constituir título executivo extrajudicial (art. 784, IV, CPC) ou judicial, caso sejam homologadas (art. 515, III, CPC).

Contudo, existem outros casos de convenções processuais típicas e atípicas capazes de trazer benefícios ao procedimento e que ainda precisam ser exploradas. O próprio calendário processual tem sido subutilizado, talvez em razão das dificuldades ou desconhecimentos cartorários de seu cumprimento.

Um exemplo de convenção processual relevante é o saneamento consensual (art. 357, §2), oportunidade em que as partes poderiam delimitar o objeto litigioso (questões de fato e de direito), acordar sobre o ônus da prova (art. 373, §§3 e 4), realizar a escolha consensual do perito (art. 471), entre outras questões passíveis de composição. Nesse caso, a lei exige homologação do juiz e também o vincula ao que restou estabelecido. Com efeito, com a homologação o juiz ratifica a convenção, imprimindo-lhe caráter público e investindo-a de força executiva.

Aliás, quanto à vinculação do juiz às convenções processuais, a doutrina tem falado em *autovinculação* (as partes se vinculam na assinatura do ato) e *heterovinculação* (a vontade das partes vincula o juiz mesmo sem homologação ou assinatura, sendo que a única exigência é a validade do negócio). Se envolver ato do juiz ele deve concordar expressamente com a convenção ou ressaltar a sua discordância, permitindo, inclusive, a remodulação pelas partes.

Outro grande desafio é estabelecer os limites das convenções processuais, que devem ser observados pelas partes e controlados pelo juiz. Poderíamos elencar os seguintes interesses que devem ser resguardados: a) administração judiciaria: interesses da boa administração da justiça, interesses estatais (ex: sustentação oral agravo); b) legal/imorais: restrições materiais (ex: contrato de adesão) e processuais (ex. questões de ordem pública – normas cogentes, segredo de justiça); e c) judicial: prerrogativas do juiz (ex: aplicação do direito aplicável, restrição de produção de provas).

Dessa forma, compete ao juiz controla a forma, o objeto (quantitativo e qualitativo), os sujeitos, a proporcionalidade, a legalidade, e a executoriedade – judicial e extrajudicial – das convenções processuais.

Por fim, devem ser consideradas as dificuldades práticas, que ainda precisam ser contornadas para o bom funcionamento do instituto, como: a) a capacitação dos servidores; b) a necessidade de comunicação do negócio no distribuidor - como ocorre no incidente de desconsideração (art. 134, §2) – para fins de conhecimento por terceiros; c) o modo de formalização das convenções no processo (contracapa? processos identificados e separados?); d) a exigência de cumprimento na hipótese de mudança de juiz; e e) adequação ao processo eletrônico.

Assim, o sucesso das convenções processuais estará diretamente ligado ao comprometimento de todos os atores do processo, sendo certo, ainda, que não se pode pretender transformar o processo judicial em arbitragem, tendo em vista as diferentes premissas que envolvem os dois tipos de resolução de disputas.

4. Conclusão

A Justiça brasileira passa por uma relevante transformação paradigmática. Isso porque a incontida litigiosidade que assoberba o Poder Judiciário deu causa a diversos estudos e iniciativas na busca de soluções que trouxessem novas perspectivas para o Poder Judiciário. Destarte, a implementação de atos de gestão pelos juízes, a adoção de modernas técnicas processuais, e a sensibilidade do Poder Legislativo no aprimoramento de nossas leis, fizeram com que o nosso ordenamento jurídico ganhasse outro contorno, com ares de modernidade e eficiência.

E uma das maiores novidades do Código foi o incremento da autonomia da vontade das partes para dispor sobre procedimento, o que, se levado a sério, pode causar uma verdadeira mudança genética no processo civil, já que modifica sobremaneira a sua dinâmica atual. Nesse contexto, as convenções processuais demandarão a aceitação e o conhecimento da técnica pelos profissionais do direito, começando pela mudança de mentalidade e de comportamento, o que inclui o juiz e os auxiliares da justiça.

De qualquer forma, o equilíbrio entre o protagonismo do juiz e a participação das partes no processo é de suma importância para o alcance de um modelo cooperativo de processo, em prol de uma maior eficiência e efetividade.

5. Referências bibliográficas

ALMEIDA, Diogo Assumpção Rezende de. *Das convenções processuais no processo civil*. 2014. 247 p. Tese (Doutorado em Direito) – Universidade do Estado do Rio de Janeiro, Rio de Janeiro, 2014.

AMENDOEIRA JUNIOR, Sidney. *Fungibilidade dos meios*. São Paulo: Atlas, 2008. (Coleção Atlas de Processo Civil).

BARBOSA MOREIRA, José Carlos. Convenções das partes sobre matéria processual. In: *Temas de direito processual*: terceira série. São Paulo: Saraiva, 1984.

CADIET, Loïc. Les conventions relatives au procès en droit français: sur la contractualisation du règlement des litiges. *Revista de Processo*. São Paulo: Revista dos Tribunais, ano 33, v. 160, p. 71, jun. 2008.

CAPONI, Remo. Autonomia privata e processo civile: gliaccordi processual. In: SCARSELLI, Giuliano (Org.). *Poteri del giudice e diritti delle parti nel processo civile*: atti del Convegno di Siena del 23-24 novembre 2007. Napoli; Roma: Edizioni Scientifiche Italiane, 2010. p. 145-159. Quaderni de Il Giusto Processo Civile, 4).

CARPI, Federico, Quelques remarques sur les reformes du procès civil en Italie. In: CADIET, Loïc; CANIVET, Guy (Dirs.). *1806-1976-2006, de la commémoration d´un code à l'autre*: 200 ans de procédure civile en France. Paris: Lexis Nexis; Litec, 2006. p. 301-310.

DIDIER JR. Fredie. *Curso de Direito Processual Civil*: introdução ao Direito Processual Civil, Parte Geral e Processo de Conhecimento. 17ª ed. Salvador: JusPODIVM, 2015.

______. Fonte normativa da legitimação extraordinária no novo Código de Processo Civil: a legitimação extraordinária de origem negocial. *Revista de Processo*, São Paulo, Revista dos Tribunais, ano 39, v. 232, p. 69-76, jun. 2014.

FUX, Luiz. O novo processo civil. In: FUX, Luiz (Coord.). *O novo processo civil brasileiro (direito em expectativa)*: reflexões acerca do projeto do novo Código de Processo Civil. Rio de Janeiro: Forense, 2011.

GAJARDONI, Fernando da Fonseca. *Flexibilização procedimental*: um novo enfoque para o estudo do procedimento em matéria processual, de acordo com as recentes reformas do CPC. São Paulo: Atlas, 2008. – (Coleção Atlas de Processo Civil/ coordenação Carlos Alberto Carmona).

GRECO, Leonardo. O processo de execução. v. 1. 1. ed. Rio de Janeiro: Renovar, 1999.

TARUFFO, Michele. Verdade negociada? p. 634-657. Disponível em: http://www.e-publicacoes.uerj.br/index.php/redp/article/view/11928/9340. Acesso em: 01/08/2014.

TROCKER, Nicolò, Poteri del giudice e diritti delle parti nel processo civile: gli insegnamenti di Calamandrei e le riforme processuali in Europa. In: SCARSELLI, Giuliano (Org.). *Poteri del giudice e diritti delle parti nel processo civile*: atti del Convegno di Siena del 23-24 novembre 2007. Napoli; Roma: Edizioni Scientifiche Italiane, 2010. p. 165-195. (Quaderni de Il Giusto Processo Civile, 4).

A CALENDARIZAÇÃO DO PROCESSO E A AMPLIAÇÃO DO PRAZO DE DEFESA NO CPC DE 2015

Gláucio Maciel Gonçalves[1]

Sumário: 1 – Introdução. 2 - O prazo no processo. 3 - A classificação dos prazos. 4 - A calendarização do processo. 5 - A ampliação do prazo de defesa e sua viabilidade. 6 - Conclusão. 7 – Referências bibliográficas.

1. Introdução

Promulgada a Lei 13.105/15, publicada no diário oficial de 17-3-2015, com um ano para entrar em vigor, introduziu-se no Brasil um novo Código de Processo Civil.

Muito se discutiu sobre a necessidade ou não de se reformular a lei processual existente, com a adoção de um novo código, tendo em vista as inúmeras modificações que foram feitas na Lei 5.879/73, sobretudo a partir da década de 90 do século passado. De um lado, a elaboração de um novo código demandaria tempo, paciência e um hercúleo trabalho do legislador e de seus auxiliares, justificando-se, assim, uma reforma fatiada da legislação processual, como vinha sendo feito, não uma reforma global. De outro, era necessário um código novo, após tantas alterações na legislação, com total modificação de institutos, como o processo de execução e os provimentos de urgência, para que a unidade do processo civil fosse restaurada, com sistematização dos institutos.

O fato é que o Senado Federal instituiu comissão de juristas para elaborar um anteprojeto, o qual foi apresentado e aprovado nas duas casas legislativas após muito debate, inclusive pela sociedade civil, que pode enviar sugestões pela internet e participar de inúmeras audiências públicas que se realizaram por todo o país.

---

1 Professor adjunto 4 e membro do corpo permanente da pós-graduação em Direito da Universidade Federal de Minas Gerais (UFMG). Mestre e doutor em Direito pela UFMG. Realizou estudos de pós-doutoramento na *Albert-Ludwigs-Universität*, em Freiburg, Alemanha, e foi pesquisador-visitante do *Max Planck Institut für ausländisches und internationales Strafrecht*. Juiz federal desde 1998, lotado em Belo Horizonte/MG.

Ultrapassada agora a discussão sobre a conveniência da nova lei, em razão de sua promulgação e início de vigência, torna-se relevante analisar duas importantes modificações: (i) a possibilidade de as partes, em comum acordo com o juiz, estabelecerem um calendário de realização de atos processuais, e (ii) a alteração do prazo de defesa, inclusive para os órgãos da administração pública.

Há muito, no direito estrangeiro, é possível que as partes e o juiz acertem um calendário para a prática de atos processuais, às vezes modificando prazos até então intocáveis, previstos pela lei processual. Hoje, essa é a realidade também no Brasil: sempre visando à melhor solução de uma determinada causa, em razão de suas especificidades, é possível abandonar a previsão legal de prazos e impor um calendário distinto, com dispensa de intimações dos atos.

O prazo para apresentação de contestação, modalidade mais comum no exercício do direito de defesa, tem direta ligação com a garantia constitucional do amplo direito de defesa. Se, por um lado, é importante garantir a plena possibilidade de manifestação das partes no decorrer da demanda,[2] por outro, deve-se ter em mente que o processo precisa chegar a um fim, notadamente após a constitucionalização da celeridade processual. Justiça *versus* rapidez, o dilema sempre presente na ciência processual.

A relativização de um e de outro cânone sempre será criticada por uma das partes, dependendo da vitória ou da derrota na demanda. O equacionamento entre ambos os cânones se dá pela satisfação maior do objetivo do Direito, que é a pacificação com justiça, dentro de um prazo que seja aceito. Encontrar a forma dessa pacificação e o significado do que vem a ser prazo razoável é o objetivo de todos, inclusive do legislador, que buscou acertar, introduzindo novo Código de Processo Civil, cheio de vontade de reduzir o número de causas e de solucionar as já existentes.

2. O prazo no processo

O Estado, ao impedir que as pessoas fizessem justiça pelas próprias mãos, tomou para si a função jurisdicional e assumiu o dever de prestar essa relevante função aos cidadãos, com a maior eficiência possível. A realidade nos dias atuais demonstra, no entanto, que o poder público, uno e indivisível, descui-

---

2 A garantia constitucional da ampla defesa não é dirigida apenas ao réu de uma demanda, mas a todas as partes, autor, réu, assistente, opoente, litisconsorte, tendo em vista que o que se busca com ela é a participação plena no processo, sob o crivo do contraditório, construindo as decisões a serem proferidas.

dou-se da função jurisdicional que lhe é afeta, garantindo somente o mínimo para que essa atividade se considere existente. Existem vários entraves que impossibilitam a celeridade pretendida para o deslinde das ações levadas à apreciação do Judiciário, tais como o número reduzido de magistrados, o grande volume de processos em tramitação, a quantidade de recursos existentes e a falta de aparelhamento necessário ao bom desempenho das atividades.

As grandes transformações político-sociais ocorridas no mundo ocidental no século passado e, no Brasil em particular, a partir dos anos 80, refletiram-se na administração pública e, conseqüentemente, no poder Judiciário, que passou a participar de forma mais ativa e direta da sociedade, devido à maior conscientização das pessoas que a ele recorreram para a defesa de seus direitos. Já não se admite mais o juiz quieto, omisso e que se limita a analisar a situação dos autos sem a menor consideração do que ocorre no mundo dos homens, embora seu comprometimento seja, em primeiro lugar, com a interpretação da norma no caso concreto.

O juiz, como agente político e partícipe do poder central, deve estar ciente do seu papel previsto constitucionalmente, de defensor das liberdades democráticas e do bem comum. Não pode ser relapso com o direito do povo, que justifica a sua existência e que o remunera.

A preocupação com a rapidez na solução de uma demanda levou o constituinte derivado a inserir na Constituição, em 2004,[3] como garantias constitucionais, a razoável duração do processo e os meios para conferir celeridade à sua tramitação (inciso LXXVIII do artigo 5º). Nao se tratou de novidade legislativa, tendo em vista que o artigo 6º, 1, da Convenção Européia para a Salvaguarda dos Direitos do Homem e das Liberdades Fundamentais, assinada em Roma em 4 de novembro de 1950, já previa a razoável duração do processo.[4] Da mesma forma, a Convenção Americana sobre Direitos Humanos, escrita em San José, Costa Rica, em 22 de novembro de 1969,[5] o Código de Processo Civil de 1973, ao prever, no inciso II do artigo 125, que o juiz deve velar pela rápida solução do litígio, e o Código de Processo Civil de 2015, ao enunciar, no

---

3 Emenda 45/04.

4 "Toda pessoa tem direito a que sua causa seja examinada eqüitativa e publicamente num prazo razoável, por um tribunal independente e imparcial instituído por lei, que decidirá sobre seus direitos e obrigações civis ou sobre o fundamento de qualquer acusação em matéria penal dirigida contra ela."

5 Art. 8º, I: "Toda pessoa tem direito de ser ouvida com as devidas garantias e dentro de um prazo razoável por um juiz ou tribunal competente, independente e imparcial, estabelecido por lei anterior, na defesa de qualquer acusação penal contra ela formulada, ou para a determinação de seus direitos e obrigações de ordem civil, trabalhista, fiscal ou de qualquer outra natureza..."

artigo 4º, o direito de as partes obterem, em prazo razoável, a solução integral da demanda proposta.

Permeia, portanto, a solução de uma pretensão a noção de prazo, que nada mais é do que o espaço de tempo para a prática do ato processual.[6] O ato processual é imanente ao procedimento, o qual se caracteriza pela sucessão de atos, que se relacionam entre si e guardam uma dependência jurídica uns dos outros.[7] Independentemente da tese a respeito da natureza jurídica do procedimento (e do processo) adotada, deve-se reconhecer que estes atos se praticam em cadeia e que a regularidade do ato antecedente é pressuposto de validade do que o sucede.

Se se fala em cadeia de atos, os quais são praticados visando a um fim específico, que é a solução definitiva da controvérsia, ganha especial relevo a análise da conformidade do ato com a norma, ou seja, sua regularidade formal. Um dos elementos mais comuns da regularidade formal é o cumprimento do prazo, ou seja, a verificação de que o ato processual foi praticado dentro do período de tempo estipulado pela lei processual.

3. A classificação dos prazos

Para uma melhor sistematização do estudo do tema, papel que cabe ao doutrinador e não ao legislador, é comum classificar os prazos processuais. Frederico Marques, lembrando Couture e Lopes da Costa, divide-os em comuns e particulares (quanto à eficácia em relação às partes), em próprios e impróprios (quanto aos destinatários) e em legais, judiciais e convencionais (quanto à origem da fixação).[8] Prazo comum é o que corre simultaneamente para autor e réu, enquanto prazo particular é o que flui apenas para uma das partes. Prazo próprio, o destinado à prática de ato pela parte, o qual, descumprido, acarreta ônus e sanções; prazo impróprio, o que deve ser cumprido pelo juiz, servidores ou auxiliares da justiça, cuja não observação nenhuma sanção traz, em regra. Prazo legal, o previsto pela lei; judicial, o qual, não previsto pela lei, é fixado pelo juiz; e convencional, sobre o qual as partes têm liberdade para acordar.

A classificação mais comum na doutrina leva em conta, ainda, a natureza dos atos, a partir de antiga referência legislativa brasileira. São eles divididos em

---

6 Frederico Marques, *Elementos de Direito Processual Penal,* p. 117.

7 Gonçalves, *Técnica Processual e Teoria do Processo*, p. 111.

8 Frederico Marques, *Instituições de Direito Processual Civil*, p. 349.

prazos peremptórios e prazos dilatórios, embora já se tenha advertido que não há, na tradição doutrinária brasileira, uniformidade no tratamento do tema.[9]

De acordo com o Código de 1939 e o de 1973, os prazos peremptórios são prazos inalteráveis, via de regra, seja por convenção das partes ou por determinação do juiz, enquanto os dilatórios são aqueles fixados na lei, que precedem à prática do ato processual, mas em relação aos quais se admite ampliação pelo juiz ou, por convenção das partes, ampliação ou redução.[10] Isso, por interpretação dos artigos 181 e 182 do CPC de 1973. A importância dessa classificação reside no fato de que é a única prevista pelo Código, de forma que é necessário ter em mente os delineamentos dos conceitos "peremptórios" e "dilatórios".

Barbosa Moreira, em artigo escrito ainda na década de 70 do século passado, desenvolve outro enquadramento dos prazos peremptórios e dilatórios.

Num primeiro grupo, estariam os prazos que objetivam estimular a atividade processual ou impulsionar o feito. O prazo é então fixado para a prática (i) do ato que se *deve* realizar, como o prazo para o juiz sentenciar ou para a parte entregar o bem após sentença proferida na demanda de depósito, ou então (ii) do ato que se *pode* realizar, correspondente a um direito ou faculdade de quem o realiza, como o de apresentação de contestação, e que não se traduz em dever de ninguém. Ambas as sub-hipóteses se corresponderiam a prazos peremptórios.

Num segundo grupo, o dos prazos dilatórios, a característica comum é que o prazo interessa à própria pessoa que vai praticar o ato processual, seja pela inércia que se espera dela (a intimação só impõe comparecimento após transcorridas 24 horas), seja pelo impedimento da prática do ato (prazo para lavratura do auto de arrematação).[11]

Toda essa celeuma envolvendo a modificação dos prazos, impossível via de regra nos prazos peremptórios e possível nos dilatórios, desapareceu no Código de 2015. Isso, em razão de o artigo 191 permitir a fixação de um calendário entre juiz e partes e de o p. 1º do artigo 222 prever que "ao juiz é vedado reduzir prazos peremptórios sem anuência das partes". Constata-se, portanto, que a alteração dos prazos será uma realidade a partir de março de 2016, mesmo dos peremptórios, desde que conte com a anuência das partes e com o deferimento pelo juiz.

Embora ainda exista a distinção entre os prazos peremptórios, expressamente previstos no Código de 2015, e os dilatórios (interpretação *a contra-*

---

9 Barbosa Moreira, *Sobre prazos peremptórios e dilatórios,* p. 49.

10 Theodoro Jr., *Processo de Conhecimento,* p. 300.

11 Barbosa Moreira, *Sobre prazos peremptórios e dilatórios,* p. 51-54.

rio sensu da norma), sua característica principal não é mais a impossibilidade de modificação dos primeiros, em razão de disposição em contrário da nova lei. Assim, ganha relevo a antiga diferenciação de Barbosa Moreira, segundo a qual são peremptórios os prazos nos quais se deve praticar o ato que corresponda ao exercício ou à faculdade de direito ou ao cumprimento de um dever. Os dilatórios, a seu turno, são os que devem transcorrer antes da prática do ato processual.[12]

Dessa forma, não importa se os prazos foram alargados ou comprimidos. Se o prazo é fixado, pela lei ou pelo juiz, para que a parte exerça o direito que lhe é possível fazer ou cumpra o dever imposto, ele é peremptório. Se não, ele é dilatório.

A possibilidade de convenção das partes no que se refere aos prazos peremptórios não estaria completa se a lei não previsse a viabilidade de o juiz estabelecer com as partes um calendário específico para a sua demanda. As partes e o juiz não ficam atados aos prazos previstos pela lei. Diante de um caso concreto, de simples resolução ou de provas complexas a produzir, os prazos impostos pelo legislador podem ser alterados, para mais ou para menos, e também dispensadas certas formalidades, como intimação pela imprensa, desde que se fixem os dias certos para a prática dos atos.

4. A calendarização do processo

A fixação de um calendário próprio para cada processo, desde que haja concordância das partes, não é novidade na doutrina processual estrangeira. A possibilidade atende a um chamado da maior eficiência na outorga da tutela jurisdicional, presente na França, na Alemanha, no Reino Unido e na Itália.[13]

Há muito vem se cobrando do Estado maior engajamento na solução rápida dos conflitos que lhe são submetidos, no desempenho de sua função jurisdicional. A prática judiciária demonstra que, no Brasil – o que também é visto em alguns dos demais países do sistema romano germânico de Direito, como Itália, Espanha e França –, o Judiciário, encarregado da função jurisdicional, não tem conseguido julgar a contento todas as demandas propostas.[14] Há um

---

12 Barbosa Moreira, *Sobre prazos peremptórios e dilatórios*, p. 57.

13 Andrade, *As novas perspectivas do gerenciamento e da "contratualização" do processo*, p. 184-185.

14 No Brasil, o estoque de causas não julgadas é de mais de 100 milhões, conforme levantamento feito pelo Conselho Nacional de Justiça no Justiça em Números 2015, referente ao ano de 2014. (Cf. Justiça em Números, 2015, p. 35. Acesso em: 15 mar. 2015).

atraso grande na sua solução, o que trai a confiança da população. Alguns países da Europa têm sofrido inclusive condenações pela Corte Europeia de Direitos Humanos, em razão da falta de solução das demandas em tempo razoável.

A causa dessa ineficiência é complexa. A legislação às vezes é obsoleta, os juízes são em número insuficiente para tantas demandas, há descanso demais para os juízes[15], os órgãos do Judiciário não estão corretamente aparelhados para o número de causas e não se investe em formas de solução de conflitos distintas da adjudicação pelo juiz.[16]

Pelo menos no Brasil, é de se registrar uma falta de diálogo entre Executivo, Legislativo e Judiciário, a propósito da eficiência do serviço público, em menor ou maior proporção dependendo do estado-membro e da União, a despeito de uma exitosa parceria feita no âmbito federal há alguns anos.[17] Os tribunais não podem criar cargos públicos nem unidades de trabalho, pois dependem do Legislativo, e seu orçamento não é auto-executável. Por sua vez, compete ao Executivo vetar projetos de lei e enviar o orçamento público para o Legislativo. Sem uma conversa institucional, com exposição de fatos, de justificativa e de ordem de prioridade, pode ocorrer que uma boa intenção caia no vazio ou tenha sua concretização postergada. No entanto, essa apresentação de intenções tem sido pouco usada pelo Judiciário, que prefere se comunicar por ofícios. Se, por um lado, é compreensível que o juiz, que não pode ter filiação partidária, às vezes introspectivo e receoso da proximidade com políticos, tem pouco gosto pela conversa institucional, por outro, deve-se praticar a boa política, com visitas aos outros chefes de poder, exposição de problemas e discussão, a fim de buscarem uma solução conjunta.

A previsão de que as partes pudessem estabelecer negócios processuais, dos quais a calendarização é exemplo, não era bem vista por muitos doutri-

---

15 De acordo com a Lei Complementar 35/79, Lei Orgânica da Magistratura Brasileira, os juízes têm 60 dias de férias por ano. Além disso, por determinação do Conselho Nacional de Justiça há recesso no final do ano, de 20-12 a 6-1 do ano seguinte, em que o fórum é fechado (presente na lei apenas para os juízes da União), e, em razão de leis federais, estaduais e municipais, vários feriados ao longo do ano. Além disso, em vários estados da Federação, os juízes ainda têm direito a licença-prêmio: a cada cinco anos de trabalho, auferem três meses de descanso.

16 Louva-se a edição, pelo Conselho Nacional de Justiça, da Resolução 125/10, que instituiu a Política Judiciária Nacional de tratamento adequado dos conflitos de interesses no âmbito do Poder Judiciário.

17 Em 2004 e 2009 foram celebrados pelos presidentes da República, do Senado, da Câmara dos Deputados e do Supremo Tribunal Federal os Pactos Republicanos, estabelecendo medidas para melhora do Judiciário. Já o III Pacto não saiu do papel, por divergências internas, embora tivesse sido proposto em fevereiro de 2011 pelo presidente do Supremo Tribunal Federal.

nadores[18], que entendiam ser ela insuscetível de acertamento, em razão da natureza da atividade estatal e da atuação completa do estado na solução das controvérsias.

Com a chegada do século XXI, a tecnologia avançou bastante e a informação, até então restrita a um grupo, basta estar na rede para ser pública. O Estado não é mais um ente compartimentado, sobretudo quando se tem um território enorme, grande população e gigante máquina pública. A crise econômica surgida na primeira década do novo século fez ver que até mesmo os recursos públicos são finitos, chegando-se até à decretação de falência de entes federados, como ocorreu com a famosa cidade de Detroit, nos Estados Unidos da América. O Estado teve que se rearranjar e seus diversos setores foram obrigados a conversar entre si. A administração pública deixou de ser apenas o Executivo, como antigamente se dizia, para ser o conjunto dos serviços das três funções estatais; e a eficiência é cobrada de todos, da mesma forma que o bom uso do dinheiro público é exigido.

Érico Andrade, após lembrar que a doutrina francesa encara a jurisdição como um serviço público, sujeita aos princípios da continuidade, igualdade e eficiência, adverte que se deve dar passagem à aplicação da consensualidade na sua atuação e se observar a economicidade, para que os recursos estatais possam ser mais bem aproveitados em prol da sociedade.[19]

A mudança de panorama fez com que o direito público e mais detidamente o direito processual oportunizasse a cooperação dos sujeitos interessados. Não se abre mão dos cânones constitucionais da isonomia das partes, do contraditório e da ampla defesa na solução jurisdicional de controvérsias, mas se permite que os interessados no resultado da ação estatal possam concertar sobre aspectos atinentes à forma de chegar à solução final.

Dessa forma, o artigo 191 do Código de 2015 permite às partes e ao juiz a fixação de um calendário para a prática de atos processuais, que deverá ser seguido, a não ser em casos excepcionais.[20] As perguntas que se fazem em seguida são: em que momento o calendário é acertado e qual o seu alcance?

---

18 Recusavam o instituto do negócio processual: Cândido Rangel Dinamarco, Roque Komatsu, Daniel Mitidiero, Alexandre Freitas Câmara e Vicente Greco Filho (Cf. Nogueira, *A cláusula geral do acordo de procedimento no projeto do novo CPC*, p. 18, nota 18).

19 Andrade, *As novas perspectivas do gerenciamento e da "contratualização" do processo*, p. 173-174.

20 "Art. 191. De comum acordo, o juiz e as partes podem fixar calendário para a prática dos atos processuais, quando for o caso. P. 1o. O calendário vincula as partes e o juiz, e os prazos nele previstos somente serão modificados em casos excepcionais, devidamente justificados. P. 2o. Dispensa-se a intimação das partes para a prática de ato processual ou a realização de audiência cujas datas tiverem sido designadas no calendário."

O melhor momento de se fixar um calendário é quando estão presentes no ato as partes e o juiz, ou seja, nas audiências, mas isso não será fácil no procedimento único da nova lei. Após a extinção da audiência preliminar pós-contestação do artigo 331 do Código de 1973, com a redação dada pela Lei 10.444/02, a única audiência obrigatória do Código de 2015 é a de conciliação ou mediação, prevista no artigo 334, que não deve ser realizada pelo juiz, mas por conciliador ou mediador, devidamente treinado para o ato. A audiência para saneamento em cooperação com as partes, constante do p. 3º do artigo 357, somente ocorrerá quando houve complexidade em matéria de fato ou de direito da causa; a de instrução e julgamento do artigo 358, apenas quando for necessária produzir prova em audiência.

Assim, a estipulação do calendário, que deveria ser feita em audiência, justamente pela necessidade de apresentação do pleito, debate e deliberação tanto pelas partes quanto pelo juiz, será jogada a segundo plano, a não ser que venha por escrito, com risco de vistas sucessivas a um e a outro até a decisão final, ou que seja designada audiência própria, utilizando a possibilidade prevista no inciso VIII do artigo 139.

O sucesso do instituto está, portanto, nas mãos do juiz, o qual detém arsenal para tentar a resolução da controvérsia em um tempo menor. A melhor forma de se buscar a calendarização é, sem dúvida, por proposta do juiz, em audiência designada, já que o juiz pode esclarecer às partes as vantagens do novo instituto e o que ele representa, em termos de decisão mais célere. Isso não subtrai, de maneira nenhuma, o pedido de uma das partes, embora seja mais demorado, porque será necessário ouvir a parte contrária, o que pode fazer com que o juiz designe a audiência antes mencionada.

Em tese, a calendarização pode ser feita em qualquer tipo de processo, mas não deve ser utilizada como regra, já que é impossível estabelecer um rito diferenciado para cada processo da vara. Para os casos simples, corriqueiros, o Código dá a solução: o procedimento comum único. Para a causa diferenciada, seja pela complexidade da matéria, do procedimento ou pelo número de atingidos, pode ser interessante o estabelecimento de datas, prazos ou meios diversos dos constantes da lei.

A calendarização pode se dar em qualquer momento processual, no primeiro ou no segundo grau de jurisdição ou mesmo no âmbito do Superior Tribunal de Justiça ou do Supremo Tribunal Federal. Depende, apenas, da interlocução das partes com o juiz responsável pela causa, o qual, nos tribunais, é o relator, já escolhido por sorteio e membro da turma julgadora.

Quanto ao alcance da estipulação, a discussão é mais profunda e não se esgota neste ensaio. É possível atingir todos os atos processuais? Num primeiro momento, a resposta é positiva. A uma, porque não houve nenhuma vedação legal. A duas, porque se é dado à parte até mesmo renunciar a direito, inexiste campo imune à deliberação coletiva. Contudo, o instituto está ainda engatinhando e somente com análise da casuística será possível verificar se está havendo desvirtuamento do seu uso.

Nos Estados Unidos da América, a celebração de um calendário no processo civil e no processo penal é tão corriqueira que nem se discute até onde pode ir, já que as partes são livres para estabelecer normas processuais.[21] Todavia, na Alemanha, país em que há muito se admite o acordo das partes no campo processual, o alcance não é amplo assim, porque esbarra na inviabilidade de sua utilização quando atinge disposições cogentes da lei processual (ZPO).[22]

Estabelecido um calendário para a prática de atos no processo, proposto pelas próprias partes, com a aquiescência do juiz, dispensa-se futura intimação das partes para a realização dos atos processuais, inclusive para a audiência, a não ser, evidentemente, que se acorde o contrário, por uma circunstância especial de determinado processo.

5. A ampliação do prazo de defesa e sua viabilidade

Consoante dispõe o artigo 335 do Código de 2015, o prazo para o réu apresentar defesa é de 15 dias. Até aí nada de novo, tendo em vista que o Código de 1973 também fixava o prazo de 15 dias para a defesa. A novidade está contida na norma do artigo 219 do Código de 2015: os prazos processuais são contados em dias úteis, inclusive o da contestação.

O cômputo do prazo em dias úteis é uma antiga reivindicação dos advogados, que não poucas vezes trabalhavam nos finais de semana para cumprir o prazo a vencer na segunda-feira ou em dia pós-feriado. Desde março de 2016, a Advocacia pode respirar e desfrutar também dos dias não úteis.

Muito se tem criticado o alargamento do prazo de defesa, considerando que, se houver audiência de mediação ou conciliação, ela deve ocorrer, no mínimo, em 30 dias (úteis) e a citação deve se dar, no mínimo, em 20 dias (úteis). Somente após a audiência é que se inicia o prazo de 15 dias (úteis) para a defesa. A objeção se dá pela alegada violação da garantia da isonomia, porque o réu

---

21 Eduardo Costa lembra que a calendarização não está prevista em nenhuma lei, mas sim em recomendação passada aos juízes e editada, no âmbito federal, pelo Federal Judicial Center. (Cf. Costa, A "execução negociada" de políticas públicas em juízo, p. 50).

22 Arens, *Die Grundprinzipien des Zivilprozeßrechts*, 1977, p. 11.

teria prazo em excesso para se defender e também pela infringência à garantia constitucional da celeridade processual.[23]

A dita inconstitucionalidade não se sustenta. Infringência à isonomia não há, uma vez que os prazos serão contados em dias úteis tanto para o réu quanto para o autor, nas ulteriores manifestações após o prazo de defesa. Não é, portanto, um benefício próprio da fase de contestação. Ao contrário, é aplicável a todos os prazos do processo, inclusive nos tribunais.

Também não se pode reputar vulnerada a norma constitucional que prevê a celeridade processual. Levando em conta o prazo de defesa, a contagem em dias úteis aumenta o prazo total em apenas 26%. Essa majoração não é relevante, considerando que, por política legislativa, decidiu-se que os prazos seriam contados somente pelos dias úteis. Foi uma escolha da lei, que não se vê malferida na sua essência.

A observância dos prazos, se praticada por todos aqueles que atuam no processo, juiz, partes, servidores e auxiliares da justiça, é medida extremamente salutar. Contudo, o volume exagerado de processos por juiz e por unidade jurisdicional não permite que os prazos sejam cumpridos, não obstante constantes da lei. Se isso se dá, nada mais justo que alargar ditos prazos para todos, considerando a contagem tão-só em dias úteis.

A defesa dos entes federados e de suas autarquias e fundações públicas, por força do artigo 183, conta agora com prazo em dobro para se manifestar nos autos. Reduziu-se o prazo em quádruplo para contestar, mas, por outro lado, instituiu-se a contagem também em dias úteis. Da mesma forma que se dá com as demandas envolvendo pessoas naturais ou pessoas jurídicas de direito privado, não há que se falar em inconstitucionalidade. A modificação veio por meio de uma lei, dentro de um contexto de um novo código, e sem exageros.

6. Conclusão

Diversos questionamentos foram feitos a respeito da conveniência ou não de se editar um novo Código de Processo Civil, os quais passaram pela demora do processo legislativo de tamanha envergadura, pela facilidade de se aprovar uma reforma fatiada, como já se tinha verificado, e pela não conveniência de se mudar a mais utilizada lei processual do país.

---

23 No ponto, registra-se posição de Meireles, *in Duração razoável do processo e os prazos processuais no projeto de Código de Processo Civil*, 2012, p. 204, segundo a qual haveria inconstitucionalidade da norma que permite a contagem dos prazos em dias úteis.

Os empecilhos foram sendo ultrapassados e, em março próximo passado, veio à lume a Lei 13.105, instituindo o novo código. Alguns institutos jurídicos foram mantidos intactos, outros tiveram alteração, dentre os quais a possibilidade de as partes derrogarem a norma processual, por meio de negócios jurídicos, como a calendarização do processo, bem como a contagem dos prazos processuais em dias úteis.

O Judiciário, premido pela necessidade, viu-se obrigado a modernizar-se. A jurisdição passou a ser pensada como um serviço público, que deve ser eficiente, economicamente viável e apta a dar resultado num prazo razoável. Com isso, princípios antes restritos à ciência gerencial passaram a ser aplicados, fazendo com que o Estado pudesse chamar as partes, os maiores interessados na solução dos conflitos a ele submetidos, a participar no desenvolvimento desse procedimento, de comum acordo com o juiz.

É possível, então, que um calendário específico para determinada demanda seja montado, abolindo-se formalidades como intimações, porque já se sabe de antemão o momento da prática do ato, visando a um resultado eficiente e rápido.

Trouxe o novo código, ainda, a contagem dos prazos processuais em dias úteis, com alteração total da norma antiga, que previa a contagem dos prazos em dias corridos. Dita previsão é mais consentânea com a realidade, uma vez que o volume de causas impedia a observância dos prazos então fixados pela lei. E não se divisa nela nenhuma inconstitucionalidade.

As garantias constitucionais da isonomia e da celeridade processual não foram violadas. Todas as partes do processo têm direito ao cômputo dos prazos em dias úteis e a majoração de alguns prazos em pouco mais de um quarto não representa valor relevante.

Não tendo o novo código ainda entrado em vigor, o que ocorrerá em março de 2016, espera-se que as modificações tenham ocorridas para melhor, sempre buscando a finalidade última da jurisdição, que é a pacificação com justiça.

7. Referências bibliográficas

ANDRADE, Érico. As novas perspectivas do gerenciamento e da "contratualização" do processo. *Revista de Processo*. São Paulo: Revista dos Tribunais, 2011. v. 193, ano 36, mar. 2011. p. 167-199.

ARENS, Peter. Die Grundprinzipien des Zivilprozeßrechts. *In:* GILLES, Peter (Org.). *Hu- mane Justiz*. Die deutsche Landesberichten zum ersten internationalen Kongreß für Zivilprozeßrechts in Gent 1977. Frankfurt a. M.: Athenäum, 1977. p. 1-16.

BARBOSA MOREIRA, José Carlos. O benefício da dilatação de prazo para a Fazenda Pública. *Revista de Processo*. Sao Paulo: Revista dos Tribunais, 1976. v. 1, ano 1, jan–mar 1976, p. 51-58.

______________. Sobre prazos peremptórios e dilatórios. *Temas de Direito Processual. 2ª. Série*. São Paulo: Saraiva, 2. ed., 1988. p. 49-60.

CAPONI, Remo. Autonomia Privada e Processo Civil. Trad. de Pedro Gomes de Queiroz. *Revista de Processo*. São Paulo, Revista dos Tribunais, 2014. v. 39, n. 228, fev. 2014, p. 359-376.

COSTA, Eduardo José da Fonseca. A "execução negociada" de políticas públicas em juízo. *Revista de Processo*. São Paulo: Revista dos Tribunais, 2012. v. 212, ano 37, out. 2012, p. 25-56.

FREDERICO MARQUES, José. *Elementos de Direito Processual Penal*. 2. ed. Campinas: Millennium, 2000. v. II. 575p.

______________. *Instituições de Direito Processual Civil*. 2. ed. Rio de Janeiro: Forense, 1962. v. II. 518p.

GONÇALVES, Aroldo Plínio. Técnica Processual e Teoria do Processo. Belo Horizonte: Aide Editora, 1992. 137p.

GONÇALVES, Tiago Figueiredo; MAZZEI, Rodrigo. A disciplina do prazo em dobro para litisconsortes com diferentes procuradores: noções gerais e o regramento adotado pelo CPC/2015. Revista jurídica. São Paulo, v. 63, n. 449, mar. 2015, p. 9-18.

RUBIN, Fernando. O direito à produção de provas e as correlatas questões recursais no projeto do novo CPC. *Novas Tendências do Processo Civil*. v. II. Salvador: Jus Podium, 2014. p. 547-565.

MEIRELES, Edilton. Duração razoável do processo e os prazos processuais no projeto de Código de Processo Civil. *Revista de Processo*. São Paulo: Revista dos Tribunais, v. 207/2012, p. 199-212, mai. 2012.

NOGUEIRA, Pedro Henrique Pedrosa. A cláusula geral do acordo de procedimento no projeto do novo CPC (PL 8.046/2010). In: FREIRE, Alexandre; DANTAS, Bruno; NUNES, Dierle; DIDIER JR., Fred; MEDINA, José Miguel; FUX, Luiz; CAMARGO, Luiz Henrique Volpe; OLIVEIRA, Pedro Miranda de (Org.). *Novas Tendências no Processo Civil*. Salvador: Jus Podivm, 2013. v. 1, p. 15-27.

SCHWAB, Karl Heinz. Introdução do Direito Processual Civil alemão. *Revista de Processo*. Sao Paulo: RT, 1976. Ano 1, n. 3, jul – set 1976, p. 55-61.

THEODORO JR, Humberto. *Processo de Conhecimento*. Rio de Janeiro: Editora Forense, 1978. t. 1. 433p.

MÉTODOS ADEQUADOS DE RESOLUÇÃO DE LITÍGIOS

METÓDOS OU TRATAMENTOS ADEQUADOS DE CONFLITOS?[1]

Rodrigo Mazzei[2]

Bárbara Seccato Ruis Chagas[3]

1. Os contornos do ensaio

Preliminarmente, deve-se alertar que o presente texto há de ser visto como um ensaio, isto é, uma apresentação inicial para ponderações.

O mote da pesquisa consiste em instigar a reflexão acerca da noção prevalecente quanto às *formas de resolução do conflito* e seus respectivos *métodos*, corriqueiramente vinculados ao eixo da jurisdição estatal. A postura denunciada – ainda que de forma involuntária - acaba sendo nociva à junção de conceitos fundamentais ao tema. Mais grave ainda, impede a correta interpretação, recepção e diálogo de questões que, por vezes, são tratadas de forma isolada, como é o caso da análise do *acesso à justiça*.

---

1 Trabalho elaborado a partir de reflexões desenvolvidas no Núcleo de Estudos em Arbitragem e Processo Internacional (NEAPI) e no Programa de Pós-graduação em Direito, ambos da Universidade Federal do Espírito Santo (UFES).

2 Pós-doutorado (UFES), Doutor (FADISP) e Mestre (PUC/SC). Professor da UFES (graduação e mestrado). Diretor Geral da Escola Superior da Advocacia (OAB/ES). Vice Presidente do Instituto dos Advogados do Espírito Santo (IAEES). Professor coordenador do Núcleo de Estudos em Arbitragem e Processo Internacional (NEAPI-UFES).

3 Mestranda pela Universidade Federal do Espírito Santo (PPGDIR-UFES). Membro do Núcleo de Estudos em Arbitragem e Processo Internacional (NEAPI-UFES). Diretora temática da Escola Superior da Advocacia (OAB/ES): Métodos adequados de resolução de conflitos.

Para tanto, lançamos a seguinte indagação em relação aos conflitos: deve se mirar nos métodos de resolução ou na forma que devem ser trados?

2. Abertura do debate

O Código de Processo Civil de 2015 (Lei Federal nº 13.105/2015), embora seja fruto de processo de *recodificação*[4] inova em relação ao diploma revogado em diversos sentidos, tais como a consagração de princípios constitucionais como do contraditório (que se desdobra na participação, na vedação da decisão surpresa, entre outros), a maior autonomia das partes no âmbito processual (a par da previsão de negócios jurídicos processuais atípicos), a inserção de sistema de precedentes (cujas repercussões podem ser lançadas em extensão normativa e que altera o próprio exercício argumentativo dos profissionais do direito, notadamente para os advogados) e a previsão de quadro de ampla sanabilidade dos atos processuais (com objetivo de alcançar a sentença de mérito).

Sem prejuízo dos temas acima e outros de grande relevância, há questão de fundo constitucional que ganha novos contornos e novas forças com CC/15, cuja análise é capital ao presente ensaio. Referimo-nos, como já anunciado brevemente, no acesso à justiça, ou, como preferimos nomear, o *tratamento de conflitos*. Explica-se:

A Constituição Federal traz em seu preâmbulo os elementos que designam os nortes interpretativos do texto constitucional. No texto de 1988, consta

---

4 *Recodificação*, ao revés da *descodificação*, implica em reconhecer a importância do código anterior, de modo que a retirada do código não se dá sem abrir mão da manutenção da organização do direito pelo meio da *codificação*. De todo modo, é importante assinalar que ao se optar pela *recodificação*, faz-se a substituição de corpo legislativo, não sendo necessário abandonar por completo os regramentos anteriores. Na verda, a *recodificação* é compatível com a preservação disposições do texto revogado, ainda que estas, na sua interpretação e aplicação, possam levar a um novo sentido ou resultado. Isso porque mesmo os sispositivos que são repetidos são atingidos pelas mudanças de bússolas entre os códigos. Destaque-se ainda que na *recodificação* o processo legislativo é, naturalmente, marcado pela incorporação no novo texto de outras fontes que não compunham a codificação revogada, mas que já eram usadas em dialogo para crítica e/ou melhor interpretação daquela, destacando-se, no sentido, os dispositivos de leis especiais ou extravagantes (que passam a ser gerais) e ainda o prestígio as posições jurisprudencial e doutrinária marcadas por bússola evolutiva, notadamente quando há outra matriz de interpretação. No Brasil, a recodificação tem sido notabilizada pela alteração do paradigma constitucional, em razão do novo código estar sob a égide de Carta diferente da que existia no momento em que promulgado o código revogado. No sentido, basta observar o CPC/73 (em substituição ao CPC/39) e o CC/02 (em permuta ao CC/16). Tratando do processo de *recodificação* (ainda que com olhos para o CC/02), com análise mais ampla e nuances, confira-se: MAZZEI, Rodrigo. Notas iniciais à leitura do novo código civil. In: Arruda Alvim; Thereza Alvim. (Org.). Comentários ao Código Civil Brasileiro, parte geral. Rio de Janeiro: Forense, 2005, v. 1, p. LXVII-LXIX.

como compromisso da sociedade brasileira, na ordem interna e internacional, a solução pacífica das controvérsias[5]. Após esta introdução, no artigo 5º, inciso XXXV, tem-se o denominado *princípio do acesso à justiça*, ou seja, a garantia de que todos os cidadãos devem ter o direito de dispor de meios de tratar suas controvérsias. Neste ínterim, deve-se notar que o mesmo dispositivo constitucional também é utilizado como fundamento do princípio denominado inafastabilidade do Judiciário. Tal contexto faz com que as noções de acesso à justiça e da inafastabilidade do Poder Judiciário sejam examinadas como um dueto indissolúvel, como irmãos siameses, situação que se afigura como falsa.

Com efeito, não se trata de mero acaso, pois, historicamente, atribui-se ao Poder Judiciário o [6]monopólio da – que se convencionou denominar – justiça. Assim, construiu-se a cultura de que "solucionar conflitos" e acessar o Judiciário fossem sinônimos entre si, e estes fossem equivalentes a obter justiça. Contudo, a estruturação do processo jurisdicional numa lógica combativa não só foi incapaz de tratar os conflitos apresentados pela sociedade[7], como também contribuiu para ampliar a litigiosidade do ordenamento pátrio.

Nesse contexto, a partir da década de 1990, outros mecanismos surgem no debate jurídico como forma de cumprir a função do direito de pacificação social. Em 1995, a Lei Federal nº 9.099 traz a figura dos juizados especiais e, neles, a determinação para realizar audiências de conciliação. Posteriormente, em 1996, a Lei Federal nº 9.307 consolida a arbitragem como via jurisdicional privada no direito brasileiro, sobretudo após o Supremo Tribunal Federal (STF) reconhecer a constitucionalidade da legislação, em 2001[8].

---

5 "Nós, representantes do povo brasileiro, reunidos em Assembléia Nacional Constituinte para instituir um Estado Democrático, destinado a assegurar o exercício dos direitos sociais e individuais, a liberdade, a segurança, o bem-estar, o desenvolvimento, a igualdade e a justiça como valores supremos de uma *sociedade fraterna, pluralista e sem preconceitos, fundada na harmonia social e comprometida, na ordem interna e internacional, com a solução pacífica das controvérsias*, promulgamos, sob a proteção de Deus, a seguinte CONSTITUIÇÃO DA REPÚBLICA FEDERATIVA DO BRASIL." (destacamos).

6 No sentido, com visão ampla do problema e fechando a análise na atuação dos profissionais do direito, confira-se: MAZZEI, Rodrigo. Breve Olhar Sobre os Temas de Processo Civil a Partir das Linhas Mestras de René Girard. *Revista Brasileira de Direito Processual*. Belo Horizonte: 2013, v. 21, n. 83 jul/set, p. 13-26.

7 "O modelo tradicional oferecido pelo Judiciário para resolver conflitos é insuficiente diante da complexidade dos conflitos e das inúmeras expectativas das partes. A resposta ao acesso à Justiça á de ser plural, sobretudo resultando da combinação de várias soluções integráveis entre si". SILVA, Érica Barbosa. *Conciliação Judicial*. Brasília: Gazeta Jurídica, 2013, p. 38.

8 Processo de Homologação de Sentença Estrangeira SE 5.206-Espanha (AgRg), Relator Ministro Sepúlveda Pertence, 12.12.2001.

Avançando-se para a virada da primeira década do segundo milênio, a Resolução nº 125/10 do Conselho Nacional de Justiça instituiu a Política Judiciária Nacional de tratamento adequado de conflitos de interesse. Após, em 2015 três leis mereceram destaque – a Lei Federal nº 13.129, que atualizou a Lei de Arbitragem; a Lei Federal nº 13.104, popularmente conhecida como Lei de Mediação; e a Lei Federal nº 13.105, o novo Código de Processo Civil.

Nota-se, pois, considerável ampliação da visibilidade do tratamento de conflitos desde a promulgação da Constituição de 1988, sobretudo nesta década. Contudo, apesar da riqueza e diversidade normativa apresentada, o debate sobre o tema ainda precisa ser aprofundado, sobretudo para que essas ferramentas não sejam contaminadas pela lógica belicosa do processo civil até então. Nesse sentido, alguns termos e conceitos básicos precisam ser delineados.

3. Nomenclatura, conceitos e classificações

3.1. Métodos: Alternativos, consensuais, extrajudiciais, adequados

Quando se fala em lidar com conflitos de maneira diversa do processo jurisdicional litigioso, a nomenclatura surge como uma questão importante. Na doutrina, a variedade de termos apresenta-se riquíssima: desde o mais conhecido dos nomes – métodos alternativos de resolução de conflitos – até outros menos convencionais, como substitutos jurisdicionais, mecanismos consensuais de solução de controvérsias, mecanismos extrajudiciais, etc. Cabe, portanto, uma breve análise sobre os termos mais comumente usados, a fim de buscar um maior rigor linguístico.

Primeiramente, o termo métodos alternativos de resolução de conflitos ganhou forças por ser justamente uma tradução do inglês *alternative dispute resolution*, que assume a sigla *ADR*. Conforme definição do *New York State Unified Court System*, a expressão "refere-se a uma variedade de processos destinados a auxiliar as partes a resolverem disputas sem um julgamento" e "incluem mediação, arbitragem, avaliação de terceiro neutro e práticas colaborativas"[9].

Apesar de a definição do termo atender ao tema que se busca estudar, a tradução literal para *alternativos* não se mostrou suficiente para o direito brasileiro. No Brasil, a ideia de alternativas constrói-se a partir da noção de uma via principal – no caso, o processo civil do Judiciário seria esta, enquanto

9 "Alternative dispute resolution (ADR) refers to a variety of processes that help parties resolve disputes without a trial. Typical ADR processes include mediation, arbitration, neutral evaluation, and collaborative law". Disponível em <https://www.nycourts.gov/ip/adr/What_Is_ADR.shtml>, acesso em 10.01.2017.

a arbitragem, a mediação, a negociação e tantos outros instrumentos seriam vias secundárias. Logo, a expressão adquiriu uma conotação negativa, pois permite a interpretação de que tais mecanismos sejam segundas opções, ou seja, inferiores à via litigiosa jurisdicional.

Diante dessa reflexão, outros termos surgiram – dois comumente encontrados na doutrina são *métodos extrajudiciais* ou *consensuais de resolução de conflitos*.

"Extrajudicial", considerando a origem do prefixo latino *extra*, representa aquilo que está em posição exterior ao Judiciário. A insuficiência do termo tornou-se mais evidente com a promulgação do Código de Processo Civil de 2015 e a Lei de Mediação: ambas as leis expressamente preveem a realização de sessões de mediação e/ou conciliação no curso do processo judicial[10], além de determinar também requisitos para credenciamento de conciliadores e mediadores *judiciais*[11]. Em acréscimo, a Resolução nº 125/2010 do CNJ prevê o emprego da conciliação e mediação justamente como políticas *judiciárias*. Portanto, o termo métodos extrajudiciais de solução de controvérsias não atende ao objeto que ora se estuda, tendo em vista que estes não são excludentes em relação ao Judiciário, podendo ocorrer tanto dentro, quanto fora do Poder estatal.[12]

---

10 A mediação judicial encontra-se disciplinada pelo artigo 24 e seguintes da Lei Federal nº 13.140/2015 e pelo artigo 334 da Lei Federal nº 13.105/2015.

11 A atuação, os requisitos para formação e credenciamento dos conciliadores e mediadores judiciais encontram-se nos artigos 11 a 13 da Lei Federal nº 13.140/2015 e no artigo 165 e seguintes da Lei Federal nº 13.105/2015.

12 Note-se, no sentido, o resultado da I Jornada de "Prevenção e *Solução Extrajudicial* de Litígios" (destacamos), realizada nos dias 22 e 23 de agosto de 2016 pelo Centro de Estudos Judiciários do Conselho da Justiça Federal. Com efeito, apesar de o encontro estar vinculado - ao menos no seu título - à solução extrajudicial, temas que envolvem questões já postas ao Poder Judiciário foram alvo de exame, consoante pode se extrair de alguns enunciados, confiram-se alguns exemplos: Enunciado nº 16: "O magistrado pode, a qualquer momento do processo judicial, convidar as partes para tentativa de composição da lide pela mediação extrajudicial, quando entender que o conflito será adequadamente solucionado por essa forma"; Enunciado nº 21 "É facultado ao magistrado, em colaboração com as partes, suspender o processo judicial enquanto é realizada a mediação, conforme o art. 313, II, do Código de Processo Civil, salvo se houver previsão contratual de cláusula de mediação com termo ou condição, situação em que o processo deverá permanecer suspenso pelo prazo previamente acordado ou até o implemento da condição, nos termos do art. 23 da Lei n.13.140/2015"; Enunciado nº 39: "A previsão de suspensão do processo para que as partes se submetam à mediação extrajudicial deverá atender ao disposto no § 2º do art. 334 da Lei Processual, podendo o prazo ser prorrogado no caso de consenso das partes". A análise da exemplificação acima apresentada, pois, evidencia que a solução extrajudicial de controvérsias demonstra-se inadequada, ou, no mínimo, insuficiente, pois deságua em questões concernentes a litígios já postos ao Poder Judiciário.

Métodos "consensuais", a seu turno, também não representa um erro propriamente dito, mas sim uma insuficiência para abranger o que se pretende analisar. No Brasil, atualmente, ao se tratar de soluções de conflitos, mencionam-se três mecanismos principais: a mediação, a conciliação e a arbitragem[13]. Na mediação e na conciliação, como será melhor detalhado em tópico posterior deste ensaio, há um terceiro facilitador - mediador ou conciliador -, mas a decisão final dá-se pelas próprias partes; na arbitragem, de outro giro, existe a figura do árbitro, ou tribunal arbitral, que decidirá a causa definitivamente, de maneira adjudicada. Portanto, utilizar o termo *consensual* (ou *consesuais*, em seu plural) seria designar como alvo de estudo apenas mediação e conciliação, e excluir o método da arbitragem, que não é a intenção do ensaio.

A partir dessas reflexões e refinamentos linguísticos, propõe-se uma outra nomenclatura: tratamento adequado de conflitos.

3.2. Tratamento adequado de conflitos

No tópico anterior, refletiu-se sobre o vocábulo que acompanha o termo "métodos" ou "mecanismos" e pôde-se concluir pela impropriedade ou insuficiência de "consensuais", "extrajudiciais" e "alternativos". Não obstante, apresenta-se, ainda, um terceiro elemento, após essas expressões - *solução* ou *resolução* de conflitos - igualmente merecedor de atenção.

A ideia de solucionar ou resolver conflitos vincula-se à função do direito de pacificador social. Todavia, a paz social não deve, nem pode ser confundida como ausência de conflitos: conforme destaca Jean-Marie Muller, *o homem é essencialmente um ser relacional* e, por isso, *o conflito é elemento estrutural de toda vida social*[14]. Desta forma, o direito deve buscar não o fim dos conflitos, mas sim extrair o que há de positivo em tais confrontos que, na verdade, representam enorme relevância para movimentar - no sentido mesmo de retirar da inércia - a sociedade[15]. Portanto, não se busca resolver ou solucionar o confli-

---

13 Inegavelmente, há uma variedade ampla de outras ferramentas disponíveis, tanto para estudo quanto para prática, também tomando lugar no direito brasileiro, tais como as teorias de negociação, avaliação de terceiro neutro, *ombudsman*, práticas colaborativas, etc. Contudo, por uma questão de corte e praticidade metodológicos, identificaram-se, neste parágrafo, os mecanismos expressamente mencionados pelas leis brasileiras.

14 O Princípio da Não-violência. São Paulo: Palas Athena, 2007, pp. 18-20.

15 "Assim como o universo precisa de "amor e ódio", isto é, de forças de atração e de forças de repulsão, para que tenha uma forma qualquer, assim também a sociedade, para alcançar uma determinada configuração, precisa de quantidades proporcionais de harmonia e desarmonia, de associação e competição, de tendên-

to, no sentido de extingui-lo, mas sim tratá-lo, para dele obter o seu máximo de positivo para a sociedade[16].

Ademais, a expressão *tratamento adequado* viabiliza outra percepção: os diversos mecanismos existentes - negociação, conciliação, mediação, arbitragem - apresentam nuances e peculiaridades e, por isso, são mais, ou menos, recomendados a determinados conflitos. Afinal, como destacado por Mauro Cappelletti e Bryant Garth, "existem muitas características que podem distinguir um litígio de outro (...) conforme o caso, diferentes barreiras ao acesso podem ser mais evidentes, e diferentes soluções, eficientes" e, por isso, defendem a necessidade de "correlacionar e adaptar o processo civil ao tipo de litígio"[17].

Por exemplo, como evidenciado pelo próprio legislador pátrio nos parágrafos 2º e 3º do artigo 165 do CPC/15[18], recomenda-se a conciliação para situações em que não há relação prévia entre as partes, enquanto a mediação se propõe para as hipóteses em que se verifica relação anterior.

---

cias favoráveis e desfavoráveis. Mas essas discordâncias não são absolutamente meras deficiências sociológicas, ou exemplos negativos. Sociedades definidas, verdadeiras, não resultam apenas das forças sociais positivas e apenas na medida em que aqueles fatores negativos não atrapalhem. Esta concepção comum é bem superficial: a sociedade, tal como a conhecemos, é o resultado de ambas as categorias de interação, que se manifestam desse modo como inteiramente positivas". SIMMEL, Georg. Sociologia. Evaristo de Moraes Filho (org); tradução de Carlos Alberto Pavanelli... et al. São Paulo: Ática: 1983, p. 124.

16 "Em uma perspectiva interdisciplinar, tem-se que o conflito é salutar para o crescimento e o desenvolvimento da personalidade por gerar vivências e experiências valiosas para o indivíduo em seu ciclo de vida. Revela-se importante a noção de "transformação do conflito": sendo o conflito constituído pela percepção da relação vivida, alterar o modo de visualizar os fatos reputados controvertidos pode gerar uma mudança de comportamento e, com isso, repercutir no andamento da controvérsia, transformando-a em uma nova experiência". TARTUCE, Fernanda. Mediação nos conflitos civis. 2ª Ed. Rio de Janeiro: Forense, 2015, pp. 14-15.

17 *Acesso à Justiça*. Tradução e revisão de Ellen Gracie Northfleet. Porto Alegre: Sergio Antonio Fabris Editor, 1988, p. 26.

18 Art. 165. Os tribunais criarão centros judiciários de solução consensual de conflitos, responsáveis pela realização de sessões e audiências de conciliação e mediação e pelo desenvolvimento de programas destinados a auxiliar, orientar e estimular a autocomposição.

§ 1º-A composição e a organização dos centros serão definidas pelo respectivo tribunal, observadas as normas do Conselho Nacional de Justiça.

§ 2º-O conciliador, que atuará preferencialmente nos casos em que não houver vínculo anterior entre as partes, poderá sugerir soluções para o litígio, sendo vedada a utilização de qualquer tipo de constrangimento ou intimidação para que as partes conciliem.

§ 3º-O mediador, que atuará preferencialmente nos casos em que houver vínculo anterior entre as partes, auxiliará aos interessados a compreender as questões e os interesses em conflito, de modo que eles possam, pelo restabelecimento da comunicação, identificar, por si próprios, soluções consensuais que gerem benefícios mútuos.

Não se trata de recomendação arbitrária, mas sim consciente dos propósitos e procedimentos desses mecanismos: a conciliação tem um terceiro imparcial mais incisivo, que pode sugerir propostas e tem como objetivo chegar a um acordo; a mediação, por outro lado, tem no mediador a figura de um facilitador cujo objetivo consiste em restabelecer o diálogo, sendo o acordo uma meta secundária. Para considerar também a arbitragem, esta tem como principais características a excelência técnica – pela possibilidade de escolha de *experts* como árbitros – e a celeridade, ainda que, como contrapartida, apresente um custo mais elevado; logo, mais indicada para aqueles litígios que demandem rapidez e conhecimento específico em determinada área.

A distinção das diversas ferramentas disponíveis para lidar com os conflitos apresenta-se relevante didaticamente, para não apenas se compreender cada uma delas, mas também aprofundar e aprimorar os conhecimentos. Todavia, em que pese essa relevância da classificação, os diversos métodos podem também ser conjugados e aplicados a uma mesma contenda: é o que se observa, a título exemplificativo, nas cláusulas escalonadas, muito comuns no formato med-arb, ou seja, em que as partes estipulam como primeiro passo, diante de um conflito, a tentativa de mediação e, caso não resulte em acordo, só então será tentada a arbitragem[19].

As conjugações mostram-se, muitas vezes, benéficas, pois pode explorar as melhores qualidades de cada um dos métodos - no exemplo citado, a mediação, por mais que não resulte em acordo, pode melhorar enormemente o diálogo das partes que, apesar de necessitarem, posteriormente, de uma arbitragem, poderão utilizar o procedimento arbitram de maneira muito mais otimizada, tendo em vista que instaurado um ambiente de cooperação efetiva.

Nesse contexto, portanto, insere-se a expressão *tratamento adequado de conflitos*. Além de contemplar os diversos mecanismos – arbitragem, mediação, conciliação, negociação – considerando suas peculiaridades, não incorre no equívoco de tentar extirpar o conflito, e também permite visualizar a conjugação dessas ferramentas.

3.3. Hetero e autocomposição

Os métodos de tratamento adequado de conflitos podem ser classificados em heterocompositivos e autocompositivos. Heterocomposição, como o prefixo *hetero*, "outro", sugere, ocorre quando há o envolvimento de um terceiro,

---

19 Sobre o tema, CARMONA, Carlos Alberto. *Arbitragem e Processo: um comentário à Lei 9.307/96*. 3ª Ed. São Paulo: Atlas, 2009, p. 34.

estranho e imparcial às partes, para decidir a causa. Na autocomposição, por sua vez, como a nomenclatura também indica - *auto*, "mesmo" -, são as próprias partes que decidirão a causa.[20]

Utilizando os mecanismos mencionados no presente ensaio para aplicar a classificação ora apresentada, temos como heterocomposição a arbitragem[21], enquanto negociação, conciliação e mediação são autocompositivas[22]. Neste ínterim, fundamental notar que não é simplesmente a presença de um terceiro o que determina a classificação do método, mas sim a forma de sua atuação: à exceção da negociação, em que as partes dialogam diretamente, auxiliadas, ou não, por seus respectivos advogados, mediação, conciliação e arbitragem apresentam todas a figura de um terceiro – o mediador, o conciliador ou o árbitro.

Contudo, a forma de atuação deste terceiro apresenta-se distinta em cada um dos procedimentos. O mediador representa apenas um facilitador do diálogo – a partir de técnicas como escuta ativa, paráfrases, refraseamento, delimitação de tempo e regras de fala, executará a função de restabelecer a comunicação entre as partes, sem decidir ou opinar sobre o conflito propriamente dito. Logo, na mediação, há autocomposição pois, quanto à decisão, prevalece a vontade própria das partes.

O conciliador, por seu turno, pode-se valer também de técnicas próprias para buscar a comunicação das partes, mas, como busca primordialmente o acordo, terá liberdade para apresentar propostas e alternativas para a realização de um acordo. Não obstante, a decisão sobre realizar, ou não, o acordo, bem como a definição de seus termos, ou seja, o resultado da conciliação também é definido propriamente pelas partes, caracterizando-se, portanto, como ferramenta autocompositiva.

---

20 Sobre a mediação e conciliação CPC/15, entre vários, confira-se: MAZZEI, Rodrigo; MERÇON-VARGAS, Sarah. Comentários aos artigos 165-175. In Novo Código de Processo Civil anotado e comoparado. Simone Diogo Carvalho Figueiredo (coord.). São Paulo: Saraiva, 2015, p. 203-215.

21 Situação que gera a possibilidade, inclusive, de diálogo entre a arbitragem e os negócios jurídicos processuais. No sentido: MAZZEI, Rodrigo; CHAGAS, Barbara. Os negócios jurídicos processuais e a arbitragem. In: Antonio do Passo Cabral; Pedro Henrique Nogueira. (Org.). *Negócios processuais*. 1ed. Salvador: Juspodivm, 2015, p. 521-539.

22 Há, inclusive, no CPC de 2015, alguma confusão consoante pode se verificar do art. 359, que trata a arbitragem como uma espécie de *autocomposição* (art. 357- Instalada a audiência, o juiz tentará conciliar as partes, independentemente do emprego anterior de outros métodos de solução consensual de conflitos, como a mediação e a arbitragem). No sentido, com crítica a redação legal, confira-se: MAZZEI, Rodrigo; GONÇALVES, Tiago Figueiredo. In *Código de Processo Civil Comentado*. Helder Moroni Câmara (coord). São Paulo: Almedina, 2016, p. 537.

O árbitro, em contrapartida, utilizando as palavras do legislador pátrio, *é juiz de fato e de direito*[23]. Desta forma, o juiz arbitral é eleito pelas partes, porém, a partir dessa eleição, assume a função de presidir o procedimento e proferir o julgamento do litígio, de maneira adjudicada. Assim, como a decisão não é tomada pelas partes, mas sim imposta por um *outro*, o árbitro, tem-se a heterocomposição.

Estabelecidos os conceitos e as nomenclaturas basilares de estudo, cabe analisar como o CPC/15 pode contribuir para o desenvolvimento de uma nova cultura jurídica.

4. Uma nova cultura[24]: A relevância da audiência do art. 334 do CPC/15

4.1. As normas fundamentais de processo civil e os novos contornos do acesso à justiça

Dentre as inovações apresentadas no novo Código de Processo Civil, a primeira, por ordem topográfica, consiste na inauguração do diploma por uma Parte Geral, com um capítulo destinado às normas fundamentais do processo civil. Apesar de algumas críticas quanto à inserção de princípios constitucionais na legislação processual, os doze primeiros artigos do CPC/15 cumprem o papel de integrar o processo civil à ordem constitucional, concretizando-a, e também ilumina os demais ramos processuais. Nesse contexto, acerca do tema estudado, merece destaque o artigo 3º, *in verbis*:

> Art. 3º Não se excluirá da apreciação jurisdicional ameaça ou lesão a direito.
> § 1º É permitida a arbitragem, na forma da lei.
> § 2º O Estado promoverá, sempre que possível, a solução consensual dos conflitos.
> § 3º A conciliação, a mediação e outros métodos de solução consensual de conflitos deverão ser estimulados por juízes, advogados, defensores públicos e membros do Ministério Público, inclusive no curso do processo judicial.

---

23 Art. 18 da Lei Federal nº 9.307/96.

24 Ao e falar em nova cultura não se pode distanciar da postura dos atores processuais, entre os quais estão os advogados, os juízes, o Ministério Público e os auxiliares do juízo. Com visão ampla, confira-se: MAZZEI, Rodrigo; CHAGAS, Bárbara Seccato Ruis Chagas. Breve ensaio sobre a postura dos atores processuais em relação aos métodos adequados de resolução de conflitos. *Revista Brasileira de Direito Processual - RBDPro*. Belo Horizonte: Fórum, 2016, ano 24 – n. 95 – julho/setembro, pp. 245-267.

Como se pode notar, há uma alusão ao inciso XXXV, do artigo 5º da Constituição Federal, segundo o qual *a lei não excluirá da apreciação do Poder Judiciário lesão ou ameaça a direito*. Conforme mencionado previamente, esse dispositivo constitucional vincula-se a dois pilares do processo e do Estado de Direito: o acesso à Justiça e a inafastabilidade do Judiciário.

Neste ínterim, deve-se destacar uma análise topológica mais detida do artigo 3º. A leitura da cabeça de um artigo e de seus respectivos parágrafos deve ser feita de tal maneira que o *caput* oriente o restante do texto, para que o artigo, como um todo, seja coerente e coeso. Assim, o *caput* apresenta a perspectiva do acesso à justiça e os três parágrafos funcionam como verdadeiros desmembramentos deste princípio.

Primeiramente, ao mencionar, no *caput* do artigo 3º, apreciação *jurisdicional*, e não "do Poder Judiciário", e com o reforço do § 1º, o CPC/15 consolida o entendimento já manifestado pela doutrina e pelos tribunais superiores de que a arbitragem também é jurisdição. Em segundo lugar, cumprindo a orientação do preâmbulo constitucional, o § 2º destaca que o Estado deve realizar sua função de promotor da paz e da justiça não apenas pela via judicial, muito menos restringir a via judicial a um método combativo e violento[25].

Finalmente, no § 3º, resta evidente que a função de promover a paz deve ser dos mais variados agentes, e nos mais variados espaços – é o que se lê pela interpretação inversa da expressão "inclusive no curso do processo judicial". Ou seja, os mecanismos de tratamento de conflitos devem ser estimulados o mais amplamente possível e, caso ainda assim a controvérsia chegue ao Judiciário, este também não deve se apresentar como um campo de batalha, excessivamente belicoso, mas sim como mais um espaço em que se deve buscar a pacificação.

Destarte, notam-se algumas lições essenciais:

(1) não há jurisdição apenas no âmbito do processo do Judiciário, mas também no processo arbitral;

(2) o Estado, que tem por função de buscar a paz e a justiça, não deve promovê-las apenas no processo jurisdicional, mas também por outros meios[26]; e

---

25 Refletindo sobre o tema, Carlos Eduardo Vasconcelos: "as atuais inovações do CPC resgatam, portanto, uma dívida histórica do direito processual civil para com a Constituição da República. A supervalorização de processos de ganha-perde, com ênfase para as particularidades formais, hipertrofiava os mecanismos adjudicatórios e aviltava as possibilidades dos métodos autocompositivos". Mediação de Conflitos e Práticas Restaurativas. 4ª Ed. São Paulo: Editora Método, 2015, p. 86.

26 Sobre o tema, Fernanda Tartuce: "É fato que o processo, sozinho, jamais será instrumento suficiente para dar cabo de todos os conflitos sociais. Assim, cresce a consciência de que, se o que importa é pacificar, torna-se irrelevante considerar se a pacificação decorreu de

(3) o estímulo ao tratamento consensual das controvérsias deve ocorrer pelos mais diversos atores e nos mais diversos ambientes, dentro ou fora do processo judicial.

Portanto, a redação do artigo 3º do CPC/15 não busca simplesmente reproduzir o princípio constitucional do acesso à Justiça[27]. Na verdade, considerando o momento histórico e democrático em que o Código se insere, o dispositivo cumpre o papel de evidenciar os novos contornos que o acesso à justiça – ou acesso à paz – assume e deve assumir no ordenamento jurídico pátrio[28]. Exerce, pois, não só uma função pedagógica, de discriminar os desdobramentos do acesso à justiça, mas também um mote programático, no sentido de apresentar como meta ao Estado e aos atores processuais a promoção de um tratamento adequado de conflitos[29].

Nesta toada da função pedagógica do CPC/15, outro tema ganha especial relevo para o desenvolvimento de uma cultura de tratamento adequado de conflitos – a audiência de mediação ou conciliação, prevista no artigo 334.

---

atividade do Estado ou por outros meios eficientes". Mediação nos conflitos civis. 2ª Ed. Rio de Janeiro: Forense, 2015, p. 69.

27 "Os §§ 2º e 3º consubstanciam o cerne da mudança de paradigma do processo civil brasileiro. Os métodos consensuais saíram daquela situação subalterna, aviltada, intuitiva, estigmatizada, como eram praticados sob o paradigma formalista do CPC anterior, para a condição de instrumentos do princípio da promoção da paz, ou da pacificação, tal como lhes reservara, implicitamente, a Constituição Federal de 1988". VASCONCELOS, Carlos Eduardo de. Mediação de Conflitos e Práticas Restaurativas. 4ª Ed. São Paulo: Editora Método, 2015, p. 87.

28 "Percebe-se, assim, a necessidade de uma nova mentalidade. Ao se defrontar com uma controvérsia, devem o jurisdicionado, o gestor do sistema de justiça e o operador do Direito considerar, em termos amplos, qual é a melhor forma de tratá-lo, cotejando não apenas as medidas judiciais cabíveis, mas concebendo também outros meios disponíveis para abordar a controvérsia, especialmente ante a possibilidade de superar resistências e obter algum tipo de consenso entre os envolvidos no conflito (ainda que sobre parte da controvérsia)". TARTUCE, Fernanda. Mediação nos conflitos civis. 2ª Ed. Rio de Janeiro: Forense, 2015, p. 128.

29 Segundo Mauro Cappelletti e Bryant Garth, o acesso à justiça apresenta-se como pedra de toque da processualística: "Uma tarefa básica dos processualistas modernos é expor o impacto substantivo dos vários mecanismos de processamento de litígios. Eles precisam, consequentemente, ampliar sua pesquisa para mais além dos tribunais e utilizar os métodos de análise da sociologia, da política, da psicologia e da economia, e ademais, aprender através de outras culturas. O "acesso" não é apenas um direito social fundamental, crescentemente reconhecido; ele é, também, necessariamente, o ponto central da moderna processualística. Seu estado pressupõe um alargamento e aprofundamento dos objetivos e métodos da moderna ciência jurídica". *Acesso à Justiça*. Tradução e revisão de Ellen Gracie Northfleet. Porto Alegre: Sergio Antonio Fabris Editor, 1988, p. 5.

4.2 A audiência "obrigatória" de mediação ou conciliação do artigo 334

O *caput* do artigo 334 do CPC/15 dispõe o seguinte:

> Art. 334. Se a petição inicial preencher os requisitos essenciais e não for o caso de improcedência liminar do pedido, o juiz designará audiência de conciliação ou de mediação com antecedência mínima de 30 (trinta) dias, devendo ser citado o réu com pelo menos 20 (vinte) dias de antecedência.

Nota-se, desde logo, a relevância dada ao tratamento de conflitos pelo legislador: a primeira audiência a ser realizada no procedimento comum é justamente de mediação ou conciliação. Deve-se, no entanto, antecipar uma observação para evitar confusões, qual seja, ao mencionar "conciliação ou mediação", de modo algum deve-se pensar que são sinônimos[30]. Como visto anteriormente, cada um dos métodos apresenta peculiaridades e nuances próprias e, por isso, são mais ou menos adequadas para determinados conflitos, de modo que caberá ao juiz, ao designar o agendamento da audiência, definir também se considera pertinente a realização de mediação ou conciliação, a considerar as características do litígio.

Desde a promulgação da Lei Federal nº 13.105/2015, essa audiência do artigo 334 ganhou a alcunha de audiência *obrigatória* de conciliação ou mediação. A alegada obrigatoriedade fundamenta-se nas hipóteses bastante restritas para sua não-realização, quais sejam, (a) se ambas as partes manifestarem desinteresse ou (b) quando não se admitir autocomposição[31]. Ainda, esta suposta obrigatoriedade sofreu críticas doutrinárias, porque feriria um dos princípios basilares da mediação e da conciliação, o princípio da autonomia da vontade.

Quanto à "obrigatoriedade", não há dúvidas de que a adjetivação merece aspas, uma vez que o § 4º do artigo 334 prevê expressamente quando não será realizada. Quanto a obrigar uma das partes a participar da audiência e o prin-

---

30 No sentido, confira-se: MAZZEI, Rodrigo; MERÇON-VARGAS, Sarah. Comentários aos artigos 165-175. In Novo Código de Processo Civil anotado e comoparado. Simone Diogo Carvalho Figueiredo (coord.). São Paulo: Saraiva, 2015, p. 203-215.

31 A definição de direitos que admitam autocomposição ainda não é pacífica no direito brasileiro. Há certa confusão entre a expressão e os termos direitos disponíveis e direitos indisponíveis. A título exemplificativo, o direito do trabalho representa um ramo cujos direitos têm por caraterística a indisponibilidade, contudo as conciliações – logo, autocomposições – são estimuladas e reconhecidas pela Justiça do Trabalho. Portanto, há direitos indisponíveis que admitem autocomposição. No entanto, quais direitos indisponíveis admitem, ou não, autocomposição ainda não se pode delimitar com rigor, merecendo estudo mais atento da doutrina e jurisprudência.

cípio da autonomia da vontade, deve-se realizar reflexão mais detida.

Em primeiro lugar, a *"obrigação" (= dever processual)* é de comparecer à audiência e, com isso, conhecer a mediação ou a conciliação. Por outro giro, não se exige de nenhuma das partes que prossiga com a conciliação ou mediação, tampouco ficam obrigadas a chegar ao fim do processo por meio de um desses métodos. Logo, a autonomia das partes está preservada, pois, uma vez presentes na audiência, podem livremente manifestar desinteresse em prosseguir e, com isso, retornarão ao procedimento jurisdicional heterocompositivo.

Não obstante, o dever de comparecer à audiência é, verdadeiramente, crucial para o desenvolvimento de uma nova cultura. Isso, porque, para acionar o Judiciário, à exceção dos juizados especiais, as partes precisam estar acompanhadas por seus respectivos advogados ou defensores públicos. Em tese, e pela disposição do artigo 3º do CPC/15, cabe aos patronos orientar as partes que representam sobre a existência, utilidade, ou não, viabilidade, ou não, dos diversos mecanismos de tratamento de conflitos para que, a partir desse conhecimento, os próprios jurisdicionados possam eleger qual instrumento desejam utilizar[32]. Na prática, porém, grande parte dos operadores do direito sequer teve contato com mediação, conciliação ou arbitragem – seja durante, seja depois da faculdade[33].

Desta forma, como o atual contexto ainda é caracterizado pela falta de conhecimento – tanto de cidadãos leigos, quanto de atores jurídicos – sobre a existência, os conceitos e os procedimentos dos métodos de tratamento de conflitos, a audiência do artigo 334 cumpre uma função pedagógica. Comparecendo diante de um mediador ou conciliador judicial devidamente capacitado, tanto as partes quanto os respectivos patronos serão apresentados às técnicas e, aos poucos, despertar-se-á a curiosidade para o estudo e para a prática desses procedimentos. É dizer, justamente porque a regra prevista no artigo 3º apresenta função programática, a "obrigatoriedade" do artigo 334 apresenta-se como essencial.

No entanto, esta função demanda, também, uma grande responsabilidade

---

32 "(...) devem os administradores da justiça atuar para disseminar informações aos operadores do Direito e às partes sobre a variada gama de métodos de composição de conflitos. Só munidos dos dados relevantes e pertinentes sobre seu viés é que os envolvidos em disputas poderão, cientes das várias possibilidades, optar com liberdade e legítima motivação por uma das formas de abordar controvérsias". TARTUCE, Fernanda. Mediação nos conflitos civis. 2ª Ed. Rio de Janeiro: Forense, 2015, p. 73.

33 A respeito da cultura jurídica "da sentença", ou seja, da litigiosidade combativa, WATANABE, Kazuo. Cultura da Sentença e Cultura da Pacificação. In.: Estudos em homenagem à professora Ada Pellegrini Grinover / coordenação: Flávio Luiz Yarshell e Maurício Zanoide de Moraes. 1ª Ed. São Paulo: DPJ Editora, 2005. Pp. 684 - 690.

por parte do Poder Judiciário: como a audiência do artigo 334 será o primeiro contato de inúmeros jurisdicionados e advogados – públicos ou privados – com os métodos, fundamental que a experiência seja bem executada, com pessoal capacitado, ambiente, prazo e infraestrutura adequados. Caso contrário, corre-se o risco de corromper as técnicas e traumatizar os cidadãos, e, em vez de desenvolver uma cultura em favor dos métodos, criar uma aversão[34].

Portanto, imprescindível que todos os atores envolvidos busquem conhecer e se atualizar sobre o tema, para, juntos, zelarem pela melhor execução possível dos métodos de tratamento de conflitos – judicial ou extrajudicialmente[35].

4. Fechamento

Como anunciado, trata-se de ensaio inicial sobre temática que, certamente, será analisada de forma mais profunda em outros trabalhos. Aqui, de forma embrionária, foram colocados os pontos que entendemos como fulcrais para a discussão.

O objetivo foi de promover exposição panorâmica, para que se possa indagar se, de fato, a noção de acesso à justiça está vinculada apenas à inafastabilidade do Poder Judiciário diante dos conflitos (e em que medida), ou se se trata de disposição constitucional que demanda o tratamento adequado dos conflitos.

5. Referências bibliográficas

CAPPELLETTI, Mauro; GARTH, Bryant. *Acesso à Justiça*. Tradução e revisão de Ellen Gracie Northfleet. Porto Alegre: Sergio Antonio Fabris Editor, 1988.

CARMONA, Carlos Alberto. *Arbitragem e Processo: um comentário à Lei 9.307/96*. 3ª Ed. São Paulo: Atlas, 2009.

MAZZEI, Rodrigo. Breve Olhar Sobre os Temas de Processo Civil a Partir das Linhas

---

34 Nesse sentido, Érica Barbosa e Silva: "(...) vale frisar que os meios consensuais não podem solucionar a crise do Judiciário, mas a utilização incorreta dos institutos certamente pode agravá-la". Conciliação Judicial. Brasília: Gazeta Jurídica, 2013, p. 177.

35 Sobre os novos papeis a serem desempenhados diante das controvérsias MAZZEI, Rodrigo; CHAGAS, Bárbara Seccato Ruis Chagas. Breve ensaio sobre a postura dos atores processuais em relação aos métodos adequados de resolução de conflitos. *Revista Brasileira de Direito Processual - RBDPro*. Belo Horizonte: Fórum, 2016, ano 24 – n. 95 – julho/setembro, pp. 245-267.

Mestras de René Girard. *Revista Brasileira de Direito Processual.* Belo Horizonte: 2013, v. 21, n. 83 jul/set, p. 13-26.

______. Notas iniciais à leitura do novo código civil. In: Arruda Alvim; Thereza Alvim. (Org.). Comentários ao Código Civil Brasileiro, parte geral. Rio de Janeiro: Forense, 2005, v. 1, p. LXVII-LXIX.

MAZZEI, Rodrigo; CHAGAS, Bárbara Seccato Ruis Chagas. Breve ensaio sobre a postura dos atores processuais em relação aos métodos adequados de resolução de conflitos. *Revista Brasileira de Direito Processual - RBDPro.* Belo Horizonte: Fórum, 2016, ano 24 – n. 95 – julho/setembro, pp. 245-267.

_____. Os negócios jurídicos processuais e a arbitragem. In: Antonio do Passo Cabral; Pedro Henrique Nogueira. (Org.). *Negócios processuais.* 1 ed.Salvador: Juspodivm, 2015, v. , p. 521-539.

MAZZEI, Rodrigo; GONÇALVES, Tiago Figueiredo. In *Código de Processo Civil Comentado.* Lenio Luiz Streck, Leonardo Carneiro da Cunha e Dierle Nunes (org). São Paulo: Saraiva, 2016.

_____. In *Código de Processo Civil Comentado.* Helder Moroni Câmara (coord). São Paulo: Almedina, 2016.

MAZZEI, Rodrigo; MERÇON-VARGAS, Sarah. In Novo Código de Processo Civil anotado e comparado. Simone Diogo Carvalho Figueiredo (coord.). São Paulo: Saraiva, 2015.

MULLER, Jean-Marie. *O Princípio da Não-violência.* São Paulo: Palas Athena, 2007.

SILVA, Érica Barbosa e. *Conciliação Judicial.* Brasília: Gazeta Jurídica, 2013.

SIMMEL, Georg. *Sociologia.* Evaristo de Moraes Filho (org); tradução de Carlos Alberto Pavanelli... et al. São Paulo: Ática: 1983.

SYSTEM, New York State Unified Court. *Alternative dispute resolution.* Disponível em <https://www.nycourts.gov/ip/adr/What_Is_ADR.shtml>, acesso em 10.01.2017.

TARTUCE, Fernanda. *Mediação nos conflitos civis.* 2ª Ed. Rio de Janeiro: Forense, 2015.

VASCONCELOS, Carlos Eduardo de. *Mediação de Conflitos e Práticas Restaurativas.* 4ª Ed. São Paulo: Editora Método, 2015.

WATANABE, Kazuo. *Cultura da Sentença e Cultura da Pacificação.* In.: Estudos em homenagem à professora Ada Pellegrini Grinover / coordenação: Flávio Luiz Yarshell e Maurício Zanoide de Moraes. 1ª Ed. São Paulo: DPJ Editora, 2005. Pp. 684 – 690.

A SISTEMÁTICA DA ARBITRAGEM NO CPC/2015

Suzana Santi Cremasco[1]

Daniel Freitas Drumond Bento[2]

Leonardo Polastri Lima Peixoto[3]

1. Premissas e pilares do novo CPC

O novo Código de Processo Civil entrou em vigor em 18 de março de 2016 e, com ele, uma sistemática processual renovada. Diz-se renovada porque o

---

1 Doutoranda em Direito pela Universidade de Coimbra, Portugal. Mestre em Direito Processual pela UFMG. Professora Assistente de Arbitragem e de Direito Processual Civil da Faculdade de Direito Milton Campos, nos programas de graduação e pós-graduação. Professora Coordenadora do Centro de Práticas Jurídicas e do Núcleo de Estudos em Solução de Conflitos da Faculdade de Direito Milton Campos. Membro do Conselho Deliberativo e Vice-Presidente de Comunicação da CAMARB - Câmara de Arbitragem Empresarial-Brasil. Diretora Científica do IDPro – Instituto de Direito Processual. Membro da Comissão de Mediação e Arbitragem da OAB/MG, do IBDP – Instituto Brasileiro de Direito Processual, do CBAr – Comitê Brasileiro de Arbitragem e do CEAPRO – Centro de Estudos Avançados em Processo. Advogada sócia do escritório Cremasco, Dilly Patrus, Peixoto, Leão Advogados, com atuação específica em arbitragem e em contencioso judicial estratégico.

2 Mestrando em Direito Empresarial e Bacharel em Direito pela UFMG. Coordenador Adjunto do Núcleo de Estudos em Solução de Conflitos da Faculdade de Direito Milton Campos. Membro do CBAr - Comitê Brasileiro de Arbitragem, da Comissão de Arbitragem da OAB/MG, da ICC-YAFF e da Young ICCA. Membro da Comissão Organizadora da Competição Brasileira de Arbitragem (2015-2016). Advogado da área de arbitragem, mediação e contencioso estratégico do escritório Tolentino Advogados.

3 Graduando em Direito pela UFMG. Membro do Grupo de Estudos em Arbitragem e Contratos Internacionais da Universidade Federal de Minas Gerais (GACI-UFMG). Membro das Comissões Organizadoras da Competição Brasileira de Arbitragem – Petrônio Muniz, da Competição Brasileira de Mediação Empresarial e da Competição Brasileira de Sentenças Arbitrais. Membro da Young ICCA - International Council for Commercial Arbitration e do Young Arbitrator's Forum (YAF) – ICC. Estagiário na área de arbitragem, mediação e contencioso estratégico do Tolentino Advogados.

novo diploma surgiu com um propósito específico, estampado já em sua exposição de motivos: "adaptar as normas processuais a mudanças na sociedade e ao funcionamento das instituições"[4].

Sem prejuízo dos méritos que o Código superado possuía, o novo buscou corrigir ineficiências, falhas e atrasos de forma a dotar o ordenamento jurídico da efetividade que deve possuir. Afinal, sem um sistema processual funcional, todo o ordenamento torna-se inoperante.

É claro que a adoção de novas normas "não significa, todavia, uma ruptura com o passado, mas um passo à frente"[5] – "passo à frente" que leva em consideração não só as construções doutrinárias e jurisprudenciais empreendidas e reclamadas pela comunidade jurídica, mas também a análise de necessidades sociais.

Não há dúvida de que uma das necessidades sociais deixada pelo Código ultrapassado é aquela criada pela "cultura do litígio". Tem-se tornado comum o discurso de que há processos demais e de que o congestionamento no judiciário é altíssimo[6]. De acordo com uma pesquisa de 2010 empreendida pelo Conselho Nacional de Justiça, "de cada grupo de 100 processos em tramitação, 71 terminaram o ano de 2009 sem solução"[7]. Essa pesquisa demonstra que a judicialização exacerbada dos conflitos gera um efeito na contramão do esperado: pouco se resolve, e o que se resolve demanda longo tempo.

Em decorrência disso, dentre as diversas inovações e atualizações do Código, tornou-se evidente a preocupação em converter o processo em instrumento útil a produzir efeitos. Nesse contexto, deu-se ênfase aos métodos alternativos de resolução de controvérsias, dentre os quais a conciliação, a mediação e – objeto maior de estudo deste artigo – a arbitragem.

---

4 BRASIL. SENADO FEDERAL. Anteprojeto do Novo Código de Processo Civil. Disponível em http://www.senado.gov.br/senado/novocpc/pdf/Anteprojeto.pdf. Acesso em 23/12/2016.

5 BRASIL. SENADO FEDERAL. Anteprojeto do Novo Código de Processo Civil. Disponível em http://www.senado.gov.br/senado/novocpc/pdf/Anteprojeto.pdf. Acesso em 23/12/2016.

6 A esse respeito, ver: NUNES, Dierle. Sistema processual brasileiro pouco se preocupa com as causas. Disponível em: < http://www.conjur.com.br/2015-fev-06/dierle-nunes-sistema-processual-preocupa-causas> . Acesso em: 24/12/2016.

7 WERNER, José Guilherme Vasi. Congestionamento de processos reforça compromisso com metas. Disponível em: http://www.cnj.jus.br/noticias/70193-congestionamento-de-processos-reforca-compromisso-com-metas. Acesso em 26/12/2016.

2. O sistema multiportas

A visibilidade dada pelo Código de Processo Civil de 2015 aos métodos alternativos de resolução de controvérsias é evidenciada logo no capítulo intitulado "Das normas **fundamentais** do processo civil" (g.n.), no qual o artigo 3º estabelece:

> Art. 3º Não se excluirá da apreciação jurisdicional ameaça ou lesão a direito.
> § 1º É permitida a arbitragem, na forma da lei.
> § 2º O Estado promoverá, sempre que possível, a solução consensual dos conflitos.
> § 3º A conciliação, a mediação e outros métodos de solução consensual de conflitos deverão ser estimulados por juízes, advogados, defensores públicos e membros do Ministério Público, inclusive no curso do processo judicial.

Com isso, a legislação adotou um modelo **multiportas** de resolução de conflitos[8], por meio do qual a via jurisdicional convive com outros métodos, que visam ao empoderamento das partes e ao consenso na resolução dos litígios[9]. Segundo esse modelo, admite-se que algumas vias se mostram mais adequadas a determinado tipo de disputa do que outras, implicando uma melhor eficiência no sistema processual.

Foi justamente essa a preocupação transcrita na exposição de motivos da lei ao dizer que "pretendeu-se converter o processo em instrumento incluído no contexto social em que produzirá efeito o seu resultado. Deu-se ênfase à possibilidade de as partes porem fim ao conflito pela via da mediação ou da conciliação. Entendeu-se que a satisfação efetiva das partes pode dar-se de modo mais intenso se a solução é por elas criada e não imposta pelo juiz"[10].

Por um lado, os §§2º e 3º estimulam a conciliação e a mediação, admitindo que a judicialização de todas as disputas e o revestimento de um terceiro com

---

8 O termo "sistema multiportas" (*multi-door courthouse*) foi desenvolvido por Frank Sander para simbolizar um sistema no qual o tribunal seria um centro que ofereceria diversas opções de resolução de disputas. Nesse sistema, a via jurisdicional seria apenas uma dentre várias opções, que incluem a conciliação, a mediação e arbitragem. A esse respeito: KESSLER, Gladys; FINKELSTEIN, Linda J., The evolution of a multi-door courthouse. Disponível em: <http://scholarship.law.edu/cgi/viewcontent.cgi?article=1897&context=lawreview>. Acesso em 24/12/2016.

9 NUNES, Dierle. Novo CPC promove equilíbrio entre magistrados e advogados. Disponível em: <http://www.conjur.com.br/2014-dez-17/dierle-nunes-cpc-promove-equilibrio-entre-juizes-advogados>. Acesso em: 24/12/2016.

10 BRASIL. SENADO FEDERAL. Anteprojeto do Novo Código de Processo Civil. Disponível em http://www.senado.gov.br/senado/novocpc/pdf/Anteprojeto.pdf. Acesso em 23/12/2016.

poder decisório nem sempre se apresenta como a melhor opção para as partes. Por outro lado, ao mesmo tempo em que estabelece, em seu *caput*, que "não se excluirá da apreciação jurisdicional ameaça ou lesão a direito", mas faz a ressalva, no §1º, de que "é permitida a arbitragem", o novo Código de Processo Civil reconhece a arbitragem como importante método de resolução de controvérsias, cuja utilização cumpre os preceitos fundamentais e não fere, em absoluto, a garantia constitucional da inafastabilidade da jurisdição[11].

No que tange especificamente à arbitragem, tal menção simboliza um avanço concreto. No Código superado, antes da vigência da Lei 9.307/96 (Lei Brasileira de Arbitragem), em que pese a previsão de utilização pelas partes do juízo arbitral entre os procedimentos especiais, a disciplina tratada era incapaz de dar cumprimento à convenção de arbitragem no caso de resistência de uma das partes e, ainda, submetia a eficácia da decisão dos árbitros à homologação pelo Poder Judiciário. O novo Código não apenas faz menção à convenção de arbitragem[12], como dá visibilidade ao instituto, que caminhou para tornar-se um dos mais avançados, seguros e céleres métodos de solução de conflitos disponíveis na atualidade.

Se, antes da vigência da Lei de Arbitragem, exigia-se o duplo *exequatur* e a necessidade de realização de compromisso arbitral para que os litigantes fossem dirigidos ao juízo arbitral, mesmo quando já houvessem estipulado cláusula compromissória no contrato, posteriormente se assegurou a equiparação da figura do árbitro à figura do juiz - para fins de fato e de direito - e suprimiu-se a sujeição do laudo arbitral à homologação judicial[13]. E, pelo que se viu, o novo Código de Processo Civil incorporou - ou, melhor, reconheceu - todos esses progressos.

Logicamente, mesmo com o reconhecimento de que as partes poderão dirigir-se à arbitragem, o NCPC deve ser interpretado de forma sistêmica com a Lei 9.307/96 e com suas recentes reformas introduzidas pela Lei nº 13.129/2015. Há no artigo 3º, uma remissão, por assim dizer, à disciplina da legislação infra-codificada. Dessa forma, a sujeição ao artigo 1º da Lei Brasilei-

---

11 Nesse ponto, cumpre ressaltar que, desde 2001, tornou-se indubitável que a opção pelo juízo arbitral não afronta a garantia constitucional de inafastabilidade da jurisdição. A esse respeito: STF, Pleno, Rel. Min. Sepúlveda Pertence, AgRg em SE 5206/EP, j.12/12/2001, DJ 30/04/2004.

12 Consta na exposição de motivos do novo código: "[n]os momentos adequados, utilizou-se a expressão convenção de arbitragem, que abrange a cláusula arbitral e o compromisso arbitral, imprimindo-se, assim, o mesmo regime jurídico a ambos os fenômenos."

13 "Art. 18. O árbitro é juiz de fato e de direito, e a sentença que proferir não fica sujeita a recurso ou a homologação pelo Poder Judiciário".

ra de Arbitragem[14] impõe que, para a submissão de determinada controvérsia à arbitragem, devem ser preenchidos os requisitos de arbitrabilidade subjetiva e objetiva. Assim, é indispensável que, respectivamente, (i) os litigantes sejam dotados de capacidade para contratar – entendendo-se aqui capacidade civil, não se admitindo o suprimento de eventuais incapacidades por assistência ou representação, nos moldes em que prevê o Código Civil; e (ii) o litígio verse sobre direitos patrimoniais e disponíveis. Além do preenchimento de ambos os requisitos, é necessário que a submissão à arbitragem seja objeto de manifestação de vontade inequívoca, a ser extraída de instrumento escrito que materialize a convenção de arbitragem (art. 3º, Lei 9.307/96), a qual compreende tanto a cláusula compromissória (art. 4º, Lei 9.307/96) quanto o compromisso arbitral (art. 9º, Lei 9.307/96)[15].

3. A confidencialidade

Embora a Lei de Arbitragem não faça menção à confidencialidade do procedimento, é certo que o sigilo é um dos principais atrativos da arbitragem. Afinal, é "o sigilo, que permite às partes a escolha de um foro reservado para tratar de suas disputas"[16].

A possibilidade de tornar o procedimento sigiloso decorre do dever de discrição do árbitro, transposto no art. 13, §6º da Lei 9.307/96[17], sendo assente que "este comportamento discreto do árbitro é tão importante que podem as partes exigir dele verdadeiro segredo, de sorte que façam constar no compromisso arbitral obrigação de não fazer (ou seja, de não revelar os atos e fatos ligados à arbitragem)"[18].

Embora essa discrição não se confunda com o dever de manter sigilo, não é incomum que as partes estipulem essa obrigação. Normalmente, são os re-

---

14 "Art. 1º As pessoas capazes de contratar poderão valer-se da arbitragem para dirimir litígios relativos a direitos patrimoniais disponíveis".

15 É necessária a ressalva de que, com a evolução da utilização da arbitragem, várias são as formas de alargamento, do escopo da cláusula compromissória, seja atingindo pessoas que, a despeito de não terem firmado a convenção de arbitragem, são por ela obrigadas, ou seja englobando conflitos que estão fora do instrumento que contenha a cláusula arbitral.

16 CARMONA, Carlos Alberto. Arbitragem e processo: um comentário à Lei 9.307/96, 3ª edição, revista, atualizada e ampliada, São Paulo: Editora Atlas, 2009, p. 246.

17 "Art. 13. [...] § 6º No desempenho de sua função, o árbitro deverá proceder com imparcialidade, independência, competência, diligência e discrição".

18 CARMONA, *op. cit.*, p. 246.

gulamentos das instituições que tendem a determinar que o procedimento seja envolto pela confidencialidade[19]. Isso não impede, contudo, que as partes também estipulem o dever de sigilo já na própria convenção de arbitragem ou no termo de arbitragem, determinando que o acesso às informações do procedimento seja restrito às partes e aos profissionais envolvidos em sua condução – englobando, assim, os árbitros, os procuradores, a instituição arbitral, os peritos, dentre outros.

Ocorre que, não raro, o procedimento arbitral demanda interação com o Poder Judiciário, como acontece nas hipóteses em que há necessidade de medidas coercitivas ou cautelares, nas quais o árbitro poderá solicitá-las ao órgão que seria, originariamente, competente para julgar a causa (art. 22-A, *caput*[20] e 22-C[21] da Lei 9.307/96). Em virtude dessa interação, seria de preocupar-se que as informações advindas da arbitragem pudessem ser expostas quando movidas ao Poder Judiciário, uma vez que, em princípio e à luz da regra geral do art. 93, IX da CRFB/88[22], "todos os julgamentos dos órgãos do Poder Judiciário serão públicos".

Justamente por isso, o art. 188, IV do NCPC estipula que "tramitam, todavia, em segredo de justiça os processos [...] que versem sobre arbitragem, inclusive sobre cumprimento de carta arbitral, desde que a confidencialidade estipulada na arbitragem seja comprovada perante o juízo". Prevê, assim, a extensão da confidencialidade acordada pelas partes na arbitragem àqueles atos de interação com o Poder Público, o que envolve também a figura da carta arbitral – a qual será detalhada mais adiante. Dessa forma, assegura-se que as medidas solicitadas pelos árbitros ao Poder Judiciário estejam encampadas pela confidencialidade, de forma a garantir o sigilo almejado pelas partes.

Conforme estipulado no referido dispositivo, a confidencialidade na arbitragem deve ser comprovada perante o juízo estatal, restando certo que, como se extrai do Enunciado nº 13 do II FPPC, tal confidencialidade "abrange todo e qualquer ato judicial relacionado à arbitragem [...], ressalvada em qualquer

---

19 CARMONA, *op. cit.*, p. 246.

20 "Art. 22-A. Antes de instituída a arbitragem, as partes poderão recorrer ao Poder Judiciário para a concessão de medida cautelar ou de urgência".

21 "Art. 22-C. O árbitro ou o tribunal arbitral poderá expedir carta arbitral para que o órgão jurisdicional nacional pratique ou determine o cumprimento, na área de sua competência territorial, de ato solicitado pelo árbitro".

22 "Art. 93 [...] X todos os julgamentos dos órgãos do Poder Judiciário serão públicos, e fundamentadas todas as decisões, sob pena de nulidade, podendo a lei limitar a presença, em determinados atos, às próprias partes e a seus advogados, ou somente a estes, em casos nos quais a preservação do direito à intimidade do interessado no sigilo não prejudique o interesse público à informação."

caso a divulgação das decisões, preservada a identidade das partes e os fatos da causa que as identifiquem"[23]. Essa ressalva é particularmente importante, a fim de possibilitar a formação de jurisprudência e a disseminação de julgados em torno de temas controvertidos, também em sede arbitral.

No entanto, vale ressaltar que a recente atualização da Lei de Arbitragem determinou, de forma expressa, a possibilidade de a administração pública direta e indireta valer-se da arbitragem[24]. Nesses casos, importa trazer à tona a ressalva do Enunciado nº 15 do II FPPC, segundo o qual "[a]s arbitragens que envolvem a Administração Pública respeitarão o princípio da publicidade, observadas as exceções legais"[25]. Do mesmo modo, um dos requisitos para a utilização da arbitragem pelo setor público é que "[a] arbitragem que envolva a administração pública será sempre de direito e respeitará o princípio da publicidade"[26].

4. A carta arbitral

A Lei de Arbitragem considera o árbitro como juiz de fato e de direito (art. 18, Lei 9.307/96). Não obstante, frisa-se que o Estado Brasileiro detém o monopólio do uso da força e, consequentemente, reserva para si o poder exclusivo para o exercício de medidas coercitivas. Por esse motivo, a adoção de tais medidas deve dar-se tão somente perante o juízo estatal.

Dessa forma, ainda que as partes queiram submeter seu litígio aos árbitros, não raro haverá casos em que o árbitro se verá forçado a interagir com o Poder Judiciário para que este, detentor do monopólio do uso da força, realize atos de cumprimento compulsório ou execute medidas de natureza coercitiva.

Exatamente em virtude dessa necessidade, o revogado art. 22, §4º da Lei 9.307/96 dispunha que "havendo necessidade de realização de medidas coercitivas ou cautelares, os árbitros poderão solicitá-las ao órgão do Poder Judiciário que seria, originariamente, competente para julgar a causa". Ocorre que, apesar da eventual interação entre os árbitros e o Poder Judiciário ser realidade

---

23 ______________. Enunciados do Fórum Permanente de Processualistas Civis. Disponível em: <http://portalprocessual.com/wp-content/uploads/2015/06/Carta-de-Vit%C3%B3ria.pdf>. Acesso em 24/12/2016.

24 "Art. 1º [...]§ 1º A administração pública direta e indireta poderá utilizar-se da arbitragem para dirimir conflitos relativos a direitos patrimoniais disponíveis.

25 ______________. Enunciados do Fórum Permanente de Processualistas Civis. Disponível em: <http://portalprocessual.com/wp-content/uploads/2015/06/Carta-de-Vit%C3%B3ria.pdf>. Acesso em 24/12/2016.

26 Lei de Arbitragem, art. 2º, §3º.

conhecida por todos desde o início da utilização do instituto, somente com o advento do NCPC é que se criou um instrumento próprio e oficial para a comunicação entre o árbitro e o juiz: a carta arbitral.

É por isso que, de um lado, o art. 22-C da Lei de Arbitragem, que foi incorporado à Lei 9.307/96 com a reforma de 2015[27], estabelece que "o árbitro ou o tribunal arbitral poderá expedir carta arbitral para que o órgão jurisdicional nacional pratique ou determine o cumprimento, na área de sua competência territorial, de ato solicitado pelo árbitro". E, de outro, o art. 237, IV do NCPC estipula que "[s]erá expedida carta: [...] IV – arbitral, para que órgão do Poder Judiciário pratique ou determine o cumprimento, na área de sua competência territorial, de ato objeto de pedido de cooperação judiciária formulado por juízo arbitral, inclusive os que importem efetivação de tutela provisória".

No cumprimento desse instrumento, o NCPC estipula, no art. 69, §1º que "as cartas de ordem, precatória e arbitral seguirão o regime previsto neste Código". Em comentário a esse artigo, o Enunciado nº 4º do I FPPC firmou o entendimento de que "a carta arbitral tramitará e será processada no Poder Judiciário de acordo com o regime previsto no Código de Processo Civil, respeitada a legislação aplicável".

Esse regime é aquele estipulado pelo art. 260, *caput*, conjugado, no caso da carta arbitral, com o § 3º do mesmo artigo, que estipula que a carta ainda seja "instruída com a convenção de arbitragem e com as provas da nomeação do árbitro e da sua aceitação da função". Ainda quanto a esse aspecto, o Grupo de Arbitragem do IV FPPC propôs o seguinte enunciado: "[s]ão requisitos para o cumprimento da carta arbitral: i) indicação do árbitro ou do tribunal arbitral de origem e do órgão do Poder Judiciário de destino; ii) inteiro teor do requerimento da parte, do pronunciamento do árbitro ou do Tribunal arbitral e da procuração conferida ao representante da parte, se houver' iii) especificação do ato processual que deverá ser praticado pelo juízo de destino; iv) encerramento com a assinatura do árbitro ou do presidente do tribunal arbitral conforme o caso".

Em virtude desses requisitos, é de se pensar que a carta arbitral quase sempre virá dotada de informações e documentos relevantes ao procedimento arbitral – que, por sua vez, conterão dados que as partes não desejam tornar públicos por razões de privacidade, sensibilidade, discrição ou estratégia. Com essa preocupação, o art. 118, IV, como já visto, prevê que os processos que versem sobre o cumprimento de carta arbitral tramitarão em segredo de justiça desde que a confidencialidade acordada na arbitragem seja comprovada em juízo.

---

27 Lei 13.129, de 26 de maio de 2015.

Vale ressaltar que o juiz poderá recusar o cumprimento da carta, devolvendo-a com decisão motivada tão-somente nas hipóteses em que (i) a carta não estiver revestida dos requisitos legais; (ii) faltar ao juiz competência em razão da matéria ou da hierarquia; ou (iii) houver dúvida, pelo juiz, acerca de sua autenticidade. Em que pese haver essas hipóteses de recusa, frisa-se que, na esteira do que já ocorre que com as cartas do Poder Judiciário, não cumpre ao juiz que a recebeu – mero executor da ordem – revisar o mérito ou imputar qualquer juízo de valor à carta arbitral. É isso o que orienta o Enunciado nº 27 do I FPPC ao afirmar que "[n]ão compete ao juízo estatal revisar o mérito da medida ou decisão arbitral cuja efetivação se requer por meio da carta arbitral".

A carta deverá iniciar sua tramitação dentro do juízo arbitral, podendo ser requerida ao "órgão do Poder Judiciário do foro onde se dará a efetivação da medida ou decisão, ressalvadas as hipóteses de cláusulas de eleição de foro subsidiário", conforme orienta o Enunciado nº 24 do V FPPC. Assim, salvo nas hipóteses em que o contrato contenha cláusula de eleição de foro subsidiário, poderá a carta arbitral ser emitida diretamente ao órgão do Poder Judiciário competente para promover a efetivação da medida ou a execução da decisão, independentemente de qual seja a sede da arbitragem ou dos locais onde se realizem os atos a ela inerentes. A exceção dá-se no caso de arbitragens internacionais (em que a sentença é proferida fora do país), visto que, nessa hipótese, a execução da decisão estará sujeita à homologação pelo Superior Tribunal de Justiça (art. 35 da Lei 9.307/96).

5. A convenção de arbitragem como preliminar de contestação

Conforme ressaltado, muito embora o art. 5º, XXXV da Constituição Federal estipule a garantia constitucional da inafastabilidade da jurisdição, o NCPC estabelece que a arbitragem será permitida. Com isso, reitera o entendimento, já manifestado pelo STF, de que a opção pela via arbitral não afronta o direito da parte de que a lesão ou ameaça a determinado direito seu seja apreciado.

Claramente, a fim de que determinada controvérsia seja submetida à arbitragem, não só os requisitos de arbitrabilidade objetiva e subjetiva deverão ser preenchidos – também a manifestação de vontade das partes por essa via deverá ser inequívoca. É o que preconiza o art. 3º da Lei 9.307/96, ao estabelecer que a submissão do litígio ao juízo arbitral deverá dar-se mediante convenção de arbitragem, assim entendida a cláusula compromissória e o compromisso arbitral.

A convenção de arbitragem nada mais é do que um contrato cuja constituição depende de instrumento escrito a fim de que seja considerada válida e eficaz, na esteira do que determina o art. 4º, §1º e art. 9º, §§1º e 2º da Lei de Arbitragem. O mesmo, no entanto, não se pode dizer de sua desconstituição, sendo possível que ambas as partes, tacitamente, renunciem ao juízo arbitral em favor do judicial.

A assinatura dessa convenção gera dois efeitos: um positivo e um negativo. Pelo primeiro, entende-se que a convenção faz com que quaisquer litígios existentes entre as partes – desde que, como já dito, preencham os requisitos do art. 1º da Lei 9.307/96 – sejam solucionados por arbitragem. Pelo segundo, derroga-se a jurisdição estatal, que passa a ser apenas subsidiária para os casos em que haja fundamentada necessidade – como ocorre nas hipóteses de obtenção de medida cautelar antes da instituição do tribunal arbitral.

Esses efeitos, mais do que a de traduzir a vontade das partes, fornecem a elas um mecanismo de defesa, caso uma delas proponha, no Poder Judiciário, uma demanda que deveria ser resolvida por arbitragem. Quanto a isso, o NCPC não inovou em relação ao seu antecessor, uma vez que replicou, em seu art. 337, X, o regramento de que "[i]ncumbe ao réu, antes de discutir o mérito, alegar: [...] X – convenção de arbitragem".

Estando inserido no capítulo "Da contestação", o NCPC determina que tal defesa se dará a tempo, modo e lugar: o réu deverá, necessariamente, suscitar a existência da convenção de arbitragem como preliminar de contestação. Vale ressaltar que, não se opondo o réu à instauração do litígio perante o Poder Judiciário, entender-se-á que ele renunciou ao juízo arbitral – e, por isso, fala-se na possibilidade de distrato tácito da convenção de arbitragem.

Nesse ponto, uma crítica[28] que merece ser mais bem trabalhada e que parece descobrir um tópico em que o NCPC não avançou, é a necessidade de a parte alegar a existência da convenção de arbitragem enquanto preliminar de contestação, sob pena de, não o fazendo, renunciar ao juízo arbitral, o que constitui real afronta ao interesse que a parte comumente possa ter em torno do sigilo da matéria envolvida no litígio.

Diante da regra da eventualidade, o réu torna-se forçado a suscitar em contestação todas as matérias de defesa a seu favor – o que, no NCPC, encontra-se acentuado com a valorização da unicidade dessa peça processual. Por decorrência lógica, essas matérias de defesa englobam a alegação de existência de convenção de arbitragem.

---

28 A esse respeito, veja-se KOHLBACH, Marcela. **A arguição da existência de convenção de arbitragem no novo CPC e os negócios processuais.** Disponível em: <http://processualistas.jusbrasil.com.br/artigos/325669740/a-arguicao-de-existencia-de-convencao-de--arbitragem-no-novo-cpc-e-os-negocios-processuais>. Acesso em: 23/12/2016.

Assim, estando uma parte dotada do direito de dirigir-se ao juízo arbitral e de ver o processo judicial extinto sem resolução de mérito, ela deverá, mais do que alegar a existência da convenção de arbitragem, antecipar toda a defesa de mérito – incluindo documentos e informações sensíveis e estratégicas – em relação à questão controvertida, que, se não fosse pela indevida instauração da demanda perante o Poder Judiciário pela parte em descumprimento à convenção, só seria exposta dentro do procedimento arbitral – quase sempre protegido pela confidencialidade.

Isso tudo porque o processo judicial é, em regra, público, de forma que ignorar o interesse das partes pelo sigilo tem por consequência tornar inócua uma das principais vantagens da arbitragem. Diante desse problema, entende-se que a melhor solução seria aquela proposta pelo Enunciado nº 580 do FPPC, segundo o qual "é admissível o negócio processual estabelecendo que a alegação de existência de convenção de arbitragem será feita por simples petição, com a interrupção ou suspensão do prazo para contestação". Entende-se que essa opção está, inclusive, alinhada com o que determina o art. 190 do NCPC[29].

Superada a análise sobre o modo de alegação da existência da convenção de arbitragem, importa ressaltar que, acolhida tal alegação, o processo deverá ser extinto sem resolução de mérito (art. 485, VII, NCPC[30]). Até aí, nenhuma novidade em relação ao CPC revogado.

O mesmo não se pode dizer, entretanto, da parte final do dispositivo, que estabelece que também deverá o juiz extinguir o processo sem resolução de mérito "quando o juízo arbitral reconhecer sua competência".

Com isso, o NCPC, mais uma vez, incorporou um entendimento que já era firmado desde o advento da Lei 9.307/96, segundo a qual, em seu art. 8º, parágrafo único, "caberá ao árbitro decidir de ofício, ou por provocação das partes, as questões acerca da existência, validade e eficácia da convenção de arbitragem e do contrato que contenha a cláusula compromissória". Trata-se do reconhecimento do princípio da *Kompetenz-Kompetenz* – um dos fundamentos sobre o qual a arbitragem se apóia – que estabelece que compete ao árbitro decidir acerca de sua própria competência – inclusive, em primeira mão.

---

29 "Art. 190. Versando o processo sobre direitos que admitam autocomposição, é lícito às partes plenamente capazes estipular mudanças no procedimento para ajustá-lo às especificidades da causa e convencionar sobre os seus ônus, poderes, faculdades e deveres processuais, antes ou durante o processo".

30 "Art. 485. O juiz não resolverá o mérito quando: [...] VII - acolher a alegação de existência de convenção de arbitragem ou quando o juízo arbitral reconhecer sua competência".

Disso decorre que, ainda que a matéria sobre a qual versa o litígio seja, por algum motivo, objeto de impugnação ou resistência, não será o juiz aquele competente a decidir se tal matéria encontra-se ou não abarcada pela convenção de arbitragem e se o litígio deve ou não ser encaminhado para arbitragem, mas, sim, o próprio árbitro. Assim, somente o árbitro poderá adentrar no mérito da disputa e decidir se possui ou não competência para decidi-la.

Tal entendimento – há muito repisado pela doutrina arbitralista nacional[31] e pela jurisprudência[32] – foi também objeto de Enunciado proposto pelo Grupo de Arbitragem do IV FPPC, que diz: "[o] reconhecimento da competência pelo juízo arbitral é pressuposto processual negativo e acarreta a extinção do processo judicial"[33]. Não é demais ressaltar que, nessas hipóteses, a decisão do árbitro será final e vinculante, independente de juízo valorativo do magistrado. Vale dizer: ao juiz cumpre única e exclusivamente acatar a decisão advinda do juízo arbitral, podendo apenas realizar o exame formal quanto a existência da convenção de arbitragem e a idoneidade da decisão do árbitro ou do tribunal que reconheceu sua competência.

Isso não impede, no entanto, que tal decisão seja questionada no Poder Judiciário. Poderá a parte resistente requerer a revisão ou, até mesmo, a inva-

---

31 CARMONA, Carlos Alberto, op. cit., pp. 175-177.

32 PROCESSO CIVIL. MEDIDA CAUTELAR COM O FITO DE CONCEDER EFEITO SUSPENSIVO A RECURSO ESPECIAL. POSSIBILIDADE, DESDE QUE DEMONSTRADOS O PERICULUM IN MORA E O FUMUS BONI IURIS. RECURSO ESPECIAL. FUNDAMENTO SUFICIENTE INATACADO. SÚMULA 283/STF. OPERADORA DE PLANO DE SAÚDE EM LIQUIDAÇÃO EXTRAJUDICIAL. PROCEDIMENTO ARBITRAL. PARTICIPAÇÃO. POSSIBILIDADE. SENTENÇA ARBITRAL. NATUREZA. TÍTULO EXECUTIVO JUDICIAL. ART. 475-N, CPC. CLÁUSULA COMPROMISSÓRIA. QUESTÕES RELATIVAS À SUA EXISTÊNCIA, VALIDADE E EFICÁCIA. COMPETÊNCIA. ÁRBITRO. LIQUIDAÇÃO EXTRAJUDICIAL. AÇÕES E EXECUÇÕES. SUSPENSÃO. ART. 18, "A", LEI 6.024/74. LIMITES. [...]Questões atinentes à existência, validade e eficácia da cláusula compromissória deverão ser apreciadas pelo árbitro, a teor do que dispõem os arts. 8º, parágrafo único, e 20, da Lei nº 9.307/96. Trata-se da denominada kompetenz-kompetenz (competência-competência), que confere ao árbitro o poder de decidir sobre a sua própria competência, sendo condenável qualquer tentativa, das partes ou do juiz estatal, no sentido de alterar essa realidade (STJ, 3ª Turma, Medida Cautelar nº 14.295/SP, Rel. Min. Nancy Andrighi, j. 09/06/2008, DJe 13/06/2008).

33 _______________. Enunciados do Fórum Permanente de Processualistas Civis. Disponível em: <http://portalprocessual.com/wp-content/uploads/2015/06/Carta-de-Vit%C3%B3ria.pdf>. Acesso em 26/12/2016.

lidação dessa decisão, o que deverá ser feito por meio de ação declaratória de nulidade, nos moldes dos arts. 20, §2º[34], e 33[35] da Lei de Arbitragem.

Por sua vez, na hipótese em que o magistrado recuse a existência da convenção de arbitragem, contra a decisão caberá a interposição de agravo de instrumento, frente ao disposto no art. 1.015, III[36] do NCPC. Continuando o processo judicial sem que o juiz estatal tenha competência para o feito, a sentença por ele proferida será invalidada. Assegura-se assim, mais uma vez, a competência do árbitro diante da existência de válida convenção de arbitragem.

6. A busca pela tutela provisória no Judiciário

No antigo CPC, às tutelas para antecipação e garantia do resultado futuro do processo davam-se os nomes, respectivamente, de tutela antecipada (incidente) e de medidas cautelares (antecipada ou incidente). Com o NCPC, essa classificação e o regime de concessão de tais medidas foi modificado.

Esses instrumentos foram reunidos na categoria das "tutelas provisórias"[37], que podem ser (i) de urgência, *(i.a)* cautelar ou *(i.b)* antecipada; ou (ii) de evidência. As tutelas de urgência podem ser, ainda, antecedentes ou incidentes, a depender se são requeridas, respectivamente, antes ou no curso do processo principal. Nessa nova sistemática, "grosso modo, agrupam-se as medidas em razão do ponto comum entre elas, consistente na provisoriedade (CPC/2015, art. 296), classificando-as pela causa do pedido (urgência ou evidência), e não pela natureza da tutela pretendida (meramente cautelar ou antecipatória de resultado futuro"[38].

---

34 "Art. 20. A parte que pretender argüir questões relativas à competência, suspeição ou impedimento do árbitro ou dos árbitros, bem como nulidade, invalidade ou ineficácia da convenção de arbitragem, deverá fazê-lo na primeira oportunidade que tiver de se manifestar, após a instituição da arbitragem. [...] § 2º Não sendo acolhida a argüição, terá normal prosseguimento a arbitragem, sem prejuízo de vir a ser examinada a decisão pelo órgão do Poder Judiciário competente, quando da eventual propositura da demanda de que trata o art. 33 desta Lei".

35 "Art. 33. A parte interessada poderá pleitear ao órgão do Poder Judiciário competente a declaração de nulidade da sentença arbitral, nos casos previstos nesta Lei".

36 "Art. 1.015. Cabe agravo de instrumento contra as decisões interlocutórias que versarem sobre: [...] III - rejeição da alegação de convenção de arbitragem".

37 Art. 294. A tutela provisória pode fundamentar-se em urgência ou evidência. Parágrafo único. A tutela provisória de urgência, cautelar ou antecipada, pode ser concedida em caráter antecedente ou incidental.

38 CAHALI, Francisco José. Curso de Arbitragem: mediação, conciliação, resolução CNJ 125/2010, 4ª edição, e-book, São Paulo: Editora Revista dos Tribunais Ltda., 2015.

A tutela provisória de urgência cautelar é aquela que visa à salvaguarda do resultado útil do processo. A antecipada, por sua vez, é aquela mediante a qual se pretende obter, antecipadamente, o resultado futuro do processo. Para ambas as hipóteses, pressupõe-se a presença do *fumus boni iuris* e do *periculum in mora*.

Já a tutela provisória de evidência é aquela que visa a antecipar à parte o resultado futuro do processo, não dependendo, em contraste com a tutela antecipada, da demonstração de perigo na demora ou de risco ao resultado útil do processo (art. 311[39]), com hipóteses de cabimento indicadas pelo NCPC.

São, ainda, novidades em relação ao regime das – agora chamadas – tutelas provisórias: a possibilidade de estabilização da tutela de urgência antecipada (art. 304) e o abandono da tipificação de cautelares presente no Código ultrapassado.

Não obstante essas alterações, diante da reforma da Lei de Arbitragem e do NCPC – ambas recentes, de 2015 –, o que importa analisar neste artigo é a viabilidade e, pressupondo-se viável, como se dá a persecução de tutelas provisórias perante o Poder Judiciário quando há entre os litigantes uma válida convenção de arbitragem, determinando, como já se sabe, que a discussão acerca do mérito da disputa seja direcionada ao juízo arbitral. Tendo em vista a natureza distinta das diferentes espécies de tutela, elas demandam uma análise em separado.

Um primeiro cenário é aquele em que, não havendo sido instaurado o juízo arbitral, a parte demande que uma tutela, que viria a ser buscada na arbitragem, seja prontamente concedida, o que se pode justificar pelo fato de que, não havendo tal concessão, haja risco ao resultado útil do processo ou perigo de dano a seu direito.

Nesses casos, é inquestionável que a parte poderá socorrer-se ao Poder Judiciário, uma vez que, do contrário, encontrar-se-ia em um limbo jurídico[40]

---

39 "Art. 311. A tutela da evidência será concedida, independentemente da demonstração de perigo de dano ou de risco ao resultado útil do processo, quando: I - ficar caracterizado o abuso do direito de defesa ou o manifesto propósito protelatório da parte; II - as alegações de fato puderem ser comprovadas apenas documentalmente e houver tese firmada em julgamento de casos repetitivos ou em súmula vinculante; III - se tratar de pedido reipersecutório fundado em prova documental adequada do contrato de depósito, caso em que será decretada a ordem de entrega do objeto custodiado, sob cominação de multa; IV - a petição inicial for instruída com prova documental suficiente dos fatos constitutivos do direito do autor, a que o réu não oponha prova capaz de gerar dúvida razoável. Parágrafo único. Nas hipóteses dos incisos II e III, o juiz poderá decidir liminarmente".

40 Vale ressaltar que algumas instituições arbitrais, dentre as quais pode-se citar a Câmara do Comércio Internacional (CCI), preveem em seu regulamento a figura do "árbitro de emergência", que se presta a atender às necessidades acautelatórias ou de urgência que determi-

no qual não teria a quem recorrer para a persecução de seu direito. Nas palavras de Francisco José Cahali, "[t]rata-se de uma adaptação ao quanto já se tem a respeito no próprio judiciário, ao neste se reconhecer que, em casos de urgência, dispensa-se a observância, num primeiro momento, das regras de competência"[41]. Nesses casos, certo é que a análise do magistrado será precária, adstrita ao exame da liminar pleiteada[42] – e, da mesma forma, caberá à parte requerente descrever o objeto da pretensão principal que pretende perseguir (art. 303[43]).

Dentro das tutelas de urgência, embora seja pacífica a possibilidade de se conceder tutela cautelar, que visa a assegurar o resultado útil do processo, uma questão mais delicada surge quando se discutem a possibilidade e os limites para a concessão da tutela antecipada. Isso porque, em regra, a análise do pleito final, que por meio dessa tutela se pretende antecipar, é reservada ao árbitro. Nesse ponto, Cahali possui uma visão interessante, atualizada em relação ao NCPC:

---

nada parte possa ter antes da constituição do tribunal arbitral. A depender do regulamento, a escolha (ou exclusão) desse instrumento poderá depender de acordo expresso das partes em sentido positivo (*opt-in*) ou negativo (*opt-out*). Nesses casos, pode-se questionar a possibilidade da parte socorrer-se ao Poder Judiciário, vez que, em regra, poderia ela ter sua tutela concedida em âmbito arbitral, em respeito à convenção de arbitragem.

41 CAHALI, Francisco José, op. cit..

42 Esse entendimento já é sufragado antes mesmo do NCPC. A esse respeito: "DIREITO PROCESSUAL CIVIL. ARBITRAGEM. MEDIDA CAUTELAR. COMPETÊNCIA. JUÍZO ARBITRAL NÃO CONSTITUÍDO. 1. O Tribunal Arbitral é competente para processar e julgar pedido cautelar formulado pelas partes, limitando-se, porém, ao deferimento da tutela, estando impedido de dar cumprimento às medidas de natureza coercitiva, as quais, havendo resistência da parte em acolher a determinação do(s) árbitro(s), deverão ser executadas pelo Poder Judiciário, a quem se reserva o poder de imperium . 2. Na pendência da constituição do Tribunal Arbitral, admite-se que a parte se socorra do Poder Judiciário, por intermédio de medida de natureza cautelar, para assegurar o resultado útil da arbitragem. 3. Superadas as circunstâncias temporárias que justificavam a intervenção contingencial do Poder Judiciário e considerando que a celebração do compromisso arbitral implica, como regra, a derrogação da jurisdição estatal, os autos devem ser prontamente encaminhados ao juízo arbitral, para que este assuma o processamento da ação e, se for o caso, reaprecie a tutela conferida, mantendo, alterando ou revogando a respectiva decisão. 4. Em situações nas quais o juízo arbitral esteja momentaneamente impedido de se manifestar, desatende-se provisoriamente as regras de competência, submetendo-se o pedido de tutela cautelar ao juízo estatal; mas essa competência é precária e não se prorroga, subsistindo apenas para a análise do pedido liminar. 5. Recurso especial provido" (STJ, 3ª Turma, Recurso Especial nº 1.297.974/RJ, Rel. Min. Nancy Andrighi, j. 28/08/2012, DJe 04/09/2012)

43 "Art. 303. Nos casos em que a urgência for contemporânea à propositura da ação, a petição inicial pode limitar-se ao requerimento da tutela antecipada e à indicação do pedido de tutela final, com a exposição da lide, do direito que se busca realizar e do perigo de dano ou do risco ao resultado útil do processo".

> "Considerando que são em regra provisórias as medidas na forma apresentada (tutelas *provisórias* de urgência), sendo incisivo e fora de dúvida a sua incorporação pelo pedido definitivo, que se ausente leva à extinção do processo sem resolução do mérito, e ainda, a impossibilidade de deferimento se irreversível a providência, **quer nos parecer que será sim possível o deferimento de *tutela de urgência antecipada antecedente* (provisória e reversível)**. Na ponderação entre valores e regras, voltada a previsão processual exclusivamente a assegurar o direito da parte, excepcionalmente, a urgência se sobrepõe (sempre momentaneamente), à reserva de jurisdição do árbitro; porém, na utilização deste instrumento, a medida emergencial deverá no quanto mais possível limitar-se à tutela cautelar, evitando-se ao máximo, com extraordinário cuidado, a antecipação da tutela em nome da urgência"[44] (g.n.).

Uma vez concedida a tutela de urgência, haverá um prazo definido para a propositura da ação principal. No CPC/73, o prazo para tal propositura era o de 30 (trinta) dias, conforme determinava o art. 806, de forma que, sendo deferida a tutela, a parte beneficiada deveria promover o início da arbitragem nesse prazo. Com o NCPC, a forma de requerer o pedido principal, bem como o prazo para tanto, modificaram-se.

Na nova sistemática processual, o pedido principal deverá ser solicitado em forma de aditamento ao pedido da tutela antecedente, consolidando tudo em um único ato. Isto é, o requerente deverá apresentar o pedido final nos mesmos autos em que concedida a sua tutela. Quanto ao prazo, o NCPC estipula prazos diversos, a depender da natureza da tutela pretendida. Tratando-se de tutela cautelar, o pedido principal terá de ser formulado em 30 (trinta) dias (art. 308[45]), enquanto, tratando-se de tutela antecipada, tal aditamento dar-se-á em 15 (quinze) dias (art. 303, I[46]). Analisando a questão, Cahali conclui que o prazo que a parte terá para provocar o começo da arbitragem sem que a sua tutela se perca é o mesmo, a depender da tutela concedida[47]. Não obstante, a Lei de Arbitragem contém regra específica sobre o tema que, a nosso ver, afasta a incidência do Código de Processo Civil quanto a esse aspecto, ao dispor, no art. 22-A, parágrafo único, que "cessa a eficácia da medida cautelar ou de ur-

---

44 CAHALI, Francisco José, op. cit..

45 Art. 308. Efetivada a tutela cautelar, o pedido principal terá de ser formulado pelo autor no prazo de 30 (trinta) dias, caso em que será apresentado nos mesmos autos em que deduzido o pedido de tutela cautelar, não dependendo do adiantamento de novas custas processuais.

46 Art. 303. [...] I - o autor deverá aditar a petição inicial, com a complementação de sua argumentação, a juntada de novos documentos e a confirmação do pedido de tutela final, em 15 (quinze) dias ou em outro prazo maior que o juiz fixar;

47 CAHALI, Francisco José, op. cit..

gência se a parte interessada não requerer a instituição da arbitragem no prazo de 30 (trinta) dias, contado da data de efetivação da respectiva decisão".

Dirigindo-se a parte ao juízo arbitral, o art. 22-B[48] da Lei de Arbitragem determina que "caberá aos árbitros manter, modificar ou revogar a medida cautelar ou de urgência concedida pelo Poder Judiciário". Assegura-se, assim, a palavra final do árbitro sobre o deslinde da controvérsia, mesmo no que tange às tutelas provisórias.

Outro ponto merecedor de comentário no que concerne às tutelas de urgência é o de que o NCPC prevê a possibilidade de estabilização da decisão[49] que concede a tutela antecipada de caráter antecedente, nas hipóteses em que contra sua concessão não seja interposto agravo de instrumento. Não obstante essa estabilização, o NCPC permite que a parte insatisfeita requeira a revisão, reforma ou invalidação da tutela antecipada. Essa faculdade deverá ser exercida no prazo de 2 (dois) anos, contados da ciência da decisão que extinguiu o processo.

Tratando-se de faculdade que, se exercida, implica adentramento no mérito da disputa, entende-se que, havendo convenção arbitral, esse requerimento deverá ser feito no âmbito da arbitragem. Assim, a parte interessada deverá promover o início de um procedimento arbitral a fim de que o árbitro – competente para tanto – revise, reforme ou invalidade a tutela anteriormente concedida.

Superada a análise acerca da tutela de urgência em caráter antecedente, imagina-se um segundo cenário, no qual, estando o procedimento arbitral já em curso, a parte tenha interesse de perseguir tutela de urgência. Estar-se-ia, nesse caso, de encontro à hipótese da tutela de urgência em caráter incidente. Nesse cenário, menos digressões são necessárias.

---

48 Embora o Art. 22 da Lei 9.307/96 fale em "medida cautelar ou de urgência" – nomenclatura, como já se demonstrou, ultrapassada –, deve-se interpretar que, havendo o diploma sido redigido antes da vigência do NCPC, o legislador quis referir-se à "medida de urgência cautelar ou antecipada".

49 "Art. 304. A tutela antecipada, concedida nos termos do art. 303, torna-se estável se da decisão que a conceder não for interposto o respectivo recurso; § 1º No caso previsto no caput, o processo será extinto; § 2º Qualquer das partes poderá demandar a outra com o intuito de rever, reformar ou invalidar a tutela antecipada estabilizada nos termos do caput; § 3º A tutela antecipada conservará seus efeitos enquanto não revista, reformada ou invalidada por decisão de mérito proferida na ação de que trata o § 2º; § 4º Qualquer das partes poderá requerer o desarquivamento dos autos em que foi concedida a medida, para instruir a petição inicial da ação a que se refere o § 2º, prevento o juízo em que a tutela antecipada foi concedida; § 5º O direito de rever, reformar ou invalidar a tutela antecipada, previsto no § 2º deste artigo, extingue-se após 2 (dois) anos, contados da ciência da decisão que extinguiu o processo, nos termos do § 1º; § 6º A decisão que concede a tutela não fará coisa julgada, mas a estabilidade dos respectivos efeitos só será afastada por decisão que a revir, reformar ou invalidar, proferida em ação ajuizada por uma das partes, nos termos do § 2º deste artigo".

O art. 22-B, parágrafo único, da Lei de Arbitragem estanca quase integralmente as questões que possam ser suscitadas nessa hipótese ao estabelecer que "estando já instituída a arbitragem, a medida cautelar ou de urgência será requerida diretamente aos árbitros". Sendo o juízo arbitral aquele competente para analisar os pleitos das partes, ele deverá ser o alvo do requerimento da tutela.

No entanto, como já se teve a oportunidade de mencionar, o árbitro não detém o poder coercitivo e o poderio dos meios executórios de determinadas ordens, de forma que, em alguns casos, encontrar-se-á na necessidade de solicitar cooperação do Poder Judiciário. Todavia, mesmo nessas hipóteses, ainda caberá ao juízo arbitral a apreciação da demanda feita pelo litigante, restando ao magistrado tão somente a tarefa de execução do que o árbitro houver determinado, sem qualquer valoração de fundo. Essa cooperação entre os dois juízos se dará mediante carta arbitral, conforme explicado em item anterior.

Por fim, um terceiro cenário possível é aquele em que a parte pretenda perseguir, no Poder Judiciário, a tutela de evidência – sempre de caráter incidente e antecipado. Entretanto, não se vê cabimento para essa hipótese. Não estando fundada em perigo de dano ou de risco ao resultado útil do processo, inexiste uma justificativa plausível para que a parte tenha de recorrer ao magistrado para que ele conceda uma medida que, em respeito à convenção de arbitragem, deva ser objeto de apreciação pelo juízo arbitral.

Isso não impede, todavia, que a tutela de evidência seja concedida em sede arbitral, sendo possível afirmar que, nessa hipótese, o árbitro não está limitado às hipóteses traçadas pelo art. 311 do NCPC, uma vez que "a regra tem aplicação na arbitragem em sua essência, não em sua literalidade"[50].

7. Conclusão

O Novo Código de Processo Civil cumpre, em grande parte, a promessa de adaptar as normas processuais às mudanças na sociedade e aos avanços nas instituições, em atendimento às reclamações e anseios da comunidade jurídica e das necessidades sociais. Nesse ponto, dá-se especial destaque à valorização do sistema multiportas e à consequente visibilidade aos métodos alternativos de resolução de controvérsias – dentre os quais a conciliação, a mediação e a arbitragem.

No tocante à arbitragem, o NCPC reconhece princípios basilares e funda-

50 CAHALI, Francisco José, op. cit..

mentais ao instituto que desde o advento a Lei 9.306/97 vinham sendo fortalecidos e repisados pela doutrina e pela jurisprudência. É assim que o NCPC (i) fez correta menção à figura da convenção de arbitragem, compreendendo a cláusula compromissória e compromisso arbitral; (ii) assegurou a primazia da *Kompetenz-Kompetenz*; (iii) criou um instrumento oficial de cooperação entre os juízos arbitral e judicial; dentre outros.

Tendo em vista não só a reforma do NCPC, mas também a recente atualização da Lei de Arbitragem, muitas questões – como o cabimento de negócio jurídico processual para a alegação da existência de convenção de arbitragem fora da contestação e da viabilidade de concessão de tutela de urgência antecipada antecedente pelo Poder Judiciário – ainda encontram-se em aberto, impondo na doutrina o valioso dever de analisar, a fundo, a interação da arbitragem com o processo civil – tarefa a que se esforçou o presente artigo.

TUTELA PROVISORIA

ENTRE A ESTABILIZAÇÃO DA TUTELA E A COMPOSIÇÃO DA LIDE: A RELEVÂNCIA DA ABERTURA AO CONTRADITÓRIO

José Marcos Rodrigue Vieira[1]

Pedro Henrique Guimarães Costa[2]

Sumário: 1-Introdução. 2- Dispositividade das tutelas de urgência. 2.1 - Aspectos da estabilização da tutela antecipada antecedente. 2.2 - Inversão da iniciativa do contraditório. 2.3 - Da natureza da estabilização dos efeitos da tutela. 3- A revelia no CPC de 2015. 3.1 - Ficto reconhecimento de procedência. 3.2. Ficta litis contestatio no CPC de 2015. 4-Conclusão. 5-Referências bibliográficas.

1. Introdução

É gênero no Código de Processo Civil de 2015 a tutela provisória, com as modalidades de tutela de urgência e de tutela da evidência (artigo 294). Subdividida a tutela de urgência em cautelar ou antecipada e, qualquer destas, em antecedente e incidental (Parágrafo único, do artigo 294).

Desapareceu o gênero tutela cautelar, que teria surgido como inovação universal no Código revogado. Aquele terceiro gênero de tutela jurisdicional teve função relevante, até que o amadurecimento levasse às cautelares satisfativas – que se converteriam em moeda corrente na época do desbloqueio dos cruzados e da exigência dos reajustes dos proventos de aposentadoria – extrapolações que a fariam sucedida pela tutela antecipada em 1994: o que originalmente caminhava para inserção no processo cautelar acabaria por passar, na tramitação legislativa, para o próprio processo de mérito.

De fato, cada vez se tornava mais difícil, quando não artificial, a distinção entre tutela cautelar e tutela antecipatória, a exemplo dos alimentos provisionais que, de cautelares só conservavam o requisito da plausibilidade, do *fumus boni iuris*.

---

1 Professor Titular de Direito Processual Civil da FDUFMG.

2 Bacharel em Direito pela FDUFMG.

Recentemente, na *Exposição de Motivos* de Projeto Substitutivo ao Projeto do Novo Código, apresentado pelos Professores Ada Pellegrini Grinover, Carlos Alberto Carmona, Cássio Scarpinella Bueno e Paulo Henrique dos Santos Lucon, justificava-se a substituição da nomenclatura "Da Tutela de Urgência e da Tutela da Evidência" (artigos 269 a 286 do PL n. 8.946/2010) por Capítulo referente genericamente à "Tutela de Urgência", mantida a importante distinção das respectivas medidas em *satisfativas e acautelatórias* (artigo 269, §§1º e 2º), bem como a sugerida absorção da "Tutela da Evidência" pela conjugação de duas novidades: a estabilização da tutela *satisfativa* (artigos 286-B a 286-D) e o julgamento parcial da lide, este uma das hipóteses de julgamento conforme o estado do processo (artigo 341-A).

Parte das sugestões restou acolhida no texto final, modificado o gênero Tutela de Urgência para Tutela Provisória, já que a Tutela da Evidência, uma de suas espécies, não teria dependência do *periculum in mora*, ao contrário daquela outra.

Por outro lado, a Tutela Provisória, tanto a cautelar antecedente (quando deferida) quanto a satisfativa, passam a não mais depender de autos apartados, o que ocorre, conforme o artigo 308 e seu Parág. 1º, do Código de 2015, à semelhança do art. 669, *octies*, parág. Sexto, do CPC italiano. O velho Código de Processo Civil brasileiro de 1939, na regra do artigo 675, II, regra das Medidas Preventivas, já assinalava, com mais amplitude, o poder geral de cautela (indistintamente, satisfativo ou não), do que o artigo 798, do Código de Processo Civil de 1973 e parece ter sido reaproveitado, com acréscimos úteis.

Não se pode esquecer, já na vigência do Código de Processo Civil de 1973, a introdução do Parágrafo 7º, no artigo 273, com a fungibilidade de tutelas, da satisfativa para a cautelar. A efetividade do processo ainda estaria a reclamar ingente reelaboração dos requisitos das tutelas provisórias, considerada a atecnia de se admitir uma como fungibilidade inversa, da cautelar para a satisfativa. Impunha-se, necessariamente, fosse deixado de lado o prurido de distinções cada vez mais difíceis, entre liminares: de procedimentos especiais, de antecipação de tutela e cautelares.

Chegava-se a dizer, nos corredores dos fóruns, do cabimento de liminar e não de cautelar: forma simplificada de se profligar a duplicidade de autos – até porque, historicamente, a sentença cautelar fosse remetida a capítulo de sentença do feito principal. E isto, sobretudo após o procedimento ordinário (hoje dito comum) ter superado o atavismo jusromanista de ser aquele em que de tudo se conhece e nada se executa: o *nulla executio sine titulo*, reconhecidamente insuficiente, teria sido convertido no possível dogma da efetividade: *nullus titulus sine executione*.

O Código de Processo Civil de 2015 apresenta-se como marco legislativo do processo civil constitucional brasileiro. Trata-se de construção dogmática permeada pelos princípios norteadores da celeridade, instrumentalidade e efetividade, conceitos estes tão trabalhados pelos juristas e doutrinadores desde o começo do século XX.

Neste sentido, a compreensão do novo processo civil pátrio é da maior importância para justificar-se a introdução do mecanismo da estabilização da tutela antecipada antecedente no Novo Código. Inspirada, principalmente, no instituto do *référé* francês, a estabilização da tutela antecipada permeia-se por juízo essencialmente provisório, consubstanciado em cognição sumária, de modo que seu cerne de validade é baseado na aplicação do princípio dispositivo (com a opção da parte, de dispensa da produção de coisa julgada).

Pretende-se uma atividade jurisdicional rápida e eficiente, de modo que a estabilização da tutela antecipada, ao inverter a iniciativa do contraditório, do autor para o réu, permite que este chancele uma decisão provisória, não interpondo o recurso cabível, o que, em última análise, permitirá que o provimento prolongue seus efeitos no tempo indefinidamente. É o consentimento do réu, pois, que valida a estabilização, isto é, sua concordância com determinada decisão. Logo, não há mais espaço para a obrigatoriedade do processo principal, rompendo-se com a tradição do Código de Processo de 1973. Entretanto, cumpre ressaltar que a decisão antecipada apta a se estabilizar nunca formará coisa julgada, exatamente pela sumariedade do provimento jurisdicional, não dotado de ampla extensão probatória, em que excluído o debate integral das questões propostas em juízo. Desta forma, considerando-se a aludida provisoriedade da decisão, há de se perceber que a estabilização da tutela antecipada antecedente é verificação da dispositividade no processo civil, visto que a inércia do réu é o ponto de partida para que a decisão se mantenha no tempo. E somente é possível a disponibilidade do direito litigioso pelo fato de que a decisão que dela se origina, de cognição sumária, não se submete aos requisitos, de previsão constitucional, da coisa julgada.

Em contrapartida, estabelece o novo Código novos requisitos à verificação da revelia, tal como o do inciso IV, do artigo 345, que positiva (e traz à baila) a aplicação do princípio inquisitivo às controvérsias aptas a formar decisões definitivas. Sabido que a sentença oriunda de revelia é apta à formação da coisa julgada material e, desta forma, é definitiva, deve a atitude do autor perante o réu revel ser objeto de maior zelo do julgador, que deve adotar postura ativa na constatação e aplicação dos efeitos do instituto processual.

O confronto entre estabilização da tutela antecipada e relativização da revelia demonstra a verdadeira compatibilização dos dois aludidos princípios, dispositivo e inquisitivo, observados na perspectiva do julgador, os quais se farão adequar às realidades e especificidades constitucionais e processuais presentes, cada um a seu modo, à estabilização da tutela antecipada antecedente e à revelia.

2. Dispositividade das tutelas de urgência

Cumpre ressaltar que o ordenamento jurídico pátrio veda a concessão *ex officio* das tutelas de urgência antecedentes (não das incidentes). Trata-se de exigência que decorre logicamente do principio da congruência, o qual atesta que o juiz deve ater-se somente ao que foi pedido e argumentado pela parte. A tutela provisória é requerida, isto o novo Código deixa bem claro nos artigos que regulamentam o aludido instituto. Há casos, entretanto, em que o pedido de tutela provisória se considera implícito, como, por exemplo, em causas que versem sobre alimentos.

A tutela provisória, por ser de cognição sumaria, padece de precariedade, podendo ser revogada ou modificada a qualquer tempo, sempre a partir da provocação da parte interessada. A decisão que procede à modificação ou extinção da medida deverá ser fundamentada, assim como a decisão que a concede ou denega inicialmente, em função do principio da simetria. É requisito também que haja alguma alteração fática, para que se justifique a alteração ou a extinção, de modo que é vedado ao juiz proceder a respeito a seu bel prazer ou simplesmente porque, por exemplo, tenha mudado de opinião.

Fredie Didier Jr. bem adverte[3]:

> "Seria o caso, por exemplo, em que o autor pede, de forma provisória, a retirada de seu nome de serviço de proteção ao crédito, afirmando e provando que pagou a dívida que tinha com o réu. O juiz concede tutela provisória liminar, mas o réu, ao contestar, prova que o pagamento demonstrado referiu-se a outra dívida, e não àquela que ensejara a negativação. Imperiosa, nesse caso, a revogação da medida."

Presentes os requisitos legais, o juiz deverá conceder a tutela provisória, de modo que estando aqueles ausentes, deverá negá-la. Não há espaço para discrionariedade, o que é imperioso, em vista da segurança jurídica e da boa-fé processual. Tal decisão é, em regra, interlocutória, haja vista não encerrar o procedimento ou qualquer de suas fases. Ao contrario, a decisão dá segui-

---

3 DIDIER JR., Fredie. BRAGA, Paula Sarno. OLIVEIRA, Rafael Alexandria de. "Curso de Direito Processual Civil: teoria da prova, ações probatórias, decisão, precedente, coisa julgada e antecipação dos efeitos da tutela – Volume II". 10ª ed. Salvador: Juspodium, 2015, p. 586.

mento ao procedimento. Pode ser, no entanto, um capitulo de sentença, haja vista a possibilidade de concessão da tutela tanto liminarmente, quanto após audiência ou até na própria sentença, nos casos determinados pelo Código. Cumpre lembrar que a tutela provisória pode ser requerida e decidida em grau recursal, sendo, nestes casos, dirigido o pedido ao Tribunal, responsável pelo julgamento do recurso, consoante artigo 299, parágrafo único, do NCPC.

2.1. Aspectos da estabilização da tutela antecipada antecedente

A estabilização da tutela antecipada antecedente é grande inovação trazida pelo novo CPC. Trata-se, em suma, de instituto inspirado no *referé* francês e nos *provvedimenti d'urgenza* italianos, de efetividade já comprovada no processo civil das referidas nações. Desta forma, no direito da Itália, país em que surgiu a perspectiva de independência do provimento sumário, isto é, provimentos cautelares de natureza antecipatória, existem dois tipos de medidas cautelares: as de natureza meramente conservativa de situações e as de caráter satisfativo do direito alegado.

A propósito[4]:

> "Na realidade, no Código de Processo Civil Italiano, o poder geral de cautela foi concebido como instrumento de tutela de urgência apenas de natureza conservativa. Porém, para viabilizar a efetividade da tutela jurisdicional, a doutrina elasteceu a compreensão da cautelar genérica, incluindo, quando necessário, a antecipação de tutela. No Decreto Legislativo 5/2003, consolidado pela Lei 80/2005, foi instituída uma tutela chamada de sumaria, prestada em processo autônomo ou mesmo no âmbito dos procedimentos de cognição plena. Essa tutela sumária seria suficiente para resolver a crise do direito material sem o sequenciamento e desdobramento necessário do processo de cognição plena. A tutela sumária, que antes era deferida em caráter acessório, passa a ter força própria tornando a cognição plena meramente eventual, trazendo uma solução mais célere às partes, mas não excluindo a possibilidade de existência da cognição plena por escolha das partes".

No direito francês, a possibilidade de separação entre a tutela cautelar meramente sumaria e o provimento final, de cognição plena e exauriente, já era possível anteriormente ao equivalente no direito italiano. O *referé* francês sempre primou pela autonomia do provimento cautelar em relação ao processo principal.

---

4 LIMA, Bernardo Silva de. EXPÓSITO, Gabriela. "'Porque tudo que é vivo morre' Comentários sobre o regime da estabilização dos efeitos da tutela provisória de urgência no novo CPC". Revista de Processo. Vol. 250. Ano 40. São Paulo: Revista dos Tribunais, 2015, p.174.

Indo mais a fundo[5]:

> "Atualmente cogita-se que no direito francês existem três tipos de *réferé*: o tradicional baseado na urgência; o *réferé* cuja urgência é presumida, não havendo necessidade de demonstração no caso concreto e o modelo de *réferé* em que a urgência é dispensada (*provision* e *injonction*). O réferé é instaurado (sem a obrigatoriedade de representação por advogado) de forma prévia à instauração do procedimento de cognição plena, porem a jurisprudência mais recente permite instauração durante o processo de cognição plena".

Na França, o *réferé* é considerado praticamente um juízo de equidade, a face mais palpável da jurisdição, isto é, a em que os litigantes veem operar os efeitos de maneira mais concreta e célere. Desta forma, apesar de provisórias, suas decisões podem estabilizar-se por escolha das partes, ou então seguir para a discussão definitiva, de cognição plena e exauriente, apta à formação da coisa julgada material.

A tradicional doutrina faz a distinção entre a cognição exauriente e a cognição sumária, sendo que alguns doutrinadores, notadamente Kazuo Watanabe[6], acrescentam a possibilidade de uma cognição exauriente e plena, contraposta à cognição sumária. Desta forma, tem-se que, em regra, a cognição exauriente permeia-se pela realização de forma completa do contraditório prévio, de forma que as partes possam apresentar todas e quaisquer alegações de fato e de direito, fundando ampla produção probatória. Há, pois, amplo debate processual "permitindo à decisão maior perspectiva de acerto quanto à solução do mérito, desaguando-se na imutabilidade da solução pela formação da coisa julgada. Daí também a indicação doutrinária de que se trata de tutela definitiva, aplicada no modelo tradicional de cognição do procedimento pelo procedimento ordinário"[7].

Verificam-se exceções, notadamente quanto à amplitude da produção probatória, especialmente em relação ao mandado de segurança, por exemplo. Mesmo que algumas provas sejam vedadas, ou desnecessárias, por lei, ao próprio procedimento destas ações, a cognição é exauriente, gerando decisão definitiva.

Noutro giro, na cognição sumária há claras limitações ao contraditório, notadamente em face de decisões liminares. A investigação dos fatos é reduzi-

---

5 LIMA, Bernardo Silva de. EXPÓSITO, Gabriela. Op. cit., p. 175.

6 WATANABE, Kazuo. Cognição no processo civil. 4ª ed. São Paulo: Saraiva. 2012, p. 67.

7 ANDRADE, Érico. NUNES, Dierle. "Os contornos da estabilização da tutela [...]". Cadernos da EJEF: curso jurídico do novo CPC. Coord. Helena Lanna Figueiredo. Belo Horizonte: Tribunal de Justiça de Minas Gerais, 2016. p. 268.

da e a produção probatória também. Com efeito, tem-se que o exame dos fatos e o debate são superficiais, razão pela qual, normalmente, a decisão judicial, *in casu*, não alcançaria a autoridade de coisa julgada material.

Desta forma, pode-se afirmar que as características da cognição exauriente seriam a plena realização do contraditório antecipadamente, permitindo que ambas as partes se manifestem antes da prolação de qualquer decisão; o contraditório se realiza conforme o modelo normativo mais estrito; todas as provas, bem como as alegações de fato e de direito são analisadas pelo julgador, aprofundando-se sobre elas de modo a aumentar a possibilidade de alcance da verdade real; apta à formação da coisa julgada material.

Já as características gerais da cognição sumária seriam a possibilidade de postergação do contraditório para depois da decisão; baixa análise probatória e superficial vislumbramento das questões de fato e de direito postas; inaptabilidade à formação da coisa julgada material, tratando-se, pois, de decisão provisória, precária.

Desta forma, percebe-se que as tutelas antecipadas, de caráter satisfativo, caracterizam-se como sumarias, haja vista que a análise é de profundidade incompleta, operando unicamente por meio de probabilidade. O julgador não adentra o debate completo, haja vista a ausência de contraditório pleno e, consequentemente, de instrução probatória realizada. A urgência se sobrepõe à necessidade de ampla discussão, ante o risco de perecimento do direito material objeto de controvérsia.

A estabilização da tutela antecipada antecedente se propõe a dar autonomia ao provimento sumário, extinguindo a obrigatoriedade de propositura de processo principal, de cognição exauriente, completa, isto é, regular processo de conhecimento. O provimento sumário pode estabilizar-se e operar seus efeitos indefinidamente, sem, contudo, o manto da coisa julgada material, restrito aos procedimentos de cognição exaurientes.

A tutela antecipada, pois, continua provimento de caráter provisório, precário, alterável a qualquer tempo pelo juiz. Entretanto, com a estabilização é aberta a possibilidade de tal provisoriedade operar efeitos de maneira indefinida no tempo, haja vista a manifestação, pela parte requerida, da disposição do direito de abrir o contraditório pleno, isto é, de questionar a decisão dada pelo julgador.

Tal atitude de disposição de direito é possível, pois não há formação da coisa julgada material, ainda que não se deva permitir, em regra, a aplicação de tal instituto em procedimento de cognição, lembrando-se que admitida a coisa julgada em alguns procedimentos sumários, limitadamente à respectiva controvérsia (a exemplo de despejo, monitória e embargos de terceiro). A coisa julgada material pressupõe a definitividade do provimento, ainda que oriundo de revelia, como já explicado no capítulo anterior e, adiante, retomado. O julgador, no provimento definitivo, pode inclusive atuar ativamente, buscando provas e determinando esclarecimentos, com vistas a possibilitar a análise em toda a profundidade.

Na tutela antecipada, porém, fica o juiz restrito ao juízo de probabilidade e verossimilhança suscitado pela parte requerente, não se vislumbrando maiores questionamentos, haja vista a sombra presente da urgência de perecimento do direito a qualquer momento. Logo, apenas o processo principal se faz capaz de sanar tais dificuldades, o que, com a estabilização, deixa de ser obrigatório.

Neste sentido, para que se opere a aludida estabilização entendem-se necessários alguns requisitos. É preciso que o autor tenha requerido a concessão de tutela provisória satisfativa antecedente. Somente ela tem o condão de se estabilizar, nos termos do artigo 304, do NCPC. A tutela cautelar ou a antecipada incidental não são passiveis de estabilização, ficando tal instituto inteiramente restrito à tutela antecipada de caráter antecedente. Trata-se de pressuposto positivo, pois à outra parte deve revelar-se claro que o autor pretende valer-se de procedimento apto à estabilização, de modo a avaliar, em caso de decisão negativa, a conveniência de recorrer ou não.

A propósito, Dierle Nunes e Érico Andrade[8]:

> "Nesses termos, como primeira leitura, reputamos que a estabilização ou não da tutela dependerá tão somente da manifestação recursal, sendo o aditamento fruto da opção do autor em já buscar a cognição exauriente ou não. Ademais, entendimento contrário inviabilizaria o uso do instituto de modo análogo ao direito estrangeiro, em que, muitas vezes a parte autora almeja somente a decisão satisfativa, sem interesse em aprofundar a temática; aspecto que é mais adequado inclusive no que tange à economia processual".

Também Eduardo de Avelar Lamy e Fernando Vieira Luiz[9]:

> O autor tem o objetivo de por fim ao processo, pela estabilização, mas dependendo ela de ato do réu, se vê obrigado a realizar a emenda, que de outra forma não a faria, pela falta de informação do comportamento da parte adversa, causado pela estranha regulamentação sobre prazos de um e outro. Melhor alternativa seria exigir a emenda somente nos casos em que não fosse aplicável a estabilização.

---

8 ANDRADE, Érico. NUNES, Dierle. Op. cit., p. 270-271.

9 LAMY, Eduardo de Avelar; LUIZ, Fernando Vieira. "Estabilização da tutela antecipada no Novo Código de Processo Civil". Revista de Processo. Vol. 260. Ano 41. São Paulo; Revista dos Tribunais, 2016, pg. 114.

Entendimento diverso têm Marinoni, Arenhart e Mitidiero, ao sustentarem que a tutela antecipada somente poderá se estabilizar após o aditamento da petição inicial, haja vista que, para o autor, o prazo de interposição do recurso só começa a correr após o prazo de aditamento da petição inicial[10]:

> "Concedida a tutela antecipada na forma antecedente, tem o autor o ônus de aditar a petição inicial, com a complementação da sua argumentação, a juntada de novos documentos e a confirmação do pedido de tutela final, em quinze dias ou outro prazo que o juiz fixar (art. 303, §1º, I). O aditamento da petição inicial dar-se-á nos mesmos autos, sem incidência de novas custas processuais (art. 303, §3º). Não realizado o aditamento, o processo será extinto sem resolução de mérito (art. 303, §2º)".

Semelhante solução implicaria revogação da tutela antecipada concedida. Não concordamos com esse posicionamento, haja vista a própria necessidade de se dar autonomia ao provimento satisfativo de urgência. O autor já teria aderido à autonomização do procedimento da tutela antecipada. O aditamento da petição inicial unicamente visa à composição definitiva da lide, sendo que esta composição deve operar-se apenas se o réu demonstrar interesse no prosseguimento do procedimento. Há clara inversão da iniciativa do contraditório, passando tal ônus ao réu, que por disposição de direito pode deixar de interpor o recurso cabível e possibilitar a estabilização dos efeitos da tutela concedida.

Noutro giro, é apenas hábil a se estabilizar a decisão concessiva de tutela antecipada antecedente. Tal decisão pode tanto ser dada em primeira instância como pelo Tribunal, em julgamento monocrático ou colegiado, em agravo de instrumento interposto pelo autor contra decisão denegatória prolatada pelo juízo primevo. Entendemos ser possível inclusive a estabilização de decisão parcial de tutela antecipada antecedente, apenas e tão somente na parte em que tenha sido acolhido o pedido formulado pelo autor.

Ademais, a inércia do réu, ao não interpor o recurso cabível, é primordial, tratando-se do momento de priorização do principio dispositivo ao procedimento da estabilização. Entretanto, entendemos que o que se exige para a estabilização deve ser interpretado de forma extensiva, haja vista a ampla defesa. Ainda que a literalidade do dispositivo indique recurso, qualquer forma de impugnação por parte do requerido, a nosso ver, é passível de impedir a estabilização. O que se deve ter é a inércia do réu, de modo que se este quiser antecipar sua defesa, possa fazê-lo.

---

10 MARINONI, Luiz Guilherme et alii. "Curso de processo civil. Vol. 2, São Paulo: RT, 2015, pp. 214/215.

Neste sentido[11]:

> "Se, no prazo do recurso, o réu não o interpõe, mas resolve antecipar o protocolo de sua defesa, fica afastada a sua inércia, o que impede a estabilização – afinal, se contesta a tutela antecipada e a própria tutela definitiva, o juiz terá de dar seguimento ao processo para aprofundar sua cognição e decidir se mantém a decisão antecipatória ou não. Não se pode negar ao réu o direito a uma prestação jurisdicional de mérito definitiva, com aptidão para a coisa julgada".

E também[12]:

> "Outra interpretação que se pode vislumbrar é exatamente no sentido contrário: tanto o pedido de suspensão de liminar como a reclamação, apesar de não se enquadrarem propriamente como recurso, constituem meios de impugnação da decisão judicial e, com isso, produziriam efeito semelhante ao do recurso, de modo que, nesses casos, mesmo sem a apresentação do recurso propriamente dito (agravo de instrumento), evitar-se-ia a estabilização prevista no art. 304 do novo CPC. (.....). Poderia não haver a estabilização se o réu não interpusesse o agravo de instrumento, mas contestasse o procedimento? Tal perspectiva já foi, inclusive, defendida recentemente em doutrina, considerando que a contestação ou manifestação no sentido da realização da audiência de conciliação/mediação, no prazo do recurso, surtiria o mesmo efeito de impedir a estabilização da tutela antecipada".

Com efeito, a estabilização da tutela antecipada antecedente, em primeiro momento, pode ser revertida a partir do ajuizamento da ação principal de cognição plena e exauriente, seja por iniciativa da parte autora, seja da parte ré. Tal ação tem como fundamento a revisão, reforma ou invalidação da tutela antecipada anteriormente concedida, de acordo com o artigo 304, §2º, do NCPC.

Embora a aludida ação faça mais sentido à parte ré, contra quem é concedida a tutela antecipada, por expressa previsão legal ambas as partes podem propô-la. Entretanto, entendemos que para que a parte autora, beneficiária da tutela, possa ingressar com a ação de cognição plena, deve existir suficiente motivo superveniente ao interesse desta em requerer o conhecimento completo.

---

11 DIDIER JR, Fredie. SARNO, Paula Braga. Oliveira, Rafael Alexandria de. Op. cit., p. 609.

12 ANDRADE, Érico. NUNES, Dierle. Op. cit., p. 258-259.

2.4. Inversão da iniciativa do contraditório

Tal necessidade se dá em face da própria sistemática da estabilização, que deve ser expressamente requerida pela parte autora. A iniciativa do contraditório é invertida para o réu, que deve valorar se vale a pena interpor o recurso cabível. Caso contrário, estabilizado está o provimento. Desta forma, a parte ré, por ter contra si decisão desfavorável proveniente de cognição sumária, tem sempre interesse de requerer a cognição exauriente, de amplo debate. Já a parte autora, por ter, de livre e espontânea vontade, escolhido o referido instituto, terá feito com que se opere a estabilização, por meio da também consciente inércia do réu. A nosso ver, não é justo que o réu, parte prejudicada ou vencida, vislumbrando a desnecessidade de ele próprio interpor o recurso ou se defender, tenha que fazê-lo em posterior ação a ser ajuizada pelo autor, sem quê nem causa, isto é, sem motivo algum.

Trata-se de valoração lógica e sistemática do instituto da estabilização. A parte ré, buscando revisar, cancelar ou reformar a decisão que a atinge, tem em mãos a cognição exauriente, isto é, o conhecimento pleno, com vistas a se debaterem as questões a partir de instrução probatória. Tal ação de revisão será coberta pela coisa julgada material, haja vista ser definitiva, completa.

A parte autora, pois, deve valer-se de razão superveniente (apesar de dissidências doutrinárias de Fredie Didier Jr.[13] e Avelar Lamy[14]) para requerer a reforma, revisão, invalidação ou até a confirmação, em sede definitiva, abarcada pela coisa julgada, da tutela antecipada que lhe foi concedida. A estabilização deve ter efetividade no sistema, e meras mudanças de humor não podem ser responsáveis pela perda de força de instituto tão importante.

A decisão da ação de revisão substituirá a decisão antecipada, haja vista o caráter definitivo daquela, oriunda de cognição plena e exauriente. Desta forma, o juízo que deferiu a tutela antecipada será o competente para conhecer da ação definitiva, consonante o artigo 304, §4º, do NCPC. Exigir-se-á nova petição inicial, podendo ser requerido o desarquivamento dos autos primevos, que poderão ser utilizados para instrução da nova inicial.

O prazo para ajuizamento da ação de revisão é de dois anos, contados da ciência da decisão que extinguiu o processo, consonante leitura do artigo 304, §5º, do NCPC. A decisão extintiva se dá a partir da não interposição do recurso cabível pela parte ré, operando-se, desta forma, a estabilização dos efeitos da tutela. Cumpre ressaltar que não se trata de formação de coisa julgada material,

---

13 DIDIER JR., Fredie et aliis, ob. cit., p. 611/613.

14 LAMY, Eduardo de Avelar, VIEIRA, Luiz Fernando, ob. cit., p. 112.

restrita às decisões definitivas, isto é, objetos de cognição plena e exauriente.

A propósito[15]: "mas até que seja esta ação proposta, a tutela satisfativa antecedente continua produzindo seus efeitos, já que a decisão que a concedeu encontra-se estabilizada (art. 304, parágrafo 3º, NCPC)".

Por fim, cumpre ressaltar a possibilidade, com a qual concordamos, aventada por Fredie Didier Jr.[16], de estabilização da tutela antecipada por meio de negócio jurídico processual selado pelas partes, desde que dentro dos limites da cláusula geral de negociação do artigo 190, do NCPC. Tal conclusão também é defendida no enunciado número 32 do Fórum Permanente de Processualistas Civis: "Além das hipóteses previstas no art. 304, é possível a estabilização expressamente negociada da tutela antecipada de urgência satisfativa antecedente". A negociação, neste sentido, prescinde dos requisitos gerais do artigo 304, devendo apenas seguir os limites gerais da negociação processual prevista no NCPC.

2.5. Da natureza da estabilização dos efeitos da tutela

Em sede de tutela provisória e de jurisdição de urgência, é a estabilização da decisão concessiva que inova de maneira mais significativa a ideia de prestação jurisdicional ao mesmo tempo célere e efetiva. Neste sentido, o provimento fornecido na espécie, sumário e provisório, contrapõe-se ao provimento definitivo e exauriente no sentido de que este último analisa a controvérsia a fundo, valendo-se de ampla discussão e instrução probatória, enquanto aquele se vale apenas de indícios do direito, associados ao evidente perigo de demora na prestação. Ressalva-se que a cognição plena não se incompatibiliza com sumariedade material, definidora de procedimentos especiais como de consignação em pagamento, de defesa legalmente limitada a certas matérias.

O NCPC traz em seu artigo 304 uma proposta de estabilização da decisão provisória, e não da lide em seu todo, o que encontra, como já afirmado anteriormente, certa semelhança com os institutos dos *référés*, mas que, também, se aproxima um pouco da técnica de monitorização da demanda, guardadas, é claro, as devidas peculiaridades.

Nos procedimentos monitórios, parte-se de uma forte verossimilhança das alegações do autor, de maneira geral baseadas em prova documental, a qual

---

15 DIDIER JR, Fredie. SARNO, Paula Braga. OLIVEIRA, Rafael Alexandria de. Op. cit., p. 612.

16 DIDIER JR, Fredie. SARNO, Paula Braga. OLIVEIRA, Rafael Alexandria de. Op. cit., p. 611-613.

não tem força, ainda, de título executivo, dispensado-se, entretanto, a presença de urgência, diversamente do procedimento de tutela antecipada. Têm os referidos procedimentos como efeito autorizar uma ordem de pagamento ou cumprimento que pode valer tanto para obrigações de pagar ou dar coisa, como para obrigações de fazer ou não fazer. Desta forma, tem-se três possibilidades: uma, cumprida a ordem pelo requerido, extingue-se a obrigação; ou, ofertando embargos, isto é, contestando a demanda, ordinariza-se o procedimento, tornando-se ele comum; por último, em caso de inércia, a ordem emitida originalmente em caráter provisório torna-se definitiva.

Aí está outra diferença entre os institutos até aqui analisados, pois na ação monitória, a inércia do réu converte um provimento provisório em definitivo, de maneira automática. Tal decisão, pois, torna-se apta a produzir coisa julgada material, o que nãoacontece na decisão concessiva da tutela antecipada antecedente, haja vista que esta se mantém provisória, apenas se estabilizando, depois do prazo de dois anos sem a propositura da ação autônoma de revisão. Tem-se, pois, que a estabilização da tutela antecipada nunca fará coisa julgada, enquanto na ação monitoria há presença de prova documental da obrigação.

De qualquer forma, explicitadas tais relevantes diferenças, principalmente no que se refere ao maior rigor do procedimento monitório, que pressupõe prova documental, apto, pois, à definitividade, na estabilização da tutela antecipada é a postura, no caso, ativa do réu que, ao recorrer, possibilita a conversão da provisoriedade em definitividade, isto é, torna a controvérsia forma de procedimento comum e exauriente, apto à formação da coisa julgada. A estabilização da tutela antecipada, logo, não implica na conversão da decisão provisória em definitiva.

Ora, os parágrafos 2º, 3º e 4º do artigo 304 do NCPC permitem que qualquer das partes possa demandar a parte adversa com o intuito de rever, reformar ou invalidar a decisão concedida em caráter sumário e provisório, sendo que, neste segundo momento, a partir da aludida ação autônoma, a jurisdição a ser exercida será plena e exauriente.

Dita o parágrafo 5º do artigo 304: "O direito de rever, reformar ou invalidar a tutela antecipada, previsto no parágrafo 2º deste artigo, extingue-se após 02 (dois) anos, contados da ciência da decisão que extinguiu o processo, nos termos do parágrafo 1º".

Porém, é de se perguntar, em face do prazo legal de 02 (dois) anos para a propositura da ação autônoma de revisão: ultrapassado o aludido prazo, ter-se-ia a formação da coisa julgada? Mais uma vez, a resposta é negativa, novamente pela leitura do parágrafo 6º do artigo 304 do NCPC, o qual expressamente indica que a decisão concessiva de tutela antecipada estabilizada não faz coisa julgada, visto que baseada em cognição sumária, incompatível com o aludido instituto.

Pode-se ir além, afirmando que não é apenas com base em interpretação literal do dispositivo que chegamos a esta conclusão. Seria praticamente um paradoxo equiparar-se, por meio da coisa julgada material, o provimento de cognição plena e exauriente, e, portanto, definitivo, ao provimento baseado em cognição sumária. Aquele, permeado pelos princípios constitucionais da ampla defesa e do contraditório, sendo que neste tais garantias são contidas, também em face de outros princípios, como o da celeridade e o da efetividade processual.

Lecionam Dierle Nunes e Érico Andrade[17]:

> "Corrobora tal argumento o fato de o próprio CPC-2015, ao modificar o regime da coisa julgada material, ampliando, em algumas hipóteses, seus efeitos para as questões prejudiciais (art. 503, parágrafo 1º), exigir a implementação de um "contraditório amplo e efetivo". Seria incongruente e assistemática a defesa da formação de coisa julgada em cognição sumária, quando, na sua formação excepcional aqui discutida (coisa julgada excepcional) se exige o contraditório substancial, não estabelecido na estabilização".

Desta forma, apresenta-se o seguinte questionamento: qual a natureza jurídica desta aludida estabilização da tutela antecipada antecedente? Após passado o prazo de 2 (dois) anos, como se definiria a imutabilidade dos efeitos da decisão provisória concessiva?

A doutrina, neste quesito, ainda é tormentosa. Em um sentido, entendem Dierle Nunes e Érico Andrade[18]:

> "Noutras palavras, não há necessidade de invocar a coisa julgada para cobrir tal estabilização jurídica dos efeitos da decisão de cognição sumária, pois ela advém dos institutos da prescrição ou decadência. Com isso, mesmo se ultrapassados os dois anos previstos no art. 304, parágrafo 5º, CPC-2015, a decisão antecipatória não será acobertada pela coisa julgada, de modo que eventual discussão em juízo sobre o mesmo direito material não pode ser rejeitada com base na preliminar de coisa julgada (art. 485, V, CPC-2015), mas sim deve ser examinado o tema, e eventualmente se pode, no mérito, rejeitar a pretensão com base na prescrição ou decadência (art. 485, II, CPC-2015) (...) Ou seja, a temática da estabilização definitiva envolve o decurso de prazo para discutir ou buscar a exigibilidade do direito, no âmbito do próprio direito material (...)".

17 ANDRADE, Érico. Nunes, Dierle. Op. cit., p. 266.

18 ANDRADE, Érico. Nunes, Dierle. Op. cit., p. 267.

Fredie Didier Jr., Paula Sarno Braga e Rafael Alexandria de Oliveira adotam posição singular, de prazo extintivo *sui generis*, proclamando que os efeitos é que se estabilizam, não o conteúdo da decisão, havendo, pois, uma estabilidade processual distinta da coisa julgada, *ad instar* do que prescreve o Parág. 5º, do Art. 304[19]: "note, ainda, como reforço de argumentação, que, por expressa previsão legal, a coisa julgada não se estende à questão prejudicial incidental no caso de revelia (art. 503, §1º, II, CPC)".

Eduardo de Avelar Lamy e Fernando Vieira Luiz creem, por sua vez, tratar-se de prazo decadencial, porém tecem importante crítica ao instituto[20]:

> "É bem verdade que o prazo decadencial de dois anos comum às duas partes(art. 304, parágrafo 5º e art. 975, ambos do NCPC) pode confundir aos menos avisados. Trata-se, em relação à estabilização, do maior anacronismo do instituto, sem similitude entre diferentes ordenamentos jurídicos (...). Em todos, a questão da decadência é tratada exclusivamente às luzes do direito material. Em outras palavras, não há um prazo específico para a ação que possibilita a cognição exauriente da matéria. Isto é deixado à legislação civil, sendo que a ação poderá ser proposta enquanto não observado o prazo decadencial do próprio direito substancial".

Noutro sentido, tem-se o posicionamento de Elaine Harzheim Macedo, a qual defende tratar-se o referido prazo de 02 (dois) anos de hipótese de perempção. Afirma [21]:

> "Não há no que se falar em coisa julgada material porque decorrido o prazo binário estabelecido pela lei processual sem que as partes tenham provocado a ação do parágrafo 2º. Decisão que se submete a indiscutibilidade e imutabilidade que definem a coisa julgada são as decisões definitivas, jamais as decisões provisórias. Essas não contam com os elementos necessários para sua eternização. Por outro lado, não há no que se falar em decadência ou prescrição, porque institutos de natureza de direito material, regrados que são pelas leis de direito material. (...) Trata-se, no nosso sentir, de hipótese de perempção.

Neste sentido, verifica-se a perda do direito de ação, não atingido o direito subjetivo em si, que ainda pode ser arguido em sede de defesa. Logo, quanto a pretensão, o autor não tem mais ação, ficando unicamente possibilitada a dedução de sua defesa na condição de requerido. Mantém-se, pois, a pretensão, mas o direito de ação, de demandar, não existe mais.

---

19 DIDIER JR., Fredie et alii. *Curso*, Vol. II, cit., p. 625-6.

20 LAMY, Eduardo de Avelar. LUIZ, Fernando Vieira. Op. cit., p. 124-125.

21 MACEDO, Elaine Harzhein. "Prestação jurisdicional em sede de tutela antecedente...". Revista de Processo. Vol. 250. Ano 40. São Paulo: Revista dos Tribunais, 2015, p. 209.

A nosso sentir, trata-se de hipótese de prazo decadencial, haja vista operar-se sobre o próprio direito de ação constitutiva negativa da parte, isto é, o direito de rever, invalidar ou anular a decisão proferida em sede de tutela antecipada pelo julgador. Neste sentido, tem-se que a decadência é instituto que se aplica ao direito em si, e não à pretensão (que nasce da violação do direito), ao contrário do verificado na prescrição. Logo, vislumbra-se que o prazo de 02 (dois) anos é fatal, correndo sem suspensão ou interrupção, de modo a garantir maior segurança jurídica à estabilização.

3. A revelia no CPC de 2015.

A revelia ocorre quando o réu, devidamente citado, deixa de apresentar resposta à ação proposta em seu desfavor, no prazo legal. É bom lembrar que o réu não possui a obrigação ou o dever de contestar a ação. Trata-se de ônus, de forma que poderá ou não fazê-lo, de acordo com sua consciência. Se não responde ao autor, incorre em revelia, que cria para o demandado inerte uma especial situação processual, tratado como ausente, por livre e espontânea vontade, no processo.

Todos os atos processuais, a partir da verificação da revelia, passam a ser praticados sem intimação ou ciência do réu, de forma que o contraditório, de maneira legal, é sacrificado. Tal situação não se considera ofensa ao aludido principio, haja vista que foi a própria conduta do réu que, ciente de ação em seu desfavor, optou por não se manifestar, não se defender. A dispensa de intimação, entretanto, só prevalece em relação ao réu revel que não tenha advogado constituído nos autos, consonante artigo 346, do NCPC.

3.1. Ficto reconhecimento de procedência

Em situação de contraste com a revelia, pode-se afirmar que quando o réu responde à demanda do autor ou recorre da decisão que concedeu a tutela antecipada, o procedimento comum seguirá seu curso, abrindo-se o saneamento, a instrução probatória necessária e a decisão. Quando o réu se queda inerte, o procedimento tende a tomar outros rumos, com a possibilidade de estabilização da tutela antecipada, inovação do novo Código, que pretende a dissociação da tutela de urgência satisfativa como mero aspecto dependente do processo de conhecimento principal. A tutela de urgência antecipada, requerida em caráter antecedente, ganha autonomia, vida própria, com o que objetiva tanto a celeridade processual quanto a efetividade do procedimento.

3.2. Ficta *litis contestatio* no cpc de 2015

Quanto à revelia, o Novo Código amplia a exclusão do respectivo efeito (confissão), em retomada da tese jusromanista da *ficta litiscontestatio.* Não só no aspecto de a presunção de veracidade não se aplicar às formas de citação fictas, quais sejam, a citação por hora certa e a citação por edital, em que a ciência do réu é meramente presumida. Nestas, manda o artigo 72, inciso II, do NCPC, que ao réu citado por hora certa ou revel, bem como ao réu preso, será dado curador especial, a quem competirá a função de contestar a ação em nome do réu, ficando, na espécie, praticamente excluída a figura da própria revelia, haja vista a possibilidade de mera negativa geral dos fatos aventados pelo autor, facilitando-se a defesa do réu citado fictamente.

Sobre o assunto, José Frederico Marques[22] completa, distinguindo entre duas situações:

> "a do revel que não comparece (ausente) e a do que comparece, mas não contesta (embora presente nos autos). É bem possível, na prática, que, tomando ciência do edital ou da citação por hora certa, o reu compareça e peça vista dos autos, mas deixe de produzir contestação. Nessa hipótese, o citado por edital ou hora certa estará plenamente incurso em revelia, com todos os consectários do art. 344, mesmo porque o comparecimento aos autos funciona, para todos os efeitos, como algo equivalente à citação pessoal (art. 239, parágrafo 1). Porém, quando o revel mantiver-se ausente do processo e sua citação for resultado apenas de uma presunção legal, não haverá, realmente, lugar para a eficácia do art. 344".

A presunção de veracidade da revelia não é, entretanto, absoluta. Desta forma, a decretação da revelia não importa automaticamente em julgamento de procedência do pedido. A relação jurídica processual pode padecer de diversos vícios que obstem ao julgamento de mérito, sendo que ao juiz é lícito declarar qualquer pressuposto de existência e validade do processo cognoscível de oficio (artigo 337, parágrafo 5).

Ademais, ainda que considerados verídicos os fatos alegados pelo autor, a consequência jurídica pode não ter embasamento, de modo que o pedido será julgado improcedente, mesmo ante a revelia do réu.

Dispõe o artigo 345, do NCPC:

> "A revelia não produz o efeito mencionado no art. 344 se:
> I - havendo pluralidade de réus, algum deles contestar a ação;
> II - o litígio versar sobre direitos indisponíveis;

---

22 FREDERICO MARQUES, José. *Manual de direito processual civil,* Vol. II, Campinas: Bookseller, 1974, n. 370, p. 68.

> III - a petição inicial não estiver acompanhada de instrumento que a lei considere indispensável à prova do ato;
> IV - as alegações de fato formuladas pelo autor forem inverossímeis ou estiverem em contradição com prova constante dos autos".

Válido observar-se que com a não decretação dos efeitos da revelia, abre-se a porta do procedimento aos artigos 348 e 349 do NCPC. Tais artigos se propõem a viabilizar a instrução probatória sob livre convencimento do juiz, haja vista que os fatos alegados pelo autor não serão reputados como verdadeiros. Em outras palavras, a não verificação do efeito da revelia não importa em julgamento automático de improcedência do pedido do autor.

Até mesmo ao réu revel, considerando-se a noção de que este pode purgar a revelia, adentrar o processo no estado em que se encontre, é aberta a possibilidade de requerer provas, desde que no momento adequado, sem que se tenha operado a preclusão.

Vamos, porém, ao que Código de 2015 traz de novo. E entendemos que quanto ao inciso IV, do artigo 344, tal fase processual instrutória se revela um tanto ou quanto inútil, se não, vejamos. O juiz, vislumbrando a inverossimilhança das alegações do autor ou sua desconexão relativamente às provas já acostadas aos autos, não aplicará a presunção de veracidade. Desta forma, vê-se quando as próprias alegações do autor são absurdas, fictícias: a posterior produção probatória para justificar o já tomado e decidido como absurdo seria, no mínimo, um paradoxo. Não há mais volta, quando aplicado este inciso IV, devendo o julgador passar diretamente ao julgamento antecipado da lide, evitando a produção de provas inúteis e protelatórias.

Neste sentido, a grande inovação do supracitado artigo encontra-se no inciso IV. O entendimento presente neste inciso já vinha sendo aplicado pacificamente na jurisprudência[23], sendo positivado com o NCPC.

O inciso IV, do artigo 345, descreve que os efeitos da revelia não podem estar dissociados totalmente do arcabouço probatório vislumbrado nos autos, bem como da realidade fática perceptível pelo julgador. A decisão de mérito oriunda da decretação da revelia, ainda que sem o contraditório, é apta à formação da coisa julgada material. Logo, não pode a revelia tomar por realidade a inverdade, transformar, num passe de mágica, o inverossímil em possível. O juiz, pois, deve adotar postura ativa, inquisitiva, prezando, acima de tudo, a aclamada segurança jurídica, impondo sempre no processo a primazia da verdade real.

---

23 STJ, Resp 74.212-0/GO, Rel. Min. Eduardo Ribeiro, ac. 09.10.1995, RSTJ 78/238; STJ Resp. 60.239-4/SP, Rel. Min. Eduardo Ribeiro, AC. 28.05.1996, RSTJ 88/115; AgRg no Resp 590.532/SC, Rel. Min. Isabel Galloti, ac. 15.09.2011, Dje. 22.09.2011, dentre outros.

Há algo de retorno ao Código de Processo Civil de 1939, a demonstrar que o legislador, em correção de seus erros, retrocede parcialmente. Veja-se, da *Exposição de Motivos* do aludido primeiro Código nacional de processo, a explicação do respectivo caráter popular, "pondo a verdade processual não mais apenas a cargo das partes, mas confiando numa certa medida ao juiz a liberdade de indagar dela, rompendo com o formalismo, as ficções e presunções que o chamado 'princípio dispositivo', de 'controvérsia' ou 'contradição', introduzira no processo".

Como bem ressalta Sandoval Alves da Silva[24]:

> "Na visão constitucional do processo justo, portanto, infere-se, necessariamente, 'a obrigação do juiz de perseguir a veracidade das versões apresentadas, por meio de vários deveres e de uma atuação oficial na condução da produção probatória, sem que isso implique em qualquer violação da imparcialidade e da independência do Estado-juiz".

A propósito, julgado do Egrégio Tribunal de Justiça de São Paulo[25]:

> "A presunção de veracidade, decorrente da revelia, não é absoluta e insuperável nem pretendeu a lei transformar o juiz, na espécie, num robot que tivesse que aprovar, conscientemente, a inverdade e a injustiça, sem qualquer possibilidade de coactar a iniquidade e a mentira. 'Não há como se não considerar implícita a ideia de que a presunção de veracidade decorrente de revelia do adversário so poderá produzir todos os efeitos quanto a fatos revestidos de credibilidade ou verossimilhança. Alias, há que se distinguir entre reconhecimento de fatos (juízos de afirmação sobre realidades externas, que se opõem a tudo que é ilusório, fictício, ou apenas possível) e sequelas de sua afirmação. Só o fato objetivo não contestado se presume verdadeiro. Tal presunção não alcança cegamente as consequências de sua afirmação. Assim, não se assumem vestia de dogma de fé meras estimativas de prejuízo perante fato tornado indiscutível pela revelia do adversário".

Percebe-se que a verdade real deva prevalecer, notadamente em face da possibilidade de formação da coisa julgada material em decisões judiciais nas quais aplicada a presunção de veracidade. O principio inquisitivo, quanto à postura do julgador, deve estar presente - adotados poderes instrutórios, se verificado necessário.

---

24 SILVA, Sandoval Alves da. Acesso à justiça probatória.: negativa de tutela jurisdicional como consequência de negativa de convicção judicial. In *Revista de Processo*, n. 232, São Paulo: RT, jun/2014, p. 62.

25 TJSP, Apel. 255.718, Des. Rel. Azevedo Franceschini.

Com efeito, o julgador não é munido de discricionariedade ao aplicar o inciso IV, do artigo 345. Apenas fatos concretos e relevantes, verificados no processo e na realidade, e desta forma comprometedores da verossimilhança da versão do autor, podem autorizar o afastamento dos efeitos da revelia.

4. Conclusão

A recorribilidade é por agravo de instrumento, consoante artigo 1015, inciso I, do NCPC. Entretanto, como dito anteriormente, caso a tutela seja concedida ou extinta como capítulo da sentença, a recorribilidade será por meio de apelação sem efeito suspensivo, consoante artigo 1012, parágrafo único, inciso V, do NCPC. Caso tenha sido concedida por Tribunal, pode sê-lo por decisão monocrática ou por acórdão. A primeira é recorrível por agravo interno (artigo 2012, NCPC) e a segunda por recurso especial, com vistas à discussão dos pressupostos que, em tese, viabilizaram a medida.

De acordo com o artigo 297, no NCPC, "o juiz poderá determinar as medidas que considerar adequadas para a efetivação da tutela provisória". Já o parágrafo único de tal artigo estabelece que a efetivação da tutela provisória observará as normas referentes ao cumprimento provisório de sentença, no que couber".

Isto se dá, pois, mesmo não se vislumbrando, em primeiro momento, o contraditório, que remanesce possível, haja vista a previsão legal de interferência do revel em momento posterior. Noutro giro, a postura ativa do juiz permite conhecimento aprofundado da causa, já que, padecendo de qualquer dúvida ou necessitando de qualquer esclarecimento, poderá exercer poderes probatórios, em observância de seu livre convencimento. Como já exaustivamente exposto, a revelia não é varinha de condão que transforme o absurdo em verdade. Desta forma, a cognição exauriente se verifica na medida em que os fatos alegados e presumidos verdadeiros serão sempre objeto de análise por parte do juiz, que ainda deverá julgar as consequências jurídicas das alegações.

A propósito, Eduardo Talamini[26]:

> "A revelia não suprime a cognição exauriente. Há a sentença depois de possibilitado o contraditório – e a sentença pode até se amparar em provas produzidas de oficio, não exclusivamente documentais. Não se exclui, alem disso, o comparecimento tardio do revel para inclusive produzir provas destinadas a demonstrar a inexistência de fatos constitutivos do direito do

---

26 TALAMINI, Eduardo. "Curso Avançado de Processo Civil, Volume I". São Paulo: Revistas dos Tribunais, 2002, p. 412.

autor e mesmo a existência de fatos embasadores de objeções (fatos impeditivos, extintivos ou modificativos conhecíveis de oficio, e consequentemente, alegáveis a qualquer tempo)".

O revel poderá ser atuante, requerendo provas, inquirindo testemunhas, apresentando quesitos e assistentes técnicos em prova pericial, peticionar alegações finais, apontar nulidades ou inépcias, isto é, há profundidade no conhecimento realizado, seja pela atuação do revel como pela atuação do julgador.

O essencial é perceber que com relação às decisões definitivas, aptas à formação da coisa julgada material, incluindo-se nesta espécie as oriundas da presunção de veracidade da revelia, o julgador deve atuar de modo diligente para a verificação da verdade real. As decisões definitivas são a base do sistema jurídico pátrio, as quais, por tal razão, desfrutam de uma serie de prerrogativas conformadoras da segurança jurídica do processo judicial.

Desta forma, haja vista a plenitude do conhecimento, as decisões definitivas são de extrema importância para o sistema. O inciso IV do artigo 344, do NCPC, demonstra tal fato, impondo ao julgador a tarefa de discernir os aspectos fáticos da demanda. Não pode o julgador operar como autômato, apenas aplicando a letra da lei, sem maiores questionamentos, ainda mais no que se refere a decisões que serão providas de coisa julgada.

O juiz, pois, age inquisitivamente, por meio de conduta ativa perante as alegações feitas pelo autor, as quais não podem ser desconexas da realidade probatória dos autos, e muito menos da realidade extra-autos. A cognição, logo, não deixa de ser abrangente, abrindo-se aos variados mecanismos para se aprofundar o conhecimento das questões deduzidas e alegadas. É possibilitado o debate pleno, seja por iniciativa do juiz, ou até do revel atuante, como já explicado anteriormente. Eis a relativização da revelia.

Cumpre pontuar que a postura ativa do julgador também é oriunda da própria cooperação entre as partes, que devem primar pela formação da verdade real. Tal princípio é consagrado pelo novo CPC em seu artigo 6º, o qual dispõe como fim último do processo a decisão de mérito justa e efetiva. O juiz pode, desta forma, exigir esclarecimentos sobre determinada questão, os quais considere pertinentes e necessários, por exemplo, à decretação ou não da revelia. Logo, a parte deve fornecê-los da maneira mais completa possível, permitindo a inteligibilidade, pelo juízo, de todas as questões e fatos arguídos.

Nesta seara, advém a ideia de aquisição da prova pelo processo, a qual denota que, uma vez que se produza no âmbito do procedimento determinada prova, torna-se ela bem do processo, não sendo parcial o juiz que determine sua produção ou complementações. Se se trata de fato relevante ao julgamento da causa, aqui, mais uma vez, vedadas quaisquer diligências inúteis ou meramente protelatórias, em observância à duração razoável do processo, a prova não pertence ao réu nem ao autor, mas ao processo, ao convencimento do julgador.

À Tutela estabilizada, tem aplicação o princípio dispositivo, haja vista possuir a decisão concessiva natureza provisória, isto é, amparada por cognição sumária. Desta forma, por se tratar de provimento baseado em juízo de probabilidade, não é cabível que tome o caráter de coisa julgada material, instituto de extrema importância e relevância no direito processual civil pátrio, resultando, como efeito principal, na imutabilidade das decisões.

Desta forma, as decisões provisórias, por não decorrentes de completa instrução probatória, nem mesmo de ter-se exaurido o debate entre as partes, possibilitam a disposição do direito, por parte do requerido, consubstanciada na não interposição do recurso competente. Logo, verifica-se ser prerrogativa da parte desejar não continuar a discussão de matéria que lhe foi julgada contrariamente, de modo que esta não interposição de agravo gere a estabilização dos efeitos da tutela antecipada. Ademais, ainda há a possibilidade de ação de revisão desta decisão concessiva de tutela, como já explicitado, num prazo máximo decadencial de 02 (dois) anos.

O autor da petição requerendo a tutela antecipada antecedente deve expor em sua peça a sua opção pelo aludido procedimento, definido no novo CPC nos artigos 303 e seguintes, de modo a possibilitar ao réu avaliar, ante a decisão contrária, seu interesse em prosseguir na lide, interpondo o competente agravo de instrumento. Neste sentido, não o fazendo, opera-se plenamente o princípio dispositivo, de modo que, tratando-se de decisão provisória, não abarcada pela coisa julgada material, haja vista, também, a ausência de contraditório, deve o julgador declarar a estabilização dos efeitos da tutela, sem maiores questionamentos.

Noutro giro, com relação à decisão de mérito oriunda de decretação de revelia, verifica-se o contrário. Tal decisão possui natureza definitiva, abarcada, portanto, pela coisa julgada material. Desta forma, verifica-se a predominante aplicação do princípio inquisitivo, devendo o julgador adotar postura ativa na verificação das alegações apresentadas pelo autor, haja vista que estas não podem estar em desacordo com a realidade ou com possíveis provas já dispostas nos autos. Vem a confirmá-lo a regra do artigo 503, §1º, II, do Código de Processo Civil de 2015: *inclusio unius alterius exclusio*. É que, quanto à prejudicial incidente, não basta a revelia para produzir a coisa julgada. Fora daí, evidentemente que sim. Já linhas acima, assinalamos as observações, a respeito, de Dierle Nunes e Fredie Didier (item 2.5) . Há, pois, a presença de atividade do juiz quanto à instrução, não podendo este declarar, sem maiores incursões no tema, a presunção de veracidade dos fatos alegados, quaisquer que sejam.

A prejudicial incidental exige pleno contraditório (artigo 503, §1º, II, do Código de Processo Civil de 2015). Exclui-se a coisa julgada a respeito de questão prejudicial incidente, excepcionalmente, no tocante à revelia (parte final do inciso II, referido), quando não pode ser inquisitivamente induzida ou suprida – em tema de exceções substanciais.

Os fatos constitutivos de objeções (aqueles, dentre os fatos impeditivos, modificativos ou extintivos do pedido, cognoscíveis de ofício, portanto independentemente de exceção substancial) hão de submeter-se, pelo juiz, ao contraditório (artigo 10, do Código de Processo Civil de 2015), podendo integrar (se suficientes à causalidade jurídica) a coisa julgada (artigo 503, §1º, IV, do aludido Código) – ao contrário do que o Código estabelece para as exceções, pela equiparação a questão principal (Parág. 1º, relativamente ao *caput*, do próprio artigo 503). Do mesmo modo, a interposição do Agravo de Instrumento, como abertura ao contraditório e condição para o aditamento a que se refere o artigo 304, §2º, do Código de Processo Civil de 2015), é que permitirá superar-se a tutela antecipada e alcançar-se a composição da lide com o caráter de coisa julgada.

A revelia, de sua vez, supõe citação: dois, já, dos respectivos efeitos (referidos no artigo 240, do Código de 2015, o de constituir em mora o devedor e o de tornar litigiosa a coisa) terão sido produzidos, aberto efetivamente o contraditório. Excepcionalmente, afasta-se a possibilidade de abertura efetiva ao contraditório sobre as objeções, em exclusão sistemática (artigo 503, §1º, IV, última parte) da coisa julgada sobre o julgamento à revelia: é que os limites da lide, quanto às questões prejudiciais incidentes, havendo de transcender à petição inicial, tornam insuficiente a manifestação de vontade de não contestar – hipótese que não se submete à regra do artigo 200, do Código de Processo Civil de 2015, cujo Parágrafo único não exaure as hipóteses de inaplicabilidade do *caput*. Haveriam de ser dados a conhecer ao réu os fatos constitutivos de objeções, o que, de qualquer modo não seria hábil a ensejar-lhe defesa técnica, vale dizer, contraditório efetivo, inexistente a prévia contestação do pedido e da causa de pedir, bem como impossível a designação de audiência de saneamento em cooperação.

Conforme já dito, a revelia – salvo quanto a objeções, suscitáveis de ofício, e a exceções que, embora não opostas, restem reveladas pela incongruência do pedido (artigo 345, IV, do Código de Processo Civil de 2015) – não alcança as questões prejudiciais incidentes. Ao contrário do geral, em que a questão prejudicial incidente pode ser decidida com coisa julgada, não o poderá se prescindir de cognição exauriente. Ademais, a postura ativa do juiz reforça esta percepção, visando exatamente a evitar decisões esdrúxulas e contrárias à própria realidade, no tocante à revelia e seu efeito, perante a prova da própria inicial ou a inverossimilhança das respectivas alegações, se necessário sob o depoimento pessoal, *ex vi* do disposto no artigo 139, VIII, do Código de 2015.

Neste sentido, o inciso IV, do artigo 345, do novo CPC estabeleceu aplicabilidade do princípio inquisitivo, de modo que o julgador deverá pautar-se pela verificação concreta das alegações formuladas pelo autor. Deve o juiz, orientando-se pela verdade real, buscar a solução correta do litígio, a qual será abarcada pela imutabilidade, impedindo que alegações desconexas ou inverídicas sejam, automaticamente, julgadas de modo favorável.

De tudo se vislumbra que a estabilização da tutela antecipada antecedente é inovação bastante significativa no processo civil brasileiro, possibilitando a resolução de controvérsias com maior efetividade e celeridade, dotando, ainda, de maior autonomia as partes. Tal autonomia apresenta-se na disposição do direito de recorrer, por quaisquer razões que sejam, mas que, observado o direito comparado, opera mais significativamente por razões de cunho econômico. As peculiaridades deste instituto, já aqui discutidas, possibilitam a referida autonomia, haja vista que o juízo de convencimento é de probabilidade, sumário, enquanto nas decisões definitivas, impõe-se o juízo de certeza, exaurida a produção de provas, sempre sob o completo e efetivo crivo do contraditório.

A estabilização de tutela é eficácia que encobre o julgamento – como prejudicial, à maneira da técnica provisória sugerida por Menestrina[27]: não advirá a coisa julgada, se o réu não quiser a abertura do tema ao contraditório, deixando de interpor agravo. É que pode o réu dispor, a seu talante, do direito constituído à resposta. Tal o complexo processual-material da constituição em mora e da atribuição de litigiosidade – efeitos da citação, que lhe comunica os limites da lide e das questões deduzidas.

Percebe-se que a estrutura do novo processo civil estabelece elogiável harmonia entre os institutos da estabilização da tutela antecipada antecedente, da revelia e da coisa julgada.

Assim como, ante a revelia, pode o juiz deixar de decretar a confissão, entrevendo a inverossimilhança das alegações da parte autora – no velho sistema da *ficta litis contestatio*, revivido no artigo 345, IV, do Código de 2015; assim, ante a ausência de recurso do réu quanto à tutela antecipada, pode o juiz en-

---

27 MENESTRINA, Francesco. *La pregiudiziale nel processo civile*. Milano: Giuffrè, 1963, p. 110/111.

trever a verossimilhança das alegações da parte autora – no novo sistema processual da *ficta litis dispositio*.

Ali, pela inquisitividade, que remonta à proatividade do juízo, aqui, pela dispositividade, que remonta à liberdade da parte, eis a integridade do sistema do Código de Processo Civil de 2015, que pode fazer concessão à celeridade (aliás, princípio constitucional), sob a não abertura ao contraditório – sem, no entanto, ferir a coisa julgada – no tratamento, como prejudiciais, das questões de mérito, a benefício da efetividade processual.

5. Referências bibliográficas

ANDRADE, Érico. NUNES, Dierle. "Os contornos da estabilização da tutela provisória de urgência antecipatória no novo CPC e o mistério da ausência de formação de coisa julgada". Cadernos da EJEF: curso jurídico do novo CPC. Coord. Helena Lanna Figueiredo. Belo Horizonte: Tribunal de Justiça de Minas Gerais, 2016;

BRASIL. "Constituição da República Federativa do Brasil". Brasília: Senado, 1998;

BRASIL. Lei n. 13.105, de 16 de março de 2015. "Institui o Código de Processo Civil". Diário Oficial da União, Brasília, 17 março 2015;

BRASIL. Lei n. 5.869, de 11 de janeiro de 1973. "Institui o Código de Processo Civil". Diário Oficial da União. Brasília, 17 janeiro 1973;

BEDAQUE, José Roberto dos Santos. "Efetividade do Processo e Técnica Processual". 2ª ed. São Paulo: Malheiros, 2007;

DIDIER JR. Fredie. "Curso de Direito Processual civil: introdução ao direito processual civil, Parte Geral e Processo do Conhecimento" – Volume I. 17ª ed. Salvador: JusPodium, 2015;

DIDIER JR., Fredie. BRAGA, Paula Sarno. OLIVEIRA, Rafael Alexandria de. "Curso de Direito Processual Civil: teoria da prova, ações probatórias, decisão, precedente, coisa julgada e antecipação dos efeitos da tutela" – Volume II. 10ª ed. Salvador: Juspodium, 2015;

GUIMARÃES, Maria Celeste Morais. "Recuperação Judicial de empresas e falências" – rev., atual e ampl. Belo Horizonte: DelRey, 2007;

LAMY, Eduardo de Avelar; LUIZ, Fernando Vieira. "Estabilização da tutela antecipada no Novo Código de Processo Civil". Revista de Processo. Vol. 260. Ano 41. São Paulo; Revista dos Tribunais, 2016;

LIMA, Bernardo Silva de; EXPÓSITO, Gabriela. "Porque tudo que é vivo morre Comentários sobre o regime da estabilização dos efeitos da tutela provisória de urgência no novo CPC". Revista de Processo. Vol. 250. Ano 40. São Paulo: Revista dos Tribunais, 2015;

MACEDO, Elaine Harzhein. "Prestação jurisdicional em sede de tutela antecedente: procedimento, estabilização da decisão e decurso do prazo de 2 (dois) anos: um novo caso de perempção?" Revista de Processo. Vol. 250. Ano 40. São Paulo: Revista dos Tribunais, 2015;

MARINONI, Luiz Guilherme; ARENHART, Sérgio Cruz; MITIDIERO, Daniel. "Curso de Processo Civil", Volume 2, São Paulo: Revista dos Tribunais, 2015.

MARQUES, José Frederico. "Manual de Direito Processual Civil", Volume II, Campinas: Bookseller, 1974.

NEVES, Celso. "Coisa julgada civil",

SILVA, Sandoval Alves da. "Acesso à justiça probatória: negativa de tutela jurisdicional como consequ^ncia de negativa de convicção judicial". In Revista de Processo, ano 39, n. 232, São Paulo: Revista dos Tribunais, 2014.

TALAMINI, Eduardo. "Curso Avançado de Processo Civil", Volume I. São Paulo: Revista dos Tribunais, 2002;

THEODORO JÚNIOR, Humberto. "Curso de Direito Processual Civil - Volume I". 56ª ed. Rio de Janeiro: GEN, 2015;

VIEIRA, José Marcos Rodrigues. "Coisa Julgada: Limites e ampliação objetiva e subjetiva". Salvador: JusPodium, 2016;

VIEIRA, José Marcos Rodrigues. "Da ação cível". Belo Horizonte: DelRey, 2002;

WATANABE, Kazuo. "Cognição no processo civil". 4ª ed. São Paulo: Saraiva. 2012.

TUTELA DE EVIDÊNCIA: TUTELA DO DIREITO PROVÁVEL EM COMBATE AO DANO MARGINAL

Ester Camila Gomes Norato Rezende[1]

Sumário: 1 – Introdução. 2 - Conceito da tutela de evidência. 3 - Requisito da tutela de evidência: probabilidade do direito. 4 - Espécies de controvérsias adequadas à tutela de evidência. 5 - Exame das hipóteses legalmente estabelecidas da tutela de evidência. 6 - Conclusão.

1. Introdução

O Código de Processo Civil de 2015 inova na disciplina das denominadas tutelas provisórias dentre outros, ao cunhar na legislação codificada a expressão tutela de evidência para designar a tutela do direito provável em situações em que não há situação excepcional de urgência, que, no direito brasileiro, tradicionalmente mereceu tutela pela via da cautelar e, a partir da década de 1990, pelo instrumento da antecipação de tutela.

O legislador de 2015 escorou-se em lições doutrinárias nacionais[2], que, pelo menos desde também a década de 1990, valiam-se da locução tutela de

---

1 Advogada. Doutora e Mestre em Direito pela Universidade Federal de Minas Gerais – UFMG. Professora universitária.

2 Assim, por exemplo, verifica-se na obra de Luiz Fux, "Tutela de segurança e tutela de evidência", cuja primeira edição data de 1989, em que o autor conceitua tutela de evidência como aquela direcionada ao que denomina direito evidente, por sua vez, assim conceituado pelo autor: "De tudo quanto aqui foi exposto, merece estender-se a tese ao que se denomina, hodiernamente de "direito evidente". A expressão vincula-se àquelas pretensões deduzidas em juízo nas quais o direito da parte revela-se evidente, tal como o direito líquido e certo que autoriza a concessão do *mandamus* ou o direito documento do exequente. São situações em que se opera mais do que o fumus boni juris, mas a probabilidade de certeza do direito alegado, aliada à injustificada demora que o processo ordinário carreará até a satisfação do interesse do demandante, com grave desprestígio para o Poder Judiciário, posto que injusta a espera determinada. (...) É o material probatório fornecido com a postulação de 'tutela urgente' que vai indicar da 'evidência do direito'. Essa forma de tutela distingue-se daquela do *mandamus*, porque não se trata de ato de autoridade apenas, mas também de ato de particular; isto é, não exclui a tutela da evidência qualquer que seja a pessoa jurídica, quer de direito público, quer de direito privado". FUX, Luiz. **Tutela de segurança e tutela**

evidência para nominar essa espécie de provimento jurisdicional fundada em juízo de probabilidade, ausente perigo de dano, buscando sinalizar que o nível da probabilidade exigido para concessão de tutela desse jaez seria superior àquele hodiernamente exigido para as chamadas tutelas de urgência.

Importa rememorar que a hoje nominada tutela de evidência tem sede secular no direito pátrio, para situações assaz excepcionais, que o legislador ponderou o relevo do direito material em discussão e, assim, admitiu a concessão de provimento célere, antes, portanto, da prestação jurisdicional definitiva, fundada eminentemente em juízo de probabilidade quanto ao direito alegado. Exemplo recorrente são as liminares das ações possessórias e das ações locatícias, que em defesa de posse e também de propriedade sobre o bem, prescindem da discussão sobre excepcional urgência no deferimento da tutela.

Apenas em 1994 o legislador tradicionalmente escorado na tratativa extraordinária da tutela do direito provável, admitiu a tutela de evidência para a generalidade dos procedimentos de conhecimento, ao permitir a antecipação de tutela desprovida de perigo de dano em hipótese de abuso do direito de defesa ou manifesto propósito protelatório do réu, consoante previa o art. 273, II, do Código de Processo Civil de 1973, acrescentado pela Lei n.º 8.952, de 13.12.1994.

O Código de Processo Civil de 2015 amplia as hipóteses de cabimento da tutela de evidência, conferindo regulamentação mais ampla do que dispunha o CPC/1973, precisamente trazendo no art. 311 rol mais extenso de cabimento geral da tutela de evidência, para além do abuso do direito de defesa e manifesto propósito protelatório do réu, previsto no art. 273, II, do CPC/1973.

Muito embora disponha sobre a tutela de evidência em um único artigo, o novo Código brasileiro avança também da disciplina dessa espécie de provimento jurisdicional ao capitula-lo no livro das Tutelas Provisórias, reunindo-as, assim, ao mesmo gênero a que também integram as tutelas de urgência, indicando, por conseguinte, a presença na tutela de evidência das características que definem o gênero tutela provisória e, também como consectário dessa capitul[3]ação, determinando a aplicação à tutela de evidência de regulamentações procedimentais similares à tutela de urgência.

---

de evidência: fundamentos da tutela antecipada. São Paulo: Saraiva, 1996, p. 305-306 e 310.

3 Exemplificadamente, o direito suíço refere-se à possibilidade de proteção estatal em situação de clara procedência da pretensão do demandante, através do chamado Befehlsverfahren previsto no art. 257 do novo Código de Processo Civil Suíço. Consoante esclarece a doutrina, o desiderato do dispositivo legal é redistribuir entre as partes o ônus do tempo do processo, facultando ao demandante o acesso ao bem da vida pleiteado sem a necessidade de submeter-se ao longo trâmite do procedimento ordinário. Merece destaque que a referida espécie de prestação jurisdicional suíça tem contornos e características que não coin-

O direito estrangeiro também conhece essa espécie de prestação jurisdicional fundada em juízo de probabilidade e ausente situação emergencial, igualmente utilizando-se de expressões que indicam a marca característica de alta probabilidade para designar a tutela jurisdicional dessa estirpe.

2. Conceito da tutela de evidência

O estabelecimento do conceito da tutela de evidência, bem como a identificação dos requisitos necessários à concessão dessa espécie de provimento exigem que se tenha por baliza a finalidade visada por essa prestação jurisdicional, porquanto imprescindível que os requisitos e conceito sejam hábeis a apreender e realizar tal desiderato.

Nessa ordem de ideias, forçoso ter por premissa que a finalidade dos instrumentos processuais, genericamente considerados, é assegurar a efetividade dos direitos, qual seja, sua melhor realização. Inclusive, dos princípios da segurança jurídica, da efetividade da prestação jurisdicional e da inafastabilidade do controle jurisdicional, advém a imperativa necessidade de o Estado dispor, no exercício da jurisdição, de técnicas hábeis a tutelar, com adequação ao direito material e tempestividade, todas as lesões e ameaças a direito trazidas à sua apreciação.

Outrossim, a tutela do direito provável é via de relevo para incremento da efetividade dos direitos, porquanto permite a realização de direitos frente a efeitos nocivos do tempo necessário à definição do direito certo. Impende ter em vista que é direito constitucionalmente assegurado ao cidadão a efetividade da prestação jurisdicional, da qual decorre o direito subjetivo processual à mitigação do risco do tempo no processo.

A doutrina é uníssona ao apontar a distribuição dos ônus do tempo do

---

cidem exatamente com aqueles identificados no direito nacional: nessa esteira, no direito suíço, o Befehlsverfahren, quando concedido, recebe o manto da coisa julgada material, opção até então rechaçada pelo legislador brasileiro em qualquer tutela fundada em juízo de probabilidade, reunidas no Código de Processo Civil brasileiro de 2015 sob o gênero tutelas provisórias.

No direito francês, ao seu turno, a tutela do direito provável em situações de ausência de perigo também é disciplinada no bojo das ordonnace de référé, que congrega na França os provimentos fundados em cognição sumária. Cuida-se do chamado référé-injonction disciplinado no artigo 809 do Nouveau Code de Procédure Civile, que autoriza ao magistrado a expedição de medida de natureza conservatória ou, até mesmo, satisfativa, em situações nas quais não sobrevenha contestação séria e a demora da decisão puder comprometer os interesses do demandante. É dizer, admite-se no direito francês o provimento provisório excepcionalmente para situações não emergenciais quando a pretensão não é infirmada por contestação séria, expressão utilizada na França com o desiderato de designar atuação inábil a incutir no convencimento do magistrado dúvida razoável sobre o provável direito alegado pelo autor.

processo como finalidade específica precípua das tutelas de urgência, escopo que é adimplido mediante concessão da tutela em favor do requerente em lapso temporal inferior ao geralmente dispendido para a chamada tutela definitiva.

Precisamente ao ter por finalidade específica a distribuição dos ônus do tempo no processo é que as tutelas de urgência cumprem o desiderato maior de efetividade da prestação jurisdicional e, em último exame, efetividade dos direitos.

Sem dúvidas, a tutela de evidência também tem esse mesmo propósito de distribuir entre as partes o ônus do tempo do processo, tutelando o direito provável e, por conseguinte, assegurando maior efetividade do direito. É o que se conclui observando que, na tutela de evidência, a prestação jurisdicional também ocorre em prazo reduzido em comparação aquele necessário à prestação jurisdicional ordinária.

Merece nota que a conclusão de que a finalidade da tutela de evidência identifica-se com o escopo das tutelas de urgência não é alterada pelo fato de estas serem vocacionadas a situações emergenciais, cujo risco trazido pelo transcurso do tempo impele premente resposta jurisdicional. Isso porque, existe também risco trazido pelo transcurso do tempo mesmo quando ausente circunstância que se denomina urgente, dado que o tempo necessário à prestação jurisdicional ordinária indiscutivelmente traz prejuízo àquele que teve seu direito lesado ou se encontra em ameaça de lesão. É dizer, o chamado dano marginal do processo é também risco imposto pelo tempo, ônus do tempo no processo, ainda que, na maioria das situações concretas, os prejuízos dele derivados sejam de menor gravidade se comparados às hipóteses de urgência (em que há grave comprometimento da utilidade da prestação jurisdicional e/ou do próprio direito material).

Nessa ordem de ideias é que a busca pela efetividade dos direitos por meio da tutela do direito provável é insuficiente se focada estritamente no combate às situações de perigo, precisamente porque não comporta tutela diferenciada e adequada para defesa do direito provável em enfrentamento do dano marginal do processo.

Essas considerações revelam o desiderato a que se visa com a tutela diferenciada denominada tutela de evidência, finalidade essa guia para estabelecimento de seu conceito e identificação de seus requisitos: objetiva-se à tutela do direito provável (instrumento em prol da efetividade dos direitos) em combate ao chamado dano marginal do processo, de modo a conferir maior amplitude à justa distribuição entre as partes do ônus do tempo no processo.

O conceito de tutela de evidência adotado no presente artigo detém, então, caráter finalístico, eis que decorre diretamente do escopo dessa prestação jurisdicional: tutela de evidência é a tutela do direito provável em combate ao dano marginal do processo, visando à distribuição das partes do ônus do tempo e à efetividade dos direitos.

Poder-se-ia adotar critério analítico para conceituar tutela de evidência, pautando-se na descrição de seus caracteres para tal propósito. Opta-se pelo critério finalístico, no entanto, não por erro ou correição de um critério em comparação ao outro, mas sim por se acreditar ser relevante manter em foco o caráter instrumental da prestação jurisdicional em prol da realização dos direitos.

Merece exame a expressão adotada para nominar a tutela jurisdicional ora em análise: tutela de evidência. É cediço que o termo tutela designa proteção, sendo no contexto jurídico empregado como produto do exercício da jurisdição estatal, afeto à proteção ao direito material. Ou seja, tutela jurisdicional é a proteção que o Estado confere ao direito material[4], como produto do exercício monopolístico da jurisdição.

O adjetivo evidente é associado à tutela com o fim de indicar que a proteção estatal é conferida ao direito tido por evidente, pelo que a tutela de evidência é a tutela do direito evidente.

Evidente deriva do latim *evĭdens*, ēntis, que significa o que é visível, aparente. Semanticamente, evidente indica o que é claro, óbvio, manifesto, sendo associado, também, ao que se compreende prontamente, dispensando demonstração, e ao irrefutável e incontestável.

Essas compreensões do adjetivo evidente podem conduzir ao entendimento de que o direito evidente seria o direito certo, ao passo que a tutela de evidência, então, seria tutela pautada em juízo de certeza.

Contudo, está-se aqui a abordar a prestação jurisdicional direcionada à proteção não do que é certo, mas, sim, do que é provável, que corresponde semântica e tecnicamente a *minus* em comparação à certeza. É nessa esteira que se alude à tutela do direito provável.

---

4 "Tutela jurisdicional: Quando o Estado, em dado momento da evolução da humanidade, retirou dos indivíduos a possibilidade de resolver suas pendências mediante a intimidação ou a força bruta, avocou, para si, o dever de solucioná-las conforme normas genéricas e institucionalizadas. Tal dever assumido pelo Estado chama-se tutela jurisdicional e o princípio respectivo (...) art. 5º XXXV. (...) A tutela jurisdicional se manifesta pela jurisdição, isto é, o poder privativo dos juízes de aplicar a lei no caso concreto. (...) Concluindo a tutela jurisdicional é dever do Estado, levado a efeito dos juízes, que, portanto, não podem esquivar-se de tal ônus, como se observa no item XXXV, do art. 5º, da Constituição Federal e também no art. 126 do Código de Processo Civil". ACQUAVIVA, Marcus Cláudio. **Dicionário jurídico brasileiro Acquaviva: de acordo com o novo Código Civil**. 12. ed. São Paulo: Jurídica Brasileira, 2004.

3. Requisito da tutela de evidência: probabilidade do direito

O conceito da tutela de evidência com vistas à finalidade dessa prestação jurisdicional é importante guia para identificação do requisito desse provimento, porquanto é imprescindível que ele convirja para a realização daquele propósito.

Induvidosamente, a tutela de evidência, como espécie de tutela do direito provável, objetiva prestação jurisdicional mais célere, se cotejada à tutela do direito certo, dando azo, desse modo, à distribuição mais equânime entre as partes dos ônus do tempo no processo.

A celeridade e, por conseguinte, a distribuição do ônus do tempo no processo observada na tutela do direito provável, em comparação à tutela do direito certo, verificam-se precisamente porque aquela se pauta em cognição sumária e, assim, juízo de probabilidade, enquanto esta se esteia em cognição exauriente a produzir juízo de certeza.

A cognição sumária, por essência, é mais célere do que a cognição exauriente, visto que recai sobre parte dos elementos possíveis do processo sujeitos à cognição judicial, ao passo que a cognição exauriente é a análise intelectiva completa na perspectiva objetiva, é dizer, tem por objeto todos os elementos daquele caso concreto (manifestação dos envolvidos e provas). Em linha de simplificação, é notório que o exame incompleto demanda tempo inferior em vista do exigido para análise completa de todas as provas produzidas em determinado processo e das manifestações de todos os envolvidos.

O requisito basilar da tutela de evidência, então, é a cognição sumária geradora de juízo de probabilidade, isto é, como espécie de tutela do direito provável que é, imprescindível para concessão de proteção jurisdicional pela via da tutela de evidência que o magistrado, examinando os elementos que tem à disposição no feito, emita juízo reconhecendo como provável e, por conseguinte, merecedor de tutela, o direito alegado pela parte.

Assim, a probabilidade do direito é requisito essencial para concessão da tutela de evidência, mormente ao se ter em vista que essa proteção jurisdicional destina-se a evitar que aquele a quem provavelmente socorre o direito alegado tenha que aguardar o trâmite exauriente do processo para sua realização, bem como, lado outro, objetiva impedir que a parte que provavelmente empreende resistência injustificada siga confortável nessa posição de negativa do provável direito alheio até decisão exigível fundada em juízo de certeza.

Frise-se que a tutela de evidência tem cabimento em situações de interferência natural do tempo nas relações jurídicas – o chamado dano marginal do processo –, não exigindo ocorrência excepcional de urgência.

Em sede de tutela de urgência, é recorrente a referência de que a técnica da cognição sumária é a adequada porque permite atender ao reclamo de urgência que distingue as medidas de emergência dos demais provimentos jurisdicionais[5]. Diversamente, a prolação de decisão com esteio em juízo de probabilidade, no caso da tutela de evidência, não é justificada por situação emergencial, e sim porque a técnica da cognição sumária é a consentânea com a justa distribuição entre as partes do ônus do tempo do processo, o que deve se verificar não apenas em relação a situações de urgência, como também frente ao dano marginal do processo.

4. Espécies de controvérsias adequadas à tutela de evidência

A tutela de evidência, espécie de direito provável em combate ao dano marginal do processo, se esteia, como já destacado, em cognição sumária. Esta espécie de cognição, ao seu turno, é cabível em controvérsias fáticas e em controvérsias estritamente jurídicas, quando ainda não oportunizado o contraditório.

Em vista dessas premissas, poder-se-ia concluir que a tutela de evidência, por se fundar em cognição sumária, teria incidência também nas mesmas espécies de controvérsias nas quais cabe a cognição sumária. Todavia, acredita-se que espectro de cabimento da tutela de evidência, no que toca às espécies de controvérsias que podem receber tutela por essa via, é mais restrito que o quadro de controvérsias adequadas à cognição sumária, em razão das especificidades que individualizam essa espécie de tutela do direito provável.

Induvidosamente, cabe a tutela de evidência em situação de controvérsia fática, seja ela controvérsia estritamente fática, na qual as partes dissentem apenas sobre a ocorrência de fatos alegados, seja nas controvérsias fático-jurídicas, em que há dissenso não apenas sobre os fatos, mas também a respeito da consequência jurídica aplicável à relação.

Isso porque, havendo controvérsia fática, sua solução exige a apresentação de provas. Assim, é possível que o magistrado decida sobre tutela de evidência tendo em vista apenas as provas trazidas até aquele momento ao seu exame, comportando o feito a produção, no futuro, de outras provas que, então, completarão o quando de elementos processuais a ser submetido à cognição exauriente.

---

5 Quanto à aplicabilidade da cognição sumária, Kazuo Watanabe leciona que esta espécie de técnica cognitiva tem vez "em razão da urgência e do perigo de dano irreparável ou de difícil reparação, ou para antecipação de provimento final, nos casos permitidos em lei, ou ainda em virtude de particular disciplina da lei material, faz-se suficiente a cognição superficial para concessão da tutela reclamada". WATANABE, Kazuo. **Da cognição no processo civil.** São Paulo: Saraiva, 2012, p. 86 e 110.

Contudo, na situação de controvérsia estritamente jurídica, como é desnecessária qualquer instrução probatória, desde que esteja estabelecido o contraditório, a cognição empreendida pelo magistrado necessariamente será exauriente (conforme conceito adotado na presente tese), dado que não haverá no caso elementos outros para subsidiar a formação de seu convencimento.

Assim sendo, em caso de controvérsia estritamente jurídica com o contraditório estabelecido, descabe a concessão de tutela de evidência, aqui por ser desnecessária, dado que a hipótese é de julgamento definitivo da lide (fundado em cognição exauriente), total ou parcial, este último expressamente admitido pelo Código de Processo Civil de 2015, no art. 356, sob a rubrica de julgamento antecipado parcial de mérito.

As considerações acima tiveram por foco a produção de provas, não se podendo olvidar, porém, que é cabível a cognição sumária na situação em que ainda não oportunizado o contraditório. Nessa esteira, poder-se-ia dizer que a tutela de evidência cabe também em controvérsias estritamente jurídicas, na situação em que elas admitem cognição sumária, isto é, quando ainda não estabelecido o contraditório prévio. Este, aliás, o posicionamento expressamente adotado pelo legislador, ao prever no art. 9º, II, do CPC/2015[6] que é cabível a tutela de evidência prevista no art. 311, incisos II e III, sem atenção ao contraditório prévio. Dessa feita, permitida a concessão liminar, *inaudita altera parte,* da tutela de evidência nessas hipóteses, resta possível que ela recaia também sobre controvérsia estritamente jurídica, residindo a sumariedade da cognição neste caso na circunstância de julgador ter se escorado apenas em alegações de uma das partes.

Todavia, acredita-se que a opção do legislador no Código de Processo Civil de 2015 não foi acertada, dado que se entende que, corretamente, a tutela de evidência não deveria ser cabível em relação a controvérsias estritamente jurídicas, em razão do contraditório prévio[7].

---

6 "Art. 9º Não se proferirá decisão contra uma das partes sem que ela seja previamente ouvida.
Parágrafo único. O disposto no caput não se aplica:
I - à tutela provisória de urgência;
II - às hipóteses de tutela da evidência previstas no art. 311, incisos II e III;
III - à decisão prevista no art. 701."

7 "O contraditório traduz-se no binômio *informação-reação*, sendo relevante a observação de que a primeira é sempre necessária, sob pena de provocar a nulidade dos atos e termos do processo e tornar ilegítimo o provimento final, e a segunda é apenas possível e eventual. Por isso, o binômio seria melhor traduzido como informação *necessária-reação eventual.* É pressuposto da reação dos atos desfavoráveis a comunicação ou ciência dos atos e termos que ocorrem ao longo do processo. O culto à liberdade, expresso na eventualidade da reação, torna o objeto que se tem por escopo no pedido de tutela provisória sujeito a diferentes si-

Explica-se. Considera-se indevida a opção do legislador no CPC/2015 de admitir o contraditório apenas diferido em tutela de evidência, nas hipóteses dos incisos II e III, por ser a regra em processo civil o contraditório prévio, que induvidosamente melhor realiza o contraditório substancial essencial à prestação jurisdicional efetiva.

É sabido que a exceção do contraditório diferido se justifica quando a observância do contraditório prévio puder comprometer a efetividade da prestação jurisdicional, que, em dado caso concreto, exige celeridade não conciliada com o estabelecimento prévio do contraditório. Essa justificativa, claramente, versa sobre situações emergenciais, em que o decurso do tempo influi de forma assaz significativa na utilidade da prestação jurisdicional e/ou no próprio direito material em debate: é porque que há essa força corrosiva excessiva e excepcional do tempo, ou seja, uma urgência, que não se pode sequer aguardar o tempo necessário para estabelecimento do contraditório prévio, exigindo resposta jurisdicional antes deste, relegando, assim, o contraditório a momento posterior à prolação da decisão.

Há que se destacar, por oportuno, que existem situações de urgência que, a despeito da premência, ainda comportam observância do contraditório prévio, o que deve ser privilegiado, adotando-se o contraditório diferido apenas para as situações em que a emergência é tal que a utilidade da prestação jurisdicional e/ou o direto material restariam comprometidos se observada a regra do contraditório prévio.

Com efeito, dado que mesmo em algumas situações de urgência é possível que se observe o contraditório prévio, com mais razão ele deve sempre ser empregado em situações em que não há urgência, isto é, quando o efeito do tempo sobre o processo configura o chamado dano marginal. Isso porque, nessas hipóteses, ausente o que justifica a aplicação do excepcional contraditório diferido, não existe prejuízo relevante em se ter que aguardar para

tuações jurídicas: acolhimento, parcial ou total, ou ainda rejeição. Daí a crítica que se faz ao culto exacerbado de tal espécie de tutela ao enfocar a realidade a partir de um único prisma. Critica-se também a concessão da tutela provisória (seja ela cautelar, antecipada ou ainda de evidência) sem que seja ouvida a parte contrária quando o contraditório não prejudicar o direito alegado pelo demandante. O diferimento do contraditório é medida excepcional, justificada pelo risco de ineficácia do provimento jurisdicional a ser emitido." LUCON, Paulo Henrique dos Santos. Tutela provisória na atualidade, avanços e perspectivas: entre os 20 anos do art. 273 do CPC de 1973 e a entrada em vigor no novo CPC. In: BUENO, Cassio Scarpinela.; MEDEIROS NETO, Elias Marques de.; OLIVEIRA NETO, Olavo de.; OLIVEIRA, Patricia Elias Cozzolino de.; LUCON, Paulo Henrique dos Santos. (Org.). **Tutela Provisória no Novo CPC - dos 20 anos de vigência do art. 273 do CPC/1973 ao CPC/2015**. 1 ed.São Paulo: Saraiva, 2016, v. 1, p.233-253.

resposta jurisdicional o tempo necessário para estabelecimento do contraditório prévio.

Não se olvida que qualquer tempo transcorrido no processo configura, pelo menos, dano marginal em desfavor daquele a quem assiste o direito. Mas há que se promover aqui juízo de ponderação entre o dano marginal e a inobservância do contraditório prévio. Acredita-se que em qualquer situação de dano marginal os prejuízos dele advindos são inferiores àqueles que se verificariam por não estabelecimento prévio do contraditório, que é a regra em processo civil por melhor atender ao justo processo legal.

Assim é que, nesse ponto, dissente-se da opção do legislador ao excepcionar os incisos II e III do art. 311 do contraditório prévio, permitindo o deferimento da tutela de evidência nessas hipóteses em sede liminar, isto é, sem prévia oitiva da parte contrária. Muito embora, no inciso II, o legislador tenha qualificado o juízo de probabilidade, exigindo seu amparo em prova documental e em precedente, bem como, no inciso III, exigindo tratar-se de discussão sobre contrato de depósito, a probabilidade do direito alegado assim revelada não corresponde à justificativa que embasa o contraditório diferido.

Poder-se-ia argumentar que a probabilidade nestes casos seria alta, dando azo ao contraditório diferido, todavia, essa alegação não deve prosperar, seja porque descabe distinguir em níveis de probabilidade, seja porque nem mesmo o chamado juízo de certeza autoriza prescindir do contraditório prévio. É claro que a decisão exarada em sede de tutela de evidência é potencialmente provisória, mitigando a lesividade de não observância do contraditório prévio, se comparada à situação da decisão fundada em cognição exauriente/juízo de certeza, que se pode nominar de tutela definitiva. Contudo, a provisoriedade da tutela de evidência não é suficiente para autorizar o contraditório diferido – exceção no sistema processual –, até porque, se assim fosse, todas as espécies de tutela de evidência mereceriam igual tratamento.

Em suma, entende-se que a ocorrência permissiva de emprego de contraditório diferido é tão somente aquela em que existe urgência que não comporta a espera do tempo necessário ao estabelecimento do contraditório prévio. Não havendo urgência desse jaez, reputa-se descabida a utilização do contraditório diferido.

E, por essas razões, entende-se descabida a tutela de evidência em situação de controvérsia estritamente jurídica: é que a solução de controvérsia dessa estirpe não demanda instrução probatória, bem como, acredita-se, o contraditório já deve estar estabelecido por ocasião da decisão judicial, de modo que todos os elementos processuais possíveis já estarão à disposição do magistrado por ocasião da cognição, que se empreenderá de modo exauriente, conduzindo, pois, a juízo de certeza, em julgamento definitivo da lide ou, pelo menos, julgamento antecipado parcial do mérito.

Em caso de controvérsia estritamente jurídica que comporta cognição sumária, isto é, quando não oportunizado o contraditório prévio, a espécie de tutela do direito provável cabível é apenas a tutela de urgência e, ressalva-se, não em todas as situações emergenciais, mas apenas naquelas em que a urgência é tal que não se pode aguardar o tempo necessário ao contraditório prévio sob pena de implemento do risco que se pretende evitar.

5. Exame das hipóteses legalmente estabelecidas da tutela de evidência

O Código de Processo Civil de 2015 consagra a generalização da tutela de evidência, isto é, seu cabimento em procedimentos gerais de cognição, ampliando-a em relação ao regime anterior, ao prever em seu art. 311 outras hipóteses típicas de cabimento, para além do abuso do direito de defesa e manifesto propósito protelatório já previsto no art. 273, II, do Código de Processo Civil de 1973.

Na esteira do art. 273, II, do Código de Processo Civil de 1973, com redação dada pela Lei nº 8.952/1994, o Código de Processo Civil de 2015 segue elencando como hipótese de tutela de evidência a situação em quem presente o abuso do direito de defesa ou manifesto propósito protelatório da parte, ao assim dispor seu art. 311, I, devendo, é claro, haver juízo de probabilidade positivo sobre o direito alegado pelo autor. Assim é que a probabilidade do direito, aliada à defesa abusiva do réu, confere à pretensão autoral a possibilidade de ser tutelada provisoriamente, se assim pleiteado pelo autor.

A doutrina nacional, em larga maioria, qualifica a tutela prestada pela via do mencionado dispositivo legal como tutela sanção, isto é, uma reprimenda à conduta do réu reputada inadequada.

Merece destaque, também, a associação feita entre a conduta abusiva do réu e a presunção de certeza do direito alegado pelo autor, é dizer, o entendimento de que o abuso do direito de defesa ou manifesto propósito protelatório são hábeis a transmutar a probabilidade do direito alegado pelo autor em certeza, autorizando, assim, a tutela jurisdicional antecipada[8].

---

8 É a lição de Humberto Theodoro Júnior a respeito do art. 311, I, do CPC/2015: "O dolo processual (abuso do direito de defesa ou prática de ato processual revelador de manifesto propósito protelatório), nesse sentido, não é, *per si*, o fundamento suficiente para a concessão da tutela da evidência. O que se obtém por seu intermédio é um reforço da "plau-

Não há na ordem jurídica e nas lições doutrinárias[9], porém, contornos precisos de identificação e individualização de conduta abusiva e protelatória do réu, para além daquelas práticas já capituladas como litigância de má-fé[10], o que convergiu para um esvaziamento na prática da potencialidade do mencionado dispositivo, de utilização assaz tímida.

Merece reflexão, todavia, o emprego pelo legislador de expressões distintas, o que impele à conclusão de que a concessão de tutela antecipatória sem urgência, fundada em abuso do direito de defesa e manifesto propósito protelatório da parte não coincide exatamente com a litigância de má-fé.

Sem dúvidas, o manifesto propósito protelatório é espécie de litigância de má-fé, como claramente se colhe da tipificação legal desta. O abuso do di-

---

sibilidade do direito". Os elementos de convicção produzidos pelo autor, autorizadores de um juízo de verossimilhança, tornam-se, após a defesa abusiva e procrastinatória, fonte de certeza, por decorrência de uma presunção legal. Não se trata, de tal sorte, de tutela um "direito naturalmente evidente", mas de impulsionar um "salto de verossimilhança para a certeza", por força de lei e por meio de uma "presunção relativa", que, afinal, poderá ser destruída por prova contrária, provocando a revogação da tutela antecipada e o deferimento da tutela definitiva em favor do demandado que antes abusara do direito de defesa. (...) A defesa abusiva ou a atitude procrastinatória do réu, faz, por opção legal, pender em favor do autor o juízo acerca da procedência das posições antagônicas defendidas no processo. A versão do autor, que em si já era verossímil, passa a revestir-se, enfim, da qualidade da certeza, diante da resistência inconsistente e maliciosa do réu. Justifica-se, por isso, a antecipação de tutela em favor do autor, visto que o prosseguimento do processo motivado pelo litigante ímprobo e o consequente aumento da duração do tempo necessário para atingir-se a sentença de mérito definitiva somente a ele deve ser debitado. Para evitar uma injustiça para o autor, que se acha em evidente melhor condição de merecer a tutela jurisdicional, é que a lei lhe concede o benefício de sua antecipação provisória." THEODORO JÚNIOR, Humberto. **Curso de Direito Processual Civil**. Vol I. 57 ed. Rio de Janeiro: Forense, 2016, p. 694-695.

9 "Para a antecipação não basta que o comportamento do réu configure ação descrita no inciso IV ou no inciso VI do art. 17 do Código de Processo Civil. Não é a indevida retenção dos autos, por exemplo, que autoriza a antecipação. A indevida retenção dos autos, se configura ilícito processual, pode abrir oportunidade para a penalização daquele que procede mal, mas jamais para a antecipação, que somente pode ter relação com a evidência do direito autor e com a fragilidade da resistência do réu.
Não é possível confundir abuso de direito de defesa com litigância de má-fé. Para efeito de tutela antecipatória, é possível extrair do art. 17 do Código de Processo Civil alguns elementos que podem colaborar para a caracterização do abuso de direito de defesa. Isto não significa, porém, que as hipóteses do art. 17 possam servir de guia para a compreensão da tutela antecipatória fundada em abuso do direito de defesa." MARINONI, Luiz Guilherme. **A antecipação da tutela.** 7. ed. São Paulo: Malheiros, 2002, p. 194-195.

10 Código de Processo Civil de 2015: "Art. 80. Considera-se litigante de má-fé aquele que: I - deduzir pretensão ou defesa contra texto expresso de lei ou fato incontroverso; II - alterar a verdade dos fatos; III - usar do processo para conseguir objetivo ilegal; IV - opuser resistência injustificada ao andamento do processo; V - proceder de modo temerário em qualquer incidente ou ato do processo; VI - provocar incidente manifestamente infundado; VII - interpuser recurso com intuito manifestamente protelatório."

reito de defesa, ao seu turno, é mais amplo, não se adstringindo às previsões elencadas como litigância de má-fé, correspondendo, assim, a toda e qualquer conduta que, no caso concreto, revele abuso de direito na relação processual.

Assim é que impende considerar, mais do que a boa-fé subjetiva (cujo antônimo é a má-fé), principalmente a boa-fé objetiva, como conduta correta e leal, sob a ótica mediana do corpo social, encarada não com enfoque do subjetivismo ou psiquismo do agente, mas de forma objetiva. A função limitativa do boa-fé objetiva é meio de controlar o exercício do direito em busca de impedir e sancionar o abuso do direito. Com efeito, a controvérsia entre exercício regular de direito e abuso de direito tem como baliza para sua solução o princípio da boa-fé objetiva, precisamente a real finalidade dos atos, eis que o desvio de finalidade macula irremediavelmente o exercício de qualquer alegado direito, evidenciando a abusividade e a consequente ilicitude.

Assim sendo, a indagação central reside na verificação se os atos praticados pela parte no processo eram necessários para a defesa dos direitos por ela alegados. Destarte, o exercício regular de direito exige mais que a invocação de um suposto direito para sua configuração. Necessário é apurar a pertinência do ato praticado em dita defesa do suposto direito e a habilidade para tal defesa, isto é, apurar a finalidade do ato praticado, se o foi realmente para defesa do alegado direito, ou para fins outros, notadamente em prejuízo da parte contrária.

Nesse quadro de referências, o abuso do direito de defesa é toda e qualquer conduta que, mesmo em exercício do direito de defesa, desenvolva-se transpondo os lindes da finalidade natural do exercício desse direito, visando finalidade outra, a destacar o ilegítimo prejuízo da parte contrária.

Como é cediço, o abuso de direito merece reprimenda no sistema jurídico, pelo que se considera adequada a qualificação de tutela-sanção atribuída pela doutrina majoritária à espécie de tutela que indica o abuso do direito de defesa como seu requisito. Alinha-se, como é necessário, à compreensão do abuso de direito como gênero, não o desnaturando ou transmutando sua natureza em razão da espécie do direito em específico objeto da atuação abusiva, no caso, o direito de defesa.

Ocorre que, muito embora induvidosamente o direito provável de uma parte mereça tutela quando somado ao abuso do direito de defesa da outra ou ao seu propósito manifestamente protelatório, por tudo que já assinalou aqui não deve ser propriamente a sanção o foco da prestação jurisdicional. O requisito essencial para concessão da tutela deve ser o direito provável, e não a conduta abusiva ou protelatória da outra parte, porquanto assim, acredita-se, serve-se à real e justa distribuição do ônus do tempo do processo e à efetividade dos direitos.

Na mesma ordem de ideias, a tutela é justificada pela presença de direito provável, e não de direito certo, atuando a conduta abusiva ou protelatória da outra parte para robustecer a probabilidade já presente, mas não exatamente para transmuta-la em certeza, no sentido processualmente adotado no presente artigo (que alinha a certeza à cognição exauriente, portanto, recai sobre a gama completa dos elementos processuais, inadmitindo juízo pela mesma instância em sentido diverso). A tutela de evidência (tutela do direito provável em combate ao dano marginal do processo), consoante os contornos propostos neste artigo, funda-se em juízo de probabilidade e, por isso, potencialmente comporta ulterior decisão, do mesmo órgão jurisdicional, em sentido contrário, o que, acredita-se, não é possível frente a juízo de certeza.

O inciso II do art. 311 do CPC/2015 igualmente trata de hipótese geral de cabimento de tutela de evidência em que, a despeito de admitida na generalidade dos procedimentos, segue limitando seu espectro de atuação ao exigir para sua concessão que a probabilidade do direito alegado seja evidenciada "apenas documentalmente" e corroborada por precedente estabelecido em julgamento de casos repetitivos ou em súmula vinculante.

A restrição da tutela de evidência, no mencionado inciso, não reside em reclamar o exame da conduta da parte adversa – como se verifica no inciso I do art. 311 – mas em qualificar objetivamente a probabilidade do direito. A hipótese taxativamente prevista no inciso II não se vale de níveis de probabilidade – que, a despeito de reconhecidos, não são objetivamente apreendidos com precisão –, mas prevê critérios objetivos para configuração da probabilidade necessária à concessão da tutela de evidência com espeque nessa previsão legal.

O primeiro critério objetivo determinado pelo legislador no inciso II para qualificação da probabilidade necessária à concessão da tutela de evidência é a adoção da tarifação legal na valoração da prova da probabilidade do direito alegado, ao indicar como meio de prova idôneo a esse fim apenas a prova documental.

Com efeito, o legislador retirou aqui da esfera de exame do magistrado livre valoração da prova para o fim de identificação da probabilidade do direito, adstringindo-o a admitir tão somente a prova documental. É claro que a simples presença de prova documental não é suficiente para revelar a existência de direito provável, o que segue sujeito ao convencimento motivado do julgador, que pode entender não ser a prova documental apresentada apta ou suficiente para amparar a probabilidade do direito alegado. Inegável, porém, que atuação judicial é limitada pela previsão legal ao não se admitir outra espécie de prova – oral ou pericial, por exemplo – para amparar o juízo de probabilidade.

A referência à prova apenas documental para lastrear a probabilidade do direito remete à conhecida prova pré-constituída do direito líquido e certo previsto como requisito para concessão de mandado de segurança. Destarte, conceitua-se prova pré-constituída como aquela apenas documental e já apresentada de plano, por ocasião da dedução da pretensão, não se admitindo outros meios de prova, tampouco dilação probatória no curso do feito.

O mandado de segurança, como é cediço, foi previsto na ordem jurídica com medida excepcional, seja por seu caráter mandamental, seja por comportar liminarmente tutela fundada em cognição sumária, de caráter não apenas conservativo, mas também, se necessário, satisfativo. Por suas características, o mandado de segurança dissocia-se das balizas da concepção liberal-racionalista de processo ao admitir provimento jurisdicional com base em juízo de probabilidade, todavia, não rompe com essa concepção em vista de seu caráter eminentemente individualista, dado que é medida apenas direcionada à defesa em face do Estado. Em desfavor de particular inexistia – até a consagração da antecipação de tutela na ordem jurídica brasileira – medida tão enérgica.

A previsão do inciso II do art. 311, com referência à prova apenas documental, dá azo à concepção de que se aproxima o provimento jurisdicional nela versado do mandado de segurança, no entanto, com relevante ampliação subjetiva, ao ser admitido também entre particulares, isto é, igualmente em desfavor de particulares.

Pode-se questionar a opção do legislador de não utilizar também no inciso em tela a expressão prova pré-constituída, já largamente empregada no direito pátrio, o que impele à reflexão se a referência à prova apenas documental corresponde exatamente à conhecida prova pré-constituída.

Sem embargo da proximidade que se vislumbra com o mandado de segurança, o que se verifica na espécie é mesmo uma proximidade e não uma correspondência ou identificação: o mandado de segurança é via procedimental autônoma, ao passo que a tutela de evidência se insere no bojo de qualquer procedimento que não detenha especificidade incompatível com essa prestação jurisdicional, mormente no procedimento ordinário; no procedimento do mandado de segurança não é admitida a instrução probatória, devendo todas as provas pertinentes e necessárias à solução da controvérsia serem trazidas de plano, documentalmente, ao passo que quanto ao provimento regulado no inciso II do art. 311 do CPC/2015 a inadmissão de outra prova além da documental é apenas para subsidiar a concessão da tutela de evidência, não havendo óbice que no curso do procedimento seja realizada instrução probatória, inclusive valendo-se de meios diversos de prova – oral ou pericial – para amparar a cognição exauriente e o consequente juízo de certeza.

Acrescente-se que a tutela de evidência disciplinada no art. 311, II, do CPC/2015 é essencialmente provimento fundado em cognição sumária, ao passo que, no mandando de segurança, assim o é apenas a decisão liminar, sendo seu julgamento final lastreado em cognição exauriente, consoante conceitos adotados na presente tese[11].

Em vista dessas distinções subsistentes entre a hipótese do inciso II do art. 311 do CPC/2015 e o mandado de segurança, entende-se acertada a opção do legislador pela referência à prova apenas documental, e não à expressão prova pré-constituída, mormente considerando a conotação desta de vedação à instrução probatória em todo o procedimento, o que não é propriamente a determinação do inciso II do art. 311: para concessão da tutela de evidência, a probabilidade deve se escorar em prova documental, o que não obsta que no curso do feito o requerente se valha de outros meios de prova em busca da tutela jurisdicional definitiva.

Para além da tarifação legal imposta quanto à prova admitida para revelação da probabilidade do direito alegado, o Código de Processo Civil de 2015 restringe ainda mais o reconhecimento dessa probabilidade ao exigir, concomitantemente à prova apenas documental, que a controvérsia a respeito do direito em debate conte com tese firmada em julgamento de casos repetitivos ou em súmula vinculante.

Verifica-se, assim, que a hipótese legal para concessão de tutela de evidência disciplinada no inciso II cuida estritamente daquelas em que exista controvérsia fático-jurídica, notadamente com dissenso fático a respeito da subsunção ou não do caso concreto ao substrato fático da norma ou precedente.

Chega-se a essa conclusão porque, como é cediço, os chamados precedentes buscam solucionar controvérsia jurídica, e não decidir se e como fatos aconteceram em dado caso concreto, o que lhes permite serem dotados de generalidade e abstração semelhante à lei. Em caso de controvérsia estritamente fática, sua solução exige o exame de provas, exatamente para amparar decisão a respeito da ocorrência dos fatos alegados, não sendo qualquer

---

11 Muito embora, como já se ressalvou, existem doutrinadores que capitulam a cognição empreendida no mandado de segurança como sumária, como é exemplo BAPTISTA DA SILVA, Ovídio A. O contraditório nas ações sumárias. In: BAPTISTA DA SILVA, Ovídio A. **Da sentença liminar à nulidade da sentença.** Rio de Janeiro: Forense, 2001, p. 254-255. No mesmo sentido, afirma José Roberto dos Santos Bedaque que no mandado de segurança "não se faz, pois, exame exaustivo da relação de direito material. A dilação probatória está limitada à cognição do juiz, ou seja, ao direito líquido e certo. Tanto que, denegada a tutela sumária, não está a parte impedida de pleitear outra, agora de cognição exauriente, visando à satisfação de seu direito." BEDAQUE, José Roberto dos Santos. **Tutela cautelar e tutela antecipada: tutelas sumárias e de urgência (tentativa de sistematização)**. 3. ed. São Paulo: Malheiros, 2003, p. 254.

solução a esse respeito disposta em tese firmada em julgamento de casos repetitivos ou em súmula vinculante.

Assim é que o inciso II do art. 311 se revela ainda mais restritivo, ao não abarcar no espectro de cabimento da tutela de evidência o direito provável em controvérsia estritamente fática. É dizer, se autor e réu discutem sobre o exercício tempestivo de uma opção de compra, ainda que se configure provável a alegação fática do autor de que exerceu a tempo e modo a opção avençada, não poderia se socorrer do inciso II do art. 311 do CPC/2015 para obtenção de tutela de evidência, imputando a réu – cuja posição, neste exemplo, é improvável – o dano marginal do processo, porque inexiste, exatamente por se tratar de controvérsia estritamente fática, precedente firmado a respeito.

Oportuno repisar que se entende neste artigo descabida qualquer espécie de tutela de evidência frente a controvérsia estritamente jurídica, porquanto, nesta situação, deve-se observar o contraditório prévio e, assim, necessariamente todos os elementos já está à disposição do julgador para exame, dado que impertinente instrução probatória. Logo, a controvérsia estritamente jurídica é solucionada por julgamento definitivo do mérito, total ou parcial, fundado em cognição exauriente, ante o descabimento de cognição sumária na hipótese.

Ainda sobre a qualificação do juízo de probabilidade previsto no inciso II do art. 311 do CPC/2015, merece atenção o fato de o legislador não ter expressamente estendido o cabimento da tutela de evidência a todas as espécies do que se convencionou denominar na de precedentes, visto que o dispositivo legal se refere à tese firmada em julgamento de casos repetitivos ou em súmula vinculante. Nessa ordem de ideias, não cabe tutela de evidência, com fulcro no art. 311, II, do CPC/2015, quando, muito embora escorada em prova documental, a probabilidade do direito seja revelada também por tese firmada em súmula não vinculante ou em julgamentos dos tribunais, ainda que superiores, não submetidos à sistemática de julgamentos repetitivos. Essa inteligência da regra legal, claramente, restringe ainda mais o cabimento da tutela de evidência, ao firmar como mais rigoroso o critério para verificação de probabilidade necessária à concessão dessa tutela do direito provável.

É possível, porém, que se empreenda interpretação ampliativa do previsto no inciso II do art. 311, para tratar a referência ao julgamento de casos repetitivos e à súmula vinculante como alusões exemplificativas do legislador aos chamados precedentes, que, esses sim, como gênero, autorizariam a concessão da tutela de evidência disciplinada no inciso II, qualquer que fosse a espécie de precedente presente no caso concreto.

Entendendo-se a tutela de evidência como prestação jurisdicional excepcional, a interpretação ampliativa não teria espaço, cumprindo-se aplicar, por comezinha lição hermenêutica, a interpretação restritiva, atendo-se, pois, às espécies de precedentes expressamente citadas pelo legislador.

Lado outro, na perspectiva de fortalecimento da tutela do direito provável, pela ampliação do cabimento da tutela de evidência, acredita-se que esse provimento deve ser admitido também quando a tese jurídica em que se lastreia a probabilidade do direito tem sede em súmulas não vinculantes ou em julgamentos dos Tribunais não submetidos à sistemática de julgamentos repetitivos. Isso porque, conforme já se explanou, o requisito para concessão da tutela de evidência é a probabilidade do direito, que não exige, aprioristicamente, determinadas vias para sua configuração, podendo sê-lo por todas as vias idôneas admitidas para formação do convencimento judicial.

Logo, na perspectiva do rol de espécies de precedentes autorizadores da tutela de evidência pelo inciso II do art. 311, conclui-se que o dispositivo legal dá margem para variações no seu espectro de aplicação, conforme se tenda para a diretriz restritiva de emprego da tutela de evidência – compreendendo-se como taxativa a referência à súmula vinculante e ao julgamento de casos repetitivos –, ou para norte ampliativo de incidência de tutela desse jaez, admitindo-a frente a qualquer tipo de precedente.

Induvidosamente, a previsão do inciso II representa importante avanço na generalização da tutela de evidência, ao desvinculá-la da hipótese de tutela-sanção, isto é, permitir sua concessão mesmo frente à conduta não abusiva ou protelatória da parte adversa.

Contudo, também inegável que a generalização segue tratando a tutela de evidência como expediente assaz excepcional, ao qualificar objetivamente a probabilidade do direito, necessária para concessão da tutela, como sendo a revelada em prova documental e amparada em precedente (seja compreendendo-o de modo ampliativo, seja na perspectiva taxativa das espécies expressamente mencionadas pelo legislador).

Assim é que a hipótese do inciso II do art. 311 do CPC/2015 é, ainda, uma previsão típica de tutela de evidência, para a qual não basta a presença do requisito essencial para concessão dessa tutela – a probabilidade do direito – exigindo o legislador expressamente a presença de outro elemento para tal: respaldo em precedente. Há, pois, uma simples troca da situação excepcional da urgência, presente na tutela de urgência, ou da situação também excepcional da sanção, presente na tutela de evidência em vista de abuso de direito de defesa ou conduta protelatória, pela situação excepcional do respaldo em precedente.

O inciso III do art. 311 do Código de Processo Civil de 2015 cuida de hipótese típica de tutela de evidência aplicável estritamente à ação de depósito, ao dispor que tem cabimento a tutela de evidência quando "se tratar de pedido reipersecutório fundado em prova documental adequada do contrato de depósito, caso em que será decretada a ordem de entrega do objeto custodiado, sob cominação de multa". A previsão legal tem correspondente no Código de Processo Civil de 1973 (art. 902), que disciplinava como procedimento especial a ação de depósito, sendo justificada a especialização procedimental exatamente pelo cabimento no procedimento em referência da tutela de evidência.

Constata-se que o deferimento da tutela na aludida hipótese se esteia em probabilidade do direito, desde que ela seja revelada por prova documental do contrato de depósito, não obstando, porém, que as demais provas necessárias à configuração da probabilidade no caso concreto sejam por meios outros que não documental. De se destacar, também, que a tutela de evidência no inciso III do art. 311 não exige que se alinhe à probabilidade do direito conduta abusiva da parte adversa.

Na esteira da excepcionalidade que tradicionalmente marcou a tutela do direito provável, o legislador somente a admitiu por aprioristicamente reputar que a relação de direito material em exame, qual seja, o contrato de depósito havido entre os litigantes, em situação de inadimplemento, reclama proteção mais enérgica, inclusive frente ao dano marginal. Na mesma ordem de ideias, é o que se verifica na tutela do direito provável em ações possessórias, em ações de despejo etc., quando o legislador expressamente autoriza a concessão da prestação jurisdicional frente à probabilidade do direito alegado e mesmo ausente urgência: é o direito material, que o legislador aprioristicamente considerou de assaz relevância, que justifica essa robusta proteção na sede processual.

O inciso IV do art. 311 veicula hipótese de cabimento de tutela de evidência merecedora também de especial atenção, em vista de possibilidades de interpretações em sentidos diversos, é dizer, tendentes a fortalecer a tutela do direito provável, ou lado outro, sua inteligência restritiva, na linha da excepcionalidade que tradicionalmente marca a tratativa do tema.

Dispõe o legislador no inciso IV do art. 311 do CPC/2015 que a tutela de evidência é cabível quando "a petição inicial for instruída com prova documental suficiente dos fatos constitutivos do direito do autor a que o réu não oponha prova capaz de gerar dúvida razoável". Da redação do inciso em tela observa-se que a probabilidade do direito necessária à concessão da tutela, além de objetivamente qualificada por meio específico de prova, ao expressamente aludir a prova documental (tal como se verifica no inciso II do mesmo artigo), é também caracterizada pelo adjetivo suficiente.

Sabe-se que semanticamente o vocábulo suficiente corresponde ao que é bastante, isto é, quando nada mais é necessário. Na perspectiva estritamente jurídico-processual, inexiste significado especificamente afeto ao vocábulo suficiente, tampouco dissentindo-o do significado semântico. Nessa ordem de ideias, a prova documental suficiente é compreendida como prova bastante do fato constitutivo do direito do autor, não sendo cabível, por desnecessária, outras provas para esse fim.

Nesse prisma, a prova documental suficiente referida pelo legislador no inciso IV aproxima-se da prova pré-constituída, requisito do mandado de segurança. Isso porque, além de ambas não comportarem meios de prova diversos da via estritamente documental, o vocábulo suficiente denota que não se admite, no curso do feito, a produção de provas outras para subsidiar a convicção quanto ao direito alegado pelo autor.

Subsiste, no entanto, a distinção entre prova documental suficiente e a denominada prova pré-constituída empregada no mandado de segurança no que toca ao completo descabimento de instrução probatória no *writ*, enquanto na hipótese do inciso IV decerto cabe instrução probatória quanto às alegações de defesa do réu. E tal se afirma porque no seio da tutela de evidência, como espécie de tutela provisória que é, necessariamente haverá cognição sumária, de modo que, conforme conceito adotado no presente artigo, potencialmente haverá elementos outros no processo para amparar cognição futura, esta sim exauriente. Considerando, ademais, que o contraditório prévio já foi estabelecido em caso de decisão fundada no art. 311, IV, do CPC/2015 – seja porque mister a observância do contraditório prévio para apreciação da tutela de evidência, segundo já defendido alhures neste artigo, seja porque o próprio CPC/2015, a despeito das exceções do contraditório prévio trazidas no art. 9º, parágrafo único, induvidosamente não excepciona a tutela de evidência prevista no inciso IV – os elementos que potencialmente remanescem para produção futura no feito são provas para subsidiar a solução das controvérsias. Visto sob outra perspectiva, se já estivessem no feito todas as provas também relação às alegações de defesa do réu, a cognição empreendida pelo julgador não seria sumária, mas, sim, exauriente, pelo que não seria caso de tutela de evidência, e sim de tutela definitiva, em julgamento definitivo parcial ou total de mérito.

Assim é que, também no inciso IV, acertada é a opção do legislador de não empregar a expressão prova pré-constituída, em vista da conotação dela decorrente pelo largo emprego no mandado de segurança completamente restritiva de instrução probatória, o que não ocorre em sede de tutela de evidência.

A expressão prova documental suficiente, notadamente o adjetivo suficiente empregado no inciso IV, também impele à reflexão sobre a cognição empreendida quanto ao fato constitutivo do direito alegado pelo autor. Isso porque cabe referência à "tutela antecipatória através da técnica da reserva da cognição da exceção substancial indireta" sugerida por Luiz Guilherme Marinoni[12], segundo o qual deveria ser cabível tutela antecipada (é dizer, proferida antes da chamada tutela definitiva) – quando inexiste controvérsia sobre o fato constitutivo do direito do autor, residindo a resistência do réu na alegação de fato extintivo, modificativo ou impeditivo do direito alegado pelo autor. Aduz Marinoni que, nessa situação, a cognição sobre o direito alegado pelo autor é exauriente, ao passo que é sumária tão somente a cognição quanto à exceção substancial suscitada pelo réu, a quem, em regra, compete o ônus probatório sobre os alegados fatos extintivos, modificativos ou impeditivos (e, conforme lição do processualista paranaense, quem necessita do tempo do processo para influir no convencimento do julgador, justificando, por isso, imputar-lhe o ônus do tempo do processo).

A lição de Luiz Guilherme Marinoni tem pertinência com a tutela de evidência disciplinada no art. 311, IV, do CPC/2015, na linha de compreensão da prova documental suficiente como prova bastante, descabidas outras. Nesse diapasão, o direito alegado pelo autor é mesmo apreciado na esteira da cognição exauriente, como leciona Marinoni quanto à por ele chamada "tutela antecipatória através da técnica da reserva da cognição da exceção substancial indireta", uma vez que oportunizado o contraditório e descabia – por desnecessária – prova outra quanto ao fato constitutivo do direito alegado pelo autor.

Assim é que, nessa linha de entendimento (sublinhe-se), a hipótese de tutela de evidência do inciso IV corresponde à "tutela antecipatória através da técnica da reserva da cognição da exceção substancial indireta" sugerida por Luiz Guilherme Marinoni ainda em meados da década de 1990, dado que a cognição sumária recai sobre as alegações do réu, justificando a capitulação como tutela de evidência, espécie de tutela do direito provável (tutela provisória, como denomina o CPC/2015). Vale reiterar que, se também quanto a essas alegações do réu a cognição for exauriente, não é caso de tutela de evidência, mas, sim, de julgamento definitivo total ou parcial de mérito.

Ressalvou-se nas passagens acima que os apontamentos tinham por premissa a compreensão da expressão prova documental suficiente como prova bastante, não sendo cabível outras, porque as conclusões alhures não se aplicam se se entender o adjetivo suficiente com conotação diversa.

---

12 MARINONI, Luiz Guilherme. **Tutela antecipatória e julgamento antecipado: Parte incontroversa da demanda.** 5 ed. São Paulo: Revista dos Tribunais, 2002.

Já se assinalou o significado semântico de suficiente, bem como a ausência de sentido técnico-processual específico. Não se pode olvidar, porém, que a hipótese do art. 311, VI, do CPC/2015 se encontra no seio de tutela provisória, em primado, por conseguinte, da cognição sumária, de modo que, nesse contexto, é possível emprestar conotação técnico-processual ao vocábulo suficiente distinta daquela derivada de sua semântica.

Com efeito, prova documental suficiente pode ser entendida como aquela hábil a amparar juízo positivo de probabilidade (ou seja, prova suficiente para revelar a probabilidade do direito), não obstando, porém, que também o autor se valha de instrução probatória para corroborar a prova do seu direito alegado já trazida ao feito, objetivando subsidiar tutela definitiva a seu favor. Nessa linha, inclusive, é a compreensão da expressão prova inequívoca prevista no art. 273 do CPC/1973, que, a despeito do significado semântico do adjetivo inequívoco (o que não se tem dúvida ou incerteza), assentou-se que não se exige prova cabal, própria a amparar juízo de certeza, sendo exigível, sim, prova para lastrear juízo de probabilidade.

Acredita-se que a compreensão da prova documental suficiente neste último sentido, isto é, a admitir, ainda, instrução probatória por parte do autor, amplia o cabimento da tutela de evidência, não restringindo a cognição sumária às alegações do réu, estendendo-a a toda a controvérsia sob exame. Por essa razão, em linha de fortalecer a tutela do direito provável em combate ao dano marginal do processo, acredita-se que o entendimento mais adequado da locução prova documental suficiente é o que a trata como prova reveladora de probabilidade, ou seja, ainda em sede de cognição sumária, diferentemente da compreensão que a reputa como prova exauriente do direito alegado pelo autor.

Ainda no que toca à expressão prova documental suficiente, impende ter em vista a hipótese do art. 311, II, do CPC/2015, na qual o legislador também se utiliza da prova documental para subsidiar o juízo de probabilidade necessário à concessão da tutela de evidência. Merece reflexão a opção do legislador no inciso II de valer-se apenas da expressão prova documental, ao passo que no inciso IV o legislador qualificou essa espécie de prova com o adjetivo suficiente.

Destarte, a prova documental suficiente, acredita-se, é aquela hábil a subsidiar, por si, a probabilidade do direito alegado. No inciso II do art. 311, ao revés, a configuração da probabilidade do direito alegado exige, além de prova documental – que não se requer seja suficiente – que essa se alie à tese firmada em precedente (diga-se, julgamento de caso repetitivo ou súmula vinculante).

A redação do inciso IV do art. 311 merece também reflexão quanto à sua parte final, em que requer que o réu não oponha prova capaz de gerar dúvida razoável sobre o fato constitutivo do direito do autor. Principalmente aqui, divergências interpretativas conduzem a extensões diversas do espectro de cabimento da tutela de evidência.

Em viés restritivo, seguindo a concepção excepcional que tradicionalmente se emprestou à tutela do direito provável, mormente em combate ao dano marginal do processo, a exigência legal de que o réu não oponha prova capaz de gerar dúvida razoável poderia ser entendida como conduta abusiva do réu.

Inclusive, Luiz Guilherme Marinoni, ao propor a "tutela antecipatória através da técnica da reserva da cognição da exceção substancial indireta" indica a abusividade da conduta do réu como requisito para concessão dessas espécies de tutela do direito provável[13]. Logo, compreendendo-se o inciso IV como a sugestão trazida por Marinoni, a exigência veiculada pelo legislador na parte final do inciso IV teria mesmo referência a conduta abusiva do réu.

Acredita-se, no entanto, que esta não é a melhor compreensão para a hipótese de cabimento da tutela de evidência prevista no inciso IV do art. 311 do CPC/2015.

A uma, porque se entende que a tutela de evidência, como tutela do direito provável em combate ao dano marginal do processo, deve transcender à situação de sanção da conduta do réu, devendo, mais, focar na proteção do direito provável do autor. Assim é que se reputa que a tutela de evidência deve ser cabível mesmo frente a conduta não abusiva do réu, visto que prestação jurisdicional dessa estirpe se justifica pela promoção da efetividade ao se tutelar direito provável, distribuindo entre as partes o ônus do dano marginal do processo. Por isso, a tutela do direito provável em combate ao dano marginal do processo não deve ter por requisito, propriamente, a conduta da parte adversa, mas, sim, o reconhecimento de probabilidade do direito alegado a respeito do qual se requer tutela.

A duas, porque considerar como conduta abusiva do réu a não apresentação de prova capaz de gerar dúvida razoável sobre o direito alegado pelo autor resta por esvaziar a hipótese do inciso IV do art. 311, fazendo-a inteiramente contida na previsão do inciso I do mesmo artigo, que, como visto, autoriza a concessão de tutela de evidência em situação de abuso do direito de defesa ou manifesto propósito protelatório da parte.

Destarte, necessariamente impende conferir à parte final do inciso IV sentido diverso de conduta abusiva do réu, de modo que a tutela de evidência

---

13 MARINONI, Luiz Guilherme. **A antecipação da tutela.** 7. ed. São Paulo: Malheiros, 2002, p. 198-199.

será cabível mesmo que não se configure abusividade, restando a situação no espectro da razoabilidade.

A questão principal que se impõe é se é cabível tutela de evidência mesmo frente a defesa razoável apresentada pelo réu. Sem dúvidas, pela redação do inciso IV do art. 311 ressai claro que a tutela do direito provável, com fulcro neste dispositivo legal, somente é cabível se, além de o autor trazer prova documental suficiente do direito que alega, o réu não apresentar defesa razoável; em outras palavras, frente a defesa razoável, não é cabível tutela de evidência. Então o inciso IV é mais uma hipótese típica de tutela de evidência, na qual, além do requisito essencial para sua concessão – a probabilidade do direito alegado – está-se a exigir outro requisito, a defesa não razoável do réu?

Para resposta dessa indagação, imperativo ter em vista o conceito de probabilidade do direito aplicável à tutela de evidência, em atenção à necessária conciliação sistêmica entre tutela de evidência e tutela de urgência.

Para fim de tutela de evidência, compreende-se direito provável do autor e defesa não razoável do réu como facetas da mesma realidade, pelo que inexoravelmente a apresentação de defesa pelo réu que se qualifique como razoável afastará a configuração da probabilidade do direito alegado para o fim de tutela de evidência. Ou seja, nessa perspectiva, inexiste probabilidade do direito do autor hábil a amparar a concessão de tutela de evidência quando o réu apresenta defesa razoável.

Assim encarada a temática, conclui-se que para a concessão da tutela de evidência com esteio no inciso IV está-se apenas a exigir o requisito essencial para prestação jurisdicional dessa espécie.

Por tudo que se expôs, a destacar (a) o fortalecimento da tutela do direito provável em combate ao dano marginal do processo como instrumento para maior distribuição do ônus do tempo do processo e, assim, promoção da efetividade dos direitos, (b) a finalidade da tutela de evidência, (c) seu requisito basilar, qual seja, a probabilidade do direito, bem como (d) a necessária conciliação sistêmica entre as espécies de tutela do direito provável (tutela de urgência e tutela de evidência), conclui-se que o inciso IV do art. 311 do Código de Processo Civil consagra em certa medida a atipicidade da tutela de evidência ao exigir para concessão apenas a probabilidade do direito – que, em matéria de tutela de evidência, somente se apresenta quando não confrontada por defesa razoável do réu –, não vinculando o deferimento desse provimento a outro requisito taxativamente previsto pelo legislador.

Faz-se, porém, uma ressalva, e por isso utilizou-se a expressão "certa medida" porque, mesmo nessa ordem de ideias, a atipicidade trazida no art. 311, IV, do CPC/2015 não é em sua plenitude na medida em que a primeira parte do inciso restringe a demonstração da probabilidade do direito alegado pelo autor à chamada prova documental suficiente, ou seja, não é admitida prova oral ou técnica para o fim de configuração da probabilidade.

É certo que o inciso IV do art. 311 representa importante inovação do Código de Processo Civil de 2015, ao ampliar o cabimento da tutela do direito provável em combate ao dano marginal do processo em medida significativa.

Propõe-se neste artigo, porém, interpretação ampliativa da previsão legal no que toca à exigência de prova documental suficiente do direito alegado pelo autor, seja para admitir que o próprio autor também se valha de instrução probatória futura para robustecer o direito que alega, seja para afastar a tarifação legal e admitir outros meios de prova, oral ou técnica, que também revelem a probabilidade do direito. Essa compreensão, acredita-se, converge para a realização mais ampla da distribuição do dano marginal do processo.

6. Conclusão

A tutela de evidência insere-se no quadro de fortalecimento da tutela lastreada em juízo de probabilidade, convergente para a efetividade da prestação jurisdicional e dos direitos, dado que se compromete com a resposta célere, que satisfaz o direito mesmo não estando sujeito a risco excepcional, isto é, urgência, fazendo-o exatamente em razão da probabilidade do direito alegado e em combate ao dano marginal do processo.

A probabilidade do direito, para fins de tutela de evidência, é constituída mediante probabilidade do direito alegado pelo autor confrontada por defesa não razoável do réu, não se exigindo que a defesa seja abusiva, isto é, que configure afronta à boa-fé.

Não se olvida que é possível que em dadas situações o direito alegado se mostre provável mesmo frente à defesa razoável. Todavia, a probabilidade nesta hipótese somente admite tutela do direito provável pela via da tutela de urgência – ou seja, para concessão de proteção judicial, além a probabilidade do direito, é exigido também o requisito da urgência – o que se conclui em atenção à ponderação entre a efetividade do direito provável e os riscos à posição do réu advindos da tutela do direito provável frente à defesa razoável, bem como por assim se garantir coerência ao sistema de tutela do direito provável, em coexistência de tutela de urgência e tutela de evidência.

A tutela de evidência é admitida em resposta a controvérsias fáticas (estritamente fáticas ou fático-jurídicas), porquanto nessas cabe cognição sumária.

No que concerne às controvérsias estritamente jurídicas, a despeito também de comportarem cognição sumária, acredita-se indevida a tutela de evidência, por não haver justificativa para emprego do excepcional contraditório diferido. Destarte, somente se deve prescindir do contraditório prévio quando frente à situação de urgência tal em que seu estabelecimento ensejaria o implemento do risco ao direito ou à utilidade da prestação jurisdicional que se pretende evitar, o que decerto não se verifica em caso de tutela de evidência.

O Código de Processo Civil de 2015 amplia a regulamentação da tutela de evidência, dando guarida não só à generalização (que já detinha sede no CPC/1973), mas também à atipicidade no seu art. 311, IV, segundo o qual a tutela de evidência será concedida quando "a petição inicial for instruída com prova documental suficiente dos fatos constitutivos do direito do autor, a que o réu não oponha prova capaz de gerar dúvida razoável". Importa, entretanto, interpretar mencionado dispositivo na esteira do fortalecimento da tutela do direito provável, entendendo que pela previsão legal o que se exige é apenas a probabilidade do direito para fins de concessão da tutela de evidência. Ainda na esteira da atipicidade, a exigência de prova documental suficiente feita pelo legislador deve ser compreendida como prova suficiente para revelar a probabilidade do direito alegado pelo requerente da tutela, independente do meio de prova empregado para tal desígnio.

DA NATUREZA MANDAMENTAL DA TUTELA PROVISÓRIA CAUTELAR

Renata Christiana Vieira Maia[1]

Fernando Gonzaga Jayme[2]

1. Introdução

O tempo de duração do processo além de ser universal é uma preocupação multisecular[3]. O tempo é um fator crucial para o processo, sobretudo, nos dias atuais em que as distâncias são encurtadas pelos meios tecnológicos. O *e-mail* e *wattsapp*, por exemplo, exterminaram os velhos meios de comunicação. Os atuais meios tecnológicos permitem contato em tempo real por pessoas que se encontram separadas até mesmo por continentes. E, não obstante a evolução dos meios de comunicação, que permitem conversas em tempo real e respostas em tempo real, o mesmo não ocorreu com o processo, que continua moroso, em que não é raro encontrar processos que já tramitam por longos e exaustivos anos. O que causa maior angústia em plena era tecnológica.

---

1 Doutora em Direito Processual Civil pela Universidade Federal de Minas Gerais - UFMG. Graduada e Mestra em Direito Empresarial pela Faculdade de Direito Milton Campos. Professora Adjunta da Faculdade de Direito da Universidade Federal de Minas Gerais – UFMG. Conselheira-Geral do IDPro – Instituto de Direito Processual.

2 Advogado, Mestre e Doutor pela UFMG. Professor Associado de Direito Processual Civil e Diretor da Faculdade de Direito da UFMG. Membro do CONEDH – Conselho Estadual de Defesa dos Direitos Humanos. Associado ao Instituto dos Advogados de Minas Gerais. Membro do Conselho Técnico –Científico do Parque Tecnológico BHTEC. Conselheiro Seccional da OAB/MG.

3 MOREIRA, José Carlos Barbosa. A duração dos processos: Alguns dados comparativos. Revista Síntese de Direito Civil e Processo Civil- RDCPC 29, mai-jun/2004, p. 29.

O homem sempre se esforçou por controlar o tempo[4], refletindo-se no direito a necessidade de superá-lo, como forma de atenuar e minorar suas angústias, suas dores e sua impotência, para ter a tão almejada felicidade e paz. E o processo moroso agrava ainda mais a dor dos inocentes, como afirmava Piero Calamandrei[5].

As técnicas de tutelas diferenciadas surgem como forma de atenuar o tempo que leva o transcurso do processo até a efetiva e plena satisfação do direito. Por meio delas é possível, através da cognição sumária, assegurar, ainda que provisoriamente, o resultado útil equivalente da pretensão discutida no processo, tal como é a tutela provisória de urgência e de evidência prevista no vigente Código de Processo Civil (Lei 13.105/2015).

A tutela provisória baseada na urgência (cautelar e a antecipada) e de evidência busca minimizar, atenuar, expurgar os males que o tempo de duração do processo podem causar a parte que tem razão[6], mas cujo acertamento do direito ou a exigência da obrigação ainda não é possível. Razão porque a decisão proferida pelo juiz em grau não exauriente assume uma carga de exequibilidade, por antecipar ou assegurar a efetiva satisfação do direito, antes mesmo do provimento final.

O presente ensaio elaborado para integrar a coletânea dedicada a um ano de vigência do Código de Processo Civil tem por objetivo fazer uma análise desta carga de coercibilidade e mandamentalidade inerente a decisão provisória proferida pelo juiz, procurando verificar o sentido do que se encontra disposto no parágrafo único do artigo 297 do CPC/2015, da qual para a efetivação da tutela provisória serão observados, no que couber, as normas referentes ao cumprimento provisório da sentença. Analisar-se-á se, para a efetivação da tutelar cautelar, é preciso requerer o cumprimento da decisão de tutela provisória por meio do cumprimento provisório

4 CARNELUTTI, Francesco. *Arte del Derecho – Seis meditaciones sobre el Derecho*. Lima: Ara Editores, 2006, p. 51

5 CALAMANDREI, Piero. *Proceso y Democracia*. Tradução de Héctor Fix-Zamudio. Lima: Ara Editores, 2006, p. 97.

6 "O processo, portanto, é instrumento que sempre prejudica o autor que tem razão e beneficia o réu que não a tem." MARINONI, Luiz Guilherme. Tutela antecipatória e julgamento antecipado: parte incontroversa de demanda, 5ª Ed. rev. e ampl. São Paulo: RT, 2002, p. 17-18

2. Tempo – Celeridade, Duração Razoável do Processo

Um ponto se tornou consenso entre os processualistas, qual seja: "não se pode reconhecer como processo devido aquele excessivamente demorado."[7] E tanto é que, não obstante a previsão constitucional (art. 5º, inc LXXVIII da Constituição) de que a todos, seja no âmbito judicial ou administrativo, é assegurado a razoável duração do processo e os meios que garantam a celeridade de sua tramitação, restou consignado no artigo 4º do CPC/2015 que as partes, no processo, tem o direito de obter, em prazo razoável, a solução integral do seu direito incluída a atividade satisfativa.

E, procurando evitar que o tempo do processo cause danos a parte que, ainda que em grau de probabilidade, tenha razão é que existem as tutelas diferenciadas, sejam as baseadas na urgência, como na evidência cujo propósito é "evitar os prejuízos da demora da prestação jurisdicional e assegurar a efetividade da tutela jurídica prometida pela Constituição."[8]

A principal finalidade das tutelas diferenciadas, tal como é a tutela provisória, é a de evitar, abrandar, minimizar, atenuar os malefícios que o tempo de duração do processo possa trazer ao jurisdicionado, proporcionando e garantido a efetividade da jurisdição[9].

2.1 Da Tutela provisória como espécie de tutela diferenciada

É tutela provisória porque contrapõe a tutela definitiva. E, portanto, não há se confundir provisoriedade com temporário. "*Temporário*, em verdade, é

---

7 THEODORO JR., Humberto. Tutela antecipada. Evolução. Visão Comparatista. Direito Brasileiro e direito europeu. São Paulo: Editoria Revista dos Tribunais. RePro vol. 157, março de 2008, p. 130.

8 THEODORO JR., Humberto. Tutela antecipada. Evolução. Visão Comparatista. Direito Brasileiro e direito europeu. São Paulo: Editoria Revista dos Tribunais. RePro vol. 157, março de 2008, p. 135.

9 Nesse sentido: DIDIER JR., Fredie; BRAGA, Paula Sarno; OLIVEIRA, Rafael Alexandria. Curso de Direito Processual , vol 2. 10ª. Ed. Salvado: JusPodium, 2015, p. 567; THEODORO JR., Humberto. Curso de Direito Processual Civil, vol.I, 56ª rev. atual. e ampl. Rio de Janeiro: Ed. Forense, 2015, p. 597; MITIDIERO, Daniel. Tendências em matéria de tutela sumária: da tutela cautelar à técnica antecipatória. Processo Civil Novas Tendências – em homenagem ao Ministro Sálvio de Figueiredo Teixeira. JAYME, Fernando Gonzaga; FARIA, Juliana Cordeiro de; LAUAR, Maira Terra (coords.). Belo Horizonte: Del Rey, 2011, p. 82.

o que dura determinado tempo. *Provisório*, porém, é o que, por algum tempo, serve até que venha o ´definitivo´."[10]

A tutela provisória, que não se confunde com temporária[11], é uma tutela que será substituída ou não pela definitiva, o que vai depender do julgamento definitivo da demanda, que pode confirmá-la ou não. Justificando-se a necessidade da tutela provisória não seja concedida quando houver possibilidade de sua irreversibilidade (§3º, art. 300, CPC/15).

A tutela provisória é espécie de tutela diferenciada, que é toda aquela que visa, por meio de técnicas[12] e mecanismos[13] próprios, eliminar os danos causados pelo tempo do processo. "A verdade de que não se pode fugir é a da necessidade de lutar contra os males do tempo sobre o processo, pelas vias da tutela diferenciada"[14] Ela é diferenciada porque é uma técnica que visa, em contraposição ao procedimento comum, que é de cognição plena e exauriente, assegurar o gozo de um bem ou direito ou salvaguardar o seu gozo futuro por meio de uma cognição que se realiza de forma sumária ou não exauriente.

Dentre as técnicas diferenciadas, destacam-se no vigente Código de Processo Civil, as tutelas provisórias de urgência (cautelar e antecipada) e evidência, a ação monitória (baseada na evidência), dentre outras técnicas que visam

---

10 COSTA, Alfredo de Araújo Lopes da. Medidas preventivas – medidas preparatórias – medidas de conservação. Belo Horizonte: Imprensa Oficial, 1953, p. 10. Dando como exemplo, os andaimes que são temporários, e que também seriam definitivos, porque nada viriam a substituí-los, ao passo que a barraca utilizada pelos desbravadores dos sertões seriam provisórias, porque serão substituídas, até melhor habitação. Afirmando que: "o provisório é sempre trocado por um definitivo."

11 Nesse mesmo sentido, ver MITIDIERO, Daniel. Tendências em matéria de tutela sumária: da tutela cautelar à técnica antecipatória. Processo Civil Novas Tendências – em homenagem ao Ministro Sálvio de Figueiredo Teixeira. JAYME, Fernando Gonzaga; FARIA, Juliana Cordeiro de; LAUAR, Maira Terra (coords.). Belo Horizonte: Del Rey, 2011, p. 75.

12 "Tanto urgência quanto evidência são aspectos considerados pelo legislador para construir técnicas processuais destinadas à adoção de determinadas medidas, cuja finalidade outra não é senão conferir maior efetividade à tutela final, na maioria das vezes sem solucionar a crise de direito material. Provisórias, portanto." (BEDAQUE, José Roberto Dos Santos. Tutela provisória. Cadernos Jurídicos, São Paulo, ano 16, nº 41, p. 43-51, Julho-Setembro/2015, p. 50).

13 "Tutelas diferenciadas" significa, em última análise, pensar na predisposição de mecanismos, no processo, que o tornem apto a cumprir, com maior eficiência, seu papel." (ARMELIN, Donaldo. Da tutela Jurisdicional Diferenciada – RePro 65. São Paulo: RT, janeiro – março de 1992, p. 45).

14 THEODORO JR., Humberto. Tutela antecipada. Evolução. Visão Comparatista. Direito Brasileiro e direito europeu. São Paulo: Editoria Revista dos Tribunais. RePro vol. 157, março de 2008, p. 146.

inverter o *iter* procedimental, visando solucionar a crise do direito processual. No CPC/2015 tais técnicas se mostram mais evidentes e em grande número.

O papel da tutela diferenciada, como mecanismo de aceleração do procedimento, tem por objetivo solucionar a crise da demora da prestação jurisdicional, por meio de decisão provisória e não exauriente que tem por meta resguardar o direito lesado ou o seu proveito útil, porque visa suprir, eliminar, obstar, expurgar, atenuar, minorar, evitar, ainda que "provisoriamente os efeitos indesejáveis da demora na solução da tutela de urgência. Sua característica maior para com a celeridade, seria a provisoriedade, em contraposição à definitividade própria da tutela principal"[15]

2.2 *Da adequação* da tutela provisória de urgência no CPC/2015

Dentre as muitas novidades do CPC/2015, foi louvável a unificação do provimento cautelar e antecipado num mesmo livro (Livro, V, da Parte Geral). Até porque, como bem há muito já advertira Cândido Rangel Dinamarco "cautelares e antecipatórias são as duas faces de uma moeda só: elas são dois irmãos gêmeos ligados pelo veio comum que é o empenho em neutralizar os males do tempo-inimigo, esse dilapidador de direitos que falou Francesco Carnelluti."[16]

Na doutrina pátria, há doutrinadores[17] que reconhecem como válido e atual o entendimento de Piero Calamandrei[18], que não via qual vício da tutela cautelar assumir tanto a função conservativa como antecipada a depender do provimento concedido. José Roberto dos Santos Bedaque[19] e José Carlos Barbosa Moreira[20] sempre defenderam o tratamento processual unitário entre as tutelas cautelares e antecipatórias.

---

15 THEODORO JR., Humberto. Tutela antecipada. Evolução. Visão Comparatista. Direito Brasileiro e direito europeu. São Paulo: Editoria Revista dos Tribunais. RePro vol. 157, março de 2008, p. 131.

16 DINAMARCO, Cândido Rangel. Nova era do processo civil. São Paulo: Malheiros, 2009. p. 49.

17 Nesse sentido ver, BEDAQUE, José Roberto Dos Santos. Tutela Cautelar e Tutela Antecipada: tutelas sumária e de urgência. 3 ed. São Paulo: Malheiros, 2003, p. 303 e MOREIRA, José Carlos Barbosa. Tutela de urgência e efetividade do direito. Revista do Tribunal Regional do Trabalho da 15ª Região, Campinas, n. 23, 2003.

18 CALAMANDREI, Piero. Introduzione allo studio sistemático dei provvedimenti cautelari. Pádua: CEDAM, 1936.

19 BEDAQUE, José Roberto Dos Santos. Tutela Cautelar e Tutela Antecipada: tutelas sumária e de urgência. 3 ed. São Paulo: Malheiros, 2003.

20 MOREIRA, José Carlos Barbosa. Tutela de urgência e efetividade do direito. Revista do Tribunal Regional do Trabalho da 15ª Região, Campinas, n. 23, 2003, p. 257-258. Nos anos

Tal discussão doutrinária acabou despicienda, sobretudo depois que a Lei n. 10.444/2002 inseriu o § 7º ao art. 273 do CPC/1973, consagrando a fungibilidade[21] entre providências cautelares e antecipatórias. Tanto que Humberto Theodoro Júnior[22] reconheceu há época que, desde a inserção da fungibilidade entre a tutela cautelar e antecipação da tutela "patenteou-se desde então a ausência de diferença substancial entre as duas modalidades da tutela de urgência, tanto que, por iniciativa do juiz, o pedido inadequadamente formulado pela parte em face de seus requisitos específicos pode ser acolhido com apoio em satisfação dos requisitos de outra modalidade preventiva."

Se desde a citada lei de 2002, tanto a tutela cautelar como a tutela antecipada foram alçadas, por força legal, a espécies de um mesmo gênero, não haveria razão para que o Código de Processo Civil de 2015 as tratasse de forma diferente. E em boa hora e por meio da técnica adequada, ambas as tutelas provisórias tanto a de urgência (cautelar[23] e antecipada) como a de evidência mereceram um tratamento unitário. E a razão para que tal se desse, é dada por José Roberto dos Santos Bedaque[24], um dos membros integrantes da comissão que ajudou na elaboração do anteprojeto da lei do Código de Processo Civil, qual seja: "eliminar discussões acadêmicas sobre a natureza da antecipação provisória de efeitos da tutela jurisdicional."

A opção legislativa[25] foi a de unificar as tutelas de urgência de natureza cautelar e antecipada, como espécies do gênero: tutela provisória, de cognição não exaurientes, superficial, limitada ou parcial. As tutelas provisórias (tanto

---

90, citado doutrinador expressou sua preocupação ao ver que a doutrina pátria procurava a todo custo distinguir a tutela provisória cautelar e a tutela provisória satisfativa. Para ele "a preocupação, intensa em setores doutrinários, de estabelecer critérios rigorosos de distinção entre as medidas cautelares e as antecipatórias" seria exagerada.

21 Fungibilidade esta que também se encontra presente no CPC/2015 (§ único, artigo 305).

22 THEODORO JR., Humberto. Tutela antecipada. Evolução. Visão Comparatista. Direito Brasileiro e direito europeu. São Paulo: Editoria Revista dos Tribunais. RePro vol. 157, março de 2008, p. 136.

23 A cautelar, com o CPC/2015, deixou de ser um terceiro gênero, como assim era disciplinado no CPC/1973.

24 BEDAQUE, José Roberto Dos Santos. Tutela provisória. São Paulo: Revista do Advogado, Ano XXXV, nº 126, maio 2015, p. 137.

25 Note-se que a opção legislativa, no entanto, não consagrou o entendimento esposado por José Carlos Barbosa Moreira e José Roberto dos Santos Bedaque, preferindo fazer uma distinção das tutelas provisórias baseadas na urgência em cautelares, que mantem a sua finalidade conservativa e as antecipadas, satisfativa. O que não se dá em alguns dos países europeu, como Itália, França e Portugal, como bem demonstrado por Humberto Theodoro Júnior (Curso de Direito Processual Civil, vol.I, 56ª rev. atual. e ampl. Rio de Janeiro: Ed. Forense, 2015, pp. 601-602).

as de urgência, como de evidência) visam antecipar os efeitos da tutela definitiva, que se dividem em satisfativa que podem ser concedidas com base na urgência (art. 294 e arts. 303 e ss. do CPC/2015) ou na evidência (art. 294 e art. 311 do CPC/2015); e as cautelares, conservativas, em que sempre será necessária a demonstração a urgência (arts. 294, 300 e 301 do , CPC/2015).

De acordo com a definição de Kazuo Watanabe[26] a tutela provisória é aquela em que prevalece, no plano horizontal em que se analisa a extensão da cognição, a sua sumariedade, ao contrário da decisão definitiva que é plena. E no plano vertical, em que se analisa a profundidade da cognição, a tutela provisória se enquadra como superficial, enquanto as definitivas são exaurientes.

3. Da Tutela Provisória de Natureza Cautelar

No vigente Código de Processo Civil, como acima visto, embora a opção do legislador tenha sido a de unificar as tutelas provisórias como parte de um único gênero, prevaleceu a sua distinção em espécies, tutelas de urgência (cautelar e antecipada) e evidência, embora sejam elas caracterizadas pela provisoriedade, sumariedade e precariedade. O traço distintivo entre as tutelas provisórias baseadas na urgência (cautelar a antecipada) reside não só no seu objeto[27], como no fato de que a tutela cautelar tem uma característica que lhe é peculiar, qual seja, a referibilidade.

A tutela provisória de urgência de natureza cautelar visa assegurar o direito, jamais satisfazê-lo (como é o caso das antecipadas, satisfativas). A cautelar visa assegurar a eficácia futura do provimento definitivo da tutela satisfativa, mas com esta não se confunde, vez que tem ela a finalidade de assegurar o resultado útil do direito acautelado, sua finalidade é meramente conservativa.

Tutela de natureza cautelar tem por objetivo "assegurar a viabilidade da obtenção da tutela do direito ou para assegurar uma situação jurídica tutelá-

---

26 WATANABE, Kazuo. Da cognição no processo civil. 2. ed. São Paulo: Centro Brasileiro de Estudos e Pesquisas e Central de Publicações Jurídicas, 1999, p. 37.

27 Não se olvida que ainda persiste um problema, não foi excluída "a possibilidade de depararmos hipóteses situadas numa "zona cinzenta", ou faixa de fronteira, onde se torna difícil saber com precisão em que território se está pisando. A ciência processual — melhor dizendo: a ciência jurídica — precisa aceitar o fato de que, em alguns assuntos, não lhe é dado fixar marcos de perfeita nitidez entre áreas limítrofes. E, às vezes, não é útil sequer tentar fazê-lo." (MOREIRA, José Carlos Barbosa. Tutela de urgência e efetividade do direito. Revista da Procuradoria Geral do Estado do Rio de Janeiro – PGE-RJ - Revista de Direito - Volume 57, 2003, p. 260).

vel, conforme o caso."[28] Não é ela satisfativa, por não ser capaz de prestar ou satisfazer o direito, ela tem o condão de apenas assegurar, de conservar a tutela ao direito. Desse modo, as cautelares "se limitam a conservar bens ou direitos, cuja preservação se torna indispensável à boa e efetiva prestação final, na justa composição do litígio."[29]

A tutela provisória baseada na urgência de natureza cautelar, diversamente da antecipada, visa conservar bens ou direitos, evitando-se que, pelo decurso do tempo, venham a se perder ou tornarem-se inúteis para o fim a que se prestam. Ou seja, a tutela provisória urgente de natureza cautelar previne, obsta, impede em caráter provisório, que a situação jurídica em disputa no processo comum de conhecimento ou mesmo que deve ser preservado para atingir os efeitos no processo executivo, deixe de existir, tornando-se inócuo o provimento a ser proferido ao final, pela ausência, perda ou dissipação do bem ou do direito no curso do processo.

A função primordial é de conservação, de prevenção, evitando-se que possíveis atos realizados pela parte contrária possam frustrar a efetividade da tutela satisfativa. Logo, equivocado dizer que a cautelar é instrumento do processo. Ela não se presta ao processo, mas sim para conservar, assegurar, a situação jurídica ou o direito que vem sendo objeto de análise no processo de conhecimento ou executivo.

3.1 Da referibilidade

Afirmou-se acima que um dos traços característicos que distingue a tutela cautelar da tutela antecipada (que é satisfativa) além do seu objeto, é sua referibilidade,.

Por referibilidade[30] entende-se aquilo que se refere. E não poderia ser diferente, porque a tutela cautelar é uma medida conservativa. Logo, se o provimento cautelar visa conservar, prevenir ou mesmo impedir a dissipação ou a perda do bem ou direito a que se busca acautelamento, a medida não se exaure em si, mas se refere a viabilidade da obtenção da tutela do direito ou

---

28 MARINONI, Luiz Guilherme; ARENHART, Sergio Cruz. Processo Cautelar. 2ª ed. rev. atual., São Paulo, Ed. RT, 2010, p. 23.

29 THEODORO JR., Humberto. Curso de Direito Processual Civil, vol.I, 56ª rev. atual. e ampl. Rio de Janeiro: Ed. Forense, 2015, p. 596.

30 "O conceito de referibilidade advém da ideia de ligação assegurativa da tutela cautelar à tutela do direito." (MARINONI, Luiz Guilherme; ARENHART, Sergio Cruz. Processo Cautelar. 2ª ed. rev. atual., São Paulo, Ed. RT, 2010, p. 38).

uma situação jurídica tutelável a que se pretende ver conservada, prevenida ou impedida, ou seja, a situação acautelada.

A ausência da referibilidade do direito acautelado ou mesmo a ausência do direito a se busca acautelar, permite assegurar a ausência de cautelaridade.[31] Tanto é que em sendo requerida a tutela provisória urgente de natureza cautelar em caráter antecedente (art. 305, CPC/2015) há a necessidade, como requisito da petição inicial, da indicação da lide e seu fundamento, como a exposição sumária do direito que se objetiva assegurar. Ao passo que, a petição inicial do pedido de tutela provisória de natureza antecipada requerida em caráter antecedente, pode limitar-se ao requerimento da tutela antecipada e à indicação do pedido de tutela final (art.303, CPC/2015).

3.2 Dos Requisitos para a concessão da tutela provisória baseada na urgência

O CPC/2015 unificou e simplificou os requisitos para a concessão da tutela baseada na urgência, exigindo-se a demonstração da probabilidade do direito à tutela pretendida, mais o perigo do dano, ou, como consta da redação do CPC/2015, o "risco ao resultado útil ao processo."

Para Mario Dini[32] (1957, p. 31), no campo de tutela cautelar, "não basta que o interesse advenha de um estado de perigo, é necessário demonstrar que o perigo é iminente, de modo que o provimento tenha característica de urgência, em que seja demonstrado o dano potencial que poderia torna-se ineficaz em caso de retardamento do provimento final."

E quanto ao que se denominou chamar de *periculum in mora*, não há confundi-lo com o perigo de dano jurídico, mas sim ao perigo do dano marginal[33] que poderá ser causado em caso de retardamento na prolação da sentença, diante da lentidão e morosidade pelo *iter* do procedimento comum ou executivo.

---

31 MARINONI, Luiz Guilherme; ARENHART, Sergio Cruz. Processo Cautelar. 2ª ed. rev. atual., São Paulo, Ed. RT, 2010, p. 38, para quem: "A falta de referibilidade é evidência da existência de satisfatividade e, assim, de ausência de cautelaridade."

32 DINI, Mario. I provvedimenti d´urgenza nel Diritto Processsuale Civile, 2ª ed.. Milão: Giuffrè, 1957, p. 31. Tradução livre do texto: "non basta che l´interesse ad agire nasca da uno stato di pericolo, ma ocorre ancora che il pericolo sia iminente, in modo che il provvedimento abbia carattere d´urgenza, tanto da doversi ritenere che il danno potenziale potrebbe divenire effettivo, se il provvedimento retardasse".

33 Essa foi uma expressão cunhada por Enrico Finzi, em comentário a uma decisão da Corte de Apelação de Florença no ano de 1925. Ver MITIDIERO (2011, p. 73). E muito utilizada por Andrea Proto Pisani e Mario Dini.

Nesse sentido, reconhecem Luiz Guilherme Marinoni e Sérgio Cruz Arenhart[34] que: "o perigo de dano faz surgir o perigo na demora do processo, existindo, aí, uma relação de causa e efeito. Por isto mesmo, para se evidenciar a necessidade da tutela cautelar, não basta alegar *periculum in mora*, sendo preciso demonstrar a existência da sua causa, ou seja, o perigo de dano."

4. Da Decisão da Tutela Provisória

Em sendo demonstrado pelo requerente[35] a presença da probabilidade do direito invocado mais o perigo de dano ou o risco do resultado útil do processo, deverá o juiz conceder a medida buscada. Não se trata de um ato discricionário do juiz, porque estando presentes os requisitos para concessão da tutela provisória há de ser esta concedida. Porque embora o provimento buscado seja um direito da parte, a tutela provisória visa salvaguardar a efetividade do próprio provimento buscado.

Afinal, "o que está em jogo na atividade própria da tutela de urgência é o interesse público do Estado na preservação da efetividade de sua função jurisdicional."[36] Sobretudo, quando a tutela provisória de natureza cautelar, tem função de salvaguardar "o *imperium judicis*, ou seja, a de impedir que a soberania do Estado, em sua mais alta expressão, que é a da justiça, limite-se a ser uma tardia e inútil expressão verbal."[37] Desse modo, a medida cautelar se encontra predisposta e a serviço, antes mesmo de atender aos interesses das partes, da própria administração da justiça[38].

---

34 MARINONI, Luiz Guilherme; ARENHART, Sergio Cruz. Processo Cautelar. 2ª ed. rev. atual., São Paulo, Ed. RT, 2010, p. 28

35 Observe-se que o CPC/2015, no artigo 299, deixou antever que não será possível a concessão da tutela provisória *ex officio*, como constava no CPC/1973 em que o artigo 797 do CPC de 1973, concedia ao juiz a possibilidade de conceder tutelas cautelares de ofício. Nesse sentido, ver THEODORO JR., Humberto. Curso de Direito Processual Civil, vol.I, 56ª rev. atual. e ampl. Rio de Janeiro: Ed. Forense, 2015, p. 624

36 THEODORO JR., Humberto. Curso de Direito Processual Civil, vol.I, 56ª rev. atual. e ampl. Rio de Janeiro: Ed. Forense, 2015, p. 688

37 CALAMANDREI, Piero. Introduzione allo studio sistemático dei provvedimenti cautelari. Pádua: CEDAM, 1936, tradução livre de MARINONI, Luiz Guilherme; ARENHART, Sergio Cruz. Processo Cautelar. 2ª ed. rev. atual., São Paulo, Ed. RT, 2010, p. 104

38 Assegurava CALAMANDREI que: "le misure cautelari sono predisposte, più che nell´interesse dei singoli, nell, interesse dell´amministrazione dela giustizia, di cui garantiscono il buon funzionamento ed anche, si potrebbe dire, il buon nome." (CALAMANDREI, Piero. Introduzione allo studio sistemático dei provvedimenti cautelari. Pádua: CEDAM, 1936, p. 144).

Se presentes a probabilidade do direito e a urgência que deve ser demonstrada pelo perigo de dano ou a possibilidade de risco ao resultado útil do processo, queda inolvidável a necessidade da concessão da medida que se apresenta como o poder de cautela concedido ao magistrado que tem o dever-poder, por meio da cognição sumária, impedir, prevenir ou obstar que maiores danos sejam causados para a situação a que se visa ver acautelada.

É dever do juiz, por meio da decisão devidamente fundamentada[39], evitar que danos ocorram a situação jurídica em discussão no processo, sendo-lhe concedido o poder geral de cautela (art. 297, CPC/2015) para determinar toda e qualquer medida que considerar adequada para a efetivação da medida.

A opção legislativa foi dar amplo poder ao juiz, sem limitação, para que determine a melhor e mais eficaz medida para efetivação da tutela provisória. Competirá ao juiz, diante do caso concreto, determinar as medidas que entender adequadas para que seja atingida a finalidade útil equivalente a conservar, prevenir ou obstar os danos aos bens ou direitos. No caso da cautelar, o legislador trouxe como rol exemplificativo (art. 301, CPC/2015) de que esta pode ser efetivada mediante arresto, sequestro, arrolamento de bens, registro de protesto contra alienação de bem e qualquer outra medida idônea para asseguração do direito.

4.1 Da força executiva da decisão provisória

Seria um contrassenso dar um poder geral de cautela ao magistrado, de um lado, e, de outro, limitar a efetividade, a exequibilidade da ordem do mandamento contido em sua decisão. Esta decisão, portanto, traz em si a carga de mandamentalidade, de ordem a ser observada para a efetivação da tutela. A decisão provisória é auto executiva[40].

Tal se deve, porque no campo da tutela provisória, sobretudo a de natureza cautelar, o provimento é tanto cognitivo, como executivo[41], em que as decisões

---

39 E essa é uma exigência do CPC/2015, artigo 11 c/c §1º, art. 489.

40 Nesse sentido THEODORO JR., Humberto. Curso de Direito Processual Civil, vol.I, 56ª rev. atual. e ampl. Rio de Janeiro: Ed. Forense, 2015, p. 686.

41 Nesse sentido, Mitidiero, firme na lição de Liebman, também reconhece que o "o provimento cautelar é uma unidade", porque no provimento cautelar há inegável mistura entre a cognição e a execução. (MITIDIERO, Daniel. Tendências em matéria de tutela sumária: da tutela cautelar à técnica antecipatória. Processo Civil Novas Tendências – em homenagem ao Ministro Sálvio de Figueiredo Teixeira. JAYME, Fernando Gonzaga; FARIA, Juliana Cordeiro de; LAUAR, Maira Terra (coords.). Belo Horizonte: Del Rey, 2011, p. 71).

judiciais "correspondem a verdadeiras injunções, que tendem a impor prestações imediatas aos sujeitos processuais, tanto positivas (fazer ou dar alguma coisa) como negativas (não fazer ou abster-se de impedir que a outra parte faça o que lhe permitiu a decisão cautelar)."[42]

A decisão provisória cautelar deve assegurar ainda que provisoriamente os efeitos necessários para garantir a utilidade do provimento final. Esta é a finalidade instrumental do provimento cautelar, assegurar os efeitos da decisão de mérito a ser proferida, assegurando a futura execução da decisão definitiva. Ou seja, o resultado útil a que se almeja com a decisão cautelar. A tutela provisória "entra logo no plano da execução e pode, em alguns casos, até mesmo dispensar o uso da fatura *actio iudicati*." [43]

O que se busca com a cautelar, é a imediata exequibilidade do provimento conservativo, logo, não há como admitir que para a efetivação da decisão judicial fosse necessária uma execução[44], ainda que provisória, porque para sua efetivação não há necessidade de instaurar uma execução forçada, por força da carga injuncional[45] e mandamental inerente das decisões provisórias. Em que o cumprimento da determinação do juiz, se faz de forma forçada[46].

Para tanto, em caso de descumprimento da decisão provisória, o juiz pode e deve se valer das medidas de apoio, determinando, em caso de não cumprimento da ordem a aplicação da multa, bem como, exemplificativamente, a busca e apreensão, a remoção de pessoas e coisas, o desfazimento de obras e o

---

42 THEODORO JR., Humberto. O cumprimento das medidas cautelares e antecipatórias. São Paulo: Editoria Revista dos Tribunais. Revista de Processo - RePro vol. 139, p. 13

43 THEODORO JR., Humberto. Curso de Direito Processual Civil, vol.I, 56ª rev. atual. e ampl. Rio de Janeiro: Ed. Forense, 2015, p. 686.

44 THEODORO JR., Humberto. Curso de Direito Processual Civil, vol.I, 56ª rev. atual. e ampl. Rio de Janeiro: Ed. Forense, 2015, p. 687.

45 "Mais do que qualquer outro processo, as decisões judiciais, no campo cautelar, assim como no antecipatório, correspondem a verdadeiras *injunções*, que tendem a impor prestações imediatas aos sujeitos processuais, tanto positivas (fazer ou dar alguma coisa) como negativas (não fazer ou abster-se de impedir que a outra parte faça o que lhe permitiu a decisão cautelar)." (THEODORO JR., Humberto. Curso de Direito Processual Civil, vol.I, 56ª rev. atual. e ampl. Rio de Janeiro: Ed. Forense, 20152015, p. 688) que

46 Daniel Mitidiero também reconhece que "a efetivação da decisão antecipada (seja cautelar ou satisfativa) obedece, para concretizações de fazer, não fazer e para a realização do direito à coisa, a um sistema atípico de técnicas processuais executivas." Dando exemplo que para um fazer, não-fazer ou abster-se o juiz impõe a astreinte, determinando-se cumprimento da decisão, e para que se cumpra uma decisão cautelar, como por exemplo os desfazimento de obras, remoção de pessoas ou coisas utiliza-se de força policial, para que seja atingido, assegurado o resultado prático equivalente ao da determinação imposta no provimento de tutela provisória. (MITIDIERO, Daniel. Tendências em matéria de tutela sumária: da tutela cautelar à técnica antecipatória. Processo Civil Novas Tendências ..., 2011, p. 92).

impedimento de atividade nociva, podendo, até mesmo, caso preciso, solicitar a força policial (art. 536, §1 c/c art. 537 do CPC/2015). Sem contar que, em não cumprindo a parte a determinação judicial, com exatidão, ser ela punida pela prática de ato atentatório à dignidade da justiça, com multa que pode chegar até 20% (vinte por cento) do valor da causa corrigida (§§1º e 2º , art. 77 do CPC/2015).

Logo, em sendo concedida a tutela provisória, não será necessário valer-se do cumprimento de sentença, porque a decisão provisória, por sua natureza, visa prevenir, conservar ou obstar a realização de atos que se realizados pela parte contrária pode resultar uma ineficácia da própria decisão definitiva. E, portanto, não se concebe, pela urgência do cumprimento da medida, que tal se faça, ainda que seja por meio da execução provisória.

E, quando o parágrafo único do artigo 297 do CPC/2015 consigna que, para a efetivação da tutela provisória, serão observadas, no que couber, as normas referentes ao cumprimento provisório da sentença, não se revela uma impropriedade e nem uma contradição à mandamentalidade contida no provimento de tutela provisória cautelar.

A leitura do parágrafo único do artigo 297 do CPC deve ser interpretado de acordo com o *caput* do artigo 297 e o artigo 301 do CPC/2015. E, em hipótese alguma, pode ser a de que, a decisão provisória será cumprida por meio da execução provisória, mas sim a de que o juiz pode, nas hipóteses possíveis, adotar todas as medidas provisórias necessárias[47] para que seja efetivada a tutela provisória concedida, inclusive medidas executórias sub-rogatórias como coercitivas para assegurar sua efetivação.

5. Conclusão

O tempo de duração do processo é um problema a ser enfrentado pelos processualistas. As técnicas e mecanismos das tutelas diferenciadas é utilizado para minimizar os impactos causados pelo decurso do tempo do processo até a efetiva e satisfativa entrega da prestação jurisdicional.

Dentre as técnicas diferenciadas adotadas pelo Código de Processo Civil, destaca-se a tutela provisória baseada na urgência (cautelar e antecipada) e

---

47 Nesse sentido: DIDIER JR., Fredie; BRAGA, Paula Sarno; OLIVEIRA, Rafael Alexandria. Curso de Direito Processual , vol 2. 10ª. Ed. Salvado: JusPodium, 2015, p. 590; CÂMARA, Alexandre Freitas. O novo Processo Civil Brasileiro. São Paulo: Atlas, 2015, p. 157; e THEODORO JR., Humberto. Curso de Direito Processual Civil, vol.I, 56ª rev. atual. e ampl. Rio de Janeiro: Ed. Forense, 2015, p. 686

a de evidência, que visam resguardar, antecipar, obstar, impedir, conservar o bem ou direito tutelado, mas que ainda não é possível de ser entregue em definitivo ao jurisdicionado.

A tutela provisória, que se contrapõe a definitiva, é uma tutela concedida em grau não exauriente e superficial, guardando em si certa precariedade. Mas ainda que a decisão proferida em apreciação do pedido de tutela provisória seja precária, sumária e superficial, é mandamental, e, portanto, auto executiva.

O Código de Processo Civil de 2015 manteve o poder geral de cautela do juiz ao determinar que ele não só pode como deve impor, determinar, qualquer medida para que a decisão por ele concedida seja efetivada, e em caso de não cumprimento da ordem judicial pela parte contrária, nada obsta que o juiz determine a aplicação das medidas de apoio e a busca do resultado útil equivalente, ao determinar a aplicação da multa, bem como, exemplificativamente, no caso da cautelar a busca e apreensão, a remoção de pessoas e coisas, o desfazimento de obras e o impedimento de atividade nociva, podendo, até mesmo, caso preciso, solicitar a força policial. Sem prejuízo da multa pela prática de ato atentatório à dignidade da justiça.

Para o cumprimento da decisão de concessão da tutela provisória, não será necessário requerer a sua execução por meio cumprimento de sentença, ainda que provisória, porque se o objetivo da decisão é prevenir, obstar, conservar bem ou direito, o seu não cumprimento voluntário pode resultar uma ineficácia da própria decisão definitiva. E, por tal razão, o parágrafo único do artigo 297 do CPC/2015 consigna que, para a efetivação da tutela provisória, serão observadas, no que couber, as normas referentes ao cumprimento provisório da sentença, permitindo-se que sejam adotados todas as medidas provisórias necessárias para que seja efetivada a tutela provisória concedida, inclusive medidas executórias sub-rogatórias como coercitivas para assegurar sua efetivação.

6. Referências bibliográficas

ARMELIN, Donaldo. Da tutela Jurisdicional Diferenciada – Revista de Processo - RePro 65. São Paulo: RT, janeiro – março de 1992, p. 45-55

BEDAQUE, José Roberto Dos Santos. Direito e processo – influencia do direito material sobre o processo. 4ª. Ed., São Paulo: Malheiros, 2006

BEDAQUE, José Roberto Dos Santos. Tutela Cautelar e Tutela Antecipada: tutelas sumária e de urgência. 3 ed. São Paulo: Malheiros, 2003.

BEDAQUE, José Roberto Dos Santos. Tutela provisória. São Paulo: Revista do Advogado, Ano XXXV, nº 126, maio 2015

BEDAQUE, José Roberto Dos Santos. Tutela provisória. Cadernos Jurídicos, São Paulo, ano 16, nº 41, p. 43-51, Julho-Setembro/2015. <http://bdjur.stj.jus.br/jspui/bitstream/2011/101576/tutela_provisoria_bedaque.pdf> em 11/01/2017

CALAMANDREI, Piero. Introduzione allo studio sistemático dei provvedimenti cautelari. Pádua: CEDAM, 1936.

CALAMANDREI, Piero. *Proceso y Democracia*. Tradução de Héctor Fix-Zamudio. Lima: Ara Editores, 2006

CÂMARA, Alexandre Freitas. O novo Processo Civil Brasileiro. São Paulo: Atlas, 2015.

CARNELUTTI, Francesco. Arte del Derecho – Seis meditaciones sobre el Derecho. Lima: Ara Editores, 2006.

COSTA, Alfredo de Araújo Lopes da. Medidas preventivas – medidas preparatórias – medidas de conservação. Belo Horizonte: Imprensa Oficial, 1953.

DIDIER JR., Fredie; BRAGA, Paula Sarno; OLIVEIRA, Rafael Alexandria. Curso de Direito Processual , vol 2. 10ª. Ed. Salvado: JusPodium, 2015

DINAMARCO, Cândido Rangel. A nova era do processo civil – 3ª ed. rev. atual. e aumentada. São Paulo: Malheiros, 2009

DINI, Mario. I provvedimenti d'urgenza nel Diritto Processsuale Civile, 2ª ed.. Milão: Giuffrè, 1957

GRINOVER, Ada Pellegrini. Tutela jurisdicional diferenciada: a antecipação e sua estabilização – RePro 121. São Paulo: RT, março de 2005. p. 11-37

JAYME, Fernando Gonzaga. – Obstáculos à tutela jurisdicional efetiva – Revista Forense, vol. 399, setembro – outubro de 2009, Rio de Janeiro Forense, p. 95-109

MANDRIOLI, Crisanto. Corso di diritto processuale civile. 7ª ed., vol. III, Torino: Giappichelli, 2010

MARINONI, Luiz Guilherme. A antecipação de Tutela. 4ª ed. rev. e ampl. São Paulo: Malheiros, 1998

MARINONI, Luiz Guilherme. Tutela antecipatória e julgamento antecipado – parte incontroversa da demanda. 5ª ed. rev. e atual. e ampl. São Paulo: Revista dos Tribunais, 2002

MARINONI, Luiz Guilherme; ARENHART, Sergio Cruz. Processo Cautelar. 2ª ed. rev. atual., São Paulo, Ed. RT, 2010.

MITIDIERO, Daniel. Tendências em matéria de tutela sumária: da tutela cautelar à técnica antecipatória. Processo Civil Novas Tendências – em homenagem ao Ministro Sálvio de Figueiredo Teixeira. JAYME, Fernando Gonzaga; FARIA, Juliana Cordeiro de; LAUAR, Maira Terra (coords.). Belo Horizonte: Del Rey, 2011.

MOREIRA, José Carlos Barbosa. Duração dos Processos: Alguns dados comparativos. Revista Síntese de Direito Civil e Processo Civil- RDCPC 29, mai-jun/2004

MOREIRA, José Carlos Barbosa. Tutela de urgência e efetividade do direito. Revista da Procuradoria Geral do Estado do Rio de Janeiro – PGE-RJ - Revista de Direito - Volume 57, 2003.

REZENDE, Ester Camila Gomes Norato. Breves linhas sobre a tutela provisória. Processo Civil Brasileiro – Novos Rumos a partir do CPC/2015. THEODORO JR., Humberto (coord). Belo Horizonte: Del Rey, 2016.

THEODORO JR., Humberto. O cumprimento das medidas cautelares e antecipatórias. São Paulo: Editoria Revista dos Tribunais. Revista de Processo - RePro vol. 139, 2006, p. 7-27

THEODORO JR., Humberto. Tutela antecipada. Evolução. Visão Comparatista. Direito Brasileiro e direito europeu. São Paulo: Editoria Revista dos Tribunais. Revista de Processo - RePro vol. 157, 2008, p. 129-146

THEODORO JR., Humberto. Curso de Direito Processual Civil, vol.I, 56ª rev. atual. e ampl. Rio de Janeiro: Ed. Forense, 2015

TUCCI, José Rogério Cruz e. – Tempo e processo: uma análise empírica das repercussões do tempo na fenomenologia processual (civil e penal). Sâo Paulo: Revista dos Tribunais, 1997.

WATANABE, Kazuo. Da cognição no processo civil. 2. ed. São Paulo: Centro Brasileiro de Estudos e Pesquisas e Central de Publicações Jurídicas, 1999.

A CONCILIAÇÃO DOS ATOS DE COMUNICAÇÃO PROCESSUAL E DEMAIS FACULDADES DAS PARTES APÓS A TUTELA PROVISÓRIA: UM PROBLEMA AINDA MAL COMPREENDIDO

Leonardo Silva Nunes[1]

1. Generalidades acerca da Tutela Provisória no novo regime processual civil brasileiro

Está completando seu primeiro ano de vigência a lei 13.105/2015, que instituiu o Código de Processo Civil e, com ele, o novo regime processual civil brasileiro. Algumas matérias foram sujeitas a aperfeiçoamentos, como no caso da execução, que já vinha sendo reformada ao longo da última década. Outros temas, porém, sofreram modificações substanciais, como aconteceu com os recursos e a tentativa de formulação de uma teoria da decisão e dos precedentes. Todos eles, no entanto, estreitamente vinculados a uma notável rede de normas fundamentais, que intencionam estruturar o caráter de todo o Código.

Entre os institutos mais profundamente alterados, em nome da celeridade, simplicidade e melhor sistematização[2], tem-se a tutela provisória, que teve

1 Doutor e Mestre em Direito pela Universidade Federal de Minas Gerais. Professor Adjunto de Direito Processual Civil e Coletivo do Departamento de Direito da Universidade Federal de Ouro Preto. Membro do Instituto Brasileiro de Direito Processual (IBDP), do Instituto dos Advogados de Minas Gerais (IAMG) e do Instituto de Direito Processual (IDPro). Coordenador do grupo de estudos *Observatório de Processo*. Advogado. msleonunes@gmail.com.

2 Conforme ressaltado pela Exposição de Motivos do CPC, disponível em: <https://www2.senado.leg.br/bdsf/bitstream/handle/id/512422/001041135.pdf?sequence=1>. Acessado em 17 jan. 2017.

acomodado todo o seu regramento no Livro V da Parte Geral, entre os arts. 294-311, CPC.

O novo regime estabelecido para as tutelas provisórias está fortemente influenciado pelas normas fundamentais do processo civil, especialmente aquelas que versam sobre a observância da boa-fé, a garantia da igualdade e do respeito ao efetivo contraditório, a vedação (como regra) de decisões contra a parte sem que esta seja previamente ouvida, ou proferidas com base em fundamento sobre o qual as partes não tiveram oportunidade de se manifestar e, especialmente, a que estabelece o modelo cooperativo de processo.[3]

Como é sabido, o CPC engendrou um sistema que culminou na reconfiguração das tutelas provisórias, distinguindo-as em duas rubricas, *urgência* e *evidência* – que são também seu fundamento (art. 294, CPC), e agrupando na primeira as espécies *antecipada* (*rectius*, satisfativa) e *cautelar*. Da reconhecida aproximação das espécies resultou a definição de requisitos comuns para a sua concessão, que fica condicionada à demonstração dos elementos que evidenciem a probabilidade do direito e o perigo de dano ou o risco ao resultado útil do processo (art. 300, CPC). À tutela da evidência foi dedicado um título próprio, com dispositivo que apresenta, de forma ampliada, as hipóteses autorizadoras de sua concessão.

Embora o novo sistema tenha no reconhecimento do poder geral de cautela como regra geral (art. 297 e 301, CPC), a eliminação das medidas cautelares típicas tem o claro potencial de causar sérias dificuldades. Naturalmente, "*sem parâmetros objetivos pré-fixados para uma série de situações especiais, o novo Código pode passar a figurar como fonte de nova complexidade ao sistema, gerando crises de certeza atualmente desconhecidas pelo processo civil*".[4]

A tutela provisória pode ser requerida incidentalmente ao juízo da causa ou, em caráter antecedente, quando ainda não instaurado o processo, ao juízo competente para conhecer do pedido principal (art. 299, CPC). Em que pese a referida aproximação, o código não aboliu totalmente a distinção procedimental entre as espécies de tutelas de urgência[5], prescrevendo diferenças de

---

3 Sobre as normas fundamentais do processo civil no novo CPC, cf. singelo artigo de opinião de um dos autores em: NUNES, Leonardo Silva. Código de Processo Civil Democrático do Brasil: normas fundamentais. *Global to Local Law News*. 2015-11-n.1, disponível em: <https://www.academia.edu/26760302/C%C3%B3digo_de_Processo_Civil_Democr%C3%A1tico_do_Brasil_normas_fundamentais>. Acessado em: 19 dez. 2016.

4 MACHADO, Marcelo Pacheco. Simplificação, autonomia e estabilização das tutelas de urgência: análise da proposta do projeto de novo Código de Processo Civil. *Revista de Processo*. Vol. 202/2011. P. 233-266. Para este autor, a simplificação procedimental, aqui, se trataria de um *falso problema*.

5 São distintos os procedimentos para requerimento da tutela provisória em caráter

rito quando se tratar de pedido antecedente. A tutela da evidência, por sua vez, poderá ser concedida exclusivamente pela via incidental.

Mas a principal novidade no campo da tutela provisória é, sem dúvida, a introdução no ordenamento jurídico brasileiro da autonomização e estabilização da tutela de urgência antecipada (satisfativa), opção adotada pelo CPC/2015 ao trilhar a "enriquecedora linha da evolução da tutela sumária, encontrada nos direitos italiano e francês: admitiu a desvinculação entre a tutela de cognição sumária e a tutela de cognição plena ou o processo de mérito, ou seja, permitiu a chamada autonomização e estabilização da tutela sumária".[6] Quanto ao ponto, a CPC inovou ao prever a possibilidade de estabilização dos efeitos da decisão que, lançada em sede de cognição sumária, tem o condão de dimensionar a situação de crise momentânea do direito material, sem, contudo, precisar passar por todas as etapas do procedimento comum, dispensando-se, pois, a cognição exauriente, e, bem por isso, sem transitar em julgado. Sob o ponto de vista cultural, este será um dos pontos de maior dificuldade por parte do intérprete, ainda não familiarizado com essa dinâmica, e que já rendeu a produção de inúmeros estudos doutrinários que intencionam melhor elucidar esta inovação e seu funcionamento.[7]

Entre os problemas que surgiram das novidades, destaca-se a previsão do procedimento diferenciado para a tutela provisória de urgência antecipada, quando requerida em caráter antecedente, conforme descrito nos arts. 303-304, CPC. Ocorre que, da forma como estão redigidos, esses dispositivos dificultam a compreensão do modo de ser do procedimento instituído, mormente quanto à conciliação dos atos de comunicação processual e demais faculdades das partes, causando muita polêmica e confusão interpretativa. Trata-se de um problema ainda mal compreendido e que merece maior atenção do intérprete.

Uma vez traçado o panorama das tutelas provisórias em vigor, passa-se a enfrentar problema relacionado ao procedimento da tutela antecipada requerida em caráter antecedente.

2. O procedimento da tutela antecipada

antecedente, tendo em vista o seu objeto, acautelamento/conservação ou satisfatividade.

6 THEODORO JÚNIOR, Humberto; ANDRADE, Érico. A autonomização e a estabilização da tutela de urgência no Projeto de CPC. *Revista de Processo*. Vol. 206/2012. P. 13-59.

7 Quanto ao ponto, cf. interessante estudo de: ANDRADE, Érico; NUNES, Dierle. Os contornos da estabilização da tutela provisória de urgência antecipatória no novo CPC e o "mistério" da ausência de formação da coisa julgada. *Coleção Novo CPC – Doutrina Selecionada*. Vol. 4. Coord. Geral: Fredie Didier Jr.; Organizadores: Lucas Buril de Macêdo, Ravi Peixoto, Alexandre Freire. Salvador: JusPodivm, 2015, p. 61-94.

requerida em caráter antecedente

Inicialmente, cumpre estreitar o foco de análise para o procedimento da tutela provisória de urgência antecipada requerida em caráter antecedente.[8] Assim, o exame que se desenvolverá adiante não diz respeito à tutela provisória de urgência cautelar, nem tampouco à tutela provisória da evidência, nem diz respeito, ainda, à tutela provisória concedida em sede incidental.

Por este procedimento, aquele que estiver diante de situação em que a urgência for contemporânea à propositura da ação, estará autorizado a formular petição inicial simplificada, que se limita ao requerimento da tutela antecipada e à indicação do pedido de tutela final, com a exposição da lide, do direito que se busca realizar e do perigo de dano ou do risco ao resultado útil do processo (art. 303, *caput*, CPC). Em sequência à decisão judicial positiva, isto é, concedida a tutela antecipada, o §1º do dispositivo faz uma série de determinações, a saber:

I. O autor *deverá* aditar a petição inicial, com a complementação de sua argumentação, a juntada de novos documentos e a confirmação do pedido de tutela final, em 15 (quinze) dias ou em outro prazo maior que o juiz fixar;

II. O réu *será* citado e intimado para a audiência de conciliação ou de mediação na forma do art. 334;

III. Não havendo autocomposição, o prazo para contestação será contado na forma do art. 335.

Outrossim, o aditamento da petição inicial deverá ser realizado nos mesmos autos, sem incidência de novas custas processuais. Porém, ao não cumprimento dessa determinação o §2º estabelece o efeito da extinção do processo sem resolução do mérito. Deverá, ainda, o autor indicar na petição inicial o valor da causa, que encampe o pedido de tutela final, bem como manifestar-se expressa-

---

8 As reflexões a seguir foram germinadas durante as reuniões do grupo de estudos Observatório de Processo, no âmbito do Curso de Direito da Universidade Federal de Ouro Preto, durante o primeiro semestre de 2016. As primeiras considerações conclusivas acerca do tema constam do seguinte articulado: NUNES, Leonardo Silva; NOBRE, Eduardo Pereira; COTA, Samuel Paiva. Como conciliar os atos de comunicação processual com as demais faculdades das partes após a decisão concessiva de tutela provisória antecipada antecedente? Nesse caso, o aditamento da petição inicial seria obrigatório? *Migalhas – Entendendo Direito*. Coord.: WAMBIER, Luiz Rodrigues. Publicado em 13 jan. 2017. Disponível em: <https://www.academia.edu/30946236/Como_conciliar_os_atos_de_comunica%C3%A7%C3%A3o_processual_e_demais_faculdades_das_partes_ap%C3%B3s_a_tutela_provis%C3%B3ria.pdf>. Acessado em 17 jan. 2017.

mente sua intenção de valer-se do benefício previsto no *caput* do art. 303, CPC (= elaboração da petição inicial simplificada, com argumentação incompleta ou documentação probatória insuficiente ao julgamento do pedido final).

Por sua vez, o art. 304, CPC introduziu no ordenamento jurídico brasileiro a possibilidade de autonomização e estabilização da tutela de urgência antecipada antecedente. Mas o faz atrelando essa faculdade ao procedimento descrito no art. 303, CPC, *in verbis*: "a tutela antecipada, concedida nos termos do art. 303, torna-se estável se da decisão que a conceder não for interposto o respectivo recurso". Consequentemente, para que a estabilização ocorra, preciso é que sejam observados os pressupostos enumerados no art. 303, CPC. E, assim, não impugnada a decisão concessiva da tutela antecipada, esta se tornará estável, extinguindo-se o processo (art. 304, §1°, CPC). Acaso interposto o recurso pelo réu, inviabilizada estará a estabilização, retomando-se a marcha processual em busca de decisão definitiva, fundada em cognição exauriente.[9]

Da leitura desses dispositivos, exsurgem para o autor duas faculdades: a) elaborar a petição inicial de forma simplificada; b) pretender a estabilização da tutela provisória. Frise-se, ademais, que ambas faculdades gozam de relativa autonomia. Ocorre que, a situação de urgência que autoriza o autor a elaborar a petição inicial simplificada não redunda, necessária e obrigatoriamente, na estabilização da decisão concessiva da tutela antecipada. Ora, é perfeitamente possível que o autor, nessa hipótese, pretenda obter tutela definitiva, materializada em decisão que seja fruto de cognição plena e exauriente. Por outro lado, seria possível antever hipótese diversa, em que o autor, já reunindo todas as condições para a elaboração de uma petição inicial completamente articulada e instruída, pretenda a estabilização de eventual decisão concedida em seu favor, e, nesse caso, seja absolutamente desnecessário o aditamento a que alude o art. 303, §1°, I, CPC.

É muito importante observar, portanto, que a *situação de urgência* é o fato que justifica o benefício dado ao autor de formular o pedido inicial incompleto (art. 303, *caput*). Ao lado desse, outro benefício é oferecido ao autor pelo *caput*

---

9 O sistema adotado pelo CPC brasileiro possui diferenças em relação a outros que lhe serviram de inspiração, como o italiano e o francês. Em Portugal, p.ex., que também possui sistemática parecida, construiu-se um sistema que assenta na inversão do contencioso. Segundo Miguel Teixeira de Sousa, "*em vez de ser o requerente da providência cautelar a ter o ónus de propor uma ação principal destinada a confirmar ou a consolidar a tutela cautelar, cabe ao requerido instaurar uma ação de impugnação com a finalidade de obstar à consolidação da tutela provisória*" (SOUSA, Miguel Teixeira de. As providências cautelares e a inversão do contencioso. *Academia.edu.* Disponível em: <https://www.academia.edu/5973963/TEIXEIRA_DE_SOUSA_M._As_provid%C3%AAncias_cautelares_e_a_invers%C3%A3o_do_contencioso_12.2013_>. Acessado em 17 jan. 2017).

do art. 304. Trata-se da possibilidade de estabilização dos efeitos da decisão que lhe concede a tutela provisória satisfativa em caráter antecedente. A estabilização está condicionada à formulação do pedido pelo autor nos moldes do art. 303, bem como à não interposição de recurso pelo réu. Mas a possibilidade de formular o pedido simplificado não está atrelada, necessariamente, à intenção pela estabilização, mas à situação de urgência atual, "*contemporânea à propositura da ação*". Afinal, não se poderia negar ao autor o direito de pretender a confirmação de eventual decisão concessiva de tutela provisória pela via da cognição exauriente, o que deve ser sinalizado na própria petição inicial.

Em síntese, trata-se de duas faculdades distintas que se confere ao autor; e, sendo benefícios, torna-se imprescindível que o autor manifeste seu interesse em usufruir de cada um deles.[10] Na falta da indicação de que pretende se valer do benefício previsto no *caput* do art. 303, deverá o juiz franquear ao autor a emenda da petição inicial antes de extinguir o processo; a ausência de manifestação de que pretende a estabilização dos efeitos de decisão eventualmente não impugnada pelo réu deve significar, para todos os efeitos, o desejo do autor de obter, ao final, tutela definitiva, fundada em cognição exauriente.

A par da questão da estabilidade da decisão concessiva da tutela provisória, inegavelmente uma das principais novidades do CPC/2015, cumpre identificar, a partir da interpretação literal, lógica e sistemática, a maneira adequada de conciliar os atos de comunicação processual com as demais faculdades atribuídas por lei às partes, em face da decisão concessiva da tutela provisória antecipada antecedente. Ocorre que, da análise dos arts. 303 e 304, CPC, percebe-se grande dificuldade interpretativa[11], criada pelas próprias disposições normativas, no que tange aos termos iniciais dos prazos para o aditamento da petição inicial (art. 303, §1º, I), para a citação e intimação do réu para a audi-

---

10 Como bem pontuado por Heitor Sica, acompanhando lição de Ada Pellegrini Grinover, "*as técnicas previstas nos arts. 303 e 304 constituem 'benefícios' ao autor (como deixa claro o §5º do art. 303) e jamais poderiam ser a ele aplicados contra a sua vontade*" (SICA, Heitor Vitor Mendonça. Doze Problemas e Onze Soluções Quanto à Chamada "Estabilização da Tutela Antecipada". *Novo CPC Doutrina Selecionada. Vol. 4: procedimentos especiais, tutela provisória e direito transitório.* DIDIER JR, Fredie (Coord. Geral); MACÊDO, Lucas Buril de; PEIXOTO, Ravi; FREIRE, Alexandre (organizadores). Salvador: Jus Podivm, 2015, p. 182).

11 Em tom profético, Fernando Gajardoni já prenunciava que "*o regramento dos artigos 303 (tutela antecipada antecedente) e 304 (estabilização da tutela antecipada) do CPC/2015, especialmente no que toca às interações entre eles, é sem dúvida o trecho mais confuso e complexo do Novo CPC*". O autor já advertia para a urgência de que, ainda no período de *vacatio legis* do CPC/2015, houvesse intervenção legislativa de molde a evitar o caos interpretativo e jurisprudencial (GAJARDONI, Fernando da Fonseca; DELLORE, Luiz; ROQUE, André Vasconcelos; OLIVEIRA JR., Zulmar Duarte de. *Teoria Geral do Processo – comentários ao CPC de 2015: parte geral.* São Paulo: Forense, 2015, p. 894).

ência de conciliação ou de mediação (art. 303, §1º, II), e para a interposição do recurso (art. 304, *caput*), o que poderia ocasionar o engessamento do sistema e a desnaturação da própria tutela satisfativa proferida em caráter antecedente.

Nesse cenário, levantam-se os seguintes problemas: de um lado, não se poderia aguardar o aditamento da petição inicial pelo autor para, só então, determinar-se a intimação do réu, contendo o comando para o cumprimento da decisão provisória, pois tal retardaria a efetivação da tutela antecipada; de outro, determinar-se a intimação do réu, com base em petição inicial simplificada (ou incompleta), com o objetivo exclusivo de determinar-lhe o cumprimento da decisão concessiva da tutela provisória para, depois, providenciar a sua citação, acompanhada da petição inicial "completada", são providências cuja ordem não está prevista de forma clara na lei. Observe-se, pois, que o problema inicial reside na conciliação dessas providências. Contudo, à medida que o raciocínio avança, descobra-se o problema na questão da necessidade do aditamento da petição inicial, como condição para a conservação dos efeitos da tutela provisória concedida com base no pedido inicial "simplificado", a que alude o *caput* do art. 303, CPC.

3. A conciliação dos atos de comunicação processual e demais faculdades das partes após a tutela provisória e a necessidade do aditamento da petição inicial

Avançando no exame da questão posta, *nos casos em que a urgência for contemporânea à propositura da ação*, a lei autoriza que a parte requeira inicialmente apenas a tutela provisória, com indicação sumária da lide, do direito que busca realizar e do perigo da demora (art. 303, *caput*). Uma vez concedida a tutela antecipada antecedente, temos que: **a)** o autor, beneficiário da medida, *deverá* aditar a petição inicial "em 15 (quinze) dias ou em outro prazo maior que o juiz fixar" (art. 303, §1º, I); **b)** o réu *será* citado e intimado para a audiência de conciliação ou de mediação (art. 304); e, **c)** poderá o réu optar por insurgir-se contra a decisão, o que se dá pela interposição do recurso de agravo de instrumento, cujo prazo também é de 15 dias (arts. 304, *caput,* c/c 1.003, §5º e 1.015, I). Outrossim, a lei determina que o processo seja extinto sem resolução de mérito, caso não realizado o aditamento pelo autor (art. 303, §2º). De igual modo será extinto o processo se, concedida a tutela antecipada antecedente, permanecer o réu inerte, deixando de interpor o recurso cabível, culminando na estabilidade dos efeitos da decisão (art. 304, *caput* e §1º) – a depender, como visto acima, de indicação prévia do autor nesse sentido.

O problema que se apresenta diz respeito à necessária conciliação dos atos de comunicação processual e a identificação dos termos *a quo* da fluência dos prazos para a prática de faculdades processuais das partes.

Para qualificada doutrina, "*o procedimento dos arts. 303 e 304 é destinado especificamente a proporcionar oportunidade à estabilização da medida provisória satisfativa*".[12] Tal faria com que ambos dispositivos tivessem de ser interpretados de maneira sistemática, a fim de se obter orientação adequada de suas normas. Com base nesse raciocínio, diversos autores acabam por defender uma relação de condição ou prejudicialidade entre a não interposição de recurso pelo réu, e o aditamento da petição inicial pelo autor,[13] tornando este aditamento providência desnecessária ou meramente facultativa.[14]

Apesar da opinião comum, a doutrina apresenta soluções ligeiramente diversas para a conciliação dos atos processuais que devem ser praticados após a concessão da tutela provisória na espécie.

Humberto Theodoro Jr. lembra que, uma vez intimado da liminar, se o réu não interpuser o recurso, o provimento provisório já terá se estabilizado (art. 304, *caput*). Nesse caso, defende que "*não se poderá cogitar de aditamento da inicial, já que a sua função seria dar sequência ao processo no tocante à busca da solução final da pretensão de mérito*".[15] Logo, não haveria fluência do prazo

---

12 THEODORO JR, Humberto. *Curso de Direito Processual Civil: Teoria geral do direito processual civil, processo de conhecimento e procedimento comum*. Vol.1. 57ª ed. Rio de Janeiro: Forense, 2016, p. 671. Chega-se a afirmar que "*os arts. 303 e 304 formam um* amálgama. *Desse modo, ao manifestar a sua opção pela tutela antecipada antecedente (art. 303, §5º, CPC), o autor manifesta, por consequência, a sua intenção de vê-la estabilizada, se preenchido o suporte fático do art. 304*" (DIDIER JR., Fredie; BRAGA, Paula Sarno; OLIVEIRA, Rafael Alexandria de. *Curso de Direito Processual Civil: teoria da prova, direito probatório, ações probatórias, decisão, precedente, coisa julgada e antecipação dos efeitos da tutela*. Vol.2. 11ª ed. Salvador: Jus Podivm, 2016, p. 619). Em sentido contrário, Antônio de Moura Cavalcanti Neto defende a autonomia entre os dispositivos ao explicitar que "*o art. 303 existiria mesmo sem o seu subsequente, que abriu a possibilidade de estabilização*" (CAVALCANTI NETO, Antônio de Moura. Estabilização da tutela antecipada antecedente: tentativa de sistematização. *Academia.edu*, disponível em: <https://www.academia.edu/12283645/Estabiliza%C3%A7%C3%A3o_da_tutela_antecipada_antecedente_tentativa_de_sistematiza%C3%A7%C3%A3o>. Acessado em 20 dez. 2016).

13 THEODORO JR., Humberto. *Curso...*, p. 674; GAJARDONI, Fernando da Fonseca *et al.*, *Teoria Geral...* p. 893 e 900.

14 MEDINA, José Miguel Garcia. *Direito Processual Civil Moderno*. 2ª ed. São Paulo: Editora Revista dos Tribunais, 2016, p. 519.

15 THEODORO JR., Humberto. *Curso...*, p. 674. No mesmo sentido, Heitor Sica defende que, "*de fato, não faria sentido exigir do autor que pediu logo na peça inicial para que fosse observado o regime dos arts. 303 e 304 que desde logo formulasse o pedido de tutela final. Tal pedido restará prejudicado caso o réu não interponha recurso contra a decisão concessiva da tutela antecipada e ela se estabilize. Aliás, sob essa mesma ótica, não há muito sentido em se*

para aditamento da petição inicial enquanto não findasse o prazo para recurso do réu. Os dois prazos só poderiam ser aplicados sucessivamente e nunca simultaneamente.

Fernando Gajardoni reconhece a imposição normativa do aditamento da petição inicial pelo autor e da citação e intimação do réu para participar do processo e cumprir o provimento judicial (art. 303, §1º, I e II). No entanto, pondera que, como o prazo de aditamento e recurso é abstratamente o mesmo, pode acontecer de o autor não ter a opção de decidir entre a estabilização da tutela antecipada e o processamento da ação de modo tradicional (com citação do réu, eventual instrução e sentença de cognição exauriente). Teria que aditar a inicial antes de saber se os efeitos da tutela antecipada se estabilizaram, sob pena de extinção do processo e cessação dos efeitos da tutela provisória (art. 303, §2º). Nesse sentido, propõe como possível solução a ampliação, pelo juiz, do prazo para o aditamento da inicial, inclusive podendo fazê-lo mais de uma vez, na forma dos arts. 303, §1º, I e 139, VI, CPC. Desse modo, ciente da não oposição de recurso pelo réu, teria o autor tempo suficiente para decidir-se entre a estabilização ou a decisão definitiva, apenas neste último caso sendo necessário o aditamento da inicial.[16]

Diferentemente, para Fredie Didier Jr., Paula Sarno Braga e Rafael Alexandria de Oliveira, a concessão da tutela provisória impõe ao juiz a adoção de duas outras providências: a primeira, determinar a intimação do autor para que promova o aditamento da petição inicial, no prazo de quinze dias ou em outro prazo maior que fixar, sob pena de indeferimento e extinção do processo sem resolução do mérito; a segunda, determinar a citação e intimação do réu para que cumpra a providência deferida a título de tutela antecipada e para que compareça à audiência de conciliação ou de mediação. Com isso, seria comum

---

exigir do autor que, antes mesmo da confirmação ou não da estabilização da tutela antecipada, adite a peça inicial para 'complementação de sua argumentação, juntada de novos documentos e confirmação do pedido de tutela final' no prazo de 15 dias ou outro assinado pelo juiz. O certo seria que a complementação houvesse apenas se o réu interpôs recurso contra a decisão concessiva de tutela e, portanto, evitou sua estabilização, afastando, a partir de então, o disposto no art. 304" (Doze Problemas e Onze Soluções... p. 183, nota 14).

16 GAJARDONI, Fernando da Fonseca *et al.*, *Teoria Geral...*, p. 893-894. Exatamente por reconhecer a necessidade do aditamento, o autor sustenta a possibilidade de o ato ser praticado *ad cautelam*, "*quando o autor ainda não tinha ciência da estabilização pela não oposição de recurso pelo demandado,* [quando, então] *deverá lhe ser facultado desistir do aditamento, caso em que haverá a estabilização da tutela antecipada*" (*Op. cit.*, p. 901). De modo semelhante, antevendo que o prazo de 15 dias para aditamento tende a fruir antes de citado o réu, José Miguel Garcia Medina sugere a fixação, pelo juiz, de outro prazo, maior, ou outro termo inicial, como, p.ex., 10 dias contados da comunicação de que o réu recorreu contra a liminar (*Direito Processual*, p. 519).

e imediata a fluência dos prazos para aditamento e recurso, sendo necessário, contudo, intimar-se novamente o réu do aditamento promovido pelo autor.[17] Mais adiante, porém, registram que, se o autor não aditar a inicial, nem o réu interpuser o recurso, "*deve prevalecer a estabilização da tutela antecipada – e isso em razão da abertura conferida às partes para rever, invalidar ou reformar por meio da ação prevista no §2º do art. 304, CPC*".[18]

4. Segue: uma segunda leitura

Como se vê, o tema é controverso, podendo causar perplexidade na primeira leitura. Inobstante as opiniões dos autores aqui referenciados, e por quem nutrimos a maior admiração, ousamos ir um pouco além, para sugerir, numa segunda leitura, outra possibilidade de conciliação dos atos de comunicação com as demais faculdades atribuídas por lei às partes.

Para tanto, parte-se da premissa de que o capítulo que versa sobre o procedimento da tutela antecipada requerida em caráter antecedente permite ao autor, claramente, dois objetivos: I) a tutela definitiva (final) que confirma a decisão liminar, cujo procedimento será regido exclusivamente pelo art. 303, CPC; *ou* II) a estabilização dos efeitos da decisão concessiva, quando o procedimento será ditado pela conjugação dos arts. 303 e 304, CPC. Sublinhe-se, porém, que, ainda quando pretenda a estabilização, os atos processuais previstos no art. 303, CPC precisam ser observados, por disposição expressa do *caput* do art. 304, CPC. Nesse quadro, é possível propor a seguinte conformação dos atos de comunicação e faculdades processuais das partes:

I. Da publicação da decisão concessiva da tutela antecipada será o autor intimado, por meio de seu advogado, quando tomará conhecimento da concessão da medida, devendo promover o aditamento da petição

17 DIDIER JR., Fredie; BRAGA, Paula Sarno; OLIVEIRA, Rafael Alexandria de. *Curso*..., p. 616. No mesmo sentido: CIANCI, Mirna. A estabilização da tutela antecipada como forma de desaceleração do processo (uma análise crítica). *Revista de Processo*. Vol. 247/2015, p. 249-261.

18 DIDIER JR., Fredie; BRAGA, Paula Sarno; OLIVEIRA, Rafael Alexandria de. *Curso*..., p. 623. Nessa mesma situação, Marco Félix Jobim e Fabrício Costa Pozatti entendem que hão de prevalecer os efeitos da decisão baseada na probabilidade do direito, embora ressalvem que "*o texto legal não é minimamente claro neste sentido ou em sentido contrário*" (JOBIM, Marco Félix; POZATTI, Fabrício Costa. Aspectos procedimentais da tutela de urgência satisfativa requerida em caráter antecedente. *Revista Eletrônica de Direito Processual – REDP*. Vol. 16. Julho a dezembro de 2015, p. 411).

inicial no prazo de 15 dias – a lei lhe atribui este ônus[19], gerando, a sua inobservância, a extinção do processo sem resolução do mérito (art. 303, §1º, I e §2º);

II. Do mesmo ato (decisão judicial) partirá o comando para a intimação do réu, por mandado, já que ainda não compõe a relação processual e por se tratar de providência que deva ser praticada pessoalmente (art. 231, §3º), a fim de que lhe seja dada ciência da decisão cujos efeitos estará sujeito. A partir da juntada do mandado, terá o réu a faculdade de interpor o recurso cabível, no prazo de 15 dias (art. 1.003, §§ 2º e 5º c/c 1.015, I). Observe que, neste momento, o réu não será citado, pois, afinal, o autor ainda não formulou o pedido completo, visando tutela definitiva fundada em cognição exauriente;[20] pelo mesmo motivo, não se deve ocupar a secretaria do juízo com a designação de dia para a realização da audiência de conciliação ou de mediação, por ora considerada eventual.

III. Verificada a realização do aditamento à inicial – ônus atribuído ao autor, *frise-se* – providenciará a secretaria do juízo a citação do réu, instrumentalizada com a petição inicial já aditada, com a complementação da argumentação e eventuais documentos, bem como, no mesmo ato, a sua intimação para o comparecimento à audiência de conciliação ou de mediação, na forma do art. 334, CPC.

É importante sublinhar que o aditamento da petição inicial é um ônus do autor, na medida em que se trata de ato processual necessário ao atingimento de seu interesse, qual seja, a conservação da eficácia da tutela antecipada

---

19 "No ônus o vínculo é imposto por um *interesse próprio. [...] O efeito previsto produz-se* ope legis, *mesmo sem o concurso da vontade do adversário e sem que se constitua qualquer direito para este. [...] O ônus age obrigando a comparecer, contestar, provar, arrazoar, sob a ameaça de não mais ser ouvido e de se prosseguir*" (COUTURE, Eduardo J. *Fundamentos do Direito Processual Civil.* Trad. Henrique de Carvalho. Florianópolis: Conceito Editorial, 2008, p. 87-88).

20 Alexandre Freitas Câmara, Flávio Quinaud Pedron e Fernando Tolentino também sustentam que "o magistrado, ao deferir a antecipação de tutela satisfativa, intimará o requerente para proceder ao já aludido aditamento da petição inicial no prazo mínimo de 15 (quinze) dias, bem como determinará a intimação do requerido para tomar ciência da decisão e, se for o caso, praticar os atos necessários ao seu cumprimento. Só depois de aditada a petição inicial é que o demandado será citado para comparecer à audiência de conciliação ou de mediação, sendo que na hipótese de não obtenção de eventual acordo entre as partes, o prazo de defesa seria iniciado" (CÂMARA, Alexandre Freitas; PEDRON, Flávio Quinaud; TOLENTINO, Fernando Lage. Tutelas provisórias no CPC 1973 e no CPC 2015: o quanto o novo tem de inovador? *Revista de Processo.* Vol. 262/2016. P. 155-184). No mesmo sentido: ALVIM, José Eduardo Carreira. Desvendando uma incógnita: a tutela antecipada antecedente e sua estabilização no novo código de processo civil. *Revista de Processo.* Vol. 259/2016. P. 177-207.

que lhe foi deferida. Por isso, se o postulante não promover o aditamento da petição inicial, cessam os efeitos da decisão concessiva da tutela antecipada com a extinção do processo sem resolução do mérito (art. 303, §2º, CPC).[21]

Observe que, pela dinâmica como devem se desenrolar os atos descritos no art. 303, CPC, será provável que o aditamento da petição inicial pelo autor seja concluído antes mesmo da intimação do réu, ou, no mínimo, antes do termo final para a interposição do recurso contra a decisão que favorece o autor. O que, na verdade, é salutar, pois permitirá ao réu conhecer o completo teor da demanda, viabilizando melhor análise quanto à oportunidade de exercer, ou não, o direito de recorrer. É que, ao dar ao réu ciência integral da extensão do pedido e seus fundamentos, o que somente é possível com o aditamento à inicial, tal confere àquele a possibilidade de sopesar o seu próprio interesse de agir, ou seja, a conveniência de resistir à pretensão do autor.[22] Trata-se de clara manifestação do princípio da cooperação no modelo processual instituído pelo CPC/2015.

Ressalte-se que o que autoriza a formulação simplificada da petição inicial, na forma do art. 303, CPC, é a *urgência atual*, contemporânea ao requerimento de antecipação de tutela que, por isso, é feita em caráter antecedente, e não o desejo de estabilização dos efeitos da eventual decisão liminar. Por isso, sob o ponto de vista do interesse do autor, *o aditamento é sempre necessário*, revelando-se condição de eficácia da tutela antecipada antecedente, seja quando pretenda o autor a estabilização de seus efeitos, seja quando pretender tutela final que a confirme.[23]

Um detalhe final: quando o autor pretender a estabilização, o que deverá ser expressamente indicado na petição inicial, cumprido o requisito descrito

---

21 Defendem o mesmo: LIMA, Bernardo silva de; EXPÓSITO, Gabriela. "Porque tudo que é vivo, morre" - comentários sobre o regime da estabilização dos efeitos da tutela provisória de urgência no Novo CPC. *Revista de Processo*. Vol. 250/2015. P. 167-187.

22 "É dizer, com a obtenção da decisão favorável, surge o ônus para o autor de tornar sua postulação integral, de modo que o seu adversário se habilite a oferecer defesa também integral a compor o debate processual" (LIMA, Bernardo silva de; EXPÓSITO, Gabriela. *Op. Cit.*).

23 Defendendo a necessidade do aditamento da petição inicial, Elaine Harzheim Macedo afirma tratar-se de um "processo com vocação para processo definitivo, mas permite que preambularmente se limite a pretensão e a tutela a ser concedida (provisória) a uma fase preparatória, antecedente, mas que está ou deve estar apta a prosseguir com a segunda fase, qual seja a definitiva. Tanto é assim que o não atendimento a emenda da inicial leva à extinção do processo, conforme o §2.º do predito dispositivo, sem qualquer exceção" (MACEDO, Elaine Harzheim. Prestação jurisdicional em sede de tutela antecedente: procedimento, estabilização da decisão e decurso do prazo de 2 (dois) anos: um novo caso de perempção? *Revista de Processo*. Vol. 250/2015. P. 189-215).

no *caput* do art. 304, CPC, a etapa 3 (acima) ficará suprimida, já que desnecessária a citação do réu bem como a realização de audiência como parte do procedimento comum estabelecido pelo código. Com isso, o processo será extinto, sem resolução do mérito (art. 304, §1°), com a situação litigiosa dimensionada pela decisão provisória, conforme interesse das partes. Mesmo nesta hipótese, porém, terá subsistido o ônus do autor de aditar a peça inicial, por força do disposto no art. 304, *caput* e §§2° a 5º, CPC, cujas normas instrumentalizam o princípio da cooperação[24], ao possibilitar à parte interessada conhecer a demanda *in totum* formulada. Este exame lhe permitirá avaliar a conveniência de reabrir, dentro do prazo de dois anos, a discussão com o intuito de rever, reformar ou invalidar a tutela antecipada estabilizada.

5. Considerações Finais

Completado o primeiro ano de vigência do novo CPC brasileiro, ainda não é possível fazer prognósticos seguros acerca dos novos procedimentos que, inobstante, já vem gerando polêmica mesmo antes do código entrar em vigor.

As modificações promovidas pelo CPC/2015 no campo da tutela provisória, notadamente na tutela de urgência, são, de fato, das mais profundas, especialmente por introduzirem no ordenamento jurídico brasileiro técnica processual com a qual o intérprete não está familiarizado. Para superar tal dificuldade, exige-se vontade para conhecer o que é novo e predisposição para compreender e aplicar seu regramento.

Entre os problemas atinentes à tutela provisória, as principais dificuldades residem no procedimento diferenciado para a tutela provisória de urgência antecipada, quando requerida em caráter antecedente, conforme descrito nos arts. 303-304, CPC, pois, da forma como estão redigidos, esses dispositivos dificultam a compreensão do modo de ser do procedimento instituído, mormente quanto à conciliação dos atos de comunicação processual e demais faculdades das partes. Trata-se de um problema ainda mal compreendido e que merece maior atenção do intérprete.

---

24 O princípio da cooperação, que tem como elementos os deveres de consulta e advertência, também justifica a necessidade de o juiz intimar o autor "para que diga se pretende prosseguir com o processo em direção à sentença fundada em cognição exauriente (caso em que haverá coisa julgada, mas não se estabilizará a tutela antecipada), ou se prefere desistir da ação, o que acarretará a extinção do processo sem resolução do mérito e a estabilização da tutela antecipada" (CÂMARA, Alexandre Freitas; PEDRON, Flávio Quinaud; TOLENTINO, Fernando Lage. *Op. cit.*).

6. Referências bibliográficas

ALVIM, José Eduardo Carreira. Desvendando uma incógnita: a tutela antecipada antecedente e sua estabilização no novo código de processo civil. *Revista de Processo*. Vol. 259/2016. P. 177-207.

ANDRADE, Érico; NUNES, Dierle. Os contornos da estabilização da tutela provisória de urgência antecipatória no novo CPC e o "mistério" da ausência de formação da coisa julgada. *Coleção Novo CPC – Doutrina Selecionada*. Vol. 4. Coord. Geral: Fredie Didier Jr.; Organizadores: Lucas Buril de Macêdo, Ravi Peixoto, Alexandre Freire. Salvador: JusPodivm, 2015, p. 61-94.

CÂMARA, Alexandre Freitas; PEDRON, Flávio Quinaud; TOLENTINO, Fernando Lage. Tutelas provisórias no CPC 1973 e no CPC 2015: o quanto o novo tem de inovador? *Revista de Processo*. Vol. 262/2016. P. 155-184.

CAVALCANTI NETO, Antônio de Moura. Estabilização da tutela antecipada antecedente: tentativa de sistematização. *Academia.edu*, disponível em: <https://www.academia.edu/12283645/Estabiliza%C3%A7%C3%A3o_da_tutela_antecipada_antecedente_tentativa_de_sistematiza%C3%A7%C3%A3o>. Acessado em 20 dez. 2016.

CIANCI, Mirna. A estabilização da tutela antecipada como forma de desaceleração do processo (uma análise crítica). *Revista de Processo*. Vol. 247/2015, p. 249-261.

COUTURE, Eduardo J. *Fundamentos do Direito Processual Civil*. Trad. Henrique de Carvalho. Florianópolis: Conceito Editorial, 2008.

DIDIER JR., Fredie; BRAGA, Paula Sarno; OLIVEIRA, Rafael Alexandria de. *Curso de Direito Processual Civil: teoria da prova, direito probatório, ações probatórias, decisão, precedente, coisa julgada e antecipação dos efeitos da tutela*. Vol.2. 11ª ed. Salvador: Jus Podivm, 2016.

GAJARDONI, Fernando da Fonseca; DELLORE, Luiz; ROQUE, André Vasconcelos; OLIVEIRA JR., Zulmar Duarte de. *Teoria Geral do Processo – comentários ao CPC de 2015: parte geral*. São Paulo: Forense, 2015.

JOBIM, Marco Félix; POZATTI, Fabrício Costa. Aspectos procedimentais da tutela de urgência satisfativa requerida em caráter antecedente. *Revista Eletrônica de Direito Processual – REDP*. Vol. 16. Julho a dezembro de 2015, p. 391-415.

LIMA, Bernardo silva de; EXPÓSITO, Gabriela. "Porque tudo que é vivo, morre" - comentários sobre o regime da estabilização dos efeitos da tutela provisória de urgência no Novo CPC. *Revista de Processo*. Vol. 250/2015. P. 167-187.

MACEDO, Elaine Harzheim. Prestação jurisdicional em sede de tutela antecedente: procedimento, estabilização da decisão e decurso do prazo de 2 (dois) anos: um novo caso de perempção? *Revista de Processo*. Vol. 250/2015. P. 189-215.

MACHADO, Marcelo Pacheco. Simplificação, autonomia e estabilização das tutelas de urgência: análise da proposta do projeto de novo Código de Processo Civil. *Revista de Processo*. Vol. 202/2011. P. 233-266.

MEDINA, José Miguel Garcia. *Direito Processual Civil Moderno*. 2ª ed. São Paulo: Editora Revista dos Tribunais, 2016.

NUNES, Leonardo Silva; NOBRE, Eduardo Pereira; COTA, Samuel Paiva. Como conciliar os atos de comunicação processual com as demais faculdades das partes após a decisão concessiva de tutela provisória antecipada antecedente? Nesse caso, o aditamento da petição inicial seria obrigatório? *Migalhas – Entendendo Direito*. Coord.:

WAMBIER, Luiz Rodrigues. Publicado em 13 jan. 2017. Disponível em: <https://www.academia.edu/30946236/Como_conciliar_os_atos_de_comunica%C3%A7%C3%A3o_processual_e_demais_faculdades_das_partes_ap%C3%B3s_a_tutela_provis%C3%B3ria.pdf>. Acessado em 17 jan. 2017.

NUNES, Leonardo Silva. Código de Processo Civil Democrático do Brasil: normas fundamentais. *Global to Local Law News*. 2015-11-n.1, disponível em: <https://www.academia.edu/26760302/C%C3%B3digo_de_Processo_Civil_Democr%C3%A1tico_do_Brasil_normas_fundamentais>. Acessado em: 19 dez. 2016.

SICA, Heitor Vitor Mendonça. Doze Problemas e Onze Soluções Quanto à Chamada "Estabilização da Tutela Antecipada". *Novo CPC Doutrina Selecionada. Vol. 4: procedimentos especiais, tutela provisória e direito transitório*. DIDIER JR, Fredie (Coord. Geral); MACÊDO, Lucas Buril de; PEIXOTO, Ravi; FREIRE, Alexandre (organizadores). Salvador: Jus Podivm, 2015.

SOUSA, Miguel Teixeira de. As providências cautelares e a inversão do contencioso. *Academia.edu*. Disponível em: <https://www.academia.edu/5973963/TEIXEIRA_DE_SOUSA_M._As_provid%C3%AAncias_cautelares_e_a_invers%C3%A3o_do_contencioso_12.2013_>. Acessado em 17 jan. 2017.

THEODORO JÚNIOR, Humberto; ANDRADE, Érico. A autonomização e a estabilização da tutela de urgência no Projeto de CPC. *Revista de Processo*. Vol. 206/2012. P. 13-59.

THEODORO JR, Humberto. *Curso de Direito Processual Civil: Teoria geral do direito processual civil, processo de conhecimento e procedimento comum*. Vol.1. 57ª ed. Rio de Janeiro: Forense, 2016.

COGNIÇÃO E COISA JULGADA

EFICIÊNCIA E ORGANIZAÇÃO DO PROCESSO[1]

Leonardo de Faria Beraldo[2]

1. Introdução

O saneamento e organização do processo é uma decisão proferida pelo juiz antes do início da fase de instrução e que tem como objetivo sanear os eventuais vícios do processo, bem como organizá-lo e prepará-lo, de modo que somente sejam praticados os atos processuais realmente necessários, visando-se, por óbvio, a resolução do mérito o mais rápido possível, mas desde que respeitando-se as garantias processuais previstas no Código de Processo Civil (CPC) vigente e na Constituição da República Federativa do Brasil de 1988 (CF/1988). Se não for

---

1 Artigo escrito em razão da palestra a ser proferida no V Congresso Mineiro de Processo Civil da OAB/MG, no dia 09/03/2017, e para fazer parte de obra coletiva a ser lançada nessa data.

2 Advogado. Mestre em Direito Privado pela PUC Minas. Especialista em Processo Civil. Professor em cursos de graduação e pós-graduação de Processo Civil, Arbitragem e Direito Civil. Ex-Presidente da Comissão Especial da OAB/MG encarregada dos estudos do Projeto de Lei de novo CPC (2010-2014). Ex-Diretor da Escola Superior de Advocacia da OAB/MG. Ex-Diretor do Instituto dos Advogados de Minas Gerais. Membro do Conselho Deliberativo da Câmara de Arbitragem Empresarial Brasil - CAMARB.

possível julgar o mérito da demanda, então a extinção do feito dar-se-á naquele instante, evitando-se, assim, a realização de atos desnecessários.

No presente trabalho mostraremos como foi a evolução do saneamento ao longo dos últimos códigos e a sua atual conjuntura no direito brasileiro. Pretendemos, ainda, fazer um paralelo entre a organização processual e o princípio da eficiência.

2. O saneamento do processo nos outros códigos

Nesse *item* informaremos, rapidamente, como era o tratamento do saneamento nos dois códigos anteriores.

2.1. O despacho saneador do CPC/1939

No CPC/1939, o despacho saneador era proferido logo após o escoamento do prazo para a apresentação da contestação ou da reconvenção (art. 293).

Após as reformas ocorridas nos anos de 1942 e 1946, o art. 294 ficou redigido da seguinte forma: "No despacho saneador, o juiz: I- decidirá sobre a legitimidade das partes e de sua representação, ordenando, quando for o caso, a citação dos litisconsortes necessários e do órgão do Ministério Público; II- mandará ouvir o autor, dentro em três dias, permitindo-lhe que junte prova contrária, quando na contestação, reconhecido o fato em que se fundou, outro se lhe opuser, extintivo do pedido; III- examinará se concorre o requisito do legítimo interesse econômico ou moral; IV- pronunciará as nulidades insanáveis, ou mandará, suprir as sanáveis bem como as irregularidades; V- determinará, ex-officio ou a requerimento das partes, exames, vistorias e outras quaisquer diligências, na forma do art. 295, ordenando que os interessados se louvem dentro de 24 horas em peritos, caso já não haja feito, e indicando o terceiro desempatador, como prescreve o art. 129".

Vejam que o saneador, nessa época, tinha como objetivo tentar sanar vícios (incisos I e IV), examinar se certos requisitos estavam presentes (inciso III) e tomar medidas para o bom andamento do processo (incisos II e V).

2.2. O saneamento do processo no CPC/1973

O saneamento do processo no CPC/1973 igualmente passou por algumas reformas. Aliás, a partir do ano de 2002, a Seção III, do Capítulo V, do Título VIII, do Livro I, deixou de ser intitulada "do despacho saneador", passando a ser "da audiência preliminar". A última redação do art. 331 foi a seguinte: "Se não ocorrer qualquer das hipóteses previstas nas seções precedentes, e versar a causa sobre direitos que admitam transação, o juiz designará audiência preliminar, a realizar-se no prazo de 30 (trinta) dias, para a qual serão as partes intimadas a comparecer, podendo fazer-se representar por procurador ou preposto, com poderes para transigir. § 1º. Obtida a conciliação, será reduzida a termo e homologada por sentença. § 2º. Se, por qualquer motivo, não for obtida a conciliação, o juiz fixará os pontos controvertidos, decidirá as questões processuais pendentes e determinará as provas a serem produzidas, designando audiência de instrução e julgamento, se necessário. § 3º. Se o direito em litígio não admitir transação, ou se as circunstâncias da causa evidenciarem ser improvável sua obtenção, o juiz poderá, desde logo, sanear o processo e ordenar a produção da prova, nos termos do § 2º".

Percebam que foi dada uma importância de relevo à audiência preliminar, porém, na maioria das vezes, sequer era agendada pelos juízes, sob a alegação de inexistência de data na agenda ou pelo fato de já se saber que determinada parte não tinha o costume de celebrar acordos. De todas as novidades, o disposto no § 2º apresentava-se, no nosso sentir, como a melhor delas. Uma pena, contudo, que era bastante raro encontrar decisões que efetivamente fixava os pontos controvertidos e fixava as provas a serem produzidas em consonância com as questões existentes.

É possível verificar, ainda, que as disposições acerca do saneamento do processo no CPC/1973 eram um pouco mais incompletas do que aquelas do CPC/1939. É claro que as eventuais nulidades, condições da ação e pressupostos processuais deveriam ser objeto de apreciação o quanto antes, no entanto, não existia um dispositivo único que conglomerava isso tudo.

3. Do saneamento e da organização do processo no CPC/2015

Nesse primeiro momento queremos apenas registrar que todos os pontos abordados nesse *item 3* estão contidos no art. 357, e seus parágrafos, do CPC/2015.

Destacamos, inicialmente, que a decisão que versa sobre o saneamento e a organização do processo deve ser fundamentada, sob pena de nulidade. Lembremo-nos de que, por força do art. 93, IX, da CF/88, todas as decisões judiciais devem ser fundamentadas. Essa fundamentação, a nosso ver, deve observar, no que couber, os ditames do § 1º do art. 489 do CPC/2015.[3]

---

3 Nesse sentido: ALVIM, Arruda. *Novo contencioso cível no CPC/2015*. São Paulo: RT, 2016, p. 239.

3.1. Da suposta desnecessidade de se aplicar o art. 357

Segundo o art. 357, "não ocorrendo nenhuma das hipóteses deste Capítulo, deverá o juiz, em decisão de saneamento e de organização do processo". As hipóteses versadas nesse Capítulo são: extinção do processo (art. 354), julgamento antecipado do mérito (art. 355) e julgamento antecipado parcial do mérito (art. 356).

Essa regra *não* pode ser interpretada de forma literal, sob pena de ocorrerem graves distorções no processo. Vamos, destarte, a três exemplos que comprovam essa nossa assertiva: *(i)* se um litisconsorte é excluído do polo passivo da lide, isso será feito com base nos arts. 354 e 485, VI, ambos do CPC/2015, e, nem por isso, será desnecessária a aplicação do art. 357, tendo em vista que o processo continuará existindo e tramitando em relação às demais partes. Lembramos que tal decisão deverá ser atacada por meio de agravo de instrumento (art. 1.015, VII); *(ii)* em alguns casos, para se saber se existe ou não a necessidade de se produzir provas, é preciso sanear o processo e fixar os pontos controvertidos. Desse modo, para que ocorra o julgamento antecipado do processo com base no inciso I do art. 355, é necessário que, antes, o juiz aplique o disposto nos incisos do *caput* do art. 357; *(iii)* quanto ao julgamento antecipado parcial do mérito, temos que o fato de parte do pedido ter sido julgado, com fulcro no art. 356, não significa que o restante não tenha que observar as regras de saneamento e de organização previstas no art. 357.

Sendo assim, mesmo ocorrendo uma das hipóteses previstas nos arts. 354 a 356 do CPC/2015, consideramos que, dependendo do caso concreto, deverá o juiz aplicar o disposto no art. 357.

3.2. Pontos que obrigatoriamente devem ser abordados pela decisão judicial

O *caput* do art. 357 possui cinco incisos que necessariamente deverão ser aplicados. São eles: "I - resolver as questões processuais pendentes, se houver; II - delimitar as questões de fato sobre as quais recairá a atividade probatória, especificando os meios de prova admitidos; III - definir a distribuição do ônus da prova, observado o art. 373; IV - delimitar as questões de direito relevantes para a decisão do mérito; V - designar, se necessário, audiência de instrução e julgamento".

Na hipótese do inciso I, caso exista, *v.g.*, algum vício no plano da validade ou da existência do processo, ou mesmo quanto aos pressupostos processuais, deverão ser todos dirimidos nesse instante. Enquanto isso não ocorrer, o processo não estará saneado.

Na hipótese do inciso II, deve o juiz verificar quais são os pontos controvertidos de natureza fática e, em seguida, determinar sobre quais deverão ser produzidas as provas, inclusive especificando, para cada um, qual será o meio de prova próprio. Como muito bem destacou Arruda Alvim, "ao delimitar os pontos controvertidos anteriormente à produção da prova, o julgador dá às partes mais segurança a respeito da fase instrutória".[4] Essa maior segurança existirá porque, se as partes já sabem, de antemão, como é que o julgador enxerga o processo, poderão delinear melhor as suas estratégias na fase instrutória. E, além disso, não poderão qualquer das partes reclamar, ao final, que foram pegas de surpresa, que não produziram determinada prova ou mesmo que o juiz não determinou a realização de uma prova *ex officio*; tudo isso porque, como já dissemos, já era de conhecimento das partes, antes de iniciada a fase de instrução do processo, quais eram os pontos controvertidos na visão do magistrado. Por fim, não vemos nessa conduta, qual seja, de determinar quais são as questões de fato e de direito da lide, a existência de prejulgamento. Trata-se, na verdade, do cumprimento de um dever estabelecido pela própria lei. É lógico que o prejulgamento pode ocorrer nessa decisão de saneamento e organização do processo, no entanto, não pelo simples fato de se determinar quais são os pontos controvertidos.

Na hipótese do inciso III, é preciso que o juiz informe às partes se ocorrerá a inversão do ônus da prova prevista no § 1º do art. 373 do CPC/2015. Caso entenda que deverá incidir a regra geral do *caput* do art. 373, seria até mesmo desnecessário que as partes sejam cientificadas disso. Como se vê, o legislador positivou o entendimento do STJ sobre o tema, que já teve a oportunidade de definir, há anos, que o momento correto para se inverter o ônus da prova é aquele antes de iniciada a fase instrutória. Esse posicionamento, na época, foi formado à luz do disposto no art. 6º, VIII, do Código de Defesa do Consumidor (CDC).

Na hipótese do inciso IV, o juiz necessita descrever quais são as questões de direito importantes para o desfecho do processo. Atenção porque o fato de a questão ser de direito não importa em ausência de contraditório, que sempre deverá ser respeitado. Isso pode se dar, por exemplo, sobre uma lei ou um dispositivo legal que pode ou não ser aplicado, ou, até mesmo, de um ponto de vista, sobre a norma, que seja relevante para o julgamento da causa. Imperioso, nesse instante, recordar que o julgador está proibido de surpreender as partes

---

4 ALVIM, Arruda. *Novo contencioso cível no CPC/2015*, p. 238.

e julgar a contenda com fundamento não submetido ao contraditório, mesmo que se trate de matéria que o juiz possa decidir de ofício (art. 10 do CPC/2015).

Na hipótese do inciso V, deverá o juiz marcar, apenas se for imprescindível, a realização de audiência de instrução e julgamento. Lembremo-nos de que a AIJ somente deve ser designada se for necessária a produção de alguma prova oral, tais como a prestação de esclarecimentos pelo perito, o depoimento pessoal das partes e a oitiva de testemunhas. Fora isso, não pode o juiz agendar essa audiência, sob pena de ferir os princípios da celeridade, economia processual e eficiência. Outro ponto que pode ser lembrado é o de que uma AIJ, já designada, pode ser cancelada, de ofício ou a pedido da parte, se se verificar que a causa da sua marcação deixou de existir. Basta pensar, por exemplo, em uma AIJ agendada apenas para ouvir as testemunhas que supostamente seriam arroladas pelo réu, contudo, escoado o prazo legal, vê-se que ele deixou de apresentar o rol. Desse modo, diante desse fato, não haverá mais necessidade de se manter a audiência de instrução e julgamento.

3.3. O direito das partes de pedir esclarecimentos ou de solicitar ajustes

O § 1º do art. 357 dispõe que, "realizado o saneamento, as partes têm o direito de pedir esclarecimentos ou solicitar ajustes, no prazo comum de 5 (cinco) dias, findo o qual a decisão se torna estável".

Não se pode confundir esse pedido de esclarecimento com o recurso de embargos de declaração, não obstante esse último seja cabível.

O esclarecimento que a parte deseja pode não decorrer de uma omissão, obscuridade, contradição ou erro material, mas, nem por isso, deixará de ter direito de formular esse pleito.

Como se vê, o dispositivo permite o diálogo entre a parte e o juiz, o que vem a corroborar o modelo de processo cooperativo trazido pelo CPC/2015, em especial no seu art. 6º.

3.4. Preclusão

Novamente nos valendo do regramento contido no § 1º do art. 357, tem-se que o prazo para a parte pedir esclarecimentos ou solicitar ajustes é de cinco dias, sob pena de a decisão se tornar estável. Essa estabilidade está relacionada à preclusão temporal.

Ocorre que essa preclusão somente atingirá os atos sujeitos à preclusão. Exemplificando, a parte não poderá requerer a produção de uma prova tardiamente, pois esse pleito já estará precluso. Seria possível, todavia, se decorresse de algum fato novo descoberto durante a atividade probatória. Já um eventual engano em relação à legitimidade das partes, *v.g.*, não estaria precluso e poderia ser revisto a qualquer instante.[5]

Continuando o assunto mencionado no parágrafo anterior, tem-se que nem sempre é fácil determinar quais matérias podem ser ventiladas a qualquer instante, haja vista a inexistência de preclusão sobre elas. Tomemos como exemplo a decisão que determina de quem será o ônus da prova: pode ela ser revista em outro momento? É, pois, matéria de ordem pública?

Finalmente, é preciso reforçar que essa preclusão atinge apenas as partes do processo. Em outras palavras, eventual descuido do magistrado poderá ser revisto por ele mesmo em outro momento.

3.5. Negócio jurídico processual típico de organização do processo

O CPC/2015 deu grande destaque à figura dos negócios jurídicos processuais.[6] Trata-se de algo que já existia no CPC/1973 e no CPC/1939, mas que, com a nova legislação, tem muito mais destaque e contornos mais bem definidos, especialmente o art. 190 do CPC/2015, que é verdadeira cláusula geral para a celebração de negócios processuais atípicos. Em contrapartida, há no CPC/2015 diversos exemplos de negócios processuais típicos, como a calendarização do procedimento (art. 191), a suspensão do processo (art. 313, II) e a escolha do perito (art. 471).

O § 2º do art. 357 é mais um exemplo de negócio jurídico processual típico, e tem a seguinte redação: "as partes podem apresentar ao juiz, para homologação, delimitação consensual das questões de fato e de direito a que se referem os incisos II e IV, a qual, se homologada, vincula as partes e o juiz".

Para que isso se concretize, é preciso que as partes juntem nos autos a petição que instrumentaliza o negócio, devidamente assinada, e requerer ao juiz

---

5 Nesse sentido, confira-se: "Não há, (salvo exceções, como por exemplo aquilo que resulte de fatos supervenientes, ou aquelas que por expressa disposição legal podem ser suscitadas a *qualquer tempo*, como a ausência de algum pressuposto processual ou a existência de prescrição ou decadência) possibilidade de se trazer para o contraditório, após a decisão de saneamento e organização do processo, questões novas, de fato ou de direito" (CÂMARA, Alexandre Freitas. *O novo processo civil brasileiro*. São Paulo: Atlas, 2015, p. 214).

6 Para melhor compreensão desse tema, confira-se: CABRAL, Antonio do Passo. *Convenções processuais*. Salvador: JusPodivm, 2016, 383p.

que a homologue, de modo a produzir seus efeitos e vincular a todos, inclusive o magistrado.

Temos dúvidas se esse negócio processual de organização do feito realmente será utilizado pelas partes, entretanto, é sem dúvida uma ferramenta bem interessante que foi colocada à disposição do jurisdicionado, e, se bem empregada, auxiliará o juiz no momento de sentenciar.

3.6. Audiência para o saneamento e organização do feito

Nos termos do § 3º do art. 357, "se a causa apresentar complexidade em matéria de fato ou de direito, deverá o juiz designar audiência para que o saneamento seja feito em cooperação com as partes, oportunidade em que o juiz, se for o caso, convidará as partes a integrar ou esclarecer suas alegações".

Pensamos que essa audiência somente deverá ser designada se a matéria de fato ou de direito for realmente de difícil compreensão para o juiz, ou, ainda, se versar sobre questões que raramente chegam ao foro. É preciso lembrar que o agendamento dessas audiências toma tempo do magistrado, logo, não devem ser marcadas desnecessariamente, sob pena de comprometer a eficiência do juízo.

Uma alternativa para se buscar melhor eficiência na busca das questões de fato ou de direito seria intimar as partes para apresentarem, de acordo com seus pontos de vista, quais seriam os pontos controvertidos. Após confrontar as duas petições, e fazer uma leitura atenta dos autos do processo, poderia o juiz decidir, com base nos incisos II e IV do art. 357, organizar o processo, e, em seguida, intimar as partes para se manifestarem no prazo de cinco dias. Entendemos que esse artifício somente deveria ser utilizado em processos que envolvam questões complexas, sob pena de se comprometer a celeridade e a eficiência do processo.

Quando essa audiência de saneamento e organização do feito for designada, é importante que o juiz atente-se para o comando do § 9º do art. 357, ou seja, "as pautas deverão ser preparadas com intervalo mínimo de 1 (uma) hora entre as audiências". Essa regra vale tanto para essa audiência quanto para a audiência de instrução e julgamento. Não se aplica à audiência de conciliação ou mediação, uma vez que, para essa, incidiria o § 12 do art. 334 do CPC/2015, que determina intervalo mínimo de apenas 20 minutos entre elas. Vale mencionar que esses intervalos de uma hora ou de 20 minutos significam que não poderão ser agendadas audiências com prazos menores do que esse. Em outras palavras, trata-se de um prazo mínimo (e hipotético) de duração para cada uma dessas audiências, evitando-se que o magistrado agende, por exemplo, uma audiência a cada cinco minutos; fato esse que, infelizmente, ocorre com frequência na Justiça do Trabalho em Belo Horizonte.

3.7. Algumas regras sobre a prova testemunhal na fase de organização do processo

Nesse *item* discorreremos apenas sobre as regras concernentes à prova testemunhal previstas no art. 357.[7]

O § 4º do art. 357 determina que "caso tenha sido determinada a produção de prova testemunhal, o juiz fixará prazo comum não superior a 15 (quinze) dias para que as partes apresentem rol de testemunhas". Como se vê, é bastante clara a mudança em relação ao prazo que existia no CPC/1973, onde tal prazo era contado de trás para frente, e levando-se em consideração a data da audiência de instrução e julgamento.

O § 5º do art. 357 dispõe que "na hipótese do § 3º, as partes devem levar, para a audiência prevista, o respectivo rol de testemunhas". A discussão aqui será sobre qual rol o legislador quis se referir. Seria o rol dos arts. 450 c/c § 4º do art. 357? Ou seria um rol específico para a audiência do § 3º do art. 357, isto é, para serem ouvidas, nessa mesma audiência, com o escopo de se verificar quais são os pontos controvertidos e corroborar os esclarecimentos? Na nossa opinião, o § 5º do art. 357 está se aludindo ao rol do art. 450.[8] Ora, se o legislador estivesse se referindo a testemunhas para serem ouvidas na própria audiência do § 3º do art. 357, não seria necessário dizer que a parte deveria o rol de testemunhas, mas, em vez disso, avisar que as testemunhas já deveriam ser levadas. O rol, nesse caso, seria um mero detalhe. Enfim, na dúvida, e enquanto essa parte não for melhor aclarada pela doutrina e pela jurisprudência, recomendamos que a parte interessada em produzir prova testemunhal na fase de instrução do processo leve o respectivo rol já nessa audiência.

O § 6º do art. 357 reza que "o número de testemunhas arroladas não pode ser superior a 10 (dez), sendo 3 (três), no máximo, para a prova de cada fato". Não houve alteração nessa parte em relação ao CPC/1973. Fica o alerta de que é muito importante que a parte, ao apresentar o rol, diga quais fatos se preten-

---

7 Outras inovações sobre a prova testemunhal no CPC/2015 poderão ser consultadas na seguinte obra: BERALDO, Leonardo de Faria. *Comentários às inovações do Código de Processo Civil*: novo CPC (Lei n. 13.105/2015). Belo Horizonte: Del Rey, 2015, p. 175-180.

8 Em sentido contrário: BUENO, Cássio Scarpinella. *Manual de direito processual civil*. 2ª ed. São Paulo: Saraiva, 2016, p. 338.

de provar com essas testemunhas. Isso servirá, ao mesmo tempo, para cumprir o disposto no § 6º do art. 357 e, também, para ter fundamentos concretos para tecer, no recurso de apelação, ao se alegar eventual cerceamento de defesa, caso uma ou outra prova venha a ser indeferida.

O § 7º do art. 357 informa que "o juiz poderá limitar o número de testemunhas levando em conta a complexidade da causa e dos fatos individualmente considerados". Trata-se de inovação que inexistia no CPC/1973. Houve, portanto, um aumento dos poderes do juiz, que pode, diante dessas particularidades, limitar o número de testemunhas em número ainda menor do que aquele do § 6º do art. 357.

3.8. A prova pericial dentro do regime de organização do processo

O § 8º do art. 357 dispõe que, "caso tenha sido determinada a produção de prova pericial, o juiz deve observar o disposto no art. 465 e, se possível, estabelecer, desde logo, calendário para sua realização". Esse é o único dispositivo que versa sobre prova pericial dentro da parte resguardada para a organização do processo.

Isso significa que o juiz já deve nomear o perito responsável por realizar o trabalho pericial, observando-se, claro, a ordem do cadastro ao qual se refere o art. 156 do CPC/2015. Nesse ponto é importante recordar que as partes têm o direito de indicar, desde que de comum acordo, o perito que será o responsável pela perícia, na forma do art. 471 do CPC/2015. Esse negócio jurídico processual deverá ser acatado pelo juiz, salvo se se verificar a ocorrência de alguma das hipóteses previstas no parágrafo único do art. 190 do CPC/2015. É óbvio que tal recusa somente será válida se feita por meio de decisão devidamente fundamentada, *ex vi* do art. 11 do CPC/2015 e do inciso IX do art. 93 da CF/88.

Quanto à parte do dispositivo que determina a confecção de calendário para a realização da perícia, significa que o juiz já deve estabelecer as datas para impugnação do perito, nomeação de assistentes técnicos, local e dia para o início dos trabalhos, entrega do laudo, entre outros. Para tanto, não poderá reduzir os prazos já constantes na lei, salvo se contar com a anuência das partes.

3.9. Remédio para o caso de omissão do juiz em proferir essa decisão corretamente

Caso o magistrado se negue a sanear e/ou organizar o processo, exatamente como determina o art. 357, qual será o remédio legal ao alcance das partes?

Se existir a decisão nos autos, e ela apresentar algum vício, a melhor alternativa é o manuseio dos embargos de declaração. Se esse vício não for sanado, e se tratar de alguma ilegalidade flagrante, caberá o uso do mandado de segurança, com espeque nos arts. 1º e 5º, II, da Lei n. 12.016/2009, uma vez que o agravo de instrumento é incabível, já que não consta do rol taxativo do art. 1.015 do CPC/2015.

Na hipótese de sequer existir a decisão nos autos, nos afigura que, num primeiro momento, deve a parte interessada peticionar e provocar o juiz a cumprir o disposto no art. 357. Caso a omissão seja mantida, como não cabe agravo de instrumento, certamente será lícito impetrar mandado de segurança.

Quanto à utilização do *mandamus* para casos desse jaez, é preciso ficar claro que somente será passível de êxito se ficar constatada a ilegalidade e existir o direito líquido e certo. Em outras palavras, se a discussão residir no campo da subjetividade, ou seja, de uma mera interpretação, dificilmente a segurança será concedida pelo tribunal. Um exemplo que nos parece fácil em se lograr êxito é o da omissão do juiz em fixar os pontos controvertidos sobre os quais deverá recair a atividade probatória (art. 357, II). Trata-se, ao mesmo tempo, de um dever do juiz e de um direito das partes.

Quanto ao prazo decadencial de 120 dias do mandado de segurança, para que a parte não corra qualquer tipo de risco, deverá ser contado do momento em que se constatou que o juiz deixou de praticar o ato processual em questão, ou, então, do instante em que se verificou a existência do vício. Deixar para impetrar após a apreciação dos aclaratórios ou da simples petição é, infelizmente, um convite para escutar do tribunal que o direito caducou!

Por derradeiro, caso a parte não queira impetrar o *mandamus*, e mesmo para a hipótese de ele não ser cabível, deverá o interessado arguir tal vício em preliminar do recurso de apelação ou nas contrarrazões, na forma do § 1º do art. 1.009 do CPC/2015.

3.10. Alguns recentes exemplos de como o art. 357 tem sido aplicado

Apenas com o intuito de demonstrar ao leitor como é que o art. 357 tem sido aplicado na prática, seguem abaixo algumas decisões que foram publicadas no *Diário Oficial Eletrônico do Estado de Minas Gerais* durante o mês de dezembro de 2016. Não teceremos quaisquer comentários sobre elas, mas, tão somente, elencá-las:

> "Nos termos do §1º do art. 357 do NCPC, determino a intimação das partes, para que, no prazo comum de 05 (cinco) dias, solicitem os esclareci-

mentos e/ou ajustes devidos, sob pena de estabilidade da presente decisão, assim como para justificar o objeto das provas já requeridas ou daquelas eventualmente ainda a serem especificadas em razão da distribuição do ônus da prova" (Edição nº: 226/2016, p. 112).

"No tocante à suspensão do processo para citação da empresa denunciada à lide, REJEITO a pretensão, pois não há provas suficientes de que exista relação entre o réu e a seguradora no que se refere ao veículo envolvido no acidente, não sendo nada colacionado ao processo referente ao contrato ou apólice do seguro. Fixo como ponto controvertido a existência dos danos alegados, bem como a responsabilidade civil da parte ré de repará-los.Nos termos do art. 373 do NCPC, cabe à parte autora o ônus de comprovar os danos materiais e a responsabilidade da requerida em seu ressarcimento. Nos termos do §1º do art. 357 do NCPC, determino a intimação das partes, para que, no prazo comum de 05 (cinco) dias, solicitem os esclarecimentos e/ou ajustes devidos, sob pena de estabilidade da presente decisão, bem como para justificarem fundamentadamente as provas que pretendem produzir no presente feito, deixando clara a finalidade da produção das provas já especificadas, sob pena de seu indeferimento naquilo que for desnecessário para o deslinde da causa" (Edição nº: 226/2016, p. 113).

"Audiência conciliação designada para o dia 20/02/2017 às 14:30 horas. Nos termos do art. 357, § 3º do Código de Processo Civil, designo audiência para o dia 20/02/17, às 14h30min., para saneamento do feito em cooperação com as partes. Intimar as partes por seus procuradores" (Edição nº: 226/2016, p. 267).

"Intimem-se as partes para apresentarem razões finais, no prazo sucessivo de quinze dias, iniciando-se pela parte autora, nos termos do artigo 364, §2º, do Código de Processo Civil de 2015, ocasião em que deverão expressamente dizer se têm interesse na autocomposição. Havendo interesse de ambas as partes em conciliar, designe-se audiência de conciliação perante o Centro Judiciário de Solução de Conflitos # CEJUS, nos termos do artigo 139, inciso V, do Novo Código de Processo Civil. Não havendo interesse na conciliação de uma ou de ambas as partes, venham os autos conclusos para julgamento. Ficam as partes advertidas do teor dos §§1º e 2º, do artigo 357, do Código de Processo Civil, devendo manifestar-se no prazo de cinco dias, após o qual a presente decisão tornar-se-á estável" (Edição nº: 226/2016, p. 227).

"Especificação de provas novo CPC: objetivamente (artigo 357 do CPC) Nos termos do artigo 357 e incisos do CPC, nota-se que o ônus da prova já foi objeto do despacho inicial (ou seja, cada parte deve arcar com o ônus processual de suas teses), e que as questões processuais ou tidas como prejudiciais estão afetas ao mérito, bem como que as fatos relevantes de direito estão devidamente delimitadas entre inicial e a contraposição da peça de resistência, daí que é o momento de propiciar às partes, de forma objetiva e motivadamente em prazo comum de até 10 dias, para dizerem se têm outras provas a produzir. Devem motivar, item por item, do que se pretendem provar e a necessidade da referida prova especificada sob a ótica da parte interessada, para fins de dilação probatória ou de pronto julgamento" (Edição nº: 225/2016, p. 196).

"Não ocorrendo nenhumas das hipóteses do art. 354 e ss. do CPC/2015, passo ao saneamento e organização do processo, nos termos do art. 357 do CPC/2015, de modo articulado. 1- Verifico a presença dos pressupostos processuais e das condições da ação, não havendo questão processual pendente. 2- Fixo os seguintes fatos controvertidos (357, II do CPC/2015): a)regulamentação de visitas. 3- Não há inversão do ônus da prova, aplicando-se o teor do art. 373, I e II, do CPC/2015 à lide. 4- As questões de direito são aquelas apresentadas pelas partes, correlatas à matéria fática. 5- Defiro a produção da prova oral. 5.1- Designo audiência de instrução e julgamento para o 31/01/2017 às 15:40h a ser realizada na 12ª Vara de Família (av. Augusto de Lima nº 1549, Barro Preto, Belo Horizonte - Fórum Lafayette - Sala OP 157). As testemunhas deverão ser arroladas no prazo comum 15 dias e intimadas pelos procuradores das partes, conforme art 455 CPC/15" (Edição nº: 222/2016, p. 213).

"Recebo os Embargos para discussão, porquanto tempestivos, determinando a suspensão da execução fiscal em apenso, conforme requerido às fls.47. Tendo em vista já terem sido impugnados os embargos (fls.39/46), e visando ao saneamento e ao encaminhamento da instrução do feito, em atendimento ao disposto nos arts. 9º e 10º do CPC de 2015, ao Princípio da Não-supresa e da Colaboração instituídos pela nova lei adjetiva, intimem-se as partes a: a) especificarem que provas pretendem produzir, estabelecendo relação clara e direta entre a prova pretendida e a questão de fato exposta na lide e que com a prova pretende atestar, de sorte a justificar sua adequação e pertinência (art. 357, II, CPC); b) caso a prova pretendida pela parte não possa por ela mesma ser produzida, articularem coerente e juridicamente o motivo da impossibilidade, bem assim a razão pela qual deve a parte adversa produzir a prova, de forma a convencer o juízo pela necessidade de inversão do ônus (art. 357, III, do CPC); c) após cotejo da inicial, contestação, réplica e elementos documentais porventura já acostados ao feito, verificando se há matérias admitidas ou não impugnadas, indicarem que questões de direito entendem ainda controvertidas e relevantes para influenciar a decisão de mérito (art. 357, IV, do CPC). Após, volvam conclusos" (Edição nº: 220/2016, p. 43).

4. Em busca de um processo eficiente

O princípio da eficiência não é novidade no nosso ordenamento jurídico. Sem dúvida alguma, ganhou grande destaque ao ser expressamente inserido no *caput* do art. 37 da CF/88.

Segundo Paulo Cezar Pinheiro Carneiro, o princípio da eficiência no direito processual civil "consubstancia-se na melhor forma de gerenciamento do processo. Alcançar o melhor resultado, no menor espaço de tempo e trazendo a maior satisfação possível para os jurisdicionados é postulado da eficiência processual".[9]

No CPC/2015 o princípio da eficiência[10] aparece expresso no bojo do art. 8º, juntamente com outros princípios. Essa eficiência do processo deve ser buscada em todos os momentos e fases possíveis.

Com efeito, o que se percebe é que o CPC/2015 veio reforçar aquilo que a CF/88 já havia feito há algumas décadas, mas que não era corretamente aplicado no dia a dia forense. O que é que as partes almejam? Elas desejam que o processo seja julgado por um juiz imparcial e que tenham o direito de participar da construção de todas as decisões judiciais. A propósito, essas decisões devem ser sempre fundamentadas, sob pena de nulidade. A resposta a contento dos argumentos apresentados pelas partes importa, ao mesmo tempo, numa demonstração de respeito à norma brasileira e, também, numa maneira de a parte vencida aceitar o resultado da demanda. Para que isso tudo realmente funcione, é imprescindível que o contraditório seja observado, à risca, a todo instante. Além disso, é importante que todos os sujeitos do processo hajam de boa-fé e cooperem uns com os outros. Desse modo, teremos aquilo que a doutrina chama de *processo justo*.

Apenas isso, porém, não será suficiente. O processo deve ser eficiente e célere, de modo que o direito fundamental insculpido no inciso LXXVIII do art. 5º da CF/88 seja concretizado.

---

9 CARNEIRO, Paulo Cezar Pinheiro. Comentários ao art. 8º do novo CPC. In: *Breves comentários ao novo Código de Processo Civil*. 3ª ed. Teresa Arruda Alvim Wambier *et al.* (coords.). São Paulo: RT, 2016, p. 95. Nesse mesmo sentido: "O juiz deve dirigir o processo de modo eficiente. Isso significa que deve alocar tempo adequado e dimensionar adequadamente os custos de solução de cada litígio. A necessidade de eficiência na gestão do processo guarda íntima relação com a ideia de proporcionalidade entre os meios e os fins que são visados pela administração da Justiça Civil" (MARINONI, Luiz Guilherme; ARENHART, Sérgio Cruz; MITIDIERO, Daniel. *Novo Código de Processo Civil comentado*. 2ª ed. São Paulo: RT, 2016, p. 160).

10 Atenção para não se confundir eficiência com *efetividade*, que, no nosso sentir, está ligada ao cumprimento das normas. Cumprimento esse que pode ser espontâneo ou por meio de sanções, como, por exemplo, as *astreintes*.

Há, no nosso sentir, várias formas para se buscar um processo eficiente.

A *primeira* delas seria por meio da celebração de negócios jurídicos processuais, típicos ou atípicos, para a flexibilização da norma processual em prol da eficiência. Ora, não é admissível que todo e qualquer processo possa ser instruído de forma igual ou tenham ritos idênticos. Isso porque, certamente, há casos em que, diante das particularidades do direito material envolvido, será preciso adotar medidas diversas daquelas genéricas previstas na legislação processual.

A *segunda* delas seria com o uso correto e tempestivo das hipóteses de julgamento conforme o estado do processo. É inaceitável que um juiz deixe para dizer, apenas na sentença, após toda uma fase petitória, saneadora e instrutória, que a *petição inicial é inepta* porque está sem pedido ou causa de pedir (art. 330, § 1º, I, do CPC/2015). Esse fato deveria ter sido constatado tão logo o magistrado recebesse a exordial e, nessa mesma hora, já deveria ter intimado o autor para corrigir o vício (art. 321 do CPC/2015), sob pena de extinção do processo (art. 485, I, do CPC/2015). O mesmo vale para o *julgamento de improcedência liminar do pedido* (art. 332 do CPC/2015), que, sempre que se verificar a ocorrência de uma de suas causas, deverá ser utilizado antes mesmo da citação do réu. Em relação ao *julgamento antecipado parcial do mérito* (art. 356 do CPC/2015), é preciso que o julgador, assim como as partes, estejam atentos para situações que justifiquem o seu uso. Para dar apenas um exemplo, numa ação de divórcio em que se discute, também, fixação de alimentos, guarda dos filhos e partilha de bens, se se verificar que apenas esse último pedido é controverso, é evidente que o magistrado deverá proferir decisão resolvendo os outros três pedidos, deixando, para o final, apenas a discussão sobre a partilha de bens.

A *terceira* delas poderá surgir com o proferimento de decisões e despachos mais completos, que já prevejam o que deverá ser feito em caso de as partes procederem dessa ou daquela maneira. Isso evitará que os autos do processo (sejam em formato físico ou digital) tenham que ir e voltar da "conclusão" a todo instante. Caso o ato processual praticado pelo juiz seja mais amplo, abarcando situações *objetivas* que podem vir a ocorrer, bastará que o escrivão ou o chefe de secretaria execute ou cumpra a ordem judicial, nos termos do art. 152, II, do CPC/2015. O mesmo valerá para as partes, que, devidamente intimados de uma decisão judicial dessa natureza, isto é, que já contemple vários atos e momentos do processo, já saberão o que poderão ou deverão fazer, sob pena de preclusão. *Esse ato processual do juiz ao qual estamos nos referindo não deixa de ser uma calendarização unilateral e parcial do processo.* É algo que, sem dúvida, torna o processo mais eficiente.

A *quarta* delas reside na correta realização das audiências de conciliação e de mediação. Se elas forem conduzidas por profissionais treinados e com perfil para esse tipo de labor, as chances de êxito aumentarão sobremaneira. Atenção porque o termo "êxito" não está, necessariamente, ligado à realização de acordos e, por conseguinte, a extinção do processo. A pactuação de um mau acordo, no nosso sentir, não significa que tenha havido êxito. Permitir que as partes do processo encontrem seus reais interesses, graças à facilitação da comunicação criada pelo terceiro (mediador ou conciliador), ajudará na melhor condução do processo, caso não haja acordo.

A *quinta* delas é o exaurimento, pelo julgador, dos fundamentos apresentados pelas partes ao se proferir a sentença ou mesmo o acórdão. Isso é importante porque não é sempre fácil, para aquele que sucumbiu, aceitar os termos da decisão judicial que lhe é imposta, especialmente se os seus argumentos, lançados na exordial ou na contestação, sequer foram apreciados. Essa não apreciação gera recursos, e isso, por sua vez, faz com que o processo seja mais longo e, consequentemente, menos eficiente. Nesse exemplo pode parecer que estamos confundindo eficiência com celeridade, entretanto, não estamos. São, na verdade, pontos de vista distintos em torno do mesmo fato. É claro que o processo sem recursos (ou com poucos recursos) é mais célere, todavia, a celeridade tem, como efeito, a eficiência do processo, tendo em vista que a parte que acata verdadeiramente uma decisão judicial tende a não querer recorrer.

Dito isso, e, claro, sem qualquer pretensão de esgotar os exemplos de aplicação e exaltação do princípio da eficiência, pois são bastante numerosos, acreditamos que o processo civil brasileiro tem tudo para poder alcançar a eficiência que dele se espera. E, para que isso possa ocorrer, basta que os sujeitos do processo se comportem da maneira adequada, tal como pudemos discorrer ao longo desse breve artigo científico. Finalmente, o uso adequado e tempestivo do saneamento e da organização do processo contribuirá para a obtenção dessa meta.

5. Referências bibliográficas

ALVIM, Arruda. *Novo contencioso cível no CPC/2015*. São Paulo: RT, 2016.

BERALDO, Leonardo de Faria. *Comentários às inovações do Código de Processo Civil*: novo CPC (Lei n. 13.105/2015). Belo Horizonte: Del Rey, 2015.

BUENO, Cássio Scarpinella. *Manual de direito processual civil*. 2ª ed. São Paulo: Saraiva, 2016.

CABRAL, Antonio do Passo. *Convenções processuais*. Salvador: JusPodivm, 2016.

CÂMARA, Alexandre Freitas. *O novo processo civil brasileiro*. São Paulo: Atlas, 2015.

CARNEIRO, Paulo Cezar Pinheiro. Comentários ao art. 8º do novo CPC. In: *Breves comentários ao novo Código de Processo Civil*. 3ª ed. Teresa Arruda Alvim Wambier *et al*. (coords.). São Paulo: RT, 2016.

MARINONI, Luiz Guilherme; ARENHART, Sérgio Cruz; MITIDIERO, Daniel. *Novo Código de Processo Civil comentado*. 2ª ed. São Paulo: RT, 2016.

PERSPECTIVAS DOS HONORÁRIOS ADVOCATÍCIOS RECURSAIS PELA JURISPRUDÊNCIA DO STF E STJ

Guilherme Costa Leroy[1]

Sumário: 1 - A sistemática dos honorários advocatícios recursais. 2 - Panorama jurisprudencial do STF e STJ. 2.1 - Função dos honorários advocatícios recursais: remuneração e/ou punição? 2.2 - Honorários advocatícios recursais frente ao direito intertemporal. 3 - Considerações finais. 4 - Referências bibliográficas.

1. A sistemática dos honorários advocatícios recursais

Publicado no Diário Oficial da União de 17/03/2015, o Código de Processo Civil de 2015 (CPC/2015) incorporou-se ao ordenamento jurídico nacional trazendo diversas alterações na tentativa de melhorar a prestação jurisdicional. Dentre as mudanças, destaca-se o tema dos honorários advocatícios que, por mais que esteja sempre em debate por impactar diretamente o trabalho dos profissionais do Direito[2], está cercado de teses e possibilidades que surgem da infinidade de situações vivenciadas no Poder Judiciário brasileiro.

O instituto dos honorários advocatícios (destrinchado pelo artigo 85[3] do CPC/2015 e seus parágrafos) foi remodelado principalmente em relação à indicação expressa de sua natureza alimentar e a vedação da compensação no caso de sucumbência recíproca (§14[4], afastando a aplicação da Súmula 306 do

---

1 Mestre em Direito Processual Civil pela Universidade Federal de Minas Gerais (UFMG). Diretor Científico do IDPro – Instituto de Direito Processual. Professor de Direito Processual Civil. Advogado.

2 PEREIRA FILHO, Benedito Cerezzo. Os honorários advocatícios no novo Código de Processo Civil e a valorização do advogado enquanto profissional indispensável à administração da justiça (art. 133, CF) *In:* DIDIER, Fredie (coord.). *Novo CPC doutrina selecionada, v. 1: parte geral.* Salvador: Juspodivm, 2016, p. 898-904.

3 "Art. 85. A sentença condenará o vencido a pagar honorários ao advogado do vencedor."

4 "§ 14. Os honorários constituem direito do advogado e têm natureza alimentar, com os mesmos privilégios dos créditos oriundos da legislação do trabalho, sendo vedada a compensação em caso de sucumbência parcial."

STJ[5]), às causas em que Fazenda Pública for parte (§§3º a 6º)[6], à possibilidade de ajuizamento de ação autônoma para definição e cobrança de honorários quando existir omissão em ação com trânsito em julgado (§18)[7] e quanto à possibilidade de condenação em honorários advocatícios na fase recursal.

A previsão de majoração dos honorários em fase recursal alterou significativamente a estrutura das despesas processuais em relação à interposição de recursos ao determinar que os Tribunais aumentem a condenação em honorários já definida na(s) instância(s) anterior(es). Agora, no momento de interposição de recursos, as partes e seus advogados deverão levar em consideração não apenas as possibilidades de condenação em multas[8], mas também eventual aumento da verba honorária em caso de insucesso. O dispositivo do artigo 85, inciso 11 do CPC/2015 se restringiu a prever o dever de fixação de honorários recursais, sem indicar outras balizas ou limites além do teto da fixação:

> § 11. O tribunal, ao julgar recurso, majorará os honorários fixados anteriormente levando em conta o trabalho adicional realizado em grau recursal, observando, conforme o caso, o disposto nos §§ 2o a 6o, sendo vedado ao tribunal, no cômputo geral da fixação de honorários devidos ao advogado do vencedor, ultrapassar os respectivos limites estabelecidos nos §§ 2o e 3o para a fase de conhecimento.

Por isso, a sistemática de majoração de honorários na fase recursal ainda precisa de amadurecimento para que seja possível estabelecer a forma em que será aplicada diante das mais diversas situações que são produzidas pela sociedade.

> Há, no entanto, diversos questionamentos que não foram enfrentados na redação do novo Código de Processo Civil, como, por exemplo: a majoração dos honorários deve ocorrer apenas no julgamento de recursos contra decisões definitivas de mérito (apelação, recurso especial, recurso ordiná-

5 "Os honorários advocatícios devem ser compensados quando houver sucumbência recíproca, assegurado o direito autônomo do advogado à execução do saldo sem excluir a legitimidade da própria parte".

6 Dentre os parágrafos indicados, ressaltam-se o 3º e o 5º: "§ 3o Nas causas em que a Fazenda Pública for parte, a fixação dos honorários observará os critérios estabelecidos nos incisos I a IV do § 2o e os seguintes percentuais: (...); § 5o Quando, conforme o caso, a condenação contra a Fazenda Pública ou o benefício econômico obtido pelo vencedor ou o valor da causa for superior ao valor previsto no inciso I do § 3o, a fixação do percentual de honorários deve observar a faixa inicial e, naquilo que a exceder, a faixa subsequente, e assim sucessivamente."

7 "§ 18. Caso a decisão transitada em julgado seja omissa quanto ao direito aos honorários ou ao seu valor, é cabível ação autônoma para sua definição e cobrança."

8 No CPC/2015, além das hipóteses gerais de litigância de má-fé e ato atentatório à dignidade da justiça, existem multas específicas para Embargos de Declaração (art. 1.026, §2º e 3º) e Agravo Interno (art. 1.021, §4º) que possuam finalidade protelatória, por exemplo.

rio e extraordinário) ou deve ocorrer também no julgamento de recursos contra decisões interlocutórias (agravos)? Em se tratando de recurso contra sentença terminativa, sem resolução de mérito, e determinando o Tribunal apenas o retorno do feito à origem para julgamento, como ficarão os honorários?[9]

É necessário contínuo estudo do tema ao longo desses primeiros anos de vigência da nova regra para que se procure estruturar a sua aplicação com segurança jurídica e em conformidade com as demais disposições do ordenamento jurídico brasileiro.

A observação do comportamento do Supremo Tribunal Federal e do Superior Tribunal de Justiça revela-se essencial para entender como a Justiça brasileira está trabalhando o instituto. Além de serem as instâncias finais de julgamento das causas, também se fortaleceram com a inserção da teoria dos precedentes judiciais pelo CPC/2015, aumentando a necessidade dos demais julgadores espalhados pelo país observarem as suas decisões.

Almeja-se, neste estudo, analisar como os julgados do STF e do STJ trataram da possibilidade de fixação de honorários advocatícios recursais para que se extraia o que parece estar estabelecido, eventuais perspectivas já sinalizadas e os desafios que permanecem. Porém, primeiro é preciso entender o que já foi apontado pela doutrina brasileira, mesmo antes da entrada em vigor do CPC/2015, para que seja possível comparar o que foi pensado com aquilo que se viu na prática do ano de 2016.

Partindo dos enunciados elaborados por grupos de acadêmicos, magistrados, advogados e demais profissionais do Direito, podemos destacar três produções que ganharam destaque nacional: os enunciados administrativos produzidos pelo Superior Tribunal de Justiça – STJ[10], os enunciados do Fórum Permanente de Processualistas Civis – FPPC[11] – e os enunciados da Escola Nacional de Formação e Aperfeiçoamento de Magistrados – ENFAM[12].

---

9 CÂNDIDO JÚNIOR, Raimundo; CÂNDIDO, Felipe Fagundes. Multas, Despesas e Honorários Advocatícios. *In*: THEODORO JÚNIOR, Humberto (coord). *Processo civil brasileiro*. Belo Horizonte: Del Rey, 2016, p. 299.

10 O Superior Tribunal de Justiça aprovou, por unanimidade, 07 (sete) enunciados administrativos sobre o CPC/2015 na Sessão do Plenário do dia 02 de março de 2016. Maiores informações no site: http://www.stj.jus.br/sites/STJ/default/pt_BR/Institucional/Enunciados-administrativos .

11 O Fórum Permanente de Processualistas Civis – FPPC é um evento que reúne os estudiosos do Processo Civil, de todas as carreiras, para discutir e aprovar enunciados que reflitam posições pacíficas de interpretação da lei processual. Os encontros são realizados em diversas cidades do país e os enunciados são aprovados por unanimidade dos presentes na plenária. Maiores informações no site: http://fpprocessualistascivis.blogspot.com.br/ .

12 Durante o Seminário *O Poder Judiciário e o novo CPC*, realizado entre 26 e 28 de agosto de 2015, foram aprovados 62 enunciados sobre o Novo Código de Processo Civil com a inten-

O Superior Tribunal de Justiça tratou dos honorários recursais para tentar resolver dificuldades relacionadas ao início aplicação da nova lei processual – direito intertemporal – tópico que será destrinchado adiante.

Por sua vez, os enunciados do FPPC – do qual participam diversos advogados – procuraram estabelecer interpretações ampliativas das possibilidades de condenação em honorários recursais ou mesmo impedir eventual tese restritiva que pudesse surgir. Dentre os três enunciados aprovados no evento sediado em Belo Horizonte, entre 05 e 07 de dezembro de 2014, o primeiro sustenta entendimento que decorre logicamente do texto legal: os honorários recursais serão somados aos honorários já fixados em primeiro grau[13]. A palavra "majorará", constante do art. 85, §11 do CPC/2015, deixa explícito o sentido de aumento do valor dos honorários, afastando a possibilidade de substituição do que já foi fixado em primeiro grau.

No mesmo sentido, o Enunciado 243[14] tenta esclarecer que mesmo no caso de alteração da sucumbência deverão ser fixados honorários exclusivos para a fase recursal. Isto é, em caso de provimento da apelação, por exemplo, não basta inverter a condenação de honorários para favorecer o Apelante, é necessário acrescer o montante de parte correspondente aos honorários recursais.

Já o Enunciado 242 do FPPC[15] parece partir da expressão "ao julgar recurso" para afirmar que tanto em decisão unipessoal/monocrática, como em decisão colegiada, será necessário que o magistrado arbitre os honorários recursais. No entanto, a decisão deverá resolver o recurso, gerando sucumbência de uma ou ambas as partes, não sendo possível a condenação de honorários em decisões interlocutórias em recursos (como as que concedem ou não efeito suspensivo).

Por outro lado, dessa linha de pensamento é possível aduzir o cabimento de condenação de honorários advocatícios em Embargos de Declaração. Os Embargos de Declaração são classificados como recursos pelo CPC/2015, tecnicamente preenchendo o requisito legal que embasou o Enunciado 242 do FPPC, mas possuem função distinta (integração da decisão) dos demais recursos (modificação da decisão), o que em tese não deveria afetar a sucumbência.

ção de nortear os magistrados país afora. Participaram do evento cerca de 500 magistrados. Maiores informações no site: http://www.enfam.jus.br/o-novo-cpc/ .

13 "Enunciado 241. Os honorários de sucumbência recursal serão somados aos honorários pela sucumbência em primeiro grau, observados os limites legais."

14 "Enunciado 243. No caso de provimento do recurso de apelação, o tribunal redistribuirá os honorários fixados em primeiro grau e arbitrará os honorários de sucumbência recursal."

15 Enunciado 242. Os honorários de sucumbência recursal são devidos em decisão unipessoal ou colegiada.

Não se discute aqui a necessidade de readequar a condenação em honorários quando a sucumbência é afetada por efeitos modificativos dos Embargos de Declaração. O que pode gerar dúvida é a necessidade de majoração dos honorários pela simples interposição do recurso de Embargos de Declaração – tese defensável se considerados o texto legal e o Enunciado 242 do FPPC.

De toda forma, parece seguro afastar a majoração de honorários nos casos de Embargos de Declaração em 1ª instância, já que o artigo concede apenas aos tribunais tal poder/dever.

Por fim, dentre os enunciados da Escola Nacional de Formação e Aperfeiçoamento de Magistrados – ENFAM – apenas um deles envolve o tema dos honorários recursais: "Enunciado 16. Não é possível majorar os honorários na hipótese de interposição de recurso no mesmo grau de jurisdição (art. 85, § 11, do CPC/2015)."

O conteúdo do enunciado aprovado pela ENFAM restringe consideravelmente as hipóteses de cabimento de honorários recursais, já que apenas em 3 (três) oportunidades será necessária a majoração: (*a*) quando da interposição de recurso para o Tribunal local ou regional; (*b*) quando da interposição de recurso para Tribunal Superior; (*c*) quando da interposição de recurso para o Supremo Tribunal Federal. Já fica excluída, segundo o enunciado, qualquer majoração de honorários quando da interposição de Agravos Internos e Agravos em Recurso Especial ou Extraordinário.

Também por ser recurso direcionado para mesma instância, é possível afastar a majoração de honorários pela interposição de Embargos de Declaração, entendimento diferente do inferido a partir do enunciado 242 do FPPC. É importante frisar, de toda forma, que os Embargos de Declaração podem ser interpostos para suprir omissão de majoração em honorários em recurso anterior.

Assim, cabe analisar pela perspectiva de julgados do STF e do STJ se os entendimentos encontrados nos enunciados refletem o que está sendo decidido pelos dois principais tribunais brasileiros. Por mais que existam diversas outras questões envolvendo os honorários advocatícios recursais, esses foram os entendimentos que receberam respaldo e difusão de significativa parcela de juristas e, portanto, estão consolidados para confrontamento com as decisões produzidas pelo STF e STJ no ano de 2016.

2. Panorama jurisprudencial do STF e STJ

Foram encontrados, a partir de pesquisa no repositório de jurisprudência constante do website dos dois Tribunais, 152 acórdãos do STF e 70 acórdãos do STJ cuja ementa faz referência ao tema dos honorários advocatícios recursais[16]. É possível perceber que nenhum dos dois tem feito distinção entre decisão monocrática ou colegiada para a majoração dos honorários, seguindo o disposto no Enunciado 242 do FPPC, já que ambos possuem também decisões monocráticas que tratam sobre o tema. Também não foram encontradas decisões contrárias aos Enunciados 241 e 243 do FPPC, sendo respeitada a necessidade de majoração – e não redefinição dos honorários –, mesmo em caso de inversão da sucumbência.

Em relação ao Enunciado 16 da ENFAM, o STJ tem adotado expressamente o seu entendimento em diversas decisões[17], como, explicitado no seguinte julgamento:

> PROCESSUAL CIVIL. EMBARGOS DECLARATÓRIOS. INEXISTÊNCIA DE VÍCIOS. EMBARGOS DE DECLARAÇÃO ACOLHIDOS PARA FINS DE ESCLARECIMENTOS QUANTO AOS HONORÁRIOS RECURSAIS, SEM EFEITOS MODIFICATIVOS.
> 1. Quanto aos honorários recursais, para evitar novos questionamentos, acolhem-se os Embargos Declaratórios para prestar esclarecimentos, sem, no entanto, emprestar-lhe efeitos infringentes.
> 2. O STJ tem jurisprudência firme no sentido de que, nos casos em que o grau inaugurado com a interposição do Agravo em Recurso Especial ocorreu em momento anterior à vigência da nova norma, como nos presentes autos, é indevida a aplicação da nova legislação processual civil, sob pena de retroação de seus efeitos.
> 3. Já em relação ao pedido de arbitramento/majoração da verba honorária de sucumbência no Agravo Interno, formulado pela embargante, ele deve ser rejeitado, em razão do entendimento da Escola Nacional de Formação e Aperfeiçoamento de Magistrados Ministro Sálvio de Figueiredo Teixeira - Enfam, adotado no seminário "O Poder Judiciário e o Novo CPC", no qual se editou o enunciado 16, com o seguinte teor: "Não é possível majorar os honorários na hipótese de interposição de recurso no mesmo grau de jurisdição (art. 85, § 11, do CPC/2015)".
> 4. Dito de outro modo, como se trata (o Agravo Interno) de recurso que apenas prorroga, no mesmo grau de jurisdição, a discussão travada no Recurso Especial, o caso concreto não comporta a aplicação do art. 85, § 11, do CPC/2015.
> 5. Embargos de Declaração parcialmente acolhidos sem efeito modificativo, apenas para prestar esclarecimentos.
> (EDcl no AgInt no REsp 1586743/SP, Rel. Ministro HERMAN BENJAMIN, SEGUNDA TURMA, julgado em 06/12/2016, DJe 19/12/2016)

---

16 Foram pesquisados os termos "honorários advocatícios recursais" e "honorários recursais".

17 22 acórdãos e 33 decisões monocráticas foram encontradas indicando expressamente o enunciado da ENFAM.

A decisão utilizada como *leading case* é a proferida no AgInt no AgRg no REsp 1.200.271/RS, relatada pelo Ministro Marco Buzzi, publicada no DJe de 17/05/2016[18]. Porém, ainda não é possível considerar que o entendimento está consolidado dentro do STJ, uma vez que é possível encontrar condenações em honorários recursais em sede de Agravo Interno, por exemplo:

> AGRAVO INTERNO NO AGRAVO EM RECURSO ESPECIAL. AÇÃO RENOVATÓRIA. (...) 5. AGRAVO IMPROVIDO. MAJORAÇÃO DOS HONORÁRIOS ADVOCATÍCIOS. ART. 85, § 11, DO CPC/2015.
> (...)
> 5. Agravo interno a que se nega provimento, com majoração dos honorários advocatícios, na forma do art. 85, § 11, do CPC/2015.
> (AgInt no AREsp 660.292/RJ, Rel. Ministro MARCO AURÉLIO BELLIZZE, TERCEIRA TURMA, julgado em 04/10/2016, DJe 10/10/2016, grifo nosso)

Por outro lado, o Supremo Tribunal Federal não fez referência ao enunciado da ENFAM em nenhum dos seus julgados.

Outro ponto essencial a ambos os Tribunais é partir de características aplicadas à fixação dos honorários advocatícios em 1ª instância para definir os contornos da majoração em fase recursal. Ao que parece, não haverá aumento dos honorários fixados, por exemplo, quando se tratar de recurso oriundo de decisão interlocutória que não envolve o mérito[19], conforme já decidiu o STJ:

> EMBARGOS DE DECLARAÇÃO NO AGRAVO INTERNO NO RECURSO ESPECIAL. ALEGAÇÃO DE OMISSÃO. INEXISTÊNCIA. FIXAÇÃO DE HONORÁRIOS ADVOCATÍCIOS RECURSAIS EM SEDE DE AGRAVO INTERNO. NÃO CABIMENTO. INEXISTÊNCIA DE CARÁTER AUTÔNOMO.
> (...)

18 AGRAVO INTERNO NO AGRAVO REGIMENTAL NO RECURSO ESPECIAL - AÇÃO DE PRESTAÇÃO DE CONTAS - DECISÃO MONOCRÁTICA QUE RECONSIDEROU O ANTERIOR DECISUM SINGULAR PARA NEGAR PROVIMENTO AO APELO NOBRE. IRRESIGNAÇÃO DO AUTOR. (...) 4. Deixa-se de aplicar honorários sucumbenciais recursais nos termos do enunciado 16 da ENFAM: "Não é possível majorar os honorários na hipótese de interposição de recurso no mesmo grau de jurisdição (art. 85, § 11, do CPC/2015)". 5. Agravo interno desprovido. (AgInt no AgRg no REsp 1200271/RS, Rel. Ministro MARCO BUZZI, QUARTA TURMA, julgado em 10/05/2016, DJe 17/05/2016)

19 Nesse sentido: "Isso porque não é toda decisão ao longo do trâmite processual que enseja a condenação em honorários de sucumbência. Logo apenas decisões aptas a prever esse tipo de condenação (v.g. sentença ou acórdão) viabilizarão a fixação de honorários no tribunal ad quem;" *In*: NUNES, Dierle; DUTRA, Victor Barbos; OLIVEIRA JÚNIOR, Délio Mota de. Honorários no recurso de apelação e questões correlatas. In: DIDIER, Fredie (coord.). Honorários advocatícios. 2. Ed. Salvador: Jus Podivm, 2016, p. 641.

> 2. Não cabe a majoração dos honorários advocatícios, nos termos do § 11 do art. 85 do CPC/2015, quando o recurso é oriundo de decisão interlocutória sem a prévia fixação de honorários.
> 3. O agravo interno não possui caráter de recurso independente ou autônomo, capaz de possibilitar a abertura de nova instância recursal.
> 4. EMBARGOS DE DECLARAÇÃO REJEITADOS.
> (EDcl no AgInt no REsp 1456140/SP, Rel. Ministro PAULO DE TARSO SANSEVERINO, TERCEIRA TURMA, julgado em 04/10/2016, DJe 14/10/2016, grifo nosso)

O STF caminhou nesse sentido ao apontar a impossibilidade de condenação em honorários advocatícios recursais quando não existe condenação em instâncias anteriores:

> Agravo regimental no recurso extraordinário com agravo. Processual Civil. Advogado subscritor das peças recursais. Ausência de procuração. Código de Processo Civil de 1973. Recurso inexistente. Precedentes. 1. É pacífico o entendimento do Supremo Tribunal Federal em considerar inexistente o recurso interposto por advogado sem o instrumento de mandato outorgado pela parte. 2. Agravo regimental não provido. 3. Inaplicável o art. 85, § 11, do CPC, pois não houve fixação prévia de honorários advocatícios na causa. (ARE 962151 AgR, Relator(a): Min. DIAS TOFFOLI, Segunda Turma, julgado em 11/11/2016, PROCESSO ELETRÔNICO DJe-252 DIVULG 25-11-2016 PUBLIC 28-11-2016, grifo nosso)

Outro exemplo disso é a impossibilidade de condenação em honorários recursais quando a ação originária não enseja condenação em instâncias anteriores – como em ações mandamentais. A intenção é manter o benefício na fase recursal e garantir o acesso à justiça também por meio dos tribunais.

Ambos os Tribunais decidiram de maneira específica pela impossibilidade de fixação de honorários em recurso oriundo de Mandado de Segurança[20]. O STJ inclusive noticiou o julgado no Informativo de Jurisprudência 0592:

> Tratou-se de recurso ordinário interposto contra acórdão denegatório de mandado de segurança não conhecido porque entre a motivação utilizada como fundamento do julgamento e as razões do recurso que impugna tal decisão não houve relação de congruência. Pesou considerar que o recurso se orientou pela nova codificação processual, considerando que a publicação do acórdão da origem foi posterior a 18/3/2016, atraindo a aplicação

---

20 "RECURSO EXTRAORDINÁRIO (...) RECURSO – HONORÁRIOS ADVOCATÍCIOS. Descabe a fixação de honorários recursais, preconizados no artigo 85, § 11 do Código de Processo Civil de 2015, quando tratar-se de extraordinário formalizado no curso de processo cujo rito os exclua. (ARE 948578 AgR, Relator(a): Min. MARCO AURÉLIO, Primeira Turma, julgado em 21/06/2016, PROCESSO ELETRÔNICO DJe-163 DIVULG 03-08-2016 PUBLIC 04-08-2016)".

> do Enunciado Administrativo n. 3 do STJ. Isso imporia como consequência, na hipótese do seu desprovimento, a condenação da recorrente em honorários recursais, a teor do disposto no art. 85, § 11, do CPC/2015. No entanto, não é adequada a incidência desse regime ao feito tendo em conta o disposto no art. 25 da Lei n. 12.016/2009. A interpretação desse preceito sempre pontuou o julgamento da ação de mandado de segurança, isso sob um regime em que inexistia a conjectura dos honorários recursais. Tratando-se o recurso de um desdobramento da tramitação processual que se inicia com a petição inicial, não há lógica em que no processamento da ação propriamente dita inexista condenação em honorários, mas na fase recursal consequente isso seja possível. Além disso, o texto do art. 25 da Lei n. 12.016/2009 é claro ao estabelecer que os honorários advocatícios não cabem no processo mandamental, expressão que reúne a ideia de ação e do procedimento subjacente, com a petição inicial, as informações da autoridade coatora, a intervenção do Ministério Público, a prolação de provimento judicial e, ainda, os recursos. (RMS 52.024-RJ, Rel. Min. Mauro Campbell Marques, por unanimidade, julgado em 6/10/2016, DJe 14/10/2016, grifo nosso)

É preciso, no entanto, diferenciar inexistência de condenação em honorários da compensação dos honorários em caso de sucumbência recíproca. Por mais que o CPC/2015 tenha vedado a compensação de honorários, alguns recursos alcançaram os Tribunais com a compensação determinada sob a vigência do CPC/73. Nesses casos, há efetiva condenação em honorários de ambas as partes, conforme a sucumbência parcial de cada uma no processo. Dessa forma, deve existir majoração dos honorários para a parte que obteve sucesso no pleito recursal – podendo inclusive aumentar para ambas as partes, já que sucumbentes parcialmente.

A Segunda Turma do STJ, no entanto, não percebeu a diferença entre as situações e acabou decidindo pelo afastamento da condenação em honorários recursais quando existir sucumbência recíproca nas instâncias anteriores:

> PROCESSUAL CIVIL. AGRAVO INTERNO NO RECURSO ESPECIAL. DECISÃO QUE, EM PROCESSO DE EXECUÇÃO, ACOLHEU PARCIALMENTE A EXCEÇÃO DE PRÉ-EXECUTIVIDADE E DECLAROU A PRESCRIÇÃO DE PARTE DA DÍVIDA EXECUTADA, SEM POR FIM AO PROCESSO. NATUREZA DE DECISÃO INTERLOCUTÓRIA. RECURSO CABÍVEL. AGRAVO DE INSTRUMENTO. INTERPOSIÇÃO DE APELAÇÃO. ERRO GROSSEIRO. PRINCÍPIO DA FUNGIBILIDADE RECURSAL.
> INAPLICABILIDADE. PRECEDENTES DO STJ. AGRAVO INTERNO IMPROVIDO. (...)
> VII. Não procede o pedido formulado, pela parte agravada - com fundamento no art. 85, § 11, do CPC/2015 e no Enunciado Administrativo

> 7/STJ -, para que haja condenação da agravante em honorários advocatícios recursais, porquanto aquele dispositivo legal prevê que "o tribunal, ao julgar recurso, majorará os honorários fixados anteriormente". Porém, nos presentes autos, não foram anteriormente fixados honorários de advogado, em face da sucumbência recíproca, seja na decisão de 1º Grau, seja no acórdão recorrido.
> VIII. Agravo interno improvido.
> (AgInt no REsp 1517815/SP, Rel. Ministra ASSUSETE MAGALHÃES, SEGUNDA TURMA, julgado em 18/08/2016, DJe 01/09/2016, grifo nosso)

Estender o entendimento de que não cabe majoração de honorários em caso de sucumbência recíproca desvirtua a intenção do instituto e apenas demonstra que o tema ainda está sendo recebido com muito receio por alguns julgadores, que acabam por restringir o direito expressamente garantido pelo CPC/2015.

Já em relação à fixação de honorários recursais em Embargos de Declaração, o STF está entendendo pelo cabimento:

> EMBARGOS DECLARATÓRIOS EM EMBARGOS DECLARATÓRIOS NO AGRAVO REGIMENTAL NO RECURSO EXTRAORDINÁRIO COM AGRAVO. RECURSO INTERPOSTO APÓS O NOVO CÓDIGO DE PROCESSO CIVIL. (...) MAJORAÇÃO DE HONORÁRIOS ADVOCATÍCIOS EM 1/4 (UM QUARTO). ARTIGO 85, §11, CÓDIGO DE PROCESSO CIVIL. EMBARGOS DECLARATÓRIOS. NATUREZA RECURSAL. MEDIDA DE DESESTÍMULO À LITIGÂNCIA PROCRASTINATÓRIA. CABIMENTO. VENCIDO O RELATOR ORIGINÁRIO, NO PONTO.
> (ARE 908102 AgR-ED-ED, Relator(a): Min. MARCO AURÉLIO, Relator(a) p/ Acórdão: Min. EDSON FACHIN, Primeira Turma, julgado em 11/10/2016, PROCESSO ELETRÔNICO DJe-252 DIVULG 25-11-2016 PUBLIC 28-11-2016)

O Ministro Marco Aurélio, no entanto, está divergindo em seus votos por entender que os Embargos de Declaração possuem finalidade diversa dos demais recursos e, portanto, não desafia o aumento da verba honorária:

> EMBARGOS DECLARATÓRIOS – INEXISTÊNCIA DE VÍCIO – DESPROVIMENTO. Uma vez voltados os embargos declaratórios ao simples rejulgamento de certa matéria, inexistindo, no acórdão proferido, qualquer dos vícios que os respaldam – omissão, contradição e obscuridade –, impõe-se o desprovimento. EMBARGOS DECLARATÓRIOS – RECURSO – HONORÁRIOS ADVOCATÍCIOS. Descabe a fixação de honorários recursais previstos no artigo 85, § 11, do Código de Processo Civil de 2015, em sede de declaratórios, considerada a finalidade destes – aperfeiçoamento da prestação jurisdicional.

(ARE 895770 AgR-ED, Relator(a): Min. MARCO AURÉLIO, Primeira Turma, julgado em 21/06/2016, PROCESSO ELETRÔNICO DJe-163 DIVULG 03-08-2016 PUBLIC 04-08-2016, grifo nosso).

O Superior Tribunal de Justiça, por sua vez, ao adotar o Enunciado 16 da ENFAM automaticamente afasta a majoração dos honorários em sede de Embargos de Declaração[21].

O Ministro Marco Aurélio também diverge de seus colegas para afastar a aplicação de honorários recursais quando a parte favorecida não apresentou contrarrazões ao recurso[22]. De toda forma, esta posição é minoritária dentro do STF e não há decisão parecida no STJ.

Por fim, outras duas questões de grande relevância para perceber os caminhos que estão sendo traçados para os honorários advocatícios recursais, são o reconhecimento ou não pelos Tribunais de caráter sancionatório no instituto e a sua aplicação frente às disposições de direito intertemporal.

2.1. Função dos honorários advocatícios recursais: Remuneração e/ou punição?

A inserção do caráter punitivo dos honorários advocatícios recursais na literalidade do texto legal foi intensamente debatida durante o trâmite do CPC/2015 no Congresso Nacional Brasileiro. A redação do Projeto de Lei nº 166 de 2010[23], que tramitou no Senado Federal, restringia as hipóteses de apli-

---

21 EMBARGOS DE DECLARAÇÃO NO AGRAVO INTERNO NO RECURSO ESPECIAL. ALEGAÇÃO DE OMISSÃO. INEXISTÊNCIA. FIXAÇÃO DE HONORÁRIOS ADVOCATÍCIOS RECURSAIS EM SEDE DE AGRAVO INTERNO. NÃO CABIMENTO. INEXISTÊNCIA DE CARÁTER AUTÔNOMO. 1. Inexistência do vício tipificado no art. 1.022, inciso II, do Código de Processo Civil, a inquinar a decisão embargada. 2. Não cabe a majoração dos honorários advocatícios, nos termos do § 11 do art. 85 do CPC/2015, quando o recurso é oriundo de decisão interlocutória sem a prévia fixação de honorários. 3. O agravo interno não possui caráter de recurso independente ou autônomo, capaz de possibilitar a abertura de nova instância recursal. 4. EMBARGOS DE DECLARAÇÃO REJEITADOS. (EDcl no AgInt no REsp 1456140/SP, Rel. Ministro PAULO DE TARSO SANSEVERINO, TERCEIRA TURMA, julgado em 04/10/2016, DJe 14/10/2016)

22 Em seu voto afirma que: "Os honorários acrescidos, ante recurso interposto, pressupõem a atividade desenvolvida pela parte contrária. Se esta não apresenta contraminuta ao agravo, descabe a fixação de honorários. No caso, divirjo do Relator para excluí-los." (RE 761096 AgR, Relator(a): Min. LUIZ FUX, Primeira Turma, julgado em 18/11/2016, PROCESSO ELETRÔNICO DJe-257 DIVULG 01-12-2016 PUBLIC 02-12-2016)

23 "Art. 73. (...) §6º. Quando o acórdão proferido pelo tribunal não admitir ou negar, por unanimidade, provimento a recurso interposto contra sentença ou acórdão, a instância recursal, de ofício ou a requerimento da parte, fixará nova verba honorária advocatícia, observando-se o disposto no §2º e o limite de vinte e cinco por cento."

cação dos honorários recursais, permitia que a soma total da condenação da parte em honorários advocatícios alcançasse 25% do valor da condenação e deixava evidente que possuíam a intenção de desestimular a interposição de recursos protelatórios:

> O texto também exigia, para cabimento da condenação adicional da verba honorária, que o recurso não fosse conhecido ou não fosse provido, ou seja, que o pronunciamento da instância anterior fosse mantido, o que, também a *contrario sensu*, significa que a verba honorária adicional seria indevida, por falta de amparo legal, quando ocorresse reforma da sentença ou acórdão. Tratou-se, portanto, de mecanismo criado para desestimular – e, com isso, reduzir – a interposição de recursos infundados, para, juntamente com outras iniciativas, assegurar a celeridade processual, que é um dos escopos centrais do novo Código de Processo Civil.[24]

Como se vê, o pressuposto dos honorários advocatícios recursais na versão do Senado não era apenas remuneratório, já que não envolvia a quantidade de trabalho despendida pelos procuradores da parte contrária, mas sim a qualidade do recurso interposto. Apenas no caso de decisão totalmente desfavorável e unânime deveriam ser fixados honorários recursais.

A mudança do texto do Senado foi justificada exatamente para retirar o explícito objetivo de honorários recursais como sanção[25]. Alexandre Freire e Leonardo Albuquerque Marques[26] afirmaram que a mudança legislativa esvaziou significativamente o instituto:

> Daí, entendemos que o CPC, neste particular, perdeu uma oportunidade histórica para estabelecer mecanismos de desincentivos à utilização dos recursos judiciais, especialmente quando a finalidade almejada for de cunho especificamente protelatório. A nosso ver, o instituto resta praticamente esvaziado.

No mesmo sentido, Dierle Nunes, Victor Dutra e Delio Mota afirmam que eventual desestimulo para interposição de recurso pelo peso econômico do instituto seria mero efeito colateral[27].

Entretanto, resquícios permaneceram no texto em vigor e demonstram que

24 CAMARGO, Luiz Henrique Volpe. Os honorários advocatícios pela sucumbência recursal no CPC/2015. *In*: DIDIER, Fredie (coord.). *Novo CPC doutrina selecionada, v. 1: parte geral.* Salvador: Juspodivm, 2016, p. 921.

25 *Idem*, p. 922.

26 Os honorários de sucumbência no Novo CPC. *In:* DIDIER, Fredie (coord.). *Novo CPC doutrina selecionada, v. 1: parte geral.* Salvador: Juspodivm, 2016, p. 913.

27 Honorários no recurso de apelação e questões correlatas. *In*: DIDIER, Fredie (coord.). *Honorários advocatícios*. 2. Ed. Salvador: Jus Podivm, 2016, p. 640.

a intenção punitiva dos honorários ainda continua mesclada com o objetivo remuneratório: o CPC/2015 afirma que é possível a sua cumulação com multas e outras sanções processuais.[28] Ora, se não existisse caráter sancionatório na condenação em honorários advocatícios, a sua função jamais se confundiria com a das multas e inexistiriam dúvidas de que é possível a sua cumulação.

Se foi preciso deixar explícito no texto legal a possibilidade de cumulação dos institutos no julgamento de recursos é porque o próprio legislador sinalizou o viés sancionatório carregado pelos honorários advocatícios recursais. Por mais que não seja tão evidente quanto a redação do Senado, a escolha política do legislador foi manter os honorários advocatícios recursais como mais uma forma de desestimulo à interposição de recursos.

A discussão do caráter punitivo dos honorários recursais está tão em evidência que, dentre os entendimentos já proferidos sobre o tema, é possível supor que o enunciado 16 da ENFAM tentou limitá-lo. Como já exposto, a restrição da majoração dos honorários apenas para os recursos que inauguram nova instância prestigia unicamente o trabalho do advogado da parte contrária de atuar em outro Tribunal, sem levar em conta quantidade ou qualidade dos recursos interpostos. Dessa forma, por mais que o recurso seja protelatório ou manifestamente inadmissível, não haverá condenação de honorários caso seja interposto perante a mesma instância da decisão a ser combatida.

Assim, a limitação feita pelo enunciado da ENFAM retira grande parte do peso econômico que a majoração de honorários pode representar quando existir intenção de recorrer, já que não são as mudanças de instâncias que favorecem a protelação do feito por meio de recursos infundados, mas sim as inúmeras possibilidades de interposição de recursos, principalmente em mesma instância. São os agravos internos, agravos em REsp e RE, embargos de divergência e principalmente os embargos de declaração que se multiplicam a cada decisão tomada nos Tribunais. Dessa forma, a restrição proposta pelo enunciado 16 da ENFAM em nada colabora com a melhoria dos índices de litigiosidade excessiva que presenciam os Tribunais na atualidade.

No âmbito do STF, as decisões são explícitas ao afirmar que os a condenação em verba honorária na fase recursal tem a intenção de desestimular a interposição de recursos protelatórios:

> EMBARGOS DECLARATÓRIOS EM EMBARGOS DECLARATÓRIOS NO AGRAVO REGIMENTAL NO RECURSO EXTRAORDINÁRIO

---

28 CAMARGO, Luiz Henrique Volpe. Os honorários advocatícios pela sucumbência recursal no CPC/2015. *In*: DIDIER, Fredie (coord.). *Novo CPC doutrina selecionada, v. 1: parte geral.* Salvador: Juspodivm, 2016, p. 922.

> COM AGRAVO. RECURSO INTERPOSTO APÓS O NOVO CÓDIGO DE PROCESSO CIVIL. (...) MAJORAÇÃO DE HONORÁRIOS ADVOCATÍCIOS EM 1/4 (UM QUARTO). ARTIGO 85, §11, CÓDIGO DE PROCESSO CIVIL. EMBARGOS DECLARATÓRIOS. NATUREZA RECURSAL. MEDIDA DE DESESTÍMULO À LITIGÂNCIA PROCRASTINATÓRIA. CABIMENTO. VENCIDO O RELATOR ORIGINÁRIO, NO PONTO.
> (ARE 908102 AgR-ED-ED, Relator(a): Min. MARCO AURÉLIO, Relator(a) p/ Acórdão: Min. EDSON FACHIN, Primeira Turma, julgado em 11/10/2016, PROCESSO ELETRÔNICO DJe-252 DIVULG 25-11-2016 PUBLIC 28-11-2016)

Inclusive, a questão dos honorários advocatícios recursais tem sido tratada em conjunto com o tema da aplicação da multa decorrente de manifesta inadmissibilidade ou improcedência do recurso. Dentre as 152 decisões encontradas, 98 trataram tanto da majoração de honorários advocatícios como da aplicação de multa, sendo que em 88 decisões a multa foi aplicada. Percebe-se que há uma clara tentativa de impor ônus à parte que interpôs recurso com o intuito de protelação. Até o montante de aumento dos honorários evidencia isso: a maior parte das decisões do STF tem majorado os honorários advocatícios para o teto legal.

Já na prática do STJ, por mais que a aplicação dos honorários ainda seja pequena e o enunciado 16 da ENFAM esteja sendo utilizado para impedir a majoração de honorários em diversos casos, como se demonstrará à frente, alguns Ministros sinalizaram que o instituto representará dificuldades para as partes. Notadamente, o Ministro Moura Ribeiro está constando o seguinte trecho em todas as decisões por ele relatadas ou proferidas:

> Advirta-se que eventual recurso interposto contra esta decisão estará sujeito às normas do NCPC, inclusive no que tange ao cabimento de multa (arts. 1.021, § 4º e 1.026, § 2º) e honorários recursais (art. 85, § 11).

Mais uma vez aproximando a figura dos honorários recursais às multas por intuito protelatório de recursos, a advertência do Ministro tem expresso intuito de desincentivar a interposição de novos recursos. A função remuneratória dos honorários parece inclusive ficar em segundo plano, devido à forma incisiva do aviso que o Ministro já fez constar de 1.784 decisões[29] por ele relatadas ou proferidas monocraticamente.

29 Esse é o número de decisões encontradas quando se realiza pesquisa constando exatamente o trecho indicado em todas as decisões do Ministro Moura Ribeiro.

Ainda no mesmo sentido, o Ministro Paulo de Tarso Sanseverino também constou advertência em 261 de suas decisões[30], mas sem explicitar a hipótese de condenação em honorários advocatícios: "Advirta-se que eventual recurso interposto contra esta decisão estará sujeito às normas do CPC/2015."

Dessa forma, pelo que é possível verificar das decisões do STF e do STJ, o caráter punitivo ainda está presente na utilização dos honorários advocatícios recursais, mesmo com a mudança de redação durante o trâmite do projeto de lei. O ônus criado está sendo efetivamente utilizado para desestimular a interposição de recursos, seja expressamente pelo STF, seja de forma pontual pelo STJ.

2.2. Honorários advocatícios recursais frente ao direito intertemporal

Por ser norma que aumenta as despesas processuais para as partes, impondo novo ônus na sistemática recursal, é preciso definir muito bem a aplicação do direito intertemporal ao instituto para que não existam decisões que surpreendam os riscos que as partes visualizaram no momento de interposição dos recursos.

Em breve síntese, a teoria de isolamento dos atos é a técnica utilizada para a análise do direito intertemporal no processo civil:

> Como corolário da garantia da irretroatividade e tutela ao direito processual adquirido, tem-se a adoção, no plano do processo, da teoria do isolamento dos atos processuais, ou *tempus regit actum*. Nas lições de Cândido Dinamarco e considerando-se a dinâmica do processo, a cada ato processual (ação ou omissão) surgem direitos processuais adquiridos por uma das partes que não podem ser afetados pela lei nova.[31]

Nesse sentido, busca-se o ato que deu origem à pretensão a ser exercida, verificando o momento em que ele foi produzido: se o ato originário foi produzido na lei antiga, criou-se expectativa procedimental que não pode ser modificada pela vigência da lei nova. Então, se a decisão foi publicada perante o CPC/73, o recurso deverá seguir os requisitos nele determinados. Já o procedimento de trâmite do recurso dependerá do momento da sua interposição: se o recurso foi interposto perante a lei nova (CPC/2015), será processado con-

---

30 Esse é o número de decisões encontradas quando se realiza pesquisa constando exatamente o trecho indicado.

31 FARIA, Juliana Cordeiro de. Direito Intertamporal. *In*: THEODORO JÚNIOR, Humberto (coord). *Processo civil brasileiro*. Belo Horizonte: Del Rey, 2016, p. 344.

forme as novas regras, mesmo que seu cabimento tenha que estar conforme a lei antiga.

> Em resposta, tem-se que 'o cabimento do recurso, ai incluídas as respectivas condições de admissibilidade, regula-se pela lei do tempo em que proferida a decisão. As regras procedimentais, entretanto, serão as da lei nova, pois a modificação não atinge direitos adquiridos'.[32]

Verifica-se, então, que para majoração ou não dos honorários advocatícios conforme o CPC/2015 deve ser isolado o ato que deu origem à pretensão de recebimento ou condenação em honorários recursais. Pela sistemática introduzida, basta a interposição do recurso para que exista o dever de majoração da verba honorária – o ato isolado que gera a incidência do instituto dos honorários advocatícios recursais é a interposição do recurso[33].

Este é o entendimento encontrado nas decisões proferidas pelo STF:

> AGRAVO INTERNO NO RECURSO EXTRAORDINÁRIO COM AGRAVO. TRIBUTÁRIO. AÇÃO ORDINÁRIA. (...) RECURSO INTERPOSTO SOB A ÉGIDE DO NOVO CÓDIGO DE PROCESSO CIVIL. APLICAÇÃO DE NOVA SUCUMBÊNCIA. AGRAVO INTERNO DESPROVIDO. (ARE 956666 AgR, Relator(a): Min. LUIZ FUX, Primeira Turma, julgado em 07/06/2016, PROCESSO ELETRÔNICO DJe-171 DIVULG 15-08-2016 PUBLIC 16-08-2016)

O STJ, por outro lado, tem afirmado em boa parte de suas decisões[34] que só deverão ser fixados honorários recursais quando o recurso combateu decisão publicada a partir da data de entrada em vigor do CPC/2015, conforme Enunciado Administrativo nº 7 do STJ: "Somente nos recursos interpostos contra decisão publicada a partir de 18 de março de 2016, será possível o arbitramento de honorários sucumbenciais recursais, na forma do art. 85, § 11, do novo CPC."

O objetivo da redação do enunciado foi trazer segurança jurídica, resguardando as partes de serem surpreendidas por despesas processuais que não esperavam. Todavia, desvinculou-se o ato da interposição do recurso ou do

---

32 STJ, REsp 115.183/GO, Rel. Ministro NILSON NAVES, Rel. p/ Acórdão Ministro Eduardo Ribeiro, TERCEIRA TURMA, julgado em 29/06/1998, DJ 08/03/1999, p. 217, *Apud idem,* p. 345.

33 Nesse sentido: NUNES, Dierle; DUTRA, Victor Barbos; OLIVEIRA JÚNIOR, Délio Mota de. Honorários no recurso de apelação e questões correlatas. *In*: DIDIER, Fredie (coord.). *Honorários advocatícios*. 2. Ed. Salvador: Jus Podivm, 2016, p. 643.

34 Foram encontrados 29 acórdãos que fazem referência expressa ao enunciado administrativo nº 7 do STJ.

julgamento do recurso como base para determinar a aplicação do CPC/2015. E essa tem sido a interpretação seguida pelo Tribunal[35].

Neste caminho, a aplicação dos honorários recursais foi restringida mais uma vez pelo STJ, ampliando o período de inaplicabilidade do instituto para além do que a teoria do isolamento dos atos determina.

Mesmo sendo disposição temporária – que deixará de ser aplicada tão logo inexistirem recursos contra decisões publicadas antes da entrada em vigor do CPC/2015 – já são inúmeros os casos em que o direito do advogado de receber honorários recursais foi negado.

Ressalta-se, contudo, que a aplicação do enunciado administrativo nº 7 ainda não é unânime, impedindo a plena consolidação do entendimento. Nesse sentido:

> PROCESSUAL CIVIL. EMBARGOS DE DECLARAÇÃO EM EMBARGOS DE DECLARAÇÃO EM AGRAVO REGIMENTAL EM AGRAVO EM RECURSO ESPECIAL. JUÍZO DE RETRATAÇÃO. FIXAÇÃO DE HONORÁRIOS RECURSAIS (ART. 85, § 11, DO NOVO CPC). RECURSO INTERPOSTO ANTES DE 18/03/2016. DESCABIMENTO. OMISSÃO INEXISTENTE.
> 1. Analisando a aplicação, no tempo, da nova regra trazida pelo art. 85, §§ 1º e 11, do novo CPC, o Plenário desta Corte, em sessão realizada dia 9/3/2016 (ata publicada em 11/3/2016), elaborou o Enunciado Administrativo n. 7 que esclarece que "somente nos recursos interpostos contra decisão publicada a partir de 18 de março de 2016, será possível o arbitramento de honorários sucumbenciais recursais, na forma do art. 85, § 11, do novo CPC".
> 2. <u>Se o(s) recurso(s) oposto(s) pela embargante e providos em sede de juízo de retratação foram protocolados antes da entrada em vigor no novo Código de Processo Civil, não faz ela jus à fixação de honorários recursais, não sendo possível, por consequência, imputar nenhuma omissão ao acórdão embargado, no ponto.</u>
> 3. Embargos de declaração rejeitados.
> (EDcl nos EDcl no AgRg no Ag 1153498/GO, Rel. Ministro REYNALDO SOARES DA FONSECA, QUINTA TURMA, julgado em 17/11/2016, DJe 28/11/2016, grifo nosso)

---

35 A título de exemplo: EMBARGOS DE DECLARAÇÃO NO AGRAVO INTERNO NO AGRAVO EM RECURSO ESPECIAL. HONORÁRIOS ADVOCATÍCIOS. ART. 85, § 11, CPC/2015. INAPLICABILIDADE. DECISÃO AGRAVADA PUBLICADA ANTES DA ENTRADA EM VIGOR DO NOVO CÓDIGO. 1. O Enunciado Administrativo nº 7 do Superior Tribunal de Justiça deliberou que somente nos recursos interpostos contra decisão publicada a partir de 18 de março de 2016 será possível o arbitramento de honorários sucumbenciais recursais, na forma do artigo 85, § 11, do Código de Processo Civil de 2015. 2. Embargos de declaração acolhidos para fins de esclarecimentos, sem efeitos modificativos. (EDcl no AgInt no AREsp 835.197/DF, Rel. Ministro RICARDO VILLAS BÔAS CUEVA, TERCEIRA TURMA, julgado em 06/12/2016, DJe 19/12/2016)

Percebe-se que mais uma vez o STF e o STJ têm proferido decisões completamente diferentes sobre o mesmo tema, principalmente considerando os limites colocados pelo STJ para aplicação do instituto analisado.

3. Considerações finais

Conforme destrinchado no presente estudo, o instituto dos honorários advocatícios recursais ainda está longe de ser consolidado. Nesse sentido, percebe-se que ainda há muito o que avançar na definição das balizas do instituto dos honorários advocatícios recursais no âmbito do STF e STJ. Por mais que já existam decisões que auxiliem a doutrina na estruturação do alcance e dos limites da majoração da verba honorária, as perspectivas sinalizadas por cada Tribunal são bem divergentes, mesmo em se tratando da mesma questão.

Enquanto as decisões do STF são mais incisivas com o instituto dos honorários advocatícios recursais, aplicando-os de forma mais ampla e em montantes mais altos, as decisões tomadas pelo STJ perante CPC/2015 são mais restritivas e algumas ainda refletem o pensamento específico do Ministro, sem que tenha existido esforço de estabilização da jurisprudência em torno do tema.

No âmbito do STF, o instituto está sendo aplicado com reforço do seu caráter punitivo e sem imposição de restrições que vão além das já existentes para a condenação de honorários advocatícios em primeira instância, excetuando-se as divergências do Ministro Marco Aurélio. É importante ainda observar que a majoração dos honorários tem alcançado o teto legal no STF e ainda são cumuladas com multa por intuito protelatório.

Já o STJ, além de valer-se do Enunciado 16 da ENFAM, que restringe a aplicação apenas a três situações de interposição de recursos, e do Enunciado Administrativo nº 07 do STJ que afastou o CPC/2015 para hipóteses em que a lei nova já deveria incidir, o STJ possui decisões que negam a majoração de honorários em caso de sucumbência recíproca.

Ambos, no entanto, parecem concordar que a majoração só pode ocorrer quando existiu condenação em instâncias anteriores, afastando a aplicação do instituto em ações mandamentais e quando o recurso é oriundo de decisão interlocutória.

Por outro lado, ainda são inúmeras as questões que necessitam ser resolvidas sobre o tema e sobre as quais não é possível encontrar julgados do STF ou STJ. O caso de sentença terminativa que deverá retornar à primeira instância para julgamento do mérito permanece sem diretrizes do STF e STJ, por exemplo.

Obviamente, o pouco tempo de vigência, as diversas possibilidades e a grande quantidade de recursos e de temas que também necessitam de unificação de entendimentos dificultam o trabalho dos Tribunais, mas o impacto dos honorários recursais pode ser muito grande para todos os envolvidos. Dessa forma, cabe aos Tribunais e à doutrina continuarem se esforçando para delimitar o alcance da majoração dos honorários em fase recursal e aos pesquisadores continuar registrando os resultados obtidos para que exista plena segurança jurídica aos jurisdicionados e profissionais do Direito.

4. REFERÊNCIAS BIBLIOGRÁFICAS

BRASIL. *Exposição de Motivos do Anteprojeto de Código de Processo Civil.* Comissão de Juristas Responsável pela Elaboração de Anteprojeto de Código de Processo Civil. Brasília: Senado Federal, 2010.

CAMARGO, Luiz Henrique Volpe. Os honorários advocatícios pela sucumbência recursal no CPC/2015. *In*: DIDIER, Fredie (coord.). *Novo CPC doutrina selecionada, v. 1: parte geral.* Salvador: Juspodivm, 2016, p. 917-945.

CÂNDIDO JÚNIOR, Raimundo; CÂNDIDO, Felipe Fagundes. Multas, Despesas e Honorários Advocatícios. *In:* THEODORO JÚNIOR, Humberto (coord). *Processo civil brasileiro.* Belo Horizonte: Del Rey, 2016, p. 297-306.

FARIA, Juliana Cordeiro de. Direito Intertemporal. *In:* THEODORO JÚNIOR, Humberto (coord). *Processo civil brasileiro.* Belo Horizonte: Del Rey, 2016, p. 333-352.

FREIRE, Alexandre; MARQUES, Leonardo Albuquerque. Art. 85. *In*: STRECK, Lenio Luiz; NUNES, Dierle; CUNHA, Leonardo (orgs.) *Comentários ao Código de Processo Civil.* São Paulo: Saraiva, 2016, p. 148-156.

________. Os honorários de sucumbência no Novo CPC. *In*: DIDIER, Fredie (coord.). *Novo CPC doutrina selecionada, v. 1: parte geral.* Salvador: Juspodivm, 2016, p. 907-915.

KOEHLER, Frederico Augusto Leopoldino. Art. 85. *In*: ALVIM, Angélica Arruda; ASSIS, Araken de; ALVIM, Eduardo Arrua; LEITE, George Salomão (coord.). *Comentários ao código de processo civil.* São Paulo: Saraiva, 2016, p. 147-154.

NUNES, Dierle; DUTRA, Victor Barbos; OLIVEIRA JÚNIOR, Délio Mota de. Honorários no recurso de apelação e questões correlatas. *In*: DIDIER, Fredie (coord.). *Honorários advocatícios.* 2. Ed. Salvador: Jus Podivm, 2016, p. 635 a 662.

PEREIRA FILHO, Benedito Cerezzo. Os honorários advocatícios no novo Código de Processo Civil e a valorização do advogado enquanto profissional indispensável à administração da justiça (art. 133, CF) *In*: DIDIER, Fredie (coord.). *Novo CPC doutrina selecionada, v. 1: parte geral.* Salvador: Juspodivm, 2016, p. 898-904.

WAMBIER, Teresa Arruda Alvim; CONCEIÇÃO, Maria Lúcia Lins; RIBEIRO, Leonardo Ferres da Silva; MELLO, Rogério Licastro Torres de. *Primeiros comentários ao novo código de processo civil : artigo por artigo.* São Paulo: Revista dos Tribunais, 2015.

COISA JULGADA NO CPC/2015

Eduardo Talamini[1]

Sumário: 1 - Coisa julgada e Constituição. 2 - Coisa julgada material e coisa julgada formal. 3 - Trânsito em julgado. 4 - Âmbito de incidência: sentenças e decisões interlocutórias. 5 - Coisa julgada e cognição sumária. 6 - Eficácia da sentença e coisa julgada. 7 - Possibilidade de modificação dos efeitos da sentença pelas partes. 8 - Coisa julgada e negócio jurídico processual. 9 - Relativização da coisa julgada. 10 - A "lide" e os limites objetivos da coisa julgada. 11 - Julgamento total ou parcial da lide. 12 - Força maior do que a de lei. 13 - Questões decididas e coisa julgada. 14 - Questões prejudiciais: noção. 15 - Resolução de questão prejudicial e coisa julgada. 16 - Extinção da ação declaratória incidental como figura geral. 17 - Pressuposto necessário para o julgamento da lide. 18 - Contraditório prévio e questão prejudicial. 19 - Contraditório efetivo e questão prejudicial. 20 - Revelia e não formação da questão prejudicial. 21 - Cognição plena e questão prejudicial. 22 - Competência absoluta para a questão prejudicial. 23 - Litisconsórcio necessário para a questão prejudicial. 24 - Decisão expressa sobre a questão prejudicial. 25 - Inserção formal do comando. 26 - Autoridade e efeito de decisum. 27 - Limitação da coisa julgada aos comandos decisórios. 28 - Fundamentação não faz coisa julgada. 29 - A relevância da motivação para a compreensão do decisum. 30 - Coisa julgada e preclusão. 31 - Relação jurídica continuativa. 32 - Falsa exceção à coisa julgada, no inc. I do art. 505. 33 - Aplicação do inc. I do art. 505 às relações sucessivas que sejam objeto de uma única ação. 34 - Modo de obtenção de nova sentença, na relação continuativa. 35 - Exceções legais à coisa julgada. 36 - Exceções legais à preclusão consumativa do poder de decidir. 37 - Questões processuais de ordem pública e preclusão dos poderes do juiz. 38 - Decisão interlocutória de mérito, questões de ordem pública e preclusão para o juiz. 39 - Limite subjetivo da coisa julgada e garantias constitucionais. 40 - Sucessores das partes. 41 - Efeitos da sentença podem atingir terceiros. 42 - Terceiros titulares direitos comuns ou de direitos ou ações concorrentes. 43 - Não extensão da coisa julgada individual aos titulares de pretensões análogas (homogêneas). 44 - Substituição processual e coisa julgada. 45 - Terceiros intervenientes. 46 - Preclusão. 47 - Preclusão das faculdades das partes e dos poderes do juiz. 48 - Exceções à preclusão da faculdade das partes. 49 - Ausência de "julgamento implícito" ou de coisa julgada sobre as questões não deduzidas. 50 - Eficácia preclusiva da coisa julgada. 51 - Incidência nos limites objetivos e subjetivos da coisa julgada.

---

1 Livre-docente, doutor e mestre – USP. Professor de processo civil e arbitragem – UFPR. Advogado

1. Coisa julgada e Constituição

A coisa julgada, qualidade de que se reveste o pronunciamento de mérito transitado em julgado, consistente na imutabilidade de seu comando, é uma garantia constitucional (CF, art. 5º, XXXVI). Ao proibir que a lei fira a coisa julgada, a Constituição está também proibindo que o juiz, que é aplicador da lei, desrespeite a coisa julgada. Há ofensa direta à Constituição quando se desconsidera o próprio cerne da coisa julgada. Além disso, a coisa julgada guarda íntima relação com o direito à proteção jurisdicional (CF, art. 5º, XXXV). Ela se presta a conferir estabilidade à tutela jurisdicional obtida. De nada adiantaria consagrar-se o direito à proteção jurisdicional, se o resultado dessa proteção pudesse ser desfeito a qualquer momento.

2. Coisa julgada material e coisa julgada formal

O art. 502, segundo o qual "*denomina-se coisa julgada material a autoridade que torna imutável e indiscutível a decisão de mérito não mais sujeita a recurso*" tem redação razoavelmente apurada. Mas a vinculação da coisa julgada à decisão "de mérito" merece um reparo. A coisa julgada consiste sempre na imutabilidade e indiscutibilidade do comando da decisão sobre o qual ela recai. O atributo de formal ou material é do comando, e não da coisa julgada. O comando formal é aquele se limita a encerrar o processo (ou sua fase cognitiva). Assim, coisa julgada formal consiste na proibição de reabertura e redecisão de um processo já encerrado (ou da fase cognitiva processual já encerrada). Toda sentença, seja de mérito ou não, faz coisa julgada formal, pois sempre veicula comando que encerra o processo como um todo ou sua fase cognitiva (CPC, art. 203, § 1º). Como seu comando principal limita-se a isso, a sentença extintiva do processo sem julgamento de mérito não proíbe a repropositura da ação (CPC, art. 486; STF, Súmula 304). Já o comando material é o que repercute sobre a esfera jurídico-substancial dos jurisdicionados (condenando, declarando, constituindo, mandando...). A coisa julgada que recai sobre esse comando – material – proíbe que mesmo em outro processo entre as mesmas partes ele seja revisto. Por isso, é comum dizer-se que apenas as sentenças de mérito fazem coisa julgada material. Mas, p. ex., o comando secundário de condenação em verbas de sucumbência, em regra presente mesmo em sentenças que não julgam o mérito, é material – e empresta essa qualidade à coisa julgada que o acoberta. A coisa julgada material, em princípio, só pode ser revista mediante mecanismos rescisórios previstos em lei (v. item 9, abaixo).

3. Trânsito em julgado

Enquanto pender ou ainda couber qualquer recurso ou reexame necessário (art. 496) contra a decisão, não há seu trânsito em julgado nem, consequentemente, coisa julgada.

4. Âmbito de incidência: sentenças e decisões interlocutórias

A coisa julgada incide sobre sentenças e decisões interlocutórias de mérito (art. 502). Tradicionalmente, a coisa julgada é vinculada à sentença. Mas, no ordenamento vigente, ela pode também recair sobre decisões interlocutórias. O art. 356 do CPC explicita a possibilidade de solução parcial do mérito, com o prosseguimento do processo para instrução probatória da outra parcela. O pronunciamento terá natureza de decisão interlocutória, passível de agravo de instrumento (art. 356, § 5º). Transitando em julgado essa decisão interlocutória, ela terá eficácia definitiva (art. 356, § 3º). Em coerência com tais regras, atribui-se à interlocutória de mérito transitada em julgado a autoridade de coisa julgada: o art. 502 alude genericamente a "decisão de mérito", em vez de "sentença". As referências exclusivas à "sentença" nos demais dispositivos legais relativos à coisa julgada devem ser compreendidas como abrangentes da decisão interlocutória de mérito.

5. Coisa julgada e cognição sumária

A perpetuação de pronunciamentos fundados na simples aparência não é consentânea com um modelo de processo razoável, exigido pela cláusula do devido processo legal (CF, art. 5º, LIV). A coisa julgada material é incompatível com a cognição superficial de mérito. A decisão proferida nessas condições não é apta a perpetuar-se; é provisória. A atividade jurisdicional amparada na mera plausibilidade do direito presta-se a produzir resultados rápidos, e é imprescindível para situações em que há urgência. Mas a celeridade paga um preço: é menos estável. Por isso, a tutela antecipada concedida em caráter antecedente, mesmo quando estabilizada por falta de impugnação recursal do réu, não faz coisa julgada (CPC, art. 304, § 6º). Do mesmo modo, a decisão concessiva de mandado monitório não embargada (CPC, art. 701, § 2º) não faz coisa julgada material: para caber ação rescisória contra tal ato houve a necessidade de uma especial disposição normativa, o que seria desnecessário se o pronunciamento se revestisse daquela autoridade. O § 2º do art. 503 do CPC também expressa a incompatibilidade entre cognição sumária e coisa julgada.

6. Eficácia da sentença e coisa julgada

A coisa julgada não se confunde com os efeitos sentenciais. Ela confere imutabilidade ao comando do qual se extraem os efeitos da sentença. Portanto, é um *plus* em relação aos efeitos, conferindo-lhes estabilidade. A distinção é importante para fins práticos, especialmente em relação aos limites subjetivos da coisa julgada (v. art. 506).

7. Possibilidade de modificação dos efeitos da sentença pelas partes

A coisa julgada não imutabiliza os efeitos da sentença, mas apenas o comando sentencial de que eles provêm. Se a relação jurídico-material for disponível, as partes, mesmo depois do trânsito em julgado, podem desconsiderar, modificar ou extinguir os efeitos da sentença (o beneficiário da condenação pode perdoar a dívida; o réu vencedor da investigação de paternidade pode reconhecer o autor como seu filho; as partes do contrato resolvido por inadimplemento podem pactuar mantê-lo...). O que não se admite é que o Poder Judiciário emita nova sentença, entre as mesmas partes e sobre o mesmo objeto.

8. Coisa julgada e negócio jurídico processual

A coisa julgada (não a eficácia sentencial) está fora do âmbito de disponibilidade das partes. Mesmo que o réu não argua sua existência, cumpre ao juiz conhecê-la de ofício (CPC, arts. 337, § 5º, e 485, § 3º). Por isso, não é possível um negócio jurídico processual que elimine a coisa julgada ou lhe diminua o alcance. A segurança jurídica e a racionalidade (eficiência) da atuação estatal – que justificam, em princípio, a rejeição à dupla atuação sobre o mesmo objeto – são fatores de ordem pública. Mas, observados os requisitos do art. 190 do CPC, as partes podem convencionar a obrigação de não rediscutir pronunciamentos e questões que não estão abrangidos pela coisa julgada (o que, em termos práticos, poderia ser impropriamente qualificado como uma "ampliação" dos limites da coisa julgada).

9. Relativização da coisa julgada

Usa-se o termo para designar a impugnação e desconstituição da coisa julgada em hipóteses e por vias alheias àquelas autorizadas em lei (nos arts. 525, §§ 12 e 15, e 966). Ainda que a coisa julgada seja garantia constitucional, por vezes a sentença veicula grave violação à Constituição – estabelecendo-se um conflito entre princípios constitucionais. Mas nem mesmo isso autoriza a pura e simples desconsideração da "coisa julgada inconstitucional". Será imprescindível a ponderação dos valores jurídicos concretamente envolvidos no caso concreto: o princípio que prevalecer sacrificará o outro apenas na medida estritamente necessária para a consecução das suas finalidades. O ponto nuclear da discussão sobre a "relativização" reside na seguinte pergunta: é admissível a revisão atípica da coisa julgada? Por um lado, não é possível descartar que excepcionalmente, em casos concretos, a coisa julgada – que é sem dúvida uma garantia fundamental constitucional – preste-se a acobertar sentença que manifestamente viole outros direitos fundamentais. Nesse caso, tem-se um conflito entre princípios constitucionais. Quando siso ocorrer, deverão a princípio ser usados os meios típicos de impugnação da coisa julgada. No entanto, quando não for admissível o emprego dos meios típicos (seja porque o caso não se enquadra em suas hipóteses de cabimento, seja porque já se esgotou o prazo para o meio típico), não parece viável uma solução absoluta, na base do "ou tudo ou nada". Nem é possível dizer que sempre cairá por terra a coisa julgada, nem é possível afirmar o exato oposto, no sentido de que seria sempre vedada a revisão atípica. Não há como deixar de aplicar em tais hipóteses o princípio da proporcionalidade. Seja como for, um dado parece fundamental: ainda que se admita a revisão atípica da coisa julgada nessas hipóteses, na medida do possível haverá de se observar, em rigorosa simetria, a competência originária e o modelo procedimental da ação rescisória – sob pena de haver sacrifícios à segurança jurídica e à operacionalidade do sistema ainda maiores do que os necessários (o que seria incompatível com o princípio da proporcionalidade).

10. A "lide" e os limites objetivos da coisa julgada

A coisa julgada vigora nos limites do pedido e da causa de pedir (art. 301, §§ 1º a 3º), que, conjugados, constituem o objeto do processo ("lide"). Modificando-se qualquer desses dois elementos em relação à ação já sentenciada, tem-se nova ação, cujo conhecimento não é obstado pela anterior coisa julgada. A causa de pedir relevante para esse fim é a remota (fática). Alguns exemplos permitem compreender melhor tais limites. Primeiro exemplo: o autor pede a resolução do contrato fundada no inadimplemento do réu (causa de pedir), e essa ação é julgada improcedente e transita em julgado. A coisa julgada aí formada não impede a propositura de nova ação, pelo mesmo autor contra o mesmo réu, novamente fundada no pretenso inadimplemento desse, mas com outro pedido, de imposição do cumprimento do contrato. Como o pedido agora é diferente tem-se outro objeto processual. Segundo exemplo: o autor pede a anulação do contrato por vício de vontade. Afirma ter havido coação, relatando um conjunto de fatos pelos quais o réu teria ameaçado tornar públicos fatos desabonadores do autor e de sua família, se esse não assinasse o instrumento de contrato apresentado por aquele. A ação é julgada improcedente e transita em julgado. Depois disso, se o mesmo autor tornar a propor ação anulatória do mesmo contrato contra o mesmo réu, mas alegando agora outros fatos (outros eventos, em datas distintas) que também caracterizariam coação, não há coisa julgada. Os fatos distintos, configuradores de outra causa de pedir, tornam essa ação diferente da anterior (diferente objeto). Terceiro exemplo: o autor pede que se revise um contrato bancário, a fim de se eliminar dele a cobrança de um determinado encargo. Para tanto, invoca normas do Código Civil e resoluções do Banco Central. A ação é julgada improcedente e transita em julgado. Então, o autor torna a propor ação contra a mesma instituição financeira, pedindo a supressão do mesmo encargo daquele mesmo contrato bancário. Mas, agora, invoca em seu favor normas do CDC, não consideradas no processo anterior. Nesse caso, há coisa julgada, que impede o exame do mérito dessa nova ação. A simples alteração das normas jurídicas invocadas, a mera requalificação jurídica dos mesmos fatos, não altera a causa de pedir. Essa segunda ação é idêntica à primeira. As normas do CDC, só agora expressamente invocadas pelo autor, já poderiam e deveriam ter sido consideradas, mesmo de ofício (*iura novit curia*), no primeiro processo. Elas já estavam abrangidas pela causa de pedir do primeiro processo.

11. Julgamento total ou parcial da lide

Se apenas uma parte do objeto do processo receber julgamento de mérito, apenas essa parcela será objeto da coisa julgada material.

12. Força maior do que a de lei

Nem mesmo uma lei pode desconstituir a coisa julgada (CF, art. 5º, XXXVI).

13. Questões decididas e coisa julgada

A coisa julgada atinge apenas as questões decididas em caráter principal, como dispositivo da sentença, e não a motivação sentencial (v. CPC, art. 504). Somente os comandos que acolhem ou rejeitam os pedidos fazem coisa julgada – ou, no caso da sentença que nega a admissibilidade da tutela jurisdicional (art. 485 do CPC), apenas o comando que põe fim à fase cognitiva ou à execução faz coisa julgada formal.

14. Questões prejudiciais: noção

Qualificam-se como prejudiciais as questões atinentes à existência, inexistência ou modo de ser de uma relação ou situação jurídica que, embora sem constituir propriamente o objeto da pretensão formulada (mérito da causa), são relevantes para a solução desse mérito (por exemplo, relação de filiação, na ação de alimentos ou de petição de herança; validade do contrato na ação de cobrança de uma de suas parcelas). São inconfundíveis com as questões preliminares, que concernem à existência, eficácia e validade do processo. As preliminares podem conduzir apenas à impossibilidade do julgamento do mérito, não contribuindo para a sua solução (são questões meramente processuais). As questões prejudiciais repercutem sobre o mérito da causa.

15. Resolução de questão prejudicial e coisa julgada

No CPC/73, previa-se que a resolução de questões prejudiciais, que não houvessem sido objeto de pedido expresso da parte, nem na demanda inicial, nem em ação declaratória incidental (que era uma ação que se permitia propor incidentalmente no processo), não faria coisa julgada. Tome-se um exemplo: o réu alegava que era filho do falecido (*de cujus*), contudo não pedia uma sentença declaratória de filiação, mas apenas que se declarasse que ele tinha direito a uma parte da herança e se condenasse seus supostos irmãos a lhe entregar o seu quinhão de tal herança (ação de petição de herança). Os réus, seus supostos irmãos, ao contestar a ação, negavam tal condição. No CPC/73, a questão da filiação seria, nessa hipótese, examinada apenas na fundamentação da sentença e não faria coisa julgada. O *decisum* (dispositivo) se limitaria ao pedido de recebimento de uma parte da herança. Isso significava que, se tal ação (de pedido de herança) fosse julgada improcedente, por reputar o juiz, na motivação da sentença, que o autor não era filho do falecido, a questão da herança faria coisa julgada material (porque resolvida na parte decisória), mas a inexistência da filiação não seria objeto de coisa julgada (porque enfrentada apenas na fundamentação da sentença). Assim, se, depois disso, esse mesmo autor viesse a propor outra ação, contra os mesmos réus - pedindo alimentos dos seus pretensos irmãos - o juiz poderia, nesse outro processo, reconhecer a relação de filiação e impor aos réus o dever de pagar alimentos. Era esse o significado do art. 469, III, do CPC/73. Na vigência daquele diploma, para que a questão da filiação fizesse coisa julgada já naquele primeiro processo, seria necessário o ajuizamento de uma ação declaratória incidental (art. 470 do CPC/73). Agora, o § 1.º do art. 503 do CPC/15 prevê que, dentro de certas condições, a coisa julgada incide sobre a resolução de questão prejudicial, decidida expressa e incidentemente no processo. O disposto no § 1º do art. 503 não constitui exceção à norma do art. 504 do CPC. A decisão expressa da questão prejudicial, uma vez observados os pressupostos dos §§ 1º e 2º, faz coisa julgada precisamente porque se trata de um comando sentencial, e não simples fundamentação. Não se trata de exceção à regra que limita a coisa julgada aos dispositivos. A hipótese constitui exceção, isso sim, à norma que permite que o juiz apenas decida as pretensões efetivamente postas pelas partes. Nesse caso, basta que se estabeleça o efetivo contraditório sobre questão prejudicial do âmbito de competência absoluta do juízo, para que o juiz sobre ela emita *decisum*. Ou seja, em contraste com o CPC/73, a novidade não está em estender-se a coisa julgada à fundamentação, mas sim em dispensar-se a ação declaratória incidental para que o juiz possa proferir comando sobre a questão prejudicial.

16. Extinção da ação declaratória incidental como figura geral

Por essas razões, o CPC/15 não prevê mais, como figurar geral, a ação declaratória incidental para a solução de questões prejudiciais. Hipótese dessa ação permanece prevista especificamente para a declaração de falsidade de documento (CPC, art. 433).

17. Pressuposto necessário para o julgamento da lide

Se a questão nem sequer for pressuposto para o julgamento do mérito, ela não se caracteriza como prejudicial. Não poderá ser objeto de comando sentencial nem consequentemente ter sua resolução acobertada pela coisa julgada (art. 503, § 1.º, I). Aliás, nessa hipótese, ela não precisa ser solucionada nem mesmo na fundamentação, dada sua irrelevância para a solução da lide. Mas nesse ponto põe-se controvérsia. Há duas correntes de interpretação do inc. I do § 1.º do art. 503. Para uma delas, apenas fica excluída a possibilidade de fazer coisa julgada a resolução da questão que nem mesmo em tese é prejudicial para a solução da causa. Para outra, não basta isso. Seria indispensável que no caso concreto a resolução da questão prejudicial fosse o fator único e determinante da solução dada à causa. A exemplificação permite compreender melhor as duas concepções. Fiquemos com o exemplo que já vinha sendo utilizado. Imagine-se que na ação de petição de herança antes referida, o juiz conclui que o autor é filho do *de cujus*, mas também constata que nenhum bem foi deixado pelo falecido para ser herdado – e por isso julga improcedente o pedido de herança. Para a primeira corrente interpretativa, a resolução da questão da filiação faz coisa julgada material nesse caso (desde que observados os demais requisitos, a seguir examinados), por ser ela prejudicial ao cabimento da herança. Para a segunda corrente, como a improcedência não derivou da ausência de filiação (e sim da ausência de bens), a definição dela não seria objeto de um *decisum* e não faria coisa julgada material. Os adeptos dessa concepção defendem que, para evitar que isso ocorresse, a parte interessada deveria ajuizar oportunamente uma ação declaratória incidental. Vale dizer, para eles, a despeito do absoluto silêncio da lei quanto a tal instituto (referido apenas para hipótese muito específica, na arguição de falsidade), continuaria existindo a ação declaratória incidental. E, para não correr riscos, a parte deveria oportunamente ajuizá-la. Essa segunda concepção é bastante plausível em termos lógicos. Mas conduz a resultados práticos que não parecem ser os pretendidos pelo sistema estabelecido pelo CPC. Apenas ao final do processo, saber-se-ia se a questão prejudicial faria coisa julgada material. Para não correr o risco de a questão prejudicial não fazer coisa julgada, a parte continuaria tendo de ajuizar ação declaratória incidental. Primeiro, é muito discutível que continue existindo ação declaratória incidental. A propositura de uma nova ação, no processo já em curso, é uma exceção à estabilidade da demanda – e, como tal, depende de expressa autorização normativa. De resto, cairiam por terra os evidentes propósitos da atribuição de coisa julgada à resolução de questões prejudiciais: economia processual e simplificação procedimental. Aliás, paradoxalmente, ficaria mais complicado do que era antes (quando, afinal, se houvesse declaratória incidental, haveria coisa julgada da questão prejudicial; se não houvesse, não haveria: agora, a valer a tese ora criticada, haveria todo um jogo de combinações...).

18. Contraditório prévio e questão prejudicial

Para que a decisão sobre a questão prejudicial revista-se de coisa julgada, é imprescindível que haja possibilidade plena de contraditório prévio a respeito dela. Vale dizer, não basta o fato de poder-se subsequentemente recorrer da decisão. Há de se permitir o debate e instrução probatória sobre a questão, para que só depois seja decidida.

19. Contraditório efetivo e questão prejudicial

O contraditório também deve ser "efetivo". Tal pressuposto tem de ser devidamente compreendido. É preciso que a questão seja posta no processo e fique claro para as partes que ela é relevante para a solução da lide e receberá uma decisão expressa. Cumpre ao juiz – em respeito aos deveres de debate e prevenção, ínsitos aos princípios do contraditório e da cooperação (CF, art. 5º, LV; CPC, arts. 6º, 9º e 10) – advertir as partes quanto a isso. Em princípio, o saneamento do processo é a ocasião oportuna para tanto (CPC, art. 357). Por um lado, mesmo que o juiz não cumpra esse dever de advertência, se as partes efetivamente debaterem a questão, está preenchido esse requisito para a incidência da coisa julgada. Por outro lado, uma vez posta claramente a existência da questão prejudicial, e sendo dada às partes a oportunidade de instrução jurídica e probatória, está também preenchido o requisito. A circunstância de uma ou ambas as partes, uma vez devidamente cientes de que a questão prejudicial está posta, não se dedicar à sua instrução jurídica e fática, em regra, não obstará que a decisão expressa do juiz sobre tal questão tenha autoridade de coisa julgada. No processo civil, vigora o princípio da disponibilidade do contraditório.

20. Revelia e não formação da *questão* prejudicial

Se houver revelia, a decisão sobre ponto prejudicial à solução de mérito não fará coisa julgada. A regra expressa na parte final do inc. II do § 1º do art. 503 indica a preocupação do legislador em evitar que se forme contra o revel coisa julgada relativamente a uma pretensão acerca da qual ele não foi citado. Mas tal norma até seria dispensável: *ponto* é a afirmação (sobre fato e [ou] direito; sobre aspecto processual ou de mérito...) que uma parte faz no processo; se o ponto é impugnado pelo adversário, ele torna-se uma *questão*. Se há revelia, a questão prejudicial nem sequer se constitui.

21. Cognição plena e questão prejudicial

Se existem restrições probatórias à investigação da questão prejudicial ou por qualquer outra razão a profundidade da sua cognição é limitada, a decisão acerca dela não fará coisa julgada. A norma do § 2º do art. 503 nada mais é do que expressão da incompatibilidade entre cognição superficial e coisa julgada (v. item 5, acima).

22. Competência absoluta para a questão prejudicial

A exigência de que o juiz detenha competência material (i.e., competência absoluta) para julgar em caráter principal a questão prejudicial (CPC, art. 503, § 1º, III) é apenas requisito para a incidência da coisa julgada, e não para que ele possa dirimir a questão. O juiz estatal civil sempre tem o poder de resolver apenas na fundamentação questões prejudiciais para as quais não teria competência de julgamento em caráter principal. Por exemplo, está apto a resolver a questão relativa à existência de um contrato de trabalho que seja prejudicial ao julgamento do mérito, embora não possa emitir a respeito uma decisão expressa apta a fazer coisa julgada material.

23. Litisconsórcio necessário para a questão prejudicial

Se a questão prejudicial depender de litisconsórcio necessário e unitário, que não foi observado para a lide principal (para a qual ele não era exigível), a resolução daquela não fará coisa julgada, se resolvida contrariamente aos litisconsortes preteridos. Tal requisito, não explicitado no art. 503, advém dos limites subjetivos da coisa julgada (CF, art. 5º, LV; CPC, art. 506).

24. Decisão expressa sobre a questão prejudicial

Para haver coisa julgada é indispensável decisão expressa do juiz sobre a questão prejudicial (CPC, art. 503, § 1º). Não basta que ela possa ser intuída, dessumida ou pressuposta a partir da decisão dada ao mérito. É preciso que haja efetivo enfrentamento da questão prejudicial pelo juiz.

25. Inserção formal do comando

Pouco importa que esse comando resolutório da questão prejudicial esteja formalmente inserido na motivação ou na parte dispositiva da sentença ou da interlocutória de mérito. Respeitados os pressupostos dos §§ 1º e 2º do art. 503, ele fará coisa julgada.

26. Autoridade e efeito de *decisum*

Observados os requisitos do art. 503, a resolução da questão prejudicial não só recebe a autoridade de *decisum* (coisa julgada) como produz todos os efeitos deste. P. ex., se na ação de petição de herança constatar-se a filiação em resolução de questão prejudicial, tal reconhecimento, preenchidos os pressupostos do art. 503, fará coisa julgada e terá a eficácia de comando sentencial declaratório da filiação: poderá ser levado a registro no cartório competente etc.

27. Limitação da coisa julgada aos comandos decisórios

A autoridade de coisa julgada recai apenas sobre a parte decisória da sentença ou da interlocutória de mérito. Ou seja, somente os comandos que acolhem ou rejeitam os pedidos fazem coisa julgada. Formalmente, eles devem constar da parte dispositiva do pronunciamento decisório. Mas, se por um defeito de técnica redacional, o comando de acolhimento ou rejeição estiver inserido na motivação, ele fará coisa julgada mesmo assim.

28. Fundamentação não faz coisa julgada

O inciso II do art. 504, segundo o qual não faz coisa julgada "*a verdade dos fatos, estabelecida como fundamento da sentença*", apenas especifica a mesma diretriz já posta no inciso I. O enfrentamento de questões de fato e de direito empreendido para o fim de motivar a sentença não fica acobertado pela coisa julgada. Ainda que a motivação contenha argumentos que seriam em tese perfeitamente aproveitáveis para a solução de outro objeto processual (pedido e causa de pedir), não será ela vinculante para o juiz que venha a julgar essa outra ação. Esse é o sentido da Súmula 239 do STF (v. abaixo).

29. A relevância da motivação para a compreensão do *decisum*

Por vezes a exata identificação do sentido e alcance do comando – e, portanto, da coisa julgada – depende da consideração dos fundamentos da decisão (por exemplo, determinar o exato alcance de um julgamento parcial de procedência, quando o *decisum* está mal redigido). Mesmo nesse caso, os fundamentos não farão, em si mesmos, coisa julgada.

30. Coisa julgada e preclusão

O *caput* do art. 505 não apenas reafirma a autoridade da coisa julgada e seus limites objetivos. Nele também está consagrada a norma da preclusão consumativa do poder decisório do juiz (v. item 47, abaixo). A preclusão distingue-se da coisa julgada por não repercutir diretamente fora do processo. Em regra, o juiz perde o poder de decidir novamente, no curso do processo, a questão que já decidiu.

31. Relação jurídica continuativa

O art. 505, I, do CPC/2015 autoriza que tornem a ser decididas "*questões relativas à mesma lide (...), se, tratando-se de relação jurídica de trato continuado, sobreveio modificação no estado de fato ou de direito, caso em que poderá a parte pedir a revisão do que foi estatuído na sentença*". Relação continuativa ou de trato continuado é aquela cuja hipótese de incidência concerne a fatos ou situações que perduram no tempo, de modo que suas posições jurídicas internas (direitos, deveres, ônus...) podem ser modificadas ou redimensionadas no curso da relação, conforme varie o panorama fático ou jurídico. Por exemplo, é o que se tem no direito a alimentos: em que o alimentando só tem o direito de recebê-los e o alimentante o dever de pagá-los, enquanto esse detiver condições econômicas de provê-los e aquele efetivamente necessitar recebê-los. É o que também ocorre na relação locatícia de imóvel urbano, no que tange ao direito ao valor de aluguel compatível com o preço de mercado; ou ainda na relação previdenciária atinente a auxílio por incapacidade temporária etc.

32. Falsa exceção à coisa julgada, no inc. I do art. 505

A decisão de mérito que tem por objeto relação continuativa faz normalmente coisa julgada. Se houver alteração no panorama fático ou jurídico que repercuta sobre as posições jurídicas internas da relação continuativa, tem-se uma nova causa de pedir. Assim, a nova ação, que tome por base esse novo panorama, não será idêntica à anterior, não sendo alcançada pelos limites objetivos da coisa julgada antes estabelecida. Um exemplo para evidenciar essa constatação teórica: o alimentante era jogador de futebol em plena atividade, jogava num grande clube e ganhava mensalmente R$250.000,00; seu filho, uma criança de seis anos que vivia com a mãe, necessitava de auxílio para o sustento. Diante de tal causa de pedir, considerando-se as necessidades da criança e as possibilidades do pai, fixaram-se, em sentença, alimentos no valor de R$10.000,00 mensais. Tal decisão transitou em julgado e fez coisa julgada. Cinco anos depois, o alimentante está desempregado, doente e endividado. Depois de sucessivas contusões, já não podia jogar futebol e não conseguiu nenhuma outra colocação profissional. Ele promove então ação de exoneração de pagamento de alimentos, invocando sua atual impossibilidade de colaborar com o sustento do filho. Essa é uma nova causa de pedir, diversa daquela que se tinha na época em que foi proferida a sentença impositiva de alimentos. Trata-se de fatos posteriores ao limite "temporal" da coisa julgada antes apontado. Então, não se trata de desfazer a coisa julgada anterior. Assim, a nova ação, que tome por base esse novo panorama, não será idêntica à anterior, não sendo alcançada pelos limites objetivos da coisa julgada antes estabelecida. Assim, é atécnica a redação do art. 15 da Lei 5.478/1968.

33. Aplicação do inc. I do art. 505 às relações sucessivas que sejam objeto de uma única ação

Pode haver relações jurídicas múltiplas e sucessivas, porém homogêneas, entre os mesmos sujeitos, que podem ser objeto de uma única ação destinada a atingir inclusive as relações futuras (por exemplo, cada incidência do tributo nos sucessivos exercícios ou nas reiteradas operações praticadas pelo contribuinte implica uma específica relação jurídica: essas reiteradas relações, inclusive as futuras, podem ser objeto de uma única ação). Sobrevindo após a coisa julgada alteração fática ou jurídica que repercuta sobre essas relações, ter-se-á igualmente nova causa de pedir, autorizadora de nova ação.

34. Modo de obtenção de nova sentença, na relação continuativa

Há casos em que o ordenamento prevê uma ação típica para a obtenção de nova sentença relativa ao novo panorama estabelecido na relação continuativa (por exemplo, revisional de alimentos – CC/2002, art. 1.699; Lei 5.478/1968, art. 13). Na falta de previsão específica, cabe a simples propositura de nova ação, segundo as regras gerais.

35. Exceções legais à coisa julgada

São exemplos de exceção à coisa julgada, enquadráveis no inc. II do art. 505, a ação rescisória (art. 966 e seguintes) e a reabertura de possibilidade de julgamento da causa após a procedência da impugnação ao cumprimento de decisão de mérito inconstitucional (art. 525, § 12).

36. Exceções legais à preclusão consumativa do poder de decidir

São exemplos de exceção à preclusão consumativa do poder de decidir, enquadráveis no inc. II do art. 505: o juízo de retratação em apelação (CPC, arts. 331 e 332, § 3º, art. 485, § 7º), em agravo de instrumento (CPC, arts. 1.018, § 1º), agravo interno (CPC, art. 1.021, § 2º) e em julgamentos dos tribunais (CPC, arts. 1.040, II, e 1.041, § 1º); a possibilidade de correção de erros materiais (CPC, arts. 494, I, e 1.022, III); a possibilidade de eliminação de omissões, contradições e obscuridades mediante embargos declaratórios (CPC, arts. 494, II, e 1.022, I e II); o julgamento dos embargos infringentes previstos no art. 34 da Lei 6.830/1980 etc.

37. Questões processuais de ordem pública e preclusão dos poderes do juiz

Além disso, as questões processuais de ordem pública (pressupostos processuais, condições da ação...), que o juiz pode decidir de ofício (CPC, arts. 337, § 5º, e 485, § 3º), podem ser reexaminadas, de ofício ou por provocação da parte – desde que a decisão anterior não tenha sido no sentido de extinguir o processo ou sua fase cognitiva, hipótese em que se aplica o art. 494 do CPC. Portanto, a Súmula 424 do STF (v. abaixo) não se aplica às questões de ordem pública.

38. Decisão interlocutória de mérito, questões de ordem pública e preclusão para o juiz

As decisões interlocutórias de uma parcela do mérito, uma vez irrecorridas e não cabendo seu reexame necessário, transitam em julgado (CPC, art. 356,

§ 3º). Mesmo que, no curso da instrução probatória relativa à parte do mérito ainda não julgada, o juiz depare-se com questão de ordem pública que atingiria também a parcela já resolvida, não poderá alterar o julgamento já proferido. Também a esse caso aplica-se extensivamente o art. 494 do CPC.

39. Limite subjetivo da coisa julgada e garantias constitucionais

A coisa julgada só opera perante as partes do processo em que ela se estabeleceu. Eis uma imposição das garantias do acesso à justiça, devido processo legal, contraditório e ampla defesa (CF, art. 5º, XXXVI, LIV e LV): apenas a parte tem a possibilidade de exercer o direito de ação ou defesa em sua plenitude dentro do processo; portanto, apenas ela pode ficar vinculada ao resultado desse processo. O sujeito torna-se parte quando propõe a demanda ou é citado para o processo.

40. Sucessores das partes

Os sucessores das partes também são atingidos pela coisa julgada. Com a sucessão, são transferidas todas as posições jurídicas relativas ao objeto da sucessão (universal ou singular), inclusive as de caráter processual, como é a coisa julgada. Nesse sentido, o sucessor não detém a condição de terceiro. Ele assume as próprias posições materiais e processuais do sucedido, nos limites do objeto da sucessão.

41. Efeitos da sentença podem atingir terceiros

A limitação da coisa julgada às partes não impede que os *efeitos* da decisão de mérito atinjam terceiros. São fenômenos distintos (vide item 6, acima). Os terceiros serão atingidos pelos efeitos sentenciais na proporção em que se relacionem com o objeto do litígio. Podem ter benefícios ou desvantagens, mas não ficarão impedidos de discutir em demanda própria aquele mesmo objeto processual, na medida em que detenham legitimidade e interesse para tanto.

42. Terceiros titulares direitos comuns ou de direitos ou ações concorrentes

Assim, se um dos vários legitimados para a impugnação de um ato único ou para a defesa de um direito comum obtém sucesso na ação que propôs, o resultado favorável também produz efeito em face dos demais legitimados (por exemplo, impugnação de deliberação assemblear por um dos vários sócios; Lei 12.016/2009, art. 1º, § 3º; CC/2002, arts. 260, 267, 1.314, art. 1.791, parágrafo único *etc.*). O efeito da improcedência (manutenção do ato impugnado; ausência de proteção jurisdicional ao direito comum) também atinge os terceiros. Mas eles não estão impedidos, pela coisa julgada, de tornar a propor a mesma ação. Já na primeira hipótese, faltar-lhes-ia interesse de agir para pedir aquilo que já foi concedido na ação do outro legitimado. Exemplo: um dos quatro mil associados de um clube promove ação pedindo a anulação de deliberação em assembleia geral que dobrou o valor da contribuição mensal. Se ele vence a ação e desconstitui a deliberação assemblear, não apenas ele, mas todos os associados do clube continuarão pagando o valor de mensalidade não majorado. O efeito desconstitutivo da sentença atinge a todos eles, precisamente porque incide sobre um ato que também dizia respeito a todos eles. Faltará interesse de agir para outro sócio vir pedir a mesma anulação, que já ocorreu. Mas, se aquela ação é julgada improcedente, mantém-se em vigor a deliberação assemblear, também para todos os associados. E qualquer deles que não tenha tomado parte na primeira ação pode tornar a propor ação de invalidação, inclusive com a mesma causa de pedir da ação anterior. A coisa julgada da improcedência da ação anterior não o atingirá, pois não foi parte naquele primeiro processo.

43. Não extensão da coisa julgada individual aos titulares de pretensões análogas (homogêneas)

A situação examinada no tópico anterior é distinta da que se tem quando diversas pessoas possuem pretensões homogêneas contra um mesmo sujeito (p. ex., inúmeros contribuintes contra o Fisco; consumidores contra um fornecedor; pensionistas contra o órgão previdenciário etc.). Nesses casos, trata-se de direitos individuais homogêneos: são posições análogas, mas que não integram uma mesma relação jurídico-material unitária. Em tais casos, o sucesso de um dos titulares de pretensão homogênea em sua ação não se estende aos demais titulares da posição análoga (ex.: não é porque um dos milhões de contribuintes ganhou uma ação contra o Fisco que isso se aplicará automaticamente a todos os demais; a vitória de um consumidor em face do fornecedor, em ação individual, não se estende aos demais – e assim por diante). Para esses casos, para que se tenha resultado que aproveite a todos, é preciso empregar-se ação coletiva.

44. Substituição processual e coisa julgada

A sentença de mérito em princípio faz coisa julgada em face do substituto processual, mas não necessariamente em face do substituído. A sua vinculação à coisa julgada depende de que o substituído tenha tido: (i) prévia oportunidade de exercer a ação e não o tenha feito; (ii) possibilidade de ciência do processo em que ocorria sua substituição, sendo-lhe permitido, caso queira, ingressar nesse processo (exemplos: CPC, art. 42, observados determinados requisitos; Lei 12.016/2009, art. 3º; Lei 6.404/1976, art. 159, §§ 3º e 4º *etc.*). Exemplos de casos em que o substituído não fica vinculado à coisa julgada: Lei 8.560/1992, art. 2º, §§ 4º e 5º; Lei 8.906/1994, art. 54, II.

45. Terceiros intervenientes

Serão abrangidos pela coisa julgada sempre que, mediante a intervenção, assumam a condição de parte. É o que ocorre com o terceiro na assistência litisconsorcial, denunciação da lide, chamamento ao processo e na desconsideração de personalidade jurídica. Não é o que se dá na assistência simples e na intervenção do *amicus curiae*. O assistente simples submete-se às consequências previstas no art. 123 do CPC, que não se identificam com a coisa julgada, por serem, sob certo aspecto, mais extensas (o assistente simples em princípio vincula-se à própria fundamentação da decisão de mérito, i.e., a "justiça da decisão"), e, sob outro, mais tênues (o assistente simples não fica vinculado à autoridade da sentença se demonstrar a ocorrência das hipóteses dos incisos I e II do art. 123).

46. Preclusão

Consiste na perda de uma faculdade ou poder processual no curso do processo. Pode ser ocasionada: (a) pelo decurso do prazo, ou pela passagem da fase processual, para exercício do poder ou faculdade (preclusão temporal – art. 223); (b) pelo anterior exercício do poder ou faculdade (preclusão consumativa); (c) pela prática de ato logicamente incompatível com o exercício do poder ou faculdade (preclusão lógica – exemplo, art. 1.000, parágrafo único).

47. Preclusão das faculdades das partes e dos poderes do juiz

As faculdades das partes podem submeter-se às três modalidades de preclusão acima referidas. Os poderes do juiz, em regra, submetem-se apenas à preclusão consumativa. A regra do art. 507 expressa, relativamente às partes, a repercussão da preclusão dos poderes do juiz prevista no art. 505.

48. Exceções à preclusão da faculdade das partes

Precisamente por isso, em todos os casos em que é dado ao juiz redecidir a questão no curso do processo (v. itens 36 a 38, acima), não incide a regra do art. 507. Nessas hipóteses, permite-se às partes pleitear ao juiz tal redecisão.

49. Ausência de "julgamento implícito" ou de coisa julgada sobre as questões não deduzidas

A regra do art. 508 ("*Transitada em julgado a decisão de mérito, considerar-se-ão deduzidas e repelidas todas as alegações e as defesas que a parte poderia opor tanto ao acolhimento quanto à rejeição do pedido*") não consagra o "julgamento implícito" das alegações que poderiam haver sido realizadas e não o foram. Tampouco significa que haja coisa julgada relativamente a elas. Até porque, ainda que elas houvessem sido efetivamente aduzidas no processo, seu enfrentamento dar-se-ia na motivação da sentença, de modo que nem mesmo nessa hipótese a expressa solução delas faria coisa julgada.

50. Eficácia preclusiva da coisa julgada

Apenas fica vedado à parte valer-se dessas alegações, a fim de tentar obter outro provimento acerca do mesmo pedido e causa de pedir e em face do mesmo adversário. Ou seja, a regra proíbe que a parte invoque alegações que poderia oportunamente ter feito e não fez como um subterfúgio para desconsiderar a coisa julgada. A coisa julgada traz consigo o veto à apresentação tardia de argumentos que teriam sido relevantes, se oportunamente apresentados. É a eficácia preclusiva da coisa julgada. Por exemplo, se o réu reputa que, no momento em que é citado na ação de cobrança, a dívida já estava paga, ele tem o ônus de alegar tal pagamento em sua defesa. Se transitar em julgado sentença condenando-o ao pagamento da dívida, não será possível, depois disso, ele pretender alegar – seja em nova ação autônoma, seja em impugnação ao cumprimento da sentença – que a dívida já estava paga mesmo antes de iniciar-se a ação anterior. Não há "julgamento implícito" de que houve pagamento nem coisa julgada quanto a isso. Apenas, a omissão na alegação do pagamento no processo já resolvido não serve de pretexto para se quebrar a coisa julgada.

51. Incidência nos limites objetivos e subjetivos da coisa julgada

Por essas razões, tal eficácia preclusiva põe-se apenas nos limites objetivos e subjetivos da coisa julgada. Assim, se for diverso o pedido ou a causa de pedir, tem-se nova ação, não atingida pela coisa julgada anterior – e, na medida em que também seja relevante para essa nova ação, a alegação ou defesa não formulada no processo anterior poderá ser então aduzida.

ALGUMAS REFLEXÕES SOBRE O TERMO INICIAL DO PRAZO DECADENCIAL DE AJUIZAMENTO DE AÇÃO RESCISÓRIA NO CÓDIGO DE PROCESSO CIVIL DE 2015

Marcelo Veiga Franco[1] [2]

1. Introdução

O Código de Processo Civil de 2015 - CPC/2015, em vigência após decorrido o prazo de 01 (um) ano contado da data da sua publicação oficial no Diário Oficial da União de 17/03/2015 (artigo 1.045), prevê inúmeras inovações, modificações e avanços em comparação com o diploma processual anterior de 1973 – CPC/1973. Todavia, algumas dessas alterações ainda desafiam um melhor amadurecimento hermenêutico, para que seja possível extrair da nova codificação a aplicação de um processo civil realmente ordenado, disciplinado e interpretado conforme os valores e as normas fundamentais estabelecidos na Constituição da República Federativa do Brasil – CRFB (artigo 1º).

1 Doutorando em Direito Processual Civil pela Universidade Federal de Minas Gerais (UFMG). *Visiting Scholar* na *University of Wisconsin-Madison*. Mestre em Direito Processual Civil pela Universidade Federal de Minas Gerais (UFMG). Especialista em Direito Constitucional pelo Instituto para o Desenvolvimento Democrático (IDDE), em parceria com o Centro de Direitos Humanos da Faculdade de Direito da Universidade de Coimbra. Diretor Científico no Instituto de Direito Processual (IDPro). Procurador do Município de Belo Horizonte/MG. Advogado.

2 Registro os meus agradecimentos aos Professores Délio Mota Oliveira Júnior e Guilherme Costa Leroy pelas críticas pertinentes e discussões construtivas sobre o texto.

Uma dessas alterações que merece atenção especial diz respeito ao prazo de ajuizamento da ação rescisória. Embora tenha sido mantido o interstício decadencial de 02 (dois) anos (artigo 975 do CPC/2015), já é possível verificar a ocorrência de divergências de entendimento no que se refere aos termos inicial (*dies a quo*) e final (*dies ad quem*) da contagem do referido prazo em determinadas situações.

Nesse sentido, a finalidade do presente artigo é examinar e refletir, de forma sucinta, objetiva e sem a pretensão de esgotar o assunto, sobre duas dessas hipóteses em que se faz necessário desenvolver uma interpretação da contagem do prazo de ajuizamento da ação rescisória em conformidade com as normas constitucionais, quais sejam: a) quando há a formação progressiva da coisa julgada material; b) quando a ação rescisória é ajuizada para desconstituir título executivo judicial transitado em julgado fundado em lei ou ato normativo considerado inconstitucional pelo Supremo Tribunal Federal, ou baseado em aplicação ou interpretação da lei ou do ato normativo tido pelo Supremo Tribunal Federal como incompatível com a CRFB, em controle de constitucionalidade concentrado ou difuso.

2. A coisa julgada e a sua relação com a segurança jurídica

Historicamente, a definição do instituto da coisa julgada (*res iudicata*) foi alvo de diversas modificações ao longo do tempo. No direito comum medieval, a coisa julgada era entendida como uma presunção de verdade do dizer do juiz no exercício da função jurisdicional, por meio da consolidação dos brocardos *res iudicata pro veritate habetur* ("tem-se por verdade a coisa julgada") e *res iudicata facit de albo nigro, de quadrata redunta* ("a coisa julgada faz do branco, preto, do quadrado, redondo").[3]

Todavia, com a evolução dos estudos sobre o tema, verificou-se uma profunda reformulação no conceito de coisa julgada.

No entendimento de Konrad Hellwig, por exemplo, a coisa julgada representa um dos *efeitos* da sentença, qual seja, a indiscutibilidade (ou incontestabilidade) que torna vinculativa a declaração contida na decisão judicial. Como decorrência, Antônio do Passo Cabral conceitua a coisa julgada como um *efeito sistêmico* decorrente do trânsito em julgado da sentença ou da preclusão das vias recursais, isto é, a *res iudicata* consiste em um efeito externo à decisão

---

3 CARREIRA ALVIM, José Eduardo. *Teoria Geral do Processo*. 8. ed., Rio de Janeiro: Forense, 2002, p. 314.

e que não se confunde com os efeitos produzidos pelo conteúdo advindo da sentença.[4]

Por seu turno, Enrico Tullio Liebman, divergindo da corrente acima apresentada, define a *res iudicata* como uma *qualidade* dos efeitos derivados da sentença, isto é, a própria "imutabilidade do comando emergente de uma sentença". A coisa julgada, assim, não é identificada "simplesmente com a definitividade e intangibilidade do ato que pronuncia o comando", mas, diferentemente, ela retrata "uma qualidade, mais intensa e mais profunda, que reveste o ato também em seu conteúdo e torna assim imutáveis, além do ato em sua existência formal, os efeitos, quaisquer que sejam, do próprio ato".[5] Dessa forma, Humberto Theodoro Júnior conceitua a coisa julgada como uma *qualidade* da sentença representada "pela 'imutabilidade' do julgado e de seus efeitos, depois que não seja mais possível impugná-los por meio de recurso".[6]

Já Fredie Didier Jr. *et al.* definem a coisa julgada como "a imutabilidade da norma jurídica individualizada contida na parte dispositiva de uma decisão judicial", tratando-a como um fenômeno tanto com eficácia endoprocessual como extraprocessual. Para tanto, os autores a dividem, respectivamente, em *coisa julgada formal* – entendida como "a imutabilidade da decisão judicial dentro do processo em que foi proferida, porquanto não possa mais ser impugnada por recurso" – e em *coisa julgada material* – vista como "a indiscutibilidade da decisão judicial no processo em que foi produzida e em qualquer outro".[7]

Por sua vez, a legislação brasileira prevê conceito próprio. O artigo 6º, §3º, da Lei de Introdução às normas do Direito Brasileiro dispõe que a coisa julgada é "a decisão judicial de que já não caiba recurso". O artigo 467 do revogado CPC/1973 definia a coisa julgada material como "a eficácia, que torna imutável e indiscutível a sentença, não mais sujeita a recurso ordinário ou extraordinário".

O vigente artigo 502 do CPC/2015, por seu lado, conceitua a *res iudicata* em sua dimensão material como "a autoridade que torna imutável e indiscu-

---

4 CABRAL, Antônio do Passo. *Coisa julgada e preclusões dinâmicas*: entre continuidade, mudança e transição de posições processuais estáveis. 2. ed., Salvador: Jus Podivm, 2014, p. 146-148.

5 LIEBMAN, Enrico Tullio. *Eficácia e autoridade da sentença*. Tradução brasileira de Alfredo Buzaid e Benvindo Aires. 3. ed., Rio de Janeiro: Forense, 1984, p. 54 e 142.

6 THEODORO JUNIOR, Humberto. *Curso de Direito Processual Civil*. 56. ed., Rio de Janeiro: Forense, 2015. v. I, p. 1.080 *et seq*.

7 DIDIER JR., Fredie; BRAGA, Paula Sarno; OLIVEIRA, Rafael. *Curso de Direito Processual Civil*: teoria da prova, direito probatório, teoria do precedente, decisão judicial, coisa julgada e antecipação dos efeitos da tutela. 5. ed., Salvador: Jus Podivm, 2010. v. 2, p. 408-409.

tível a decisão de mérito não mais sujeita a recurso", ampliando o alcance da autoridade de coisa julgada não apenas à sentença, mas também à resolução de questão prejudicial - desde que preenchidos os pressupostos do artigo 503, §§1º e 2º, do CPC/2015 –, às decisões interlocutórias de mérito - conforme artigos 203, §2º; 502; e 966, do CPC/2015 –, e até mesmo às decisões transitadas em julgado que, embora não sejam de mérito, impeçam a nova propositura da demanda ou a admissibilidade do recurso correspondente - na forma do artigo 966, §2º, do CPC/2015.

Fato é que, independentemente do conceito que se adote, a coisa julgada consiste em *garantia fundamental* (artigo 5º, XXXVI, da CRFB) incorporada ao princípio constitucional da *segurança jurídica* e, por via de consequência, agregada ao próprio Estado Democrático de Direito.[8] O instituto da *res iudicata* não tem como finalidade materializar a justiça ou a verdade dos fatos por ocasião do acertamento da relação de direito material. Em sentido diverso, a coisa julgada visa a resguardar certeza e segurança às relações jurídicas,[9] na medida em que assegura ao jurisdicionado que a decisão jurisdicional final proferida em relação a ele é definitiva, indiscutível e imutável, e, portanto, não está sujeita a ser modificada, desrespeitada ou rediscutida, salvo em situações excepcionais.

Trata-se, em última instância, de garantia de estabilização do comando decisório extraído do provimento jurisdicional, a fim de obstar a perpetuação do conflito, evitar decisões contraditórias e impedir o prolongamento no tempo da situação de instabilidade social ou intersubjetiva. É por essa razão que a coisa julgada "tem força de lei nos limites da questão principal expressamente decidida" (artigo 503 do CPC/2015), respeitado, com isso, o princípio da congruência (artigo 492 do CPC/2015).

3. Instrumentos de relativização da coisa julgada

Embora a coisa julgada seja imprescindível para conferir segurança e estabilidade às relações jurídicas, ela é passível de relativização em hipóteses excepcionais. Em outras palavras, a autoridade que torna imutável e indiscutível a decisão de mérito não é inexorável, tendo em vista que a "intangibilidade do

8 WAMBIER, Teresa Arruda Alvim; MEDINA, José Miguel Garcia. *Dogma da coisa julgada.* São Paulo: RT, 2003, p. 22.

9 SOUSA, Miguel Teixeira de. *Estudos sobre o novo processo civil.* Lisboa: Lex, 1997, p. 568.

caso julgado não é um princípio absoluto, devendo ser conjugado com outros e podendo sofrer restrições".[10]

A legislação prevê alguns instrumentos jurídicos cabíveis para a relativização da autoridade da coisa julgada, a depender do vício que é alegado.

O primeiro deles se refere à chamada *actio querela nullitatis*. Nessa hipótese, a parte prejudicada visa à declaração de nulidade da decisão judicial transitada em julgado em virtude da existência de "vício transrescisório",[11] como, por exemplo, no caso em que houve a prolação de decisão judicial em desfavor de réu que não foi regularmente citado. O objetivo da *actio querela nullitatis*, logo, é a invalidação da decisão judicial, em face de defeito que compromete a validade do processo de formação do provimento jurisdicional, não havendo a previsão de prazo decadencial para a sua propositura.

Por seu turno, a ação rescisória, prevista nos artigos 966 a 975 do CPC/2015, tem como finalidade a desconstituição de decisão judicial de mérito transitada em julgado. Trata-se de ação autônoma de impugnação de decisão judicial definitiva, cuja pretensão pode ser cumulativa, isto é, o pedido de rescisão da decisão de mérito transitada em julgado (*judicium rescindens*) conjugado com o pedido de novo julgamento (*judicium rescissorium*), na forma do artigo 968 do CPC/2015. A ação rescisória não se confunde com os recursos, seja em virtude do princípio da taxatividade recursal, seja porque com a ação rescisória há a instauração de nova relação processual.

Tendo em vista a sua excepcionalidade, as hipóteses de cabimento da ação rescisória são taxativas (*numerus clausus*) e estão previstas no artigo 966 do CPC/2015. Nesses casos, a pretensão deduzida na ação rescisória tanto pode visar à invalidação formal da decisão judicial transitada em julgado (*v.g.*, como no caso de decisão proferida por juiz impedido ou por juízo absolutamente incompetente, conforme artigo 966, II, do CPC/2015), como pode ter por objeto o desfazimento da coisa julgada material por questões de injustiça da decisão (*v.g.*, como no caso de alegação de erro de fato verificável do exame dos autos, conforme artigo 966, VIII, do CPC/2015).[12]

Diferentemente do que acontece na *actio querela nullitatis*, a pretensão de rescisão está sujeita ao prazo de 02 (dois) anos contados do trânsito em julgado

---

10 MIRANDA, Jorge. *Manual de Direito Constitucional*. 2. ed., Coimbra: Coimbra Editora, 1983. v. 2, p. 494-495.

11 TESHEINER, José Maria. *Pressupostos processuais e nulidades no processo civil*. São Paulo: Saraiva, 2000, p. 283.

12 DIDIER JR., Fredie; CUNHA Leonardo José Carneiro da. *Curso de Direito Processual Civil*: meios de impugnação às decisões judiciais e processo nos tribunais. 13. ed., Salvador: Jus Podivm, 2016. v. 3, p. 422.

da última decisão proferida no processo, conforme artigo 975 do CPC/2015. O interstício bienal possui a natureza decadencial, e não prescricional, pois o seu decurso implica a perda do direito potestativo à desconstituição da coisa julgada material, inexistindo uma relação creditória entre as partes.[13]

Por fim, um terceiro instrumento de relativização da coisa julgada se refere à possibilidade de ajuizamento de ação rescisória sob a alegação de inexigibilidade da obrigação, na hipótese em que a obrigação está reconhecida em título executivo judicial fundado em lei ou ato normativo considerado inconstitucional pelo Supremo Tribunal Federal, ou baseado em aplicação ou interpretação da lei ou do ato normativo tido pelo Supremo Tribunal Federal como incompatível com a CRFB, em controle de constitucionalidade concentrado ou difuso. Essa possibilidade está prevista nos artigos 525, §15 e 535, §8º, do CPC/2015.

4. O problema do termo inicial do prazo decadencial de ajuizamento de ação rescisória no CPC/2015

4.1. A ação rescisória na hipótese de formação progressiva da coisa julgada material

A primeira reflexão que se faz sobre o termo inicial do prazo decadencial de ajuizamento de ação rescisória se refere à hipótese de formação progressiva da coisa julgada material. Nesse ponto, acreditamos, contudo, que a evolução doutrinária já é capaz de firmar uma posição adequada sobre o tema.

A hipótese em discussão é relativa ao cômputo do prazo de propositura de ação rescisória quando ocorre a formação progressiva da coisa julgada material, em virtude da possibilidade de trânsitos em julgado parciais. De fato, a nova codificação processual civil, indubitavelmente, permite o fracionamento de uma decisão judicial em capítulos e, por decorrência lógica, possibilita a formação de trânsitos em julgado individualizados por capítulo decisório, os quais podem ocorrer sucessivamente no tempo.

Como exemplo, temos: a possibilidade do julgamento antecipado parcial do mérito, na forma do artigo 356 do CPC/2015; a permissão de ajuizamento de ação rescisória que tenha por objeto apenas um capítulo da decisão judicial, conforme artigo 966, *caput* e §5º, do CPC/2015; a alternativa de impugnação recursal de apenas parte da decisão, consoante artigo 1.002 do CPC/2015.

---

13 CUNHA, Leonardo José Carneiro da. Termo inicial do prazo para ajuizamento da ação rescisória, capítulos da sentença e recurso parcial. *Revista de Processo*, v. 30, n. 120, p. 205, São Paulo: RT, fev. 2005.

Logo, como o CPC/2015 acolhe a tese da possibilidade de fracionamento da decisão judicial em capítulos, entendemos – perfilhando do entendimento doutrinário, dentre outros, de Délio Mota de Oliveira Júnior[14] e de Ravi Peixoto[15] – que, na hipótese de formação progressiva da coisa julgada material, o prazo decadencial de 02 (dois) anos para a propositura de ação rescisória, previsto no artigo 975 do CPC/2015, extingue-se a partir da contagem do trânsito em julgado da última decisão proferida no processo *em relação a cada capítulo autônomo e independente contido na decisão.* No ponto, assim, torna-se necessária uma reformulação do entendimento sufragado pelo Superior Tribunal de Justiça no Enunciado de Súmula nº 401, para que prevaleça orientações jurisprudenciais condizentes com essa posição, tais como aquela constante do Recurso Extraordinário nº 666.589/DF.[16]

4.2. A ação rescisória fundada na declaração posterior de inconstitucionalidade proferida pelo Supremo Tribunal Federal

A segunda reflexão que se faz sobre o termo inicial do prazo decadencial de ajuizamento de ação rescisória diz respeito à hipótese prevista nos artigos 525, §15 e 535, §8º, do CPC/2015, qual seja: a possibilidade de propositura de ação rescisória para desconstituir título executivo judicial transitado em julgado fundado em lei ou ato normativo considerado inconstitucional pelo Supremo Tribunal Federal, ou baseado em aplicação ou interpretação da lei ou do ato normativo tido pelo Supremo Tribunal Federal como incompatível com a CRFB, em controle de constitucionalidade concentrado ou difuso.

Essa hipótese de cabimento de ação rescisória é fruto de alterações legislativas ocorridas na codificação processual civil e, a nosso ver, é capaz de gerar inúmeras divergências de entendimento.

---

14 OLIVEIRA JÚNIOR, Délio Mota. A formação progressiva da coisa julgada material e o prazo para o ajuizamento da ação rescisória: contradição do novo Código de Processo Civil. *In*: DIDIER JR., Fredie (Coord.); MACÊDO, Lucas Buril de; PEIXOTO, Ravi; FREIRE, Alexandre. *Novo CPC doutrina selecionada*: processo nos tribunais e meios de impugnação às decisões judiciais. Salvador: Jus Podivm, 2015, p. 99-126.

15 PEIXOTO, Ravi. Ação rescisória e capítulos de sentença: a análise de uma relação conturbada a partir do CPC/2015. *In*: DIDIER JR., Fredie (Coord.); MACÊDO, Lucas Buril de; PEIXOTO, Ravi; FREIRE, Alexandre. *Novo CPC doutrina selecionada*: processo nos tribunais e meios de impugnação às decisões judiciais. Salvador: Jus Podivm, 2015, p. 157-176.

16 BRASIL. Supremo Tribunal Federal. Recurso Extraordinário nº 666589/DF. Primeira Turma. Relator Ministro Marco Aurélio. Julgamento em 25/03/2014. Publicação em 03/06/2014.

Em 24 de agosto de 2001, a Medida Provisória nº 2.180-35 incluiu ao CPC/1973 o parágrafo único do artigo 741, passando a permitir que, nas execuções de sentença contra a Fazenda Pública,[17] fosse permitida a apresentação de embargos à execução sob a alegação de inexigibilidade do título judicial, na hipótese em que este estivesse "fundado em lei ou ato normativo declarados inconstitucionais pelo Supremo Tribunal Federal ou em aplicação ou interpretação tidas por incompatíveis com a Constituição Federal". A mesma previsão foi acrescentada também aos embargos às execuções trabalhistas, consoante o artigo 884, §5º, da Consolidação das Leis do Trabalho.

Naquela época, uma parcela considerável dos processualistas refletia sobre essas alterações e indagava se a legislação não estaria afrontando a garantia fundamental da segurança jurídica, sob o pretexto de proteção da supremacia da Constituição. Estava em voga o estudo da chamada *coisa julgada inconstitucional.*[18]

Posteriormente, com as alterações introduzidas pela Lei nº 11.232, de 22 de dezembro de 2005, o CPC/1973 ampliou essa possibilidade também aos particulares, permitindo a apresentação de impugnação ao cumprimento de sentença sob a alegação de inexigibilidade do título judicial, na semelhante hipótese em que este estivesse "fundado em lei ou ato normativo declarados inconstitucionais pelo Supremo Tribunal Federal, ou fundado em aplicação ou interpretação da lei ou ato normativo tidas pelo Supremo Tribunal" (artigo 475-L, II e §1º, do CPC/1973).

O CPC/2015 foi além. A nova codificação, além de possibilitar a apresentação de impugnação ao cumprimento de sentença, também permite o ajuizamento tanto por particulares como pela Fazenda Pública de ação rescisória fundada em inexigibilidade da obrigação, na hipótese em que a obrigação está

---

17 Para os fins desse artigo, a expressão *Fazenda Pública* se refere à União, aos Estados, ao Distrito Federal, aos Municípios e às suas respectivas autarquias e fundações públicas, excluindo-se as empresas públicas e as sociedades de economia mista, as quais, embora integrantes da Administração Pública Indireta, ostentam a natureza jurídica de pessoas jurídicas de direito privado (CUNHA, Leonardo José Carneiro da. *A Fazenda Pública em juízo*. 6. ed., São Paulo: Dialética, 2008, p. 15-18).

18 Por todos, conferir: NASCIMENTO, Carlos Valder do. Coisa Julgada Inconstitucional. *In*: NASCIMENTO, Carlos Valder do (Coord.). *Coisa julgada inconstitucional.* 4. ed., Rio de Janeiro: América Jurídica, 2003; DELGADO, José Augusto. Efeitos da coisa julgada e os princípios constitucionais. *In*: NASCIMENTO, Carlos Valder do (Coord.). *Coisa julgada inconstitucional.* 4. ed., Rio de Janeiro: América Jurídica, 2003; THEODORO JUNIOR, Humberto; FARIA, Juliana Cordeiro de. A coisa julgada inconstitucional e os instrumentos processuais para seu controle. *In*: NASCIMENTO, Carlos Valder do (Coord.). *Coisa julgada inconstitucional.* 4. ed., Rio de Janeiro: América Jurídica, 2003; THEODORO JUNIOR, Humberto; FARIA, Juliana Cordeiro de. O tormentoso problema da inconstitucionalidade da sentença passada em julgado. *Revista de Processo*, n. 127, São Paulo: RT, set. 2005.

reconhecida em título executivo judicial fundado em lei ou ato normativo considerado inconstitucional pelo Supremo Tribunal Federal, ou baseado em aplicação ou interpretação da lei ou do ato normativo tido pelo Supremo Tribunal Federal como incompatível com a CRFB, tanto em controle de constitucionalidade concentrado como também no controle de constitucionalidade difuso. Para tanto, o CPC/2015 regulamentou essas alternativas processuais de forma mais esmiuçada.

O artigo 525, §1°, inciso III, do CPC/2015, inserido no capítulo relativo ao "cumprimento definitivo da sentença que reconhece a exigibilidade de obrigação de pagar quantia certa", prevê a possibilidade de o particular, na condição de executado, apresentar impugnação ao cumprimento de sentença sob a alegação de inexigibilidade da obrigação. Uma das hipóteses que configura essa situação ocorre quando a obrigação está reconhecida em título executivo judicial fundado em lei ou ato normativo considerado inconstitucional pelo Supremo Tribunal Federal, ou baseado em aplicação ou interpretação da lei ou do ato normativo tido pelo Supremo Tribunal Federal como incompatível com a CRFB, em controle de constitucionalidade concentrado ou difuso, na forma do §12 do artigo 525.

Por seu turno, o artigo 535, inciso III e §5°, do CPC/2015, o qual pertence ao capítulo referente ao "cumprimento de sentença que reconheça a exigibilidade de obrigação de pagar quantia certa pela Fazenda Pública", prevê a mesma possibilidade de alegação de inexigibilidade da obrigação em sede de impugnação ao cumprimento de sentença, quando figura a Fazenda Pública na condição de devedora.

Em ambos os casos, conforme os artigos 525, §14 e 535, §7°, do CPC/2015, a decisão de inconstitucionalidade proferida pelo Supremo Tribunal Federal deve ter sido proferida em momento anterior ao trânsito em julgado da decisão exequenda.

É o caso, por exemplo, de um servidor público federal que ajuíza ação ordinária visando ao recebimento de determinada verba remuneratória, cuja causa de pedir está fundada em determinada lei federal. Caso a pretensão do servidor público venha a ser acolhida e essa lei federal venha a ser declarada inconstitucional pelo Supremo Tribunal Federal antes do trânsito em julgado da decisão que julgou procedentes os pedidos iniciais, poderá a Fazenda Pública, após a deflagração do cumprimento de sentença, apresentar impugnação sob o fundamento de inexigibilidade da obrigação.

Quanto à essa possibilidade acima explicitada, não há maiores dificuldades.

O maior problema ocorre em face das previsões contidas nos artigos 525, §15 e 535, §8°, do CPC/2015. Isso porque, caso a decisão de inconstitucionalidade proferida pelo Supremo Tribunal Federal tenha sido proferida em momento posterior ao trânsito em julgado da decisão exequenda, a nova codificação possibilita o ajuizamento de ação rescisória, *cujo prazo será contado do trânsito em julgado da decisão proferida pelo Supremo Tribunal Federal.*

Ora, uma mera interpretação literal dos artigos 525, §15 e 535, §8º, do CPC/2015 é, indubitavelmente, capaz de implicar a perpetuação de um cenário permanente e indesejado de *insegurança* jurídica. É que, caso simplesmente se entenda que o prazo da ação rescisória tem início a partir do trânsito em julgado da decisão de inconstitucionalidade proferida pelo Supremo Tribunal Federal, é possível que uma decisão judicial seja desconstituída muito tempo depois de transcorrido o prazo decadencial previsto no artigo 975, *caput*, do CPC/2015.

Voltemos ao exemplo dado. No caso ilustrado, suponhamos que a decisão judicial que julgou procedentes os pedidos iniciais em favor do servidor público tenha transitado em julgado no ano de 2017. Posteriormente, no ano de 2025, o Supremo Tribunal Federal vem a declarar a inconstitucionalidade da lei federal que serviu como fundamento à pretensão autoral. Por uma interpretação literal do artigo 535, §8º, do CPC/2015, seria possível que a União Federal propusesse ação rescisória para desconstituir a coisa julgada até o ano de 2027, isto é, depois de transcorridos 10 (dez) anos contados do trânsito em julgado da decisão de mérito proferida na ação ajuizada pelo servidor público. Isso quer dizer que, mesmo já tendo sido declarado o seu direito há uma década, poderia o servidor público ser surpreendido com a propositura de uma ação rescisória que tivesse como objeto a desconstituição da coisa julgada.

A nosso ver, essa possibilidade representa uma verdadeira incongruência normativa que gera o prolongamento inconstitucional de um cenário quase que perpétuo de incerteza jurídica e instabilidade social.

Nesse sentido, Luiz Guilherme Marinoni, por exemplo, já teve a oportunidade de sustentar, com argumentos robustos, que a hipótese de cabimento de ação rescisória prevista no §15 do artigo 525 do CPC/2015 – e, consequentemente, no §8º do artigo 535 do CPC/2015 – é "irremediavelmente inconstitucional" e que, por isso, os juízes e tribunais não deveriam aplicá-la.[19] Também o Supremo Tribunal Federal, por ocasião do julgamento do Recurso Extraordinário nº 590.809/RS – proferido, todavia, antes da entrada em vigor do CPC/2015 –, inadmitiu a propositura de ação rescisória com fundamento em violação de norma constitu-

---

19 MARINONI, Luiz Guilherme. A intangibilidade da coisa julgada diante da decisão de inconstitucionalidade: impugnação, rescisória e modulação de efeitos. *Revista de Processo*, v. 251, ano 41, p. 296-298, São Paulo: RT, jan. 2016.

cional declarada por decisão posterior do Supremo Tribunal Federal, com base na aplicação do enunciado de súmula nº 343 da Suprema Corte.[20]

A nosso ver, a solução do problema do termo inicial (*dies a quo*) do prazo decadencial da ação rescisória baseada nos artigos 525, §15 e 535, §8º, do CPC/2015 depende, fundamentalmente, que o Supremo Tribunal Federal module os efeitos da decisão de inconstitucionalidade de modo a favorecer a segurança jurídica, consoante está disposto nos artigos 525, §13º e 535, §6º, do CPC/2015. Por esse motivo, Fredie Didier Jr. *et al.* entendem que o termo inicial para ajuizamento da ação rescisória conta-se a partir da decisão de inconstitucionalidade proferida pelo Supremo Tribunal Federal, mas somente caberá ação rescisória "desde que a decisão rescindenda, que está em dissonância com a decisão paradigma, tenha transitado em julgado no período abrangido pela modulação de efeitos da decisão do Supremo Tribunal Federal".[21]

Também os referidos autores promovem uma diferenciação interessante caso a decisão rescindenda verse sobre relação jurídica instantânea – isto é, aquela que deriva de fato com efeito exauriente – ou sobre relação jurídica de trato sucessivo (ou continuado) – ou seja, aquela que decorre de situação fática que se prolonga no tempo. Na hipótese em que a decisão rescindenda tenha certificado uma relação jurídica instantânea, a decisão de inconstitucionalidade posterior proferida pelo Supremo Tribunal Federal autoriza o ajuizamento de ação rescisórias, mas desde que observado o interstício bienal previsto no artigo 975 do CPC/2015. Já se a decisão rescindenda tiver tratado sobre uma relação jurídica de trato sucessivo, a decisão posterior de inconstitucionalidade proferida pelo Supremo Tribunal Federal tem o condão de autorizar a rescisão da decisão judicial dentro do prazo de 02 (dois) anos contados do trânsito em julgado da decisão proferida pela Suprema Corte, mas sempre observado o lapso temporal da modulação.[22]

Todavia, como se deve proceder na hipótese em que o Supremo Tribunal Federal não module os efeitos da decisão de inconstitucionalidade? A nosso ver, essa é uma situação que pode gerar problemas graves na aplicação da codificação processual civil.

---

20 BRASIL. Supremo Tribunal Federal. Recurso Extraordinário nº 590809/RS. Tribunal Pleno. Relator Ministro Marco Aurélio. Julgamento em 22/10/2014. Publicação em 21/11/2014.

21 DIDIER JR., Fredie; CUNHA, Leonardo José Carneiro da. *Curso de Direito Processual Civil*: meios de impugnação às decisões judiciais e processo nos tribunais. 13. ed., Salvador: Jus Podivm, 2016. v. 3, p. 468.

22 DIDIER JR., Fredie; CUNHA, Leonardo José Carneiro da. *Curso de Direito Processual Civil*: meios de impugnação às decisões judiciais e processo nos tribunais. 13. ed., Salvador: Jus Podivm, 2016. v. 3, p. 469.

Nesse contexto, Humberto Theodoro Júnior entende que, "não havendo a modulação dos efeitos pelo STF, é perfeitamente possível a rescisória", uma vez que "a declaração de inconstitucionalidade opera efeitos retroativos" e, portanto, a lei é inconstitucional e não produz efeito desde o seu início.[23]

A nosso ver, todavia, faz-se necessária a busca por uma solução interpretativa da nova codificação. Destarte, caso não haja a modulação dos efeitos da decisão de inconstitucionalidade pelo Supremo Tribunal Federal, entendemos que a saída para salvaguardar a constitucionalidade da parte final dos artigos 525, §15 e 535, §8º, do CPC/2015 é eminentemente hermenêutica. A partir de uma interpretação sistemática da nova codificação e conforme o princípio constitucional da segurança jurídica, defendemos que é necessária a conjugação de referidos dispositivos com a regra geral sobre o prazo de ajuizamento de ação rescisória prevista no artigo 975 do CPC/2015.

Assim sendo, a interpretação que reputamos constitucional dos artigos 525, §15 e 535, §8º, do CPC/2015 é aquela no sentido de que, na hipótese em que não tenha havido a modulação dos efeitos da decisão de inconstitucionalidade por parte do Supremo Tribunal Federal, o termo inicial (*dies a quo*) para o ajuizamento da ação rescisória continua sendo contado a partir do trânsito em julgado da última decisão proferida no processo, conforme a regra geral prevista no artigo 975 do CPC/2015 – e não a partir do trânsito em julgado da decisão posterior de inconstitucionalidade proferida pelo Supremo Tribunal Federal, como está previsto na literalidade dos artigos comentados. Para tanto, o que deve acontecer é que a decisão de inconstitucionalidade a ser proferida posteriormente pelo Supremo Tribunal Federal, com efeitos *ex tunc*, deve ocorrer dentro do prazo decadencial de 02 (dois) anos, o que, por si só, não altera a regra geral estabelecida no artigo 975 do CPC/2015.

No exemplo dado, assim, a União Federal teria a possibilidade do ajuizamento da ação rescisória caso a decisão de inconstitucionalidade da lei federal tenha sido proferida pelo Supremo Tribunal Federal sem modulação de efeitos até o ano de 2019 – isto é, dentro do interstício bienal previsto no artigo 975 do CPC/2015. E, também apenas nesse mesmo prazo, seria permitida a dedução da pretensão de rescisão da decisão judicial transitada em julgado que julgou procedentes os pedidos iniciais em favor do servidor público.

Não é possível, a nosso ver, que os artigos 525, §15 e 535, §8º, do CPC/2015 criem um novo termo inicial de ajuizamento de ação rescisória distinto daquele previsto no artigo 975 do CPC/2015, *caso não haja a modulação dos efeitos da*

23 THEODORO JUNIOR, Humberto. *Curso de Direito Processual Civil*. 47. ed., Rio de Janeiro: Forense, 2015. v. III, p. 865-866.

decisão posterior de inconstitucionalidade por parte do Supremo Tribunal Federal. Eventual entendimento no sentido do alargamento nessa hipótese do *dies a quo* para a propositura de ação rescisória além do interstício bienal contido no artigo 975 do CPC/2015 seria, a nosso sentir, flagrantemente inconstitucional, em virtude de violação ao princípio constitucional da segurança jurídica e de desrespeito à garantia constitucional da coisa julgada (artigo 5º, XXXVI, da CRFB).

5. Considerações finais

A segurança jurídica consiste em princípio constitucional basilar do Estado Democrático de Direito. A determinação constitucional de que o jurisdicionado possui, a seu favor, a garantia fundamental da coisa julgada é um imperativo absolutamente necessário para assegurar a pacificação e a estabilização dos conflitos intersubjetivos, evitando a perpetuação de litígios e o prolongamento de um cenário de instabilidade social.

Nesse sentido, o presente artigo teve como objetivo refletir sobre alguns pontos que merecem atenção especial quanto ao termo inicial do prazo decadencial de ajuizamento de ação rescisória previsto no Código de Processo Civil de 2015. A premissa maior é fomentar o debate sobre o tema, visando a um amadurecimento da interpretação e aplicação da nova codificação processual civil sempre com o intuito de concretização das normas constitucionais.

6. Referências bibliográficas

BRASIL. Supremo Tribunal Federal. Recurso Extraordinário nº 590809/RS. Tribunal Pleno. Relator Ministro Marco Aurélio. Julgamento em 22/10/2014. Publicação em 21/11/2014.

BRASIL. Supremo Tribunal Federal. Recurso Extraordinário nº 666589/DF. Primeira Turma. Relator Ministro Marco Aurélio. Julgamento em 25/03/2014. Publicação em 03/06/2014.

CABRAL, Antônio do Passo. *Coisa julgada e preclusões dinâmicas*: entre continuidade, mudança e transição de posições processuais estáveis. 2. ed., Salvador: Jus Podivm, 2014.

CARREIRA ALVIM, José Eduardo. *Teoria Geral do Processo*. 8. ed., Rio de Janeiro: Forense, 2002.

CUNHA, Leonardo José Carneiro da. *A Fazenda Pública em juízo*. 6. ed., São Paulo: Dialética, 2008.

__________. Termo inicial do prazo para ajuizamento da ação rescisória, capítulos da sentença e recurso parcial. *Revista de Processo*, v. 30, n. 120, São Paulo: RT, fev. 2005.

DELGADO, José Augusto. Efeitos da coisa julgada e os princípios constitucionais. *In*: NASCIMENTO, Carlos Valder do (Coord.). *Coisa julgada inconstitucional*. 4. ed., Rio de Janeiro: América Jurídica, 2003.

DIDIER JR., Fredie; BRAGA, Paula Sarno; OLIVEIRA, Rafael. *Curso de Direito Processual Civil*: teoria da prova, direito probatório, teoria do precedente, decisão judicial, coisa julgada e antecipação dos efeitos da tutela. 5. ed., Salvador: Jus Podivm, 2010. v. 2.

DIDIER JR., Fredie; CUNHA, Leonardo José Carneiro da. *Curso de Direito Processual Civil*: meios de impugnação às decisões judiciais e processo nos tribunais. 13. ed., Salvador: Jus Podivm, 2016. v. 3.

LIEBMAN, Enrico Tullio. *Eficácia e autoridade da sentença*. Tradução brasileira de Alfredo Buzaid e Benvindo Aires. 3. ed., Rio de Janeiro: Forense, 1984.

MARINONI, Luiz Guilherme. A intangibilidade da coisa julgada diante da decisão de inconstitucionalidade: impugnação, rescisória e modulação de efeitos. *Revista de Processo*, v. 251, ano 41, São Paulo: RT, jan. 2016.

MIRANDA, Jorge. *Manual de Direito Constitucional*. 2. ed., Coimbra: Coimbra Editora, 1983. v. 2.

NASCIMENTO, Carlos Valder do. Coisa Julgada Inconstitucional. *In*: NASCIMENTO, Carlos Valder do (Coord.). *Coisa julgada inconstitucional*. 4. ed., Rio de Janeiro: América Jurídica, 2003.

OLIVEIRA JÚNIOR, Délio Mota. A formação progressiva da coisa julgada material e o prazo para o ajuizamento da ação rescisória: contradição do novo Código de Processo Civil. *In*: DIDIER JR., Fredie (Coord.); MACÊDO, Lucas Buril de; PEIXOTO, Ravi; FREIRE, Alexandre. *Novo CPC doutrina selecionada*: processo nos tribunais e meios de impugnação às decisões judiciais. Salvador: Jus Podivm, 2015.

PEIXOTO, Ravi. Ação rescisória e capítulos de sentença: a análise de uma relação conturbada a partir do CPC/2015. *In*: DIDIER JR., Fredie (Coord.); MACÊDO, Lucas Buril de; PEIXOTO, Ravi; FREIRE, Alexandre. *Novo CPC doutrina selecionada*: processo nos tribunais e meios de impugnação às decisões judiciais. Salvador: Jus Podivm, 2015.

SOUSA, Miguel Teixeira de. *Estudos sobre o novo processo civil*. Lisboa: Lex, 1997.

TESHEINER, José Maria. *Pressupostos processuais e nulidades no processo civil*. São Paulo: Saraiva, 2000.

THEODORO JUNIOR, Humberto. *Curso de Direito Processual Civil*. 56. ed., Rio de Janeiro: Forense, 2015. v. I.

__________. *Curso de Direito Processual Civil*. 47. ed., Rio de Janeiro: Forense, 2015. v. III.

THEODORO JUNIOR, Humberto; FARIA, Juliana Cordeiro de. A coisa julgada inconstitucional e os instrumentos processuais para seu controle. *In*: NASCIMENTO, Carlos Valder do (Coord.). *Coisa julgada inconstitucional*. 4. ed., Rio de Janeiro: América Jurídica, 2003.

__________. O tormentoso problema da inconstitucionalidade da sentença passada em julgado. *Revista de Processo*, n. 127, São Paulo: RT, set. 2005.

WAMBIER, Teresa Arruda Alvim; MEDINA, José Miguel Garcia. *Dogma da coisa julgada*. São Paulo: RT, 2003.

PODERES DO JUIZ NO CPC/2015

DEVER DE BUSCA PELA RAZOÁVEL DE DURAÇÃO DO PROCESSO

Carlos Henrique Soares[1]

Sumário: 1 - Breve análise da situação judiciária brasileira. 2 - Breve análise histórica da garantia à razoável duração do processo. 3 - Duração razoável do processo – imprecisão do termo. 4 - Tempestividade procedimental e jurisdicional – pressuposto processual constitucional. 5 - Análise normativa do Novo Código de Processo Civil para a garantia da tempestividade procedimental e jurisdicional. 6 - Conclusões. 7 - Referências Bibliográficas.

1. Breve análise da situação judiciária brasileira

Não é de hoje, que a realidade judiciária brasileira vem recebendo inúmeras críticas por parte de todos os operadores do direito. Tais críticas sempre se voltam ao procedimento jurisdicional, à atuação das partes, à burocracia procedimental, ao número exagerado de recursos, à participação do advogado e a morosidade judicial e procedimental.

O Conselho Nacional de Justiça, em 2009, começou a desenvolver uma série de pesquisas quantitativas e qualitativas permitindo aos pesquisadores e cidadãos conhecer os problemas e as possíveis soluções para tornar mais eficiente o judiciário brasileiro.

Com a assinatura do chamado *II Pacto Republicano de Estado por um sistema de Justiça mais acessível, ágil e efetivo*[2] foram incluídas algumas diretrizes para incrementar o *acesso à justiça*, especialmente, para os mais necessitados,

---

1 Doutor e Mestre em Direito Processual Civil pela PUCMinas. Professor da PUCMinas de Direito Processual Civil – Barreiro (Graduação e Pós-Graduação). Coordenador de Curso de Pós-Graduaçao em Direito Processual Civil do IEC-PUCMinas. Membro do Instituto brasileiro de Direito Processual (IBDP), Instituto Pan-americano de Derecho Procesal (IPDP), Instituto de Direito de Língua Portuguesa (IDILP), Membro do Instituto dos Advogados de Minas Gerais (IAMG), Advogado e sócio da Pena, Dylan, Soares & Carsalade Sociedade de Advogados. Escritor de diversas obras e artigos jurídicos. Palestrante. E-mail: carlos@pdsc.com.br

2 Relatório do Conselho Nacional de Justiça do ano de 2009. Sítio: http://www.cnj.jus.br/programas-de-a-a-z/eficiencia-modernizacao-e-transparencia/pj-justica-em-numeros/relatorios - acessado em 06.09.2014.

com a busca de aprimoramento da prestação jurisdicional, com a garantia da razoável duração do processo, a prevenção de conflitos e o fortalecimento das instituições de Estado para uma maior efetividade do sistema penal no combate à violência e criminalidade.

No ano de 2009, conforme Relatório do CNJ[3] percebe-se que as despesas totais da Justiça (Federal, Trabalhista e Estadual) somaram o montante de R$ 37,3 bilhões, indicando que o Brasil tem um gasto com o judiciário de 1,2% do Produto Interno Bruto nacional (PIB).

Segundo o próprio relatório do CNJ do ano de 2009:

> "Para determinar se os gastos do Judiciário são elevados, sob uma perspectiva mundial, pode-se compará-los aos gastos dos Estados Unidos. Apesar de adotar a tradição da Common Law, o Judiciário norte-americano possui uma estrutura judiciária similar à brasileira, em virtude de também ser uma federação de proporções continentais. Em 2006[4], os EUA gastaram US$ 46 bilhões em todos os níveis de Justiça (Estadual e Federal), o que representaria R$ 82 bilhões em valores atualizados (ou seja, mais do que o dobro do gasto brasileiro, da ordem de R$ 37,3 bilhões)[5]."

Uma pequena ressalva há que se apontar na comparação feita pelo CNJ sobre os gastos do judiciário brasileiro e do norte-americano, qual seja, enquanto o judiciário brasileiro gasta 1,2% do PIB, os Estados Unidos, mesmo com o dobro de orçamento, em relação ao seu PIB, gasta no judiciário menos de 0,8%. Isso revela que em números absolutos o judiciário norte-americano gasta mais. Se compararmos com o número de processos e pessoas, bem como, com a relação junto ao PIB norte-americano, chegaremos à conclusão que o Brasil gasta mais e pior os recursos que possui para o judiciário brasileiro.

Verificamos que o judiciário brasileiro está com seu orçamento totalmente comprometido com despesas com pessoal sem recursos financeiros para novos investimentos e para modernização. Em 2009, o Judiciário brasileiro gastou um total de R$ 37,3 bilhões de reais, sendo que R$ 35 bilhões de reais foram gastos com pessoal. Conclusão: o orçamento do judiciário brasileiro está comprometido com o pagamento de pessoal (magistrados e servidores)

---

3 Relatório do Conselho Nacional de Justiça do ano de 2009. Sítio: http://www.cnj.jus.br/programas-de-a-a-z/eficiencia-modernizacao-e-transparencia/pj-justica-em-numeros/relatorios - acessado em 06.09.2014, p. 174.

4 Último dado disponível do *U.S. Bureau of Judicial Statistics*.

5 Relatório do Conselho Nacional de Justiça do ano de 2009. Sítio: http://www.cnj.jus.br/programas-de-a-a-z/eficiencia-modernizacao-e-transparencia/pj-justica-em-numeros/relatorios - acessado em 06.09.2014, p. 174.

não sobrando quase nada para investimento em modernização e reestruturação do judiciário[6].

Com essa pequena informação sobre os recursos financeiros do judiciário brasileiro é possível perceber que precisamos modificar a estrutura organizacional, a forma de investimento e a quantidade de investimento.

De acordo com o relatório do CNJ do ano de 2009, o judiciário brasileiro possui, em média, 8 juízes por 100 mil habitantes. Esse dado visto isoladamente pode indicar uma boa média mas se comparado com outros países, infelizmente estamos abaixo do desejado, especialmente dos países da Europa, como é o caso da Espanha, com média de 10,1 magistrados por 100 mil habitantes, Itália com média de 11 magistrados por 100 mil habitantes e a França e Portugal com média de 11,9 magistrados e 17,4 magistrados por 100 mil habitantes, respectivamente[7].

Tramitaram, em todo o judiciário brasileiro, cerca de 86,6 milhões de processos em 2009, somando-se os casos novos com o dos processos em tramitação[8], demonstrando que o Brasil possui uma taxa de congestionamento procedimental e judicial muito elevada, ultrapassando 70%. Ou seja, de cada 100 casos novos ajuizados no judiciário brasileiro, apenas 30 possuem resolução no primeiro ano de tramitação, ficando os demais para serem resolvidos nos próximos anos e contribuindo para a irrazoável duração do processo.

> "A Justiça Estadual apresentou taxa de congestionamento de 73% e é a maior responsável para uma taxa global tão expressiva, uma vez que os demais ramos de Justiça apresentaram-se abaixo da média auferida. Destaque para a Justiça do Trabalho, que apresentou uma taxa de 49%, mais uma vez mostrando-se como o ramo do Judiciário que atende com maior celeridade aos jurisdicionados.
> (...)
> Analisando os dados por grau de jurisdição, verifica-se que, em todos os ramos de Justiça, o principal gargalo está no total de processos que não são finalizados na 1ª instância. De cada cem processos em tramitação, apenas

---

6 Relatório do Conselho Nacional de Justiça do ano de 2009. Sítio: http://www.cnj.jus.br/programas-de-a-a-z/eficiencia-modernizacao-e-transparencia/pj-justica-em-numeros/relatorios - acessado em 06.09.2014, p. 175.

7 Vide Relatório *European Judicial Systems* (2008), p. 110, editado pelo *European Commission for the Efficiency of Justice* – CEPEJ (ou Comissão Européia para a Eficiência da Justiça, em português).

8 Relatório do Conselho Nacional de Justiça do ano de 2009. Sítio: http://www.cnj.jus.br/programas-de-a-a-z/eficiencia-modernizacao-e-transparencia/pj-justica-em-numeros/relatorios - acessado em 06.09.2014, p. 177.

24 foram finalizados até o final do ano. Destaque para a Justiça Estadual, que apresentou taxa de congestionamento de quase 80% em 2009.[9]"

Segundo o relatório do CNJ de 2009 é possível ainda verificar que a taxa de congestionamento na fase de conhecimento da Justiça Estadual na 1ª instância (1º grau e juizados especiais) totalizou 62,1% em 2009, percentual próximo ao da Justiça Federal de 1º grau (58%). Em relação à taxa de congestionamento na fase de execução, observa-se que o congestionamento é bem superior à fase de conhecimento, e, na média geral, o indicador atingiu, na primeira instância das Justiças Federal e Estadual, os valores de 81% e 90% respectivamente[10].

De posse dessas informações, verificamos que o judiciário brasileiro precisa de profunda reforma e modificação, não apenas de legislação processual, mas sobretudo, de inúmeros investimentos e novas propostas de gestão e de implementação de metas para serem buscadas[11]. Infelizmente, a produtividade dos magistrados brasileiros é pequena e fraca no objetivo de obter êxito na diminuição da taxa de congestionamento processual.

Em média, segundo o relatório de 2009 do CNJ, cada magistrado julgou 1.439 processos[12]. No entanto, quando se analisa as sentenças proferidas tomamos conhecimentos que existiram mais sentenças terminativas que definitivas.

---

9 Relatório do Conselho Nacional de Justiça do ano de 2009. Sítio: http://www.cnj.jus.br/programas-de-a-a-z/eficiencia-modernizacao-e-transparencia/pj-justica-em-numeros/relatorios - acessado em 06.09.2014, p. 178.

10 Relatório do Conselho Nacional de Justiça do ano de 2009. Sítio: http://www.cnj.jus.br/programas-de-a-a-z/eficiencia-modernizacao-e-transparencia/pj-justica-em-numeros/relatorios - acessado em 06.09.2014, p. 179.

11 Cf. Relatório do CNJ de 2009: "*Cumpre destacar que, atento à questão da morosidade judicial, o CNJ lançou, em 2009, a Meta nº 2, a qual tinha por objetivo principal eliminar os estoques de processos responsáveis pelas altas taxas de congestionamento. A Meta nº 2/2009 consistia em identificar os processos judiciais mais antigos e estimulava a adoção de medidas concretas para o julgamento de todos os distribuídos até 31.12.2005 (em 1º, 2º grau ou tribunais superiores). Durante o ano de 2009, foram julgados (nos Tribunais Regionais Federais, nos Tribunais Regionais do Trabalho e nos Tribunais de Justiça dos Estados) cerca de 2,5 milhões de processos referentes à Meta nº 2/2009, cujo universo, por fazer restrição a algumas classes processuais, não abrange a totalidade dos dados analisados no Justiça em Números. Desse modo, cabe distinguir que, enquanto no presente relatório constam 61,1 milhões de processos pendentes (de baixa) no início do ano de 2009, os processos pendentes (de julgamento) da Meta nº 2/2009 referiam-se a um acervo de 4,4 milhões de processos (ou seja, apenas 7% do total). Por esse motivo, não se pode concluir que as alterações da litigiosidade ocorridas entre 2008 e 2009 foram consequência exclusiva da Meta nº 2/2009; pois, na verdade, também houve mudanças de metodologia trazidas pela Resolução CNJ nº 76, que atualmente rege o Justiça em Números.*" (Relatório do Conselho Nacional de Justiça do ano de 2009. Sítio: http://www.cnj.jus.br/programas-de-a-a-z/eficiencia-modernizacao-e-transparencia/pj-justica-em-numeros/relatorios - acessado em 06.09.2014, p. 179.)

12 Relatório do Conselho Nacional de Justiça do ano de 2009. Sítio: http://www.cnj.jus.br/programas-de-a-a-z/eficiencia-modernizacao-e-transparencia/pj-justica-em-numeros/relatorios - acessado em 06.09.2014, p. 181.

Analisando o relatório de 2010 do CNJ sobre o judiciário brasileiro, e fazendo a comparação com o ano de 2009, já percebemos, em primeira mão, que houve um aumento dos gastos com o judiciário brasileiro, especialmente na "justiça estadual" com aumento de 7% em relação ao ano de 2009[13]. Na justiça federal e do trabalho praticamente se mantiverem estável, sem alterações significativas. Portanto, aumentaram os gastos do judiciário estadual em 7%, totalizando o valor de 23,88 bilhões de reais, mas isso não refletiu em melhoria para a prestação de serviços judiciários, pois os valores aumentados, como ocorreram em 2009, foram destinados para pagamento de pessoal, recursos humanos e pouco em infraestrutura e informatização.

Não houve um aumento significativo de pessoal do judiciário brasileiro de 2009 para 2010. Isso significa dizer que as despesas com pessoal se mantiveram estagnadas, e nenhuma inovação e infraestrutura foram realizadas.

Interessante observar que no ano de 2010 o número de casos novos por magistrados diminuiu. Em 2009, o número de casos novos era de 1.505 casos novos por magistrados estadual, já em 2010, esse número passou para 1.399 casos novos por magistrado estadual. No que tange a magistratura federal e do trabalho, verificamos também uma pequena mas interessante redução, vejamos o gráfico 5.10 do relatório do CNJ de 2010, abaixo, que confirma tais dados[14]:

Em que pese a diminuição do número de casos novos por magistrados no ano de 2010, isso não refletiu em melhoria das decisões e na produtividade das mesmas. Seria óbvio esperar que houvesse a diminuição de casos já ajuizados, no entanto, tal fato não ocorreu, pois o que verificamos no relatório do CNJ de 2010 foi justamente o contrário, ou seja, uma diminuição do número de sentenças proferidas por magistrado no ano.

No judiciário estadual a diminuição foi significativa, pois no ano de 2009, cada magistrado exarava 1.483 sentenças (terminativas ou definitivas) e no ano de 2010 o número reduziu para 1.326. Já no judiciário federal, houve um pequeno aumento, passando de 1.024 sentenças em 2009, para 1.108 em 2010 e no judiciário trabalhista, também verificamos uma involução, sendo que cada magistrado exarou no ano de 2009, 1.746 sentenças e no ano de 2010 diminuiu para 1.641 sentenças[15]. Ou seja, verificamos pelos dados que a produtividade

13 Relatório do Conselho Nacional de Justiça do ano de 2010. Sítio: http://www.cnj.jus.br/programas-de-a-a-z/eficiencia-modernizacao-e-transparencia/pj-justica-em-numeros/relatorios - acessado em 06.09.2014, p. 173.

14 Relatório do Conselho Nacional de Justiça do ano de 2010. Sítio: http://www.cnj.jus.br/programas-de-a-a-z/eficiencia-modernizacao-e-transparencia/pj-justica-em-numeros/relatorios - acessado em 06.09.2014, p. 177.

15 Relatório do Conselho Nacional de Justiça do ano de 2010. Sítio: http://www.cnj.jus.br/

judiciária brasileira vem caindo e interferindo na produtividade e na taxa de congestionamento processual, que a cada ano se agrava.

Com tais números, verificamos que a taxa de congestionamento processual do judiciário brasileiro, em média, ainda está superior a 70% anualmente, o que faz do Brasil, em termos absolutos, o país que mais possui morosidade jurisdicional e procedimental do planeta, com consequente violação direta ao princípio da duração do processo em prazo razoável[16].

Além disso, entre 2009 e 2010, observou-se um aumento da taxa de congestionamento da Justiça da ordem de 2,6%. A Justiça Estadual foi a principal responsável por esse aumento, pois nesse ramo a taxa subiu de 68% para 72%. O mesmo indicador diminuiu na Justiça Federal, de 70% para 69%, e na Justiça do Trabalho, com redução de 50% para 48%. Um olhar mais detido sobre o indicador revela que o maior gargalo encontra-se na fase de cumprimento de sentença ou de execução em 1º Grau da Justiça Estadual onde a taxa de congestionamento chega a 89,8%. Análise ainda mais específica revela que as execuções fiscais respondem pela maior parte desta taxa, com um congestionamento de 91,6%[17].

Os dados de 2009 e 2010 do Conselho Nacional de Justiça demonstram um retrato do judiciário brasileiro nada promissor. O Brasil vem repetindo a cada ano, números de congestionamento processual da ordem de 70% que revelam estagnação e ausência de ruptura com modelos antigos e defasados de resolução de casos.

É preciso mais do que apenas investimento em pessoal, mais que técnicas modernas de informáticas para diminuir a ***taxa de congestionamento e de produtividade*** dos magistrados. Tais pontos serão abordados em outro tópico, no entanto, já fica apresentado que precisamos, muito rapidamente, se quisermos resolver o problema da duração razoável do processo, investir no judiciário, mas também em todas as funções públicas fiscalizatórias e regulatórias dos serviços públicos. Sem essa organização, as lesões aos direitos só encontraram amparo no judiciário, contribuindo para o aumento dos casos novos e para a taxa de congestionamento.

---

programas-de-a-a-z/eficiencia-modernizacao-e-transparencia/pj-justica-em-numeros/relatorios - acessado em 06.09.2014, p. 177.

16 Relatório do Conselho Nacional de Justiça do ano de 2010. Sítio: http://www.cnj.jus.br/programas-de-a-a-z/eficiencia-modernizacao-e-transparencia/pj-justica-em-numeros/relatorios - acessado em 06.09.2014, p. 178.

17 Relatório do Conselho Nacional de Justiça do ano de 2010. Sítio: http://www.cnj.jus.br/programas-de-a-a-z/eficiencia-modernizacao-e-transparencia/pj-justica-em-numeros/relatorios - acessado em 06.09.2014, p. 184.

Para não repetir todos os resultados dos relatórios do Conselho Nacional de Justiça sobre a precária situação judiciária brasileira, vamos analisar o relatório de 2014 (ano base 2013)[18], que de forma continuada, revela uma situação atual e preocupante com o judiciário brasileiro e com a efetiva prestação jurisdicional de qualidade, bem como, com a razoável duração do processo.

Segundo o relatório de 2014 do CNJ (2013) o total gasto pelo Poder Judiciário foi de aproximadamente R$ 61,6 bilhões, com crescimento de 1,5% em relação ao ano de 2012, e em 8,9% em relação ao último triênio (2011-2013). Essa despesa é equivalente a 1,3% do Produto Interno Bruto (PIB) nacional, 2,7% do total gasto pela União, pelos estados e pelos municípios no ano de 2013 e a R$ 306,35 por habitante. A despesa da Justiça Estadual é a maior de todas e representa mais da metade (55,2%) de todo o gasto do Poder Judiciário[19].

Em linhas gerais, há um crescimento da litigiosidade de forma mais acentuada que os recursos humanos e as despesas. Enquanto que, no ano (2013), houve crescimento de 1,5% nos gastos totais, 1,8% no número de magistrados e 2% no de servidores, tramitaram cerca de 3,3% a mais de processos nesse período, sendo 1,2% a mais de casos novos e 4,2% de casos pendentes de anos anteriores. Já o total de processos baixados aumentou em apenas 0,1% em relação ao ano anterior, ou seja, o aumento na estrutura orçamentária, de pessoal e da demanda processual dos tribunais não resultou necessariamente em aumento, proporcional, da produtividade[20].

Tramitaram, em 2013, segundo o CNJ, aproximadamente 95,14 milhões de processos na Justiça, sendo que, dentre eles, 70%, ou seja, 66,8 milhões já estavam pendentes desde o início de 2013 com ingresso no decorrer do ano de mais 28,3 milhões de casos novos (30%). É preocupante constatar o progressivo e constante aumento do acervo processual[21].

---

18 Justiça em números 2014: ano-base 2013/Conselho Nacional de Justiça, Brasília: CNJ, 2014. 395 f. (Sítio: http://www.cnj.jus.br/programas-de-a-a-z/eficiencia-modernizacao-e-transparencia/pj-justica-em-numeros/relatorios - acessado em 06.09.2014).

19 Justiça em números 2014: ano-base 2013/Conselho Nacional de Justiça, Brasília: CNJ, 2014. (Sítio: http://www.cnj.jus.br/programas-de-a-a-z/eficiencia-modernizacao-e-transparencia/pj-justica-em-numeros/relatorios - acessado em 06.09.2014), p. 32.

20 Justiça em números 2014: ano-base 2013/Conselho Nacional de Justiça, Brasília: CNJ, 2014. (Sítio: http://www.cnj.jus.br/programas-de-a-a-z/eficiencia-modernizacao-e-transparencia/pj-justica-em-numeros/relatorios - acessado em 06.09.2014), p. 34.

21 Justiça em números 2014: ano-base 2013/Conselho Nacional de Justiça, Brasília: CNJ, 2014. (Sítio: http://www.cnj.jus.br/programas-de-a-a-z/eficiencia-modernizacao-e-transparencia/pj-justica-em-numeros/relatorios - acessado em 06.09.2014), p. 34.

Quanto aos Indicadores de Produtividade dos Magistrados (IPM) e Servidores (IPS), houve redução em ambos os casos no ano de 2013. O IPS passou de 102 para 100 processos baixados por servidor (-1,8%) e o IPM de 1.712 para 1.684 processos baixados por Magistrado (-1,7%) entre 2012 e 2013. Como uma das derivações da redução desses dois indicadores, percebe-se que a taxa de congestionamento passou de 70% para 70,9%, ou seja, de 100 processos que tramitaram no ano de 2013, aproximadamente 29 foram baixados no período. A alta taxa de congestionamento é causada pela grande quantidade de processos pendentes na fase de execução da primeira instância, tendo em vista que a taxa de congestionamento é de aproximadamente 86% nessa fase, enquanto, na fase de conhecimento, o percentual cai para 60%. A taxa de congestionamento no segundo grau é a menor e registrou 47% de congestionamento em 2013, enquanto que a maior taxa foi registrada nos processos de execução de título extrajudicial fiscal 91%[22].

Diante desse cenário, poderíamos deduzir que os principais problemas do judiciário brasileiro são: alta taxa de litigiosidade, baixa produção judicial, poucos juízes, alta taxa de congestionamento de processos e decisões pouca qualidade de fundamentação.

Com tais considerações, a pergunta que buscamos responder no presente artigo é: *Como conciliar as altas taxas de congestionamento processual (acima de 70%) verificadas no judiciário brasileiro com uma duração razoável do processo (atendendo à tempestividade judicial e procedimental)?*

2. Breve análise histórica da garantia à razoável duração do processo

É possível afirmar que a duração razoável do processo está diretamente relacionada ao conceito de devido processo legal[23]. O termo *duração razoável do processo* teve início nos Estados Unidos da América, que incluiu o instituto da "*speedy trial clause*" (cláusula do julgamento rápido) junto à 6ª Emenda à Constituição dos Estados Unidos[24].

---

22 Justiça em números 2014: ano-base 2013/Conselho Nacional de Justiça, Brasília: CNJ, 2014. (Sítio: http://www.cnj.jus.br/programas-de-a-a-z/eficiencia-modernizacao-e-transparencia/pj-justica-em-numeros/relatorios - acessado em 06.09.2014), p. 35.

23 KOEHLER, Frederico Augusto Leopoldino. *A razoável duração do processo*. 2ª. ed. Salvador: Editora Juspodivm, 2013, p. 35.

24 KOEHLER, Frederico Augusto Leopoldino. **A razoável duração do processo**. 2ª. ed. Salvador: Editora Juspodivm, 2013, p. 37.

Atualmente, o termo ***duração razoável do processo*** é encontrado em inúmeros países latino-americanos e europeus, como na Itália (art. 111 da Constituição Italiana) e na Alemanha, a doutrina desenvolveu o "*Beschleunigungsprinzip*" (princípio da aceleração)[25].

A consagração do princípio da duração razoável do processo ocorreu junto à Carta dos Direitos Fundamentais da União Europeia, que no parágrafo 47 enaltece que "***toda pessoa tem direito a que sua casa seja julgada de forma equitativa, publicamente e num prazo razoável***", o que foi reproduzido na Constituição Europeia, em seu artigo II - 107[26].

No Brasil, o princípio da razoável duração do processo não é novo. No Código de Processo Civil de 1973, já detinha tal previsão, junto capítulo sobre os poderes do juiz, no art. 125 do CPC, determinando que deveria o juiz velar pela rápida solução do litígio. No CPC/1973 o juiz era o agente garantidor pela duração razoável do processo.

A Convenção Americana de Direitos Humanos assinado no ano de 1969, também prevê nos artigos 7º, 5, e 8º, 1, o direito a um processo de duração razoável e também o Brasil foi signatário.

Com a assinatura do Pacto São José da Costa Rica, pelo Brasil, por for força do art. 60, parágrafo 4ª. da CR/88, a garantia da duração razoável do processo passou a integrar o ordenamento jurídico brasileiro, sendo posteriormente editado a Emenda Constitucional n. 45/2004, que criou o inciso LXXVIII, do art. 5º., da Constituição da República[27], assegurando expressamente a todos os

---

25 Exemplo do esforço de aceleração na Alemanha é o §495ª da ZPO, incluído pela *Gesetz zur Reform des Zivilprozesses vom 27. Juli 2001*, introduzindo o "*Verfahren nach billigem Ermessen*" (processo por juízo de equidade), com o seguinte teor: "§495ª. Processo por juízo de equidade. 1. O órgão judicial pode decidir o processo por juízo de equidade, quando o valor da causa não ultrapassar 600 euros. 2. A petição deve ser processada oralmente" (tradução nossa). Sobre o dispositivo, confira- se a lição de BAUMBACH, Adolf, LAUTERBACH, Wolfgang, ALBERS, Jan, HARTMANN, Peter. **Zivilprozeßordnung:** *mit Gerichtsverfassngsgesetz und andaren Nebengesetzen.* 64. Auflage.Münchem: C.H. Beck, 2006,p.1624,nota 2, na qual se lê que a finalidade do dispositivo é clara: a simplificação (*Verbilligung)* do processo.

26 TAVARES, André Ramos. *Reforma do judiciário no Brasil pós-88: (des)estruturando a Justiça.*São Paulo: Saraiva, 2005, p.32.

27 "Mesmo antes dessa inovação, muitos autores, como José Roberto Bedaque, Cândido Dinamarco e Barbosa Moreira entre outros, haviam procedido a uma interpretação atualizada do art. 5º, XXXV da CF/88 – numa espécie, pois, de *aggionarmento* – para considerar-se que a garantia do direito de ação ali estampada incluía o direito à tutela jurisdicional a esta somente seria completa se se desse em prazo razoável". DANTAS, Francisco Wildo Lacerda. A reforma das Leis Processuais. **Revista da ESMAFE 5ª Região,** n.10, dez.2006, p.141. Nomesmo sentido: SPALDING, Alessandra Mendes. Direito fundamental à tutela jurisdicional tempestiva à luz do inciso LXXVIII do art. 5º da CF inserido pelo EC n.45/2004. *In:* WAMBIER, Teresa Arruda Alvim, WAMBIER, Luiz Rodrigues, GOMES JÚNIOR, Luiz

interessados, no âmbito judicial e administrativo, o direito à razoável duração do processo e os meios que garantam a celeridade de sua tramitação.

No Código de Processo Civil brasileiro de 2015, novamente, o legislador indicou a preocupação com a duração razoável do processo no capítulo que verse sobre "*normas fundamentais do processo civil*", entre os artigos 1º. ao 12º., sendo que a expressão aparece em duas oportunidades, no art. 4ª. e no art. 6º.

No art. 4º. do Novo CPC, está dito que: "*as partes têm o direito de obter em prazo razoável a solução integral do mérito, incluída a atividade satisfativa.*" E no artigo 6º. do mesmo código está prescrito assim: "*todos os sujeitos do processo devem cooperar entre si para que se obtenha, em tempo razoável, decisão de mérito justa e efetiva.*" Isso significa que a responsabilidade pela duração razoável do processo não é mais somente do juiz, mas de todos os sujeitos processuais que de alguma forma participam do processo (juiz, partes, advogados, terceiros e ministério público).

Há uma estreita ligação entre o *princípio da cooperação* e o *princípio da razoável duração do processo*, conforme ressalta o artigo 6º. do novo Código de Processo Civil brasileiro.

Segundo Teixeira de Sousa, o princípio da cooperação no ordenamento português não possui eficácia normativa direta capaz de agregar situações não previstas em regras ou subprincípios. Para ele é necessário normatividade e regulamentação constitucional e infraconstitucional necessária para a implantação da garantia da razoável duração do processo. Defende ainda, que a sistemática de funcionamento da cooperação estrutura-se pela expressa previsão de regras que estabeleçam um plexo de deveres impostos ao magistrado: de esclarecimento, de prevenção, de auxílio e de diálogo[28].

Concordamos que tal pensamento indicado por Teixeira de Sousa, ressaltando que no presente caso brasileiro, a simples repetição da expressão "duração razoável do processo" nas primeiras normas do Código de Processo Civil não possui a capacidade de modificar a realidade judiciária brasileira. É preci-

---

Manoel, FISCHER, Octávio Campos e FERREIRA, William Santos (coord.). **Reforma do Judiciário: Primeiros ensaios críticos sobre a EC n.45/2004**.São Paulo: RT, 2005, p.31. Cf., ainda, SLAIBI FILHO, Nagib. Direito fundamental à razoável duração do processo judicial e administrativo. *In:* QUEIROZ , Rafael Augusto Sofiati de (org.). **Acesso à justiça.** Rio de Janeiro: Lumen Juris, 2002,p. 119-120, em que o autor afirma crer que o direito à razoável duração do processo já detinha guarida constitucional antes da EC nº 45,com base nos artigos 5º, LIV (devido processo legal), XXXIV (direito de petição), XXXV (inafastabilidade da jurisdição), 37,*caput* (princípio da eficiência na Administração Pública) e 70 (a economia como objeto de controle dos Poderes Públicos), todos da Constituição Federal.

28 SOUSA, Miguel Teixeira de. *Estudos sobre o novo Processo Civil.* 2ª ed. Lisboa: Lex, 1997, p.65/66.

so que atos procedimentais modernos sejam criados, bem como, precisamos de uma prática judiciária moderna e que rompa com as práticas obsoletas e anacrônicas que ocorrem hoje no país.

A cooperação processual auxilia a duração razoável do processo, no entanto, para que isso ocorra, é preciso que a cooperação processual não seja vista apenas como um elemento de conciliação e resolução do processo por meio de acordo, mas sobretudo, como uma atividade das partes e do juízo para se buscar elementos, provas, fatos e fundamentos jurídicos necessários para a resolução da demanda por uma decisão de mérito. Essa relação entre a cooperação e a duração razoável do processo é importante para compreendermos o art. 6º. do CPC/2015.

Nesse sentido, a duração razoável do processo é necessária para a observância da cooperação ou colaboração processual, já indicando que houve no CPC/2015 um rompimento com o paradigma da responsabilidade judicial com a duração do processo e que houve uma transferência dessa responsabilidade para todos que de algum modo atuam no processo (partes, juiz, ministério público, advogado, terceiros).

3. Duração razoável do processo – imprecisão do termo

Ao longo do presente artigo, muitas vezes nos referirmos ao termo *duração razoável do processo* com o objetivo de relacionar duas expressões, quais sejam: *tempo* e o *iter procedimental*. Assim, é necessário explicar o sentido dos termos, como sendo o direito fundamental a um procedimento jurisdicional, em contraditório, em prazo razoável (em tempo suportável do ponto de vista do interesse processual), ou seja, que não demore muito a ponto de levar a uma ausência da aplicação do direito material ao caso concreto e a perda do direito, e nem ande rápido demais, a ponto de violar os diretos fundamentais do processo, quais sejam, o contraditório, ampla defesa, isonomia e devido processo constitucional).[29]

A expressão *prazo razoável* indica uma relação com o tempo, um meio

29 Cf. Candido Rangel Dinamarco explica: "O direito moderno não se satisfaz com a garantia da ação como tal e por isso é que procura extrair da formal garantia desta algo de substancial e mais profundo. O que importa não é oferecer ingresso em juízo, ou mesmo julgamento de mérito. Indispensável é que, além de reduzir os resíduos de conflitos não jurisdicionalizáveis, possa o sistema processual oferecer aos litigantes resultados justos e efetivos, capazes de reverter situações injustas. Tal é a ideia de efetividade da tutela jurisdicional, coincidente com a plenitude do acesso à justiça e a do processo civil de resultados." (DINAMARCO, Cândido Rangel. *Fundamentos do Processo Civil Moderno.* 4. ed., São Paulo: Malheiros, 2001, t.2, p. 798.)

termo entre a celeridade e a morosidade procedimental. A expressão *razoável* é imprecisa e subjetiva e não contribui para afastar dúvidas sobre sua aplicação nos casos concretos e muito menos permite que possibilidade uma discussão objetiva sobre a fixação de um termo (*a quo* e *ad quem*) de duração mínimo e máximo para os procedimentos judiciais civis, penais ou trabalhistas.

Duração razoável do processo deve levar em consideração duas perspectivas. A primeira, voltada para as partes e terceiros, indicando o *tempo necessário para a realização dos atos procedimentais.* A segunda, voltada para a atuação do órgão jurisdicional, indicando o *tempo necessário para se proferir decisões judiciais de mérito ou interlocutórias.*

Muitas vezes a demora na realização de um único ato procedimental não causa a violação da tempestividade procedimental. No entanto, a demora ou a rapidez em praticar um conjunto de atos procedimentais, invariavelmente pode trazer uma violação ao direito a tempestividade procedimental e a tempestividade na prestação jurisdicional.

Ana Maria Scartezzini sustenta que:

> "A razoabilidade tem um conteúdo mínimo, que abrange o tempo mínimo de apreciação por parte do magistrado, para se inteirar dos interesses do autor e réu e definir quem tem razão; de outro lado, contém a expectativa do detentor do direito em ver solvida a lide, com a análise de sua pretensão deduzida em juízo[30]."

O processo "*não apenas deve outorgar uma satisfação jurídica às partes, como também, para que essa resposta seja a mais plena possível, a decisão final deve ser pronunciada em um* ***lapso de tempo compatível com a natureza*** do objeto ***litigioso****, visto que - caso contrário - se tornaria utópica a tutela jurisdicional de qualquer direito. Como já se afirmou, com muita razão, para que a Justiça seja injusta não faz falta que contenha equívoco, basta que não julgue quando deve julgar*"![31]

Ressalta José Lebre de Freitas que no Código de Processo Civil Português, a duração razoável do processo é uma derivação do direito ao acesso aos tri-

---

30 SCARTEZZINI, Ana Maria Goffi Flaquer. O prazo razoável para a duração dos processos e a responsabilidade do Estado pela demora na outorga da prestação jurisdicional. In: WAMBIER, Teresa Arruda Alvim... (et all) (Coord). *Reforma do Judiciário: Primeiros ensaios críticos sobre a EC n. 45/2004*. São Paulo: Editora Revista dos Tribunais, 2005, p.43.

31 BIELSA, Rafael e GRAÑA, Eduardo. *El tiempo y el proceso*, Revista del Colegio de Abogados de La Plata, La Plata, 55, 1994, p. 190.

bunais, indicando que a demora desrazoável dos processos judiciais viola o referido direito, constituindo uma atuação inconstitucional.[32]

A maioria dos doutrinadores e Tribunais (nacionais e internacionais) que já tiveram a oportunidade de se pronunciar sobre o tema da *duração razoável do processo* sempre tentam explicar o termo *razoável* de modo empírico e casuístico, ou seja, através de estudos de casos práticos, extraindo um conjunto de regras e requisitos que deveriam ser generalizados para serem aplicados em casos semelhantes. A explicação que parte do caso concreto para explicar a realidade é o que chamamos de *método indutivo*.

E, por isso, consoante orientação jurisprudencial da Corte Europeia dos Direitos do Homem, consolidada em 1987, no conhecido caso *Capuano*, três critérios, segundo as circunstâncias de cada caso concreto, devem ser levados em consideração para ser apreciado o limite temporal razoável de duração de um determinado processo. Por via de consequência, somente será possível verificar a ocorrência de uma indevida dilação processual a partir da análise: *a*) da complexidade do assunto; *b*) do comportamento dos litigantes e de seus procuradores; e *c*) da atuação do órgão jurisdicional.[33]

Como afirmado, o termo *razoável* está impregnado de conotação subjetiva, uma verdadeira cláusula geral e abstrata, sem qualquer conteúdo normativo ou aplicação imediata. O termo *razoável* é inexplicável do ponto de vista científico, pois tanto pode justificar a demora da prestação jurisdicional quanto pode justificar a celeridade na prestação jurisdicional.

A utilização desse termo razoável sem a necessária contextualização é uma *cláusula geral*, inexequível do ponto de vista de eficiência, efetividade e eficácia dos direitos procedimentais e processuais. Razoável, processualmente falando, é um termo hermético, impossível de ser creditado e extraído normas para implementar sua aplicação em casos concretos.

Diante da imensa dificuldade em entender o conceito do processo com duração razoável a melhor expressão para correlacionar *tempo e processo* seria utilizar a expressão "*tempestividade procedimental e jurisdicional*".

A *tempestividade procedimental e jurisdicional* deve ser compreendida como direito do cidadão a resolução dos direitos colocados em juízos em tempo procedimental e judicial legalmente estabelecidos. Partes e juízes devem ser pautados pelo tempo.

---

32 FREITAS, José Lebre de. *Em torno da revisão do direito processual civil*, Revista da Ordem dos Advogados, Lisboa, 55, 1995, p. 15.

33 CRUZ E TUCCI, José Rogério. *Tempo e processo*, São Paulo, Ed. RT, 1997, p, 69 ss.

A ideia de que a lei tenha que fixar o conceito para a expressão razoável, permitindo assim, delimitar quando um processo durou razoavelmente ou não.

Fernando Fonseca Gajardoni[34] explica que em sistemas processuais preclusivos e de prazos majoritariamente peremptórios como o brasileiro, o tempo ideal do processo é aquele resultante do somatório dos prazos do Código de Processo Civil para o cumprimento de todos os atos que compõem o procedimento, somado a tempo de trânsito em julgado. A tutela jurisdicional prestada além desse prazo seria intempestiva[35].

Também verificamos que Carlos Henrique Haddad[36], para quem o lapso da conclusão dos processos cíveis em primeira instância resultará do total de prazos previstos em lei, sendo este o melhor critério, por derivar da lei e, consequentemente, por ser peremptório e objetivo[37].

Em entendimento moderado, mas sempre aliando o termo *razoável* com o termo *tempo*, o Tribunal Constitucional da Espanha que afirma que nem toda infração aos prazos processuais constitui uma suposta dilação processual indevida. O atraso injustificado na tramitação dos processos não se produz necessariamente pelo simples descumprimento das normas sobre prazos processuais, e sim pelo fato de que a pretensão deduzida em juízo não se resolva

---

34 GAJARDONI, Fernando da Fonseca. *Técnicas de aceleração do processo*. São Paulo: Lemos & Cruz,2003, p. 59/60.

35 GAJARDONI, Fernando da Fonseca. *Técnicas de aceleração do processo*. São Paulo: Lemos & Cruz,2003, p. 59/60.

36 HADDAD, Carlos Henrique Borlido. Fatores de produtividade: proposta de avaliação do desempenho do magistrado federal. *In:* **Administração da Justiça Federal:** Concurso de monografias – 2004. Série Monografias do CEJ, v.10. Brasília – DF: CJF, 2005, p.37/38.

37 Cf. Alessandra Spaldingsomou os prazos de cada fase do procedimento ordinário, desde o ajuizamento da ação até a prolação de sentença de primeiro grau, obtendo o total de 131 (cento e trinta e um) dias, período de tempo este que identificaria um processo com duração razoável, ressaltando, no entanto, que o prazo variaria de acordo com as peculiaridades da lide. Na doutrina espanhola, colhe-se entendimento semelhante, porém mais elaborado e minucioso, dividindo os feitos em grupos de acordo com as matérias versadas (penal, de estado e capacidade das pessoas, laboral e de seguridade social e o restante das matérias), e levando em consideração se os processos são singelos e sem comportamento indevido das partes, e as paralisações ocorridas no trâmite processual. Com essa sistemática, conclui-se, por exemplo, que a duração de um processo penal pode ser considerada irrazoável, quando exceda os seguintes prazos: 1) Para processos singelos e sem comportamento indevido das partes: 5 anos; 2) Para processos complexos e/ou com comportamento indevido das partes:7 anos; 3) Período de inatividade permitido: 1 ano. (SPALDING, Alessandra Mendes. Direito Fundamental à tutela jurisdicional tempestiva à luzdo inciso LXXVIII do art. 5º da CF inserido pela EC n. 45/2004.*In:* WAMBIER, Teresa Arruda Alvim (coord.)e outros. **Reforma do Judiciário**: primeiros ensaios críticos sobre a EC n. 45/2004. São Paulo: RT, 2005, p.37-38.).

definitivamente em um prazo razoável[38]. É possível que prazos processuais não sejam observados de forma isolada, mas que em seu conjunto, tem garantido a resolução em tempo razoável[39].

Quando se fala em *duração razoável do processo* ficamos com a falsa ideia de que apenas o *iter procedimental* deve ser controlado e fiscalizado. No entanto, também sabemos que o atraso na *atividade jurisdicional* interfere na duração do processo em tempo razoável. Isso significa dizer que os atos jurisdicionais também devem ser regidos pelo tempo, sob pena de inviabilizar qualquer garantia de duração razoável do processo. Não adianta esperar um processo com duração tempestiva, sem que o órgão jurisdicional tenha, também, a obrigação de dar, tempestivamente, a decisão jurisdicional.

Razoável seria praticar atos procedimentais/processuais em tempo previsto em lei, bem como praticar atos jurisdicionais também em tempo previsto em lei. Razoável é o processo que possui atos jurisdicionais e procedimentais dentro dos prazos legais. Razoável está diretamente ligado a ideia de *tempo*.

O tempo é o elemento caracterizador e norteador da palavra razoável, permitindo entender o que seria ou não irrazoável. A *razoável duração do processo* não pode ser uma cláusula geral em branco, e não pode ficar sem aplicação, por dificuldade de sua compreensão. A duração razoável do processo não é uma *norma programática*.

---

38 MARTÍN, *Agustín Jesús Pérez-Cruz*. **Teoria General de Derecho Procesal.** Coruña: Tórculo Edicións, 2005,p. 259-260.

39 Importante precedente da Suprema Corte da Espanha bem demonstra a influência do Tribunal de Estrasburgo sobre os julgados do Tribunal Constitucional espanhol: "Estimo oportuno destacar en este mismo sentido, que el Tribunal Constitucional Español, al referirse al derecho a un proceso sin demoras indebidas que reconocen el. artículo 14.3.c del Pacto Internacional de Derechos Civiles y Políticos, el artículo 6.1 de la Convención Europea de Derechos Humanos y el artículo 24.2 de la Constitución Española, ha sostenido que toda infracción a los plazos de procedimiento no constituye una violación al mencionado derecho, pues la noción de retardo indebido es una noción indeterminada y abierta que debe ser dotada de un contenido preciso en cada caso, mediante la aplicación a sus circunstancias especificas de los factores objetivos y subjetivos en forma coherente con su enunciado genérico, tales como la complejidad del pleito, los tiempos ordinarios de los litigios del género en juego, el interés que toque a las partes y la conducta de éstas últimas y de las autoridades del proceso (conf. sentencia del 1° de diciembre de 1994, 3/1994. pág. 243, y sentencia del 12 de noviembre de 1996, 3/1996 p. 365, reseñadas en "Investigaciones", publicación de la Secretaría de Investigación de Derecho Comparado de la Corte Suprema de Justicia, n° 3 del año 1997, páginas 52 1/522). Esa jurisprudencia, a su vez, se inspira en los criterios generales enunciados por el Tribunal Europeo de Derechos Humanos, en cuanto a que no existen plazos automáticos o absolutos y que la inobservancia de los que fija el derecho interno no configura, por sí, una violación al artículo 6°, inciso 1°, 'de la Convención Europea de Derechos Humanos, sino sólo un indicio de morosidad (conf. citas en el mencionado considerando 13 del voto en disidencia de los doctores Petracchi y Boggiano, en Fallos: 322:360)".

O termo razoável deve ser usado nos discursos de fundamentação do direito, mas não nos discursos de aplicação do direito. Isso significa dizer que o termo razoável deve ser uma preocupação do legislador e não do órgão jurisdicional. Para o órgão legislador, a apresentação do problema sobre o tempo máximo de um processo pode gerar debates acalorados, determinando-se, portanto, um médio, um prazo razoável, um denominador comum. Já no discurso apresentado para o órgão jurisdicional o discurso de aplicação do direito deve ser observado, devendo ser aplicado os prazos estabelecidos pela lei.

Somente o elemento tempo pode permitir a conceituação do termo razoável. Temos que ter um processo jurisdicional e uma atividade jurisdicional regida pelo binômio: tempo-lei ou teremos um processo e uma atividade jurisdicional irrazoável. Nesse sentido, o princípio da razoável duração do processo deve ser compreendido como uma garantia da observância à *tempestividade procedimental e jurisdicional.*

Para fins de determinação do lapso temporal procedimental é utilizado no processo de conhecimento o tempo entre a citação e o trânsito em julgado da sentença (com ou sem a resolução do mérito) e no processo de execução o tempo necessário para o término do respectivo procedimento, pouco importando se houve ou não a satisfação do crédito[40].

Segundo Ronaldo Brêtas de Carvalho Dias, "*quando os órgãos jurisdicionais descumprem essas normas do ordenamento jurídico, relativas aos prazos, o que é prática ilícita corriqueira no Estado Brasileiro, a jurisdição se apresenta morosa, intempestiva e ineficiente*[41]*. (...) Tem-se, então, nesses casos habituais, atividade estatal desempenhada com afronta manifesta ao princípio da eficiência e ao princípio da legalidade (...)*[42].

A duração do processo em tempo razoável não pode ser interpretada de modo absoluto, sendo admitido, em determinados casos a sua extrapolação para garantir o direito ao contraditório, ampla defesa e devido processo. E para que haja a extrapolação dos prazos devemos nos pautar pela fundamentação de tal necessidade, nos termos previstos pelo art. 93, IX, da CR/88, art. 10º. e art. 489, parágrafo primeiro do novo CPC.

Portanto, os critérios fornecidos pelas Cortes Internacionais de Direitos Humanos, que em casos concretos retirou normas e critérios para entender a

---

40 NIGRO, Casimiro e PROSPERI, Luigi. *L'irragionevole durata dei processi*, Forli, Experta, 2009, p. 159.

41 DIAS, Ronaldo Brêtas de Carvalho. *Processo Constitucional e Estado Democrático de Direito*. 3ª. Edição, ver. e ampl., Belo Horizonte: Del Rey, 2015, p. 194.

42 DIAS, Ronaldo Brêtas de Carvalho. *Processo Constitucional e Estado Democrático de Direito*. 3ª. Edição, ver. e ampl., Belo Horizonte: Del Rey, 2015, p. 195.

expressão razoável não servem para garantir que um processo demore tempo razoável. Os limites não estão na complexidade da causa, no comportamento dos litigantes e na atuação jurisdicional, mas sim, na necessidade de observar o *tempo* procedimental e jurisdicional, e com permissão de extrapolar, excepcionalmente, e desde que fundamentados, para a observância do contraditório, da ampla defesa e do devido processo.

4. Tempestividade procedimental e jurisdicional – pressuposto processual constitucional

Como dito, a razoável duração do processo é um termo genérico e impossível de ser aplicado sem que se leve em consideração o elemento tempo como fator estruturante e definidor de sua aplicação.

O termo, como sustentado, deve ser interpretado como elemento de garantia da tempestividade procedimental e jurisdicional (art. 5º., inc. LXXVIII da CR/88), como um *pressuposto processual constitucional*, sem o qual, infelizmente, não temos a existência de processo constitucional.

O processo constitucional é procedimento (conjunto de atos procedimentais) que garanta o contraditório (participação efetiva das partes), a ampla defesa (produção de provas lícitas e dentro do prazo), isonomia (aplicação de normas iguais para todos), devido processo (observância do procedimento em contraditório) e duração razoável do processo (garantia temporal de prática de atos processuais e da atividade jurisdicional) como elementos estruturantes, e que em sua ausência, temos a verificação de um processo antidemocrático e autoritário, com decisões solipsistas e discricionárias.

Tempestividade procedimental não se relaciona com celeridade procedimental. Celeridade procedimental seria a prática de atos procedimentais no menor espaço de tempo possível. Já a tempestividade procedimental seria a prática de atos procedimentais no devido tempo e com a garantia do contraditório, ampla defesa e devido processo. Nas palavras de Ronaldo Brêtas de Carvalho Dias, "*não pode o Estado suprimir o contraditório ou olvidá-lo na construção normativa dos procedimentos, como também lhe é defeso dispensar a presença do advogado ou do defensor público no processo, eliminar o duplo grau de jurisdição, abolir a instrumentalidade das formas, restringir o direito das partes à produção de provas lícitas ou dispensar o órgão jurisdicional de fundamentar racionalmente suas decisões. A restrição de quaisquer dessas garantias processuais constitucionais, sob a canhestra justificativa de agilizar ou tornar célere o procedimento, revela-se inconstitucional e antidemocrática, somente prestando para estimular o árbitro dos juízes, fomentar a insegurança jurídica e escarnecer da garantia fundamental do devido processo legal, em resumo, deslavada e grosseira agressão ao modelo constitucional do processo concebido pelo Estado Democrático de Direito brasileiro, verdadeira fraude à Constituição.*[43]"

Sendo o contraditório um dos elementos fundamentais para a caracterização do processo constitucional, é necessário explica-lo, e temos como a melhor explicação a apresentada por Ronaldo Brêtas de Carvalho Dias. Ele sustenta que o contraditório é delimitado pelo *quadrinômio – informação – reação – diálogo – influência*[44]. A informação é direito básico para que as partes possam atuar no processo. A *informação* é justamente garantida pelo princípio da publicidade dos atos procedimentais e jurisdicionais. A *reação* é justamente a garantia do direito de defesa. O *diálogo* como elemento garantidor da participação efetiva das partes junto ao juiz, obrigando que todos debatam as questões controvertidas e suas prováveis consequências.

A *influência* é a garantia de evitar a decisão surpresa, ou seja, que não levou em consideração o diálogo efetivado pelas partes, decidindo sem que houvesse a devida contradição sobre o ponto. A *influência* é elemento que evita a **decisão-surpresa**. Nas considerações de Dierle Nunes, o processo constitucional moderno deve ser entendido como elemento normativo estruturador da comparticipação assegurando o policentrismo processual. Nesse sentido, "*a todos os sujeitos potencialmente atingidos pela incidência do julgado (potencialidade ofensiva) a garantia de contribuir de forma crítica e construtiva para sua formação.*[45]"

A opção por colocar o *princípio da tempestividade procedimental e judicial* dentro dos pressupostos processuais é pela necessidade e impossibilidade, que muitas vezes ocorre, de decidir sobre o mérito, que por razões de morosidade procedimental e judicial já não tem mais sentido de ser proferida, pela absoluta falta ou carência do objeto ou da causa de pedir.

Assim, se analisarmos um caso, e verificarmos que o mesmo já não pode mais ser decidido, por razões temporais procedimentais e jurisdicionais, verificamos que não foi cumprido a direito fundamental à razoável prestação jurisdicional ou *tempestividade procedimental e jurisdicional*, e tal violação

---

43 DIAS, Ronaldo Brêtas de Carvalho. *Processo Constitucional e Estado Democrático de Direito*. 3ª. Edição, ver. e ampl., Belo Horizonte: Del Rey, 2015, p. 209.

44 DIAS, Ronaldo Brêtas de Carvalho. *Processo Constitucional e Estado Democrático de Direito*. 3ª.ed. rev. e ampl., Belo Horizonte: Del Rey, 2015, p.133.

45 NUNES, Dierle José Coelho. *Processo jurisdicional democrático*. Curitiba: Juruá, 2008, p. 227

constitucional, impacta no dever do Estado Brasileiro, nos termos do art. 37 (*caput*) e parágrafo 6º., da Constituição da República, de indenizar o cidadão lesado na medida e na extensão dos danos causados, nos termos do art. 944 do Código Civil brasileiro, devidamente apurado em liquidação judicial.

A colocação da *duração razoável do processo (tempestividade procedimental e judicial)* como um pressuposto processual constitucional é condicionante para a existência do processo constitucional. Sua ausência não importa na extinção do procedimento sem a resolução do mérito mas no reconhecimento de violação de direitos fundamentais e no reconhecimento de ineficiência estatal e de violação grave à legalidade, devendo ser extinto o processo sem o julgamento do mérito e nos remetendo à necessidade de reparar os danos causados, sejam de ordem moral, sejam de ordem material.

É bom ressaltar que o pedido de reparação de danos em razão da intempestividade procedimental ou jurisdicional pode ser feito em procedimento autônomo, obrigando a parte lesada a deduzir nova pretensão com causa de pedir fundada na ineficiência estatal à prestação jurisdicional, ou pode ser feito nos mesmos autos, quando se verificar que o demandante, em dedução de sua pretensão ou pretensão-resistida apresentou pedido para a conversão do direito em indenização em razão da ineficiência estatal na prestação jurisdicional.

O dever de indenizar a parte prejudicada pela intempestividade procedimental e jurisdicional pode ser do próprio Estado, que agiu de forma ineficiente, seja contribuindo para a não resolução da demanda em tempo hábil, seja pela não fiscalização dos atos praticados pelas partes que levem a um tempo irrazoável para a resolução da lide.

Obviamente, a ausência de tempestividade procedimental ou judicial for feito pelo Estado ou por seu agente/servidor (juiz), nos termos do art. 37, parágrafo 6º. da CR/88, em nome da responsabilidade objetiva, o Estado ficará obrigado a indenizar os prejuízos causados, mas nada obsta que a parte contrária, ou seja, aquela que contribuiu para que o procedimento e a jurisdição não fossem eficientes e em tempo hábil podem ser responsabilizadas solidariamente com o Estado Brasileiro. Só é possível chegar à presente conclusão quando verificamos o artigo 6º. do Código de Processo Civil de 2015, que estabelece o dever de colaboração para se garantir a duração razoável do processo.

Além do artigo supracitado, verificamos que o Código de Processo Civil de 2015 possui previsão legal de inúmeras multas e outras medidas coercitivas para as atitudes consideradas abusivas e contrárias à tempestividade procedimental e jurisdicional, reputando serem atos atentatórios à dignidade da justiça ou litigância de má-fé[46].

Em conclusão, o Estado Brasileiro precisa atender ao princípio da legalidade, respeitar os prazos e coibir as práticas abusivas do direito processual que podem trazer dificuldades para a garantia da tempestividade procedimental e jurisdicional. E quando não o faz, fica responsável pela indenização pelos prejuízos causados, podendo ainda, a parte contrária responder de forma solidária, se contribuiu para o dano, violando o dever de colaboração previsto no art. 6º. do Código de Processo Civil de 2015.

5 Análise normativa do Novo Código de Processo Civil para a garantia da tempestividade procedimental e jurisdicional

O novo Código de Processo Civil para garantir a tempestividade procedimental e jurisdicional trouxe alguns dispositivos legislativos interessantes e que iremos citar pontualmente nos próximos parágrafos. O que devemos ter como perspectiva ao analisar pontualmente alguns desses dispositivos é que houve uma mudança fundamental em relação ao CPC/1973, qual seja, a responsabilidade pela duração razoável do processo é uma obrigação de todos os sujeitos processuais, e não apenas uma função do juiz, como era estabelecido no art. 125, inc. III do CPC/1973.

Claro que isso faz muita diferença, pois verificamos vários artigos do novo Código de Processo Civil com expressa condenação de práticas atentatórias à dignidade da justiça, litigância de má-fé, ausência de colaboração, dentre outras situações, que levam o legislador a concluir que há uma conduta reprovável e que deve ser coibida, especialmente com multa ou outro ônus processual, como é o caso da aplicação da tutela de evidência, prevista pelo art. 311 do novo Código de Processo Civil.

---

46 Cf. Carlos Henrique Soares: "*El acto abusivo, en el ámbito procesal, es aquél que posee la apariencia de normalidad y legalidad, sin embargo el objetivo pretendido, no es lícito sino causarle perjuicio a la otra parte o al andamiento regular del procedimiento y de la dignidad de la prestación judicial." (...) "Siendo así, la mejor técnica para la represión del abuso del derecho procesal puede ser indicada por la apertura de una discusión profunda y dialógica sobre su ocurrencia y los eventuales daños que determinada conducta ocasionó." (...) "De lo contrario, cualquier condena en litigios de mala fe es un acto de autoritarismo y antidemocrática, que viola de plano la Constitución de la República de Brasil.*" SOARES, Carlos Henrique. *Abuso del derecho procesal brasileño.* In: SOARES, Carlos Henrique, RAMOS, Glauco Gumerato, GRADOS, Guido Aguila, RÚA, Mónica Bustamante, DIAS, Ronaldo Brêtas de Carvalho (coord). **Proceso Democrático y Garantismo Procesal.** Belo Horizonte: Arraes, Editores, 2015, p. 140, 145 e 146.

Assim, vamos passar a indicar alguns artigos que servem de complemento e de garantia para a tempestividade procedimental e jurisdicional (duração razoável do processo).

Um dos principais pontos que merece ser observados no novo CPC/2015 é a indicação de que os artigos 4º[47]. e 6º[48] no qual estabelecem uma ligação entre a duração razoável do processo e a colaboração/cooperação processual. O CPC/2015 atribuiu a todos, não somente ao juiz, dever de observar o procedimento e o julgamento em tempo razoável.

Verificamos que o CPC/2015 ressalta, como forma de garantir a rápida resolução dos litígios a estimulação da conciliação, mediação e outros métodos de solução consensual de conflitos, conforme é possível perceber no art. 3º., § 3º[49].

A obrigatoriedade dos juízes e tribunais em obedecer à ordem cronológica de conclusão para proferir sentença ou acórdão também está ligada à tempestividade procedimental e jurisdicional, nos termos do art. 12 do CPC/2015[50].

Repetindo literalmente o que já prescrevia o CPC/1973, mas dando força à tempestividade procedimental e jurisdicional, verificamos que o art. 77 do CPC/2015 estabelece os deveres das partes no processo, bem como indica que as mesmas devem agir com lealdade e boa-fé, expondo os fatos em juízo conforme a verdade; não formulando pretensão ou apresentando defesa cientes de que são destituídas de fundamento; não produzindo provas e não praticando atos inúteis ou desnecessários à declaração ou à defesa do direito; cumprindo com exatidão as decisões jurisdicionais, de natureza provisória ou final, e não criando embaraços à sua efetivação.

No entanto, para garantir a efetividade das disposições previstas no art. 77 do CPC/2015, o legislador trata com mais rigor aqueles que não seguem os seus deveres e violam a dignidade da justiça e consequentemente a tempestividade procedimental e jurisdicional. Assim, estabelece o § 2º desse artigo 77 que caso a parte não cumpra as decisões jurisdicionais ou crie embaraços ao seu cumprimento, o juiz deve aplicar multa de até 20% do valor da causa, sem prejuízos de penalidades civis e penais que devem ser apuradas. E no § 5º do

---

47 NCPC/2015 - Art. 4º As partes têm o direito de obter em prazo razoável a solução integral do mérito, incluída a atividade satisfativa.

48 NCPC/2015 - Art. 6º Todos os sujeitos do processo devem cooperar entre si para que se obtenha, em tempo razoável, decisão de mérito justa e efetiva.

49 NCPC/2015 – Art. 3º. (...) § 3º A conciliação, a mediação e outros métodos de solução consensual de conflitos deverão ser estimulados por juízes, advogados, defensores públicos e membros do Ministério Público, inclusive no curso do processo judicial.

50 NCPC/2015 - Art. 12. Os juízes e os tribunais deverão obedecer à ordem cronológica de conclusão para proferir sentença ou acórdão.

mesmo artigo, ficou estabelecido que se o valor da causa for irrisório ou inestimável, a multa prevista no § 2º poderá ser fixada em até 10 (dez) vezes o valor do salário-mínimo. Vejam que a preocupação do legislador processual com a tempestividade procedimental e jurisdicional.

Interessante também é o que verificamos no § 6º. do art. 77 do CPC/2015, que também estabelece punição para os advogados públicos e privados que representam as partes no processo, bem como a Defensoria Pública e o Ministério Público, indicando que os mesmos não serão multados, mas que sua responsabilidade disciplinar deve ser apurada pelo respectivo órgão de classe ou corregedoria, ao qual o juiz oficiará. Também em nome da garantia da duração razoável do processo.

A litigância de má-fé, prevista nos artigos 79 e 80 do CPC/2015, que repete o que já conhecíamos no CPC/1973 também busca garantir a duração do processo em tempo hábil. É bom lembrar que a interpretação do art. 81[51] do CPC/2015 que estabelece a possibilidade de condenação da parte como litigante de má-fé em multa superior a um por cento e inferior a dez por cento do valor corrigido da causa mais indenização por prejuízos e honorários deve respeitar o art. 10 do CPC/2015, ou seja, ter a observância do contraditório.

Tratando-se de autos físicos, o CPC/2015 não autoriza que os advogados, defensores públicos e o ministério público excedam os prazos de vista fora da secretaria. Assim, em nome da razoável duração do processo, caso o advogado, defensor ou membro do ministério público exceda o prazo de vista dos autos, e devidamente intimado, o mesmo perderá o direito de retirar os autos da secretaria e incorrerá em multa correspondente à metade do salário-mínimo (art. 234 do CPC/2015[52]).

---

51 NCPC/2015 - Art. 81. De ofício ou a requerimento, o juiz condenará o litigante de má-fé a pagar multa, que deverá ser superior a um por cento e inferior a dez por cento do valor corrigido da causa, a indenizar a parte contrária pelos prejuízos que esta sofreu e a arcar com os honorários advocatícios e com todas as despesas que efetuou. § 1º Quando forem 2 (dois) ou mais os litigantes de má-fé, o juiz condenará cada um na proporção de seu respectivo interesse na causa ou solidariamente aqueles que se coligaram para lesar a parte contrária.§ 2º Quando o valor da causa for irrisório ou inestimável, a multa poderá ser fixada em até 10 (dez) vezes o valor do salário-mínimo. § 3º O valor da indenização será fixado pelo juiz ou, caso não seja possível mensurá-lo, liquidado por arbitramento ou pelo procedimento comum, nos próprios autos.

52 NCPC/2015 - Art. 234. Os advogados públicos ou privados, o defensor público e o membro do Ministério Público devem restituir os autos no prazo do ato a ser praticado. § 1º É lícito a qualquer interessado exigir os autos do advogado que exceder prazo legal. § 2º Se, intimado, o advogado não devolver os autos no prazo de 3 (três) dias, perderá o direito à vista fora de cartório e incorrerá em multa correspondente à metade do salário-mínimo. § 3º Verificada a falta, o juiz comunicará o fato à seção local da Ordem dos Advogados do Brasil para procedimento disciplinar e imposição de multa. § 4º Se a situação envolver

Assevera o art. 226 do CPC/2015 que o juiz proferirá os despachos no prazo de 5 (cinco) dias; as decisões interlocutórias no prazo de 10 (dez) dias e as sentenças no prazo de 30 (trinta) dias. Já no art. 227 do CPC/2015, indica que em qualquer grau de jurisdição, havendo motivo justificado, pode o juiz exceder, por igual tempo, os prazos a que está submetido. Nesse aspecto, estamos entendendo que no máximo, a sentença, após o encerramento da fase de instrução poderá ser emitida no prazo de 60 dias, com a devida justificativa para tanto, pois normalmente, o prazo computado será de 30 dias. No entanto, no caso do juiz não observar o que determina tal enunciado previsto no art. 226 do CPC/2015, não verificamos nenhuma sanção processual para o mesmo, ficando a questão a ser resolvida diretamente pela Corregedoria de Justiça e pelo Conselho Nacional de Justiça, com penalidades funcionais ao magistrado.

Outro dispositivo processual que está diretamente relacionado à tempestividade procedimental e jurisdicional é justamente a chamada "tutela provisória", prevista entre os artigos 294 a 311 do CPC/2015. Claro que não é possível tratar todas as particularidades das tutelas provisórias no presente artigo, no entanto, vejamos que o CPC/2015 é bastante claro que em algumas hipóteses, previstas no art. 311[53], por exemplo, permite-se, independentemente de demonstração de urgência e probabilidade de dano irreparável e de difícil reparação, que a decisão seja concedida e antecipada, em nome da tempestividade procedimental e jurisdicional efetivos.

Inovação do CPC/2015, mas que pode ser visto como elemento necessário para garantir a tempestividade procedimental e jurisdicional é justamente o requisito indispensável da petição inicial em informar, nos casos de direitos disponíveis, o interesse do autor em conciliar. Isso está previsto no art. 319, inciso VII[54] e enaltece a conciliação e mediação, bastante incentivados no CPC/2015.

---

membro do Ministério Público, da Defensoria Pública ou da Advocacia Pública, a multa, se for o caso, será aplicada ao agente público responsável pelo ato. § 5º Verificada a falta, o juiz comunicará o fato ao órgão competente responsável pela instauração de procedimento disciplinar contra o membro que atuou no feito.

53 NCPC/2015 - Art. 311. A tutela da evidência será concedida, independentemente da demonstração de perigo de dano ou de risco ao resultado útil do processo, quando: I – ficar caracterizado o abuso do direito de defesa ou o manifesto propósito protelatório da parte; II – as alegações de fato puderem ser comprovadas apenas documentalmente e houver tese firmada em julgamento de casos repetitivos ou em súmula vinculante; III – se tratar de pedido reipersecutório fundado em prova documental adequada do contrato de depósito, caso em que será decretada a ordem de entrega do objeto custodiado, sob cominação de multa; IV – a petição inicial for instruída com prova documental suficiente dos fatos constitutivos do direito do autor, a que o réu não oponha prova capaz de gerar dúvida razoável.

54 NCPC/2015 - Art. 319. A petição inicial indicará: (...) VII – a opção do autor pela realização ou não de audiência de conciliação ou de mediação.

Outro instituto muito criticado, do ponto de vista processual democrático, mas que permaneceu no CPC/2015 como elemento forte para uma decisão célere, garantindo a tempestividade jurisdicional, mesmo em detrimento ao contraditório e ao devido processo legal, é o chamado julgamento de improcedência liminar do pedido, previsto no art. 332 do CPC/2015. Assim, nas causas que dispensem a fase instrutória, o juiz, independentemente da citação do réu, julgará liminarmente improcedente o pedido que contrariar: a) enunciado de súmula do supremo tribunal federal ou do superior tribunal de justiça; b) acórdão proferido pelo supremo tribunal federal ou pelo superior tribunal de justiça em julgamento de recursos repetitivos; c) entendimento firmado em incidente de resolução de demandas repetitivas ou de assunção de competência; d) enunciado de súmula de tribunal de justiça sobre direito local. Nos termos do § 1º desse mesmo artigo, estabelece que o juiz também poderá julgar liminarmente improcedente o pedido se verificar, desde logo, a ocorrência de decadência ou de prescrição.

Em nome da tempestividade procedimental e jurisdicional, verificamos que o CPC/2015 estabelece que a contestação é a principal defesa direta e indireta do réu. Assim, exceções dilatórias e peremptórias, em regra, devem ser alegadas em preliminar, na contestação, não mais sendo possível abertura de incidentes processuais como eram previstos no CPC/1973. Portanto, são inúmeras as preliminares que devem ser arguidas pelo réu e que estão previstas no art. 337[55] do CPC/2015, bem como, além das matérias de mérito, a reconvenção (art. 334[56] CPC/2015) não mais necessita de ser apresentada autonomamente em relação a contestação, consistindo de mais uma parte da defesa do réu.

Outra inovação do novo Código de Processo Civil brasileiro, e que também garante a tempestividade procedimental e jurisdicional é a possibilidade de julgamento antecipado parcial do mérito, previsto no art. 356 do CPC/2015, possibilitando que um ou mais pedidos ou parcelas que se mos-

---

55 NCPC/2015 - Art. 337. Incumbe ao réu, antes de discutir o mérito, alegar: I – inexistência ou nulidade da citação; II – incompetência absoluta e relativa; III – incorreção do valor da causa; IV – inépcia da petição inicial; V – perempção; VI – litispendência; VII – coisa julgada; VIII – conexão; IX – incapacidade da parte, defeito de representação ou falta de autorização; X – convenção de arbitragem; XI – ausência de legitimidade ou de interesse processual; XII – falta de caução ou de outra prestação que a lei exige como preliminar; XIII – indevida concessão do benefício de gratuidade de justiça.

56 NCPC/2015 - Art. 343. Na contestação, é lícito ao réu propor reconvenção para manifestar pretensão própria, conexa com a ação principal ou com o fundamento da defesa.

trarem incontroversos ou estiverem em condições de imediato julgamento possam ser decididos, com brevidade, não sendo necessário aguardar o julgamento das questões que dependam de prova ou de maior discussão jurídica de fatos e de direito. Nesse caso, garantindo a efetividade da decisão, e sua executividade, é possível, desde logo, a instauração do cumprimento de sentença, em caráter provisório ou definitivo.

O duplo grau de jurisdição obrigatório no novo Código de Processo Civil brasileiro, em seu artigo 496, também sofreu profunda modificação, justamente no intuito de satisfazer a celeridade processual e a tempestividade procedimental e jurisdicional. Assim, está sujeita ao duplo grau de jurisdição obrigatório, não produzindo efeito senão depois de confirmada pelo tribunal, a sentença proferida contra a União, os Estados, o Distrito Federal, os Municípios e suas respectivas autarquias e fundações de direito público, bem como, que julgar procedentes, no todo ou em parte, os embargos à execução fiscal. No entanto, estabelece o § 3º estabelece que não se aplica o disposto no art. 496 do CPC/2015 quando a condenação ou o proveito econômico obtido na causa for de valor certo e líquido inferior a: a) 1.000 (mil) salários-mínimos para a União e as respectivas autarquias e fundações de direito público; b) 500 (quinhentos) salários-mínimos para os Estados, o Distrito Federal, as respectivas autarquias e fundações de direito público e os Municípios que constituam capitais dos Estados; c) 100 (cem) salários-mínimos para todos os demais Municípios e respectivas autarquias e fundações de direito público. E no § 4º do mesmo artigo, informa que não haverá a remessa necessária Também não se aplica o disposto neste artigo quando a sentença estiver fundada em a) súmula de tribunal superior; b) acórdão proferido pelo Supremo Tribunal Federal ou pelo Superior Tribunal de Justiça em julgamento de recursos repetitivos; c) entendimento firmado em incidente de resolução de demandas repetitivas ou de assunção de competência; d) entendimento coincidente com orientação vinculante firmada no âmbito administrativo do próprio ente público, consolidada em manifestação, parecer ou súmula administrativa. A remessa necessária e obrigatória das decisões judiciais para análise dos tribunais, bem como os limites impostos nos parágrafos citados acima, verificamos que haverá uma considerável diminuição de revisão das decisões pelo segundo grau de jurisdição desfavoráveis ao Estado.

Outra diretriz bastante forte no novo Código de Processo Civil brasileiro é a utilização dos precedentes judiciais e as súmulas vinculantes como forma de garantir a tempestividade jurisdicional e a duração razoável do processo. O CPC/2015 direcionou incisivamente, a reforma processual em busca de celeridade jurisdicional e procedimental buscando padronizar decisões e estabelecer segurança jurídica e previsibilidade nas decisões judiciais e segurança jurídica[57].

A segurança jurídica é trabalhada pelos precedentes e pelas súmulas apenas como previsibilidade das decisões e da aplicação das normas. No entanto, verificamos que a segurança jurídica, no Estado Democrático, deve ser entendida como *garantia do devido processo*, no qual as partes tenham oportunidade de esclarecer e debater questões de fato e de direito[58].

O novo Código de Processo Civil brasileiro há uma clara indicação de jurisprudencialização do direito e posterior vinculação dos órgãos inferiores do judiciário, permitindo que decisões judiciais sejam padronizadas com entendimentos expostos em súmulas com efeito vinculante ou em precedentes judiciais. É flagrante a opção do novo Código de Processo Civil brasileiro pelo julgamento em quantidade em detrimento da qualidade, buscando a garantia da celeridade e na tempestividade jurisdicional, em detrimento, muitas vezes do contraditório e da ampla defesa e do devido processo.

Vejamos que o artigo 489 do novo Código de Processo Civil brasileiro, parágrafo único, explica quando uma sentença é considerada carente de fundamentação. No entanto, verificando o presente parágrafo primeiro com maior acuidade, o que parece ser muito bom para o contraditório e para a fundamentação das decisões, bem como contribuir para a qualidade das decisões e a democracia, pode servir apenas para a celeridade jurisdicional e a tempestividade procedimental. No art. 489, parágrafo único do CPC/2015, é possível identificar a expressa referência à súmula e ao precedente judicial indicando que não se considera fundamentada a decisão que invocar precedente ou enunciado de súmula sem identificar seus fundamentos determinantes nem demonstrar se o caso sob julgamento se ajusta àqueles fundamentos. Assim, a súmula e o precedente são elementos fundantes de justificação da sentença, mas para tanto, deve o julgador explicar a relação que existe entre elas e o caso concreto. Obviamente, a utilização de súmulas e precedentes judiciais, pela perspectiva da tempestividade procedimental e jurisdicional auxiliará em muito os julgamentos e a celeridade, desde que devidamente observada a fundamentação vinculada do art. 489 do CPC/2015. Aliado a isso, verificamos que o inciso IV do referido artigo 489 do novo CPC estabelece que não se considera devidamente fundamentada a sentença ou decisão judicial que **deixar** de aplicar *enunciado de súmula*, *jurisprudência* ou *precedente* invocado

---

57 MARINONI, Luiz Guilherme. *Precedentes Obrigatórios*, São Paulo: RT, 2010, p.122.

58 FARIA, Gustavo de Castro. *Jurisprudencialização do direito*, Belo Horizonte: Arraes, 2012, p. 93/95.

pela parte, sem demonstrar a existência de distinção no caso em julgamento ou a superação do entendimento. Ou seja, verificamos que o Juiz é obrigado a seguir a padronização de entendimento ou apresentar motivos para deixar de aplicar a súmula ou o precedente judicial. O artigo 489 do NCPC deve ser aplicado em todos os graus de jurisdição.

O art. 926 do CPC/2015 estabelece que os Tribunais devem uniformizar sua jurisprudência e mantê-la estável, íntegra e coerente. Tal razão é justamente para garantir, no fundo, a tempestividade procedimental e jurisdicional. E para manter a integridade, a estabilidade e a coerência das decisões os Tribunais devem levar em consideração, no momento do julgamento, as decisões dadas pelo Supremo Tribunal Federal em controle concentrado de constitucionalidade; os enunciados de súmula vinculante; os acórdãos em incidente de assunção de competência ou de resolução de demandas repetitivas em julgamento de recursos extraordinário e especial repetitivos; os enunciados das súmulas do Supremo Tribunal Federal em matéria constitucional e do Superior Tribunal de Justiça em matéria infraconstitucional; a orientação do plenário ou do órgão especial aos quais estiverem vinculados.

Também, em fase recursal, o novo Código de Processo Civil de 2015 autoriza os Tribunais a inadmitir recursos que possuam fundamentos jurídicos contrários aos precedentes judiciais e as súmulas com efeito persuasivo ou com efeito vinculante. Tal regra está prevista no art. 932[59], inciso IV do CPC/2015. Isso irá, além de impedir recursos que já contenham matéria decidida e não mais controvertida pelos tribunais, incentivar a celeridade jurisdicional.

Caso haja desrespeito à súmula vinculante e ao precedente judicial por juízes de qualquer grau de jurisdição, o novo Código de Processo Civil estabe-

---

59 NCPC/2015 - Art. 932. Incumbe ao relator: I – dirigir e ordenar o processo no tribunal, inclusive em relação à produção de prova, bem como, quando for o caso, homologar autocomposição das partes; II – apreciar o pedido de tutela provisória nos recursos e nos processos de competência originária do tribunal; III – não conhecer de recurso inadmissível, prejudicado ou que não tenha impugnado especificamente os fundamentos da decisão recorrida; IV – negar provimento a recurso que for contrário a: a) súmula do Supremo Tribunal Federal, do Superior Tribunal de Justiça ou do próprio tribunal; b) acórdão proferido pelo Supremo Tribunal Federal ou pelo Superior Tribunal de Justiça em julgamento de recursos repetitivos; c) entendimento firmado em incidente de resolução de demandas repetitivas ou de assunção de competência; V – depois de facultada a apresentação de contrarrazões, dar provimento ao recurso se a decisão recorrida for contrária a: a) súmula do Supremo Tribunal Federal, do Superior Tribunal de Justiça ou do próprio tribunal; b) acórdão proferido pelo Supremo Tribunal Federal ou pelo Superior Tribunal de Justiça em julgamento de recursos repetitivos; c) entendimento firmado em incidente de resolução de demandas repetitivas ou de assunção de competência; VI – decidir o incidente de desconsideração da personalidade jurídica, quando este for instaurado originariamente perante o tribunal; VII – determinar a intimação do Ministério Público, quando for o caso; VIII – exercer outras atribuições estabelecidas no regimento interno do tribunal.

lece em seu art. 988, que caberá *reclamação*. A reclamação é um instrumento processual cabível para denunciar junto as altas cortes do país que foram dadas decisões por juízes de instância inferior em descumprimento e desrespeito de precedente judicial ou súmula.

Também verificamos que o novo Código de Processo Civil brasileiro procura impedir ou evitar a interposição de recursos para os Tribunais, estabelecendo, o art. 496, que nos casos em que a sentença, decisão de primeiro grau, que condenar o Estado à obrigação de pagar com fundamento em súmula do Tribunal Superior (Supremo Tribunal Federal e Superior Tribunal de Justiça) não ocorrerá o reexame necessário da sentença pelo segundo grau de jurisdição.

Por fim, verificamos que o novo Código de Processo Civil, no objetivo de resolver com celeridade e eficiência o problema de ausência de decisões judiciais que assola o Brasil, bem como a morosidade procedimental, instituiu o chamado *incidente de resolução de demandas repetitivas*, previstos nos artigos 976 e seguintes do NCPC e que tem cabimento quando se verificar que há inúmeros casos tramitando no judiciário brasileiro com a mesma questão de direito sendo discutida ou quando houver risco de ofensa a isonomia e à segurança pública. Nestes casos, sendo o *incidente* admitido e julgado pelo Tribunal competente, nos termos do art. 985 do CPC/2015, a tese jurídica debatida e decidida será aplicada a) a todos os processos individuais ou coletivos que versem sobre idêntica questão de direito e que tramitem na área de jurisdição do respectivo Tribunal, inclusive àqueles que tramitem nos juizados especiais do respectivo Estado ou região; b) aos casos futuros que versem idêntica questão de direito e que venham a tramitar no território de competência do Tribunal. E caso algum juiz não observe o modelo decisório apresentado e decidido pelo Tribunal, caberá reclamação, que como dito, é uma forma denunciar o desrespeito ao precedente judicial ou súmula.

Estes exemplos citados são apenas para informar que o novo Código de Processo Civil brasileiro privilegia, de forma absoluta e com bastante força, a celeridade procedimental e jurisdicional. No entanto, como dito, a tempestividade procedimental e jurisdicional possui definição diferente, pois tem como pressuposto, justamente, a qualidade da decisão, e essa qualidade, passa pelo processo democrático, necessitando da observância do contraditório e da ampla defesa, devido processo, acesso à jurisdição e eficiência. O novo CPC/2015 confunde celeridade procedimental e jurisdicional com tempestividade procedimental e jurisdicional.

O uso indiscriminado dos precedentes judiciais e das súmulas vinculantes pode interferir na garantia do contraditório e na ampla defesa, bem como interferir no direito constitucional ao recurso e no devido processo legal e violar a constituição e os direitos fundamentais do processo constitucional.

A preocupação exacerbada do novo Código de Processo Civil com a celeridade procedimental e jurisdicional, bem como, com a quantidade de decisões em detrimento da qualidade, além de uma busca por padronização de decisões e sua massificação podem estar indicando para uma ausência de processo democrático no direito processual brasileiro.

Ressalta José Lebre de Freitas que "*a progressiva valoração da celeridade processual não deve, porém, levar a subalternizar, como por vezes entre nós se verifica, a necessária maturação e a qualidade da decisão de mérito, com o inerente desvio da função jurisdicional.*[60]"

Isso significa que se quisermos respeitar a tempestividade procedimental e jurisdicional ou a duração razoável do processo precisamos acima de tudo diferenciar *celeridade* e *tempestividade* e interpretar as normas do CPC/2015 como normas que buscam a tempestividade procedimental e jurisdicional sem a necessidade de prescindir do contraditório, da ampla defesa, do devido processo, do acesso à jurisdição, do duplo grau de jurisdição. Corremos o risco, caso não haja a realização da diferenciação entre os conceitos e sua interpretação de estarmos incentivando a arbitrariedade judicial e as decisões antidemocráticas.

6. Conclusões

Diante do que foi desenvolvido ao longo do presente texto, concluímos:

a) Tramitaram aproximadamente 95,14 milhões de processos na Justiça, sendo que, dentre eles, 70%, ou seja, 66,8 milhões já estavam pendentes desde o início de 2013, com ingresso no decorrer do ano de 28,3milhões de casos novos (30%). É preocupante constatar o progressivo e constante aumento do acervo processual, que tem crescido a cada ano, a um percentual médio de 3,4%. Some-se a isto o aumento gradual dos casos novos, e se tem como resultado que o total de processos em tramitação cresceu, em números absolutos, em quase 12milhões em relação ao observado em 2009 (variação no quinquênio de 13,9%). Apenas para que se tenha uma dimensão desse incremento de processos, a cifra acrescida no último quinquênio equivale a soma do acervo total exis-

60 FREITAS, José Lebre de. *Introdução ao processo civil - conceito e princípios gerais à luz do Código revisto*, Coimbra, Coimbra Ed., 1996, p. 113.

tente, no início do ano de 2013, em dois dos três maiores tribunais da Justiça Estadual, quais sejam: TJRJ e TJMG.

b) Os Indicadores de Produtividade dos Magistrados (IPM) e Servidores (IPS) houve redução em ambos os casos no último ano. O IPS passou de 102 para 100 processos baixados por servidor (-1,8%) e o IPM de 1.712 para 1.684 processos baixados por Magistrado (-1,7%) entre 2012 e 2013. Como uma das derivações da redução desses dois indicadores, percebe-se que a taxa de congestionamento passou de 70% para 70,9%, ou seja, de 100 processos que tramitaram no ano de 2013, aproximadamente 29 foram baixados no período. A alta taxa de congestionamento é causada pela grande quantidade de processos pendentes na fase de execução da primeira instância, tendo em vista que a taxa de congestionamento é de aproximadamente 86% nessa fase, enquanto, na fase de conhecimento, o percentual cai para 60%. A taxa de congestionamento no segundo grau é a menor e registrou 47% de congestionamento em 2013, enquanto que a maior taxa foi registrada nos processos de execução de título extrajudicial fiscal 91%.

c) Os problemas do judiciário brasileiro são: alta taxa de litigiosidade, baixa produção judicial, poucos juízes, alta taxa de congestionamento de processos. Essa realidade, para que possa ser modificada deve partir de mudanças estruturais no judiciário brasileiro, bem como de reformas processuais profundas, que a um só tempo, garantam maior efetividade à prestação jurisdicional, segurança jurídica e celeridade procedimental e judicial, com o devido respeito ao contraditório, ampla defesa, devido processo, acesso à jurisdição, fundamentação das decisões, cooperação judicial entre os sujeitos processuais e a tempestividade procedimental e jurisdicional.

d) Foi com a assinatura do Pacto São José da Costa Rica, pelo Brasil, que versava sobre inúmeras questões, inclusive sobre direitos fundamentais, que acabou entrando no ordenamento jurídico brasileiro, for força do art. 60, parágrafo 4ª. da CR/88, a garantia da duração razoável do processo.

e) Para evitar qualquer discussão sobre constitucionalidade, foi positivado em norma constitucional, pela Emenda Constitucional n. 45/2004, no art. 5º., inciso LXXVIII da Constituição da República, assegurando expressamente a todos os interessados, no âmbito judicial e administrativo, o direito à razoável duração do processo e os meios que garantam a celeridade de sua tramitação.

f) Já no novo Código de Processo Civil brasileiro/2015, podemos perceber novamente, uma preocupação enorme com a duração razoável do processo, tanto que, no capítulo que verse sobre "normas fundamentais do processo civil", verificamos que a expressão "duração razoável do processo" aparece em duas oportunidades, quais sejam, no art. 4ª. e no art. 6º.

g) No art. 4º. do Novo CPC, está dito que: "as partes têm o direito de obter em prazo razoável a solução integral do mérito, incluída a atividade satisfativa." E no artigo 6º. do mesmo código está prescrito assim: "todos os sujeitos do processo devem cooperar entre si para que se obtenha, em tempo razoável, decisão de mérito justa e efetiva." Isso significa que a responsabilidade pela duração razoável do processo não é mais somente do juiz, mas de todos os sujeitos processuais, que de alguma forma participam do processo (juiz, partes, advogados, terceiros e ministério público).

h) Há uma ligação entre o princípio da cooperação jurisdicional e do princípio da razoável duração do processo, e portanto, o artigo 6º. do novo Código de Processo Civil fez questão de ressaltar.

i) A razoável duração do processo é um termo genérico e impossível de ser aplicado sem que se leve em consideração o elemento tempo como fator estruturante e definidor de sua aplicação. O termo, como sustentado, deve ser interpretado como elemento de garantia da tempestividade procedimental e jurisdicional (art. 5º., inc. LXXVIII da CR/88), como um *pressuposto processual constitucional*, sem o qual, infelizmente, não temos a existência de processo constitucional.

j) A colocação da *duração razoável do processo (tempestividade procedimental e judicial)* como um pressuposto processual constitucional é condicionante para a existência do processo constitucional. Sua ausência não importa na extinção do procedimento sem a resolução do mérito, nos termos da doutrina tradicional processual, mas no reconhecimento de violação de direitos fundamentais e portanto no reconhecimento de ineficiência estatal e de violação grave à legalidade, devendo ser extinto o processo sem o julgamento do mérito e nos remetendo à necessidade de reparar os danos causados, sejam de ordem moral, sejam de ordem material.

k) O dever de indenizar a parte prejudicada pela intempestividade procedimental e jurisdicional pode ser do próprio Estado e solidariamente da outra parte que assim praticou atos que foram considerados contrários ao princípio da colaboração/cooperação judicial, nos termos do art. 6º. do CPC/2015.

l) Inúmeros foram os exemplos citados no presente texto que busca a celeridade procedimental e jurisdicional. No entanto, como dito, a tempestividade procedimental e jurisdicional possui definição diferente, pois tem como pressuposto, justamente, a qualidade da decisão, e essa qualidade, passa pelo processo democrático, necessitando da observância do contraditório e da ampla defesa, devido processo, acesso à jurisdição e eficiência. O novo CPC/2015 confunde celeridade procedimental e jurisdicional com tempestividade procedimental e jurisdicional.

m) A preocupação exacerbada do novo Código de Processo Civil com a celeridade procedimental e jurisdicional, bem como, com a quantidade de decisões em detrimento da qualidade, além de uma busca por padronização de decisões e sua massificação podem estar indicando para uma ausência de processo democrático no direito processual brasileiro.

n) A tempestividade procedimental e jurisdicional ou a duração razoável do processo é um conceito indissociável do processo democrático, do contraditório, da ampla defesa, do devido processo, do acesso à jurisdição, do duplo grau de jurisdição. Ou temos tempestividade procedimental e jurisdicional ou corremos o risco de convivermos de forma mais aguda com a arbitrariedade judicial e as decisões antidemocráticas.

7. Referências bibliográficas

BIELSA, Rafael e Graña, Eduardo. *El tiempo y el proceso*, Revista del Colegio de Abogados de La Plata, La Plata, 55, 1994.

CRUZ E TUCCI, José Rogério. *Tempo e processo*, São Paulo, Ed. RT, 1997.

DIAS, Ronaldo Brêtas de Carvalho. *Processo Constitucional e Estado Democrático de Direito*. 3ª.ed. rev. e amp., Belo Horizonte: Del Rey, 2015.

DINAMARCO, Cândido Rangel. *Fundamentos do Processo Civil Moderno*. 4. ed., São Paulo: Malheiros, 2001, t.2.

FARIA, Gustavo de Castro. *Jurisprudencialização do direito*, Belo Horizonte: Arraes, 2012.

FREITAS, José Lebre de. *Em torno da revisão do direito processual civil*, Revista da Ordem dos Advogados, Lisboa, 55, 1995.

FREITAS, José Lebre de. *Introdução ao processo civil - conceito e princípios gerais à luz do Código revisto*, Coimbra, Coimbra Ed., 1996.

GAJARDONI, Fernando da Fonseca. *Técnicas de aceleração do processo*. São Paulo: Lemos & Cruz, 2003.

HADDAD, Carlos Henrique Borlido. Fatores de produtividade: proposta de avaliação do desempenho do magistrado federal. *In:* **Administração da Justiça Federal:** Concurso de monografias – 2004. Série Monografias do CEJ, v.10. Brasília – DF: CJF, 2005.

Justiça em números 2014: ano-base 2013/Conselho Nacional de Justiça, Brasília: CNJ, 2014. 395 f. (Sítio: http://www.cnj.jus.br/programas-de-a-a-z/eficiencia-modernizacao-e-transparencia/pj-justica-em-numeros/relatorios - acessado em 06.09.2014).

KOEHLER, Frederico Augusto Leopoldino. *A razoável duração do processo*. 2ª. ed. Salvador: Editora Juspodivm, 2013.

LACERDA, Francisco Wildo. *A reforma das Leis Processuais*. Revista da ESMAFE 5ª Região, n.10, dez.2006, p.141.

MARINONI, Luiz Guilherme. *Precedentes Obrigatórios,* São Paulo: RT, 2010. .

MARTÍN, *Agustín Jesús Pérez-Cruz. Teoria General de Derecho Procesal.* Coruña: Tórculo Edicións, 2005.

NIGRO, Casimiro e PROPERI, Luigi. *L'irragionevole durata dei processi*, Forli, Experta, 2009.

Novo Código de Proceoo Civil Brasileiro de 2015 (NCPC/2015)

NUNES, Dierle José Coelho. *Processo jurisdicional democrático*. Curitiba: Juruá, 2008.

Relatório do Conselho Nacional de Justiça do ano de 2009. Sítio: http://www.cnj.jus.br/programas-de-a-a-z/eficiencia-modernizacao-e-transparencia/pj-justica-em-numeros/relatorios - acessado em 06.09.2014.

Relatório do Conselho Nacional de Justiça do ano de 2010. (Sítio: http://www.cnj.jus.br/programas-de-a-a-z/eficiencia-modernizacao-e-transparencia/pj-justica-em-numeros/relatorios - acessado em 06.09.2014).

SCARTEZZINI, Ana Maria Goffi Flaquer. *O prazo razoável para a duração dos processos e a responsabilidade do Estado pela demora na outorga da prestação jurisdicional.* In: WAMBIER, Teresa Arruda Alvim... (et all) (Coord). *Reforma do Judiciário: Primeiros ensaios críticos sobre a EC n. 45/2004.* São Paulo: Editora Revista dos Tribunais, 2005.

SLAIBI FILHO, Nagib. *Direito fundamental à razoável duração do processo judicial e administrativo. In:* QUEIROZ , Rafael Augusto Sofiati de (org.). **Acesso à justiça.** Rio de Janeiro: Lumen Juris, 2002.

SOARES, Carlos Henrique. *Abuso del derecho procesal brasileño.* In: SOARES, Carlos Henrique, RAMOS, Glauco Gumerato, GRADOS, Guido Aguila, RÚA, Mónica Bustamante, DIAS, Ronaldo Brêtas de Carvalho (coord). **Proceso Democrático y Garantismo Procesal.** Belo Horizonte: Arraes, Editores, 2015.

SOARES, Carlos Henrique. *O advogado e o processo constitucional.* Belo Horizonte: Decálogo, 2004.

SOUSA, Miguel Teixeira de. *Estudos sobre o novo Processo Civil.* 2ª ed. Lisboa: Lex, 1997.

SPALDING, Alessandra Mendes. *Direito fundamental à tutela jurisdicional tempestiva à luz do inciso LXXVIII do art. 5º da CF inserido pelo EC n.45/2004. In:* WAMBIER, Teresa Arruda Alvim, WAMBIER, Luiz Rodrigues, GOMES JÚNIOR, Luiz Manoel, FISCHER, Octávio Campos e FERREIRA, William Santos (coord.). **Reforma do Judiciário: Primeiros ensaios críticos sobre a EC n.45/2004**. São Paulo: RT, 2005.

PROCESSO E DIREITO MATERIAL

OS IMPACTOS DO CÓDIGO DE PROCESSO CIVIL NAS AÇÕES DE FAMÍLIA

Newton Teixeira Carvalho[1]

Sumário: 1 - Introdução. 2 - A petição inicial, citação do réu e prazo para contestação. 3 - A petição inicial no divórcio, na separação e na dissolução de união estável consensuais. 4 - Partilha posterior. 5 - Divórcio, separação e extinção da união estável extrajudicial. 6 - Alteração de regimes de bens. 7 - Execução indireta de alimentos. 8 - Execução direta de alimentos. 9. Foro competente para o ajuizamento das execuções. 10 - Processamento dos alimentos provisórios e dos alimentos definitivos. 11 - Execução indireta de título executivo extrajudicial. 12 - Das medidas de urgência. 13 - Da tutela de urgência. 14 - Do procedimento da tutela antecipada requerida em caráter antecedente. 15 - Da estabilização da tutela antecipada. 16 - Da tutela de evidência. 17 - Do procedimento da tutela cautelar requerida em caráter antecedente. 18 - Referências bibliográficas.

1. Introdução

O atual Código de Processo Civil, no art. 693, tratou, nos procedimentos especiais, das ações de família nos processos de divórcio, separação, reconhecimento e extinção de união estável, guarda, visitação e filiação.

Com relação à ação de alimentos e a que versar sobre interesse de criança ou de adolescente, o parágrafo único do art. 693 manteve o procedimento previsto em legislação especifica. Porém, aplicando-se, no que couber, as disposições daquele capítulo X.

Pelo disposto art. 694, nas ações de família todos os esforços serão empreendidos para a solução consensual da controvérsia, devendo o juiz dispor do auxílio de profissionais de outras áreas de conhecimento para a mediação e conciliação. E o parágrafo único deste aludido artigo permite que o juiz, a re-

1 Graduado em Direito pela Pontifícia Universidade Católica de Minas Gerais. Especialista em Direito de Empresa pela Fundação Dom Cabral. Mestre em Direito Processual Civil pela Pontifícia Universidade Católica de Minas Gerais. Doutor pela Pontifícia Universidade Católica do Rio de Janeiro. Desembargador do Tribunal de Justiça de Minas Gerais. Consultor, Palestrante e Membro do IBDFAM/MG. Professor de Direito de Família da Escola Superior Dom Helder Câmara. Coautor de diversos livros e artigos na área de direito ambiental, família e processual civil.

querimento das partes, suspenda a tramitação do processo, enquanto os litigantes se submetem a mediação extrajudicial ou a atendimento multidisciplinar.

Assim é que, recebida a petição inicial e, se for o caso, tomadas as providências referentes à tutela provisória, o juiz, em consonância com o art. 695, determinará a citação do réu para comparecer à audiência de mediação e conciliação, que poderá dividir-se em tantas sessões quantas sejam necessárias para viabilizar a solução consensual, sem prejuízo de providências jurisdicionais para evitar o perecimento do direito.

Nota-se que tal proposta, de conciliação e mediação, vai ao encontro do disposto no § 2º do art. 3º do CPC, a determinar que o Estado promova, sempre que possível, a solução consensual dos conflitos e § 3º, deste mesmo artigo, a exigir que a conciliação, a mediação e outros métodos de solução consensual de conflitos deverão ser estimulados por juízes, advogados, defensores públicos e membros do Ministério Público, inclusive no curso do processo judicial. Reforçando tal proposta, o art. 6º encampa o princípio da cooperação, ao afirmar que todos os sujeitos do processo devem cooperar entre si para que se obtenha, em tempo razoável, decisão de mérito justa e efetiva.

2. A petição inicial, citação do réu e prazo para contestação.

A petição inicial deverá obedecer aos requisitos do art. 319, com exceção do disposto no inciso VII daquele aludido artigo que, no procedimento ordinário, permite ao autor a opção pela realização ou não de audiência de conciliação ou de mediação. Portanto, a exordial deverá observar todos os demais requisitos do art. 319, com exceção do inciso VII, já que, nas ações de família, a tentativa de conciliação ou de mediação é obrigatória.

Estando a petição inicial perfeita, o juiz determinará a citação do réu para comparecer à audiência de conciliação e, pelo § 1º do art. 695, o mandado de citação conterá apenas os dados necessários à audiência e deverá estar desacompanhado de cópia da petição inicial, assegurado ao réu o direito de examinar seu conteúdo a qualquer tempo. Este salutar artigo já recebeu críticas diversas, alguns o rotulando de inconstitucional. Entretanto, pensamos diferente e que falta militância, dos críticos, no direito das famílias. Com efeito, se o esforço é para a solução consensual, tal pretensão restará prejudicada se o réu, ao ser citado, já tomar conhecimento do conteúdo da inicial. Depois, o próprio artigo ressalva o direito de o réu examinar a inicial a qualquer tempo. Assim, o advogado de família deverá, pensamos nós, levar ao conhecimento do réu, seu cliente, o teor da petição inicial somente depois de superada a fase conciliatória.

Pelo § 2º do art. 695 a audiência de mediação e conciliação ocorrerá somente se o réu for citado com antecedência mínima de 15 (quinze) dias. A citação é pessoal, exigência do § 3º deste art. 695. Nota-se que o § 4º deste artigo exige que as partes compareçam acompanhadas de advogados ou de defensores. Assim, parece-me que não é mais correto homologar acordo, sem a presença de advogado ou de defensor público, o que entendemos como correta tal exigência, já que vai ao encontro do devido processo legal. Não é correto o leigo assinar acordo, sem a assistência técnica do advogado.

Não realizado o acordo, a partir daí passa a incidir as normas do procedimento comum (art. 697), devendo ser observado o art. 335, ou seja, o réu poderá oferecer contestação, por petição, no prazo de 15 dias úteis, contadas da audiência de conciliação ou de mediação, ou da última sessão de conciliação, quando qualquer da parte não comparecer ou, comparecendo, não houver autocomposição.

Com relação à audiência de conciliação, importante o disposto no § 8º, do art. 334, ao determinar que, o não comparecimento injustificado do autor ou do réu àquela audiência é considerado ato atentatório à dignidade da justiça e será sancionado com multa de até dois por cento da vantagem econômica pretendida ou do valor da causa, revertida em favor da União ou do Estado, bem como o expresso no § 9º, a exigir que as partes estejam acompanhadas por seus advogados ou defensores públicos e no § 10º, a permitir que as partes constituam representantes, por meio de procuração específica, com poderes para negociar e transigir.

Com relação à participação do Ministério Público, o art. 698 deixou expressos que somente ocorrerá, nas ações de família, quando houver interesse de incapaz e que o "Parquet" deverá ser ouvido, nestes casos, previamente à homologação de acordo.

Pelo art. 699, quando o processo envolver discussão sobre fato relacionado a abuso ou a alienação parental, o juiz, ao tomar o depoimento do incapaz, deverá estar acompanhado por especialista.

3. A petição inicial no divórcio, na separação e na dissolução de união estável consensuais.

O art. 731 exige que conste da petição inicial as disposições relativas à descrição e à partilha dos bens comuns (art. 731, inciso I); as disposições relativas à pensão alimentícia entre os cônjuges (art. 731, inciso II); o acordo relativo à guarda dos filhos incapazes e ao regime de visitas (art. 731, inciso III); e o valor da contribuição para criar e educar os filhos (art. 731, inciso VI).

Entretanto, pensamos que tais exigências contraria o princípio da intervenção mínima e acaba por prejudicar às próprias partes e os filhos, posteriormente. Ora, se não há discordância sobre pensão alimentícia, guarda, visitas de filhos, constar tal fato na petição de requerimento de separação, de divórcio ou de extinção de união estável acaba por prejudicar as partes, no futuro. Parece-me que os requerentes poderão simplesmente afirmar, na inicial, que não há discordância sobre tais pontos, deixando de esmiuçar tais questões, na inicial, eis que, se posteriormente necessitar de alguma alteração e na ausência de acordo, o assunto deverá ser revisto em ação própria, que poderá não ser tão rápida, como o é a fixação de alimentos provisórios em ação própria.

4. Partilha posterior

Pelo parágrafo único, do artigo 731, se os cônjuges não acordarem sobre a partilha dos bens, far-se-á esta depois de homologado o divórcio, na forma estabelecida nos artigos 647 a 658, ou seja, seguindo o rito da partilha no inventário. Portanto e como já era praxe no direito de família, a ausência de partilha não inibe o decreto de divórcio e, caso o novo casamento seja realizado, sem que partilhado o patrimônio do divorciado, o regime de bens será o de separação total obrigatória, por descumprimento de causa suspensiva, se não relevada pelo juiz.

Pelo artigo 732, as disposições relativas ao processo de homologação judicial de divórcio ou de separação consensuais aplicam-se, no que couber, ao processo de homologação da extinção consensual de união estável.

5. Divórcio, separação e extinção da união estável extrajudicial.

O art. 733 autoriza o divórcio, a separação e agora também a extinção da união estável consensuais, extrajudicialmente, desde que não haja nascituro ou filhos incapazes e observados os requisitos legais, por escritura pública, da qual constarão as disposições de que trata o art. 731.

O § 1º do art. 733 afirma que a escritura não depende de homologação judicial e constitui título hábil para qualquer ato de registro, bem como para levantamento de importância depositada em instituições financeiras. E, pelo parágrafo segundo, deste artigo 733, o tabelião somente lavrará a escritura se os interessados estiverem assistidos por advogado ou por defensor público, cuja qualificação e assinatura constarão do ato notarial.

6. Alteração do regime de bens.

Pelo art. 734 a alteração do regime de bens, observados os requisitos legais, poderá ser requerida, motivadamente, em petição assinada por ambos os cônjuges, na qual serão expostas as razões que justifiquem a alteração, ressalvados os direitos de terceiros. O § 1º deste artigo faz exigência inexistente anteriormente, com relação à mutabilidade do regime de bens, instituída pelo Código Civil de 2002, ao determinar que o juiz, ao receber a petição inicial, determinará a intimação do Ministério Público e a publicação de edital para divulgação da pretendida alteração de bens, somente podendo decidir depois de decorrido o prazo de 30 (trinta) dias da publicação do edital. Ora, a intervenção de Ministério Público é descabida, eis que, para escolher o regime de bens, no pacto antenupcial, o casal tem plena liberdade. Assim, também deveria ser em juízo, para modificá-lo, como também poderia o legislador permitir a alteração extrajudicial. Depois, a publicação do edital acaba atrasando o procedimento, além de encarecê-lo e, como sabido, esta utópica publicação de edital é de pouco ou nenhum efeito prático.

Pelo § 2º, do art. 734, os cônjuges, na petição inicial ou em petição avulsa, podem propor ao juiz meio alternativo de divulgação da alteração do regime de bens, a fim de resguardar direitos de terceiros. Esta preocupação exagerada do legislador, com a divulgação da alteração do regime de bens, não tem justificativa. Ora, o direito de terceiro é resguardado automaticamente, pelo simples fato de que, a alteração, em prejuízo de terceiro, não terá eficácia. Para o terceiro é como se alteração alguma houvesse, eis que a sentença modificativa do regime de bens não poderá atingi-lo, já que não fez parte neste procedimento de jurisdição voluntária, que sequer faz coisa julgada.

Depois e na prática, não indicando o legislador quais são estes outros meios alternativos para publicação de editais e deixando a critério do juiz aceitá-los ou não, acabará, até mesmo em razão da lei do menor esforço, a publicação de edital ocorrendo somente através do Diário Oficial.

Também o § 3º do art. 734 exige, burocratizando e encarecendo mais ainda o procedimento que, após o trânsito em julgado da sentença, sejam expedidos mandados de averbação aos cartórios de registro civil e de imóveis e, caso qualquer dos cônjuges seja empresário, ao Registro Público de Empresas Mercantis e Atividades afins.

7. Execução indireta de alimentos

O artigo 528, nos sete primeiros parágrafos, trata da chamada execução indireta (prisão) e, no parágrafo 8º, da execução direta (penhora), consolidando os entendimentos jurisprudenciais e doutrinários pacificados à luz dos artigos 732 e 733 do Código de Processo Civil/73 e da própria Lei de Alimentos, de nº 5.478/68.

O artigo 528 não trouxe grandes novidades, ao afirmar que, no cumprimento de sentença que condene ao pagamento de prestação alimentícia ou de decisão interlocutória que fixe alimentos, o juiz, a requerimento do exequente, mandará intimar o executado pessoalmente para, em 3 (três) dias, pagar o débito, provar que o fez ou justificar a impossibilidade de efetuá-lo.

Nota-se que a intimação do devedor, nesta execução indireta, é pessoal, diferentemente da execução direta, ou seja, com pedido de penhora, que tem como regra a intimação do advogado constituído nos autos para cumprir a sentença (art. 513, § 2º). A execução indireta pode ser tanto dos alimentos provisórios como dos definitivos.

O § 1º do artigo 528 permite, caso o executado, devidamente citado, permaneça silente, o protesto judicial, remetendo-nos ao art. 517, a determinar que "a decisão judicial transitada em julgado poderá ser levada a protesto, nos termos da lei.". E, pelo § 2º, do artigo 528, o inadimplemento somente será justificado, evitando-se a prisão do executado, se houver impossibilidade absoluta de pagamento, como era no Código de Processo Civil/73.

O § 3º do artigo 528, a exemplo do § 1º do art. 733, do atual Código de Processo Civil, autoriza, no caso de não haver pagamento ou de a justificativa apresentada não for aceita, sem prejuízo do protesto judicial, o decreto de prisão pelo prazo de 1 (um) a 3 (três) meses.

E aqui nos parece que o legislador ressuscitou a mesma polêmica travada quando do advento do Código de Processo Civil/73 que, em seu artigo 733, § 1º, prevê a prisão do devedor pelo prazo de 1 (um) a 3 (três) meses, olvidando-se de que a lei de alimentos, de nº 5. 478/68, em seu artigo 19, permite a prisão do devedor pelo prazo de 60 (sessenta) dias. Assim, pela jurisprudência pacificada, no confronto entre estes dois dispositivos legais, prevaleceu a prisão pelo menor prazo, ou seja, de 60 (sessenta) dias, considerando que o cárcere é uma exceção no nosso ordenamento jurídico.

Por conseguinte, a jurisprudência construída sob a égide do Código de Processo Civil/73, que acatou o prazo de 60 (sessenta) dias previsto para prisão de devedor de alimentos, ditada pelo artigo 19 da Lei de Alimentos, deverá prevalecer, diante do equívoco do legislador, eis que, pelo art. 1.072, inciso V, do NCPC, foram revogados somente os artigos 16 a 18 da Lei nº 5.478/68. Ora, para que tal questão não fosse ressuscitada e decretada a prisão do devedor de alimentos, pelo prazo de 1 (um) a 3 (três) meses, o legislador deveria ter revogado, expressamente, o artigo 19 da Lei de Alimentos.

Pelo disposto no § 4º do art. 528, a prisão será cumprida em regime fechado, devendo o preso ficar separado dos demais presos comuns. O § 5º do art. 528 também repetiu entendimento pacificado, constante do art. 733, § 2º, do atual Código, ao afirmar que "o cumprimento da pena não exime o executado do pagamento das prestações vencidas e vincendas.". Com relação às obrigações vincendas, após a prisão executado, deverão ser objeto de nova execução indireta. O § 6º do art. 528 menciona o óbvio, ao afirmar que "paga a prestação alimentícia, o juiz suspenderá o cumprimento da ordem de prisão.".

O § 7º do art. 528, encampou integralmente a Súmula 309 do Superior Tribunal de Justiça, ao determinar que, "O débito alimentar que autoriza a prisão civil do alimentante é o que compreende até as 3 (três) prestações anteriores ao ajuizamento da execução e as que se vencerem no curso do processo.".

Assim, para o ajuizamento da execução indireta deverá constar da petição inicial no máximo 3 (três) prestações vencidas. São as chamadas dívidas atualizadas. As prestações superiores a 3 (três) meses deverão ser objeto de fase de cumprimento de sentença, eis que são dívidas pretéritas. Porém, nada impede o ajuizamento da execução indireta tão logo vencida a obrigação. Portanto, pode ser objeto de execução indireta a prestação alimentar vencida imediatamente, como pode haver duas ou até três prestações, no máximo, vencidas. Entretanto, a exemplo do que consta da Súmula 309, do Superior Tribunal de Justiça, as prestações vencidas no curso da execução indireta estão automaticamente incluídas no valor devido.

8. Execução direta de alimentos

O § 8º, do art. 528, trata da chamada execução direta, ou seja, através da qual é pleiteada a penhora de bens, ao afirmar que "o exequente pode optar por promover o cumprimento da sentença desde logo, nos termos disposto neste Livro, título II, Capítulo III, caso em que não será admissível a prisão do executado, e, recaindo a penhora em dinheiro, a concessão de efeito suspensivo à impugnação não obsta a que o exequente levante mensalmente a importância da prestação.".

Esse aludido artigo nos remete ao art. 523 e seguintes, que se destinam ao cumprimento definitivo da sentença que reconheça a exigibilidade de obrigação de pagar quantia certa, ou seja, é o artigo 475-J do Código de Processo Civil/73, que introduziu no direito brasileiro a fase de cumprimento de sentença, exigindo a intimação do executado para pagar o débito, no prazo de 15 (quinze) dias, acrescido de custas, se houver, pena de arcar com multa de dez por cento e também com os honorários de advogado (art. 528 e respectivo § 1º).

9. Foro competente para o ajuizamento das execuções.

O § 9º do art. 528 é direcionado tanto a execução direta como a indireta e trata-se da competência para o ajuizamento da execução, ao determinar que, "além das opções previstas no art. 516, parágrafo único, o exequente pode promover o cumprimento da sentença ou decisão que condena ao pagamento de prestação alimentícia no juízo de seu domicílio.".

O aludido parágrafo único do art. 516 permite que, no cumprimento da sentença, o credor opte pelo juízo do atual domicílio do executado ou pelo juízo do local onde se encontrem os bens sujeitos à execução, inclusive com a solicitação, ao juízo de origem, da remessa dos autos do processo, caso não queira ajuizar a execução no próprio domicílio dele.

Ressaltamos que, se porventura houver oferta de execução direta e indireta, concomitantemente, não é possível pleiteá-las em uma única petição, em razão da diversidade de rito.

O art. 529 continua permitindo, a exemplo do art. 734 do Código de Processo Civil/73, o desconto em folha de pagamento da importância da prestação alimentícia e o parágrafo § 3º, deste mesmo art. 529, como novidade, autoriza, também, sem prejuízo do pagamento dos alimentos vincendos, o desconto das parcelas objeto de execução, de forma parcelada, contando que, somado à parcela devida, não ultrapasse cinquenta por cento dos ganhos líquidos do executado. Portanto e para não ultrapassar este teto, poderá, se do interesse do credor, haver maior parcelamento do crédito alimentar.

10. Processamento dos alimentos provisórios e dos alimentos definitivos.

O art. 531 deixa expressa que podem ser objeto de execução direta ou indireta os alimentos definitivos ou provisórios. Porém, determina, no § 1º, deste mesmo artigo, que a execução dos alimentos provisórios e os fixados em sentença ainda não transitada em julgado, sejam processados em autos apartados. Tal dispositivo tem o escopo de evitar tumulto e o retardo na tramitação dos autos do processo em que fixados os alimentos, eis que ainda não há sentença transitada em julgado. Já o § 2º, ainda deste mesmo artigo, determina que o cumprimento definitivo da obrigação de prestar alimentos será processado nos mesmos autos em que proferida a sentença, salvo, evidentemente, a escolha, pelo credor, do juízo competente autorizada pelo § 9º, do art. 528.

11. Execução indireta de título executivo extrajudicial

O art. 911 permite a execução de alimentos fundada em título executivo extrajudicial e determina, no respectivo parágrafo único, a aplicação, no que couber, do disposto nos §§ 2º a 7º, do artigo 528, ou seja, o mesmo procedimento da ação de execução indireta.

Nota-se que os alimentos estipulados na escritura pública de divórcio, ao cônjuge necessitado, agora e sem nenhuma polêmica, poderão ser objetos de execução indireta.

Promovida a execução de alimentos, acordada em título executivo extrajudicial, o art. 912 permite o desconto em folha de pagamento da importância da prestação e, nesta hipótese, de aplicar-se o disposto no art. 529 e respectivos parágrafos, inclusive a regra do § 3º que permite também o desconto do débito, objeto de execução, desde que a parcela mensal, a ser descontada, não ultrapasse cinquenta por cento dos ganhos líquidos do executado.

12. Das medidas de urgência

O atual Código de Processo Civil simplificou os procedimentos das tutelas cautelares, ao acabar com a exigência de que tal postulação se concretizasse em autos apartados, antes ou durante a tramitação da ação principal e, com relação à antecipação de tutela, em permitir, se do interesse da parte e caso não haja recurso de agravo de instrumento, por parte do réu, que a mesma se estabilize, ou seja, se mantenha por si só, desde que o advogado, ao redigir a petição inicial, requeira apenas a antecipação da tutela e, depois, adite a inicial, incluindo os demais dados exigidos pelo artigo 319. Entendemos, porém, no caso de estabilização da tutela, desnecessária esta exigência, de aditamento da inicial, eis que de nenhuma utilidade.

Assim, o atual Código trata da tutela provisória nos artigos 294 a 311, esclarecendo, no artigo 294, que pode ser fundamentada em urgência ou evidência. E, no parágrafo único, deste aludido artigo, deixa expresso que a tutela provisória de urgência, cautelar ou antecipada, pode ser concedida em caráter antecedente ou incidental. Porventura requerida a tutela provisória, em caráter incidental, não há que se falar em pagamento de custas (art. 295).

Nota-se que, embora não exista mais um livro próprio para o processo cautelar, a tutela de urgência cautelar no atual Código de Processo Civil é pleiteada nos próprios autos da ação principal, com racionalização de serviços, com economia de custas e com diminuição dos números de ação, eis que não mais haverá o processo cautelar em apenso.

A tutela provisória, neste novo Código, conserva sua eficácia na pendência do processo. Porém, pode ser revogada ou modificada a qualquer tempo. E, no caso de suspensão do processo, a tutela provisória também conservará a eficácia, salvo decisão judicial em contrário (art. 296). Pelo enunciado nº 140 do FPPC[2]: "A decisão que julga improcedente o pedido final gera a perda de eficácia da tutela antecipada.".

Das decisões, deferindo ou indeferindo tutelas provisórias, o recurso cabível, a ser ofertado no prazo de 15 (quinze) dias úteis (art. 1.003, § 5º), será o de agravo de instrumento, conforme prevê o art. 1.015, I, do NCPC.

Ressalte-se que são comuns decisões pré-fabricadas ou padronizadas, com relação o deferimento ou não da tutela provisória, de maneira que uma única decisão serve para inúmeros outros indeferimentos ou deferimentos de tutela antecipada. O CPC proíbe viciada prática. Também não basta, como acontecia no CPC/73, com frequência, o juiz apenas dizer que está indeferindo a tutela provisória, eis que ausentes os requisitos legais para tanto. O art. 298 c/c o art. 489, § 1º, inciso I, II e III do NCPC não permite mais tais praxes equivocadas, verdadeira burla à necessidade de motivações das decisões judiciais, exigência constitucional (art. 93, inciso IX, CF).

Com relação à competência para a postulação da tutela provisória não houve nenhuma novidade, eis que o artigo 299 determina que será requerida ao juízo da causa e, quando antecedente, ao juízo competente para conhecer do pedido principal. O parágrafo único deste mesmo artigo afirma que, ressalvada disposição especial, na ação de competência originária de tribunal e nos recursos, a tutela provisória será requerida ao órgão jurisdicional competente para apreciar o mérito. Portanto, para a ação rescisória, o relator desta ação é que deferirá tutela provisória e se ofertados recurso de apelação, também será o relator o competente, mesmo que os autos ainda não tenham chegados ao Tribunal.

---

2 NUNES, Dierle; SILVA, Natanael Lud Santos e. Código de Processo Civil. Lei nº 13.105/2015: referenciado com os dispositivos correspondentes no CPC/73 Reformado, com os enunciados interpretativos do Fórum Permanente de Processualistas Civis (FPPC) e com artigos da Constituição Federal e da Legislação, 2 ed. rev . e ampl. – Belo Horizonte: Fórum, 2015, p. 146.

13. Da tutela de urgência.

O art. 300 afirma que a tutela de urgência será concedida quando houver elementos que evidenciam a probabilidade do direito e o perigo de dano ou o risco ao resultado útil do processo. E, para concedê-la, o § 1º, do art. 300, permite ao juiz, conforme o caso, exigir caução real ou fidejussória idônea (contracautela) para fins de ressarcimento de danos que a outra parte possa vir a sofrer. Evidentemente que tal caução poderá ser dispensada, em se tratando de parte economicamente hipossuficiente que, por conseguinte, não tem condições de oferecê-la.

O § 3º do art. 300 determina, repetindo o art. 273 § 2º, do Código de 73, que a tutela de urgência, de natureza antecipada, não será concedida quando houver perigo de irreversibilidade dos efeitos da decisão. Entretanto e pelo enunciado nº 419 do FPPC: "Não é absoluta a regra que proíbe tutela provisória com efeitos irreversíveis.".

O § 2º, do art. 300, permite que a tutela de urgência seja concedida liminarmente, após justificação prévia. Assim, seja tutela de urgência, antecipada ou cautelar, faltando os requisitos do art. 300, *caput*, em vez do indeferimento liminar, necessário, primeiro, que haja audiência para comprovação do alegado, que poderá se realizar sem a oitiva da parte contrária, para que não se perca a eficácia da medida. No Código de 73, a audiência de justificação prévia existia apenas em se tratando de medida cautelar. Para a antecipação de tutela esta audiência não era prevista, não obstante nada impedisse que o juiz a realizasse.

Ressaltamos que, principalmente no direito das famílias, não é correto afirmar que não se pode deferir antecipação de tutela ou medida cautelar, sem oitiva da parte contrária, ao argumento de que o contraditório estaria desrespeitado. Ora, se há agressão, se existe ameaça de morte, se o pai está praticando atos graves contra o filho, dentre vários outros casos urgentíssimos que acontecem nas Varas das Famílias, o juiz, após ouvir a parte autora e as testemunhas, poderá conceder, *inaudita altera pars*, a medida de urgência. O contraditório não pode ser sacralizado, como querem alguns teóricos do direito, em detrimento de um bem maior: a vida. Depois e como princípio, o contraditório também deve ser ponderado frente ao caso concreto.

Ademais e apesar de o artigo 9º do NCPC proibir a prolação de decisões surpresas, nota-se que uma das exceções a tal exigência está prevista no inciso I, daquele mesmo artigo, ou seja, quando se tratar de tutela provisória de urgência.

E o artigo 302 prevê os casos que permitem reparação de danos causados pela efetivação da tutela de urgência, no caso de a sentença não acolher a pretensão do requerente, bem como de não haver a citação do requerido, no prazo de 05 dias, a partir do deferimento da liminar, se o requerente não fornecer os meios necessários, bem como no caso de ocorrer a cessação da eficácia da medida ou o juiz acolher a alegação de decadência ou prescrição da pretensão do autor. Tais prejuízos, que são independentes da reparação por dano processual, serão liquidados nos autos em que concedida a medida, sempre que possível. Não o sendo, poderão ser discutidos em ação própria.

14. Do procedimento da tutela antecipada requerida em caráter antecedente.

O art. 303 determina que, nos casos em que a urgência for contemporânea à propositura da ação, a petição inicial pode limitar-se ao requerimento da tutela antecipada e à indicação do pedido de tutela final, com a exposição da lide, do direito que se busca realizar e do perigo de dano ou do risco ao resultado útil do processo.

Portanto, a escolha em assim proceder é do advogado da parte. E, no direito das famílias, não é conveniente que o advogado assim o faça, eis que, conforme analisado abaixo, a estabilização apenas da tutela geralmente não é o suficiente, eis que não dissolverá o vínculo matrimonial ou de união estável, hetero ou isoafetiva, por exemplo. Portanto, a inicial, no direito das famílias, deverá ser redigida normalmente e o requerimento de tutela antecipada será, como era feito anteriormente, um capítulo desta peça.

Assim, o art. 303 permite que o advogado requeira, inicialmente, apenas a tutela de urgência, sem preocupar-se com a ação principal, se para o causídico for suficiente apenas a antecipação de tutela. Os requisitos da petição inicial são os previstos no art. 303, na hipótese de haver apenas requerimento de tutela antecipada, acrescido dos dispostos nos §§ 4º e 5º do art. 303, ou seja, na petição inicial o autor terá de indicar o valor da causa, que deve levar em consideração o pedido de tutela final e que pretende valer-se do benefício previsto no caput do artigo 303, ou seja, de inicialmente requerer apenas a tutela antecipada.

Optando o advogado pela observância do *caput* do art. 303, ou seja, limitando-se ao requerimento de tutela antecipada, se concedida, o autor deverá, pelo CPC, aditar a petição inicial, com a complementação de argumentação, a juntada de novos documentos e a confirmação do pedido de tutela final, em 15 (quinze) dias ou em outro prazo maior que o juiz fixar. Neste caso, ao aditar a inicial, nos mesmos autos e sem incidência de novas custas (§ 4º, do art. 303), agora sim o advogado observará os requisitos daquela peça, ditados pelo art. 319. Em seguida, estando perfeita a petição, o réu será citado e intimado para a audiência de conciliação ou de mediação, na forma preconizada pelo do artigo 334. E, conforme visto acima, nas ações de família, de procedimento especial, não é permitida a opção do autor pela não realização de conciliação ou de mediação. Não existindo composição, o prazo para contestação será o ditado pelo art. 335.

Entretanto, o aditamento da inicial deverá ocorrer somente se não estabilizada a tutela, ou seja, se o réu não agravar da decisão concessiva da antecipação. No caso de estabilização, não obstante tal exigência legal, entendemo-la descabida, eis que de nenhuma utilidade prática e apenas acaba por expor a vida dos litigantes, desnecessariamente.

Não sendo caso de concessão de tutela antecipada e o autor tenha optado pelo disposto no *caput* do art. 303, ou seja, limitou-se apenas ao requerimento da tutela antecipada, ao indeferir a antecipação, o juiz determinará a emenda da petição inicial em até 5 (cinco) dias, sob pena de extinção do processo, sem resolução de mérito.

Portanto, nota-se que há duas hipóteses diferentes para o aditamento da inicial. A primeira, no caso de deferimento da tutela, hipótese em que se aplica o inciso I do § 1º do artigo 303, ou seja, o autor terá o prazo de 15 dias ou outro maior, a ser fixado pelo juiz, para aditar a peça vestibular. A segunda, no caso de indeferimento da tutela, com aplicação do disposto no § 6º, do art. 303, o autor terá o prazo de até 05 dias para aditamento daquela peça.

No caso de extinção dos autos do processo, por falta de emenda da inicial, nada impede que o autor ajuíze ação principal e requeira a tutela provisória, em caráter incidental.

15. Da estabilização da tutela antecipada.

O art. 304 exige do advogado reflexão sobre a conveniência ou não da utilização do disposto no *caput* do art. 303, ou seja, de limitar-se a petição inicial ao requerimento da tutela antecipada. É que a tutela antecipada, concedida nos termos do art. 303, torna-se estável se da decisão que a conceder não for interposto agravo de instrumento (art. 1015, I), hipótese em que os autos serão extintos. Portanto, se para o autor a antecipação de tutela for suficiente, basta utilizar-se da permissão do art. 303 do CPC, ou seja, limitar-se a petição inicial ao requerimento de tutela antecipada e esperar para verificar se o réu recorrerá ou não da decisão. Não havendo recurso, os autos serão extintos, em razão da estabilização da tutela.

Nota-se que a estabilização da tutela antecipada ocorre somente para os casos em que ela for requerida em caráter antecedente, ou seja, preparatória e deve ser concedida integralmente. Por outro lado, para que não ocorra a estabilização, necessário é que o réu sempre oferte agravo de instrumento, o que acaba motivando o manejo deste recurso ou do agravo interno, se a tutela antecipada antecedente for de competência originária do Tribunal (art. 1.021).

Ressalte-se que se ao autor não interessar apenas na estabilização da tutela, deverá o advogado dele não socorrer-se do disposto no caput art. 303, ou seja, já deverá trazer a inicial da ação principal pronta e pleitear, conjuntamente, a antecipação de tutela. Nesta hipótese, não há que se falar em aplicação do disposto no art. 304, ou seja, não há estabilização da tutela antecipada.

Por permissão do disposto no § 2º do art. 304 qualquer das partes poderá demandar a outra com o intuito de rever, reformar ou invalidar a tutela antecipada deferida nos termos do *caput* do art. 303. Evidentemente que a tutela antecipada conservará seus efeitos enquanto não revista, reformada ou invalidada por decisão de mérito proferida na ação de que trata o § 2º, conforme determina o § 3º do art. 304. Esta ação poderá ser rotulada, por exemplo, de "ação de modificação de tutela de urgência".

E pelos §§ 4º e 5º do art. 304 qualquer das partes poderá requerer o desarquivamento dos autos em que foi concedida a medida, para instruir a petição inicial da "ação de modificação de tutela de urgência", referida pelo § 2º, prevento o juízo em que a tutela antecipada foi concedida. Porém, o direito de rever, reformar ou invalidar a tutela antecipada extingue-se após 2 (dois) anos, contados da ciência da decisão que extinguiu o processo. Portanto, o prazo é decadencial.

Ressaltamos que o § 6º do art. 304, deixa expresso que a decisão que concede a tutela não fará coisa julgada, mas a estabilidade dos respectivos efeitos só será afastada por decisão que a rever, reformar ou invalidar, proferida em ação ajuizada por uma das partes, no termos do § 2º do art. 304. Assim, ultrapassados os dois anos sem a propositura da "ação de modificação de tutela de urgência", penso que, a partir daí, é correto falar-se sim em coisa julgada. Entretanto, não cabe ação rescisória, em razão da caducidade do direito, justamente pela ausência de oferta da ação, no prazo de 02 (dois) anos.

16. Da tutela de evidência.

É a tutela de urgência despida da necessidade de demonstração do *periculum in mora,* desde que presentes umas das hipóteses previstas nos quatro incisos do art. 311. E o parágrafo único deste aludido artigo permite decisão liminar, *inaudita altera pars*, nos seguintes casos: inciso II: se as alegações de fato puderem ser comprovadas documentalmente e houver tese firmada em julgamento de casos repetitivos ou em súmula vinculante; inciso III: se tratar de pedido reipersecutório fundado em prova documental adequada do contrato de depósito, caso em que será decretada a ordem de entrega do objeto custodiado, sob cominação de multa. É mais uma das exceções ao disposto no art. 9º, que veda decisões surpresas.

Assim e nas demais hipóteses previstas no inciso I, ou seja, ficar caracterizado o abuso do direito de defesa ou o manifesto propósito protelatório da parte ou se, no caso do inciso IV, a petição inicial for instruída com prova documental suficiente dos fatos constitutivos do direito do autor, a que o réu não oponha prova capaz de gerar dúvida razoável, para concessão da tutela da evidência necessária será, primeiro, a oitiva da parte contra quem será proferida.

Sobre a tutela de evidência destacamos, ainda, o enunciado 217 do FPPC: "A apelação contra o capítulo da sentença que concede, confirma ou revoga a tutela antecipada da evidência ou de urgência não terá efeito suspensivo automático", bem como o de nº 422 "A tutela de evidência é compatível com os procedimentos especiais" e o de nº 423 "Cabe tutela de evidência recursal".

17. Do procedimento da tutela cautelar requerida em caráter antecedente.

Pelo art. 305, a petição inicial da ação que visa à prestação de tutela cautelar, em caráter antecedente, indicará a lide e seu fundamento, a exposição sumária do direito que se objetiva assegurar e o perigo de dano ou o risco ao resultado útil do processo.

O § 1º do art. 308 faculta ao autor formular o pedido principal conjuntamente com o pedido de tutela cautelar, simplificando as coisas, para o advogado que assim o desejar. Nota-se que a tutela de urgência é uma só, não obstante possa ser em caráter antecipatório ou cautelar, razão de o parágrafo único do art. 305 permitir ao juiz que, caso entenda que o pedido de tutela cautelar tenha natureza antecipatória, observar o disposto no art. 303, ou seja, analisar o pedido como de tutela antecipada.

O prazo para contestação da cautelar antecedente será de 05 dias, contados da juntada nos autos do aviso de recebimento da citação ou do mandado cumprido. Não havendo contestação, os fatos alegados pelo autor presumir-se-ão aceitos pelo réu como ocorridos, caso em que o juiz decidirá dentro de

5 (cinco) dias (art. 307). Contestado o pedido, observar-se-á o procedimento comum (Parágrafo único do art. 307), regulado pelo artigo 318 e seguintes.

Efetivada a tutela cautelar, o autor deverá formular o pedido principal no prazo de 30 (trinta) dias, nos mesmos autos em que deduzido o pedido de tutela cautelar. Portanto, não haverá distribuição, mas mero protocolo e também não poderá haver cobrança de novas custas (art. 308).

Permitido é o aditamento da causa de pedir, no momento de formulação do pedido principal (§ 2º do art. 308). E, apresentado o pedido principal, que não precisar ser concomitantemente com o pedido de tutela cautelar, as partes serão intimadas para a audiência de conciliação ou de mediação, na forma preconizada pelo art. 334, por seus advogados ou pessoalmente, sem necessidade de nova citação do réu.

O art. 309, praticamente repetindo o artigo 808 do Código de 73, afirma que cessa a eficácia da tutela concedida em caráter antecedente, se: a) o autor não deduzir o pedido principal no prazo legal, ou seja, em 30 dias, após a efetivação da tutela cautelar; b) não for efetivada dentro de 30 (trinta) dias; c) o juiz julgar improcedente o pedido principal formulado pelo autor ou extinguir o processo sem resolução de mérito. E, pelo parágrafo único do art. 309, também repetindo o parágrafo único do art. 808 do Código de 73, se por qualquer motivo cessar a medida é defeso à parte repetir o pedido, salvo se por novo fundamento.

O art. 310 repete o art. 810 do Código de 73 ao afirmar que o indeferimento da tutela cautelar não obsta a que a parte formule o pedido principal, nem influi no julgamento deste, salvo se o motivo do indeferimento for o reconhecimento de decadência ou de prescrição.

18. Referências bibliográficas

CÂMARA, Alexandre Freitas. O novo processo civil brasileiro. São Paulo: Atlas, 2015.

CARVALHO, Newton Teixeira. Do procedimento da Tutela Antecipada requerida em caráter antecedente. 2015. Disponível em: www.domtotal.com.br/ler 27/10/15. Acesso em 31/12/2015.

CARVALHO, Newton Teixeira. As medidas de urgência no novo Código de Processo Civil. Revista IBDFAM: Famílias e Sucessões. v. 13 (jan./fev.). – Belo Horizonte: IBDFAM, 2016, Bimestral, p. 137- 150.

DANTAS, André Franco Ribeiro. O Direito das Famílias e sua nova identidade processual: avanços e retrocessos do novo Código de Processo Civil. Revista IBDFAM: Famílias e Sucessões. v. 13 (jan./fev.). – Belo Horizonte: IBDFAM, 2016, Bimestral, p. 173-185.

DIAS, Maria Berenice. A cobrança dos alimentos no novo CPC. Revista IBDFAM: Famílias e Sucessões. v. 13 (jan./fev.). – Belo Horizonte: IBDFAM, 2016, Bimestral, p. 47-56.

MARINONI, Luiz Guilherme; ARENHART, Sérgio Cruz: MITIDIERO, Daniel. In: Novo Código de Processo Civil Comentado. São Paulo: Editora Revista dos Tribunais, 2015.

MENDES, Aluísio Gonçalves de Castro; SILVA, Larissa Clare Pochmann da; ALMEIDEA, Marcelo Pereira de.O Novo Código de Processo Civil Comparado. 1ª ed.- Rio de Janeiro: LMJ Mundo Jurídico, 2015.

NOGUEIRA, Luiz Fernando Valladão. A execução de alimentos no novo código de processo civil. Revista IBDFAM: Famílias e Sucessões. v. 11 (set./out.). – Belo Horizonte; IBDFAM, 2015. Bimestral, p. 11-26.

NUNES, Dierle; SILVA, Natanael Lud Santos e. Código de Processo Civil. Lei nº 13.105/2015: referenciado com os dispositivos correspondentes no CPC/73 Reformado, com os enunciados interpretativos do Fórum Permanente de Processualistas Civis (FPPC) e com artigos da Constituição Federal e da Legislação, 2 ed. rev . e ampl. – Belo Horizonte: Fórum, 2015.

RANGEL, Rafael Calmon. Apontamentos sobre o rito de cumprimento da sentença de alimentos. Revista Nacional de Direito de Família e Sucessões, Porto Alegre, v. 2. n. 20, p. 127-140, jan./fev.2016.

SISTEMA RECURSAL. APELAÇÃO E AGRAVO

TEORIA GERAL DOS RECURSOS CÍVEIS

Fernando Gonzaga Jayme[1]
Gláucio Maciel Gonçalves[2]
Renata Christiana Vieira Maia[3]

1. A contextualização do funcionamento do Poder Judiciário no Brasil

Os recursos impactam diretamente no tempo de duração dos processos, tendo em vista tratarem-se de uma fase que prorroga para momento subse-

---

1 Advogado, Mestre e Doutor pela UFMG. Professor Associado de Direito Processual Civil e Diretor da Faculdade de Direito da UFMG. Membro do CONEDH – Conselho Estadual de Defesa dos Direitos Humanos. Associado ao Instituto dos Advogados de Minas Gerais. Membro do Conselho Técnico –Científico do Parque Tecnológico BHTEC. Conselheiro Seccional da OAB/MG.

2 Professor adjunto 4 e membro do corpo permanente da pós-graduação em Direito da Universidade Federal de Minas Gerais (UFMG). Mestre e doutor em Direito pela UFMG. Realizou estudos de pós-doutoramento na *Albert-Ludwigs-Universität*, em Freiburg, Alemanha, e foi pesquisador-visitante do *Max Planck Institut für ausländisches und internationales Strafrecht*. Juiz federal desde 1998, lotado em Belo Horizonte/MG.

3 Doutora em Direito Processual Civil pela Universidade Federal de Minas Gerais - UFMG. Graduada e Mestra em Direito Empresarial pela Faculdade de Direito Milton Campos. Professora Adjunta de Direito Processual Civil da Faculdade de Direito da Universidade Federal de Minas Gerais – UFMG. Conselheira-Geraldo do IDPro – Instituto de Direito Processual.

quente a formação da coisa julgada, protraindo no tempo a definitividade da tutela jurisdicional. Por essa razão, é necessário fazer uma exposição contextualizada da situação em que se encontra o Poder Judiciário, mediante uma análise crítica dos dados estatísticos para que se possa ter noção da repercussão e contribuição dos recursos para o emperramento do funcionamento do sistema de justiça.

A sociedade brasileira está padecendo com a crise instalada no Poder Judiciário, vendo-se privada de efetiva tutela jurisdicional, sendo a morosidade do processo um de seus maiores adversários[4].

O exagerado tempo de duração dos processos compromete o desenvolvimento econômico e a democracia, causando enorme prejuízo à sociedade, que assiste às injustiças prevalecerem sobre o direito. É inútil ter razão se não se pode obter o efetivo reconhecimento do direito em tempo razoável.

O desenvolvimento econômico com justiça social não prescinde de um sistema jurídico eficaz para regular as relações entre governo, cidadãos e setor produtivo, em condição real de solucionar os conflitos e organizar as relações sociais.

A globalização promoveu a abertura dos mercados e tornou as transações mais complexas, demandando, por consequência, a presença de instituições jurídicas formais que atuem com eficiência e imparcialidade. A falta de instituições judiciárias fortes comprometem o desenvolvimento social e econômico, bem como, paralisa a modernização do setor público por não propiciarem um ambiente juridicamente seguro.

Comprometidos a eficiência econômica e o crescimento, a implementação dos direitos sociais fica, certamente, combalida. A eficiência do Poder Judiciário é, por essa razão, necessária para a modernização do Estado e tem uma importante função na promoção do desenvolvimento, na redução da pobreza, no combate à corrupção e consequentemente, no fortalecimento da democracia e do Estado de Direito.

A morosidade processual repercute, também, em descrédito para o Poder Judiciário, debilitando o Estado Democrático, que não se realiza sem se efetivar a garantia fundamental do acesso à justiça[5].

---

4 CAPPELLETTI, Mauro. Processo, ideologias e sociedade. V. I, Porto Alegre: SAFE, 2007, p. 327.

5 "O Poder Judiciário garante ao homem segurança concreta fruível no plano individual e daí passando ao plano social. A segurança individual e social está potencializada na palavra da Constituição e realizada na fala do Poder Judiciário, quando a força única da norma não se fizer bastante a refrear excessos transgressores de direitos." In, ROCHA, Carmen Lúcia Antunes. A reforma do Poder Judiciário.Revista de Informação Legislativa. Brasília a. 35 n. 137 jan./mar. 1998, disponível em http://www.senado.gov.br/web/cegraf/ril/Pdf/

A resolução do problema referente à lentidão dos processos judiciais demanda estudos complexos e abrangentes[6]. Há uma certeza, a de que para a morosidade processual concorrem todos os atores sociais. Registre-se, entretanto, que sobre o Estado recai parcela maior de responsabilidade, pois, "por trás de todo direito há um Estado que o garante. E por trás de todo direito truncado há um Estado que não chega a torná-lo efetivo"[7].

Ainda que se reconheça notável avanço, as estatísticas existentes sobre o Poder Judiciário são insuficientes quando analisadas sob os aspectos quantitativo e qualitativo. A deficiência da informação obsta conhecer as verdadeiras causas do emperramento da jurisdição brasileira, bem como ordenar quais são as mais agudas e determinantes da crise do Judiciário. Mesmo assim, os dados existentes não são desprezíveis e subsidiam os estudos sobre a efetividade do processo.

O Conselho Nacional de Justiça apurou que a União é responsável pelo abarrotamento do Poder Judiciário, porquanto, somente no ano de 2006, ela ajuizou 4.014.771 processos, enquanto vem sendo demandada em outros 2.240.726[8]. Esse volume de processos distribuídos a 1.346 juízes federais resultou, naquele ano, na distribuição média de 4.647 processos a cada juiz federal. Essa quantidade de processos, desconsiderando o estoque já existente, representa um volume inadministrável.

Em 2014, na Justiça Federal o número de novos processos aumentou 20,8%. A taxa de congestionamento alcançou 70%[9]. A Justiça do Trabalho estima para 2016 três milhões de processos ajuizados, um aumento de 13% em relação ao ano anterior[10].Esses dados permitem inferir que a crise do Poder

---

pdf_137/r137-23.pdf_

6 A respeito da necessidade de um estudo interdisciplinar e multidisciplinar do processo, cf. CAPPELLETTI, Mauro, GARTH, Bryant. Acesso à Justiça, p.13.

7 Programa das Nações Unidas para o Desenvolvimento. A Democracia na América Latina rumo a uma democracia de cidadãs e cidadãos. New York: PNUD. 2004, p. 96, disponível em http://www.pnud.org.br/pdf/TextoProddal.pdf

8 Conselho Nacional de Justiça. Relatório faz radiografia do Judiciário Brasileiro. Brasília: 14.02.2008, disponível em http://www.cnj.gov.br/index.php?Itemid=167&id=3773&option=com_content&task=view

9 CNJ. Justiça em números 2015. Disponível em http://www.cnj.jus.br/programas-e-acoes/pj-justica-em- numeros

10 O presidente do Tribunal Superior do Trabalho (TST), Ives Gandra da Silva Martins Filho, prevê que três milhões de ações trabalhistas devem ingressar na Justiça em todo o País este ano. Se a previsão se confirmar, o volume representará um aumento de quase 13% em relação a 2015, quando as Varas do Trabalho receberam 2,66 milhões de novos casos. Esse montante já havia representado um avanço de 5,1% na comparação com 2014, segundo

Judiciário agiganta-se com o passar do tempo, sendo vã qualquer esperança de reversão da situação a curto prazo.

O Diagnóstico do Poder Judiciário, publicado pelo Ministério da Justiça, em 2004, informa que quase 80% das causas em trâmite no Supremo Tribunal Federal são levadas pela administração pública, direta e indireta, dos três entes federativos[11].

Esse mesmo Diagnóstico noticia que em 2003, 17,3 milhões de processos foram ajuizados perante o Poder Judiciário brasileiro, mas, somente 12,5 milhões foram julgados. Observa-se, assim, que, a despeito do índice de produtividade do Judiciário, apenas no ano em referência, o acréscimo do estoque de causas não julgadas foi de 4,7 milhões de processos.

Uma década depois e os dados catastróficos agravam-se. O CNJ, no relatório Justiça em Números de 2014, informa o seguinte:

> Em 2014, o Poder Judiciário iniciou com um estoque de 70,8 milhões de processos, que tende a aumentar devido ao total de processos baixados ter sido inferior ao de ingressados (Índice de Atendimento à Demanda - IAD de 98,7%). Estima-se, portanto, que ao final de 2014 o estoque cresça em meio ponto percentual, ultrapassando, assim, 71,2 milhões de processos pendentes. Apesar deste cenário, desfavorável, houve aumento de 1,4% no total de processos baixados e que representa cerca de 28,5 milhões de processos em 2014. Já o número de casos novos aumentou em 1,1%, atingindo quase 28,9 milhões de processos ingressados durante o ano de 2014 (Gráfico 3.14). Como consequência do aumento do quantitativo de casos novos e de pendentes, a Taxa de Congestionamento do Poder Judiciário foi de 71,4% no ano de 2014, com aumento de 0,8 pontos percentuais em relação ao ano anterior. (Disponível em http://www.cnj.jus.br/programase-acoes/pj-justica-em-numeros)

Pesquisa realizada sob o auspícios do Supremo Tribunal Federal apurou que no Rio de Janeiro, no ano de 2004, 49,5% das ações propostas versando sobre responsabilidade civil nos Juizados Especiais Cíveis foram ajuizadas contra apenas 16 companhias. Estas empresas foram condenadas a pagamentos totais equivalentes a R$ 2,3 bilhões, elas, entretanto, persistem nas mesmas práti-

dados do TST. Disponível em: http://economia.estadao.com.br/noticias/geral,acoes-trabalhistas-crescem-e-tst-preve-3-milhoes-de-processos-em-2016,10000050140. Acesso em 16/01/2017.

11 "Essa visão deformada da responsabilidade do Estado distorceu também o papel da Justiça. De guardiã das liberdades individuais e dos direitos dos cidadãos foi transformada em administradora da moratória do Estado e em eficiente proteladora do pagamento das suas dívidas e do cumprimento das suas obrigações para como os cidadãos." GRECO, Leonardo. Estudos de Direito Processual. Campos dos Goytacases: Ed. Faculdade de Direito de Campos, 2005, p. 201.

cas. As sanções judicialmente impostas contra essas empresas evidenciam a ineficácia do processo enquanto instrumento apto a prevenir a reiteração de condutas ilícitas[12].

O Superior Tribunal de Justiça, no ano de 2007, teve aumento de 10% quanto ao volume da demanda em relação ao ano de 2006, que, por sua vez, apresentou aumento de 25% em relação ao ano de 2005. A média de processos diários que acorreu ao STJ foi de 1.256, o que elevou em mais 140 mil o número de processos nestes dois anos. Pois bem, oito anos depois, foram distribuídos mais de 330 mil, tendo sido julgados mais de 460 mil processos, sendo que, no final de 2015, o estoque de processos na Corte era de aproximadamente 255 mil[13]. Em 2016, a produtividade aumentou 8,5%, em comparação com o ano passado, chegando a 380 mil processos julgados e assim, reduzindo o estoque do acervo[14], que ainda permanece na casa das centenas de milhares.

O Tribunal de Justiça do Rio Grande do Sul, em 2009, realizou pesquisa de avaliação do judiciário no Estado e concluiu que há uma discriminação de gênero no acesso à justiça, constatando-se maiores dificuldade de acesso às mulheres. Sob o aspecto sócio econômico, a pesquisa apurou que os pobres têm mais dificuldade de acesso do que os ricos. Com efeito, o acesso ao Poder Judiciário reflete a desigualdade e as injustiças que campeiam pela sociedade[15].

Os números evidenciam, também, que a excessiva litigiosidade demonstra encontrar-se a sociedade brasileira doente, por causa da carência de efetividade do Direito, inexistindo, até o momento, remédios que possam preveni-la. Para a cura, dispomos apenas de um processo oneroso, lento e ineficiente, ainda mais deteriorado quando a se somam padrões éticos lenientes[16]. A desordem social decorrente da crise do Direito face à incapacidade da jurisdição de preservar a coesão da sociedade e de fazer as normas jurídicas serem cumpridas,

---

12 FERRÃO, Brisa Lopez de Mello, RIBEIRO, Ivan César Ribeiro. Como os juízes decidem casos no Brasil ?. Berkeley Program in Law & Economics. Latin American and Caribbean Law and Economics Association (ALACDE) Annual Papers (University of California, Berkeley). 2006, disponível em http://repositories.cdlib.org/bple/alacde/26

13 STJ. Relatório Estatístico 2015. Disponível em: http://www.stj.jus.br/webstj/processo/Boletim/verpagina.asp?vPag=0&vSeq=263

14 Disponível em; http://www.stj.jus.br/sites/STJ/default/pt_BR/Comunica%C3%A7%C3%A3o/noticias/Not%C3%ADcias/N%C3%BAmero-de-processos-julgados-pelo-STJ-aumentou-8,5%25-em-2016. Acesso em 16/01/2017.

15 Disponível em: http://www.tjrs.jus.br/export/administracao/prestacao_de_contas/pesquisa_de_avaliacao_poder_judiciario/doc/Pesquisa_de_Avaliacao_Poder_Judiciario.pdf

16 Espera-se que o CPC/2015 ao privilegiar as formas consensuais de resolução de conflitos possa contribuir para substituirmos a cultura do litígio para a cultura da solução dos conflitos de forma autônoma, consensual e pacífica.

além de comprometer a imagem do Poder Judiciário, ocasiona insegurança jurídica e debilita a democracia.

O astronômico volume de processos julgados anualmente pelo Supremo Tribunal Federal e pelo Superior Tribunal de Justiça não representa nenhum alento, mas, ao contrário, deve constituir motivo para sérias preocupações, principalmente por se verificar manifesta ofensa ao princípio do juiz natural, com a substituição deste pelo "juiz eletrônico", expressão cunhada pelo Ministro Humberto Gomes de Barros ao denunciar, no seu discurso de posse como Presidente do STJ, que uma das formas de se agilizar o andamento dos processos no Superior Tribunal de Justiça foi a transferência do julgamento para o computador:

> Outro artifício é a utilização da informática no exame e julgamento de processos. No exercício dessa operação, os processos repetitivos são agrupados conforme os temas e recebem decisão padronizada, aplicada pelo computador e firmada por assinatura eletrônica. Criou-se o juiz eletrônico[17].

O juiz eletrônico também julga no Supremo Tribunal Federal[18], pois somente com a utilização de recursos computacionais se explicam as mais de 150 mil decisões proferidas no ano de 2007[19], uma média diária de 38 decisões por Ministro[20]. A partir de 2008, com a aplicação do instituto da repercussão geral, verificou-se uma redução considerável no número de processos distribuídos no STF até o final de 2011, voltando a crescer vertiginosamente a partir de 2014, sendo que em 2015 foram protocolizados mais de 93 mil processos[21]. O acervo do STF aumentou quase 10% no ano de 2016, superando 58 mil feitos[22].

---

17 Discurso de posse do Ministro Humberto Gomes de Barros no cargo de Presidente do STJ, proferido em 07/04/2008, disponível em: http://bdjur.stj.gov.br/dspace/bitstream/2011/16933/1/Discurso_Posse_Gomes+de+Barros.pdf_

18 Supremo Tribunal Federal. Relatório de Atividades, biênio 2006-2007, disponível em: http://www.stf.gov.br/arquivo/cms/principalDestaque/anexo/relat2006a2008.pdf_

19 Supremo Tribunal Federal, Relatório de Atividades 2007, disponível em: http://www.stf.gov.br/arquivo/cms/principalDestaque/anexo/relativ2007.pdf

20 Os cálculos foram feitos considerando que todos os juízes têm uma devoção à judicatura, idêntica à proclamada pelo Ministro Milton Pereira, "dedicação diuturna, aqui ou em casa, incluindo sábados, domingos e férias, na prestação jurisdicional,"

21 Disponível em http://stf.jus.br/portal/cms/verTexto.asp?servico=estatistica&pagina=movimentoProcessual_. Acesso em 16/01/2017

22 Disponível em http://www.stf.jus.br/portal/cms/verTexto.asp?servico=estatistica&pagina=acervoatual . Acesso em 16/01/2017

Entretanto, todos os dados mencionados são insignificantes diante da gravidade do que consta no Justiça em Números, publicado pelo Conselho Nacional de Justiça em 2014:

> a série histórica da movimentação processual do Poder Judiciário e permite visualizar o aumento do acervo processual no período, visto que os casos pendentes (70,8 milhões) crescem continuamente desde 2009 e, atualmente, equivalem a quase 2,5 vezes do número de casos novos (28,9 milhões) e dos processos baixados (28,5 milhões). Dessa forma, mesmo que o Poder Judiciário fosse paralisado sem ingresso de novas demandas, com a atual produtividade de magistrados e servidores, seriam necessários quase 2 anos e meio de trabalho para zerar o estoque. Como historicamente o IAD não supera 100%, ou seja, a entrada de processos é superior à saída, a tendência é de crescimento do acervo. Além disso, apesar do aumento de 12,5% no total de processos baixados no período 2009-2014, os casos novos cresceram em 17,2%, fato que contribuiu para o acúmulo do estoque de processos.

Em 2016, o Conselho Nacional de Justiça apurou que:

> Este universo de processos, que em 2014 era de 100 milhões e em 2015 passou a ser de 102 milhões, representa o montante de casos que o judiciário precisou lidar durante o ano, entre os já resolvidos e os não resolvidos. Não é, de forma alguma, o número de processos em tramitação, pois por este conceito compreende-se o que de fato está pendente no judiciário aguardando solução definitiva. Com isto posto, podemos afirmar que o Poder Judiciário finalizou o ano de 2015 com quase 74 milhões de processos em tramitação[23].

Diante desse número extraordinário e abismante de processos perante o Poder Judiciário, não há como deixar de reconhecer que o modelo de organização judiciária, concebido pelo constituinte originário e pontualmente reformado ao longo das últimas duas décadas através de emendas à Constituição ou à legislação processual, entrou em colapso. Não será difícil prever o insucesso das reformas empreendidas se a comunidade jurídica e a sociedade não se comprometerem com as propostas de mudanças culturais radicais existentes no CPC/2015, tendentes à desjudicialização e à solução autônoma dos conflitos.

Sem esquecer, ainda, que o CPC/2015 veio para silenciar a sociedade mediante a vinculação dos juízes aos precedentes. Essa vinculação significa subtrair do Poder Judiciário lesão ou ameaça a direito, uma vez que se retira do juiz autonomia para decidir a causa. Além disso, viola agudamente o princípio

---

23 CNJ. Justiça em Números 2016. Disponível em http://www.cnj.jus.br/files/conteudo/arquivo/2016/10/b8f46be3dbbff344931a933579915488.pdf . Acesso em 16/01/2017.

da igualdade, pois o Brasil é o país da heterogeneidade. São abissais as diferenças ambientais, sociais, culturais, históricas, econômicas e de desenvolvimento humano existentes em cada comunidade desse país e, portanto, para promover o princípio da igualdade perante a lei, os indivíduos devem, necessariamente, ser tratados desigualmente, na medida de suas diferenças. Ou seja, a heterogeneidade existente no Brasil nos obriga a tratar desigualmente os desiguais para promover a igualdade substancial. Assim, é inaceitável a uniformização da interpretação da lei, de norte a sul, de leste a oeste. Trata-se de flagrante inconstitucionalidade que deve ser repelida, sob pena de gravíssima injustiça para com aqueles que necessitam de políticas públicas para ter uma existência digna. Merecem menção as considerações do Ministro Herman Benjamin em julgamento de recurso especial repetitivo no STJ:

> Aqui, contudo, afloram peculiaridades que desaconselhariam tal "afetação", na forma e no momento em que foi feita, quase que automaticamente, sem qualquer discussão prévia e amadurecimento, no âmbito interno de ambas as Turmas, das múltiplas questões novas e controvertidas que acompanham esta demanda. Os pontos complexos que este processo envolve- e são tantos, como veremos no decorrer deste Voto - não se submeteram ao crivo de debates anteriores entre os Membros das Turmas, debates esses necessários para identificar e esclarecer as principais divergências e controvérsias de conflito desse porte, que, embora veiculado por ação individual (e formalmente refira-se com exclusividade a uma única consumidora), afeta, de maneira direta, mais de 30 milhões de assinantes (*rectius*, consumidores). Difícil negar que, no âmbito do STJ, a demanda não estava madura para, de cara, prolatar-se decisão unificadora e uniformizadora a orientar a Seção, suas duas Turmas e todos os Tribunais e juízos do Brasil. Em litígios dessa envergadura, que envolvem milhões de jurisdicionados, é indispensável a preservação do espaço técnico-retórico para exposição ampla, investigação criteriosa e dissecação minuciosa dos temas ora levantados ou que venham a ser levantados. Do contrário, restringir-se-á o salutar debate e tolher-se-á o contraditório, tão necessários ao embasamento de uma boa e segura decisão do Colegiado dos Dez. É bem verdade que o Regimento Interno prevê a "afetação» de processos à Seção "em razão da relevância da questão jurídica, ou da necessidade de prevenir divergências entre as Turmas" (art. 127). Contudo, escolheu-se exatamente uma ação individual, de uma contratante do Rio Grande do Sul, triplamente vulnerável na acepção do modelo constitucional welfarista de 1988 - consumidora, pobre e negra - para se fixar o precedente uniformizador, mesmo sabendo-se da existência de várias ações civis públicas, sobre a mesma matéria, que tramitam pelo País afora. Ou seja, inverteu-se a lógica do processo civil coletivo: em vez da ação civil pública fazer coisa julgada *erga omnes*, é a ação individual que, por um expediente interno do Tribunal, de natureza pragmática, de fato transforma-se, em consequência da eficácia uniformizadora da decisão colegiada,

> em instrumento de solução de conflitos coletivos e massificados. Não se resiste aqui à tentação de apontar o paradoxo. Enquanto o ordenamento jurídico nacional nega ao consumidor-indivíduo, sujeito vulnerável, legitimação para a propositura de ação civil pública (Lei 7347/1985 e CDC), o STJ, pela porta dos fundos, aceita que uma demanda individual - ambiente jurídico-processual mais favorável à prevalência dos interesses do sujeito hiperpoderoso (in casu o fornecedor de serviço de telefonia) - venha a cumprir o papel de ação civil pública às avessas, pois o provimento em favor da empresa servirá para matar na origem milhares de demandas assemelhadas - individuais e coletivas. Aliás, em seus Memoriais, foi precisamente esse um dos argumentos (a avalanche de ações individuais) utilizado pela concessionária para justificar uma imediata intervenção da Seção. Finalmente, elegeu-se exatamente a demanda de uma consumidora pobre e negra (como dissemos acima, triplamente vulnerável), destituída de recursos financeiros para se fazer presente fisicamente no STJ, por meio de apresentação de memoriais, audiências com os Ministros e sustentação oral.
> Como juiz, mas também como cidadão, não posso deixar de lamentar que, na argumentação(?) oral perante a Seção e também em visitas aos Gabinetes, verdadeiro monólogo dos maiores e melhores escritórios de advocacia do País, a voz dos consumidores não se tenha feito ouvir. Não lastimo somente o silêncio de D. Camila Mendes Soares, mas sobretudo a ausência, em sustentação oral, de representantes dos interesses dos litigantes-sombra, todos aqueles que serão diretamente afetados pela decisão desta demanda, uma gigantesca multidão de brasileiros (mais de 30 milhões de assinantes) que, por bem ou por mal, pagam a conta bilionária da assinatura- básica (lembro que só a recorrente, Brasil Telecom, arrecada, anualmente, cerca de três bilhões e meio de reais com a cobrança dessa tarifa - cfr. www.agenciabrasil.gov.br, notícia publicada em 8.6.2007). (...)
> Em síntese, a vitória das empresas de telefonia, que hoje se prenuncia, não é exclusivamente de mérito; é, antes de tudo, o sucesso de uma estratégia judicial, legal na forma, mas que, na substância, arranha o precioso princípio do acesso à justiça, uma vez que, intencionalmente ou não, inviabiliza o debate judicial e o efetivo contraditório, rasgando a *ratio essendi* do sistema de processo civil coletivo em vigor (Lei 7347/85 e CDC)[24]

Até o momento vigeu um modelo concebido sob uma lógica de organização estatal de mais de cem anos; o mesmo modelo implantado na primeira Constituição republicana se mantém quase intocado até hoje. A despeito das transformações sociais, políticas, culturais e tecnológicas vivenciadas no curso do século XX o modelo jurisdicional subsiste intocado. Não se pode omitir que algumas mudanças foram de natureza estrutural e propiciaram maior efetividade e acesso à justiça, como ocorreu com a criação da Justiça do Trabalho,

24 STJ. REsp nº 902.811, Rel. Min. José Delgado. DJe 01/09/2008

na década de 40, e do controle concentrado de constitucionalidade, na década de 60, mas a evolução parou por aí.

Essas mudanças, entretanto, foram insuficientes para reverter, a imagem que a sociedade possui em relação ao Poder Judiciário, relacionada a uma função lenta, ineficiente, arbitrária, discriminatória e, por essa razão, dissonante dos processos de democratização e modernização em curso no Brasil.

A Reforma do Poder Judiciário aliado ao CPC/2015, decantados como panacéia de todas as mazelas até então experienciadas pela sociedade, ainda não apresentaram resultados dignos de nota, valendo aqui a metáfora empregada por Cappelletti, para descrever as tentativas de agilização do processo civil:

> a marcha da justiça civil lembra, ainda, a imagem do relógio danificado; cada vez que se quer colocá-lo em marcha por algum segundo, tem necessidade de ser repetidamente sacudido e golpeado[25].

É fato que mudanças das regras, por si sós, sempre serão insuficientes para promover acesso à justiça, pois não conseguem prevenir demandas, nem contornar o excessivo apego às formalidades processuais, nem suprir a falta de transparência, aumentando, assim, a desconfiança no sistema judiciário.

> Se impõe uma mudança fundamental de mentalidade, uma melhor compreensão da matéria. Não se pode continuar pensando dentro de categorias e esquemas jurídicos construídos há várias décadas, ante a realidade de um mundo que já não existe[26].

Apenas para finalizar, a ineficiência vem acompanhada de altíssimo custo econômico para o funcionamento do Judiciário. Em 2015, o custo foi de quase R$ 80 bilhões, correspondentes a 1,3% do PIB.

> Um cálculo simples, dividindo o orçamento total destinado para o Poder Judiciário pelo total de casos baixados, indica que o custo por cada decisão judicial é, em média, de R$ 2.248,93 ou € 691,98 no Brasil, e não passando de R$ 1.679,15 ou € 516,66 na Itália, e R$ 2.093,98 ou € 646,90 em Portugal. Trata-se de um custo altíssimo especialmente ante a conhecida demora de tais decisões, que gera uma taxa de congestionamento de cerca de 70%. A conclusão de que o patamar de despesas com o Poder Judiciário brasileiro é equiparável em valores absolutos ao de países muito mais ricos[27].

---

25 CAPPELLETTI, Mauro. Processo, ideologias e sociedade. V. I, Porto Alegre: SAFE, 2007, p. 327.

26 Corte Interamericana de Direitos Humanos, Caso Ximenes Lopes Vs. Brasil. Fondo, Reparaciones y Costas. Sentencia de 4 de julio de 2006, disponível em http://www.corteidh.or.cr/docs/casos/articulos/Seriec_149_esp.doc

27 DA ROS, Luciano. O custo da Justiça no Brasil: uma análise comparativa exploratória. Disponível em: http://observatory-elites.org/wp-content/uploads/2012/06/newsletter-Observatorio-v.-2-n.-9.

A consequência da inefetividade processual e do alto custo da máquina judiciária é o índice de 29% de confiança da sociedade no Poder Judiciário, conforme apurado pela FGV no ICJ Brasil durante o primeiro semestre de 2016. Infere-se do Relatório ICJ que esse índice demonstra o nível de insatisfação da sociedade com a prestação jurisdicional superior a 2/3 da população, que identifica o Poder Judiciário com uma instituição não confiável em termos de eficiência, imparcialidade e honestidade[28].

2- Necessária cautela na leitura e aplicação do CPC/2015

A partir da entrada em vigor do Código de Processo Civil de 2.015 tem-se percebido verdadeiro rebuliço na comunidade jurídica. É necessário, contudo, ponderação, cautela e responsabilidade na assimilação e interpretação das novidades trazidas. Extraio dos mestres da Vetusta Casa de Afonso Pena, algumas premissas essenciais a serem consideradas quando nos deparamos com o processo e suas inovações.

Aroldo Plínio Gonçalves pontifica que nenhum valor "pode se sobrepor ao valor do contraditório, do direito de defesa e do devido processo legal"[29].

Há quatro décadas, Sálvio de Figueiredo Teixeira já ensinava que o direito processual é a "Ciência da pacificação social" e que a norma processual é o instrumento de harmonia social22. Quase meio século depois, lamentavelmente, ainda vivemos no mesmo cenário daquele 08/12/1976, ocasião em que ele descreveu "um quadro no qual ameaçados estão os direitos humanos, por meio de prisões arbitrárias, da negação do *due process of law*; do trabalho escravo, da sufocação da liberdade religiosa, da perseguição racial, da repressão política, do uso da tortura e da restrição às manifestações de pensamento, abusos que se vêm tornando assustadoramente frequentes"[30]. Para ilustrar o cenário atual veja, a propósito, a decisão proferida por magistrado do Distrito Federal que,

---

28 FGV, São Paulo. Relatório ICJ Brasil/1º semestre 2016. Disponível em http://politica.estadao.com.br/blogs/fausto-macedo/wp-content/uploads/sites/41/2016/10/Relatorio_ICJ_1SEM2016_v3_Rev.pdf. Acesso em 3/01/2017.

29 GONÇALVES, Aroldo Plínio. Expectativas em torno do novo Código de Processo Civil como instrumento de aprimoramento do Direito. Faculdade de Direito da UFMG, 27.11.2015, Conferência de encerramento do I Congresso Mineiro Sobre os Impactos do Novo Código de Processo Civil no Judiciário.

30 FIGUEIREDO, Sálvio de Figueiredo. A última aula, In: Compromisso com o Direito e a Justiça. Belo Horizonte: Del Rey, 2008, ano do Centenário do Clube Atlético Mineiro, p.10. (A menção do ano centenário é uma homenagem ao Ministro Sálvio que foi reverenciado no Mineirão quando ganhou o Galo de Prata).

para a reintegrar a posse de escola ocupada por estudantes, autorizou a Polícia Militar utilizar métodos de tortura contra adolescentes estudantes[31].

Humberto Theodoro Jr., coautor do anteprojeto que culminou na legislação processual em vigor, nos legou a lição do que é um processo justo, aquele que se " faça dentro de um prazo razoável e sob método presidido pelas exigências da economia processual, sempre assegurando aos litigantes o contraditório e a ampla defesa". A questão a ser desvelada, portanto, é saber se o CPC/2015 retrata esse anseio, de um processo justo.

A nova codificação não representa uma ruptura absoluta com o processo civil vivenciado nas últimas quatro décadas, sob a égide do Código Buzaid, nem reinventa o Direito Processual Civil. É, de acordo com Aroldo Plínio Gonçalves, "o aperfeiçoamento de seus princípios, de suas normas e de seus institutos, de modo a torna-lo apto a atender aos reclamos de um novo tempo"[32].

A legislação processual civil brasileira incorporou novas técnicas desenvolvidas na contemporaneidade, objetivando conferir ao procedimento maior aproveitamento e efetividade, como por exemplo, o princípio da primazia do julgamento do mérito. No plano jurídico-político, a incorporação dos princípios e garantias constitucionais do processo, democratizou o processo e qualificou o acesso à justiça e a prestação jurisdicional, *ex vi*, a disciplina do CPC/2015 relativa ao contraditório e à motivação das decisões judiciais, "são esses temas de uma pequena amostra da riqueza inovadora temática do novo Código de Processo Civil"[33], que carecem de serem concretizados na prática cotidiana do Judiciário.

3- Dos atos do juiz

Feitas essas digressões, passemos ao estudo do tema que é o objeto central desse trabalho.

---

31 Disponível em: http://www.correiobraziliense.com.br/app/noticia/cidades/2016/11/01/interna_cidadesdf,555619/juiz- autoriza-corte-de-luz-e-agua-para-desocupar-escola-publica-no-df.shtml

32 GONÇALVES, Aroldo Plínio. Expectativas em torno do novo Código de Processo Civil como instrumento de aprimoramento do Direito. Faculdade de Direito da UFMG, 27.11.2015, Conferência de encerramento do I Congresso Mineiro Sobre os Impactos do Novo Código de Processo Civil no Judiciário.

33 GONÇALVES, Aroldo Plínio. Expectativas em torno do novo Código de Processo Civil como instrumento de aprimoramento do Direito. Faculdade de Direito da UFMG, 27.11.2015, Conferência de encerramento do I Congresso Mineiro Sobre os Impactos do Novo Código de Processo Civil no Judiciário.

O estudo da sistemática recursal exige, preliminarmente, o exame dos atos judiciais, uma vez que objeto de impugnação através de recurso é o ato decisório recorrível. Entretanto, como nem todos os atos judiciais são de natureza decisória, faz-se necessário distingui-los. Assim, a princípio, há de se observar que os atos jurisdicionais podem ser classificados em dois grandes grupos: atos decisórios e atos não decisórios[34].

O CPC/2015 discrimina os pronunciamentos do juiz em atos de três espécies: despachos, decisões interlocutórias e sentenças. Consistem esses atos em "declarações de pensamento do juiz, expressas no exercício do poder [*potestà*] jurisdicional e pela forma determinada em lei: é justamente com a emissão dos provimentos que o juiz exerce o poder de que é investido"[35].

A distinção entre atos decisórios e não decisórios caracteriza-se pela aptidão de produzirem ou não prejuízo às partes, na valiosa lição de Moniz Aragão:

> todos os despachos que visem unicamente à realização do impulso processual, sem causar qualquer lesão ao direito das partes, serão de mero expediente. Caso, porém, ultrapassem esse limite e acarretem ônus ou afetem direitos, causando algum dano (máxime se irreparável), deixarão de ser de mero expediente e ensejarão recurso.

Os atos não decisórios denominam-se despachos, conceituados legalmente como "todos os demais pronunciamentos do juiz praticados no processo, de ofício ou a requerimento da parte."

Os atos decisórios são, nos termos da lei:

a) sentença: conceituada como "o pronunciamento por meio do qual o juiz, com fundamento nos arts. 485 e 487, põe fim à fase cognitiva do procedimento comum, bem como extingue a execução". A prolação da sentença de mérito, põe termo à fase de cognição, mas não exaure o ofício jurisdicional, pois, quando a sentença impuser o dever de prestar uma obrigação, haverá, a fase de cumprimento da sentença

A sentença será terminativa quando o juiz extinguir o processo sem julgar-lhe o mérito, nas hipóteses em que: indeferir a petição inicial; em virtude de paralisação do processo por mais de 1 (um) ano devido à negligência das partes; houver abandono da causa pelo autor caracterizado pelo fato de deixar, por mais de 30 dias, de promover os atos e diligências que lhe incumbem; se verificar a ausência de pressupostos de constituição e de desenvolvimento

---

34 GRINOVER, Ada Pellegrini, ARAÚJO CINTRA, Antônio Carlos de, DINAMARCO, Cândido Rangel. Teoria Geral do Processo. 9 ed. 2ª tiragem. São Paulo: Malheiros Editores, 1993.

35 LIEBMAN, Enrico Tullio. Manual de Direito Processual Civil. Vol. I, 2ª ed. Rio de Janeiro: Forense, 1985, p. 239.

válido e regular do processo; se reconhecer a existência de perempção, de litispendência, de coisa julgada, de convenção de arbitragem ou se o juízo arbitral reconhecer sua competência; se verificar ausência das condições da ação; se homologar a desistência da ação; e, finalmente, se, em virtude da morte da parte, houver previsão legal de extinção do processo.

b) decisão interlocutória: é o ato pelo qual o juiz, no curso do processo, resolve questão incidente.

As lições sempre atuais de Barbosa Moreira, estabelecem que a distinção entre os atos decisórios no primeiro grau de jurisdição "já não tomará por base a posição do ato no itinerário do processo; terá de levar em conta elemento relativo ao conteúdo. (...) uma se distinguirá da outra em razão da matéria: a decisão interlocutória dirá respeito a mera 'questão incidente"[36].

No CPC/2015, o conteúdo das decisões interlocutórias é relevantíssimo para se definir a adequação e cabimento do agravo de instrumento. Somente as decisões que versarem sobre as matérias enumeradas no art. 1015 são impugnáveis por agravo de instrumento.

Respeitado o dever de fundamentar, as decisões interlocutórias são de forma livre. A ausência de definição no Código dos seus elementos confere ao juiz liberdade na elaboração. E nisso reside mais uma distinção em relação à sentença, que devem observar a forma prevista na lei, ou seja, os elementos previstos no art. 489 do CPC/2015: relatório, fundamentação e dispositivo.

Os atos praticados nos tribunais, nos termos do art. 204, denominados acórdãos, que são os julgamentos proferidos pelos colegiados destes órgãos jurisdicionais, que têm de conter ementa e serem fundamentados (arts. 943, § 1º e 489, caput e § 1º).

Mais uma vez a definição legal foi incompleta, porquanto as decisões monocráticas proferidas nos tribunais não são acórdãos, mas nem por isso deixam de representar julgamento do tribunal, quando, por exemplo, o relator nega seguimento a recurso ou lhe julga o mérito, nas hipóteses previstas no art. 932, incs. IV a VI do CPC e são impugnáveis por agravo interno.

A decisão judicial é manifestação da liberdade de convicção do juiz, que não pode sofrer nenhum cerceamento para interpretar a lei e decidir. Ele, sequer, está sujeito à lei, pois pode deixar de aplicá-la quando julgá-la inconstitucional[37].

---

36 BARBOSA MOREIRA, José Carlos. Temas de Direito Processual. 9ª Série. São Paulo: Saraiva: 2007, p. 177.

37 Sobre a independência do juiz cf. JAYME, Fernando G. *Tribunal Constitucional: exigência democrática.* Belo Horizonte: Del Rey, 2000, p. 80.

Não se admite, contudo, em nenhuma hipótese, "a substituição do legislador, pelo juiz, dos órgãos legislativos pelos judiciários, com evidente desprezo ao preceito básico do sistema democrático, relativo à separação e harmonia dos poderes"[38]. Por esta razão, aos magistrados são conferidas garantias de independência e, em contrapartida, exige-se que os julgamentos devam ser técnico-jurídicos, imparciais, adequada e congruentemente fundamentados.

A fundamentação confere legitimidade à decisão, consistindo em explicitar os motivos que conduziram o julgador ao veredito por ele proferido. A decisão sem fundamentação agride o ordenamento constitucional e mostra a face da arbitrariedade, incompatível com o Estado de Direito. Assinala Barbosa Moreira que:

> o princípio de que as decisões judiciais devem ser motivadas aplica-se aos pronunciamentos de natureza decisória emitidos por qualquer órgão do Poder Judiciário, seja qual for o grau de jurisdição, sem exclusão dos que possuam índole discricionária ou se fundem em juízos de valor livremente formulados.[39]

Sobre o tema, Dinamarco apresenta valiosa lição:

> Decidir sem fundamentar suficientemente é exercer o poder sem dar atenção às partes e aos órgãos superiores da Magistratura, a quem compete, pela via dos recursos que lhe chegam, examinar os motivos expostos e se pronunciar sobre eles – seja para confirmá-los, seja para repudiá-los. E isso, como chega a ser intuitivo, não só viola as exigências de motivação postas pela lei e pela Constituição, como ainda desconsidera as exigências do *due process of law*.[40]

A falta de fundamentação dos atos decisórios, é causa de nulidade cominada no art. 93, inc. IX da CR/88, portanto, qualquer decisão deve explicitar a motivação do que foi decidido. O art. 489, § 1º do CPC/2015 define as hipóteses em que se considera a decisão carente de fundamentação.

É importante observar que desde a promulgação da Constituição da República em 1988 há previsão constitucional expressa cominando a sanção de nulidade para as decisões judiciais desprovidas de fundamentação. Todavia,

---

38 SILVEIRA, José Neri. A Independência do Poder Judiciário e dos Magistrados. Op. cit.

39 BARBOSA MOREIRA, José Carlos. Temas de Direito Processual, 2ª Série. São Paulo: Saraiva, 1980, p. 95.

40 DINAMARCO, Cândido Rangel. Fundamentos do Processo Civil Moderno. 4ª ed. São Paulo: Malheiros, 2001, p. 1080.

foi necessário o CPC/2015, em verdadeira interpretação autêntica da norma constitucional, estabelecer pedagogicamente as situações em que se reconhece a falta de fundamentação da decisão.

A despeito da resistência dos órgãos de classe da magistratura contrapondo-se ao § 1º do art. 489 do CPC/2015, a iniciativa legislativa foi salutar e contribuiu decisivamente para a democratização do processo. Os argumentos contrapostos ao dispositivo eram no sentido de que a obrigatoriedade de o juiz responder a todas as questões suscitadas pela parte implicaria verdadeira paralisação do Poder Judiciário, além de transformá-lo em órgão consultivo ao invés de deliberativo. Felizmente esse argumentos não prosperaram porque, na verdade, a inteligência do art. 489, § 1º inc. IV é no sentido de que somente receberão exame e resposta jurisdicional as alegações que versarem teses capazes de infirmar a conclusão adotada pelo julgador.

Enfim, verifica-se um movimento na jurisprudência no sentido de romper-se com uma jurisprudência vetusta e arbitrária que sustentava a tese de que "o magistrado não está obrigado a rebater, um a um, os argumentos trazidos pela parte, desde que os fundamentos utilizados tenham sido suficientes para embasar a decisão"[41].

Inicia-se no STJ a edificação de uma jurisprudência alentadora. Em julgado recente, a Corte decidiu:

> Conquanto o julgador não esteja obrigado a rebater, com minúcias, cada um dos argumentos deduzidos pelas partes, o novo Código de Processo Civil, exaltando os princípios da cooperação e do contraditório, lhe impõe o dever, dentre outros, de enfrentar todas as questões pertinentes e relevantes, capazes de, por si sós e em tese, infirmar a sua conclusão sobre os pedidos formulados, sob pena de se reputar não fundamentada a decisão proferida"[42].

O dever de fundamentação encerra vários desdobramentos, como a garantia do juiz imparcial, o dever de legalidade das decisões, encontrando eco no princípio do convencimento fundamentado do juiz.

No processo, almeja-se a decisão de mérito, pois, somente assim encerrar-se-á a lide, compondo-se definitivamente a situação conflituosa que causava intranquilidade social e o comprometimento da ordem legal. Desta

---

41 Rcl 10084 AgR-ED, Relator(a): Min. LUIZ FUX, Tribunal Pleno, julgado em 17/03/2016, PROCESSO ELETRÔNICO DJe-076 DIVULG 19-04-2016 PUBLIC 20-04-2016

42 REsp 1622386/MT, Rel. Ministra NANCY ANDRIGHI, TERCEIRA TURMA, julgado em 20/10/2016, DJe 25/10/2016

forma, o juiz deve sempre conduzir o processo em direção à sentença de mérito, que é o objetivo primordial da prestação jurisdicional. No entanto, é imperioso que, antes de adentrar no julgamento do mérito da causa, o julgador, preliminarmente, aprecie se o procedimento formou-se e desenvolveu-se de forma válida (pressupostos processuais) ou se estão presentes as condições da ação. Deve-se observar, todavia, que em relação à ausência de pressupostos processuais, quase sempre é possível sana-la e assim, alcançar uma decisão meritória.

4- Justificação filosófica dos recursos

> A autorreflexão institucionalizada do Direito serve à proteção jurídica individual sob dois pontos de vista, o da justiça do caso individual e o da unicidade e consistência na aplicação e desenvolvimento do Direito: "A finalidade do recurso consiste antes de mais nada na produção, através do exame das decisões publicadas, de decisões corretas e justas no interesse das partes. Mais ainda, a simples possibilidade de reexame impele os juízes a fornecerem cuidadosa justificação. Mas esse não é o único propósito do recurso. Ao contrário, ele também consiste no interesse geral de um sistema jurídico efetivo. A vedação da autodefesa só pode efetivamente se realizar se as partes têm uma certa garantia de que receberão uma decisão correta. Os estágios recursais, com a sua concentração de jurisdição cada vez mais alta e finalmente única em uma suprema corte, conduz à harmonização e ao maior desenvolvimento do Direito urgentemente necessários. O interesse público na harmonização do Direito joga luz sobre um movimento conciso da lógica da prestação jurisdicional: o juiz deve decidir cada caso de um modo que preserve a coerência da ordem jurídica como um todo. Em suma pode-se dizer que os códigos de processo regulam a produção de provas de uma maneira relativamente estrita, concentrada no curso dos eventos. Desse modo eles fixam as fronteiras no interior das quais as partes podem lidar com o Direito de uma maneira estratégica. Os discursos jurídicos, por outro lado, percorrem seu curso em um vácuo jurídico-procedimental, de tal modo que a produção do veredicto é prolatada sobre a habilidade profissional do juiz: "Os juizes decidem o resultado de uma audiência segundo a sua livre convicção haurida do conteúdo essencial da mesma.". Ao levar o discurso jurídico para fora do procedimento efetivo espera-se preservá-lo das influências externas.[43]

43 HABERMAS, Jürgen. Direito e Democracia entre facticidade e validade. Tradução Flávio Beno Siebenerchler. Rio de Janeiro: Tempo Brasileiro, 1997. v. I,. Tradução de: Faktizität und Geltung. Beiträge zur Diskurstheorie des Rechts und des demokratischen Rechtsstaats. p. 301.

5- Conceito de recurso:

> Recurso é remédio voluntário e idôneo a ensejar, dentro do mesmo processo, a reforma, a invalidação, o esclarecimento ou a integração de decisão judicial que se impugna.[44]

Esta definição, elaborada por Barbosa Moreira é a que melhor define recurso conforme nos ensina Ovídio Baptista:

> tem a vantagem de ressaltar dois elementos importantes que integram o conceito de recurso no direito brasileiro: a) sua condição de remédio voluntário, posto à disposição dos litigantes ou, eventualmente, do representante do Ministério Público ou de terceiros juridicamente interessados, para que os mesmos livremente provoquem o reexame da decisão judicial impugnada, o que exclui, do campo dos recursos determinadas formas de revisão de sentenças judiciais que não sejam voluntariamente exigidas pelas partes, como oportunamente veremos; b) a circunstância de corresponder o recurso a um expediente técnico a ter lugar na mesma relação processual, ou seja, todo recurso pressupõe e prolonga a pendência da causa, ficando, a partir deste elemento conceitual, fora do campo dos recursos em sentido estrito as formas de impugnação a decisões judiciais provenientes de outra relação processual simultânea ou posterior, tal como ocorre, por exemplo, em nosso direito, com a ação de embargos de terceiro ou com a ação rescisória.[45]

O recurso é uma extensão do procedimento, motivo que o distingue das ações próprias de impugnação de decisão judicial, como o mandado de segurança, a ação rescisória e embargos de terceiro. "O recurso é continuação do procedimento, funcionando como uma modalidade do direito de ação exercido no segundo grau de jurisdição"[46]. Trata-se do prolongamento do exercício do direito de ação no mesmo processo.

Sendo o recurso meio de impugnação de decisão judicial, o princípio da dialeticidade exige que as razões recursais impugnem especificamente, de forma transparente e objetiva, os fundamentos da decisão recorrida. Da mesma maneira que a decisão deve responder às teses debatidas pelas partes capazes de infirmar o veredito, não é suficiente que, no recurso, limite-se o recorrente a refutar as conclusões da decisão. A fundamentação do recurso deve contrapor-

---

44 BARBOSA MOREIRA, José Carlos. Comentários ao Código de Processo Civil. Vol. V, 7 ed. Rio de Janeiro: Forense, 1998. p. 231.

45 BAPTISTA DA SILVA, Ovídio Araújo, GOMES, Fábio Luiz. Teoria Geral do Processo Civil. São Paulo: Revista dos Tribunais,1997. p.303.

46 NERY JUNIOR, Nelson. Teoria Geral dos Recursos. 4 ed. São Paulo: Revista dos Tribunais, 1997. p. 181.

-se às premissas constitutivas da motivação da decisão. É preciso estar atento, portanto, para o fato de que alegações genéricas ou a reiteração de argumentos já refutados caracteriza fundamentação deficiente.

O recurso, por ser um direito, é ato voluntário do recorrente. Só há recurso por iniciativa da parte, do Ministério Público ou do terceiro prejudicado. A insurgência, que pode ser total ou parcial, tem por escopo, dentro da mesma relação jurídica processual, a anulação, reforma, integração ou esclarecimento da decisão recorrida.

Constitui uma faculdade da parte, que não tem obrigação de recorrer, mas, se não se desincumbir do ônus, os efeitos da decisão – preclusão ou coisa julgada - consolidar-se-ão e tornar-se-ão definitivos.

Esclarece-se, ainda, que o recurso deve adequado e próprio. Cada decisão desafia um único recurso adequado para impugná-la, havendo uma relação de verdadeira tipicidade entre as espécies do ato decisório e do recurso cabível para impugná-lo.

6. Juízo de admissibilidade e juízo de mérito dos recursos

A reapreciação da decisão impugnada por meio do recurso pressupõe um juízo de admissibilidade prévio, que consiste em verificar a presença de todos os pressupostos recursais. A ausência de qualquer um desses pressupostos impede o julgamento do mérito do recurso.

No caso de o relator inadmitir o recurso, monocraticamente, sempre haverá possibilidade de se recorrer da decisão mediante a interposição de agravo interno (art. 1021). Esse recurso submeterá a decisão singular do relator à apreciação do colegiado. O agravo interno tem, portanto, o condão de gerar a produção de um acórdão, o que é fundamental para o exaurimento da instância e, assim, possibilitar o prosseguimento da fase recursal nas instâncias constitucionais. A propósito, a Constituição da República, para fins de cabimento de recurso extraordinário e especial, exige que sejam interpostos contra decisão de única ou última instância.

A admissão do recurso pelo relator não vincula o órgão colegiado, por ser sempre provisório o juízo singular. A decisão admitindo o recurso é irrecorrível por competir ao colegiado competente para julgá-lo o exame definitivo dos pressupostos de admissibilidade. Desta forma, o recorrido carece de interesse recursal para impugnar a decisão singular que admite o recurso. Os motivos que obstam o conhecimento do recurso podem e devem ser expostos na resposta apresentada pelo recorrido. Entretanto, mesmo sem impugnação do recorrido, por serem os pressupostos recursais matéria de ordem pública, o colegiado deve verificar o atendimento dos pressupostos de admissibilidade[47], pois, caso ausentes, o tribunal não pode exercer a sua competência revisional. Nessa linha de raciocínio decide o Superior Tribunal de Justiça:

> por mais justa que seja a pretensão recursal, não podem ser desconsiderados os pressupostos recursais. O aspecto formal e importante em matéria processual, não por amor ao formalismo, mas para segurança das partes. Assim não fosse, ter-se-ia que conhecer dos milhares de processos irregulares que aportam a este tribunal, em nome do princípio constitucional do acesso a tutela jurisdicional.[48]

Os requisitos de admissibilidade dos recursos situam-se no plano das preliminares, isto é, vão possibilitar ou não o exame do mérito recursal. Segundo Barbosa Moreira[49], os pressupostos recursais são o "objeto do juízo de admissibilidade, são os requisitos necessários para que se possa legitimamente apreciar o mérito do recurso, a fim de dar-lhe ou negar-lhe provimento".

Por isso, o recorrido não tem interesse recursal em impugnar a decisão que recebe o recurso, haja vista que, por serem as regras recursais de ordem pública, os pressupostos recursais serão apreciados pelo juízo recorrido[50], mesmo sem impugnação nas contrarrazões. Com efeito, somente um recurso válido tem aptidão para provocar o julgamento do mérito pelo tribunal. Se assim não for, o tribunal estará usurpando competência que lhe é constitucionalmente atribuída para julgar recursos e, somente há recurso válido quando preenchidos os pressupostos de admissibilidade.

No tribunal, o juízo de admissibilidade pode ocorrer em diversos momentos, monocrática ou colegiadamente. Contudo, antes de inadmitir o recurso, nos termos do § único do art. 932, deve o relator conceder ao recorrente oportunidade de sanar os vícios formais do recurso, tais como insuficiência do recolhimento do preparo, vício de representação, ausência de documento obrigatório (arts. 1007, §§ 4º e 5º, 1017, § 3º).

---

47 NERY JUNIOR, Nelson. Teoria Geral dos Recursos. 4 ed. São Paulo: Revista dos Tribunais, 1997. p. 67, observa que "É preciso que as regras cogentes sejam observadas por todos aqueles que atuem no processo, ou seja, pelas partes e seus advogados, intervenientes, Ministério Público, juiz e auxiliares."

48 STJ, Ag no AgRg 150796, Rel. Min. Sálvio de Figueiredo Teixeira, DJ 08/06/1998 p. 123

49 BARBOSA MOREIRA, José Carlos. Comentários ao Código de Processo Civil. Vol. V. Op. cit., p. 259.

50 No sentido do texto: TASP, AI nº 341.976-3-00, Rel. Batista Lopes, in, LEX, JTACSP 135/289. "É irrecorrível o despacho de recebimento da apelação, porque eventual equívoco do juízo a quo poderá ser corrigido, inclusive de ofício, no juízo ad quem, sem necessidade de interposição do agravo de instrumento."

Advirta-se que a ausência de preparo, sem a comprovação de justo motivo impeditivo de sua efetivação, bem como a intempestividade são vícios insanáveis que acarretam a inadmissão do recurso.

Uma questão polêmica refere-se à eficácia da decisão de inadmissibilidade do recurso no caso de ele não ser conhecido. Nelson Nery atribui-lhe eficácia *ex nunc*, preconiza:

> Nada obstante o caráter declaratório da decisão sobre a admissibilidade, seja positiva ou negativa, sua eficácia é *ex tunc*. Disto decorre a seguinte consequência: a decisão sobre a admissibilidade do recurso determina o momento em que a decisão judicial impugnada transita em julgado[51].

No entanto, este entendimento não espelha a melhor doutrina. Ovídio Baptista ensina que:

> se o recurso era inadmissível por ter sido proposto fora de prazo, ou porque o recorrente não fizera o preparo correspondente, ou por qualquer outra razão, o trânsito em julgado da sentença por ele atacada se deu com o transcurso do prazo para a interposição do recurso cabível. Se, porém, ele foi declarado inadmissível por não existir, naquela hipótese, nenhum recurso capaz de impugnar a sentença recorrida, o trânsito em julgado terá lugar a partir da publicação da sentença[52].

Aroldo Plínio sustenta a inexistência do ato processual extemporâneo:

> Os atos processuais existem na cadeia do procedimento em que a validade de um depende da realização daquele que era seu pressuposto. Mas a própria integração do ato ao procedimento depende de sua realização no momento processual oportuno. O ato deslocado de sua situação regular, ou intempestivo, é inexistente.
> O juiz não deve pronunciar a nulidade da defesa extemporânea ou do recurso intempestivo. Deve rejeitá-los, liminarmente, não admiti-los ou mandar desentranhar dos autos defesas, impugnações, recursos ou contrarrazões que não sejam apresentadas no prazo. Este não será absolutamente caso de decretação de nulidade.[53]

Finalmente, Barbosa Moreira põe a pá de cal sobre o debate:

> Quando se diz que faz coisa julgada a decisão "não mais sujeita a recurso" (art. 467); o que se diz, com outras palavras – e ressalvadas as hipóteses em que a própria lei exclui o trânsito em julgado, independentemente de re-

51 NERY JUNIOR, Nelson. Teoria Geral dos Recursos. 4 ed. São Paulo: Revista dos Tribunais, 1997. p. 233.

52 BAPTISTA DA SILVA, Ovídio Araújo. Curso de Processo Civil. Vol. I, 3 ed. Porto Alegre: Sergio Antonio Fabris Editor, 1996, p. 353.

53 GONÇALVES, Aroldo Plínio. Nulidades no Processo. Rio de Janeiro: Aide, 1993, p. 75.

> curso (art. 475, ou disposição análoga de lei extravagante) -, é que a *res iudicata* se produz desde que não haja, contra a decisão, recurso admissível, ou aquele que acaso o fora tenha deixado de o ser. Recurso inadmissível, ou tornado tal, não tem a virtude de empecer ao trânsito em julgado: nunca a teve, ali, ou cessou de tê-la aqui. Destarte, se inexiste outro óbice (isto é, outro recurso ainda admissível, ou sujeição da matéria, *ex vi legis*, ao duplo grau de jurisdição), a coisa julgada exsurge a partir da configuração da inadmissibilidade. Note-se bem: não a partir da decisão que a pronuncia, pois esta, como já se assinalou, é declaratória; limita-se a proclamar, a manifestar, a certificar algo que lhe preexiste[54].

A jurisprudência corrobora esse entendimento[55].

O juízo de mérito do recurso consiste na apreciação do pedido constante da petição recursal, para lhe dar ou não provimento.

A distinção entre juízo de admissibilidade[56], que se expressa nos termos "conhecer do recurso" ou "não conhecer do recurso", e juízo de mérito é relevante para determinar a competência para o julgamento da ação rescisória do julgado, uma vez que a competência para o seu julgamento é do tribunal competente para conhecer do recurso contra ela interposto ou que seria contra ela interponível.[57]

7. Pressupostos recursais

Os pressupostos recursais são os requisitos a serem atendidos pelo recorrente, no ato da interposição, caso pretenda ver julgado o mérito do recurso.

---

54 BARBOSA MOREIRA, José Carlos. Comentários ao Código de Processo Civil. Vol. V. Op. cit., p. 263.

55 STF, AR nº 1189, DJ 22/02/85, p. 1589, Rel. Min. Francisco Rezek: "A interposição extemporânea de recurso não elide o trânsito já consumado"; STF, REED nº 141703, Rel. Min. MOREIRA ALVES: "Por outro lado, a falta de preparo no prazo implica a deserção do recurso extraordinário, matéria essa que é de ordem pública, porquanto com a deserção do recurso se dá o trânsito em julgado da decisão recorrida, razão por que, ainda quando não alegada, deve ela ser decretada de ofício por esta Corte, quando do julgamento do recurso extraordinário."; STJ, REsp nº 57455, j. 26/08/1996, DJ 16/09/1996, p. 33756, Rel. Min. José Dantas: "Salvo intempestividade da interposição do último recurso cabível, o prazo de rescisão se inicia do trânsito em julgado de sua decisão."; STJ, Resp nº 56791, j. 05/12/1996, DJ 03/02/1997, p. 688, Rel. Min. Adhemar Maciel: "A interposição de recurso incabível não suspende ou interrompe o prazo para a apresentação do recurso próprio, bem como não tem o condão de impedir o transito em julgado do acórdão inadequadamente impugnado."

56 STJ, REsp. nº 172422, DJ 29/03/1999, p. 88: " Diz-se inadmissível o recurso que deixou de preencher os requisitos de sua admissibilidade."

57 THEODORO JÚNIOR, Humberto. Código de Processo Civil anotado. 6 ed. Rio de Janeiro: Forense, 1999, p. 220;

Frederico Marques classifica os pressupostos recursais em objetivos e subjetivos. Integram os primeiros: "a) a existência e adequação do recurso; b) tempestividade; c) pagamento das custas; d) motivação; e) regularidade procedimental". Os requisitos recursais subjetivos "cingem-se as condições de admissibilidade, à capacidade e legitimação para recorrer"[58]. Destaca, ainda o jurista, a sucumbência como pressuposto fundamental. Na mesma linha, Humberto Theodoro Jr.[59].

Barbosa Moreira, a seu turno, os classifica em pressupostos recursais intrínsecos e extrínsecos. Os primeiros referem-se à própria existência do direito de recorrer e os pressupostos recursais extrínsecos relacionam-se com o modo de exercê-lo[60]. Prefere-se esta classificação pois este critério "leva em consideração a decisão recorrida para determinar os pressupostos intrínsecos, e os demais fatores, alheios à decisão, para estabelecer os pressupostos extrínsecos."[61]

Os pressupostos recursais intrínsecos enumeram-se em: cabimento, legitimação para recorrer, interesse em recorrer e a inexistência de fato impeditivo ou extintivo do poder de recorrer.

Os pressupostos recursais extrínsecos consistem em: tempestividade, regularidade formal e preparo.

Cabimento e adequação do recurso significam a existência no ordenamento processual de previsão da espécie de recurso a ser manejado e a sua adequação, ou seja, a sua idoneidade para impugnar a decisão. Dois princípios associam-se a esse pressuposto: o da unirrecorribilidade e o da fungibilidade recursal.

A legitimidade recursal é outorgada a quem tem interesse na reforma da decisão. O CPC/2015 confere legitimidade ao Ministério Público, ao terceiro prejudicado e às partes (art. 996).

O Ministério Público terá legitimidade recursal nas causas que atua como parte ou como fiscal da ordem jurídica, ainda que não haja recurso da parte[62]. A jurisprudência consagrou o entendimento de que o Parquet está legitimado a recorrer tanto nas causas que tenham por objeto a defesa dos interesses sociais e individuais indisponíveis, bem como nas que a discussão diga respeito a

58 FREDERICO MARQUES, José. Instituições de Direito Processual Civil. Vol. IV, 2 ed. Rio de Janeiro: Forense, 1963, p. 52.

59 THEODORO JÚNIOR, Humberto. Curso de Direito Processual Civil.Vol. I, 26 ed. Rio de Janeiro: Forense, 1999, p. 556.

60 BARBOSA MOREIRA, José Carlos. O Novo Processo Civil Brasileiro. 7 ed. Rio de Janeiro: Forense, 1986, pp.161-167.

61 NERY JUNIOR, Nelson. Teoria Geral dos Recursos. 4 ed. São Paulo: Revista dos Tribunais, 1997. p. 329.

62 STJ, Súmula 99.

direitos individuais disponíveis, mesmo que as partes estejam representadas[63]. O interesse do Ministério Público em recorrer decorre do seu dever institucional de preservar a incolumidade da ordem jurídica. Todavia, se a intervenção ministerial foi motivada pela incapacidade, ele não tem legitimidade para recorrer em desfavor dessa parte incapaz[64].

A despeito dos princípios da unidade e indivisibilidade do Ministério Público, a jurisprudência, com fundamento no art. 31 da Lei nº 8.625/93, entende que o promotor de justiça não tem legitimidade para recorrer de decisão proferida por tribunal de justiça:

> Há, por isso, órgãos que atuam em 1ª instância e outros em 2ª instância. O promotor não atropela o procurador. O órgão que atua em 1ª instância pode solicitar prestação jurisdicional em 2º grau. exemplificativamente, a interposição de apelação, no juízo em que atua. O recurso especial, porém, no mesmo processo, será manifestado pelo órgão que oficia junto ao tribunal. Distingue-se, pois, postular 'ao' tribunal do postular 'no' tribunal.[51]

O terceiro prejudicado com a decisão judicial é uma espécie de assistente em grau recursal, porque formula pedido que será sempre em benefício de uma das partes primitivas. Sua legitimidade recursal condiciona-se à demonstração de interesse jurídico, isto é, tem de comprovar, não só o nexo entre o seu interesse e a demanda, mas também que, direta ou indiretamente, será prejudicado. "Considera-se haver prejuízo do terceiro quando o ato decisório diretamente ou apenas por repercussão reflexa, necessária ou secundária, ofenda o direito deste (Amaral Santos). É indispensável, porém, que se trate de prejuízo jurídico."[65]

> O terceiro prejudicado, embora investido de legitimidade recursal, não dispõe, para recorrer, de prazo maior que o das partes. A igualdade processual entre as partes e o terceiro prejudicado, em matéria recursal, tem a finalidade relevante de impedir que, proferido o ato decisório, venha este, por tempo indeterminado - e com graves reflexos na estabilidade e segurança das relações jurídicas -, a permanecer indefinidamente sujeito a possibilidade de sofrer impugnação recursal.[66]

---

63 STJ,ERESP nº30224/SP DJ 15/03/1999, p. 73, Rel. Min. José de Jesus Filho, Rel. p;acórdão Min. Edson Vidigal.

64 TESHEINER, José Maria. O Ministério Público como fiscal da lei no processo civil. Disponível em http://www.buscalegis.ufsc.br/revistas/files/anexos/17286-17287-1-PB.htm. Acesso em 19/08/2016. [51] STJ, ROMS 5562/SP; DJ 13/05/1996, p. 15574, Rel. Min. Vicente Cernicchiaro

65 STJ, REsp nº 61789, DJ 04/09/1995, p.27823, Rel. Min. ANTÔNIO DE PÁDUA RIBEIRO.

66 STF, AGRRE nº 167787, DJ 30/06/95, p. 20451, Rel. Min. CELSO DE MELLO.

O interesse em recorrer advém da sucumbência, que é o prejuízo advindo da decisão. É a frustração da parte que não foi atendida em tudo aquilo que pediu:

> Há sucumbência quando o conteúdo da parte dispositiva da decisão diverge do que foi requerido pela parte no processo (sucumbência formal) ou quando, independentemente das pretensões deduzidas pelas partes no processo, a decisão judicial colocar a parte ou o terceiro em situação jurídica pior do que a que tinha antes do processo, isto é, quando a decisão produzir efeitos desfavoráveis à parte ou ao terceiro (sucumbência material), ou ainda quando a parte não obteve no processo tudo aquilo que poderia dele ter obtido.[67]

O réu possui interesse em recorrer de sentença que extingue o processo sem julgamento do mérito[68], pois a sentença terminativa frustra sua expectativa que é a solução do litígio, com o julgamento de mérito, desacolhendo o pedido[69]. O réu também tem direito que se solucione definitivamente o conflito de interesses.

"Os fatos extintivos do poder de recorrer são a renúncia ao recurso e a aquiescência à decisão; os impeditivos do mesmo poder são a desistência do recurso ou da ação, o reconhecimento jurídico do pedido, a renúncia ao direito sobre o qual se funda a ação."[70] A renúncia ao recurso, que pode ser expressa ou tácita, significa manifestação de vontade no sentido de não recorrer. A desistência do recurso é a manifestação de vontade no sentido de não ver julgado o recurso já interposto, que pode ocorrer a qualquer tempo, independentemente de concordância do recorrido.

Tempestividade é o prazo que a lei prevê para a interposição do recurso, a intempestividade acarreta a preclusão ou a coisa julgada, conforme a espécie do ato judicial. O CPC/2015 unificou os prazos recursais em 15 dias, exceção feita aos embargos de declaração, cujo prazo para interposição é de 5 dias (art. 1003, § 5º).

---

67 NERY JUNIOR, Nelson. Teoria Geral dos Recursos. 4 ed. São Paulo: Revista dos Tribunais, 1997. pp. 261-262.

68 Neste sentido TJSP, APC nº 239.044-1, LEX, JTJ 185/ 174, Rel. Des. BENINI CABRAL: "RECURSO - Adesivo - Interesse - Ocorrência - Processo extinto sem exame de mérito - Alteração do dispositivo para improcedência - Possibilidade de melhoria da situação processual - Recurso conhecido."

69 O TJDF decidiu em sentido contrário: APC nº 40095.96, DJ 11/12/96, p. 23.111, Rel. Des. ROMÃO C. OLIVEIRA: "Se o processo foi extinto sem exame do mérito, a parte ré não poderá recorrer, buscando a improcedência da ação, eis que manifesta é a falta de interesse a justificar tal recurso."

70 NERY JUNIOR, Nelson. Teoria Geral dos Recursos. 4 ed. São Paulo: Revista dos Tribunais, 1997. p. 329.

Regularidade procedimental significa a obediência às formalidades legais. A regra é que o recurso deve ser interposto por petição, contendo a motivação e o pedido de nova decisão. Com a extinção do agravo interno, inexiste possibilidade alguma de interposição de recurso oralmente.

8. Preparo

O preparo integra a regularidade procedimental do recurso. Desde 1994, exige-se preparo prévio, salvo as exceções legais que o dispensam. É possível a complementação se o valor do preparo foi insuficiente, conforme dispõem os §§ único do art. 932 e 2º do art. 1007.

O art. 1007 dispõe que, quando exigido, o preparo, inclusive porte de remessa e de retorno, deve ser comprovado simultaneamente à interposição do recurso, sob pena de deserção. Esse dispositivo reproduz *ipsis literis* o art. 511 do CPC revogado.

Sálvio de Figueiredo Teixeira sobre a matéria "sustenta que a interposição de recurso sem o preparo imediato operaria uma preclusão e o preparo ulterior seria inócuo, ainda quando feito antes do fim do prazo recursal"[71].

A jurisprudência do Superior Tribunal de Justiça firmou-se no mesmo sentido, isto é, a ausência de comprovação do preparo no momento da interposição do recurso implica deserção. A juntada posterior da guia de recolhimento posterior é irrelevante, por ser inepta para relevar a penalidade[72].

O rigor da norma revogada, contudo, foi abrandado para afastar a deserção no caso de o recorrente, intimado da insuficiência do recolhimento do valor do preparo, inclusive porte de remessa e de retorno, vier a complementá-lo no prazo de cinco dias (art. 1.007, § 2º). E, o § 4º do art. 1007 do CPC afasta a preclusão consumativa e traz valiosa contribuição para o recorrente desatento, que deixa de comprovar o preparo simultaneamente à interposição do recurso. Baseado nesse dispositivo, poderá o recorrente comprovar o preparo, inclusive porte de remessa e retorno, posteriormente à interposição do recurso.

Essa situação ocorre quando o recorrente, tendo efetuado, previamente, o recolhimento do preparo, deixa de juntar à petição recursal o comprovante no momento em que interpõe o recurso. Diante da ausência de comprovação do preparo, procede-se à intimação do recorrente para, em cinco dias, compro-

---

71 Apud, DINAMARCO, Cândido Rangel. A reforma do Código de Processo Civil. 4 ed. São Paulo: Malheiros, 1998, p. 164.

72 STJ, AgRg no AREsp 755248-SP, AgRg no AREsp 626228-SP, AgRg no Ag 1252865-SP

var o recolhimento em dobro do preparo. Haverá duplo recolhimento do preparo. O primeiro, efetuado previamente à interposição do recurso e o outro, após a intimação para comprovação do preparo, situação em que relevar-se-á a deserção se a parte efetuar o recolhimento de nova taxa de preparo, além da anteriormente paga. Melhor dizendo, efetuado previamente o recolhimento do preparo, o recorrente que deixar de comprová-lo no momento da interposição do recurso será intimado para, no prazo de 5 dias, efetuar o recolhimento de valor correspondente a outro preparo e proceder à juntada das guias de preparo quitadas, por isso, o CPC/2015 fala do preparo em dobro.

A hipótese acima tratada, da possibilidade de sanar a ausência de comprovação do preparo, difere substancialmente do caso em que não houve preparo.

Vê-se que o § 4º do art. 1007 incide apenas nas hipóteses em que faltar a comprovação do recolhimento do preparo no ato da interposição do recurso. A falta de recolhimento prévio, tal qual no ordenamento revogado, implicará deserção do recurso, salvo a hipótese de o recorrente comprovar justo motivo que o impediu de efetuar o preparo tempestivamente.

A diferença entre as situações decorre da segregação das hipóteses no CPC/2015. A determinação contida no art. 1007, § 6º aplica-se aos casos em que não houve preparo. Desta maneira, acolhendo o magistrado a justificativa que impediu o recorrente de efetuar o preparo tempestivamente, releva-se o efeito da deserção se no prazo estabelecido for sanado o vício. Neste sentido:

> A possibilidade de complementação do preparo diz com a hipótese de pagamento oportuno, mas insuficiente, ou seja, inferior aos valores devidos, não abarcando os casos em que a parte recorrente, no ato de interposição recurso, deixou de recolher integralmente as custas judiciais, ocorrendo a preclusão e consequente deserção do recurso[73].

Evitar-se-á, portanto, a deserção mediante a comprovação do preparo no ato da interposição do recurso. O recorrente, uma vez reconhecido judicialmente motivo justo que impediu o recolhimento do preparo, poderá, excepcionalmente, ter a deserção relevada, hipótese em que se admite o pagamento tardio do preparo.

Essa é a interpretação que, no nosso ponto de vista, resguarda a teleologia do CPC/2015. Entretanto, há vozes respeitabilíssimas em sentido contrário. Esse dissídio doutrinário qualifica o debate e motiva a reunião máxima de argumentos para demonstrar a correção da tese aqui acolhida.

---

73 AgRg nos EREsp 1.271.634/RS, Rel. Ministra Regina Helena Costa, Primeira Seção, DJe 15/12/2015

Tem-se ensinado que o CPC admitiu expressamente "que a parte recolha o preparo após a interposição do recurso, desde que o faça em dobro, como uma espécie de punição pela falta"[74].

Esse entendimento, entretanto, traz uma série de dificuldades para ser assimilado. Primeiramente, equipara a ausência de comprovação do preparo ao seu inadimplemento e aplica a situações, totalmente distintas, a mesma regra, qual seja, possibilita a comprovação posterior mediante o recolhimento em dobro do preparo.

Ainda que teleologicamente o Código destine-se a combater o formalismo em proveito da resolução do mérito, a igualação das consequências de comportamentos absolutamente distintos se mostra desprovida de razoabilidade.

Simplesmente relevar a deserção em face da ausência de preparo, por meio do recolhimento em dobro do valor, é atentar contra texto expresso de lei e, por conseguinte, violar o devido processo legal e todas as garantias processuais que dele decorrem.

O Superior Tribunal de Justiça ainda não apreciou a matéria à luz do CPC/2015, mas os seguintes entendimentos devem ser recepcionados pela jurisprudência:

O preparo deve ser recolhido previamente à interposição do recurso. Sua não efetivação tempestiva enseja a deserção do recurso.

Efetuado o pedido de gratuidade judiciária somente na petição de recurso extraordinário, sua posterior concessão não tem o condão de retroagir de forma a afastar a deserção anteriormente configurada.

quando a declaração de pobreza para a comprovação da necessidade da concessão da justiça gratuita for insuficiente por haver indícios de capacidade econômica da parte, será conferido ao recorrente a oportunidade de demonstrar essa necessidade ou de recolher o preparo antes de julgar deserto o recurso.

É insuficiente, para comprovação do preparo, a apresentação somente do comprovante de pagamento das custas processuais, pois é indispensável a juntada das respectivas guias de recolhimento da União, hipótese em que o relator deverá determinar o saneamento, nos termos do art. 932, § único.

Há possibilidade de, dentro do prazo para recorrer, proceder-se ao recolhimento das custas processuais no primeiro dia útil subsequente quando o recurso é interposto após o término do expediente bancário. Ressalvada essa hipótese, o recolhimento do preparo posteriormente à interposição do recurso implica deserção. Assim, se a interposição do recurso ocorreu no último dia do prazo em horário posterior ao encerramento do expediente bancário o recurso é inadmissível.

---

74 THEODORO JR., Humberto. Curso, vol. III, 47 ed., p. 990

A deserção não se caracteriza apenas pela falta de preparo. É deserto o recurso todas as vezes em que houver o descumprimento de algum ônus (encargo que pesa sobre a parte, cumprindo-lhe, senão quiser arcar com um prejuízo, desincumbir-lhe[75]) do qual depende o conhecimento do recurso, como, *v.g.*, a não juntada das peças do agravo de instrumento após a intimação para regularização.

9. Efeitos dos recursos

Os recursos são atos processuais que produzem diversos efeitos. Segundo Frederico Marques,

> O primeiro deles é o de ampliar procedimentalmente a relação processual, uma vez que vários atos processuais serão praticados após o pedido de reexame da decisão contra a qual é o recurso interposto. Forma-se, na verdade, com essa série de atos, um novo procedimento, que é denominado de procedimento recursal.[76]

Efeitos dos recursos propriamente ditos são o devolutivo e o suspensivo.

O efeito devolutivo, para Frederico Marques é genérico, isto é, a aptidão que qualquer recurso possui de levar a ser reexaminada a questão decidida[77]. Ovídio Baptista observa, contudo, que "nossa doutrina, no entanto, desde os velhos processualistas do século XIX, entende por efeito devolutivo a circunstância de confiar-se o reexame da decisão recorrida a um órgão de hierarquia superior"[78]. Assim, "quando a lei, a título de exceção, atribui competência ao próprio órgão *a quo* para reexaminar a matéria impugnada, o efeito devolutivo ou não existe (como nos embargos de declaração), ou fica diferido, produzindo-se unicamente após o juízo de retratação: assim no agravo"[79].

O efeito suspensivo é aptidão que alguns recursos possuem de suspender a eficácia da decisão atacada até o julgamento do recurso.

Deve-se reconhecer, ainda a existência dos efeitos translativo e expansivo dos recursos.

---

75 GONÇALVES, Aroldo Plínio. Técnica Processual e Teoria do Processo. Rio de Janeiro: Aide, 1992, p. 87.

76 FREDERICO MARQUES, José. Instituições de Direito Processual Civil. Vol. IV. Op. cit., p. 86.

77 FREDERICO MARQUES, José. Instituições de Direito Processual Civil. Vol. IV. Op. cit., p. 87.

78 BAPTISTA DA SILVA, Ovídio Araújo. Curso de Processo Civil. Vol. I. Op. cit., p. 348.

79 BARBOSA MOREIRA, José Carlos. Comentários ao Código de Processo Civil. Vol. V. Op. cit., pp. 257-258.

Haverá efeito translativo do recurso quando o órgão jurisdicional, legalmente autorizado, julga "fora do que consta das razões ou contrarrazões do recurso, ocasião em que não se pode falar em julgamento *extra, ultra* ou *infra petita*. Isto ocorre normalmente com as questões de ordem pública, que devem ser conhecidas de ofício pelo juiz e a cujo respeito não se opera a preclusão."[80][81] Esse efeito refere-se à devolutividade do recurso em seu aspecto vertical, nos termos do art. 1013, §§ 1º e 2º, do CPC/2015, consequentemente, implica a abrangência de todas as questões relacionadas com os fundamentos do pedido e da defesa que tenham sido efetivamente resolvidas na sentença; aquelas matérias que deveriam ter sido examinadas de ofício pelo juiz e aquelas que, apesar de suscitadas e discutidas, deixaram de ser apreciadas. Esse efeito, entretanto, não admite a *reformatio in pejus*, nem prescinde, nos termos do art. 10 do CPC/2015, do contraditório prévio. Sistematizando, tem-se o entendimento do Superior Tribunal de Justiça:

> O efeito translativo da apelação, insculpido no artigo 515, § 1º, do CPC, aplicável geralmente às questões de ordem pública, não autoriza o conhecimento pelo julgador de matérias que deveriam ter sido suscitadas pelas partes no momento processual oportuno por força do princípio dispositivo do qual decorre o efeito devolutivo da apelação que limita a atuação do Tribunal às matérias efetivamente impugnadas"[82].
> Matéria de ordem pública da qual se pode conhecer em qualquer instância de julgamento e por força do efeito translativo dos recursos é aquela que se sobrepõe ao interesse das partes e cujo exame se justifica pela necessidade de salvaguardar o ordenamento jurídico como um todo, e não os interesses individuais e privados[83].

Em relação ao recurso especial, que exige o prequestionamento de toda a matéria a ser submetida à julgamento, a atribuição de efeito translativo é uma excepcionalidade, uma vez que se encontra assentado na jurisprudência do STJ que "A exigência do prequestionamento prevalece também quanto às matérias de ordem pública"[84]

80 NERY JUNIOR, Nelson. Teoria Geral dos Recursos. 6ª ed. São Paulo: Revista dos Tribunais, 2004. pp. 482 e 487

81 REsp 1484162/PR, Rel. Ministro Ricardo Villas Bôas Cueva, Terceira Turma, DJe 13/03/2015

82 REsp 1484162/PR, Rel. Ministro Ricardo Villas Bôas Cueva, Terceira Turma, DJe 13/03/2015

83 AgRg no AREsp 343.989/DF, Rel. Ministro João Otávio de Noronha, Terceira Turma, DJe 11/11/2013

84 EREsp 805.804/ES, Rel. Min. João Otávio de Noronha, j. 03/06/2015

Assim, os tribunais constitucionais quando eventual nulidade processual ou falta de condição da ação ou de pressuposto processual impede, de maneira incontornável, que o julgamento do recurso cumpra sua função de ser útil ao desfecho da causa, cabe-lhes, de ofício, conhecer da matéria, nos termos previstos no art. 485, § 3º, do CPC/2015. Nesses limites é de ser reconhecido o efeito translativo, aplicado de forma temperada, como inerente também ao recurso especial[85]. É, também, possível conhecer de questões de ordem pública não prequestionadas se o recurso especial ensejar conhecimento por outros fundamentos, ante o efeito translativo dos recursos. Sua aplicação aos recursos constitucionais é uma excepcionalidade, conforme consignado na jurisprudência do STJ:

> O efeito translativo é próprio dos recursos ordinários (apelação, agravo, embargos infringentes, embargos de declaração e recurso ordinário constitucional), e não dos recursos excepcionais, como é o caso do recurso especial[86].

O que não se admite, todavia, é julgar as matérias cogniscíveis de ofício em recurso que foi inadmitido:

> A pretensão de se obter a apreciação, ainda que de ofício, de matéria de ordem pública, para que, superando vício procedimental na interposição do recurso, este Tribunal Superior examine matéria de mérito, mostra-se, por certo, imprópria e inadequada.
> Em outras palavras, o exame de questões de ordem pública, passíveis de análise em qualquer momento e grau de jurisdição, só se mostra possível, perante esta Corte Superior de Justiça, após o conhecimento, por este Tribunal, do respectivo recurso interposto pela parte[87].

O efeito expansivo, por sua vez, manifesta-se quando o órgão ad quem julga de forma "mais abrangente do que o reexame da matéria impugnada, que é o mérito do recurso."[88].[89]

---

85 REsp 609.144, Rel. Min. Teoria Albino Zavascki, disponível em www.stj.jus.br

86 Resp 1.366.921/PR, Rel. Min. RICARDO VILLAS BÔAS CUEVA, Terceira Turma, j. 24/2/15

87 AgRg nos EDcl no AGRAVO EM RECURSO ESPECIAL Nº 283.687

88 NERY JUNIOR, Nelson. Teoria Geral dos Recursos. 6ª ed. São Paulo: Revista dos Tribunais, 2004. p.

89 BAPTISTA DA SILVA, Ovídio Araújo. Curso de Processo Civil. Vol. I. Op. cit., p. 347, fazendo remissão a Barbosa Moreira e Alcides Mendonça Lima.

10. Classificação dos recursos:

A doutrina tradicionalmente classifica os recursos em ordinários e extraordinários. Entretanto, acatando sugestão de Barbosa Moreira essa classificação fica "arquivada para todo o sempre", por não apresentar nenhuma utilidade prática, "mercê da constante e notável flutuação dos critérios doutrinariamente sugeridos para fundá-la"[90].

Uma classificação importante é entre recursos "de fundamentação livre, ou ilimitada e de fundamentação vinculada ou limitada."[91] É como Frederico Marques classifica e possibilita a distinção entre recursos comuns e recursos especiais:

> O que distingue uma categoria da outra são os pressupostos do procedimento recursal de cada uma: o recurso comum pressupõe, entre o que é essencial para a impugnação, tão-só a sucumbência, enquanto que o recurso especial pressupõe a sucumbência e um plus que a lei processual determina e especifica.[92]

Alude Barbosa Moreira à classificação entre recurso parcial e recurso total, distinguindo-os de forma clara:

> Deve considerar-se total o recurso que abrange todo o conteúdo impugnável da decisão recorrida (não necessariamente o seu conteúdo integral).[93]

Esta classificação é relevante porque limita a atuação do órgão jurisdicional competente para o julgamento do recurso:

> O objeto da cognição no grau superior é delimitado pelo âmbito do recurso, embora não tenha o órgão *ad quem*, necessariamente, de cingir-se à análise dos fundamentos invocados pelo recorrente, ou às questões suscitadas por ele e pelo recorrido[94]

Outro aspecto relevante diz respeito à definição da extensão do efeito suspensivo do recurso no caso de impugnação parcial da decisão. Nelson Nery

---

90 BARBOSA MOREIRA, José Carlos. Comentários ao Código de Processo Civil. Vol. V. Op. cit., p. 156.

91 BAPTISTA DA SILVA, Ovídio Araújo. Curso de Processo Civil. Vol. I. Op. cit., p. 347, fazendo remissão a Barbosa Moreira e Alcides Mendonça Lima.

92 FREDERICO MARQUES, José. Instituições de Direito Processual Civil. Vol. IV. Op. cit., p. 26.

93 BARBOSA MOREIRA, José Carlos. O Novo Processo Civil Brasileiro. Op. cit., p. 158.

94 BARBOSA MOREIRA, José Carlos. Comentários ao Código de Processo Civil. Vol. V. Op. cit., p. 352.

admite a possibilidade da execução definitiva da parte da decisão não impugnada, desde que observadas certas condições:

> a) cindibilidade dos capítulos da decisão; b) autonomia entre a parte da decisão que se pretende executar e a parte objeto da impugnação; c) existência de litisconsórcio não unitário ou diversidade de interesses entre os litisconsortes, quando se tratar de recurso interposto por apenas um deles.[95][96]

11. A garantia do duplo grau de jurisdição[97]:

O duplo grau de jurisdição é imanente à ordem constitucional por meio do qual se assegura à parte sucumbente o direito de ver por duas vezes debatidas e apreciadas as teses de defesa do seu direito.

Desta maneira, para cada demanda, existe a possibilidade de duas decisões válidas e completas no mesmo processo, emanadas por juízes diferentes, prevalecendo sempre a segunda em relação à primeira (efeito substitutivo dos recursos).

Tratando-se de garantia, não se concede licença ao legislador para instituir julgamentos de instância única[98]. Se assim legislar, incorrerá em violação ao art. 5º, inc. LIV e § 3º, possibilitando que o Brasil seja responsabilizado internacionalmente por violação de direitos humanos, haja vista que a Convenção Americana de Direitos Humanos assegura, expressamente, o duplo grau de jurisdição (art. 8, item 2, h)

12. Princípios recursais

12.1. Princípio da taxatividade

Recursos são apenas aqueles taxativamente enumerados na legislação federal, porquanto, por força do art. 22, inc. I, da CR/88, compete privativamente à União Federal legislar sobre direito processual. Não se admite, portanto,

---

95 NERY JUNIOR, Nelson. Teoria Geral dos Recursos. 4 ed. São Paulo: Revista dos Tribunais, 1997. p.

96 No sentido do texto: TAPR, EIC nº 3192, DJ 27.04.98, Rel. DES. LUIZ PERROTTI

97 Sobre o tema: SANTOS, Marina França. *A garantia do duplo grau de jurisdição.* Belo Horizonte: Del Rey, 2012.

98 Em sentido diametralmente oposto à garantia do duplo grau de jurisdição: STF, RHC 79785, Rel. Min. SEPÚLVEDA PERTENCE, DJ 22-11-2002 PP-00057.

recursos instituídos por regimentos de tribunais ou mesmo por legislação estadual.

Este princípio da taxatividade se expressa da melhor forma no art. 994 do CPC/2015, que enumera os recursos existentes no ordenamento processual civil. No entanto, os recursos previstos no ordenamento processual não são apenas aqueles. Há outros textos legais que preveem recursos, *v.g.*. a Lei nº 6.830/80, que, no seu art. 34, prevê, nas causas de valor até 50 OTN's a interposição de embargos infringentes dirigido ao próprio juiz da causa.

Baseado nesse princípio refuta-se, por inconstitucional, a ideia de se reconhecer a correição parcial como "providência assemelhada ao recurso, sempre que o ato do juiz for irrecorrível e puder causar dano irreparável para a parte."[99] Onde existir correição parcial, por previsão regimental, sua natureza é meramente administrativa, não sendo possível produzir efeitos no processo onde ocorreu o fato que lhe deu ensejo.

Ademais, quase todo ato judicial capaz de causar prejuízo à parte é de natureza decisória e, portanto, recorrível e, quando houver uma decisão irrecorrível, abre-se à parte a possibilidade da impetração de mandado de segurança[100].

12.2. Princípio da singularidade ou da unirrecorribilidade

O princípio da singularidade significa "que para cada ato judicial recorrível há um único recurso previsto pelo ordenamento, sendo vedada a interposição simultânea ou cumulativa de mais outro visando à impugnação do mesmo ato judicial"[101].

Com base neste princípio, a jurisprudência não admite a possibilidade de a parte recorrer adesivamente quando já apresentado recurso autônomo[102].

O art. 1031 do CPC prevê exceção ao princípio da unirrecorribilidade. Barbosa Moreira não confere a esse dispositivo o caráter de excepcionalidade, pois, para ele esse dispositivo "não constitui verdadeira exceção ao princípio

99 THEODORO JÚNIOR, Humberto. Curso de Direito Processual Civil.Vol. I. Op. cit., p. 551.

100 A jurisprudência admite a possibilidade de mandado de segurança contra ato judicial, não prescindindo dos requisitos constitucionais: direito líquido e certo e a ilegalidade do ato impugnado, acrescido da iminência do dano irreparável ou a possibilidade de prejuízo de difícil reparação.

101 NERY JUNIOR, Nelson. Teoria Geral dos Recursos. 4 ed. São Paulo: Revista dos Tribunais, 1997. p. 90.

102 TAMG, APC nº103062-4/00, RJTAMG 45/126 Rel. Juiz MERCEDO MOREIRA; TAPR, APC nº 100274200, j. 10/08/98, DJ 21/08/98; TJSP, AI nº 172.636-2, LEX JTJ 133/183, Rel. Des. MARIZ DE OLIVEIRA.

que ora se trata: para fins de recorribilidade, cada capítulo é considerado como uma decisão per se."[103]

12.3. Princípio da fungibilidade

A fungibilidade admite se conhecer um recurso em lugar do recurso adequado. Apesar da tentativa do Código de Processo Civil de definir os recursos próprios à impugnação de cada ato decisório, a vivência no cotidiano forense cria dúvidas fundadas quanto ao recurso cabível. Sensível a estas dificuldades, a jurisprudência tem frequentemente aplicado a fungibilidade recursal, a fim de não criar embaraços à realização da justiça material.

"Os princípios modernos de acesso ao judiciário (envolvem também os recursos) recomendam a fungibilidade dos recursos, de modo a ensejar o exaurimento da prestação jurisdicional, visando a realizar o direito justo"[104], desde que atendidas as seguintes condições:

- Admite-se a possibilidade de conversão dos recursos, desde que coexistam, simultaneamente, dúvida objetiva quanto ao recurso a ser interposto, inexistência de erro grosseiro, bem como a interposição do recurso dentro do prazo legal previsto para o recurso no qual pretende-se transformá-lo[105].

> O STJ somente não admite "o princípio da fungibilidade recursal quando não houver dúvida objetiva sobre qual o recurso a ser interposto, quando o dispositivo legal não for ambíguo, quando não houver divergência doutrinária ou jurisprudencial quanto à classificação do ato processual recorrido e à forma de atacá-lo" (EDcl no AgRg na Rcl 1.450-PR, Corte Especial, DJ 29/8/2005).
>
> É inviável o conhecimento de apelação interposta contra decisão que exclui um dos litisconsortes da relação jurídica e determina o prosseguimento da execução contra os demais devedores. Referido equívoco constitui erro inescusável, por consequência, inaplicável o princípio dafungibilidade recursal em face do entendimento do STJ segundo o qual, nesses casos, seria cabível agravo de instrumento, e não apelação[106].

A fungibilidade recursal está prevista expressamente no CPC/2015 quando admite a transformação:

---

103 BARBOSA MOREIRA, José Carlos. Comentários ao Código de Processo Civil. Vol. V. Op. cit., p.

104 ROMS 5909, DJ 01/04/1996, p. 9946, Rel. Min. VICENTE CERNICCHIARO.

105 REsp. 167123, DJ 22/06/1998, p. 205, Rel. Min. VICENTE LEAL.

106 AgRg no Ag 1.329.466-MG, DJe 19/5/2011, e AgRg no Ag 1.236.181-PR, DJe 13/9/2010. AgRg no REsp 1.184.036-DF, Rel. Min. Antonio Carlos Ferreira, julgado em 7/2/2013.

a) dos embargos de declaração em agravo interno (art. 1024, § 3º);

b) do recurso especial em recurso extraordinário (art. 1.032, CPC) quando o ministro relator do STJ entender que a matéria tratada no recurso interposto versa sobre questão constitucional;

c) do Recurso Extraordinário em Recurso Especial (art. 1.033, CPC), quando o ministro relator do STF entender que houve ofensa reflexa à CR/88.

Outros exemplos de fungibilidade recursal por interpretação jurisprudencial:

> Pode ser conhecida a apelação que, sem má-fé e em prazo compatível com o previsto para o agravo de instrumento, foi interposta contra decisão que, em juízo prévio de admissibilidade em ação de improbidade administrativa, reconheceu a ilegitimidade passiva ad causam de alguns dos réus[107].
> É inviável o conhecimento de apelação interposta contra decisão que resolva incidentalmente a questão da alienação parental[108].
> Uma vez que o embargante procura impugnar e rediscutir o mérito da decisão monocrática e não o esclarecimento da decisão (art. 535, CPC), aplicam-se, ao caso, os princípios de instrumentalidade das formas e da fungibilidade recursal para receber os embargos como agravo regimental[109].

12.4. Princípio da dialeticidade

O direito processual civil tem por essência o contraditório, portanto, a motivação do recurso é elemento essencial e não pode ser dispensada. O recorrente tem o ônus de declinar os fundamentos do pedido de reexame, propiciando elementos para que a parte contrária possa contra-arrazoar o recurso, estabelecendo-se o contraditório em sede recursal[110].

As razões do recurso são pressupostos para o julgamento do mérito, consequentemente, não se conhece de recurso desacompanhado de fundamentação,

---

107 AgRg no REsp 1.305.905-DF, Rel. Min. Humberto Martins, julgado em 13/10/2015, DJe 18/12/2015

108 REsp 1.330.172-MS, Rel. Min. Nancy Andrighi, julgado em 11/3/2014.

109 EDcl no Ag 453.716-RJ, Rel. Min. Hélio Quaglia Barbosa, julgados em 21/3/2006.

110 No sentido do texto: TAMG, APC nº 224755-6/00, Rel. DORIVAL GUIMARAES PEREIRA: "A lei exige que a apelação seja motivada, dela não se conhecendo quando desacompanhada de razões que digam respeito aos fundamentos da sentença, cingindo-se o recorrente a juntada da petição interpositória na qual se reporta ao que ocorreu no processo, anteriormente ao julgamento."

nem com fundamentação deficiente[111], nos termos da Súmula 284/STF. Razões e pedido são requisitos essenciais, obrigatórios. A omissão de um destes acarreta a inadmissão do recurso, ônus decorrente do comportamento desidioso do recorrente.

O momento processual para apresentar as razões é o da interposição do recurso e seu conteúdo destina-se a impugnar a decisão recorrida.

A jurisprudência reconhece a inépcia da petição recursal que deixa de impugnar a decisão recorrida, limitando-se a transcrever petições anteriormente apresentadas no processo, como a contestação, as alegações finais, as razões de recurso anteriormente interposto, que não criticam a decisão mediante a demonstração da existência do erro a autorizar o provimento do recurso[112].

12.5. Princípio da voluntariedade

Este princípio tem maior repercussão no processo penal, no entanto, merece menção, uma vez que recurso, conforme conceito aqui adotado, é remédio voluntário. Com efeito, o recurso não é obrigatório, mas mero direito, pelo que a falta de recurso não acarreta prejuízo à ampla defesa. Trata-se de manifestação do princípio dispositivo em sede recursal, que deve externar expressamente a insatisfação sobre a decisão, considerando-se a inércia da jurisdição: *ne procedat iudex ex officio.*

Desta maneira, o conhecimento do recurso está condicionado a não verificação de uma das causas anômalas de extinção: renúncia e desistência, ou a "adesão" a decisão, pois nestas hipóteses há vontade inequívoca de não recorrer[113].

---

111 STJ, EDcl no AgRg no AREsp 671.379/SP, Rel. Ministro HERMAN BENJAMIN, SEGUNDA TURMA, DJe de 08/09/2015). No mesmo sentido: STJ, EDcl no AgRg no AREsp 709.402/MS, Rel. Ministro MARCO AURÉLIO BELLIZZE, TERCEIRA TURMA, DJe de 09/12/2015; EDcl no AgRg no REsp 1.464.703/SC, Rel. Ministra DIVA MALERBI (Desembargadora Convocada do TRF/3ª Região), SEGUNDA TURMA, DJe de 1º/03/2016.

112 STJ.AgRg no REsp 848.742/SP, Rel. Ministro FRANCISCO FALCÃO, J. 10-10-2006, DJ 26.10.2006 p. 253. TJMG, APC 1.0428.11.003255-7/001, Rel. Des. Teresa Cristina da Cunha Peixoto, DJe 09/03/2015.

113 Neste sentido decisão do TJSP, APC nº 211.379-1, LEX JTJ 165/132, Rel. Des. MARCUS ANDRADE: "RECURSO - Renúncia - Entrega do objeto da lide, sem qualquer reserva, após a interposição do recurso - Aceitação tácita da sentença - Artigo 503 do Código de Processo Civil - Recurso não conhecido. A parte não poderá recorrer e torna inadmissível o recurso porventura interposto, ante a prática, sem reserva alguma, de ato incompatível com essa vontade."

12.6. Princípio da complementaridade

A regra geral é a de que os recursos devem estar perfeitos, completos e acabados no momento de sua interposição[114].

Assim, incumbe ao recorrente apresentar as razões recursais com todos os fundamentos necessários para embasar o pedido do recurso.

Todavia, em caráter excepcional, afasta-se a preclusão consumativa para admitir a complementação da fundamentação do recurso já interposto, caso a decisão recorrida sofra alteração ou seja integrada, em decorrência de provimento a embargos de declaração[115]. O princípio da complementaridade não autoriza o recorrente inovar as razões recursais, suprindo omissões da petição de interposição. A complementação admitida restringe-se à complementação dos fundamentos devidos ao acréscimo trazido à decisão pelo provimento dos aclaratórios.

12.7. Princípio da proibição da *reformatio in peius*

O recurso se presta a implementar a situação do recorrente, podendo propiciar-lhe aquilo que não foi alcançado com a decisão, caracterizando-se a reforma para pior quando o órgão, no julgamento do recurso, profere decisão mais desfavorável à situação existente na decisão recorrida.

Segundo Barbosa Moreira, "há *reformatio in peius* quando o órgão *ad quem* no julgamento do recurso profere decisão mais desfavorável ao recorrente, sob o ponto de vista prático, do que aquela contra a qual se interpôs o recurso"[116] ou, conforme o Supremo Tribunal Federal[117], caracteriza-se reformatio in peius a "decisão menos favorável ao recorrente, agravando situação que o recurso procurou minorar."

As matérias de ordem pública, contudo, não estão adstritas a este princípio pela preponderância do interesse que visam resguardar, sem incidir em reformatio in peius, podendo o tribunal examinar de ofício os pressupostos processuais, as condições da ação, os consectários legais da condenação como a correção monetária, os juros de mora, honorários sucumbenciais[118].

---

114 STJ, AgRg no REsp 845048, Rel. Min. Francisco Falcão, DJ 16/10/2006, P. 326.

115 NERY JR., Nelson. Teoria geral dos recursos. 7ª ed. São Paulo: RT, 2014, p.184.

116 BARBOSA MOREIRA, José Carlos. Comentários ao Código de Processo Civil. Vol. V. Op. cit., p. 427.

117 RE nº 97153, DJ 22/10/82, p. 742, Rel. Min. SOARES MUNOZ

118 AgRg no AREsp 18.272-SP, Rel. Min. Humberto Martins, julgado em 4/2/2014

12.8. Princípio da consumação

Uma vez exercido o direito de recorrer, consuma-se a oportunidade de fazê-lo, de sorte a impedir que o recorrente torne a impugnar decisão já recorrida, bem como "fica impedido de praticar posteriormente qualquer ato próprio do recurso"[119], ressalvada a hipótese do § único do art. 932, ou seja, quando o relator conceder o prazo de 5 dias para o recorrente sanar vício do recurso ou complementar a documentação exigível.

Desta forma, o recorrente deve preencher todos os pressupostos de admissibilidade do recurso no ato da sua interposição, "pois, ao interpor recurso, a parte pratica ato processual, pelo qual consuma o seu direito de recorrer e antecipa o dies ad quem do prazo recursal (caso o recurso não tenha sido interposto no ultimo dia do prazo). Consequentemente, não pode, posteriormente, "complementar" o recurso, "corrigi-lo", ou "aditar-lhe algo".[120]

12.9. Princípio da sucumbência e honorários sucumbenciais recursais

O princípio da sucumbência estabelece, no processo civil brasileiro, quem deve arcar com os honorários advocatícios e com as custas processuais. Os ônus dos custos do processo são aferidos com fundamento nos princípios da sucumbência e da causalidade, segundo o qual aquele que sucumbiu deu causa à instauração do processo e, portanto, deve arcar com as despesas dele decorrentes.

A parte beneficiária da justiça gratuita, quando vencida, sujeita-se ao Princípio da Sucumbência, não estando liberada do pagamento dos valores dela decorrentes. Assim, a respectiva condenação deve constar da sentença, contudo ficará suspensa até que a parte vencedora comprove a cessação da miserabilidade ou até que se consume a prescrição de cinco anos[121].

O § 11 do art. 85 do CPC/2015 estabelece que o tribunal, ao julgar recurso, majorará os honorários fixados anteriormente levando em conta o trabalho adicional realizado em grau recursal, respeitado, na fase de conhecimento, os limites de 20% sobre o valor da condenação, do proveito econômico obtido ou, não sendo possível mensurá-lo, sobre o valor atualizado da causa ou os estabelecidos para fixação dos honorários sucumbenciais em desfavor da Fazenda Pública.

Trata-se de norma cogente, portanto, imperativa. O tribunal majorará os honorários cumulativamente com aqueles arbitrados na sentença, inclusive

---

119 STJ, REsp. Nº 141.794, DJ 26/04/1999, p106, Rel. Min. SÁLVIO DE FIGUEIREDO.

120 STJ, ROMS nº 8784, DJ 10/11/1997, p.57731, Rel. Min. ADHEMAR MACIEL,

121 REsp 221.275-RN, DJ 19/2/2001; REsp 129.261-RJ, DJ 18/9/2000, e REsp 84.754-DF, DJ

em recursos oriundos de turmas recursais de juizados especiais[122]. Ressalta o STJ que a majoração deve ser arbitrada com razoabilidade para não frustrar o acesso à justiça, privando a parte da garantia do duplo grau de jurisdição[123].

A finalidade dos honorários recursais é inibir o abuso do direito de recorrer e remunerar condignamente o trabalho do advogado.

Todavia, há julgados do STF e do STJ que deixam de cumprir essa dupla finalidade ao arbitrar honorários recursais em valores aviltantes, como é o caso de aumentar a condenação na verba sucumbencial em 1%, ou, até mesmo, em R$ 200,00 como acontecido no AgInt no AREsp 736006, relatado pelo Min. João Otávio Noronha (DJe 23/06/2016). Esses parâmetros têm efeito reverso na medida em que a elevação dos honorários em 1% acrescentará ao total da condenação do recorrente, no máximo, 0,2%. Observa-se, contudo, que as taxas de juros incidentes nos empréstimos ou nas aplicações financeiras são substancialmente maiores. Consequentemente, investir o capital durante o período em que se aguarda o julgamento do recurso é um ótimo investimento, de inquestionável lucratividade para o recorrente. Desta maneira, os valores até então arbitrados pelos tribunais constitucionais, a título de honorários sucumbenciais recursais, não evita o recurso de caráter nitidamente protelatório, nem se qualifica como remuneração condigna para o advogado que para atuar nessas instâncias tem de demonstrar uma técnica jurídica mais apurada.

Deve-se observar, ainda, a assimetria com que os honorários recursais sucumbenciais são fixados no STF, num parâmetro absolutamente solipsista, haja vista que cada um dos julgadores os arbitra a seu bel-prazer. O Min. Marco Aurélio arbitra os honorários recursais em 5% sobre o valor da causa[124], o Min. Teori Zavascki, por sua vez, eleva em 20% os honorários arbitrados nas instâncias inferiores[125], o Min. Luis Roberto Barroso acresce 25% aos honorários anteriormente fixados[126], o Min. Luiz Fux os arbitra no teto legal[127], já a

---

122 AG .REG. NO RECURSO EXTRAORDINÁRIO COM AGRAVO 922.529 SÃO PAULO RELATOR: MIN. ROBERTO BARROSO, DJe-169 DIVULG 10-08-2016 PUBLIC 12-08-2016

123 STJ, AgInt no AREsp 370579, Rel. Min. João Otávio Noronha, DJe 30/06/2016

124 AG.REG. NO RE COM AGRAVO 956.652, ARE 943694 AgR, ambos publicados no DJe-165 DIVULG 05-08-2016 PUBLIC 08-08-2016.

125 ARE 951975 AgR, ARE 946340 AgR, ambos publicados no DJe-174 DIVULG 17-08-2016 PUBLIC 18-08-2016

126 ARE 966306 AgR, RE 954644 AgR ambos publicados no DJe-166 DIVULG 08-08-2016 PUBLIC 09-08-2016

127 ARE 873120 AgR-ED, DJe-165 DIVULG 05-08-2016 PUBLIC 08-08-2016, ARE 955730 AgR, DJe-166 DIVULG 08-08-2016 PUBLIC 09-08-2016

Min. Carmen Lúcia os arbitra em 1%[128], diferentemente dos 2% estabelecidos pelo Min. Dias Toffoli[129].

A respeito dos honorários recursais sucumbenciais, há de se considerar, ainda, o seguinte:

Não é possível majora-los na hipótese de interposição de recurso no mesmo grau de jurisdição (art. 85, § 11, do CPC/2015) - Enunciado 16 da ENFAM.

Não cabe a majoração quando o recurso é oriundo de decisão sem a prévia fixação de honorários[130].

São indevidos ao recorrido que não apresentou contrarrazões.

Descabem nos embargos de declaração, que se destinam à qualificação da decisão judicial, e nas ações onde inexiste previsão de condenação em verba sucumbencial, como, v.g., no mandado de segurança, ação popular, ação civil pública.

13. Do recurso adesivo

O recurso adesivo não é recurso "per se, diverso em substância do recurso independente de igual denominação"[131], trata-se apenas de uma forma de se interpor apelação, recurso especial e recurso extraordinário quando houver sucumbência recíproca.

É segunda oportunidade concedida à parte que sucumbiu parcialmente e que não tinha interesse em recorrer autonomamente, por haver concordado com a decisão. No entanto, podendo ser prejudicada pelo provimento do recurso do ex adverso, abrese-lhe a oportunidade para aderir ao recurso interposto. Por isso, o recurso adesivo é sempre subordinado à admissibilidade do recurso principal; "o pedido de novo julgamento, pelo recorrente adesivo, fica, pois, sujeito à condição legal de que o órgão ad quem venha efetivamente a julgar (de meritis) o recurso principal; em tal sentido, subordina-se a este."[132]

---

128 ARE 961559 AgR, ARE 940292 AgR-AgR, ambos publicados no DJe-167 DIVULG 09-08-2016 PUBLIC 10-08-2016

129 ARE 952007 AgR, RE 949293 AgR ambos públicados no DJe-165 DIVULG 05-08-2016 PUBLIC 08-08-2016

130 AgInt no REsp 1507973/RS, Rel. Ministro João Otávio de Noronha, DJe 24/05/2016

131 BARBOSA MOREIRA, José Carlos. Comentários ao Código de Processo Civil, Op. cit., p. 313.

132 BARBOSA MOREIRA, José Carlos. Comentários ao Código de Processo Civil, Op. cit., p. 322.

O recurso adesivo, portanto, além dos pressupostos genéricos de admissibilidade (art. 997, § 2º), em razão da subordinação, apresenta um pressuposto específico, que é a admissão do recurso principal. O não conhecimento deste obsta o exame de admissibilidade do recurso adesivo, porque nunca subsiste de forma independente e autônoma[133].

Tem por pressupostos a sucumbência recíproca, a existência de apelação, ou recurso especial, ou recurso extraordinário (art. 997, §2º, inc. II) conhecido[134], interposto pela parte contrária.

O recurso adesivo sujeita=se aos mesmos pressupostos de admissibilidade do recurso principal. Há uma controvérsia quanto à exigibilidade de preparo do recurso adesivo quando o recorrente principal foi dispensado de efetuar o pagamento. Há divergência jurisprudencial sobre a matéria no STJ[135,113]

Uma vez interposto, não se exige que a matéria do recurso adesivo seja restrita à matéria versada no recurso principal, com o que se transformaria em meras contrarrazões, não atendendo à função que lhe foi destinada[136].

A legitimidade para interposição do recurso adesivo é do autor e réu (art. 997, § 1º), excluindo-se, por conseguinte, a legitimidade do Ministério Público quando atuar na qualidade de fiscal da ordem jurídica, bem como a do terceiro prejudicado, porque a estes "corre sempre o ônus de interpor, no prazo comum, o recurso independente"[137]. "Tampouco se pode aderir a recurso de terceiro prejudicado, nem a recurso interposto pelo Ministério Público, se este até então não era parte, mas apenas fiscal da lei: o dispositivo fala em terem ficado "vencidos autor e réu" e, a seguir, em adesão da outra parte ao "recurso interposto por qualquer deles."[138]

---

133 STJ, AGA nº 183847, DJ 16/11/1998, p. 92, Rel. Min. CARLOS ALBERTO MENEZES DIREITO: "negado seguimento ao recurso especial principal, decisão da qual não se recorreu, inadmissível a pretensão de se determinar o prosseguimento do recurso adesivo independente do recurso especial principal."

134 STJ, REsp. nº 112876, DJ 02/02/1998, p. 124, Rel. Min. EDSON VIDIGAL: "A prejudicialidade do recurso principal acarreta a extinção do adesivo, dada a sua subordinação."

135 Dispensam o recorrente adesivo do preparo: STJ, REsp 40.220-SP, DJ 21/10/1996, REsp 123.153-SP, DJ 29/3/1999, REsp 182.159, j. 08/06/1999, Rel. Min. GOMES DE BARROS. [113] REsp 730617, REl. Min. Isabel Gallotti, DJe 06/09/2011

136 TJSP, RJTJESP 98/237: "Inexistência de restrição ou distinção quanto à matéria a ser versada, bastando a ocorrência de desacordo."

137 BARBOSA MOREIRA, José Carlos. Comentários ao Código de Processo Civil, Op. cit., p. 316.

138 BARBOSA MOREIRA, José Carlos. Comentários ao Código de Processo Civil, Op. cit., p. 313.

O prazo para interposição do recurso adesivo, de 15 dias, é o mesmo "de que a parte dispõe para responder" (art. 997, § 1'º, inc. I).

O procedimento é idêntico ao do recurso principal, sujeitando-se às mesmas regras.

O princípio da unirrecorribilidade veda a interposição simultânea de mais de um recurso, de modo que, interposto o principal, não pode a parte, posteriormente, recorrer adesivamente por ser inadmissível recurso adesivo complementar[139]. "A cumulação de apelações, a principal com a adesiva, contraria o pressuposto finalístico do recurso subordinado, que é, no dizer expressivo de Barbosa Moreira, o recurso "contraposto ao da parte adversa, por aquela que se dispunha a não impugnar a decisão, e só veio a impugná-la porque fizera o outro litigante" [140].

O recurso ordinário, a despeito de seguir as mesmas regras da apelação, não admite a recorribilidade adesiva[141]. A inadmissibilidade do recurso adesivo deve-se ao princípio da taxatividade, sendo certo que o art. 997, § 2º, inc. II somente se refere à apelação e a recursos especial e extraordinário.

14. Considerações finais

O Judiciário enfrenta uma crise sem precedentes tendo em vista o volume de processos em tramitação e a insuficiência de infraestrutura e recursos humanos para atender a toda essa demanda. O resultado é um processo moroso e por essa razão, inefetivo. Para mitigar os efeitos da crise é necessário que os cidadãos conscientizem-se da necessidade de também, quando possível, se buscar, extrajudicialmente, construir soluções autônomas e consensuais para dirimir os conflitos em que se envolverem.

Os recursos, enquanto uma fase do procedimento, contribuem para alongar o tempo de duração do processo, todavia, são importante ferramenta para a correta aplicação do direito aos casos concretos. Os honorários sucumben-

---

139 STF, RE nº 86327, DJ 17/03/78, p. 1417, Rel. Min. MOREIRA ALVES; RE nº 84867, j.31/08/1976; RE nº 90889, DJ DATA-03/07/79 PG-05159 Rel. DÉCIO MIRANDA; stj, RESP nº 75573, DJ16/03/1998, p. 136, Rel. Min. SÁLVIO DE FIGUEIREDO TEIXEIRA; TARS, APC nº 11.167, j. 9/12/75, Rel. ATHOS GUSMÃO CARNEIRO; TAMG, APC nº 103062-4/00, RJTAMG 45/126, Rel. MERCEDO MOREIRA.

140 CARNEIRO, Athos Gusmão. Considerações sobre o recurso adesivo. In, Revista de Processo, Revista dos Tribunais, nº 18, abril/junho 1988, pp. 161-164.

141 STJ, ROMS nº 5085, DJ DATA:20/11/1995 PG:39596, Rel. Min. BARROS MONTEIRO; No mesmo sentido: RESP 41780-GO, RESP 37702-SP, RESP 39481-SP, RESP 45967-GO, RESP 53324SP

ciais recursais, se bem aplicados pelos tribunais é um meio importante para coibir a interposição de recursos infundados ou com propósito protelatório.

O Código de Processo Civil de 2015 estabelece uma técnica processual sofisticada no sistema recursal, exigindo dos operadores do direito domínio da matéria e atenção na observância dos pressupostos de admissibilidade.

ANOTAÇÕES SOBRE OS RECURSOS NO CPC/2015

Raimundo Cândido Júnior[1]

1. INTRODUÇÃO

Este artigo objetiva apenas dar a conhecer as principais modificações introduzidas pelo CPC/15 na sistemática dos recursos, tratados, na **Parte Especial**, no **Livro III**, sob a rubrica **Dos Processos nos Tribunais e dos Meios de Impugnação das Decisões Judiciais** e não no Livro sobre o Processo de Conhecimento, como o fazia o CPC/73, sabido que os recursos não dizem respeito apenas ao Processo de Conhecimento.

2. DISPOSIÇÕES GERAIS

2.1. RECURSOS CABÍVEIS

Os **recursos cabíveis** estão enumerados no **art. 994**, que não mais prevê o agravo retido (**art. 523 do CPC/73**), tampouco os embargos infringentes (**art. 530 a 534 do CPC/73**), estes substituídos por uma **técnica de julgamento**, prevista no **art. 942 e §§ do NCPC**, segundo a qual toda vez em que não houver unanimidade no julgamento de uma apelação, seja confirmando, seja reformando a sentença por maioria de votos, o julgamento deverá ter prosseguimento em sessão a ser designada com a presença de outros julgadores, com número suficiente para garantir a possibilidade de inversão do resultado inicial, assegurado às partes e a eventuais terceiros o direito de sustentação oral perante os novos julgadores (***caput* do art. 942**), podendo o prosseguimento se dar na mesma sessão (§ 1º), desde que, repita-se, assegurado o direito aos advogados de nova sustentação oral. Será possível a revisão dos votos já dados (§ 2º). Essa **técnica de julgamento** se aplica, igualmente, no julgamento não unânime em ação rescisória de sentença (**art. 966**), quando o resultado for a sua rescisão (§ 3º, I do art. 942); bem como ao julgamento do agravo de instrumento, quando houver reforma da decisão que julgar parcialmente o mérito (§ 3º, II do art. 942). Essa **técnica de julgamento não se aplica** no julgamento de incidente de assunção de competência e de resolução de demandas repetitivas;

---

1 Advogado, Doutor em Direito pela UFMG
Professor da Universidade FUMEC e da ESA/MG

da remessa necessária; e não unânime proferido, nos tribunais, pelo plenário ou pela corte especial (§ 4ºdo art. 942). Essa técnica de julgamento não é recurso, pelo que o interessado não tem que requerer a sua observância, ela é imposta aos tribunais no julgamento desses feitos.

2.2. EFEITO SUSPENSIVO

De regra, os recursos não têm efeito suspensivo, salvo disposição legal em contrário ou decisão judicial em sentido diverso (**art. 995, *caput***), mas o relator poderá, em caráter excepcional, atribuir-lhe esse efeito, se houver risco de dano grave, de difícil ou impossível reparação e ficar demonstrada a probabilidade de provimento do recurso (**p.ú. do art. 995**).

2.3. LEGITIMADOS A RECORRER

O recurso poderá ser interposto pela parte vencida, pelo terceiro prejudicado e pelo Ministério Público, como parte ou fiscal da ordem jurídica (**art. 996, *caput***), cabendo ao terceiro demonstrar a possibilidade de a decisão sobre a relação jurídica submetida à apreciação judicial atingir direito de que se afirme titular ou que possa discutir em juízo como substituto processual (**p.ú. do art. 996**).

2.4. RECURSO PRINCIPAL E ADESIVO

Cada parte tem o direito de interpor o recurso de seu interesse, no prazo e com observância das exigências legais (**art. 997**), mas, em caso de sucumbência recíproca, ao recurso interposto por uma parte, poderá aderir a outra (**recurso adesivo, ou dependente ou subordinado**), nos termos do § 1º do art. 997, podendo ser interposto na apelação, no recurso extraordinário e no especial, devendo ser interposto no prazo para as contrarrazões recursais, ficando subordinado ao recurso independente, sendo-lhe aplicáveis as mesmas regras deste quanto aos requisitos de admissibilidade e julgamento no tribunal, salvo disposição legal diversa, não sendo conhecido se houver desistência do recurso principal ou se for ele considerado inadmissível (§ 2º e incisos do art. 997). Em resumo, o recurso adesivo só deve ser interposto por quem só recorreria se a outra parte também recorresse.

2.5. DESISTÊNCIA E RENÚNCIA DO RECURSO

Dado ser o recurso um ato de vontade, o recorrente poderá, a qualquer tempo, sem anuência do recorrido ou de litisconsortes, dele desistir (**art. 998**), mas essa desistência não impede a análise de questão cuja repercussão geral já tenha sido reconhecida e da que for objeto de julgamento de recursos extraordinários ou especiais repetitivos (**p.ú. do art. 998**). Quem ainda não interpôs o recurso pode manifestar a **renúncia** ao direito de interpô-lo, **renúncia expressa** que independe da aceitação da outra parte (**art. 999**). Há também **renúncia tácita** ao direito de recorrer pela parte que aceitar expressa ou tacitamente a decisão (**art. 1.000**), considerando-se aceitação tácita a prática, sem nenhuma reserva, de ato incompatível com a vontade de recorrer (**p.ú. do art. 1.000**).

2.6. RECORRIBILIDADE DOS ATOS

Os pronunciamentos do juiz consistirão em sentenças, decisões interlocutórias e despachos, como definidos no **art. 203 e §§ 1º a 3º: sentença** é o ato que decide e com fundamento nos art. 485 e 487, põe fim à fase cognitiva do procedimento comum, bem como extingue a execução; **decisão interlocutória** é o ato que decide, não se enquadrando como sentença; e **despacho** é o ato sem conteúdo decisório. Já o julgamento colegiado proferido pelos tribunais tem o nome de **acórdão.** Com exceção dos despachos, que são irrecorríveis (**art. 1.001**), os demais atos judiciais são passíveis de recurso, de acordo com a legislação processual.

2.7. EXTENSÃO DO RECURSO

O recurso pode ser **total**, quando ataca todo o ato recorrido; ou **parcial**, quando se indispõe apenas contra uma parte dele. Vigora, entre nós a regra ***tantum devolutum quantum appellatum*** **(art. 1.002).** O STF entende, a respeito, que "no pedido mais abrangente se inclui o de menor abrangência"[2].

2.8. PRAZO

Excetuados os embargos de declaração (prazo de 5 dias), todos os recursos devem ser interpostos e respondidos no **prazo de 15 dias** (§ 5º do art. 1.003), devendo o prazo ser contado da data de intimação da decisão aos advogados, à sociedade de advogados, à Advocacia Pública, à Defensoria Pública e ao Ministério Público, que se considerarão intimados em audiência quando nela for proferida a decisão (**art. 1.003, *caput* e** § 1º). Se for proferida decisão contra o réu antes da sua citação, o seu prazo para recorrer contar-se-á de acordo com o **art. 231, I a VI** (**art. 1.003, § 2º**). Dentro do prazo, a petição re-

2 STF, 2ª Turma, RE 100.894-6, Min. Moreira Alves, j. 4.11.83, DJU 10.2.84.

cursal será protocolizada em cartório ou conforme as normas de organização judiciária, ressalvada regra especial (§ 3º). Se remetido o recurso pelo correio, sua tempestividade será aferida pela data da postagem (§ 4º). Se houver feriado local que interfira na contagem do prazo recursal, o recorrente deverá comprová-lo no ato da respectiva interposição (§ 6º do art. 1.003). Se sobrevier o falecimento da parte ou de seu advogado ou ocorrer motivo de força maior que suspenda o curso do prazo, será tal prazo restituído em proveito da parte, herdeiro ou sucessor, contra quem começará a correr novamente depois da intimação (**art. 1.004**).

2.9. RECURSO POR LITISCONSORTES

O recurso interposto por litisconsorte aproveita a todos, salvo se distintos ou opostos os seus interesses (**art. 1.005**) e, havendo solidariedade passiva, o recurso interposto por um devedor aproveitará aos outros quando as defesas opostas ao credor lhes forem comuns (**p.ú. do art. 1.005**).

2.10. PREPARO DOS RECURSOS

Quando exigido pela legislação, o recorrente deverá **comprovar, no ato da interposição do recurso, o respectivo preparo, inclusive porte de remessa e retorno, sob pena de deserção.** (***caput* do art. 1.007**), estando dispensados do preparo os recursos interpostos pelo MP, pela União, pelo Distrito Federal, pelos Estados e Municípios e respectivas autarquias e pelos que gozam de isenção legal (§ 1º). Se o preparo for insuficiente, o recorrente será intimado a completa-lo, no prazo de 5 dias, sob pena de deserção (§ 2º). Se o **preparo não for comprovado no ato da interposição do recurso,** inclusive porte de remessa e retorno, será intimado o recorrente a realizar o s**eu recolhimento em dobro** (§ 4º), dado que um dos princípios norteadores do NCPC é o da **primazia do mérito**, isto é, tudo fazer para permitir o julgamento do mérito, afastando filigranas que o impeçam. Mas, se houver insuficiência parcial do preparo, inclusive porte de remessa e retorno, no recolhimento realizado nos termos do § 4º, será vedada nova complementação (§ 5º). Havendo justo impedimento, a pena de deserção poderá ser relevada pelo relator, por decisão irrecorrível, fixando prazo de 5 dias para que o preparo seja feito (§ 6º). O **equívoco no preenchimento de guia de custas** não implicará em deserção, cabendo ao relator, na hipótese de dúvida quanto ao recolhimento, **intimar o recorrente para sanar o vício em 5 dias** (§ 7º do art.**1.007**). Frise-se que, nos processos eletrônicos, não é devido o porte de remessa e retorno (§ 3º).

2.11. EFEITO SUBSTITUTIVO DO RECURSO

O julgamento proferido pelo tribunal substituirá a decisão impugnada no que tiver sido objeto de recurso (**art. 1.008**), sendo vedada a **reformatio in pejus**, isto é, não pode o tribunal modificar a sentença a fim de beneficiar quem não recorreu[3].

3. RECURSOS EM ESPÉCIE

3.1. APELAÇÃO

Tratada nos **art.1.009 a 1.014**, a apelação é o recurso cabível **contra a sentença (art. 1.009)**, devendo atacar, também, nas razões ou contrarrazões, as questões resolvidas na fase de conhecimento, se a decisão a seu respeito não comportar agravo de instrumento (§ 1º do art. 1.009). Se suscitadas em contrarrazões, deverá ser ouvido o recorrente em 15 dias, para se manifestar sobre elas. A decisão que fizer o **julgamento antecipado parcial de mérito (art. 356)** será passível de **agravo de instrumento**, não de apelação (§ 5º do art. 356). Se a sentença, num de seus capítulos, apreciar questões passíveis de agravo de instrumento (**art. 1.015**), a apelação será o recurso cabível (§ 3º do art. 1.009), inclusive o capítulo da sentença que confirma, concede ou revoga tutela provisória (§ 5º do art. 1.013).

O **prazo** para a interposição da apelação continua sendo **de 15 dias**, assim como de **15 dias** o prazo para as **contrarrazões,** devendo observar os requisitos do **art. 1.010.** Se o apelado interpuser **apelação adesiva** (§§ 1º e 2º do art. **997**), o juiz mandará intimar o apelante a apresentar as respectivas contrarrazões, também no prazo de 15 dias (§ 2º do art. 1010).

Principal modificação quanto ao recurso de apelação diz respeito ao respectivo **juízo de admissibilidade**. Pelo CPC/73, o recurso estava submetido a dois juízos de admissibilidade: do juízo **a quo** e do tribunal **ad quem**. Pelo NCPC, **só o tribunal** fará o exame da admissibilidade da apelação (§ 3º do art. 1.010). Ou seja, interposta a apelação perante o juiz da causa, ele se limitará a dar prazo ao apelado para as contrarrazões e depois, "independentemente do juízo de admissibilidade", remeterá os autos ao tribunal, onde o recurso será imediatamente distribuído a um relator, que poderá decidi-lo monocraticamente, nas hipóteses do **art. 932, III a V;** ou preparará o seu voto para julgamento pelo órgão colegiado (**art. 1.011**).

De regra a apelação terá **efeito suspensivo (art. 1.012),** exceto nas hipóteses do § 1º, I a VI do art. 1.012 e noutras previstas em lei especial, em que poderá ser

3 RTJ 94/345.

promovida a execução provisória. Se houver necessidade de pedir excepcional efeito suspensivo para a apelação, nestas hipóteses, o requerimento será formulado diretamente ao tribunal, no período compreendido entre a interposição da apelação e sua distribuição, ficando o relator designado para o seu exame prevento para julgá-la; ou ao relator, no tribunal, se já distribuída a apelação (§ 3º do art. 1.012). Se o apelante demonstrar a probabilidade de provimento do seu recurso ou, se, sendo relevante a fundamentação, houver risco de dano grave ou de difícil reparação, o relator poderá suspender a eficácia da sentença nessas hipóteses em que não previsto o efeito suspensivo para o apelo (§ 4º do art. **1.012**).

Quanto ao seu **efeito devolutivo**, prevalece, em princípio, a regra ***tantum devolutum quantum appellatum***, ou seja, a apelação devolverá ao tribunal o conhecimento da matéria impugnada (**art. 1.013**, ***caput***), mas serão objeto de apreciação pelo tribunal todas as questões suscitadas e discutidas no processo, ainda que não tenham sido solucionadas, desde que relativas ao capítulo impugnado (§ 1º do art. 1.013). Quando o pedido ou a defesa tiver mais de um fundamento e o juiz acolher apenas um deles, a apelação devolverá ao tribunal o conhecimento dos demais (§ 2º). Se o processo estiver em condições de imediato julgamento, o tribunal deve decidir logo o mérito nas hipóteses do § 3º do art. 1.013: I- quando reformar a sentença de extinção do processo sem exame do mérito (hipóteses do art. 485); II- decretar a nulidade da sentença que não tenha se limitado ao exame do pedido e da causa de pedir (princípio da congruência); III- constatar a omissão no exame de um dos pedidos (sentença ***citra petita***), hipótese em que poderá julgá-lo: IV- decretar a nulidade da sentença por falta de fundamentação. Se o tribunal reformar a sentença que reconheça decadência ou prescrição, se possível, julgará o mérito, examinando as demais questões, sem determinar o retorno do processo ao juízo de origem (§ 4º do art. 1.013). As questões de fato não propostas no juízo inferior poderão ser suscitadas na apelação, se a parte provar que deixou de fazê-lo por motivo de força maior (**art. 1.014**).

3.2. DO AGRAVO DE INSTRUMENTO

3.2.1. CABIMENTO

O recurso de **agravo** é o cabível contra as decisões interlocutórias, como definidas no **art. 203, § 2º do NCPC: decisão interlocutória** é todo pronunciamento judicial de natureza decisória que não se enquadre no conceito de sentença. Portanto, é o ato que decide, mas não põe fim à fase cognitiva do procedimento comum e que, também, decide questão na fase de cumprimento de sentença ou no processo de execução por título extrajudicial.

3.2.2. FIM DO AGRAVO RETIDO

Pelo CPC/73, contra as interlocutórias que causavam um gravame menor, um dano menor, era cabível o **agravo retido (art. 522 e 523 do CPC/73)**, inclusive contra as interlocutórias proferidas em audiência de instrução e julgamento, só sendo cabível o **agravo de instrumento** contra as interlocutórias que causavam um gravame maior, isto é, contra decisões suscetíveis de causar à parte lesão grave e de difícil reparação, bem como nos casos de inadmissão da apelação e nos relativos aos efeitos em que a apelação é recebida (**art. 522, *caput*, do CPC/73**).

Pelo **NCPC**, porém, não há mais previsão de cabimento de **agravo retido**, prevendo seu **art. 1.015** apenas o cabimento de **agravo de instrumento** contra as decisões interlocutórias lá especificadas, nos seus **XIII incisos**, com o lembrete de que foi vetado o disposto no inciso XII. Também é cabível o **agravo de instrumento "noutros casos expressamente referidos em lei"**, conforme o **inciso XIII** da norma. E é também cabível o **agravo de instrumento** contra as interlocutórias proferidas **na fase de liquidação ou de cumprimento de sentença, no processo de execução e no processo de inventário (p.ú. do art. 1.015)**. Como anota Humberto Theodoro Júnior, o novo Código valoriza o princípio da irrecorribilidade das interlocutórias, mais do que o Código de 1973[4]

Que atitude pode tomar a parte inconformada contra uma **interlocutória contra a qual não previsto o agravo de instrumento**? A resposta está no § 1º do art. 1.009: as questões resolvidas na fase de conhecimento, impassíveis de agravo de instrumento, **não são cobertas pela preclusão e devem ser suscitadas em preliminar de apelação eventualmente interposta contra a decisão final ou nas contrarrazões.** Se forem suscitadas em contrarrazões, o recorrente será intimado para, em 15 dias, manifestar-se a respeito delas (§ 2º do art. 1.009). ***Mutatis mutandis***, é o que já acontece na sistemática dos **Juizados Especiais, Lei 9.099/95.**

Um exemplo: se, numa audiência instrutória, o juiz indefere a coleta de uma prova, decisão que pode cercear gravemente a defesa da parte, esta deve requerer ao magistrado que faça constar da ata respectiva o requerimento e o indeferimento, para que nos autos fique registrado o fato lá ocorrido, sabido que ***quod non est in actis non est in mundo***; o que não está nos autos não está no mundo. Quando, diante de uma sentença desfavorável, esta parte lesada interpuser a apelação, nela requererá, preliminarmente, de forma fundamentada, a apreciação da matéria e a nulidade do processo por cerceamento de defesa.

4 THEODORO JÚNIOR, Humberto – Novo Código de Processo Civil Anotado: Rio, Forense, 20ª edição revista e atualizada, 2016, p.1.123.

3.2.3. INTERLOCUTÓRIAS AGRAVÁVEIS

Prevê o **art. 1.015** apenas o cabimento de **agravo de instrumento** contra as decisões interlocutórias lá especificadas, nos seus **XIII incisos**, com o lembrete de que foi vetado o disposto no inciso XII. Também é cabível o **agravo de instrumento "noutros casos expressamente referidos em lei"**, conforme o **inciso XIII** da norma. E é também cabível o **agravo de instrumento** contra as interlocutórias proferidas **na fase de liquidação ou de cumprimento de sentença, no processo de execução e no processo de inventário** (**p.ú. do art. 1.015**).

Lembre-se que contra as decisões que fizerem o **julgamento de extinção parcial do processo (p.ú. do art. 354)** ou proferirem o **julgamento antecipado parcial de mérito (art. 356, § 5º)**, o **recurso cabível será o agravo de instrumento.**

Outra pergunta: que providência adotar contra uma interlocutória de grave repercussão no processo contra a qual não previsto o cabimento do agravo de instrumento no **art. 1015 e seu p.ú.**? Ou seja, é exaustiva a relação de decisões agraváveis prevista no dispositivo?

"O rol deste artigo 1.015 é **taxativo**: se a decisão interlocutória está arrolada nos incisos ou no § (**sic**) único, contra ela cabe agravo de instrumento; se não está listada, não cabe", ponderam Negrão, Gouvêa, Bondioli e Fonseca[5]. "Todavia, sustentam eles, não se descarta o cabimento de **mandado de segurança** contra decisão interlocutória lesiva de direito líquido e certo, quando existente risco de dano grave ou de difícil reparação"[6]. Como pondera José Miguel Garcia Medina, "de algum modo, procurou o legislador antever, com base na experiência haurida à luz da lei processual revogada, os casos em que, sob a nova lei, justificariam a recorribilidade imediata da decisão interlocutória" Segundo ele, "a riqueza das situações que podem surgir no dia a dia do foro, porém, escapam da inventividade do legislador. Nesses casos, à falta de recurso que possa ser usado imediatamente contra a decisão, poderá ser o caso de se fazer uso do mandado de segurança"[7]. De sua vez, Marinoni, Arenhart e Mitidiero, sobre a **taxatividade do rol do art. 1.015**, dispõem que "o fato de o legislador construir um rol

---

5 NEGRÃO, Theotonio; GOUVÊA, José Roberto F.; BONDIOLI, Luís Guilherme A.; e FONSECA, João Francisco N. da; Novo Código de Processo Civil e legislação processual em vigor: S. Paulo, Saraiva, 47ª edição atualizada e reformulada, 2016, p. 933.

6 Idem, ibidem.

7 MEDINA, José Miguel Garcia - Novo Código de Processo Civil Comentado: S. Paulo, Thomson Reuters Revista dos Tribunais, 4ª edição revista, atualizada e ampliada, 2016, p. 1.503.

taxativo não elimina a necessidade de interpretação para a sua compreensão: em outras palavras, a taxatividade não elimina a interpretação"[8].

Segundo antiga regra de hermenêutica, ***ubi lex voluit dixit ubi noluit tacuit***: onde a lei quis, ela disse, onde não quis, guardou silêncio. Mas o legislador não é um onisciente, que consiga antever, no momento da elaboração da norma, todas as situações que poderão ficar sob a sua abrangência. Por isso, advertem os italianos, ***fatta la legge, trovato l'inganno***: feita a lei é achado o engano. Por exemplo, não está previsto, no rol do **art. 1.015 do NCPC** o **cabimento de agravo de instrumento contra a decisão sobre a competência do órgão jurisdicional**. Teria sentido permitir o prosseguimento de um processo perante um juiz possivelmente incompetente? Não seria essa uma hipótese em que deveria ser permitido o agravo de instrumento? Entendemos deva ser flexibilizada a regra pela jurisprudência, numa interpretação mais inteligente do texto legal. É tempo de deixar de lado a regra ***dura lex sed lex*** – a lei é dura mas é lei -, passando a se aplicar a regra ***dura lex sed latex*** – a lei é dura mas se flexiona. Como na conhecida passagem bíblica, em que, questionado sobre o ato dos discípulos de colherem espigas num dia de sábado, o que era vedado pela lei, Cristo respondeu que o sábado foi feito para o homem, não o homem para o sábado. Ou seja, a lei foi feita para os homens não os homens para a lei[9]. Aguardemos o posicionamento da jurisprudência a respeito, frisando que, em voto vencido, proferido no julgamento de agravo interno, no TJMG[10], o Des. Alberto Henrique, escorado em lição de Fredie Didier Júnior e de Leonardo Carneiro da Cunha[11], fazendo aplicação analógica do inciso III do art. 1.015 do NCPC, recebeu, como próprio, o agravo de instrumento interposto contra decisão interlocutória sobre declínio de competência:

> "[...] Havendo divergência entre o sentido literal e o genético, teleológico ou sistemático, adota-se uma das interpretações corretivas, entre as quais se destaca a extensiva, que é um modo de interpretação que amplia o sentido da norma para além do contido em sua letra".
>
> [...]

---

8 MARINONI, Luiz Guilherme; ARENHART, Sérgio Cruz; MITIDIERO, Daniel – Novo Código de Processo Civil Comentado: S. Paulo, Thomson Reuters Revista dos Tribunais, 2ª edição revista, atualizada e ampliada, 2016, p. 1.074.

9 Bíblia Sagrada, Evangelho de São Marcos, Capítulo 2, Versículo 27.

10 TJMG, 13ª Câmara Cível, Agravo 1.0312.15.000217-7/002, j, em 01.02/2016, ac. publicado em 07/12/16.

11 DIDIER JÚNIOR, Fredie; CUNHA, Leonardo Carneiro da: Curso de direito processual e processo civil nos tribunais, recursos, ações de competência originária de tribunal e querela nullitatis, incidentes de competência originária de tribunal, 13ª Ed. Reform. – Salvador: Ed. Jus Podivm, 2016 – v. 03, p. 209/210.

Embora taxativas as hipóteses de agravo de instrumento, aquela indicada no inciso III do art.1.015 do CPC comporta interpretação extensiva para incluir a decisão que versa sobre competência. Comparando-se as hipóteses, chega-se à conclusão que elas se equiparam".

3.2.4. PROCESSAMENTO DO AGRAVO DE INSTRUMENTO

A petição de interposição do agravo de instrumento será dirigida diretamente ao tribunal competente, com os requisitos enumerado no **art. 1.016:** partes; exposição do fato e do direito; razões do pedido de reforma ou invalidação da decisão; nome e endereço completo dos advogados constantes do processo. A petição deverá ser instruída com as peças elencadas no **art. 1.017 e incisos**, chamando-se a atenção para o fato de que o NCPC ampliou o **rol das peças de traslado obrigatório**: petição inicial; contestação; petição que ensejou a decisão agravada; a própria decisão agravada; certidão de intimação da decisão agravada ou outro documento oficial que comprove a tempestividade do recurso; e procurações outorgadas aos advogados das partes (**inciso I**). No processo eletrônico, estas peças são dispensadas, facultando-se ao agravante anexar outros documentos que entender úteis para a compreensão da controvérsia (§ 5º do art. 1.017). Se inexistente nos autos uma dessas peças de traslado obrigatório, o advogado deverá declarar o fato, sob pena de sua responsabilidade pessoal (**inciso II do art. 1.017**). O recurso também poderá ser instruído com outras **peças facultativas**, reputadas úteis (**inciso III**). Quanto à **autenticação das cópias,** a lei não a exige, tendo sido decidido pelo STJ, por sua Corte Especial, na vigência do CPC/73, que não é requisito de admissibilidade recursal[12]. Inexistindo impugnação relativa à autenticidade das peças que instruem o agravo de instrumento, e sendo sempre possível o suprimento da exigência, descabe o não conhecimento do recurso por esse motivo[13].

3.2.5. PREPARO

O recurso de agravo de instrumento se sujeita a **preparo**, a ser comprovado no ato da sua interposição (§ 1º do art. 1.017). Se o preparo for insuficiente, o recorrente será intimado a completa-lo, no prazo de 5 dias, sob pena de deserção (§ 2º do art. 1.007). Se o **preparo não for comprovado no ato da interposição do recurso,** inclusive porte de remessa e retorno, será intimado o recorrente a realizar o s**eu recolhimento em dobro** (§ 4º), dado que um dos princípios norteadores do NCPC é o da **primazia do mérito**, isto é, tudo fazer

---

12 STJ, Corte Especial, REsp 1.111.001, **in** NEGRÃO, Theotonio; GOUVÊA, José Roberto F.; BONDIOLI, Luís Guilherme A.; e FONSECA, João Francisco N. da – *op. cit.*, p. 937.

13 STJ, 4ª Turma, REsp 710.165, Min. Aldir Passarinho Júnior, DJU 25.4.05.

para permitir o julgamento do mérito, afastando filigranas que o impeçam. Mas, se houver insuficiência parcial do preparo, inclusive porte de remessa e retorno, no recolhimento realizado nos termos do § 4º, será vedada nova complementação (§ 5º). Havendo justo impedimento, a pena de deserção poderá ser relevada pelo relator, por decisão irrecorrível, fixando prazo de 5 dias para que o preparo seja feito (§ 6º). O **equívoco no preenchimento de guia de custas** não implicará em deserção, cabendo ao relator, na hipótese de dúvida quanto ao recolhimento, **intimar o recorrente para sanar o vício em 5 dias** (§ 7º do art.1.007). Frise-se que, nos processos eletrônicos, não é devido o porte de remessa e retorno (§ 3º).

3.2.6. PRAZO

O recurso de agravo de instrumento deve ser interposto no **prazo de 15 dias. Excetuados os embargos de declaração (prazo de 5 dias)**, todos os recursos devem ser interpostos e respondidos no **prazo de 15 dias** (§ 5º do art. 1.003), devendo o prazo ser contado da data de intimação da decisão aos advogados, à sociedade de advogados, à Advocacia Pública, à Defensoria Pública e ao Ministério Público, que se considerarão intimados em audiência quando nela for proferida a decisão (**art. 1.003, *caput* e § 1º**). Se for proferida decisão contra o réu antes da sua citação, o seu prazo para recorrer contar-se-á de acordo com o **art. 231, I a VI** (**art. 1.003, § 2º**). Dentro do prazo, a petição recursal será protocolizada em cartório ou conforme as normas de organização judiciária, ressalvada regra especial (§ 3º). Se remetido o recurso pelo correio, sua tempestividade será aferida pela data da postagem (§ 4º). Se houver feriado local que interfira na contagem do prazo recursal, o recorrente deverá comprová-lo no ato da respectiva interposição (§ 6º do art. 1.003). Se sobrevier o falecimento da parte ou de seu advogado ou ocorrer motivo de força maior que suspenda o curso do prazo, será tal prazo restituído em proveito da parte, herdeiro ou sucessor, contra quem começará a correr novamente depois da intimação (**art. 1.004**).

3.2.7. FORMA DE INTERPOSIÇÃO

De acordo com o § 2º do **art. 1.017,** dentro do prazo, o agravo de instrumento: I- poderá ser protocolizado diretamente no tribunal ***ad quem***, competente para julgá-lo; II- poderá ser protocolizado na própria comarca, seção ou subseção judiciárias (o que o CPC/73 não permitia); III- poderá ser postado, com aviso de recebimento, dentro do prazo, ainda que o recurso não chegue ao tribunal ***ad quem*** tempestivamente; IV- enviado por **fax,** nos termos da lei, devendo os originais ser entregues em juízo, necessariamente, até cinco dias da data do término do prazo (**art. 2º da Lei 9.800/99**); V- outra forma prevista em lei (por exemplo, por meio eletrônico). Quanto à interposição por **fax, as peças devem ser juntadas no momento de protocolo da petição original (§ 4º do art. 1.017)**, dada a dificuldade de transmissão de muitas peças, necessárias, às vezes, à instrução do recurso. Importante assinalar que, contrariamente ao que ocorria na sistemática do CPC/73, na falta da cópia de qualquer peça ou no caso de algum vício que comprometa a admissibilidade do agravo de instrumento, deve o relator, antes, conceder 5 dias de prazo ao recorrente para que seja sanado o vício ou complementada a documentação exigível (§ 3º do art. 1.017, c/**c o p.ú. do art. 932**).

3.2.8. COMUNICAÇÃO DA INTERPOSIÇÃO À INSTÂNCIA DE ORIGEM

O **art. 526 do CPC/73** exigia a comunicação à instância de origem da interposição do agravo de instrumento, sob pena de sua inadmissibilidade, caso arguido e provado pelo agravado o não cumprimento da norma (**p.ú. do art. 526 do CPC/73**). A respeito, o ***caput* do art. 1.028 do NCPC,** dispõe que "o agravante **poderá** requerer a juntada, aos autos do processo, de cópia da petição do agravo de instrumento, do comprovante de sua interposição e da relação dos documentos que instruíram o recurso", dando a entender que essa providência seria facultativa, para ensejar ao juiz ***a quo*,** quem sabe, o reexame da sua decisão, ante as razões postas no recurso. No entanto, deve-se atentar para o disposto no § 3º c/**c o § 2º do art. 1.018,** onde praticamente é mantida a exigibilidade da providência, nos moldes da legislação anterior. Sim, porque, não sendo eletrônicos os autos, hipótese em que a providência é dispensada, o agravante deverá tomar ("**tomará**") esta providência prevista no *caput*, **no prazo de três dias**, a contar da interposição do recurso, sob pena de o descumprimento da **exigência, desde que arguido e provado pelo agravado,** importar em **inadmissibilidade do agravo de instrumento**.

3.2.9. PROCESSAMENTO DO AGRAVO DE INSTRUMENTO NO TRIBUNAL

Recebido o recurso no tribunal, deverá ser **imediatamente** distribuído a um relator. Se não for caso de dele não conhecer ou de negar-lhe pronto provimento, nas hipóteses dos **incisos III e IV do art. 932,** o relator: I- poderá atribuir efeito suspensivo ou ativo ao recurso, comunicando ao juiz sua decisão; II- ordenará a intimação do agravado, pessoalmente, por carta, quando não tiver procurador constituído, ou pelo Diário da Justiça ou por carta com aviso de recebimento, dirigida ao seu advogado, para que responda (apresente **contraminuta**), no prazo de 15 dias, facultando-lhe juntar a documentação que entender necessária ao julgamento do recurso; III- determinará a intimação do MP, preferencialmente por meio eletrônico,, quando for caso de sua intervenção, para que se manifeste em 15 dias. Posteriormente, o relator solicitará dia para julgamento em prazo não superior a 1 (um) mês da intimação do agravado (**art. 1.020**).

Pelo **p.ú. do art. 527do CPC/73**, era irrecorrível o ato do relator de atribuição ou denegação de efeito suspensivo ou ativo ao agravo, só passível de pedido de reconsideração. Pelo **art. 521 do NCPC**, porém, contra decisão proferida pelo relator caberá **agravo interno** para o respectivo órgão colegiado, a seguir examinado.

3.3. DO AGRAVO INTERNO

O NCPC trouxe uma novidade com relação aos recursos, prevendo, agora, no **art. 1.021**, o cabimento do **agravo interno** contra decisão proferida pelo relator, recurso cabível para o respectivo órgão colegiado, independentemente de preparo, observadas, quanto ao processamento, as regras do regimento interno do tribunal. Ou seja, toda vez que um relator, no tribunal, decidir monocraticamente, seu ato poderá ser atacado através de **agravo interno**, no **prazo de 15 dias**. Na peça recursal, o recorrente deverá impugnar especificadamente os fundamentos da decisão agravada (§ 1º do art. 1.021), devendo o recurso será dirigido ao relator, que intimará o agravado a responder o recurso em 15 dias, ao final do qual, não havendo retratação, levá-lo-á a julgamento pelo órgão colegiado competente, com inclusão em pauta (§ 2º). É vedado ao relator limitar-se à reprodução dos fundamentos da decisão agravada, para julgar improcedente o agravo interno (§ 3º). Se o agravo interno for considerado **manifestamente inadmissível ou improcedente em votação unânime**, o órgão colegiado, em decisão fundamentada, condenará o agravante a pagar, ao agravado, **multa fixada entre um e cinco por cento do valor atualizado da causa** (§ 4º), sendo que, neste caso, a interposição de qualquer outro recurso está condicionada ao depósito prévio do valor dessa multa, à exceção da Fazenda Pública e do beneficiário da gratuidade da justiça, que farão o pagamento ao final (§ 5º).

3.4. EMBARGOS DE DECLARAÇÃO

3.4.1. CABIMENTO

Trata-se do recurso cabível, **contra qualquer decisão**, para esclarecer obscuridade ou contradição (**art. 1.022, I**); para integrar decisão omissa a respeito de ponto ou questão sobre o qual devia se pronunciar o juiz de ofício ou a requerimento (**art. 1.022, II**); ou para corrigir erro material (**art. 1.022, II**). Dentre outros, os casos de decisão omissa também estão especificados no **p.ú. do art. 1.022**.

3.4.2. PRAZO

O prazo para interposição dos declaratórios é de **5 dias** (**art. 1.023**), único recurso para o qual não previsto o prazo de 15 dias. Os litisconsortes com procuradores distintos também têm direito ao prazo dobrado, nos termos do **art. 229** (§ 1º do art. 1.023).

3.4.3. EFEITO INFRINGENTE OU MODIFICATIVO

Em princípio, não há abertura de vista ao embargado, para se manifestar sobre o recurso, salvo se o acolhimento do recurso implicar modificação da decisão embargada, caso em que será de 5 dias o prazo para a resposta (§ 2º do art. 1.023). A propósito, o STF e o STJ já admitiam os declaratórios com **efeito infringente ou modificativo**, exigindo, nesse caso, a abertura de vista à parte embargada[14], em respeito ao contraditório, ouvida, pois, a parte adversa[15]. "A atribuição de efeitos infringentes aos embargos de declaração supõe a prévia intimação da parte embargada, em respeito aos princípios constitucionais do contraditório e da ampla defesa, sob pena do julgamento padecer de nulidade absoluta"[16].

3.4.4. PROCESSAMENTO DOS EMBARGOS DE DECLARAÇÃO

Pelo **art. 1.024,** o juiz julgará os declaratórios em 5 dias, sendo que, nos tribunais, o relator os apresentará em mesa na sessão subsequente, proferindo voto e, não havendo julgamento nessa sessão, o recurso será incluído em pauta automaticamente (§ 1º do art. 1.024). Se os declaratórios forem interpostos contra decisão do relator ou outra decisão unipessoal proferida em tribunal, o órgão prolator da decisão embargada decidi-los-á monocraticamente (§ 2º). Se o órgão julgador entender cabível o agravo interno ao invés dos declaratórios, intimará o recorrente para complementar as razões em 5 dias, de modo a ajustá-las às exigências do art. 1.021, § 1º (§ 3º). Caso o acolhimento dos declaratórios implique modificação da decisão embargada, o embargado, que já tiver interposto outro recurso contra a decisão originária, tem o direito de complementar ou alterar as razões do seu recurso, nos exatos limites da modificação, no prazo de 15 dias, contado da intimação da decisão dos embargos de declaração (§ 4º). Afastando equivocada jurisprudência anterior, acentua o NCPC, no § 5º do art. 1.024, que se os embargos de declaração forem rejeitados ou não alterarem a conclusão do julgamento anterior, **o recurso interposto pela**

---

14 STF, 1ª Turma, AI 495.880 – AgRg-EDcl, Min. Cezar Peluso, DJU 28.4.06, p. 21; STJ, 3ª Seção, MS 11.760-EDcl, Min. Laurita Vaz, DJU 30.10.06.

15 STF, 2ª Turma, RE 250.396-7, Min. Marco Aurélio, DJU 12.5.00.

16 STJ, 3ª Turma, REsp 1.395.289, Min. Nancy Andrighi, DJ 29.4.14.

outra parte antes da publicação do julgamento dos embargos de declaração será processado e julgado independentemente de ratificação.

3.4.5. PREQUESTIONAMENTO

As **Súmulas 282 e 356 do STF**, assim como a **Súmula 211 do STJ**, para conhecimento dos recursos extraordinário e especial, respectivamente, exigem o **prequestionamento**, isto é, que a matéria objeto daqueles recursos constitucionais tenham sido objeto de apreciação pelas instâncias ordinárias, prequestionamento esse buscado exatamente através dos embargos de declaração. Infelizmente, porém, havia muita má vontade no julgamento dos declaratórios, sistematicamente rejeitados, sem apreciação do ponto omisso neles apontado. O **art. 1.025 do NCPC**, porém, trouxe solução para o caso, dispondo que "consideram-se incluídos no acórdão os elementos que o embargante suscitou, para fins de prequestionamento, ainda que os embargos de declaração sejam inadmitidos ou rejeitados, caso o tribunal superior considere existentes erro, omissão, contradição ou obscuridade". Assim, está superada a **Súmula 211 do STJ**, bastando a interposição dos declaratórios cabíveis, para que se tenha por prequestionada a matéria[17].

3.4.6. SOBRE OS EFEITOS SUSPENSIVO E INTERRUPTIVO DOS DECLARATÓRIOS

Estabelece o ***caput* do art. 1.026 do NCPC** que os embargos de declaração "**não possuem efeito suspensivo**", mas "**interrompem o prazo para a interposição de recurso**". Quanto ao efeito suspensivo para os declaratórios, o CPC/73 era omisso, dispondo, agora, o NCPC que este recurso não o tem. Mas, na hipótese de os declaratórios serem manejados contra decisão passível desse efeito suspensivo, entendemos nós que os embargos devam ser recebidos com esse efeito suspensivo. O § 1º do art. 1.026 prevê que a eficácia da decisão monocrática ou colegiada poderá ser suspensa pelo respectivo juiz ou relator se demonstrada a probabilidade de provimento do recurso ou, sendo relevante a fundamentação, se houver risco de dano grave ou de difícil reparação. Em outras palavras, se presentes o ***fumus boni iuris*** e o ***periculum in mora***, deve ser atribuído efeito suspensivo aos embargos declaratórios.

Lado outro, enquanto não forem julgados, os embargos de declaração interrompem o prazo para a interposição de outros recursos, prazo que só começará a correr depois da intimação do ato de julgamento dos declaratórios (***caput* do art. 1.026**). Por oportuno, saliente-se aqui que os **art. 1.064 e 1.065**

---

17 **in** NEGRÃO, Theotonio; GOUVÊA, José Roberto F.; BONDIOLI, Luís Guilherme A.; e FONSECA, João Francisco N. da - *op. cit.*, p. 955.

do NCPC introduziram **modificações na sistemática dos embargos de declaração nos Juizados Especiais**, alterando a redação dos **art. 48 e 50 da Lei n. 9.099/95**. As hipóteses de cabimento dos declaratórios, nos Juizados, agora são as mesmas do NCPC: contradição, obscuridade, omissão ou erro material, não mais se cogitando da **dúvida**, como antes mencionada no art. 48 da Lei n. 9.099/95. E, importante, se, nos Juizados, os declaratórios, nos termos do art. 50 da Lei n. 9.099/95, suspendiam o prazo para outros recursos, agora não, **também nos juizados especiais, os declaratórios interrompem o prazo para outros recursos,** que, portanto, serão contados por inteiro, após o julgamento dos embargos de declaração, porque mudada a redação daquele art. 50 da Lei n. 9.099/95, pelo art. 1.065 do NCPC.

3.4.7. EMBARGOS DE DECLARAÇÃO MANIFESTAMENTE PROTELATÓRIOS

Quando manifestamente protelatórios os embargos de declaração, o juiz ou tribunal, em decisão fundamentada, condenará o embargante a pagar ao embargado **multa não excedente a dois por cento sobre o valor atualizado da causa** (§ 2º do art. 1.026). Na **reiteração** de embargos manifestamente protelatórios, **a multa será elevada a até dez por cento** sobre o valor atualizado da causa e a interposição de qualquer recurso ficará condicionada ao depósito prévio do valor da multa, à exceção da Fazenda Pública e do beneficiário da gratuidade da justiça, que a recolherão ao final (§ 3º do art. 1.026). Dispõe, agora, o § 4º do art. 1.026 que não serão admitidos novos embargos de declaração se os dois anteriores houverem sido considerados protelatórios.

3.5. RECURSO ORDINÁRIO CONSTITUCIONAL

O NCPC tratou do **recurso ordinário constitucional** nos **art. 1.027 e 1.028**, mandando aplicar quanto ao seu processamento as regras previstas no **art. 1.028.** Trata-se de recurso previsto na Constituição da República, onde estão delineadas as hipóteses do seu cabimento: para o STF, no **art. 102, II**; e para o STJ, no **art. 105, II**, hipóteses que o **art. 1.027 do NCPC** apenas repetiu. O prazo para a sua interposição é de 15 dias, sujeitando-se o mesmo a preparo, da mesma forma que a apelação.

O recurso previsto no art. 1.027, incisos I e II, alínea *a* deve ser interposto perante o tribunal de origem, cabendo ao seu presidente ou vice-presidente determinar a intimação do recorrido para as contrarrazões em 15 dias, findo o qual os autos deverão ser remetidos ao respectivo tribunal superior, **independentemente do juízo de admissibilidade** (**art. 1.028 e §§**).

3.6. RECURSOS ESPECIAL E EXTRAORDINÁRIO

O NCPC, nos **art. 1.029 a 1.041,** tratou do **recurso extraordinário**, para o STF (cabível nas hipóteses previstas no **art. 102, III da CR/88**); e do **recurso especial**, para o STJ (cabível nas hipóteses previstas no **art. 105, III da CR/88**). Trata-se de recursos que, se for caso dos dois, devem ser interpostos simultaneamente, em petições separadas, no prazo de 15 dias, acompanhadas da prova do respectivo preparo, que é devido, não se sujeitando a efeito suspensivo, que excepcionalmente poderá lhes ser atribuído, quando demonstrada a probabilidade de provimento do recurso ou, sendo relevante a fundamentação, se houver risco de dano grave ou de difícil reparação. Em outras palavras, se presentes o ***fumus boni iuris*** e o ***periculum in mora*** (confiram-se o § 5º e incisos do art. 1.029).

Pela redação primitiva do NCPC, da mesma forma prevista para a apelação, não caberia mais ao presidente ou vice-presidente do tribunal de origem fazer o juízo de admissibilidade desses recursos, devendo apenas colher as contrarrazões do recorrido e depois remeter os autos à admissibilidade e apreciação dos tribunais ***ad quem***, STF ou STJ. No entanto, dada a pressão exercida por esses tribunais no Congresso Nacional, acabou sendo editada a **Lei 13.256, de 04.02.16**, em vigor desde **18.03.16**, quando passou a vigorar o NCPC, voltando ao que era antes, mantendo, pois, no **art. 1.030 e §§,** o duplo juízo de admissibilidade desses recursos extraordinário e especial, a ser feito, de início, pelo presidente ou vice-presidente do tribunal ***a quo***, que, na quase totalidade dos casos, vem sistematicamente negando seguimento a esses recursos constitucionais, com a devida vênia usurpando competência constitucionalmente dada ao STF e STJ, respectivamente. Contra a decisão de inadmissibilidade desses recursos será cabível o **agravo**, previsto no **art. 1.042,** agora **no prazo de 15 dias** e não mais de 10, como na vigência do CPC/73 (**art. 1.070**), recurso a ser processado na instância ***a quo*** e remetido à instância ***ad quem*** para o seu julgamento, nos termos do **art. 1.042.**

3.7. EMBARGOS DE DIVERGÊNCIA

Trata-se de recurso cabível no STF e no STJ, com o objetivo de uniformizar a jurisprudência dentro desses tribunais. Ver, a propósito, os **art. 1.043 e 1.044**, assim como os **regimentos internos** respectivos (**RISTF, art. 330 a 332 e 334 a 336; RISTJ, art. 266 e 267**). O prazo de interposição e resposta é de 15 dias e não se sujeita o recurso a efeito suspensivo, interrompendo, no STJ, o prazo para o recurso extraordinário para o STF (§ 1º do art. 1044). Não há preparo para os embargos de divergência e se forem rejeitados liminarmente pelo relator, caberá **agravo,** agora em 15 dias, nos termos do **art. 1.070 do NCPC**.

O JULGAMENTO AMPLIADO DO ART. 942: POLÊMICAS SOBRE APLICAÇÃO E LIMITAÇÃO DA MATÉRIA DE DISCUSSÃO

Bernardo Ribeiro Câmara[1]

1. Introdução

O CPC/15 inovou no seu art. 942 ao criar uma regra especial de julgamento de apelação, agravo de instrumento e ação rescisória chamada de "*técnica de complementação de julgamento*"[2] ou "*ampliação do colegiado em caso de divergência*"[3] que deve ser implementada de ofício e independe da iniciativa da parte[4].

Pela novel legislação, art. 942 do CPC, "*quando o resultado da apelação for não unânime, o julgamento terá prosseguimento em sessão a ser designada com a presença de outros, que serão convocados nos termos previamente definidos no regimento interno, em número suficiente para garantir a possibilidade de inversão do resultado inicial, assegurado às partes e a eventuais terceiros o direito de sustentar oralmente suas razões perante os novos julgadores*".

---

1 Advogado. Mestre em Processo. Especialista em Direito de Empresa. Sócio do Escritório Freire, Câmara & Ribeiro de Oliveira Advogados. Diretor do Instituto dos Advogados de Minas Gerais. Professor universitário de graduação (NEWTON) e pós-graduação (IBMEC, Escola Superior da Advocacia e IEC/MG). Conselheiro Seccional da OAB/MG e Membro do Órgão Especial da OAB/MG

2 Por ALEXANDRE FREITAS CÂMARA. *In O Novo Processo Civil Brasileiro.* Atlas: São Paulo, 2015. P. 446.

3 FREDIE DIDIER JR e LEONARDO CARNEIRO DA CUNHA. *In Curso de Direito Processual Civil. Meios de Impugnação às Decisões Judiciais e Processo nos Tribunais.* Vol. 3. Ed. Juzpodvm: Salvador, 2016. p. 75.

4 DANIEL AMORIM ASSUMPÇÃO NEVES. *In Novo Código de Processo Civil. Inovações, Alteraçoes e Supressões Comentadas.* Editora Método: São Paulo, 2015. p. 566.

A referida técnica de julgamento aplica-se também aos julgamentos não unânimes proferidos em "*ação rescisória, quando o resultado for a rescisão da sentença, devendo, neste caso, seu prosseguimento ocorrer em órgão de maior composição previsto no regimento interno*" e nos casos de "*agravo de instrumento, quando houver reforma da decisão que julgar parcialmente o mérito*" (CPC, art. 942, §3º, I e II, respectivamente).

O legislador expressamente afastou a aplicação da regra especial de julgamento aos casos de "*incidente de assunção e competência e ao de resolução de demandas repetitivas*", casos de "*remessa necessárias*" e aos acórdãos "*não unanime proferido, nos tribunais, pelo plenário ou pela corte especial*".

A técnica de julgamento do art. 942 do CPC/15 não possui natureza jurídica de recurso[5], embora tenha entrado em vigor no ordenamento processual brasileiro em substituição ao recurso de Embargos Infringentes (previsto no CPC/73) não mais cabível na atual legislação processual.

Neste artigo, embora muitas questões precisem ser enfrentadas sobre a exegese do art. 942, limitar-se-á à duas discussões por se entender que, entre os muitos questionamentos, seriam aqueles que mais importância se apresentaria ao exercício da advocacia. São elas:

a) Restrição de aplicação, e;

b) Limites do julgamento estendido.

2. Discussões sobre a restrição de aplicação

Embora a redação do art. 942 não apresente divagações sobre as situações de incidência da técnica especial de julgamento nele contida, discussões doutrinárias e jurisprudenciais já se apresentam para restringir a aplicação do referido dispositivo.

JOSÉ MIGUEL GARCIA MEDINA[6], que fez parte da comissão de juristas nomeados pelo Senado Federal para a elaboração do anteprojeto do Novo Có-

---

5 A técnica de julgamento estendido do art. 942 do CPC/15 não pode alçar natureza jurídica de recurso, seja por faltar o requisito da voluntariedade (essencial para o ato de recorrer), seja por inexistir decisão judicial prévia passível de impugnação. Vale registrar que é o próprio art. 942 do CPC/15, no seu *caput*, expressamente valor que o julgamento ainda não se encerrou e, no seu §2º, autoriza a revisão do voto por aqueles que já julgaram (exatamente porque ainda não ocorreu o encerramento do julgamento – do contrário deveria ser aplicado o art. 941, §1º, que autoriza a mudança do voto até o anúncio do resultado do julgamento.

6 *In Novo Código de Processo Civil Comentado*. 4ª ed. 2ª tiragem. Revista dos Tribunais: São Paulo, 2016. p. 1348.

digo de Processo Civil, diante da restrição apresentada para os casos de Agravo de Instrumento e Ação Rescisória (art. 942, §3º, I e II do CPC/15), por exemplo, entende que ela também se aplica ao recurso de Apelação sustentando que:

> "a técnica de julgamento prevista no art. 942 do CPC/2015 deverá ser observada apenas nos casos em que se der provimento a apelação interposta contra sentença de mérito (ou, pelo menos, contra decisão que, in abstracto, tenha aptidão para figurar como objeto de ação rescisória). A esta conclusão chega-se interpretando sistematicamente a hipótese prevista no caput em relação às referidas no §3º do art. 942 do CPC/2015, e é, também, a que melhor se ajusta à finalidade da referida técnica já que parece despropositado exigir-se a continuidade de julgamento quando, p. ex., sentença de mérito é mantida, quando negado provimento, por maioria à apelação".

DANIEL AMORIM ASSUMPÇÃO NEVES[7] também entende que a ausência da restrição contida no *caput* da apelação não passou de um erro do legislador mas apontou pela existência da possibilidade de divergência sobre o assunto. Vejamos:

> "Neste caso, há duas possíveis interpretações. O legislador, por ter criado uma técnica de julgamento bem mais simples e informal que a gerada pelos embargos infringentes, teria decidido conscientemente alargar seu cabimento para qualquer julgamento por maioria de votos na apelação. Ou, teria sido uma omissão involuntária do legislador. Acredito mais na segunda hipótese, porque, se a pretensão era ampliar o cabimento, não teria sentido continuar a limitá-lo à espécie de resultado da ação rescisória e no agravo de instrumento. Ainda assim, é tema que gerará debates, porque numa interpretação literal qualquer julgamento por maioria de votos na apelação leva à aplicação do art. 942 do Novo CPC, enquanto numa interpretação sistêmica, somente na hipótese de o julgamento reformar a sentença de mérito".

Entrementes, o entendimento supra merece reflexão diferente.

A restrição apresentada nos incisos do §3º, do art. 942 do CPC/15, especificamente para o recurso de Agravo de Instrumento e para a Ação Rescisória, longe de implicar em uma interpretação extensiva, na verdade, impõe uma interpretação restritiva. Quisesse o legislador estender a restrição para o recurso de Apelação, por óbvio, assim ele teria feito no *caput* do art. 942. Se não fez, é porque essa não era a intenção.

Em verdade, é sustentável a interpretação extensiva para afastar a restrição apresentada para o caso de Agravo de Instrumento nas hipóteses específicas de

7 *In Novo Código de Processo Civil. Inovações, Alteraçoes e Supressões Comentadas.* Editora Método: São Paulo, 2015. p. 567.

julgamento de questões de mérito do processo (art. 1015, II, do CPC/15) ou de julgamento parcial de mérito (art. 356, §5º), por se aplicar ao caso a interpretação analógica ao recurso de apelação, do que o contrário. As demais hipótese de cabimento do agravo de instrumento, por não envolverem o julgamento final da causa, não exigem o amadurecimento total da decisão colegiada. O mesmo se faz em relação à divergência surgida no âmbito do julgamento da ação rescisória, quando, em regra, já se tem a formação de colegiado mais qualificado com maior número de julgadores.

Extrai-se da norma processual a intenção do legislador em permitir que a referida técnica de julgamento seja capaz de gerar a "*possibilidade de reversão do resultado inicial*" sem qualquer restrição de aplicação se o julgamento vencedor (e que se permite reverter) tenha ou não reformado a decisão recorrida. Essa restrição, que configura o princípio da dupla conformidade[8] para o cabimento dos embargos infringentes (na redação do art. 530 do CPC/73) não restou repetida no art. 942 do CPC/15. Entender diferente é interpretar o CPC/15 à luz de um dispositivo já revogado do CPC/73.

Esse entendimento é adotado por ALEXANDRE FREITAS CÂMARA[9], ao doutrinar que "*na apelação, porém, qualquer divergência, seja qual for a questão sobre a qual não tenha havida unanimidade, acarretará a aplicação da técnica de complementação do julgamento não unânime*" e também por FREDIE DIDIER JR. e LEONARDO CARNEIRO DA CUNHA[10] quando manifestam

---

8 Já tivemos a oportunidade de estudar que sobre o princípio da "dupla conformidade" ou *doppio conforme*, visa obstar a utilização de recursos sucessivos (reiterados), aumentando o tempo da tramitação procedimental.
Consiste, numa acepção, na impossibilidade de cabimento de recurso ordinário quando um determinado provimento já tiver sido submetido à apreciação de outro órgão julgador mediante a interposição de recurso que tenha confirmado a decisão, ou seja, *duas decisões coincidentes proferidas por órgãos judiciais diversos*.
O princípio foi reintroduzido em nossa legislação processual pela reforma implementada pela Lei nº 10.352/2001 e a redução das hipóteses de cabimento do recurso de embargos infringentes a duas: quando o acórdão não unânime houver reformado, em grau de apelação, a sentença de mérito; e quando houver julgado procedente a ação rescisória. Trata-se de princípio de aplicação restrita. O critério traz a regra de que, se o recorrente foi vencido duas vezes, a ele não será permitido o manejo dos embargos infringentes para discutir a questão sucumbida. Por exemplo, o apelante, não obstante ocorrer divergência no julgado, não terá à sua disposição a possibilidade de manejar o referido recurso, salvo em caso de sucumbência recíproca, mas, neste caso, a questão que poderá ser objeto de embargos será aquela que tiver *sido vencedora em primeira instância, prevalecendo, assim, o critério da dupla sucumbência*. (*In Curso de Direito Processual Civil – Fundamentação e Aplicação*. Dierle Nunes, Alexandre Bahia, Bernardo Ribeiro Camara. 2ª ed. Editora Forum, Belo Horizonte, 2013).

9 *In O Novo Processo Civil Brasileiro.* Atlas: São Paulo, 2015. P. 447.

10 *In Curso de Direito Processual Civil. Meios de Impugnação às Decisões Judiciais e Processo nos Tribunais.* Vol. 3. Ed. Juzpodvm: Salvador, 2016. p. 79.

entendimento de que "*na apelação, a regra aplica-se a qualquer resultado não unânime. Não admitida, por maioria de votos, a apelação, aplica-se a regra. Admitida para ser provida ou não provida, seja ou não de mérito a sentença recorrida, pouco importa. Se o resultado não for unânime, aplica a técnica de julgamento prevista no art. 942 do CPC*".

TEREZA ARRUDA ALVIM WAMBIER e OUTROS[11] também ressalvam que "*além da questão procedimental, há, ainda, outra clara vantagem em relação aos embargos infringentes previsto no CPC/73: diferente daqueles, a técnica de julgamento admitida pelo NCPC é mais ampla, porquanto tem lugar em qualquer julgamento de apelação (e não apenas alguns) e também, expressamente, no caso de agravo*".

3. Limites da matéria de discussão no julgamento estendido

Outra questão que acreditamos vai gerar discussões interessantes diz respeito limites do julgamento estendido.

No âmbito dos Tribunais e de algumas discussões que começaram a ser feitas quando da suspensão dos julgamentos iniciados com identificação de divergência para a realização do julgamento ampliado já se percebeu questionamentos sobre os limites da cognição dos novos julgadores: (a) se eles estariam limitados aos pontos de divergência (como era na época do julgamento dos Embargos Infringentes), ou; (b) se o limite de sua cognição pode autorizar discussão inclusive da parte unânime e reversão do julgamento caso algum julgador reposicione-se diante dos novos votos apresentados.

Ainda não identifiquei julgados em que a referida questão foi objeto de decisão e enfrentamento expresso. Anoto também que, na maioria das doutrinas sobre o art. 942 do CPC que pesquisei, até a elaboração deste artigo, poucos são os enfrentamentos sobre esta temática.

Fato é que, na égide do CPC/73, quando em vigor o art. 530 e cabível os embargos infringentes, o CPC expressamente estabelecida que "*se o desacordo for parcial, os embargos serão restritos à matéria objeto da divergência*".

Vale registrar que, no âmbito do efeito devolutivo dos embargos infringentes, a matéria devolvida ficava restrita aos pontos de divergência de forma que a parte unânime do acórdão não poderia ser rediscutida na estreita via dos embargos infringentes.

---

11 *In Primeiros Comentários ao Novo Código de Processo Civil – Artigo por Artigo.* Revista dos Tribunais: São Paulo, 2015. p. 1341.

Também em razão da limitação discursiva dos embargos infringentes aos limites da divergência entre os votos vencedores e vencido, restava incabível qualquer crítica, no âmbito desse recurso, ao que foi deferido ou deixou de ser deferido pelo voto derrotado. É que os embargos infringentes, somente sendo hábeis a atacar os votos vencedores, podem, no máximo, vindicar o que foi deferido pelo voto vencido.[12]

O STJ, em relação ao então vigente art. 530 do CPC/73 tem entendimento consolidado no sentido de que "*o julgamento dos Embargos Infringentes deve cingir-se à questão divergente levantada no voto vencido, sob pena de incorrer em inovação da lide e violar o art. 530 do Código de Processo Civil*" (STJ. Segunda Turma. AgRg no REsp 1.348.083-RS. Rel. Min. HERMAN BENJAMIN. DJe 19/05/16).

A discussão que se quer apresentar aqui é exatamente se, à luz do art. 942 do CPC/15 e desta nova técnica de julgamento, ainda persiste a limitação cognitiva então vigente no CPC/73 (até porque a técnica de julgamento ampliado veio em substituição aos Embargos Infringentes como uma tentativa do legislador em buscar mais "celeridade" na resposta jurisdicional). Mais ainda, podem os novos julgadores (que serão chamados a realizar o julgamento ampliado) decidir questões já decididas de forma unânime e ensejando inclusive a revisão dos votos então proferidos? Pode-se no julgamento estendido decidir além ou abaixo dos limites da divergência (conforme limitação antes dada no julgamento dos Embargos Infringentes)?

É que se passa a responder.

Não se pode olvidar que, na redação do art. 942 do CPC/15, não se identifica qualquer restrição à matéria de discussão do julgamento estendido. Muito pelo contrário, o legislador expressamente ressalva que o julgamento estendido deve "*garantir a possibilidade de inversão do resultado inicial*", o que não apresenta qualquer restrição aos limites de jurisdição dos novos votos que ainda serão proferidos e que podem, inclusive, autorizar a revisão dos votos então proferidos, uma vez que não ocorreu o encerramento do julgamento iniciado, como autoriza expressamente o §2º do art. 942 ("*os julgadores que já tiverem votado poderá rever seus votos por ocasião do prosseguimento do julgamento*").

Além disso, a técnica de julgamento ampliado não se trata de um recurso (com limitação devolutiva) mas, sim, de um procedimento incidental em prosseguimento do julgamento então iniciado (um mero incidente)[13].

---

12 STJ, REsp nº 303.778/MS, Rel. Min. Aldir Passarinho Junior, julgado em 21.11.2006.

13 *In Curso de Direito Processual Civil. III*, DIDIER JR., Fredie e CUNHA, Leonardo Carneiro da 13ª ed. JusPdivm: Salvador, 2016. p. 76. Nesta obra os referidos autores apresentam

Não tem natureza jurídica de recurso, seja por faltar o requisito da voluntariedade (essencial para o ato de recorrer), seja por inexistir decisão judicial prévia passível de impugnação. Vale registrar que é o próprio art. 942 do CPC/15, no seu *caput*, que expressamente informa que o julgamento ainda não se encerrou e, no seu §2º, autoriza a revisão do voto por aqueles que já julgaram (exatamente porque ainda não ocorreu o encerramento do julgamento). Do contrário deveria ser aplicado o art. 941, §1º, que autoriza a mudança do voto até o anúncio do resultado do julgamento

Neste sentido é o entendimento de DIERLE NUNES, JÉSSICA GALVÃO CHAVES e GISELLE SANTOS COUY[14] ao doutrinar que o julgamento estendido:

> "(...)não se trata de recurso, mas de incidente que permite a continuidade do julgamento, sem a limitação cognitiva do revogado recurso de embargos infringentes, ou seja, não se limitando ao âmbito da divergência de modo que os novos julgadores têm o dever cooperativo (art. 489, §1º, IV) de levar em consideração todos os fundamentos e, caso não o façam, haverá omissão, mesmo que presumida (art. 1.022, p.ú., II)".

Esta técnica especial de julgamento, portanto, apresenta uma particularidade distinta da limitação de julgamento antes existente no cabimento dos Embargos Infringentes. Pelo teor da redação do art. 942 do CPC/15, uma vez ocorrendo situação de julgamento estendido, o prosseguimento do julgamento poderá ocorrer sem qualquer limite de jurisdição em relação aos votos anteriormente tomados que, inclusive, poderão ser revistos.

Além disso, é importante evidenciar que a técnica criada no art. 942 do CPC/15, conforme nos ensina PAULO HENRIQUE DOS SANTOS LUCON[15] foi introduzida exatamente para gerar decisões com maior qualidade:

> "A colegialidade faz parte da essência de um tribunal. Infelizmente, a realidade vem mostrando que em muitos casos ocorre um monólogo em certas turmas julgadoras e impera o julgamento monocrático. É uma realidade brasileira, que tem origem variada, mas principalmente na enorme quantidade de processos (100 milhões!). Julgamentos em massa, julgamentos

---

um entendimento adotado por Eduardo José da Fonseca Costa entendendo que a técnica de julgamento ampliado teria natureza jurídica de um recurso o que, se entendido desta forma, autorizaria a restrição da matéria de cognição diante da coisa julgada da questão unânime decidida.

14 *In Ampliação da colegialidade e embargos de declaração no novo CPC*. Opinião. Revista Consultor Jurídico, 11/07/16.

15 *In Técnica criada no novo CPC permite decisões com mais qualidade*. Artigo publicado no site "Consultor Jurídico"- http://www.conjur.com.br/2015-fev-04/paulo-lucon-cpc-permite-decisoes-qualidade. Revista Consultor Jurídico, 04/02/15.

automáticos vêm a colaborar com uma sensível perda da colegialidade. Quem participou de um colegiado sabe o que se está a falar. Com tal instituto, que é sim uma criação brasileira (e não há qualquer demérito nisso!) e se justifica pelas particularidades que temos, a divergência passa a ser uma atitude mais consciente, muito mais responsável, e permite, sem a menor dúvida, que o tribunal chegue a julgamentos dotados de infinita e superior qualidade. Mais importante de tudo, o tribunal passará a melhor mostrar que se trata de um verdadeiro colégio, "corporação cujos membros têm igual dignidade", "notáveis e da mesma categoria", acabando com a chamada jurisprudência lotérica, onde o sorteio dos julgadores sela o destino definitivo de pessoas, com decisões que seriam certamente outras se houvesse a participação de mais julgadores".

A limitação de cognição não se reflete nas novas bases de interpretação que são apresentadas nas normas fundamentais do CPC/15. Em verdade, o CPC/15 fortalece a importância dos princípios fundamentais do processo, não apenas quando os tipifica e os enuncia na sua parte geral quando, em todo o seu texto, utiliza-se deste conteúdo principiológico para gerar premissas de interpretações aos seus diversos postulados normativos[16].

HUMBERTO THEODORO JR,; DIERLE NUNES, ALEXANDRE MELO FRANCO e FLÁVIO QUINAUD PEDRON[17], sobre a nova "Teoria Normativa da Comparticipação" que se enrijece no CPC/15, destacam que é preciso ficar protegida a intenção do legislador em gerar um sistema processual capaz responder à demanda posta em juízo em sua totalidade e com total enfrentamento das questões apresentadas ao debate:

> "Tal premissa otimiza o funcionamento processual na medida em que, de um lado, cria ferramentas de fiscalidade para o comportamento de todos os sujeitos, e, de outro, induz que o processo oferte o máximo de aproveitamento de sua atividade (com prevalência do julgamento de mérito) com idas e vendas decorrentes, por exemplo, da esperteza dos advogados ou da negligência do juiz ao analisar argumentos essenciais ao deslinde correto do caso".

Há, ainda, a regra expressa apresentada no art. 926 do CPC/15 em que se impõe aos Tribunais, de forma geral, o dever de "*uniformizar sua jurisprudência e mantê-la estável, íntegra e coerente*".

---

16 *In Novo CPC – Fundamentos e Sistematização.* Humberto Theodoro JR., Dierle Nunes, Alexandre Melo Franco Bahia e Flavio Quinaud Pedron. Forense: Rio de Janeiro, 2015. p. 36.

17 *In Novo CPC – fundamentos e Sistematização.* THEODORO JR, Humberto; NUNES, Dierle; BAHIA, Alexandre Melo Franco, PEDRON, Flávio Quinaud. Rio de Janeiro: Forense, 2015. p. 62.

ALEXANDRE FREITAS CÂMARA[18] ensina que:

> *"A ideia central do ordenamento jurídico íntegro e coerente é concretização da isonomia substancial, impedindo-se deste modo decisões construídas de forma solipsista pelo juiz, a partir de seus próprios e pessoas valores (decidindo conforme sua consciência). A decisão deve ser construída – em contraditório, sempre – a partir do que anteriormente já se decidir a respeito da mesma matéria (integridade), de forma assegurar que em casos análogos se apliquem os mesmos princípios (coerência). Só assim se terá observado de forma plena a exigência, constante do* caput *do art. 926, de que a jurisprudência, além de estável, seja íntegra e coerente".*

Esse dever de busca pelo julgamento integral do mérito (art. 4º), de cooperação (comparticipação – art. 6º), de respeito ao contraditório pleno (igualdade de participação, não surpresa e garantia de influência – arts. 9º, 10 e 11), de fundamentação das decisões (art. 11) e a necessidade de que os Tribunais formem decisões estáveis, íntegras e coerentes (art. 926) justificam (e mais que isso, impõem) que não se restrinja a discussão que continua sendo feita no momento do julgamento estendido previsto no art. 942 do CPC/15.

O discurso de que o julgamento estendido prejudica a razoável duração do processo e que tem que se manter a discussão estendida apenas aos limites da divergência também não se sustentam na melhor interpretação do texto constitucional e das normas fundamentais do processo esculpidas no CPC/15. A garantia constitucional do contraditório não autoriza a sua violação com justificativa no princípio da celeridade[19].

É certo que a eficiência da prestação da atividade jurisdicional passa pela resposta judicial em um processo de razoável duração, sem dilações indevidas, mas que, de forma alguma, possa ser realizado sem as recomendações principiológicas insertas no texto constitucional como direitos e garantias fundamentais do povo[20].

A decisão judicial, para ser considerada uma decisão justa, num modelo de Justiça ideal, terá que aliar, em equilíbrio, as características de certeza, segurança, economia e celeridade[21]. Por celeridade, leia-se razoável duração do processo.

---

18 *In O Novo Processo Civil Brasileiro.* Atlas: São Paulo, 2015. p. 433.

19 *In Técnica Processual e Teoria do Processo.*GONÇALVES, Aroldo Plínio. Rio de Janeiro: Aide, 2001. p. 121-125.

20 BRÊTAS C. Dias, Ronaldo. *A reforma do Judiciário e os princípios do devido processo legal.* p. 56.

21 SÁ, Maria Radamés de. *Duplo Grau de Jurisdição – Conteúdo e Alcance Constitucional.* p. 87.

Esse também é o pensamento de CLÓVIS FEDRIZZI RODRIGUES ao pontuar que o grande desafio das leis processuais é conseguir conciliar o ideal de celeridade com o ideal de segurança pelo equacionamento de dois valores: tempo e segurança[22].

Por isso, é possível afirmar que a estabilização do processo e sua efetivação não se dá apenas pela ligeireza da prestação jurisdicional, mas sim quando se oportuniza aos destinatários do provimento a garantia do contraditório[23].

Contraditório este que se estende através do recurso como o "criador de um espaço procedimental de ataque das falibilidades do sistema processual"[24].

A organicidade expressamente conferida ao Poder Judiciário pelo texto constitucional, prevendo sua estrutura hierarquicamente disposta e as suas diversas competências recursais devidamente determinadas, ratifica a ideia do duplo grau como uma garantia constitucional da mesma forma que sua opção principiológica composta por tratados internacionais[25].

Este direito ao duplo grau de jurisdição estende-se juntamente como a própria técnica de extensão da colegialidade para exatamente dar a solução adequada ao jurisdicionado uma vez que o julgamento ampliado é ainda o próprio julgamento da apelação (ou da ação rescisória, ou do agravo de instrumento, conforme o caso).

O duplo grau de jurisdição (e aqui se entendendo a sua aplicação também no julgamento estendido do art. 942 até porque em continuação do julgamento da apelação) também deve ser observado como corolário da garantia do devido processo legal uma vez que a possibilidade de se garantir o reexame das decisões judiciais permite a correção de vícios de parcialidade evidenciados no momento decisório[26].

Portanto, o julgamento em ampliação da colegialidade não pode sofrer qualquer limitação ao objeto da divergência inicialmente instaurada uma vez que o julgamento então proferido ainda não se finalizou e o que efetivamente está em julgamento é a própria apelação ainda não enfrentada em sua totalidade

Sendo assim, os seus limites de julgamento, por óbvio, são os mesmo do

---

22 RODRIGUES, Clóvis Fedrizzi. *Celeridade Processual* versus *Segurança Jurídica*. p. 295.

23 LEAL, Rosemiro Pereira. *Teoria da Defesa no Processo Civil*. p. 112.

24 NUNES, Dierle José Coelho. *O Recurso como Possibilidade Jurídico-discursiva das garantias do contraditório e da Ampla Defesa*. p. 156.

25 KUKINA, Sérgio Luiz. *O princípio do duplo grau de jurisdição*. p. 105.

26 CALMON DE PASSOS, José Joaquim. *O devido processo legal e o duplo grau de jurisdição*. p. 138-139.

julgamento iniciado, sem qualquer restrição de exame pelos novos julgadores ao objeto da divergência instaurada (o CPC/15 não fez esta ressalva como antes era feira no *caput* do art. 530 do CPC/73 para o caso do julgamento dos Embargos Infringentes) e será definido pela matéria devolvida na apelação, no agravo de instrumento ou na ação rescisória, ressalvada as questões de ordem pública, conforme o respectivo instrumento processual em discussão.

4. Conclusão

Sendo assim, diante da limitação apresentada neste texto, em relação à duas questões polêmicas para discussão em relação à técnica de julgamento estendido prevista no art. 942 do CPC/15, conclui-se que:

a) na apelação, a técnica de julgamento estendido aplica-se a qualquer resultado não unânime, pois:

a.1) a restrição apresentada nos incisos do §3º, do art. 942 do CPC/15, especificamente para o recurso de Agravo de Instrumento e para a Ação Rescisória, longe de implicar em uma interpretação extensiva, na verdade, impõe uma interpretação restritiva. Quisesse o legislador estender a restrição para o recurso de Apelação, por óbvio, assim ele teria feito no *caput* do art. 942. Se não fez, é porque essa não era a intenção.

a.2) em verdade, seria muito mais sustentável a interpretação extensiva para afastar a restrição apresentada para o caso de Agravo de Instrumento nas hipóteses específicas de julgamento de questões de mérito do processo (art. 1015, II, do CPC/15) ou de julgamento parcial de mérito (art. 356, §5º), por se aplicar ao caso a interpretação analógica ao recurso de apelação, do que o contrário.

b) a técnica de julgamento estendida não apresenta limites em relação à matéria de discussão que ainda será enfrentada quando da finalização do julgamento (os novos julgadores não estão limitados a decidir nos limites da divergência podendo inclusive apresentar entendimento capaz de provocar a revisão dos votos então proferidos), pois:

b.1) a técnica de julgamento estendido não alça natureza jurídica de recurso, seja por faltar o requisito da voluntariedade (essencial para o ato de recorrer), seja por inexistir decisão judicial prévia passível de impugnação. É o próprio art. 942 do CPC/15, no seu *caput*, que expressamente informa que o julgamento ainda não se encerrou e, no seu §2º, autoriza a revisão do voto por aqueles que já julgaram, exatamente porque ainda não ocorreu o encerramento do julgamento.

b.2) o CPC/15 estabelece um dever de busca pelo julgamento integral do mérito (art. 4º), de cooperação (comparticipação – art. 6º), de respeito ao contraditório pleno (igualdade de participação, não surpresa e garantia de influência - arts. 9º, 10 e 11), de fundamentação das decisões (art. 11) e a necessidade de que os Tribunais formem decisões estáveis, íntegras e coerentes (art. 926), postulados estes que justificam (e mais que isso, impõem) que não se restrinja a discussão que continua sendo feita no momento do julgamento estendido.

b.3) a garantia do duplo grau de jurisdição com a plena extensão da discussão a ser feita estende-se juntamente como a própria técnica de extensão da colegialidade para exatamente dar a solução adequada ao jurisdicionado uma vez que o julgamento ampliado é ainda o próprio julgamento da apelação (ou da ação rescisória, ou do agravo de instrumento, conforme o caso).

b.4) os limites de julgamento estendido, por óbvio, são os mesmo do julgamento iniciado, sem qualquer restrição de exame pelos novos julgadores ao objeto da divergência instaurada (o CPC/15 não fez esta ressalva como antes era feira no *caput* do art. 530 do CPC/73 para o caso do julgamento dos Embargos Infringentes) e será definido pela matéria devolvida na apelação, no agravo de instrumento ou na ação rescisória, conforme o respectivo instrumento processual em discussão e ressalvada as questões de ordem pública.

5. Referências bibliográficas

AMORIM, Daniel Assumpção Neves. *Novo Código de Processo Civil. Inovações, Alteraçoes e Supressões Comentadas.* Editora Método: São Paulo, 2015.

BERALDO, Leonardo de Faria. Comentários às Inovações do Código de Processo Civil. Del Rey: Belo Horizonte, 2015.

BUENO, Cassio Scarpinella. *Novo Código de Processo Civil Anotado.* São Paulo: Saraiva, 2015.

CALMON DE PASSOS, José Joaquim. *A crise do Poder Judiciário e as reformas instrumentais: avanços e retrocessos.* Revista Síntese de Direito Civil e Processo Civil. N. 15, jan-fev/2002. p. 5-15.

CALMON DE PASSOS, José Joaquim. *Democracia, Participação e Processo.* Participação e Processo. Coordenação de Ada Pellegrini Grinover. São Paulo: Revista dos Tribunais, 1988.

CALMON DE PASSOS, José Joaquim. *Direito, poder, justiça e processo – julgando os que nos julgam.* Rio de Janeiro: Forense, 2003.

CALMON DE PASSOS, José Joaquim. *O devido processo legal e o duplo grau de jurisdição.* Revista Ajuris, Porte Alegre, n. 25, 1982. p. 130-144.

CALMON DE PASSOS, José Joaquim. Instrumentalidade do processo e devido processo sobre o tema. *In:* BRÊTAS C. DIAS, Ronaldo (Coord.). *Temas Atuais de Direito Processual Civil.* Belo Horizonte: Del Rey, 2001. p. 9-26.

CAMARA, Alexandre Freitas. *O Novo Processo Civil Brasileiro.* Atlas: São Paulo, 2015.

CAMARA, Bernardo Ribeiro. *Recurso Especial e Extraordinário - da teoria à prática.* Salvador: Jus Podivm, 2013.

CAMARA, Bernardo Ribeiro. *Os Recursos Cíveis e seu processamento nos Tribunais.* Belo Horizonte: Editora Mineira, 2003.

CHEIN JORGE, Flávio. *Teoria Geral dos Recursos Cíveis.* 7ª Ed. São Paulo: Revista dos Tribunais, 2015.

DIDIER JR, Fredie. e LEONARDO CARNEIRO DA CUNHA. *Curso de Direito Processual Civil. Meios de Impugnação às Decisões Judiciais e Processo nos Tribunais.* Vol. 3. Ed. Juzpodvm: Salvador, 2016.

FRANÇA, Limongi. *Princípios Gerais do Direito.* São Paulo: Editora Revista dos Tribunais, 2ª ed., 1971.

GONÇALVES, Aroldo Plínio. *Técnica Processual e Teoria do Processo.* Rio de Janeiro: Aide, 2001GRECO, Leonardo. *Instituições de Direito Processual Civil.* Vol. I. Rio de Janeiro: Forense, 5ª ed., 2015.

KUKINA, Sérgio Luiz. *O princípio do duplo grau de jurisdição.* São Paulo: Revista dos Tribunais. Revista de Processo n. 109, ano 28, janeiro-março de 2003. p. 97-112.

LEAL, Rosemiro Pereira. *Teoria da Defesa no Processo Civil.* Revista da Faculdade Mineira de Direito, Belo Horizonte, V. 1, n. 1, 1º semestre de 1998. p. 108-115.

LEAL, Rosemiro Pereira. *Teoria Geral do Processo - Primeiros Estudos.* 4a ed. Porto Alegre: Síntese, 2001.

LEAL, Rosemiro Pereira. *Teoria Processual da Decisão Jurídica.* São Paulo: Landy, 2002.

LUCON, Paulo Henrique dos Santos. *Técnica criada no novo CPC permite decisões com mais qualidade.* Artigo publicado no site "Consultor Jurídico"- http://www.conjur.com.br/2015-fev-04/paulo-lucon-cpc-permite-decisoes-qualidade. Revista Consultor Jurídico, 04/02/15.

MAXIMILIANO, Carlos. *Hermenêutica e Aplicação do Direito.* Rio de Janeiro: Forense, 10ª ed., 1988.

MEDINA, José Miguel Garcia. *Novo Código de Processo Civil Comentado.* 4ª ed. 2ª tiragem. Revista dos Tribunais: São Paulo, 2016. p. 1348

NEVES, Daniel Amorim Assumpção. *Manual de Direito Processual Civil.* São Paulo: Método, 7ª ed., 2015.

NUNES, Dierle José Coelho. *Alguns Elementos do Sistema Recursal: da sua importância na alta modernidade brasileira, do juízo de admissibilidade e de seus requisitos.* Artigo publicado na Revista IOB de Direito Civil e Processual Civil. Ano VIII, n. 47, Maio-jun de 2007.

NUNES, Dierle José Coelho. *Direito Constitucional ao Recurso: Da teoria geral dos recursos, das reformas processuais e da comparticipação nas decisões*. Rio de Janeiro: Lumen Juris, 2006.

NUNES, Dierle José Coelho. *O Princípio do Contraditório.* Belo Horizonte: Boletim Técnico da Escola Superior de Advocacia. Volume 1, janeiro a junho de 2004.

NUNES, Dierle José Coelho. *O recurso como possibilidade jurídico-discursiva das garantias do contraditório e da ampla defesa.* 2003. Dissertação (Mestrado em Direito Processual) - Pontifícia Universidade Católica de Minas Gerais, Belo Horizonte.

NUNES, Elpídio Donizetti. Jurisdição, Judicação e Tutela Legal na Teoria do Processo Contemporâneo. *In*: LEAL, Rosemiro Pereira (Coord.). *Estudos Continuados de Teoria do Processo.* 4ª ed. Porto Alegre: Síntese, 2001. p. 207-248.

NUNES, Elpídio Donizetti. *Curso Didático de Direito Processual Civil.* 17ª ed. Atlas: São Paulo, 2016.

RODRIGUES, Clóvis Fedrizzi. *Celeridade Processual versus Segurança Jurídica*. Revista de Processo. V. 120, ano 30, fevereiro de 2005. São Paulo: Revista dos Tribunais. p. 289-299.

SÁ, Maria Radamés de. *Duplo Grau de Jurisdição – Conteúdo e Alcance Constitucional.* São Paulo: Editora Saraiva, 1999.

THEODORO JR, Humberto; NUNES, Dierle; BAHIA, Alexandre Melo Franco, PEDRON, Flávio Quinaud. *Novo CPC – fundamentos e Sistematização*. Rio de Janeiro: Forense, 2015.

THEODORO JR., Humberto. Curso de Direito Processual Civil. Volume III, 49ª ed. Forense: Rio de Janeiro, 2016.

WAMBIER, Teresa Arruda Alvim., CONCEIÇÃO, Maria Lúcia Lins; RIBEIRO, Leonardo Ferres da Silva; MELLO, Rogério Licastro Torres de. *Primeiros Comentários ao Novo Código de Processo Civil – Artigo por Artigo.* Revista dos Tribunais: São Paulo, 2015.

O REGIME ESPECIAL DO AGRAVO DE INSTRUMENTO CONTRA DECISÃO PARCIAL (COM OU SEM RESOLUÇÃO DE MÉRITO)

Pedro Miranda de Oliveira[1]

Sumário: 1 – Introdução. 2 - Remessa necessária por instrumento. 3 - (Im)possibilidade de retratação do juiz. 4 - Possibilidade de interposição pela via adesiva. 5 - Impugnação das interlocutórias não agraváveis. 6 -Efeito suspensivo automático. 7 - Poderes do relator: impossibilidade de provimento singular sem a oitiva do agravado. 8 - A regra do julgamento imediato pelo tribunal (teoria da causa madura). 9 - Sustentação oral. 10 - Complementação do julgamento por maioria. 11 - Honorários sucumbenciais em grau recursal. 12 - Cabimento de ação rescisória. 13 – Conclusão. 14 – Referências bibliográficas.

1. Introdução

O Código de processo Civil de 2015, em seus arts. 354 e 356, regulamentou a possibilidade de fracionamento da resolução da lide, ao prever o *julgamento antecipado parcial*, que pode ser com ou sem resolução de mérito.

Ao contrário do sistema revogado, o juiz não precisa mais decidir a lide sempre de forma integral, nos limites em que foi proposta, sendo-lhe permitido proferir decisão parcial, prosseguindo-se a fase de conhecimento quanto aos demais pedidos.

Tal previsão encontra-se agora expressamente prevista para a hipótese de um ou alguns dos pedidos apresentarem-se em condições de julgamen-

1 Doutor em Direito pela Pontifícia Universidade Católica de São Paulo – PUC/SP. Mestre em Direito pela Pontifícia Universidade Católica do Paraná – PUC/PR. Professor de Processo Civil nos cursos de graduação e mestrado da Faculdade de Direito da Universidade Federal de Santa Catarina – UFSC. Secretário-Geral Adjunto do Instituto Brasileiro de Direito Processual – IBDP. Membro efetivo do Instituto Iberoamericano de Direito Processual – IIDP e da Academia Brasileira de Direito Processual Civil – ABDPC. Diretor-Geral da Escola Superior de Advocacia de Santa Catarina – ESA/SC. Advogado e consultor jurídico. pedro.mirandadeoliveira@hotmail.com.

to (por se mostrarem incontroversos ou estarem maduros para imediata apreciação), ao passo que outros não. Nesse caso, os primeiros devem ser julgados. Trata-se de técnica de abreviação do procedimento que vem ao encontro dos princípios da duração razoável do processo e da efetividade, na medida em que contribui para melhorar o rendimento do processo no que se refere à tempestividade da entrega da prestação da tutela jurisdicional.

Dessa forma, o magistrado pode prolatar várias decisões (versando sobre o mérito ou não), conforme os pedidos estejam aptos para julgamento. Tal possibilidade coloca em xeque a teoria da unicidade da sentença, não obstante a decisão parcial não ser propriamente uma sentença. Na verdade, embora aprecie um ou mais pedidos, é uma decisão interlocutória, na medida em que não coloca fim à fase cognitiva do procedimento comum (CPC/2015, art. 203, § 1º).

Como se verifica, em termos práticos, o ponto chave é saber qual a natureza jurídica dessas decisões parciais. A distinção é necessária porque, definido esse ponto, será designado o recurso cabível. O sistema processual implantado pelo CPC/2015 estabelece nítida distinção entre pronunciamentos do juiz. Neste mister, fixou o conceito de sentença, inserindo nesta categoria, somente aquelas decisões que dão fim ao processo, ainda que tenha adotado o critério misto (finalidade + conteúdo). A precisa distinção conceitual reflete decisivamente na organização recursal. Com efeito, as decisões que não põem fim à fase de conhecimento expõem-se a agravo de instrumento. Já as sentenças são desafiadas por apelação.

Cassio Scarpinella Bueno explica que a previsão da recorribilidade *imediata* da decisão de extinção *parcial* do processo, nos moldes do parágrafo único do art. 354,por agravo de instrumento, é providência inerente ao sistema recursal do CPC/2015, considerando o disposto no art. 1.015, em especial seu inciso XIII. Trata-se de decisão interlocutória? A resposta é sim. Não pelo que se lê do parágrafo único do art. 354 (que é *consequência* recursal normal para uma interlocutória), mas pelo que se extrai do *sistema* adotado pelo Código. A decisão de extinção parcial do processo é interlocutória porque ela *não* põe fim à etapa de conhecimento do processo na primeira instância, que prosseguirá, a despeito de ter, como conteúdo, uma das hipóteses do art. 485 ou dos incisos II ou III do art. 487. A incidência do § 2º do art. 203 à espécie, destarte, é irrecusável.[2]

Há uma bifurcação quanto aos dispositivos legais que positivam o cabimento de agravo de instrumento contra as decisões parciais. A *decisão parcial de mérito* está prevista no art. 1.015, II (decisão interlocutória que verse sobre

---

2 SCARPINELLA BUENO, Cassio. *Manual de direito processual civil.* São Paulo: Saraiva, 2016. p. 294. Nesse sentido é o Enunciado 154 do FPPC: "É cabível agravo de instrumento contra ato decisório que indefere parcialmente a petição inicial ou a reconvenção".

o mérito do processo) e art. 356, § 5º (julgamento antecipado parcial do mérito). A *decisão parcial sem resolução de mérito*, por sua vez, está prevista no art. 1.015, XIII (outros casos expressamente referidos em lei) e art. 354, parágrafo único (extinção parcial sem mérito).

O agravo de instrumento é, portanto, o recurso pertinente. Porém, é inegável que, nessa hipótese, tem função idêntica à da apelação. Explica-se: a decisão interlocutória (com ou sem mérito) tem aptidão para encerrar o processo em relação à parcela do objeto litigioso a que se refere. Tanto assim, que se a parte sucumbente não interpuser o respectivo agravo de instrumento, haverá trânsito em julgado e formação da coisa julgada, não podendo o juiz, mais à frente, na sentença, voltar a examinar o pedido que fora julgado anteriormente.[3] Sendo de mérito a decisão, o § 3º do art. 356 estabelece que seu cumprimento (execução) será definitivo.

Diante de tais considerações sobre a natureza de tal julgamento e do recurso respectivo, é preciso analisar pormenorizadamente o regime do agravo de instrumento interposto contra decisão parcial (com ou sem resolução de mérito), que deve ser especial.

2. Remessa necessária por instrumento

A remessa necessária, também chamada de reexame necessário (de ofício ou obrigatório) e de duplo grau obrigatório, trata-se de uma prerrogativa processual da Fazenda Pública. Na forma do artigo 496 do CPC/2015, as *sentenças* proferidas contra as pessoas jurídicas de direito público, bem como as que julguem procedentes total ou parcialmente embargos à execução fiscal, não produzem efeito "senão depois de confirmada pelo tribunal".

O instituto da remessa necessária interessa precipuamente à Fazenda Pública, quando sucumbente, de modo que as sentenças proferidas contra a União, os Estados, o Distrito Federal, os municípios e suas respectivas autarquias e fundações de direito público, em regra, possam ser reavaliadas por um tribunal.

A previsão do instituto no CPC/2015 é o exemplo mais recente da vontade do legislador no que se refere a mantê-lo no ordenamento jurídico, uma vez que apenas restringiu suas hipóteses de cabimento (art. 496, §§ 3º e 4º).

---

3 No mesmo sentido é a lição de José Henrique Mouta Araújo: "Neste caso, o agravo tem a mesma função da apelação e, se não for interposto, poderá gerar a formação da coisa julgada parcial em relação ao capítulo de mérito resolvido na forma do art. 356 do CPC/2015" (ARAÚJO, José Henrique Mouta. A recorribilidade das interlocutórias no novo CPC: variações sobre o tema. *Revista de Processo*, São Paulo, v. 251, p. 207-228, jan. 2016. p. 215).

Prevaleceu a ideia trazida na Exposição de Motivos da Lei 10.352/2001, no sentido de que ainda é bastante conveniente manter o reexame necessário no sistema processual brasileiro, "tendo em vista melhor preservar os interesses do erário, tutelando patrimônio que é, em última análise, de todos os cidadãos".[4]

Ressalta-se que a remessa necessária não tem natureza jurídica de recurso por lhe faltar tipicidade (não está elencada no rol do art. 994 do CPC/2015), voluntariedade (a remessa é feita pelo próprio juiz, sem manifestação do vencido), tempestividade (não há prazo para a remessa), dialeticidade (independe de apresentação de razões recursais e contrarrazões, e, por isso, fica prejudicado o contraditório), legitimidade e interesse em recorrer (o juiz não é parte legítima, tampouco tem interesse em recorrer) e o preparo (que inexiste na remessa). Sem o reexame a sentença não transita em julgado, não faz coisa julgada e não produz efeitos. Eis a Súmula 423 do STF: "Não transita em julgado a sentença por haver omitido o recurso *exofficio*, que se considera interposto *ex lege*".

Apesar disso, o instituto do reexame necessário tem muitos elementos inerentes à apelação. Tanto é verdade que o Código de Processo Civil de 1939 já fazia menção à apelação *exofficio*.[5]

Pois bem. A despeito do art. 496 do CPC/2015 mencionar o cabimento da remessa necessária apenas de *sentença*, sem cuidar de outras decisões, é fundamental interpretar o novo Código sistematicamente.

Leonardo Carneiro da Cunha alerta que é possível que o juiz decida o mérito contra a Fazenda Pública por meio de uma decisão interlocutória. Com efeito, o juiz pode decidir parcialmente o mérito, numa das hipóteses previstas no art. 356. Tal pronunciamento, por não extinguir o processo, é uma decisão interlocutória. Conquanto seja uma decisão interlocutória, há resolução parcial de mérito, apta a forma coisa julgada material. Mesmo não sendo sentença, estará sujeita à remessa necessária. Isso porque o reexame obrigatório relaciona-se com as decisões de mérito proferidas contra

---

4 Athos Gusmão Carneiro e Sálvio de Figueiredo Teixeira. Exposição de motivos do anteprojeto de lei (unificado). Cândido Rangel Dinamarco, comentando as alterações introduzidas pela Lei 10.352/2001, especificamente as pertinentes ao reexame necessário, afirma que "o mais desolador é que a doutrina pouco se interessa pelo tema, sendo poucos os que se manifestam de modo crítico contra essa estranhíssima peculiaridade do direito processual civil brasileiro, desconhecida em ordenamentos europeus de primeira linha" (DINAMARCO, Cândido Rangel. *A reforma da reforma*. São Paulo: Malheiros, 2002. p. 128).

5 Dispunha o art. 822 do CPC de 1939: "A apelação necessária ou *exofficio* será interposta pelo juiz mediante simples declaração na própria sentença".

a Fazenda Pública; a coisa julgada material somente pode ser produzida se houver a remessa necessária. Se houve decisão de mérito contra o Poder Público, é preciso que haja seu reexame pelo tribunal respectivo. E conclui: "Significa, então, que há remessa necessária de sentença, bem como da decisão interlocutória que resolve parcialmente o mérito".[6]

Dessa forma, havendo sucumbência da Fazenda Pública, respeitadas as exceções previstas nos §§ 3º e 4ª do art. 496, haverá reexame pelo respectivo tribunal inferior. Isso porque a sucumbência, pode ocorrer na sentença final, ou se houver decisão no curso do processo – que, para nós, é sentença, mas que muitos chamam de decisão interlocutória de mérito – que resolva parte da lide em desfavor da Fazenda Pública.[7]

Conforme analisado anteriormente, tais decisões interlocutórias de mérito são definitivas. Tanto assim, que o art. 356, § 3º, do CPC/2015, prevê claramente que o trânsito em julgado desses pronunciamentos leva à sua execução (cumprimento) definitiva.

Logo, o reexame imediato é necessário porque a Fazenda Pública poderá ser vencedora em relação ao pedido ou aos pedidos julgados na sentença e, neste caso, não haverá remessa obrigatória.

Deve ser concedida à Fazenda Pública, portanto,a mesma prerrogativa que teria se a decisão em seu desfavor fosse uma sentença, por se tratar a decisão parcial, substancialmente, da mesma situação, ou seja, provimento judicial que resolve o mérito.

A doutrina, porém, não se ateve ao procedimento a ser adotado. O que deve fazer o juiz de primeiro grau para provocar o reexame de sua decisão? Quando se tratar de sentença, os próprios autos são remetidos ao tribunal. Contudo, quando se tratar de decisão parcial (interlocutória de mérito), deve ser feita cópia dos autos e formado um instrumento a ser remetido para o respectivo tribunal, numa espécie de agravo de instrumento *exofficio, de modo que o processo tenha seu prosseguimento natural no primeiro grau de jurisdição no que se refere aos demais pedidos. É, portanto, a remessa necessária formalizada por meio de agravo de instrumento de ofício.*

---

6 CUNHA, Leonardo Carneiro da. Da remessa necessária. In: ARRUDA ALVIM WAMBIER, Teresa *et al. Breves comentários ao Novo Código de Processo Civil.* 2. ed. São Paulo: RT, p. 1322-1331, 2016. p. 1324-1325.

7 ARRUDA ALVIM WAMBIER, Teresa; CONCEIÇÃO, Maria Lúcia Lins; RIBEIRO, Leonardo Ferres da Silva; MELLO, Rogerio Licastro Torres de. *Primeiros comentários ao novo Código de Processo Civil.* São Paulo: RT, 2015. p. 809-810.

3. (Im)possibilidade de retratação do juiz

O art. 1.018 do CPC/2015 (*caput* e § 3º) determina que, não sendo eletrônico o processo, ou seja, tratando-se de processo físico, o agravante, no prazo de 3 (três) dias, deverá requerer a juntada, aos autos, de cópia da petição do agravo de instrumento, do comprovante de sua interposição e da relação dos documentos que instruíram o recurso.

Referida comunicação tem dupla função: (a) de um lado, provocar a retratação do juiz, o que beneficia o agravante; (b) de outro, proporcionar ao agravado imediato conhecimento dos termos do agravo, de molde a permitir o oferecimento de sua resposta sem necessidade de deslocamento para consultar os autos do recurso na secretaria do respectivo tribunal.

Tal obrigatoriedade de comunicação também se aplica aos agravos de instrumento interpostos contra decisões parciais. O descumprimento da exigência, desde que arguido e provado pelo agravado, importa inadmissibilidade do agravo de instrumento

Porém, a possibilidade de retratação do magistrado de primeiro grau em relação às decisões parciais não decorre do § 1º do art. 1.018, cuja redação prevê: "Se o juiz comunicar que reformou inteiramente a decisão, o relator considerará prejudicado o agravo de instrumento". Tal dispositivo é inaplicável na espécie. Pensar o contrário significa colocar em xeque a preclusão *projudicato.*

Explica-se: para verificar se o juiz pode se retratar é imprescindível analisar como o legislador tratou a matéria no que diz respeito à apelação. O CPC/2015 prevê que, publicada a sentença, o juiz só poderá alterá-la em 5 (cinco) hipóteses: (a) corrigir erro material, de ofício ou a requerimento da parte (art. 494, I); (b) por meio de embargos de declaração (art. 494, I); (c) por meio de apelação, nos casos de (c.1) indeferimento da inicial (art. 331), (c.2) improcedência liminar do pedido (art. 332, § 3º) ou (c.3) extinção sem resolução de mérito (485, § 7º).

O que precisa ficar claro é que não cabe ao juiz retratar-se nos casos de decisão parcial de mérito fora do rol de exceções elencado acima. Isso porque a retratação em sede de apelação é exceção à regra da preclusão *projudicato*. A mesma regra, portanto, vale para o agravo de instrumento que atacar decisão parcial.

Sendo assim, a retratação de decisão definitiva a ser provocada por meio de agravo de instrumento fica restrita à hipótese de decisão parcial sem resolução de mérito (arts. 485, § 7º).

4. Possibilidade de interposição pela via adesiva

Conquanto estranha à primeira vista a interposição de agravo pela via adesiva, parece-me que essa solução é perfeitamente viável nas hipóteses de recurso de agravo de instrumento interposto contra decisões parciais de mérito.

Essa hipótese poderia ser reputada incabível pelo fato de o inciso II do § 2º do art. 997 do CPC/2015 não prever a interposição de recurso interposto pela via adesiva em sede de agravo. Afinal, sua redação dispõe expressamente que a impugnação adesiva "será admissível na apelação, nos embargos infringentes, no recurso extraordinário e no recurso especial".

Isso bastaria para vedar o cabimento de agravo adesivo ao agravo de instrumento. Entretanto, ao contrário do que sustenta Araken de Assis, o rol não é taxativo, cabendo ampliá-lo, sim, em virtude de considerações teleológicas.[8]

A questão merece uma reflexão mais aprofundada do que sugere a literalidade do dispositivo, devendo, para tal, o intérprete levar em consideração o novo sistema vigente.

Na verdade, é necessário levar em consideração o intuito do legislador. Da simples leitura do dispositivo, emerge bem nítida a intenção de se admitir esse meio de interposição nos recursos que julgam o mérito. Dessa forma, o agravo não foi contemplado com esse meio de interposição. Enfim, só é conveniente admitir recurso interposto pela via adesiva nos casos em que a decisão for de *mérito* (com sucumbência recíproca, é claro!).

As decisões interlocutórias de mérito, como já demonstrado, têm conteúdo de sentença, inclusive fazem coisa julgada material e são passíveis de serem impugnadas via ação rescisória. Porém, em virtude da presença do critério finalístico no conceito de sentença, essas decisões são tidas pelo CPC/2015 como interlocutórias e, dessa forma, recorríveis por meio de agravo de instrumento.

Daí a necessidade de se permitir, nesses casos, a interposição de agravo deinstrumento pela via adesiva, sob pena de surgir uma série de consequências inaceitáveis, tendo em vista a coerência do sistema processual.

Vejamos o seguinte exemplo: decisão parcial de mérito em relação a um dos pedidos da demanda. Diante da sucumbência recíproca (o autor pediu 100 e o juiz concedeu 50), ninguém duvida que ambas as partes têm interesse em agravar. Portanto, ambas as partes podem recorrer pela via principal. Contudo, se apenas uma das partes recorrer (pela via principal), estará aberta a possibilidade de a outra parte também recorrer (pela via adesiva).

8 ASSIS, Araken de. *Manual dos recursos*. São Paulo: RT, 2007. p.59.

Como se pode observar, para manter a coerência do sistema processual é imprescindível a admissão da interposição de agravo ide instrumento nessa hipótese. Para tanto, é necessário fazer algumas observações de ordem procedimental.

Interposto o agravo de instrumento, o agravado terá o prazo de 15 dias para apresentar suas contrarrazões. No mesmo prazo, poderá o agravado interpor agravo pela via adesiva.

Rigorosamente, não seria um segundo agravo de instrumento, pois o agravo adesivo deve ser interposto no bojo do agravo de instrumento (recurso principal), sendo absolutamente desnecessária a formação de novo instrumento, por já se encontrarem os autos no tribunal onde deverão ser apreciados os dois recursos: o agravo principal e o agravo adesivo.

A propósito, faculta-se ao agravado, agora também agravante adesivo, anexar cópias das peças dos autos que entender necessárias ou convenientes para a obtenção de decisão que lhe seja favorável.

É bom lembrar, ainda, que o agravo adesivo só será admitido caso estejam preenchidos os pressupostos específicos de admissibilidade do agravo de instrumento principal. Afinal, uma das condições para se der o recurso adesivo é admissibilidade do recurso principal.

A solução proposta não agride o sistema recursal; na verdade, o complementa.

5. Impugnação das interlocutórias não agraváveis

Dispõe o § 1º do art. 1.009 do CPC/2015 que "as questões resolvidas na fase de conhecimento, se a decisão a seu respeito não comportar agravo de instrumento, não são cobertas pela preclusão e devem ser suscitadas em preliminar de apelação, eventualmente interposta contra a decisão final, ou nas contrarrazões".

Aqui vale registrar a crítica de José Henrique Mouta Araújo, "tendo em vista que, ao invés de não estar coberta pela preclusão, o correto é entender que o novo diploma processual apenas adia a sua ocorrência, para o momento da interposição da apelação ou a apresentação das contrarrazões".[9]

Dito isso, surge, então, um problema em relação à decisão parcial (com ou sem mérito): no agravo de instrumento que a impugna, terá o recorrente de atacar as decisões interlocutórias não agraváveis, proferidas anteriormente, sob pena de preclusão, à semelhança do que dispõe o §1º do art. 1.009 do CPC,

9 ARAÚJO, José Henrique Mouta. A recorribilidade das interlocutórias no novo CPC: variações sobre o tema. *Revista de Processo*, São Paulo, v. 251, p. 207-228, jan. 2016. p. 225.

que cuida da apelação? A resposta é positiva, sempre que a decisão anterior referir-se somente àquele pedido. Exemplo: o indeferimento de produção de prova que diga respeito apenas àquele pedido julgado.

Nesse caso, a questão não poderá ser suscitada no recurso de apelação (ou contrarrazões) referente a outros capítulos (pedidos) da demanda que foram deixados para momento posterior.

Portanto, o agravante, ao manejar seu recurso (art. 356, § 5.º, do CPC/2015), necessariamente deverá impugnar a questão anterior relativa ao indeferimento de produção de prova, eis que, quando foi assim decidido pelo magistrado de primeiro grau, a interlocutória não estava sujeita ao agravo de instrumento. Por outro lado, se não houver o agravo de instrumento contra a decisão parcial ou se este for improvido (ou mesmo não conhecido), a coisa julgada deste capítulo (art. 502 do CPC/2015) ensejará a eficácia preclusiva decorrente da coisa julgada em relação ao indeferimento da prova (arts. 507 e 508 do CPC/15); ou seja, o capítulo de mérito apreciado antecipadamente gera reflexos em relação às questões processuais a ele ligadas e resolvidas em momento anterior. Não será possível, neste caso, deixar para impugnar a questão processual relativa ao indeferimento da produção de prova apenas quando for apresentada a apelação ou contrarrazões, tendo em vista que estas não poderão desconstituir a coisa julgada relativa ao capítulo julgado antecipadamente (e as questões processuais relativas a este julgamento antecipado parcial - arts. 507 e 508 do CPC/2015).[10]

Conforme Fredie Didier Júnior e Leonardo Carneiro da Cunha, "caso a parte tivesse de impugnar a decisão anterior na futura apelação, teríamos ao menos um de dois problemas: a) ou se haveria de entender que a decisão parcial não faria coisa julgada enquanto não escoado o prazo para a interposição de apelação contra a sentença; b) ou se haveria de entender que a apelação, nesse caso, seria instrumento de desfazimento da coisa julgada, pois, acolhida a impugnação contra a decisão anterior, a decisão parcial seria desfeita".[11]

A questão foi amplamente discutida e sedimentada no Enunciado 611 do FPPC: "Na hipótese de decisão parcial com fundamento no art. 485 ou no art. 487, as questões exclusivamente a ela relacionadas e resolvidas anteriormente, quando não recorríveis de imediato, devem ser impugnadas em preliminar do agravo de instrumento ou nas contrarrazões".

---

10 ARAÚJO, José Henrique Mouta. A recorribilidade das interlocutórias no novo CPC: variações sobre o tema. *Revista de Processo*, São Paulo, v. 251, p. 207-228, jan. 2016. p. 217-18.

11 DIDIER JÚNIOR, Fredie; CUNHA, Leonardo Carneiro da. *Curso de direito processual*. v. 3. 13. ed. Salvador, JusPodivm, 2016. p. 228-229.

Em síntese, as decisões interlocutórias anteriores não agraváveis, quando relativas exclusivamente a um pedido, devem ser impugnadas em sede de agravo de instrumento interposto contra decisão parcial, sob pena de preclusão. Não haverá outro momento. Até porque, com o julgamento do agravo de instrumento, as interlocutórias, impugnadas ou não no agravo, ficarão acobertadas pela eficácia preclusiva da coisa julgada.

6. Efeito suspensivo automático

No ordenamento anterior, a interposição da apelação prolongava o estado de ineficácia da sentença. Sem dúvida, era uma das grandes contradições do sistema processual brasileiro, haja vista decisões interlocutórias (com cognição sumária) produzirem efeitos de imediato, enquanto as sentenças (com cognição exauriente), em regra, não terem eficácia alguma.

O Projeto aprovado pelo Senado Federal havia previsto o recebimento da apelação apenas no efeito devolutivo. Entretanto, na Câmara dos Deputados o texto foi alterado, permanecendo tudo como sempre foi, ou seja, manteve-se o efeito suspensivo do recurso de apelação. Infelizmente, perdeu-se aqui grande oportunidade para avançar e rever o papel dos juízes de primeiro grau, a amplitude do princípio do duplo grau de jurisdição e a (in)eficácia das sentenças.

Pior do que isso foi a manutenção do art. 356, § 2º,que assim dispõe: "A parte poderá liquidar ou executar, desde logo, a obrigação reconhecida na decisão que julgar parcialmente o mérito, independentemente de caução, ainda que haja recurso contra essa interposto".

Trata-se de um dos dispositivos mais detestáveis do Código. É completamente desconectado com o tratamento dado à apelação e coloca em xeque o sistema recursal. Essa falha decorreu de um grave erro no processo legislativo. Seria assim, porque na redação do Senado a apelação não teria efeito suspensivo, o que foi alterado na Câmara. Todavia, referido dispositivo permaneceu com a redação originária.

Dito isso, cabe ressalvar que, na interpretação dos dispositivos de um Código, é sempre imprescindível procurar coerência, a fim de que dele emane um sistema. Seria absolutamente assistemático e incoerente supor que a decisão parcial de mérito, apenas porque foi proferida por meio de um julgamento antecipado (interlocutória de mérito) tenha eficácia imediata, enquanto uma sentença (concedida ao final) não tem esse atributo.

A interpretação mais adequada do § 2º do art. 356 do CPC/2015, por isso mesmo, é que, a parte só poderá iniciar o cumprimento da decisão que julgar parcialmente o mérito se o juiz, no mesmo pronunciamento, conceder tutela da evidência (art. 311 do CPC), fazendo com que a decisão produza efeito imediatamente. Caso contrário, a decisão parcial nasce ineficaz, assim como a sentença.

Logo, apesar da literalidade do texto do referido dispositivo, o agravo de instrumento interposto contra decisão parcial terá efeito suspensivo *ope legis*. É automático. Igual ao da apelação. Decorre naturalmente do art. 1.012: "A apelação terá efeito suspensivo". Afinal, deve ser conferida à parte a mesma chance de rediscutir a matéria perante o tribunal, sem que a decisão produza efeito algum, por se tratarem, decisão parcial e sentença,a rigor, da mesma situação, ou seja, pronunciamento de mérito proferido pelo juiz de primeiro grau.

Tal entendimento foi consubstanciado no Enunciado 13 do CEAPRO (Centro de Estudos Avançados de Processo): "O efeito suspensivo automático do recurso de apelação aplica-se ao agravo de instrumento interposto contra a decisão parcial do mérito prevista no art. 356".

7. Poderes do relator: impossibilidade de provimento singular sem a oitiva do agravado

Como se sabe, o agravo de instrumento é um recurso anômalo no sistema recursal brasileiro, pois, diferentemente dos demais, é interposto diretamente no tribunal, de modo que chega às mãos do relator sem a formação do contraditório.

Diante disso e por respeito ao princípio do contraditório, os amplos poderes conferidos ao relator para os recursos em geral devem ser avaliados com acuidade no agravo de instrumento, mormente no que se refere à possibilidade de provimento monocrático.

O tema já foi objeto de grandes discussões no Superior Tribunal de Justiça durante a vigência do CPC revogado.

Depois de muitas decisões conflitantes, prevaleceu a tese defendida pelo Min. Teori Albino Zavascki, no sentido de que o relator do agravo de instrumento não está autorizado a dar provimento ao recurso, sem a oitiva da parte agravada, conforme se depreende do seguinte excerto:"A intimação do recorrido para apresentar contra-razões é o procedimento natural de preservação do princípio do contraditório, previsto em qualquer recurso, inclusive no de agravo de instrumento (CPC, art. 527, V). Justifica-se a sua dispensa quando o relator nega seguimento ao agravo (art. 527, I), já que a decisão vem em benefício do agravado. Todavia, a intimação para a resposta é condição de validade da decisão monocrática que vem em prejuízo do agravado, ou seja, quando o relator acolhe o recurso, dando-lhe provimento (art. 557, § 1º-A)".[12]

A decisão não merece reparo algum. Julgou com acerto a Primeira Seção do Superior Tribunal de Justiça. Inclusive, no ano de 2006, em artigo publicado versando sobre o tema, já havíamos firmado nossa posição nesse mesmo sentido.[13]

O CPC/2015 adotou tal entendimento quando, no art. 942, ao regular os poderes do relator, determinou que lhe incumbe, *depois de facultada a apresentação de contrarrazões*, dar provimento ao recurso nas hipóteses previstas no inciso V.

O texto não deixa dúvida alguma. O relator só poderá *rejeitar* o agravo liminarmente; jamais poderá dar provimento ao recurso sem conceder vista ao agravado para apresentar sua resposta. E por rejeição deve-se entender a inadmissão (ausência dos requisitos de admissibilidade) ou o desprovimento (mérito).

Ressalta-se que é de todo impertinente o argumento de que o contraditório não seria violado em função do cabimento de agravo interno da decisão do relator. Ora, se assim fosse, não haveria a necessidade da citação do réu, pois, em última análise, de sentença cabe apelação. O direito constitucional ao contraditório não se confunde com o direito de recorrer. Além disso, o agravo interno não funciona como contrarrazões de recurso.

---

12 STJ, Primeira Seção, EREsp 1.038.844/PR, rel. Min. Teori Albino Zavascki, j. 08/10/2008, DJ 20/10/2008.No mesmo sentido: "RECURSO ESPECIAL. ACÓRDÃO EM AGRAVO DE INSTRUMENTO. PROVIMENTO LIMINAR. AUSÊNCIA DE INTIMAÇÃO DA PARTE AGRAVADA PARA CONTRA-ARRAZOAR O RECURSO. OBRIGATORIEDADE. ART. 527, V, DO CPC. PRINCÍPIO DO CONTRADITÓRIO. NULIDADE DO ACÓRDÃO. 1. Recurso especial contra acórdão que não reconheceu a nulidade da decisão monocrática pela ausência de intimação do agravado para oferecer resposta ao agravo de instrumento interposto. 2. Nos termos do art. 527, inciso V, do Código de Processo Civil, com a redação atribuída pela Lei n. 10.352/2001, a intimação do agravado para responder ao recurso é indispensável, sendo que, a ausência do ato nulifica o julgamento, em razão da quebra dos princípios do contraditório e do devido processo legal. Precedentes do STJ. 3. Recurso especial que se dá provimento para anular o acórdão recorrido determinando o cumprimento do princípio do contraditório e proferido novo julgamento" (STJ, 2ª Turma, REsp 1.038.844/PR, rel. Min. Eliana Calmon, j. 13/05/2008, *DJU*, 26/05/2008). E ainda: A intimação do agravado para responder ao agravo de instrumento, em conformidade com o art. 527, V, do CPC, é ato indispensável à manutenção dos princípios do contraditório e do devido processo legal, e sua ausência nulifica a decisão que dá provimento ao recurso, não tendo aplicação na hipótese o artigo 557, § 1º-A, do CPC" (STJ, 1ª Turma, REsp 1.021.352/RS, rel. Min. Francisco Falcão, j. 06/05/2008, *DJU* 28/05/2008).

13 MIRANDA DE OLIVEIRA, Pedro. Apontamentos sobre os poderes do relator nos tribunais. In: NERY JUNIOR, Nelson; ARRUDA ALVIM WAMBIER, Teresa (coord.). *Aspectos polêmicos e atuais dos recursos cíveis e assuntos afins*. v. 9. São Paulo: RT, p. 430-465, p. 430-465.

Na verdade, nessa hipótese nada justifica a quebra do contraditório; nem mesmo a urgência! Em situações urgentes pode o relator dar efeito suspensivo ao agravo ou antecipar os efeitos da tutela recursal (art. 1.019, I).

Enfim, o legislador foi muito feliz ao delimitar os poderes do relator, não deixando qualquer dúvida a respeito desse assunto.

8. A regra do julgamento imediato pelo tribunal (teoria da causa madura)

O **§ 3º do art. 1.013 do** CPC/2015 ampliou as hipóteses de julgamento imediato pelo tribunal, mesmo quando a decisão de primeiro grau mérito não tenha sido apreciada.

No presente estudo, interessa-nos saber se o referido dispositivo legal se aplica ou não ao recurso de agravo de instrumento. A resposta é positiva.

Embora o dispositivo refira-se à apelação, a interpretação mais adequada é que, havendo condições de imediato julgamento, o tribunal deve decidir desde logo o mérito no agravo de instrumento interposto contra decisão parcial sem resolução de mérito. Isso porque há evidente analogia entre a sentença meramente terminativa (art. 485) e a decisão parcial sem resolução de mérito (art. 354, parágrafo único).

Aplicada a chamada *teoria da causa madura*, em ambos os casos o tribunal julgará o mérito sem que o juízo *a quo* o tenha feito.

Em outras palavras, não obstante o art. 1.013 estar no capítulo destinado à apelação, ele contém regras gerais sobre o efeito devolutivo que se aplicam a todos os recursos que não tenham limitação de devolutividade nem restrição cognitiva. Por não haver qualquer limitação no efeito devolutivo do agravo de instrumento que implique restrição cognitiva ao tribunal, tal dispositivo é-lhe plenamente aplicável. Destaca-se particularmente a aplicação ao agravo de instrumento do § 3º do art. 1.013 do CPC.[14]

Teresa Arruda Alvim Wambier defende que "o tribunal poderá julgar o mérito da causa quando a decisão agravada tiver conteúdo de sentença – por exemplo, decisão que exclui uma das partes do processo, ou que indefere liminarmente um dos pedidos (*rectius*, ações) em razão de ausência de condição da causa ou de pressuposto processual".[15]

---

14 DIDIER JÚNIOR, Fredie; CUNHA, Leonardo Carneiro da.*Curso de direito processual.* v. 3. 13. ed. Salvador, JusPodivm, 2016. p. 241-242.

15 ARRUDA ALVIM WAMBIER, Teresa. *Os agravos no CPC brasileiro.* 4. ed. São Paulo: RT, 2006. p. 350.

Logo, estando presentes os pressupostos, deve o tribunal, necessariamente, a fim de extrair o melhor rendimento possível do recurso, decidir o mérito da causa.

9. Sustentação oral

A sustentação oral é extremamente importante nos julgamentos colegiados. É cediço que a presença dos advogados no tribunal conduz, não raro, à reapreciação de votos pré-elaborados pelos relatores e, principalmente, a um melhor exame pelos demais componentes do órgão colegiado.

A sustentação oral perante os órgãos fracionários é manifestação da ampla defesa. Constrange os julgadores ao diálogo, aprimorando o contraditório e permitindo decisões mais bem fundamentadas.

O art. 937, VIII, do CPC/2015, prevê sustentação oral no agravo de instrumento interposto contra decisões interlocutórias que versem sobre tutelas provisórias de urgência ou da evidência. Trata-se de novidade elogiável, não fosse a falha (esquecimento?) do legislador em relação às decisões parciais (com ou sem resolução de mérito).

Ora, se é prevista a sustentação em agravos contra decisões provisórias, parece inconcebível que não se admita tal atuação da parte quando a decisão atacada no agravo pode se tornar definitiva e coberta pela coisa julgada material.

Dessa forma, a despeito de não haver previsão específica de sustentação oral para o agravo de instrumento contra a decisão que diz respeito à parcela do processo, em tal situação é razoável admiti-la, "porque aqui o agravo de instrumento se equipara a uma apelação".[16]

Luiz Guilherme Marinoni, Sérgio Cruz Arenhart e Daniel Mitidiero sustentam que o denominador comum entre as hipóteses arroladas pelo legislador é a pressuposição de que nesses recursos haverá oportunidade para se tratar do mérito da causa – daquilo que os litigantes vieram buscar em juízo. É por essa razão que no agravo de instrumento que trata do mérito da causa há direito à sustentação oral.[17]

Retirar a possibilidade de sustentação oral é reduzir a participação das partes no processo, em momento fundamental do desenvolvimento processual; é cercear defesa, por impossibilitar a produção de alegações para a formação da

---

16 FREIRE, Rodrigo da Cunha. Da ordem dos processos nos tribunais. In: ARRUDA ALVIM WAMBIER, Teresa *et al. Breves comentários ao Novo Código de Processo Civil.* 2. ed. São Paulo: RT, p. 2177-2190, 2016. p. 2189.

17 MARINONI, Luiz Guilherme; ARENHART, Sérgio Cruz; MITIDIERO, Daniel. *Novo Código de Processo Civil comentado.* São Paulo: RT, 2015. p. 883.

convicção dos julgadores. A decisão sobre o que deve ser colocado para o tribunal pertence às partes, as quais não podem ficar à mercê do relator. Não há argumento razoável para a defesa de vedação, ainda que parcial. A celeridade processual não será violada por dez ou quinze minutos que as partes possuam para produzir alegações antes do *decisum*.[18]

Na verdade, é incorreto não admitir sustentação oral apenas porque o julgamento (com ou sem resolução de mérito) recaiu sobre apenas um ou alguns dos pedidos formulados. Tendo havido julgamento do pedido, o direito à sustentação oral deve ser o mais amplo possível.

Como regra, portanto, nos agravos que versem sobre decisão de mérito ou parcial de mérito também deverá ser admitida a sustentação oral. Nesses casos, visto a evidente analogia, aplica-se o regime da apelação.[19]

10. Complementação do julgamento por maioria

O CPC/2015 extinguiu os embargos infringentes. Em seu lugar, entretanto,trouxe uma regra de complementação do julgamento por maioria, que não se confunde com recurso. Ressalta-se que, ao contrário da expressão utilizada pelo Código, não é uma *técnica* de julgamento. É uma *regra* de complementação do julgamento, que deverá ser regulamentada pelo regimento interno de cada tribunal.

Nesse sentido, o art. 942 do CPC/2015, estabelece que, quando o resultado da apelação for não unânime, o julgamento terá prosseguimento com a presença de outros julgadores, em número suficiente para garantir a possibilidade de inversão do resultado inicial.Como se verifica, independentemente de ser dado ou não provimento à apelação, sempre que o resultado for por maioria (2x1) incidirá a regra de complementação do julgamento.

O inciso II do§3º do referido dispositivo, por sua vez,prevê que a regra prevista no *caput*, aplica-se, igualmente, ao julgamento não unânime proferido em "agravo de instrumento, quando houver reforma da decisão que julgar parcialmente o mérito".

Foi bem o legislador nesse ponto, ao ampliar a incidência da regra também ao agravo de instrumento quando houver reforma, por maioria, da decisão

---

18 MENDONÇA JUNIOR, Delosmar. *Princípios da ampla defesa e da efetividade no processo civil brasileiro.* São Paulo: Malheiros, 2001.p. 105.

19 ZANETI JÚNIOR, Hermes. Da ordem dos processos nos tribunais. In: CABRAL, Antonio do Passo; CRAMER, Ronaldo. *Comentários ao novo Código de Processo Civil.* 2. ed.Rio de Janeiro: Forense, 2016.p.1307-1378, 2016. p.1364.

que julgar o mérito, à semelhança do que já ocorria para os embargos infringentes no CPC revogado.

Explica-se: apesar da taxatividade do art. 530 do CPC/1973, que se referia apenas a dissídio existente em acórdão proferido em apelação ou em ação rescisória, doutrina e jurisprudência admitiam a interposição desse recurso também em outras hipóteses que não as contempladas pelo Código Buzaid. Na verdade, o que sempre se exigiu foi que o acórdão tivesse força extintiva de sentença.

Na doutrina de Teresa Arruda Alvim Wambier, dever-se-ia tratar de um acórdão-sentença[20] – expressão utilizada em contraposição a acórdão-decisão interlocutória –, seja ele proferido em apelação, ação rescisória, reexame necessário, agravo (de instrumento, retido ou interno) ou em embargos de declaração.

No mesmo sentido, era pacífica a jurisprudência do Superior Tribunal de Justiça no sentido de serem cabíveis embargos infringentes contra decisão majoritária proferida em agravo de instrumento, quando neste fosse decidida matéria de mérito.[21]

Nesse quesito em especial, o CPC/2015 deu ao agravo de instrumento interposto contra decisão parcial tratamento *parecido* ao conferido à apelação, o que só demonstra a similitude dos dois recursos.

Diz-se *parecido* porque qualquer apelação está sujeita ao disposto no art. 942. Porém, o texto do inciso II do § 3º inclui no rol somente o agravo de instrumento que tenha sido provido para reformar a decisão recorrida.Foi criada, desse modo, distinção puramente casuística, não havendo razão lógica para explicar tal opção legislativa.

Por fim, analogicamente ao art. 942, § 3º, II, deve caber ampliação no julgamento do agravo de instrumento interposto contra a decisão que reforma o julgamento de improcedência liminar parcial, a liquidação de sentença e contra a decisão que reforma o não acolhimento da impugnação. O elemento que permite a analogia é o caráter final de todas essas decisões – nada obstante impugnáveis por agravo de instrumento.[22]

---

20 ARRUDA ALVIM WAMBIER, Teresa. *O novo regime do agravo*. 2. ed. São Paulo: RT, 1996. p. 359.

21 STJ, Corte Especial, EREsp 276.107/GO, rel. Min. Peçanha Martins, *DJU*25/08/2003. A propósito, eis o texto da Súmula 255 do STJ: "Cabem embargos infringentes contra acórdão proferido por maioria, em agravo retido, quando se tratar de matéria de mérito".

22 MARINONI, Luiz Guilherme; ARENHART, Sérgio Cruz; MITIDIERO, Daniel. *Novo Código de Processo Civil comentado*. São Paulo: RT, 2015. p. 886.

11. Honorários sucumbenciais em grau recursal

O CPC/2015, em seu art. 85, trouxe uma série de novas regras referentes a honorários advocatícios. Uma das mais destacadas é, sem dúvida, a norma que estabelece o pagamento de honorários sucumbenciais em grau recursal.

Na vigência do CPC/1973, a interposição de recursos não fazia surgir o direito à nova verba honorária. Ao prolatar a sentença, o juiz deveria fixá-la integralmente. Na seara recursal, exercia-se o controle sobre aquela fixação, mediante impugnação específica do recorrente.

Agora, o Código de Processo Civil determina que a parte que interpor recurso e for derrotada terá de arcar com honorários de sucumbenciais destinados ao advogado da parte contrária. Prevê expressamente o art. 85, § 1º, que "são devidos honorários advocatícios na reconvenção, no cumprimento de sentença, provisório ou definitivo, na execução, resistida ou não, e nos recursos interpostos, cumulativamente".Para tanto, deverá o juiz majorar a verba que houver sido fixada na decisão recorrida.

O dispositivo busca atingir duas finalidades. A primeira delas consiste na tentativa de impedir recursos infundados e protelatórios, pois a parte que desta forma agir, sofrerá imposições pecuniárias adicionais. De outro lado, quer-se que haja a remuneração gradativa do salário do advogado. A regra, portanto, apresenta dúplice caráter, tanto punitivo como remuneratório.[23]

O § 11 do art. 85 dispõe que o tribunal, ao julgar recurso, majorará os honorários fixados anteriormente levando em conta o trabalho adicional realizado em grau recursal.

Depreende-se do texto normativo que a sucumbência só ocorrerá nos casos de recursos provenientes de decisão que tenha fixado verba honorária. De outro lado, descabem honorários advocatícios recursais quando se está diante de recurso interposto contra decisão de primeiro grau que não tenham fixado honorários. Daí a importância de se verificar em quais pronunciamentos incidem honorários advocatícios.

---

23 ARRUDA ALVIM WAMBIER, Teresa; CONCEIÇÃO, Maria Lúcia Lins; RIBEIRO, Leonardo Ferres da Silva; MELLO, Rogerio Licastro Torres de. *Primeiros comentários ao novo Código de Processo Civil.* São Paulo: RT, 2015. p. 168.Do ponto de vista da administração da Justiça, "a mudança também é salutar, pois, essa possível imposição de despesa adicional ao vencido muito provavelmente importará na redução da quantidade de recursos. Essa medida poderá tornar o Poder Judiciário mais ágil, já que com menor quantidade de recursos para julgar, os desembargadores e ministros decidirão mais rapidamente os eventualmente interpostos" (CAMARGO, Luiz Henrique Volpe. Das despesas, dos honorários advocatícios e das multas. In: ARRUDA ALVIM WAMBIER, Teresa *et al. Breves comentários ao Novo Código de Processo Civil.* 2. ed. São Paulo: RT, p. 312-374, 2016. p. 339).

Conforme Luiz Henrique Volpe Camargo, só serão cabíveis honorários recursais quando o recurso impugnar *sentença* que aborde integralmente todos os pedidos do autor ou em *decisão interlocutória* que tenha conteúdo de sentença.[24]

Logo, a majoração dos honorários é cabível em qualquer recurso que atacar pronunciamento judicial cujo objeto é tutela definitiva, inclusive no agravo de instrumento interposto contra decisão parcial, com ou sem resolução de mérito.

12. Cabimento de ação rescisória

Nenhuma dúvida pode haver sobre o caráter definitivo da decisão interlocutória que julga parcialmente o mérito. O CPC/2015 é pródigo em dispositivos que legitimam essa conclusão. O art. 502, ao definir *coisa julgada*, usa a expressão "decisão de mérito não mais sujeita a recurso", sendo complementado pelo art. 503, que assinala que a decisão que julgar *total ou parcialmente o mérito* tem força de lei nos limites da questão principal. Na mesma esteira, o art. 966 assinala que a *decisão de mérito* pode ser rescindida, acrescentando no § 3º que poderá ser rescindido apenas um capítulo da decisão. Todos os dispositivos empregam o termo "decisão".[25]

Em outras palavras, está evidenciado que não só as sentenças ou acórdãos têm aptidão para transitar materialmente em julgado. Também decisões interlocutórias de mérito (e que sejam proferidas com base em cognição exauriente) o têm. É essa a razão pela qual o *caput* do art. 966 refere-se, corretamente, a *decisão* de mérito, abandonando a palavra *sentença* empregada pelo *caput* do art. 485 do CPC/1973.[26]

Na verdade, o CPC/2015 corrigiu essa distorção, passando a mencionar *decisão de mérito*, adaptando a norma ao verdadeiro objetivo da ação rescisória, deixando explícito que pode ser rescindida qualquer espécie de decisão que tenha conteúdo de mérito: sentença, acórdão, decisão interlocutória e decisão monocrática do relator.

---

24 CAMARGO, Luiz Henrique Volpe. Das despesas, dos honorários advocatícios e das multas. In: ARRUDA ALVIM WAMBIER, Teresa *et al. Breves comentários ao Novo Código de Processo Civil.* 2. ed. São Paulo: RT, p. 312-374, 2016. p. 340.

25 SILVA, Ricardo Alexandre da. Do julgamento antecipado parcial de mérito. In: ARRUDA ALVIM WAMBIER, Teresa *et al. Breves comentários ao Novo Código de Processo Civil.* 2. ed. São Paulo: RT, p. 1024-1029, 2016. p. 1027-1028.

26 SCARPINELLA BUENO, Cassio. *Manual de direito processual civil.* São Paulo: Saraiva, 2016. p. 568.

A dúvida que fica é em relação ao termo inicial e termo final para o ajuizamento da ação rescisória. A rescisória contra decisão parcial de mérito pode ser ajuizada tão logo ocorra seu trânsito em julgado e, consequentemente, haja formação de coisa julgada material. Tem-se que o termo inicial, portanto, é o trânsito em julgado da decisão que julga parcialmente o mérito. O termo final, porém, dá-se em dois anos após o trânsito em julgado da última decisão proferida no processo (art. 975).

13. Conclusão

No CPC/2015 é possível que os pedidos da demanda sejam apreciados em diferentes momentos do processo, a partir do instante que cada parcela já esteja pronta para ser apreciada com definitividade.

Durante a vigência do CPC/1973 já pairavam uma série de dúvidas sobre a decisão parcial de mérito, o que gerava embaraço sobre a sua recorribilidade e, de igual forma, sobre a característica do processamento em que o recurso – no caso o agravo de instrumento – seria pautado.

A jurisprudência da época já havia dado ao agravo de instrumento tratamento isonômico ao da apelação, admitindo, por exemplo, a interposição de embargos infringentes em sede de agravo de instrumento contra interlocutória de mérito.

A doutrina, da mesma forma, já havia se manifestado nesse sentido: "Em substância, porém, trata-se de apelação, motivo pelo qual se pode e se deve admitir, por exemplo, embargos infringentes do julgamento desse peculiar agravo, desde que concorram os demais requisitos de cabimento desse recurso (art. 530, CPC). Admite-se, igualmente, sustentação oral (art. 554, CPC), sendo necessário revisor (art. 551, CPC). O mesmo se diga do regime aplicável aos recursos especial e extraordinário: desse agravo caberá tais recursos sem que esses restem retidos nos autos. De resto, desse julgamento caberá, ainda e eventualmente, ação rescisória (art. 485, CPC)".[27]

Como se verifica, a questão não é nova. Entretanto, com o advento do novo diploma processual, não há dúvida, a discussão volta a ser sedutora.

A nosso ver, a circunstância de o legislador não prever expressamente um*regime especial* para o agravo de instrumento interposto contra decisões parciais é absolutamente irrelevante. É imprescindível que a leitura isolada dos

---

27 MITIDIERO, Daniel. Direito Fundamental ao Julgamento Definitivo da Parcela Incontroversa: uma proposta de compreensão do art. 273, § 6º, CPC, na perspectiva do direto fundamental a um processo sem dilações indevidas (art. 5º, LXXVIII, CRFB). *Revista de Processo*, São Paulo, v. 149, p. 105-119, jul. 2007. p. 111.

dispositivos leve em conta o sistema como um todo, interpretando cada artigo sem perder de vista os valores adotados pelo Código. Há que se preservar a ideia de sistema.

Nessa perspectiva, o regime do agravo de instrumento interposto contra decisão parcial (com ou sem mérito) deve ser o mesmo do recurso de apelação. A única exceção é o órgão perante o qual o recurso deve ser interposto: a apelação no juiz de primeiro grau; o agravo de instrumento no respectivo tribunal. E só!

A explicação é óbvia. O recorrente não pode ser prejudicado por uma decisão que cinde o processo, conforme os pedidos estejam aptos para julgamento. Por tal motivo, ao recorrer da decisão parcial por meio de agravo de instrumento, o recorrente deve ter preservadas todas as garantias inerentes ao recurso de apelação.

Portanto, o agravo de instrumento interposto contra decisão parcial tem um regime próprio, um verdadeiro *regime especial*, de modo que: (a) há remessa necessária por instrumento quando houver decisão parcial em que a Fazenda Pública é sucumbente; (b) a retratação do juiz só é possível nas hipóteses de improcedência liminar parcial e de decisão parcial sem resolução de mérito; (c) é possível a interposição de agravo de instrumento pela via adesiva;(d) no agravo de instrumento devem ser impugnadas as interlocutórias não agraváveis que dizem respeito exclusivamente ao pedido apreciado na decisão parcial, sob pena de preclusão;(e) o agravo de instrumento tem efeito suspensivo automático;(f) é vedado ao relator dar provimento singular ao agravo sem a oitiva do agravado; (g) aplica-se ao agravo a regra do julgamento imediato pelo tribunal (teoria da causa madura);(h) é admitida sustentação oral; (i) incide a regra da complementação do julgamento por maioria; (j) incidem honorários advocatícios recursais; e, por fim, (k) contra o acórdão que julga o agravo de instrumento cabe ação rescisória.

Dessa forma, a aplicação de dispositivos do regime da apelação ao agravo de instrumento é inevitável quando se percebe o cabimento deste recurso contra decisões parciais (com ou sem mérito).

14. Bibliografia

ARAÚJO, José Henrique Mouta. A recorribilidade das interlocutórias no novo CPC: variações sobre o tema. *Revista de Processo*, São Paulo, v. 251, p. 207-228, jan. 2016.

ARRUDA ALVIM WAMBIER, Teresa. *O novo regime do agravo*. 2. ed. São Paulo: RT, 1996.

______. *Os agravos no CPC brasileiro.* 4. ed. São Paulo: RT, 2006.

______; CONCEIÇÃO, Maria Lúcia Lins; RIBEIRO, Leonardo Ferres da Silva; MELLO, Rogerio Licastro Torres de. *Primeiros comentários ao novo Código de Processo Civil.* São Paulo: RT, 2015.

ASSIS, Araken de. *Manual dos recursos.* São Paulo: RT, 2007.

CAMARGO, Luiz Henrique Volpe. Das despesas, dos honorários advocatícios e das multas. In: ARRUDA ALVIM WAMBIER, Teresa *et al. Breves comentários ao Novo Código de Processo Civil.* 2. ed. São Paulo: RT, p. 312-374, 2016.

CUNHA, Leonardo Carneiro da. Da remessa necessária. In: ARRUDA ALVIM WAMBIER, Teresa *et al. Breves comentários ao Novo Código de Processo Civil.* 2. ed. São Paulo: RT, p. 1322-1331, 2016.

DINAMARCO, Cândido Rangel. *A reforma da reforma.* São Paulo: Malheiros, 2002.

FREIRE, Rodrigo da Cunha. Da ordem dos processos nos tribunais. In: ARRUDA ALVIM WAMBIER, Teresa *et al. Breves comentários ao Novo Código de Processo Civil.* 2. ed. São Paulo: RT, p. 2177-2190, 2016.

MARINONI, Luiz Guilherme; ARENHART, Sérgio Cruz; MITIDIERO, Daniel. *Novo Código de Processo Civil comentado.* São Paulo: RT, 2015.

MENDONÇA JUNIOR, Delosmar. *Princípios da ampla defesa e da efetividade no processo civil brasileiro.* São Paulo: Malheiros, 2001.

MIRANDA DE OLIVEIRA, Pedro. Apontamentos sobre os poderes do relator nos tribunais. In: NERY JUNIOR, Nelson; ARRUDA ALVIM WAMBIER, Teresa (coord.). *Aspectos polêmicos e atuais dos recursos cíveis e assuntos afins.* v. 9. São Paulo: RT, p. 430-465, 2006.

MITIDIERO, Daniel. Direito Fundamental ao Julgamento Definitivo da Parcela Incontroversa: uma proposta de compreensão do art. 273, § 6º, CPC, na perspectiva do direto fundamental a um processo sem dilações indevidas (art. 5º, LXXVIII, CRFB). *Revista de Processo*, São Paulo, v. 149, p. 105-119, jul. 2007.

SCARPINELLA BUENO, Cassio. *Manual de direito processual civil.* São Paulo: Saraiva, 2016.

SILVA, Ricardo Alexandre da. Do julgamento antecipado parcial de mérito. In: ARRUDA ALVIM WAMBIER, Teresa *et al. Breves comentários ao Novo Código de Processo Civil.* 2. ed. São Paulo: RT, p. 1024-1029, 2016.

ZANETI JÚNIOR, Hermes. Da ordem dos processos nos tribunais. In: CABRAL, Antonio do Passo; CRAMER, Ronaldo. *Comentários ao Novo Código de Processo Civil.* 2. ed. Rio de Janeiro: Forense, 2016. p. 1307-1378, 2016.

A LITIGIOSIDADE REPETITIVA

DEMANDAS REPETITIVAS. DIREITO JURISPRUDENCIAL. TUTELA PLURINDIVIDUAL, SEGUNDO O NOVO CÓDIGO DE PROCESSO CIVIL: INCIDENTE DE RESOLUÇÃO DE DEMANDAS REPETITIVAS E INCIDENTE DE ASSUNÇÃO DE COMPETÊNCIA

Humberto Theodoro Júnior[1]

Sumário: 1-Introdução. 2-A posição do NCPC.3-Tutela individual, tutela coletiva e tutela plurindividual. 4-Eficácia da tutela plurindividual sistematizada pelo NCPC. 5-Inocorrência de inconstitucionalidade no sistema de precedentes instituídos pelo NCPC. 6- Conclusões.

1. Introdução

Nos primeiros trabalhos de preparação do Anteprojeto de um novo Código de Processo Civil para o Brasil, dentre os problemas a equacionar a Comissão credenciada pelo Senado Federal detectou dois que se aparentavam como representativos das maiores preocupações sociais com a chamada "crise da justiça":

a) a duração excessiva e quase sempre intolerável dos processos;
b) a insegurança dos resultados da prestação jurisdicional, em face da recorrente diversidade de posições dos tribunais na aplicação da mesma norma legal.

Diante desse quadro, surgiu a ideia de analisar as razões práticas pelas quais o sistema do *common law* apresenta resultados mais rápidos e maior estabilidade na aplicação do direito pelo Poder Judiciário. Constatou-se, então, a existência de duas grandes correntes do direito contemporâneo, no campo da

---

1 Professor Titular Aposentado da Faculdade de Direito da UFMG. Desembargador Aposentado do TJMG. Membro da Academia Mineira de Letras Jurídicas, do Instituto dos Advogados de Minas Gerais, do Instituto de Direito Comparado Luso-Brasileiro, do Instituto Brasileiro de Direito Processual, do Instituto Ibero-Americano de Direito Processual e da International Associationof Procedural Lawe membro da Association Henri Capitantdes Amis de la Culture Juridique Française. Doutor em Direito. Advogado.

formação do ordenamento jurídico: *(i)* a do *common law*, que valoriza bastante o direito consuetudinário, e nessa linha atribui força normativa aos precedentes judiciais, e *(ii)* a do *civil law* que atribui basicamente à lei a força de constituir o ordenamento jurídico (direito escrito).

Qualquer que seja o sistema jurídico normativo, porém, o papel relevante dos tribunais no plano das fontes do direito sempre foi evidente, muito embora insistissem os juristas europeus continentais em recusar à jurisprudência o reconhecimento científico de *fonte de direito*. O direito anglo-americano, muito mais próximo das raízes históricas do direito romano, sempre reconheceu a força dos precedentes jurisdicionais de efetiva fonte do direito, e com isso tem logrado proporcionar aos jurisdicionados muito mais igualdade e segurança jurídica.

É nessa perspectiva que o NCPC brasileiro procura, de certa forma, aproximar-se da técnica anglo-americana de reconhecer força normativa maior aos precedentes dos tribunais. Nosso critério, todavia, não é o de voltar ao passado para investigar a existência de algum caso decidido que seja igual ao novo. O que o novo Código programou foi, principalmente, a ampliação da possibilidade de julgamentos por amostragem, destinados não apenas a repetir decisões do passado, mas a formular no julgamento de caso atual *tese de direito* que sirva de base para julgamentos futuros. Ao contrário do que se passa sob o regime do *common law,* em que o passado molda o presente, a tônica de nosso regime é a de estatuir no presente, norma capaz de pré-ordenar o futuro.

Com isso, vinha sendo introduzido em nosso sistema processual, mesmo antes do novo Código, o mecanismo recursal denominado de *julgamento por amostragem*, a partir principalmente da experiência dos recursos endereçados ao STF e ao STJ.

Três são os remédios processuais em que essa técnica veio a ser expressamente adotada pelo NCPC:

a) *os recursos extraordinário e especial repetitivos* (arts. 1.036 a 1.041);

b) *o incidente de resolução de demandas repetitivas*(arts. 976 a 987); e

c) *o incidente de assunção de competência* (art. 947).

2. A posição do NCPC

Prevê o art. 1.036 do NCPC um regime processual específico para o julgamento por amostragem, aplicável ao STF e ao STJ, toda vez que "houver multiplicidade de recursos extraordinários ou especiais com fundamento em idêntica questão de direito".

Eleito um ou alguns recursos paradigma, o relator, no tribunal superior, "determinará a suspensão de todos os processos pendentes, individuais ou coletivos, que versem sobre a questão e tramitem no território nacional" (art. 1.037, II).

Julgado o recurso paradigma e publicado o respectivo acórdão, "os processos suspensos em primeiro e segundo graus de jurisdição retomarão o curso para *julgamento e aplicação da tese firmada pelo tribunal superior*" (NCPC, art. 1.040, III). E daí em diante, em todo e qualquer processo que surgir, tendo por objeto a mesma questão de direito, os juízes e tribunais observarão a tese definida no julgamento dos recursos extraordinário e especial repetitivos (NCPC, art. 927, III).

O mesmo regime de julgamento por amostragem é observado também no incidente de resolução de demandas repetitivas, com repercussão aos processos em curso na esfera de jurisdição dos tribunais de segundo grau (NCPC, arts. 927, III e 985, I e II). Poderá tal eficácia expandir-se para todo o território nacional, se via recurso extraordinário ou especial, a solução do incidente vier a ser objeto de acórdão de mérito do STF ou do STJ (NCPC, art. 987, § 2º).

Quanto ao incidente de assunção de competência (NCPC, art. 947), não se exige a atualidade da multiplicidade de demandas iguais. Mas, pela relevância da questão e pela repercussão que sua resolução terá além dos limites do processo atual, justifica-se a preocupação de estabelecer um critério mais rigoroso para definição da *tese de direito*, a vigorar também nos casos similares que futuramente se repetirão, com certeza.

3. Tutela individual, tutela coletiva e tutela plurindividual

O regime dos julgamentos por amostragem, disciplinado pelo CPC/2015, com o fito de estabelecer teses de direito aplicáveis, necessariamente, às causas que versem sobre a mesma questão jurídica, permite a visualização de uma nova modalidade de tutela jurisdicional – a tutela plurindividual –, colocada a meio caminho entre a tutela individual e a tutela coletiva:

Tutela individual: é a historicamente prestada na esfera do objeto do processo e com eficácia restrita aos sujeitos individualizados da relação processual (NCPC, arts. 503 e 506).

Tutela coletiva: compreende as ações coletivas por meio das quais se tutelamos direitos difusos, coletivos e individuais homogêneos.

Tutela plurindividual: realizada através de mecanismos processuais que coletivizam efeitos de ações originariamente individuais (1- incidente de resolução de demandas repetitivas, 2- recursos extraordinário e especial repetitivos e 3- incidente de assunção de competência).

Imaginou-se, de início, que numa sociedade massificada, os conflitos singulares em grande parte se resolveriam através da TUTELA COLETIVA. Mas, a litigiosidade individual, diante das ações coletivas, não se arrefeceu. Pelo contrário, a espiral das novas demandas individuais sobre questões massificadas continuou crescendo em projeção geométrica, abarrotando os tribunais com um gigantesco volume de demandas iguais, capaz de inviabilizar o cumprimento da garantia da duração razoável do processo e do emprego de meios que acelerem a resolução do litígio (CF, art. 5º, LXXVIII).

Antes do advento do Código de Processo Civil de 2015, a doutrina já havia reconhecido que "as ações coletivas são insuficientes para resolver, com eficiência e de maneira definitiva, as questões de massa, contribuindo para a existência de inúmeras demandas repetitivas, a provocar um acúmulo injustificável de causas perante o judiciário"[2].

Daí o desenvolvimento de novas técnicas de enfrentamento judicial de conflitos massificados, além das ações coletivas típicas, já que estas se revelaram insuficientes para evitar a explosão das demandas singulares repetitivas.

Na verdade, os novos incidentes que o CPC/2015 instituiu ou aprimorou vieram, de certa forma, a ampliar o sistema normativo inicialmente previsto para a tutela coletiva, nele inserindo os diversos procedimentos relacionados com a tutela plurindividual, a qual a par das ações coletivas típicas, formam o microcosmo compreendido pelas causas repetitivas.

MANCUSO registra, a propósito das causas repetitivas, progressivamente incorporadas pelo processo civil, "a tendencial e crescente tutela judicial *plurindividual*" que pode ser apreendida como "uma *terceira via,* postada num ponto equidistante entre a *jurisdição singular* (...) e a *jurisdição coletiva* (...)[3].

O papel desta via denominada tutela plurindividual não é o de criar novas ações coletivas, mas o de perseguir, diante da pluralidade de demandas em torno de questão igual, dois objetivos: *(i)* "por um lado, racionalizar e atribuir eficiência ao funcionamento do Poder Judiciário e, *(ii)* por outro, assegurar a igualdade e a razoável duração do processo"[4](g.n.). Mediante procedimento

---

2 CUNHA, Leonardo Carneiro da. Anotações sobre o incidente de resolução de demandas repetitivas previsto no Projeto do novo Código de Processo Civil. *Revista de Processo,* v. 193, p. 258, mar/2011. No mesmo sentido: MENDES, Aluísio Gonçalves de Castro. *Ações coletivas no direito comparado e nacional.* Coleção "Temas atuais de Direito Processual Civil". São Paulo: Ed. RT, 2002, v. IV, p. 262.

3 MANCUSO, Rodolfo de Camargo. *Incidente de resolução de demandas repetitivas.* São Paulo: Ed. RT, 2016, p. 42.

4 NASCIMENTO, Bruno Dantas do. Tese de doutorado. São Paulo: PUC, 203, p. 150, *apud*

incidental, o que se faz é a fixação de "entendimento paradigmático (*tese jurídica*) sobre a *questão de direito* replicada em muitos processos"[5] (g.n.). Com isso, prestigiam-se os princípios constitucionais do justo processo, da segurança jurídica e do tratamento isonômico de todos perante a lei[6].

4. Eficácia da tutela plurindividual sistematizada pelo NCPC

A resolução dos incidentes em torno das causas repetitivas fixa tese jurídica que se expande em três dimensões[7]:

a) em dimensão pan-processual: a tese aplica-se a todos os processos individuais ou coletivos que versem sobre idêntica controvérsia (art. 985, I; art. 947, § 3º; art. 1.040, III e art. 927, III);
b) em modo atemporal: estende-se "aos casos futuros que versem idêntica questão de direito" (art. 985, II; art. 947, § 3º e 927, III);
c) em larga amplitude territorial: alcança a "área de jurisdição do respectivo tribunal", podendo expandir-se para todo o território nacional, se, através de recurso, o STJ ou o STF pronunciar-se sobre o objeto do incidente (art. 987, § 2º; art. 927, III).

Diante dessas amplas dimensões do precedente jurisdicional vinculante formado na resolução das causas repetitivas, há, na doutrina, quem o considere ofensivo aos princípios constitucionais da legalidade e da separação dos Poderes. Para os que assim pensam, o NCPC teria conferido à jurisprudência as mesmas características e a mesma força da lei editada pelo Poder Legislativo, ou seja, teria transformado acórdãos de tribunais em "enunciados de caráter normativo" com eficácia similar à da lei, em seus atributos de obrigatoriedade, generalidade, abstração e impessoalidade"[8] [9].

MANCUSO, *op. cit*, p. 43.

5 MANCUSO. *Op. cit., loc. cit.*

6 *Idem, ibidem.*

7 MANCUSO. *Op. cit.*, p. 27.

8 V. referência a essa doutrina em MANCUSO. *Op. cit.*, p. 25-26.

9 Nelson Nery Júnior qualifica como inconstitucional o sistema de precedentes do NCPC, por entender que somente por meio de alteração da Constituição seria possível criar-se decisão judicial vinculante (NERY JÚNIOR, Nelson; NERY, Rosa Maria Andrade. *Comentários ao Código de Processo Civil.* São Paulo: Ed. RT, 2015, p. 1.837).

5. Inocorrência de inconstitucionalidade no sistema de precedentes instituídos pelo NCPC

A novidade, que tem gerado alguma perplexidade e diversos questionamentos, prende-se à força vinculante atribuída à jurisprudência formada nesses mecanismos de julgamento por amostragem, cuja aplicação poderia atingir litigantes que não participaram do processo de formulação do precedente. O mesmo questionamento tem suscitado o incidente de assunção de competência, que, mesmo sem o pressuposto de demandas seriadas, é dotado, segundo o NCPC, de força suficiente para produzir precedente apto a influir em outras demandas que, acaso, envolvam questão similar (NCPC, art. 927, III). É sobre essa matéria que discorreremos a seguir.

Desde logo, porém, cumpre-nos registrar que o novo CPC deu um grande passo na técnica dos precedentes judiciais. O tema não é estranho nem é novidade em nosso direito positivo, que ao tempo do CPC/1973 já o contemplava, embora de forma tímida. Através das súmulas do STF e do STJ, o sistema de precedentes teve início entre nós sob a forma meramente persuasiva, passando a constituir instrumento auxiliar de grande utilidade na hermenêutica aplicada aos casos concretos. Faltava-lhes, no entanto, a força vinculante.

Foi nas ações de controle de constitucionalidade pelo Supremo Tribunal Federal que primeiro se reconheceu a força vinculante *erga omnes* dos acórdãos daquela Alta Corte. Seguiu-se, pela EC nº 45/2004, a instituição da Súmula Vinculante, passível de observância obrigatória por todos os tribunais e órgãos da Administração Pública, e que seria editada pelo STF, com adequada deliberação colegiada e ampla publicidade, podendo referir-se a questões solucionadas nas diversas causas julgadas por aquele Tribunal, e não apenas nas ações de controle direto da constitucionalidade. Por último, através de reformas do CPC/1973, a força vinculante alcançou, em determinadas circunstâncias, as súmulas originariamente criadas apenas com caráter persuasivo, como por exemplo, no caso de indeferimento liminar de recurso pelo relator, nos termos do art. 557, do referido Código. Ainda sob a égide do CPC anterior, foi também conferida igual eficácia aos acórdãos dos incidentes de uniformização de jurisprudência (art. 479) e de arguição de inconstitucionalidade (art. 481, parágrafo único), nos limites da jurisdição de cada tribunal.

Coube ao CPC/2015 a introdução dos precedentes vinculativos em sua maior e ampla dimensão nos termos do seu art. 927, para impor, nos casos enumerados, a observância vertical das decisões dos Tribunais Superiores por todos os juízes e tribunais do país, e a das decisões dos Tribunais locais, pelos órgãos a eles vinculados. É dentro desse sistema de valorização da jurisprudencia como fonte normativa que se inserem os incidentes, previstos no NCPC, de assunção de competência e de resolução de demandas repetitivas, bem como a técnica de julgamento dos recursos extraordinário e especial repetitivos.

Fala-se, diante do prestígio conferido legalmente à força normativa da jurisprudência, que o novo Código teria introduzido em nossa ordem jurídica o chamado direito jurisprudencial[10] e isso talvez representasse, dentre todas as modificações trazidas por aquele diploma legal, "a mais significativa e com maior impacto no cotidiano forense", como reconhece ARRUDA ALVIM[11].

A novidade, que tem gerado alguma perplexidade e diversos questionamentos, prende-se à força vinculante explícita atribuída à jurisprudência formada nesses mecanismos de julgamento por amostragem, cuja aplicação poderia atingir litigantes que não participaram do processo de formulação do precedente. O mesmo questionamento tem suscitado o incidente de assunção de competência, que, mesmo sem o pressuposto de demandas seriadas, é dotado, segundo o NCPC, de força suficiente para produzir precedente apto a influir em outras demandas que, acaso, envolvam questão similar (NCPC, art. 927, III).

Várias, entretanto, são as objeções opostas doutrinariamente ao sistema de precedentes adotado pelo CPC/2015, para qualificá-lo como incompatível com o processo idealizado pela Constituição. Duas, porém, se apresentam com aparente maior relevância: *(i)* a que acusa atribuição de força normativa ao precedente de ofensiva ao princípio da legalidade, porque só a lei, e não a decisão judicial, poderia obrigar *erga omnes* (CF, art. 5º, II); e *(ii)* a que vê no sistema codificado uma incompatibilidade com a garantia do contraditório, uma vez que a coisa julgada formada no julgamento do caso paradigma estenderia sua eficácia *erga omnes*, atingindo, portanto, quem não fora parte do processo.

Nenhuma das duas arguições, a nosso sentir, merece prosperar, como a seguir tentaremos justificar:

5.1. Ofensa ao princípio da legalidade

De fato, a Constituição garante que "ninguém será obrigado a fazer ou deixar de fazer alguma coisa senão em virtude de lei (art. 5º, II). Contudo, há um consenso entre os intérpretes da referida garantia de liberdade, no sentido

---

10 "Seja para aplicar uma **tese** firmada [nas Cortes Superiores], seja para negar sua aplicação, os juízes deverão, no CPC/2015, cumprir o dever de **observar** o direito jurisprudencial, não podendo dele se distanciar injustificadamente" (ARRUDA ALVIM, José Manoel. *Novo contencioso cível no CPC/2015*. São Paulo: Ed. Revista dos Tribunais, 2016, p. 521).

11 *Idem, ibidem*.

de que a palavra "lei", no contexto sistemático da ordem constitucional, "é de ser tomada em sua máxima latitude, de modo a abranger, assim, o produto final do Parlamento (*norma legislada*), como ainda a sua interpretação judicial (*a norma judicada*), quando uma exegese constante ou extratificada num enunciado venha alcançada ao final de certos procedimentos judiciários (...) e, à *fortiori*, quando tal se dê pela intervenção do STF, enquanto *guarda da Constituição* (art. 102, *caput*)"[12].

Deve-se partir da constatação de que os princípios e garantias constitucionais não incidem isoladamente, nem podem ser tratados como absolutos, fora do contexto sistemático dos direitos fundamentais assegurados pela Lei Maior. Assim, para a compreensão do princípio da legalidade concorre a necessidade de sua sistematização com outros princípios também de magnitude constitucional, como o da igualdade de todos perante a lei e o da segurança jurídica, ambos proclamados com destaque no frontispício do rol dos direitos individuais (isto é, no *caput* do art. 5º da CF), além de adotados como "valores supremos" da instituição da República Federativa do Brasil (*Preâmbulo* da Constituição de 1988).

Dentro de tal prisma, a unificação da interpretação e aplicação da lei pelos tribunais é algo que não se origina apenas da vontade do legislador comum manifestada no Código de Processo Civil, mas que decorre, imperativamente, da própria ordem constitucional positiva[13].

Ressalta MANCUSO, com toda propriedade, que a sistemática de uniformização da jurisprudência, com vista ao estabelecimento de teses de direito aplicáveis *erga omnes*, revela-se "condição necessária para que a almejada *igualdade de todos perante a lei* (CF, art. 5º, *caput*) seja efetiva e operante e não apenas *teórica* ou *principiológica*"[14].

Além do mais, a lei, como simples enunciado genérico e abstrato, nunca ou quase nunca, se apresenta completa, quando tem de ser aplicada ao quadro fático conflituoso. É que "o direito objetivo não tem condições para disciplinar

---

12 MANCUSO. *Op.cit.*, p. 27.

13 Lembra Teresa Arruda Alvim Wambier, a propósito, que: "O princípio da *isonomia* se constitui na ideia de que *todos são iguais perante a lei* (g.n.), o que significa que a lei deve tratar todos de modo uniforme e que *correlatamente as decisões dos tribunais* não podem aplicar a *mesma lei* de forma *diferente* a casos absolutamente idênticos, num mesmo momento histórico" (WAMBIER, Teresa Arruda Alvim. Súmula vinculante: desastre ou solução? *Revista de Processo*, v. 98, p. 299, abr-jun/2000).

14 "Impende dotar o processo civil de instrumentos capazes de oportunizar a oferta de respostas jurisdicionais iguais a situações iguais, a fim de que a norma legislada não perca seu maior atributo - a aplicação isonômica - quando vem a ter sua passagem judiciária" (MANCUSO. *Op. cit.*, p. 27).

sempre todos os conflitos de interesses, sendo necessário o processo, muitas vezes, para a complementação dos comandos da lei"[15]. Ou seja: "o comando contido nesta [isto é, na lei] é *incompleto*, é como se fosse um arco que a sentença *completa*, transformando-o em círculo"[16].

Por isso mesmo, a tese de direito firmada através da jurisprudência não atrita com o princípio constitucional da legalidade (CF, art. 5º, II), porquanto a tendência contemporânea é, majoritariamente, no sentido de que tal princípio "seja entendido como a necessidade da vinculação do juiz ao sistema, englobando o texto da lei, doutrina e jurisprudência"[17], e não apenas ao enunciado editado por obra do legislador.

Não se pode, em suma, observar o princípio da legalidade e tampouco o da segurança jurídica, quando a jurisprudência, ao aplicar a mesma lei, se dispersa em múltiplas e contraditórias interpretações, tornando imprevisível e lotérico o sentido prático do enunciado da lei. É, pois, a própria ordem constitucional que exige a adoção, pelo processo, de mecanismos fortes para a uniformização da jurisprudência e o estabelecimento de precedentes capazes de estabilizá-la, vinculando todos os juízes e tribunais.

5.2. Ofensa à garantia do contraditório

MARINONI entende que atribuir força vinculante às teses assentadas em julgamentos de demandas repetitivas equivale a conferir autoridade de *coisa julgada erga omnes* sobre a questão de direito a ser aplicada a todos os processos pendentes em que se debate a mesma questão[18]. Ou seja: nesses julgamentos, o Código teria concebido coisa julgada oponível a quem não foi parte do processo.

Para evitar que a indiscutibilidade da tese de direito se apresente, nos julgamentos de causas repetitivas, como algo ofensivo à garantia constitucional

---

15 CINTRA, Antônio Carlos Araújo; GRINOVER, Ada Pellegrini; DINAMARCO, Cândido Rangel. *Teoria geral do processo*. 19.ed. São Paulo: Malheiros, 2003, p. 39.

16 *Idem, ibidem.*

17 WAMBIER, Teresa Arruda Alvim. *Divergência jurisprudencial e súmula vinculante*. 5.ed. São Paulo: Ed. RT, 2012, p. 449-450. Para a autora, "a jurisprudência e a doutrina funcionam, por assim dizer, como um filtro através do qual a lei é *entendida*, e é a este fenômeno que se vinculam os juízes ao decidir" (*Op. cit., loc. cit.*).

18 "É óbvio que a resolução única da questão incidente nos casos repetitivos nada mais é do que uma decisão que produz coisa julgada sobre a questão que interessa a todos os litigantes dos processos pendentes. Significa que se está diante de coisa julgada que se estende a terceiros" (MARINONI, Luiz Guilherme. O "problema" do incidente de resolução de demandas repetitivas e dos recursos extraordinário e especial repetitivos. *Revista de Processo*, nº 249, p. 403, nov/2015).

do contraditório (direito a participar de qualquer processo em que lesão ou ameaça a direito próprio seja objeto de questionamento em juízo), seria necessário – segundo MARINONI –, que algum legitimado à tutela dos direitos individuais homogêneos se fizesse presente no incidente. Lembra, a propósito, que o NCPC, preocupado, com a ampla repercussão sobre terceiros, determina no art. 979 que a "instauração e o julgamento do incidente serão sucedidos da mais ampla e específica divulgação e publicidade, por meio de registro eletrônico no Conselho Nacional de Justiça". O efeito dessa ampla divulgação haveria de ser a abertura de oportunidade aos interessados de "ingressar no incidente para efetiva defesa dos direitos"[19].

A conclusão de MARINONI sobre a força vinculante da resolução das demandas repetitivas é negativa e radical:

> "o incidente de resolução de demandas repetitivas nada mais é do que o processo em que se discute e decide questão prejudicial à solução de casos pendentes. Como é óbvio, a decisão do incidente está muito longe de poder ser vista como precedente que atribui sentido ao direito e, por isso, regula a vida em sociedade e obriga os juízes dos casos futuros. Por esse motivo, o incidente, nos moldes em que regulado pelo Código de Processo Civil de 2015, não detém legitimidade constitucional"[20] (g.n.).

Com a devida vênia, não é razoável a meu sentir a equiparação do julgamento de recurso repetitivo à resolução de questão prejudicial, hipótese sobre a qual recai a coisa julgada material nos moldes previstos pelo novo CPC (art. 503, § 1º). Questão prejudicial, segundo concepção largamente estabelecida, é aquela cuja característica é a de ser passível, por si só, de constituir objeto de outra ação, ou de outro processo autônomo. Não se consegue entrever algo semelhante na mera repercussão da tese de direito firmada em recurso repetitivo sobre outros processos em que a mesma questão de direito esteja em jogo.

Outrossim, para ter-se a coisa julgada material é preciso que, entre as mesmas partes, tenha sido apreciado o fato jurídico configurador do objeto litigioso em sua integralidade, ou seja, compreendendo tanto a questão fática como a questão de direito. Nesse sentido, jamais se poderá pensar em coisa julgada formada no julgamento do recurso paradigma, em face dos outros recursos pendentes. Aqui o que se firma é tão somente a tese de direito comum a diversas causas, sem que, entretanto, se penetre nos aspectos fáticos das demandas represadas.

O exame dos diversos feitos, em suas peculiaridades fático-jurídicas continuará a ser realizado, caso a caso, de modo que o julgamento de cada um deles,

---

19 MARINONI. *Op. cit.*, p. 410-411.

20 MARINONI. *Op. cit.*, p. 417-418.

mesmo aplicando a tese de direito uniformizada através da solução do recurso paradigma, poderá chegar a resultado concreto diverso daquele onde a tese de direito se estabeleceu.

Isto se dá justamente porque no decisório por amostragem não entra em cogitação a questão fático-jurídica própria de cada uma das diversas causas similares, mas apenas a interpretação que se deva dar à norma jurídica aplicável a todas e a cada uma delas, sem perder de vista as peculiaridades que as individualizam.

A razão está com ANTÔNIO PEREIRA GAIO JÚNIOR, quando ressalta que o sistema de precedentes vinculantes (*staredecisis*) não pode ser confundido com coisa julgada. "Esta garante às partes a imutabilidade da decisão, enquanto aquele tem o significado de manutenção do que foi decidido, servindo de base para decisões futuras, por fornecer linhas reguladoras a serem aplicadas em outros casos submetidos a julgamento"[21]. Longe de imputar imutabilidade ao precedente, o NCPC prevê, expressa e detalhadamente, a possibilidade de alteração da tese jurídica adotada em enunciado de súmula ou em julgamento de casos repetitivos (art. 927, §§ 2º, 3º e 4º).

Em suma, não se pode ver na definição de uma tese de direito nem a resolução de questão prejudicial de mérito, nem muito menos a formação de coisa julgada material *erga omnes*[22].

Além disso, é bom lembrar, mais uma vez, que incidentes uniformizadores de jurisprudência, com eficácia para casos futuros, não foram criação inusitada do novo CPC. No Código de 1973, com as emendas das Leis nºs 9.756/1998 e 9.868/1999, já constava o *incidente de declaração de inconstitucionalidade* de lei ou ato normativo do poder público, cuja instauração acarretava a suspensão do julgamento a cargo de órgão fracionário do tribunal e remetia a questão ao exame e deliberação do plenário (CPC/73, art. 480). O decidido pelo colegiado maior funcionava como solução de questão prejudicial de direito apenas, sem o alcance de formar coisa julgada, e tão somente com o objetivo de assentar a tese de direito constitucional que haveria de ser observada pelo órgão fracionário na conclusão do julgamento suspenso:

---

21 GAIO JÚNIOR, Antônio Pereira. Considerações acerca da compreensão do modelo de vinculação às decisões judiciais: os precedentes no novo Código de Processo Civil brasileiro. *Revista de Processo,* v. 257, p. 361, jul/2016.

22 "Respeitar precedentes não significa torná-los imutáveis. Ao contrário, a ideia de respeito aos precedentes traz em si a possibilidade de sua revogação. O precedente deve ser modificado diante da alteração de valores e de circunstâncias, derivadas da evolução da sociedade e do avanço da tecnologia, assim como quando se constata a partir de robusta fundamentação, que ele se fundamentou em equívoco" (GAIO JÚNIOR, Antônio Pereira. *Op. cit., loc. cit.*).

> "O julgamento do pleno, sobre a questão prejudicial, vinculará a turma ou câmara, que terá de aplicá-lo obrigatoriamente na solução do recurso ou ação"[23].

Surgindo novo processo em que a mesma arguição de inconstitucionalidade fosse outra vez manifestada, o órgão fracionário ficava dispensado de submeter a questão prejudicial ao pleno (art. 481, parágrafo único acrescido pela Lei 9.756/98). Aplicaria, obviamente, a indispensável decisão do Pleno tomada no anterior *incidente de declaração de inconstitucionalidade,* sem embargo de ocorrido em outro processo e entre partes diversas.

A sistemática inovada pela Lei nº 9.756/98 foi acatada pela doutrina e jurisprudência como adequada medida de economia processual, sem imputar-lhe, a mácula da inconstitucionalidade[24].

Explicava-se essa subsequente aplicação da tese assentada pelo pleno a outros processos por vários motivos, dentre os quais se destacavam:

a) O acórdão do plenário era irrecorrível, o eventual recurso teria cabimento contra o posterior acórdão que resolvesse o caso concreto[25] (Súmula 513/STF).
b) No incidente de inconstitucionalidade "nada se julga: apenas se afirma a constitucionalidade ou não da norma questionada"[26]. Daí a irrecorribilidade do acórdão do pleno na respectiva solução.
c) Além disso, as dimensões do debate no incidente são subjetivamente alargadas, permitindo a intervenção do Ministério Público, das pessoas de direito público responsáveis pela edição do ato questionado, dos legitimados à propositura da ação direta de inconstitucionalidade, bem como de outros órgãos e entidades, na qualidade de *amicus curiae* (CPC/73, art. 482, §§ 1º, 2º e 3º, acrescidos pela Lei nº 9.868/1999 –

---

23 NERY JÚNIOR, Nelson; NERY, Rosa Maria de Andrade. *Código de Processo Civil comentado e legislação extravagante.* 11. ed. São Paulo: Ed. RT, 2010, p. 799.

24 "Quando o plenário do STF ou o plenário ou órgão especial do próprio tribunal, onde foi ou poderia ter sido suscitado o incidente, já tiverem se pronunciado sobre a constitucionalidade ou inconstitucionalidade da lei questionada, *não há necessidade de o órgão fracionário* (câmara, turma, câmaras reunidas, grupo de câmaras, seção etc) *remeter a questão ao julgamento do plenário* ou órgão especial. Nesse caso, o órgão fracionário *pode aplicar a decisão anterior do plenário* do STF ou do próprio tribunal, que haja considerado constitucional ou inconstitucional a lei questionada. Trata-se de medida da *economia processual*" (g.n.) (NERY JÚNIOR, Nelson; NERY, Rosa Maria de Andrade. *Op. cit.*, p. 799).

25 STF, 1ª T., AgRg no RE 535.523/MT, Rel. Min. Ricardo Lewandowski, ac. 09.11.2010, *DJe*29.03.2011.

26 NERY JÚNIOR. *Op. cit.,loc. cit.*

Lei da Ação Direta de Inconstitucionalidade e da Ação Declaratória de Constitucionalidade perante o STF).

Outro incidente de proporções e funções semelhantes ao de inconstitucionalidade era, no regime do Código de 1973, o de "uniformização da jurisprudência" – utilizável quando se detectava divergência em torno da interpretação do direito o qual, quando decidido pela maioria absoluta dos membros do tribunal, – e com prévia e obrigatória ouvida do Ministério Público (art. 478, parágrafo único) – gerava "súmula" e constituía "*precedente na uniformização da jurisprudência*" (art. 479).

Merece ser lembrada, ainda, a Lei 9.882/1999, que ao regulamentar o processo e julgamento da arguição de preceito fundamental, conferiu a respectiva decisão a "eficácia contra todos e efeito vinculante relativamente aos demais órgãos do Poder Público" (art. 10, § 3º), sem que houvesse explícita previsão a respeito de tal eficácia no texto constitucional regulamentado (CF, art. 102, § 1º).

Dos exemplos dados, é fácil concluir que historicamente não repugna à tradição de nosso processo civil remédios de uniformização pretoriana da interpretação e aplicação da lei, com efeitos perante outros litigantes, além dos figurantes no processo em que se promoveu o incidente. É o que ressalta o Ministro RICARDO VILLAS BÔAS CUEVA, ao observar que "a vinculabilidade de precedentes não constitui propriamente novidade", sendo certo que "o novo CPC dá ao tema tratamento mais coerente e sistemático, que tenderá a reforçar a função constitucional dos tribunais superiores[27].

Para que não se cogite de inconstitucionalidade nesses expedientes de largo significado no plano da economia processual e no resguardo dos princípios de isonomia e segurança jurídica, basta que se franqueie a participação de entidades legitimadas à tutela dos interesses e direitos coletivos e de *amicus curiae*, com representatividade adequada à defesa dos interesses individuais homogêneos relacionados com a questão de direito em cogitação. E isto é expressamente previsto pelo novo CPC, art. 1.038, I.

Tudo se resolve, portanto, numa correta e pertinente inteligência das normas do art. 982, III, e do art. 983, *caput* e § 1º, acerca da audiência do Ministério Público, das partes, dos demais interessados e das pessoas com experiência e conhecimento na matéria (*amici curiae*). É, aliás, o que reconhece o próprio crítico do incidente[28].

---

27 CUEVA, Ricardo Villas Bôas. Técnica de julgamento dos recursos repetitivos e a constitucionalidade das decisões vinculativas e outras novidades do NCPC. *Revista de Processo*, v. 257, p. 316, jul/2016.

28 MARINONI. *Op. cit.*, p. 410-411.

É importante ressaltar, mais uma vez, que em incidentes da espécie o acórdão uniformizador não prejulga casos futuros, apenas fixa teses de direito que se tornam firmes, para o caso pendente e para outras eventuais demandas de objeto igual. Estas, todavia, em seu quadro fático-jurídico, serão avaliadas e julgadas, fazendo-se sempre o juízo de adequação, ou não, à tese de direito oriunda do caso paradigma. A aplicação pura e simples do precedente, de forma automática, corresponde, até mesmo, a violação manifesta da ordem jurídica, de forma a justificar ação rescisória (NCPC, art. 966, V, e §§ 5º e 6º acrescidos pela Lei nº 13.256/2016). De tal sorte, o juízo de adequação entre o precedente (*tese de direito*) e o caso superveniente não é só conveniente, é necessário e indispensável.

5.3. Outra objeção manifestada, ainda, no plano constitucional: ofensa à separação e autonomia das funções atribuídas aos Poderes estatais

Há outra objeção que, ainda, tem sido levantada à força vinculante atribuída pelo NCPC ao julgamento das causas repetitivas. A exemplo do que se passou com as súmulas vinculantes, a força dos precedentes jurisprudenciais – no entendimento de alguns críticos – não poderia ser instituída senão por emenda constitucional[29]. Segundo estes, reconhecer efeito normativo ao julgado do tribunal, sem previsão da Constituição, equivaleria a conferir, ao judiciário, função legislativa. Assim, pondo em jogo a divisão constitucional de funções dos Poderes, o reconhecimento da eficácia *erga omnes*, na espécie, não haveria de ser concebido em simples lei ordinária.

No entanto, forças vinculantes dos acórdãos proferidos nos antigos incidentes de declaração de inconstitucionalidade (CPC/73, art. 480) e de uniformização de jurisprudência (CPC/73, art. 476) foram instituídas por legislação ordinária, sem questionamento algum, a seu tempo. E o próprio STF enfrentou problema idêntico, quando a Constituição só previa, expressamente, o efeito vinculante para o julgado da ação declaratória de constitucionalidade[30].

---

29 "Saber se o CPC de 2015 pode querer que os efeitos das decisões paradigmáticas *devam* ser acatados pelos órgãos jurisdicionais em geral, criando-se, com isto, verdadeira hierarquia no Judiciário Federal e Estadual, é questão que não pode mais ser evitada. Sim, porque sou daqueles que entendem que decisão jurisdicional com caráter *vinculante* no sistema brasileiro depende de prévia autorização *constitucional*– tal qual a feita pela EC nº 45/2004 – e, portanto, está fora da esfera de disponibilidade do legislador infraconstitucional" (BUENO, Cássio Scarpinella. *Manual de direito processual civil.* São Paulo: Saraiva, 2015, p. 538).

30 Antes da EC nº 45/2004, o § 2º do art. 102 da CF dispunha sobre efeito vinculante para decisões de mérito proferidas pelo STF, reportando-se *apenas* às "ações declaratórias de

Apenas a Lei nº 9.868/1999 foi que, mais tarde, veio a atribuir força vinculante também ao julgado pronunciado na ação direta de inconstitucionalidade.

Questionada a eficácia do tratamento da matéria em lei ordinária, restou decidido pelo STF que "o fato de a Constituição prever expressamente tal efeito somente no que toca à ação declaratória não traduz, por si só, empecilho constitucional a que se reconheça também, por lei, tal resultado à ação direta"[31].

A justificativa, no caso dos recursos repetitivos, é a mesma: o fato de a Constituição só prever eficácia normativa para súmula vinculante editada pelo STF, não deve ser visto como vedação a que a lei ordinária institua outros casos de jurisprudência vinculante, se o fizer em defesa de garantias fundamentais constantes da própria Carta Magna. Não se trata de atribuir poder legislativo ao Judiciário. O precedente não se impõe como regra nova concebida originariamente pelos tribunais. A tese firmada nos acórdãos paradigma nasce da necessidade de aplicar a lei, cujos limites jamais poderão ser ultrapassados ou ignorados. O precedente, ao enunciar uma tese de direito, não pode, é claro, ir além do plano da interpretação e aplicação da lei aos casos concretos deduzidos em juízo.

Não há nisso invasão alguma da esfera de atribuições do Poder Legislativo. Ao contrário, tudo se comporta bem dentro da função jurisdicional, qual seja, a de interpretar e aplicar o direito positivo, na solução dos conflitos intersubjetivos[32].

Observe-se, por último, que a instituição da súmula vinculante por Emenda Constitucional se deveu à circunstância especial de se estabelecer uma força obrigatória para as decisões do STF de incidência que vai muito além da esfera de atuação jurisdicional do Poder Judiciário: a súmula vinculante foi concebida não apenas como precedente a ser respeitado pelos julgamentos dos juízes e tribunais. Tal como se fosse uma lei propriamente dita, a súmula instituída pelo art. 103-A da CF (na redação de EC nº 45/2004) foi dotada de "efeito vinculante em relação aos demais órgãos do Poder Judiciário e [também] à administração pública direta e indireta, nas esferas federal, estadual e municipal".

---

constitucionalidade de lei ou ato normativo federal". Não fazia menção alguma à "ação direita de *inconstitucionalidade*".

31 STF, Pleno, Rcl 1.880 AgR/SP, Rel. Min. Maurício Corrêa, ac. 07.11.2002, *DJU* 19.03.2004, p. 17. Cf. também CAMARGO, Luiz Henrique Volpe. O incidente de resolução de demandas repetitivas no Projeto de novo CPC: a comparação entre a versão do Senado Federal e a da Câmara dos Deputados. *In:* FREIRE, Alexandre, *et al* (orgs.). *Novas tendências do processo civil.* Salvador: JusPodivm, 2014, v.3, p. 307.

32 "A teoria dos precedentes aplica-se à atividade de interpretação/aplicação do direito, que é a atividade principal dos juízes e tribunais, não implicando ofensa aos princípios de legalidade, separação de Poderes e submissão do juiz somente à lei" (ZANETTI JÚNIOR, Hermes. Precedentes (*treatlike cases alike*) e o novo Código de Processo Civil. *Revista de Processo*, v. 235, p. 294, set/2014. No mesmo sentido: MANCUSO. *Op. cit.*, p. 33).

É razoável que, uma força normativa tão ampla, capaz de atuar extrajudicialmente sobre todos os níveis da Administração Pública, só pudesse ser concebida no seio da ordem jurídica constitucional. Já o efeito vinculante criado pelo NCPC, para os casos repetitivos, está longe daquele disciplinado pela Constituição. Fica restrito aos limites da atividade jurisdicional, e, assim, só vincula os órgãos judicantes hierarquicamente subordinados ao tribunal que houver pronunciado a tese de direito, destinada a funcionar como precedente obrigatório (NCPC, art. 927)[33].

Enfim, a lei processual deixa evidente que os efeitos da resolução do caso paradigma operam apenas e tão somente sobre os órgãos judiciais que tenham de julgar processos em que a mesma questão de direito se repita. Nunca serão impostos no mundo extraprocessual.

Em lição doutrinária consistente, HERMES ZANETI JR. e CARLOS FREDERICO BASTOS PEREIRA[34], apontam dois motivos básicos para que não se considere inconstitucional o sistema de precedentes vinculantes previsto pelo Código de 2015:

a) Em primeiro lugar, porque "não há violação ao princípio democrático e a separação de poderes": a criação da norma -geral e abstrata- é e continuará sendo uma prática privativa do Poder Legislativo. "Por sua vez, a reconstrução da norma -geral e concreta- é tarefa ínsita à atividade jurisdicional em razão da impossibilidade de ser criada uma norma a partir do nada, do vácuo normativo, do vazio textual, devendo o Poder Judiciário reconstruir os significados normativos de acordo com a Constituição Federal, a legislação infraconstitucional e a tradição jurídica (art. 1º do CPC/2015)". De modo algum cogita o Código da proliferação do número de normas no ordenamento jurídico, "pois não se quer introduzir no sistema normas gerais e abstratas equivalentes à lei, mas o que se busca é, por uma questão de racionalidade, vincular a solução jurídica de determinados juízes e tribunais às circunstâncias fáticas do caso concreto: é a vinculação aos *materialfacts* do caso que torna a norma precedente geral e concreta e não geral e abstrata" (g.n.).

33 "Art. 927. Os *juízes* e os *tribunais* observarão: I - as decisões do Supremo Tribunal Federal em controle concentrado de constitucionalidade; II - os enunciados de súmula vinculante; III - os acórdãos em incidente de assunção de competência ou de resolução de demandas repetitivas e em julgamento de recursos extraordinário e especial repetitivos; IV - os enunciados das súmulas do Supremo Tribunal Federal em matéria constitucional e do Superior Tribunal de Justiça em matéria infraconstitucional; V - a orientação do plenário ou do órgão especial aos quais estiverem vinculados".

34 ZANETI JR., Hermes; PEREIRA, Carlos Frederico Bastos.Por que o Poder Judiciário não legisla no modelo de precedentes do Código de Processo Civil de 2015? *Revista de Processo*, v. 257, p. 381-382, jul/2016.

b) Em segundo lugar, "porque não há violação ao princípio da legalidade. A legalidade neste particular deve ser compreendida não como lei em sentido estrito, mas como a conformidade com o ordenamento jurídico, como já consta do art. 140 do CPC/2015, afinal, a 'lei, no Estado Constitucional, é somente a lei válida perante a Constituição'. Esta é a razão pela qual a atividade do julgador sempre será *tendencialmente cognitiva*, na medida em que partirá da lei e demais textos normativos para que um precedente seja construído. A lei, portanto, é o primeiro limite à discricionariedade judicial em um modelo de precedentes normativos formalmente vinculantes" (g.n.).

Resta registrar que o Supremo Tribunal Federal, em julgamento ocorrido já na vigência do novo CPC, prestigiou o sistema de precedentes adotado pela atual legislação processual brasileira, considerando-a instrumento de efetivação de vários princípios constitucionais. *In verbis:*

> "(...) 3. O papel de Corte de Vértice do Supremo Tribunal Federal impõe-lhe dar unidade ao direito e estabilidade aos seus precedentes. 4. Conclusão corroborada pelo Novo Código de Processo Civil, especialmente em seu artigo 926, que ratifica a adoção – por nosso sistema – da regra do *staredecisis*, que 'densifica a segurança jurídica e promove a liberdade e a igualdade em uma ordem jurídica que se serve de uma perspectiva lógico-argumentativa da interpretação'. (MITIDIERO, Daniel. Precedentes: da persuasão à vinculação. São Paulo: Revista dos Tribunais, 2016). 5. A vinculação vertical e horizontal decorrente do *staredecisis* relaciona-se umbilicalmente à segurança jurídica, que 'impõe imediatamente a imprescindibilidade de o direito ser cognoscível, estável, confiável e efetivo, mediante a formação e o respeito aos precedentes como meio geral para obtenção da tutela dos direitos'. (MITIDIERO, Daniel. Cortes superiores e cortes supremas: do controle à interpretação, da jurisprudência ao precedente. São Paulo: Revista do Tribunais, 2013). 6. Igualmente, a regra do *staredecisis* ou da vinculação aos precedentes judiciais 'é uma decorrência do próprio princípio da igualdade: onde existirem as mesmas razões, devem ser proferidas as mesmas decisões, salvo se houver uma justificativa para a mudança de orientação, a ser devidamente objeto de mais severa fundamentação. Daí se dizer que os precedentes possuem uma força presumida ou subsidiária.' (ÁVILA, Humberto. Segurança jurídica: entre permanência, mudança e realização no Direito Tributário. São Paulo: Malheiro, 2011). 7. Nessa perspectiva, a superação total de precedente da Suprema Corte depende de demonstração de circunstâncias (fáticas e jurídicas) que indiquem que a continuidade de sua aplicação implicam ou implicarão inconstitucionalidade. 8. A inocorrência desses fatores conduz, inexoravelmente, à manutenção do precedente já firmado" [35](g.n.).

35 STF, Pleno, RE 655.265/DF, Rel. p/ ac. Min. Edson Fachin, ac. 13.04.2016, *DJe* 05.08.2016.

6. Conclusões

O novo Código de Processo Civil, na linha evolutiva do direito ocidental, encaminhou-se para a aproximação entre o *civil law* e o *common law*, em matéria de reconhecer força de fonte de direito ao precedente jurisprudencial. Nesse plano figuram os regimes de julgamento dos recursos extraordinário e especial repetitivos e os incidentes de assunção de competência e de resolução de demandas repetitivas.

Essa política legislativa processual respalda-se nos direitos fundamentais que garantem a igualdade e a segurança jurídica, como cláusulas pétreas no Estado Democrático de Direito. Nunca é pouco ressaltar que o princípio da legalidade não vigora isoladamente, nem pode se superpor às demais garantias fundamentais, de modo que:

a) "O princípio da legalidade da administração constitui apenas um dos elementos do postulado do Estado de Direito (...). Legalidade e segurança jurídica constituem dupla manifestação do Estado de Direito, tendo por isto, o mesmo valor e a mesma hierarquia"[36].
b) É sempre lembrada a lição de CANOTILHO, segundo a qual "o princípio da segurança jurídica está sempre ao lado do princípio da legalidade, da proibição de excesso e da proteção jurídica, como postulados fundamentais do próprio Estado Democrático de Direito"[37].

O sistema inspira-se nas tradições do *common law*, mas não se limita a uma simples versão do instituto anglo-saxônico. Respeita as peculiaridades da construção histórica de nosso ordenamento jurídico, dos movimentos doutrinários, bem como da experiência que, em torno da matéria, a lei e os tribunais têm vivido, entre nós.

Para que o avanço programado possa se dar com segurança e adequação, o novo Código reformula, com rigor, a técnica e as exigências de formulação dos acórdãos dos tribunais, compatibilizando-as com a prática da função de atuar como fonte de direito. É da boa compreensão desse papel institucional, assim como da fiel observância dos preceitos que a regem, que depende o êxito dessa inovadora e relevantíssima programação normativa processual.

---

36 STJ, 1ª T., REsp 300.116/SP, Rel. Min. Humberto Gomes de Barros, ac. 06.11.2001, *DJU* 25/02/2002, p. 222.

37 Lição de CANOTILHO, *apud* WALD, Arnoldo; KAUFMANN, Rodrigo de Oliveira. A Súmula 405 do STF e a segurança jurídica. *Revista do TRF da 1ª Região*, v. 28, p. 73, mai--jun/2016.

LITIGIOSIDADE REPETITIVA? AVANÇOS, DESAFIOS E PERSPECTIVAS DE FUTURO

Hermes Zaneti Jr.[1]

Sumário: 1 – Introdução. 2 - A superveniência do procedimento das causas/questões repetitivas (art. 928), consistente no incidente de resolução de demandas repetitivas (arts. 976 a 987) e nos recursos especial e extraordinário repetitivos (arts. 1.036 a 1.041) como espécie de processo coletivo (opt-in). 3 - A polêmica sobre a natureza jurídica do incidente de resolução de demandas repetitivas. 4 - A questão de direito material ou processual e a distinção entre questões de fato e questões de direito. 5 - As bases para o devido processo legal coletivo das ações coletivas e das causas repetitivas; 6 - O modelo das causas (questões) repetitivas: incidente de resolução de demandas repetitivas, recurso especial e extraordinário repetitivo e recurso de revista repetitivo. 7 - Conclusões.

1. Introdução

A redação do Novo CPC traz uma grande novidade que irá resultar em mudanças no cenário dos processos coletivos no Brasil. O CPC não é mais distante da Constituição (art. 1º, CPC) e dos microssistemas (art. 139, X e 985, CPC, *v.g.*). O Código, com normas fundamentais e uma parte geral, reassume a função de organizar o processo civil.

---

1 Pós-Doutor em Direito pela Università degli Studi di Torino/IT. Doutor em Direito (2014) pela Università degli Studi di Roma Tre/IT, área de concentração Teoria e Filosofia do Direito. Mestre (2000) e Doutor (2005) em Direito Processual pela Universidade Federal do Rio Grande do Sul (UFRGS). Professor Adjunto da Universidade Federal do Espírito Santo (UFES). Promotor de Justiça no Estado do Espírito Santo. E-mail: hermeszanetijr@gmail.com. Este trabalho é fruto da pesquisa desenvolvida no Programa de Pós-Graduação *Stricto Sensu* em Direito Processual da UFES e no Grupo de Pesquisa "Fundamentos do Processo Civil Contemporâneo" também da UFES, financiado pela CAPES e FAPES e liderado pelo Prof. Dr. Hermes Zaneti Jr. (UFES) e pelo Prof. Dr. Antônio Gidi (University of Syracuse College of Law – EUA, participante na linha de pesquisa sobre "Processo coletivo: modelo brasileiro"). Agradeço a bolsista Juliana Provedel, PPGDir/UFES, pela leitura atenta e colaboração formal no texto.

Trata-se de um Código da "Era da Recodificação" (Natalino Irti), flexível, adaptável, dúctil.[2] Tem, portanto, aplicação direta ao microssistema do processo coletivo.[3]

A flexibilidade, abertura e adaptação à tutela dos direitos estão previstas desde o início por normas fundamentais: a) o princípio/dever da promoção da solução consensual (art. 3º, § 3º, segundo o qual os meios de solução consensual não são mais apenas "alternativos", mas devem ser priorizados quando forem mais "adequados" para solução da controvérsia); b) o princípio da primazia do julgamento do mérito e da saneabilidade dos atos processuais (art. 4º, segundo o qual os julgadores devem fazer todo o possível para analisar o mérito, saneando as nulidades sempre que possível e estabelecendo deveres de cooperação paras as partes); c) o princípios da boa-fé, da cooperação e do contraditório (arts. 5º, 6º, 7º e 9º, 10, com destaque para a vedação da decisão surpresa e a submissão do juiz ao contraditório com as partes, concebido a partir de agora como direito de influência e dever de debates); c) os negócios processuais (art. 190); d) a fundamentação hermenêutica e analítica adequada das decisões (art. 489, § 1º); e) os precedentes normativos formalmente vinculantes (arts. 489, § 1º, V, VI, 926 e 927); f) o julgamento de casos repetitivos (art. 928, todos do CPC).

Essas normas fundamentais, espalhadas por todo o CPC, detalhadas em outros tantos artigos do Código que especificam regras e subprincípios, se aplicam *diretamente* aos processos coletivos.

A partir da parte geral e das normas fundamentais do CPC podemos ler todo o sistema processual. O processo serve a tutela dos direitos, adequada, efetiva e tempestiva e o CPC reconhece a plasticidade do sistema processual em torno deste objetivo. Pode-se dizer que neste Código o foco central é o processo em sua finalidade de tutela dos direitos e não como um fim em si mesmo.

Além das normas fundamentais que são imediatamente aplicáveis ao microssistema, o CPC apresenta outras interações importantes, como se afirmou,

---

2 IRTI, *L'Età della Decodificazione Vent'Anni Dopo*, In.: IRTI, Natalino. L'Età della Decodificazione. 4ª ed. Milano: Giuffrè, 1999, 29-30.

3 DIDIER JR., Fredie; ZANETI JR., Hermes. *Curso de Direito Processual Civil. Processo Coletivo.* Vol. 4. 11ª ed. Salvador: Juspodivm, 2017, p. 59/60. Surge um fenômeno estranho ao microssistema, o Código, passa a disciplinar normas diretamente aplicáveis ao próprio microssistema, sendo fonte normativa direta deste. Na doutrina (*idem, Ibidem*), citam-se alguns exemplos: a) dever de comunicação judicial (art. 139, X, CPC); b) conversão da ação individual em coletiva (art. 333, CPC, mesmo que tenha sido vetado era um claro exemplo desta técnica legislativa); c) suspensão dos processos coletivos em razão do IRDR (art. 982, I, CPC); d) estruturação dos incidentes de julgamento de casos repetitivos (art. 928, CPC).

a partir dos detalhamentos das normas fundamentais. Neste texto iremos tratar especificamente das iterações entre o processo coletivo das ações coletivas, já conhecido por nós e os casos repetitivos, novidade introduzida pelo CPC/2015, que entendemos deva ser tratada como espécie de processo coletivo *opt-in* no direito brasileiro.

2. A superveniência do procedimento das causas/questões repetitivas (art. 928), consistente no incidente de resolução de demandas repetitivas (arts. 976 a 987) e nos recursos especial e extraordinário repetitivos (arts. 1.036 a 1.041) como espécie de processo coletivo (opt in).

Os casos (sic. questões) repetitivos são uma *técnica de julgamento e gerenciamento de processos*, pensada a partir das experiências da *KapMuG,*[4] também conhecida como *Musterverfharen* do direito alemão,[5] surgiu para solução de casos no mercado de capitais, como uma legislação teste. Também no direito

4 Cf. BAKOWITZ, M. The German Experience with Group Actions – The Verbandsklag and the Capital Markets Model Case Act (KapMuG). In.: HARSÁGI, V.; VAN RHEE, C. H. *Multi-party Redress Mechanisms in Europe: Squeaking Mice?* Cambridge: Intersentia, 2014, p. 153/170. Um aspecto interessante ressaltado pelo autor é a tendência do legislador de direcionar este modelo, originário de 2005 e reformado em 2012, para incentivar acordos entre as partes (idem, p. 164). Uma versão, em inglês, da Lei de 2012, já alterada, pode ser encontrada no site: https://www.gesetze-im-internet.de/englisch_kapmug/index.html, acesso em 17.01.2017.

5 Este procedimento foi mencionados na mensagem de exposição de motivos do projeto original do CPC: "Com os mesmos objetivos ["eficiência do regime de julgamentos de recursos repetitivos"], criou-se, com inspiração no direito alemão ["No direito alemão a figura se chama *Musterverfahren* e gera decisão que serve de modelo (= *Muster*) para a resolução de uma quantidade expressiva de processos em que as partes estejam na mesma situação, não se tratando, necessariamente, do mesmo autor e do mesmo réu."], o já referido incidente de Resolução de Demandas Repetitivas, que consiste na identificação de processos que contenham a mesma questão de direito, que estejam ainda no primeiro grau de jurisdição, para decisão conjunta" (Comissão de Juristas Responsável pela Elaboração de Anteprojeto de Código de Processo Civil. Código de Processo Civil: Anteprojeto. Brasília: Senado Federal/ Presidência, 2010. Cf., para outras referências, o seminal trabalho de Antonio do Passo Cabral e os estudos do mesmo autor que se seguiram sobre o tema do IRDR. CABRAL, Antonio do Passo. O novo procedimento-modelo (MusterVerfahren) alemão: uma alternativa às ações coletivas. *Revista de Processo*, São Paulo: RT, maio/2007, ano 32, n. 147; CABRAL, Antonio do Passo. A escolha da causa-piloto nos incidentes de resolução de processos repetitivos. *Revista de Processo.* São Paulo: RT, 2014, v. 231; CABRAL, Antonio do Passo. Do incidente de resolução de demandas repetitivas. *Comentários ao Novo Código de Processo Civil.* 2ª ed. Antonio Cabral e Ronaldo Cramer (coord.). Rio de Janeiro: Forense, 2016.

inglês encontramos modelo similar nas *GLO – Group Litigation Orders,*[6] assim como, atualmente, temos no direito americano a *Multidistrict Litigation.*[7]

A finalidade de todos estes modelos é servir como substituto das ações coletivas (*class actions opt-out* americanas), especialmente, considerado que em um modelo de mercado e em um modelo de Estado e sociedades mais conservadores, como é o modelo Europeu, as *class actions opt-out* atemorizam os empresários e investidores em razão da dimensão econômica que estas ações assumem.[8]

Este movimento ocorre também nos EUA, visto que naquele país as consequências econômicas das *class actions* são bem conhecidas e dividem os especialistas entre aqueles que aplaudem o controle privado que estas ações possibilitam para o abuso das atitudes ilícitas do mercado (*private enforcement*) e aqueles que consideram estas ações uma espécie de chantagem legalizada (*legalized blackmail*).

Entendemos que esta espécie de tutela pode ser, portanto, vista sob a perspectiva de um processo coletivo, não importa qual a sua configuração

---

6 Novidade do direito processual inglês pós-codificação nas reformas de Lord Wolf, cf. as regras 19.11 e seguintes das CPR - Civil Produre Rules, , conferir ainda ANDREWS, Neil. Complex civil litigation in England. *Revista de Processo,* São Paulo: Revista dos Tribunais, vol. 153, p. 87, nov. 2007. (também publicado em Neil Andrews. "Complex Civil Litigation in England. In.: *Doutrinas Essenciais de Processo Civil.* vol. 9. p. 1085, out. 2011); ANDREWS, Neil. Controversie collettive, transazione e conciliazione in Inghilterra. *Revista de Processo,* São Paulo: Revista dos Tribunais, vol. 169, p. 62, mar/ 2009; ANDREWS, Neil. Multi-party litigation in England: current arrangements and proposals for change. *Revista de Processo*, São Paulo: Revista dos Tribunais, vol. 167, p. 271, jan/2009. O procedimento das GLO estabelece as *test claims*, determinando inclusive a possibilidade de sua substituição: "19.15 (1) Where a direction has been given for a claim on the group register to proceed as a test claim and that claim is settled, the management court may order that another claim on the group register be substituted as the test claim". Esta solução poderia ser bem utilizada nos casos de desistência ou abandono, assim como nos casos de acordo, nos casos-piloto afetados para julgamento no IRDR e no REER. Como se irá sugerir adiante.

7 Na definição do *Black's Law Dictionary*: "multidistrict litigation. (1966). *Civil procedure. Federal-court litigation in which civil actions pending in different districts and involving common fact questions are transferred to a single district for coordinated pretrial proceedings, after which the actions are returned to their original districts for trial. Multidistrict litigation is governed by the Judicial Panel on Multidistrict Litigation, which is composed of seven circuit and district judges appointed by the Chief Justice of the United States. 28 USCA § 1407".* A abreviatura é MDL - Multidistrict Litigation, cf. GARNER, Bryan A. (ed.) *Black's Law Dictionary*. 9 ed. Thomson Reuters: s.l., 2013 (iPhone/iPad/iPod). A regra está prevista no United States Code Annotated, 28 USCA § 1407.

8 Para amplas referências sobre este problema cf. vários dos artigos publicados em HARSÁGI, V.; VAN RHEE, C. H. *Multi-party Redress Mechanisms in Europe: Squeaking Mice?* Cambridge: Intersentia, 2014, que, ainda aprofundam o tema, demonstrando a insuficiência de modelos de litígios repetitivos para tratar dos problemas relacionados aos processos coletivos.

técnica. Deve ser compreendida como processo coletivo visto que se formam grupos a partir do momento em que os diversos litígios ou as questões decorrentes destes diversos litígios são reunidos. Trata-se de julgamento de litígios agregados, pretensões agregadas, litígios isomórficos, em uma palavra, ações coletivas *opt-in*, em que se exige o comportamento ativo dos litigantes, ajuizando ações individuais, por exemplo, para obterem o benefício decorrente do processo coletivo.

3. A polêmica sobre a natureza jurídica do incidente de resolução de demandas repetitivas

Devemos reconhecer que há grande polêmica quanto a natureza jurídica do incidente de resolução de demandas repetitivas, se mera técnica de julgamento (incidente) ou processo coletivo (*opt-in*).

Alguns veem nestes casos repetitivos uma técnica para substituição das demandas para tutela dos direitos individuais homogêneos ou para julgamento objetivo de situações homogêneas[9] ou isomórficas; outros, como aqui defendido, percebem uma técnica para julgamento de questões de direito material ou processual como processos coletivos. Fredie Didier Jr., em texto escrito em conjunto com este autor, defende se tratar de um processo coletivo para defesa dos direitos do *grupo* – formado com o IRDR ou o REER – no qual a situação jurídica coletiva é a discussão de uma tese[10] – *questão* – de

9 Neste sentido: "as demandas repetitivas fundam-se em *situações jurídicas homogêneas*, que possuem um perfil que lhes é próprio e não se resumem aos direitos individuais homogêneos". BASTOS, Antonio Adonias Aguiar. Situações Jurídicas Homogêneas: Um Conceito Necessário para o Processamento de Demandas de Massa. *Revista de Processo*, São Paulo: RT, vol. 186, p. 87/107, ago/2010, g.n.

10 O correto é tratar da decisão de "casos" e não de "teses". Iremos, contudo, trabalhar neste texto com a terminologia adotada pelo CPC, porém, sem descurar da correta análise crítica da doutrina, com a qual desde o princípio somos convergentes. No Brasil, quando um tribunal decide, ele não decide *teses em abstrato*, mas *casos*. Cf. ZANETI JR., Hermes. *O Valor Vinculante dos Precedentes* [2014]. 3ª ed. Salvador: Juspodivm, 2017; MITIDIERO, Daniel. *Precedentes*. São Paulo: RT, 2016, p. 146; MARINONI, Luiz Guilherme. *Incidente de Resolução de Demandas Repetitivas. Decisão de Questão Idêntica v. Precedente*. São Paulo: RT, 2016; perceba-se, no sentido contrário, defendendo tratar-se de "técnica processual objetiva" para julgamento em abstrato de "teses jurídicas", com "fatos pressupostos", TEMER, Sophia. *Incidente de Resolução de Demandas Repetitivas*. Salvador: Juspodivm, 2016, p. 72 e p. 80 (é de se registrar que a autora – em trabalho de reconhecida excelência - deixa clara a vinculação da decisão aos casos que deram origem "O incidente é formado a *partir* de casos concretos (que, afinal, justificam sua instauração) e deverá ser instruído de modo a representar fidedignamente a controvérsia, para que o tribunal possa analisar a maior amplitude de fundamentos e fixar a tese jurídica.", idem, p. 80, a contradição, portanto, consiste em não perceber que o con-

direito material ou processual.[11]

O grupo se forma a partir da admissão do incidente e é a característica do ajuizamento da ação que garante a unidade do grupo, portanto a opção por ser afetado pelo julgamento é de cada um dos membros do grupo. Os membros dos grupos, os diversos autores das ações individuais e coletivas, poderão desistir de suas ações e afastar a vinculatividade da decisão da tese como técnica de julgamento – muito embora caso formado o precedente vinculante o ajuizamento da ação futura viesse a resultar no mesmo fim. Note-se que, como veremos adiante, as técnicas de julgamento de casos repetitivos não se confundem com os precedentes vinculantes, podendo ou não gerar precedente vinculante. O IRDR e o REER não se confundem com o precedente.[12]

4. A questão de direito material ou processual e a distinção entre questões de fato e questões de direito

A doutrina individualizou o tema da *questão*[13] diferenciando-o do *caso*. Como o incidente pode versar sobre apenas parcela da controvérsia, não necessariamente será um *caso* (no sentido de causa) repetitivo que será discutido, mas apenas a *questão* repetitiva, comum a muitos processos.

A questão será sempre de direito, material ou processual (art. 928, parágrafo único).

A questão é o ponto controvertido, idêntico a todas as demandas que estejam tramitando, "mesma questão unicamente de direito", de direito material ou processual, objeto de decisão no incidente (art. 976, I, CPC).

Em matéria processual a individuação da questão é muito mais fácil de explicar, por exemplo, havendo uma questão sobre a *legitimação para a tutela do direito à saúde* pelo *Ministério Público*, questão comum a processos individuais e coletivos que discutam as mais variadas matérias, como acesso

---

trole pelo caso e pelos fatos do caso ocorre antes, durante e depois de formada a tese jurídica, não sendo suficiente ou adequada a abstração, que poderá ensejar indesejável padronização dos julgamentos). Para uma coletânea a respeito do IRDR e do REER, cf. DIDIER JR., Fredie; CUNHA, Leonardo Carneiro da. *Julgamentos de Casos Repetitivos*. Salvador: Juspodivm, 2016 (Coleção Grandes Temas do Novo CPC, coord. Geral: Fredie Didier JR., vol. 10).

11 DIDIER JR., Fredie; ZANETI JR., Hermes. Curso de Direito Processual Civil. Processo Coletivo. 10ª ed. Vol. 4. Salvador: Juspodivm, 2016.

12 Por todos, cf. ZANETI JR., Hermes. *O Valor Vinculante dos Precedentes*. 3ª ed. Salvador: Juspodivm, 2017, no prelo.

13 Neste sentido, "O incidente propõe-se a julgar uma 'questão' e não propriamente as demandas repetitivas", cf. MARINONI, Luiz Guilherme. *Incidente de Resolução de Demandas Repetitivas. Decisão de Questão Idêntica v. Precedente*. São Paulo: RT, 2016, p. 51; TEMER, Sophia. *Incidente de Resolução de Demandas Repetitivas*. Salvador: Juspodivm, 2016.

a leitos de hospital, medicamentos *X* ou *Y*, etc., apesar da distinção sobre os temas de fundo, discutidos em cada processo, haverá a *questão comum* sobre a legitimação do Ministério Público e será cabível a instauração do incidente, com a suspensão de todos os processos, individuais e coletivos.

Foi caso similar o que resultou no julgamento do Recurso Especial Repetitivo nº 1110549/RS fixando-se a tese de que: "Ajuizada ação coletiva atinente a macro-lide geradora de processos multitudinários, suspende-se as ações individuais, no aguardo do julgamento da ação coletiva". Esta tese valerá para quaisquer ações coletivas que configurem macro-lide e estejam tramitando concomitantemente a processos individuais, que poderão ser suspensos para o julgamento das ações coletivas em primeiro lugar.

Segundo o CPC, forma-se o incidente ou admite-se o recurso para que seja fixada uma *tese jurídica* aplicável a todas as questões jurídicas de direito material ou processual (art. 928, parágrafo único).

Outro problema consiste na separação entre questão de fato e questão de direito. O dispositivo expressamente aduz que apenas as questões de direito serão admitidas como objeto do incidente. Aqui é bom ressaltar a relação, construída pela doutrina, entre incindibilidade ontológica e cindibilidade funcional para as questões de fato e de direito.[14]

A relação entre direito e fatos é incindível do ponto de vista ontológico, quer dizer, o direito nasce dos fatos e os textos legais descrevem suportes fáticos identificando aquilo que é relevante para o direito, logo não se pode cindir esta relação para o conhecimento do direito aplicável; por outro lado, é possível sustentar uma cindibilidade formal, funcional, pois os fatos se separam do direito quanto à divisão de tarefas entre os juízes e tribunais. Os tribunais no *civil law*, especialmente as Cortes Supremas, por não lidarem com fatos e com a produção de prova exigem esta cisão funcional, que é desconhecida no *common law*.

---

14 Cf. "Existe uma incindibilidade ontológica, porque toda narrativa de fato já ingressa no processo a partir de uma determinada moldura normativa (vale dizer, a norma aí funciona como "esquema de interpretação" dos fatos - *"Norm als Deutungsschema"*, Hans Kelsen, *Reine Rechtslehre* (1. ed. [1934], 2. ed., 1960), 2. ed. Wien: Österreich, 2000. p. 3). No entanto, é possível dissociar fato e direito no processo - depois de estabelecida a causa em todos os seus contornos fático-jurídicos - para determinadas funções (por exemplo, para individualização do objeto da prova e para comparação entre casos em seus aspectos fáticos). Daí a razão pela qual se pode nesses limites afirmar a possibilidade de cindibilidade funcional da causa" MITIDIERO, Daniel. *Precedentes*. São Paulo: RT, 2016, p. 106, nota 58; MARINONI, Luiz Guilherme; ARENHART, Sérgio Cruz; MITIDEIRO, Daniel. *Novo Curso de Direito Processual Civl*. Vol. 1. São Paulo: RT, 2015. Ver ainda, para análise de outros aspectos e aprofundamento bibliográfico, ZANETI JR., Hermes. *Comentários aos arts. 926 a 946*. In.: CABRAL, Antonio do Passo; CRAMER, Ronaldo. *Comentários ao novo Código de Processo Civil*. 2ª ed. Rio de Janeiro: Forense, 2016; LANES, Júlio. *Fato e Direito no Processo Civil Cooperativo*. São Paulo: RT, 2014.

Por outro lado, não há como deixar de discutir, nas causas repetitivas, os fatos que são objeto do desenho normativo e que, portanto, são necessários para a correta qualificação jurídica da tese que será julgada (*incindibilidade ontológica*), ademais, se o julgamento das causas repetitivas tem a potencialidade de se tornar precedente é preciso lembrar que não há precedente sem a referências as *circunstâncias fáticas*, os fatos materiais. São as circunstâncias fáticas que junto da solução jurídica compõem a *ratio decidendi*, aquilo que vincula na decisão (no direito positivo brasileiro, "fundamentos determinantes", art. 489, § 1º, V, CPC; ver ainda a menção às circunstâncias fáticas dos precedentes para a boa aplicação dos enunciados das súmulas, art. 926, § 2º, CPC).[15]

Como restou afirmado na doutrina "Tendo em vista que o incidente de resolução está preocupado com a definição de 'questões idênticas' (art. 985 do CPC/2015), é certo que o art. 976, ao aludir a 'questão unicamente de direito', não quis proibir resolução de questões de direito que repousem sobre fatos, mas desejou evidenciar que o incidente não pode ser invocado quando é necessário elucidar matéria de fato".[16] O que se veda é a admissibilidade de incidente para elucidar matéria de fato, para produção de prova, com a alegação de fatos que ainda se encontrem controversos no processo, sempre que os fatos são incontroversos cabe o incidente. Quando há fatos incontroversos não há questão de fato a ser decidida, sendo estas meramente de direito, de qualificação jurídica dos fatos.

5. As bases para o devido processo legal coletivo das ações coletivas e das causas repetitivas

Retomando. Os casos repetitivos no Brasil afetam tanto as ações individuais quanto as ações coletivas ajuizadas, sejam elas para tutelas de direitos difusos, coletivos em sentido estrito ou individuais homogêneos. Aceito o incidente ou admitido o recurso repetitivo serão suspensas as ações individuais e coletivas que estiverem tramitando. A tese jurídica firmada será aplicada às ações individuais e coletivas.

---

15 A doutrina reconhece em peso o valor deste dispositivo para sanar o problema centras dos enunciados das súmulas como regras gerais e abstratas, cf. THEODORO JR., Humberto; NUNES, Dierle; BAHIA, Alexandre Melo Franco; PEDRON, Flávio Quinaud. *Novo CPC. Fundamentos e Sistematização.* p. 417; NUNES, Dierle; BAHIA, Alexandre de Melo Franco. Formação e Aplicação do Direito Jurisprudencial: Alguns Dilemas. *Revista do TST,* Brasília, v. 79, abr.-jun., 2013.

16 MARINONI, Luiz Guilherme, *Incidente de Resolução de Demandas Repetitivas,* p. 54.

Há nestes processos uma preocupação com a gestão das causas repetitivas. Assim, o principal valor em jogo é a segurança jurídica e a eficiência processual. A tutela integral dos direitos, especialmente dos novos direitos, como o direito do consumidor e do meio ambiente, não é a preocupação principal, fragmentam-se as demandas para garantir a tutela somente daqueles que efetivamente optarem por ajuizar as ações.

Ademais, como já vimos, trata-se de modalidade de processo coletivo, forma-se a partir da admissibilidade do incidente ou do recurso, através da junção das ações individuais e coletivas, sejam estas para a tutela de direitos difusos, coletivos ou individuais homogêneos, um *grupo de pessoas*, aqueles que optaram por ajuizar a ação.

Neste sentido, para esta finalidade, podemos dizer que se trata de uma ação coletiva *opt-in* (na qual *as partes* optam por fazer parte do grupo tutelado). É certo que admitido o incidente as partes podem desistir e não serem atingidas, mas o grupo já se formou, o grupo se forma *opt-in antes do incidente – pelo simples fato do ajuizamento da ação*.

Somente aqueles que optarem por ingressar com as ações serão atingidos. Estes serão atingidos tanto positiva, quanto negativamente, caso a demanda venha a ser julgada improcedente. Não se trata de coisa julgada, mas de aplicação da tese jurídica fixada a cada processo, individual ou coletivo, que fora suspenso para julgamento da questão repetitiva.

Torna-se muito importante, como veremos, o ajuizamento de ações coletivas e a preferência pelo julgamento das ações coletivas em relação às ações individuais. Isto porque ajuizada a ação coletiva ela garantirá, em caso de procedência, *a tutela integral para todos os membros do grupo independentemente do ajuizamento de ações individuais*. O grupo, no processo coletivo das ações coletivas, se forma *opt-out*, ou seja, *já estão incluídos no grupo todos que têm a mesma pretensão, sem a necessidade de qualquer manifestação individual.* Todos que fazem parte do grupo serão beneficiados.

A necessidade de diferenciação entre as técnicas decorre da exigência de um devido processo legal adequado a cada qual, nem sempre haverá, contudo, cumulação. Poderão existir ações coletivas que não gerem incidentes, por não ocorrer repetição de ações, bem como, poderão existir incidentes fundados sobre questões que não gerem ações coletivas, a exemplo dos incidentes sobre questões processuais.[17]

---

17 O que foi corretamente percebido por TEMER, Sofia. *Incidente de Resolução de Demandas Repetitivas,* p. 63, nota 116.

A partir desta descrição precisamos construir o processo justo, o devido processo legal do processo coletivo brasileiro, que permita a *compatibilização das duas espécies de processo coletivo opt-out e opt-in, ações coletivas e casos repetitivos,* e que garanta a tutela adequada para as situações jurídicas discutidas em juízo.

Neste breve tópico iremos abordar quatro problemas fundamentais, mesmo que brevemente, para construir as bases do devido processo legal coletivo quando ocorrer o cruzamento entre ações coletivas e casos repetitivos: a) escolha do caso e a admissibilidade do incidente e do recurso repetitivo; b) adequada representação – *adequacy of representation* - e intervenção obrigatória do Ministério Público; c) técnicas de estabilização da tese e coisa julgada.

a) A admissibilidade do incidente e do recurso deve passar pelo filtro da a.1) existência ou não de causa no tribunal (art. 978, par. ún., *causa-piloto*) e da a.2) existência ou não de causa coletiva. Estes dois requisitos são importantes por razões distintas.

a.1) No caso do primeiro requisito é imprescindível que exista *causa-piloto* tramitando no tribunal quando do requerimento de instauração do IRDR. Os recursos especiais e extraordinários repetitivos têm essa exigência diminuída pela própria razão de ser decorrente de seu conceito constitucional a existência de uma *causa*. Porém, não é menos importante este debate neste caso em razão da hipótese, certamente residual, de que nos casos de desistência da causa-piloto afetada pelo IRDR seja interposto o REER independentemente de causa (art. 976, § 1º c/c 987, CPC/2015),[18] e da hipótese de desistência do recurso especial ou extraordinário repetitivo (art. 998, par. ún.),[19] transformando-se

---

18 FPPC nº 604 (arts. 976, §1º; 987): "É cabível recurso especial ou extraordinário ainda que tenha ocorrido a desistência ou abandono da causa que deu origem ao incidente. (Grupo: IRDR, Recursos Repetitivos e Assunção de competência)". Este entendimento foi defendido na doutrina cf. DIDIER JR., Fredie; CUNHA, Leonardo Carneiro da. Recursos Contra Decisão Proferida em Incidente de Resolução de Demandas Repetitivas que Apenas Fixa a Tese Jurídica. In.: DIDIER JR., Fredie; CUNHA, Leonardo Carneiro da. *Julgamentos de Casos Repetitivos*. Salvador: Juspodivm, 2016 (Coleção Grandes Temas do Novo CPC, coord. Geral: Fredie Didier JR., vol. 10), pp. 311/325. Por força do modelo de casos repetitivos o regime especial da desistência também é aplicável ao *recurso repetitivo de revista*, neste sentido: FPPC-BH nº 352 - (art. 998, caput e parágrafo único; art. 15). "É permitida a desistência do recurso de revista repetitivo, mesmo quando eleito como representativo da controvérsia, sem necessidade de anuência da parte adversa ou dos litisconsortes; a desistência, contudo, não impede a análise da questão jurídica objeto de julgamento do recurso repetitivo. "

19 O parágrafo, inserido no contexto da parte geral de recursos, refere-se exclusivamente aos recursos especial e extraordinário e afirma que a desistência do recurso não impede a análise de questão cuja repercussão geral já tenha sido reconhecida e daquele cujo objeto seja o julgamento de recursos extraordinários ou especiais re-

também estes em um procedimento de *causa-modelo*, no qual não se discute um caso concreto, mas um modelo que *corresponda* aos casos concretos.

É justamente a característica dos casos repetitivos serem tratados como um modelo (tópico seguinte) que impõem reconhecer que muito embora o Brasil tenha adotado um modelo misto, em razão da possibilidade de desistência, a regra geral é a existência de causa tramitando no tribunal, inclusive para o IRDR. Ora, se no REER e no RRR há recurso no tribunal porquê haveria de ser diferente com o IRDR? Ademais, a emenda de redação que incluiu o art. 978, par. ún., dando unidade ao CPC, garantiu ser necessário o julgamento conjunto da *causa-piloto* – pondo fim a questão.[20]

Neste caso, teremos claramente uma questão separada do caso, um procedimento de *causa-modelo*. Estes procedimentos são contraditórios à tradição brasileira e devem ser tomados *com o adequado grão de sal*. Sempre que possível é adequado afetar outros casos ou recursos para garantia do julgamento contemporâneo de uma causa, juntamente com a fixação de uma tese. Neste sentido seria cabível por analogia a possibilidade de afetação de um novo recurso em caso de desistência, mesmo que ela não seja obrigatória para o prosseguimento do julgamento do incidente.[21]

Definida esta questão, sendo necessária a causa-piloto tramitando no tribunal para a propositura do incidente, *outro problema diz respeito a afetação de uma ação individual* como *causa-piloto* quando tramitarem *ações coletivas sobre o mesmo tema*.

Aqui o entendimento deve ser dividido em duas situações padrão. Caso *tramitem*, já nos tribunais, ações coletivas, estas devem preferir às ações individuais para fins de afetação como *causa-piloto*. Há, portanto, um *requisito*

petitivos. O FPPC também se manifestou na matéria, segundo o enunciado FPPC *nº 213 - (art. 998, parágrafo único). "No caso do art. 998, parágrafo único, o resultado do julgamento não se aplica ao recurso de que se desistiu."*. Este entendimento já é resultado da consolidação da jurisprudência anterior do STJ que havia decidido pela impossibilidade da desistência do recurso especial após sua afetação para julgamento como repetitivo. Perceba-se que o CPC procurou evitar a derrogação da regra da desistência voluntária a qualquer tempo, permitindo a desistência e o julgamento da questão, para fixação da tese, mesmo que sem a presença de recurso tramitando no tribunal.

20 As controvérsias sobre o conteúdo e extensão do parágrafo único do artigo 978, bem como, sobre a sua eventual ofensa ao processo legislativo formal, não cabem neste espaço. Basta salientar que, nos seus exatos termos, "O órgão colegiado incumbido de julgar o incidente e de fixar a tese jurídica julgará igualmente o recurso, a remessa necessária ou o processo de competência originária de onde se originou o incidente".

21 Cf., nota *supra*, quando exemplificamos esta hipótese na *GLO – Group Litigation Order*, art. 19.15, CPR.

de admissibilidade ligado a tramitação de ação coletiva no tribunal. Caso *não tramitem* ações coletivas será necessário utilizar de outro expediente, negando admissibilidade ao IRDR e utilizando os precedentes firmados pelo STJ para suspender as demais ações individuais enquanto tramitar a ação coletiva. Aplica-se a já citada decisão do STJ "ajuizada ação coletiva atinente à macro-lide geradora de processos multitudinários, suspendem-se as ações individuais, no aguardo do julgamento da ação coletiva" (REsp. n. 1.110.549-RS, rel. Min. Sidnei Beneti, j. em 28.10.2009).

b) Adequada representação e intervenção do Ministério Público são temas importantes para o processo justo. Este item precisa ser dividido em duas partes. b.1.) o problema da representatividade adequada dos membros do grupo; b. 2.) a participação do Ministério Público e o princípio da prioridade do julgamento do mérito das causas coletivas em relação às individuais e aos julgamentos de casos repetitivos.[22]

A representação dos interessados é um dos elementos fundamentais ao devido processo legal coletivo, ou seja, ao processo justo. A doutrina identificou com precisão esta exigência, especialmente face ao desequilíbrio estrutural do processo diante de litigantes habituais, causadores dos danos de massa, praticantes dos ilícitos de massa, quando em relação aos litigantes esporádicos, autores das ações individuais. No mesmo sentido, nos precedentes da Suprema Corte dos Estados Unidos é reconhecida a necessidade de participação como elemento do *due process* (*Hansberry v. Lee*).[23]

---

22 O princípio é descrito nos seguintes termos: "No Direito brasileiro, pendentes processos coletivo e individual que digam respeito a uma mesma situação, prioriza-se a solução do processo coletivo. Esse princípio revela-se com alguma clareza após a análise do sistema jurídico brasileiro. a) A instauração de julgamento de casos repetitivos, espécie de processo coletivo, suspende a tramitação dos processos em que se discuta a questão repetitiva (art. 1.036, §1º, e art. 982, I, CPC). b) No REsp. n. 1.110.549-RS, rel. Min. Sidnei Beneti, j. em 28.10.2009, decidiu-se que "ajuizada ação coletiva atinente à macrolide geradora de processos multitudinários, suspendem-se as ações individuais, no aguardo do julgamento da ação coletiva". c) Permite-se a concessão de tutela provisória, em processo de controle concentrado de constitucionalidade, para suspender os processos em que se discuta o ato normativo questionado (art. 21 da Lei nº 9.868/1999). d) Conforme visto no capítulo sobre situações jurídicas coletivas, pendente ação coletiva em tribunal, deve ser ela a escolhida como caso-piloto do julgamento de casos repetitivos. Evidentemente, a prioridade da solução de mérito coletiva não pode inviabilizar a tutela individual. Para tanto, há três compensações sistêmicas: há que se estabelecer um prazo para a suspensão dos processos individuais, sempre será possível a obtenção de tutela provisória de urgência, a despeito da suspensão, e, por fim, na fase de execução incide a regra do art. 99, CDC." DIDIER JR., Fredie; ZANETI JR., Hermes. *Curso de Direito Processual Civil. Processo Coletivo.* Vol. 4. 11ª ed. Salvador: Juspodivm, 2017, p. 128/129.

23 MARINONI, Luiz Guilherme, *Incidente de Resolução de Demandas Repetitivas. Decisão de Questão Idêntica x Precedente,* p. 39. O precedente americano citado por Marinoni

A legislação a respeito do IRDR e do REER não previu qualquer controle da representação adequada, nem mesmo dispositivos que permitam a impugnação da decisão de escolha da *causa-piloto*. Perceba-se que os recursos econômicos, a experiência e a qualificação técnica dos advogados, inclusive para atuar nos tribunais superiores, o conhecimento da matéria de fundo ficam limitados quando o representante do grupo é um titular de direito individual. Ele terá de defender a tese jurídica diante de grandes corporações, advogados e bancas de advogados especializadas, acostumados a lidar com os tribunais superiores, com recursos econômicos amplos e tempo suficiente para comparecer diversas vezes ao tribunal para a preparação e julgamento da causa.

Este problema já fora denunciado em um recurso especial repetitivo em *voto-vista vencido* (*dissenting opinion*) pelo Min. Herman Benjamin (REsp nº 911.802-RS, Primeira Seção, STJ, Dj. 19/11/2007), no caso da tarifa básica de telefonia fixa, restando consignado que: "1. Uma perplexidade político-processual inicial: a solução de conflitos coletivos pela via de ação individual e a mutilação reflexa do direito de acesso à justiça de milhões de consumidores [...] Os pontos complexos que este processo envolve – e são tantos, como veremos no decorrer deste Voto – não se submeteram ao crivo de debates anteriores entre os Membros das Turmas, debates esses necessários para identificar e esclarecer as principais divergências e controvérsias de conflito desse porte, que, embora

deixa claro que a representação adequada é a fonte de legitimação do processo justo (*due process*) nas *class actions*: "The Fourteenth Amendment does not compel state courts or legislatures do adopt any particular rule for stablishing the conclusiveness of judgements in class suits nor does it compel the adoption of the particular rules thought by the United States Supreme Court to be appropriate for federal courts, but there is a failure of 'due process of law' only where it cannot be said that the procedure adopted fairly insures the protection of the interests of absent parties who are to be bound by it" (Hansberry v. Lee, 311 U.S. 32, 61 S. Ct. 115, 1940). Na análise do caso é possível concluir que: a) é constitucional uma *class action* vincular um grupo de pessoas, incluindo os membros ausentes (*absent members*), ao julgamento da ação coletiva; b) não obstante a *class action* anterior vincule, os membros do grupo poderão questionar sua vinculação e obter uma decisão diferente (*collaterally*) em um processo judicial posterior (v.g., Gonzales v. Cassidy, 474 F.2d 67 (5th Cir. 1973) e a bibliografia citada pelo autor na nota n. 6); c) sem "representação adequada" ("*adequate representation*") os membros do grupo não estão vinculados. Cf. KAMP, Allen R. The History Behind Hansberry v. Lee. *U. C. Davis Review* vol. 20:481, p. 481/ 499, http://lawreview.law.ucdavis.edu/issues/20/3/articles/DavisVol20No3_Kamp.pdf , acesso em 17.01.2017, o texto, voltado para a história por trás do caso *Hansberry v. Lee*, explica que este precedente é precursor do caso Shelley v. Kraemer quando as restrições para aquisição de propriedades por negros foram consideradas finalmente inválidas e que é um dos primeiros a ser estudados nas aulas sobre *class action* nas faculdade de direito norte-americanas justamente pela sua importância para a correta compreensão da *res judicata* neste tipo de litígio complexo. Vale o registro de que o texto, ao escavar as profundas raízes culturais, sociais e políticas do precedente, aponta para o sentido de que talvez sua influência processual teria de ser minimizada em face da sua importância substancial.

veiculado por ação individual (e formalmente refira-se com exclusividade a uma única consumidora), afeta, de maneira direta, mais de 30 milhões de assinantes (*rectius*, consumidores) [...] É bem verdade que o Regimento Interno [hoje o CPC/2015] prevê a 'afetação' de processos à Seção 'em razão da relevância da questão jurídica, ou da necessidade de prevenir divergências entre as Turmas' (art. 127). Contudo, escolheu-se exatamente uma *ação individual,* de uma contratante do Rio Grande do Sul, *triplamente vulnerável* na acepção do modelo constitucional *welfarista* de 1988 - consumidora, pobre e negra -, para se fixar o precedente uniformizador, mesmo sabendo-se da existência de várias ações civis públicas, sobre a mesma matéria, que tramitam pelo País afora. Ou seja, inverteu-se a lógica do processo civil coletivo: em vez da ação civil pública fazer coisa julgada *erga omnes*, é a ação individual que, por um expediente interno do Tribunal, de natureza pragmática, de fato transforma-se, em consequência da eficácia uniformizadora da decisão colegiada, em instrumento de solução de conflitos coletivos e massificados. Não se resiste aqui à tentação de apontar o paradoxo. Enquanto o ordenamento jurídico nacional nega ao consumidor-indivíduo, sujeito vulnerável, legitimação para a propositura de ação civil pública (Lei 7347/1985 e CDC), o STJ, pela porta dos fundos, aceita que uma demanda individual - ambiente jurídico-processual mais favorável à prevalência dos interesses do sujeito hiperpoderoso (*in casu* o fornecedor de serviço de telefonia) - venha a cumprir o papel de ação civil pública às avessas, pois o provimento em favor da empresa servirá para matar na origem milhares de demandas assemelhadas - individuais e coletivas. Aliás, em seus Memoriais, foi precisamente esse um dos argumentos (a avalanche de ações individuais) utilizado pela concessionária para justificar uma imediata intervenção da Seção. Finalmente, elegeu-se exatamente a demanda de uma consumidora pobre e negra (como dissemos acima, triplamente vulnerável), destituída de recursos financeiros para se fazer presente fisicamente no STJ, por meio de apresentação de memoriais, audiências com os Ministros e sustentação oral."[24]

Em todos os processos, pela dimensão de interesse público que os processos coletivos apresentam, não importa qual a matéria, deverá oficiar obrigatoriamente o Ministério Público. Os seus deveres, caso não seja o autor, incluem assumir o polo ativo em caso de desistência da demanda (*v.g.*, art. 976, § 2º, CPC e art. 5º, § 3º LACP) e intervir como fiscal do ordenamento jurídico em todos as ações coletivas e casos repetitivos (*v.g.*, art. 976, § 2º e art. 5º, § 1º c/c art. 178, CPC). O interesse público e social se revela, nestes casos, tanto pelo

24 O precedente gerou inclusive entendimento sumulado no enunciado nº 356 do STJ: "é legítima a cobrança de tarifa básica pelo uso dos serviços de telefonia fixa".

impacto subjetivo da decisão, quase sempre presente, quanto pelo bem jurídico tutelado, muitas vezes direitos fundamentais de terceira geração como direitos do consumidor e do meio ambiente.

c) A coisa julgada não é objeto dos casos repetitivos, sua função como técnica de estabilização é fixar uma *tese*. A aplicação da tese gerará, em cada processo, a decisão de mérito submetida à coisa julgada. Vale observar, contudo, que o regime jurídico continua diferenciado entre ações coletivas e ações individuais. Há nestes processos duas cisões, uma cisão cognitiva e uma decisória. O órgão que julga a causa/questão repetitiva não será o órgão que aplicará a decisão (tese firmada), salvo quanto ao *caso-piloto* (*v.g.*, art. 978, par. ún.). Quanto ao caso-piloto, a causa discutida poderá ter mais capítulos do que a questão decidida na fixação da tese. Ela será julgada na sua integralidade pelo órgão responsável pelo caso repetitivo. Isto faz com que as peculiaridades de ações coletivas e individuais sejam realçadas.

No caso de ações individuais os titulares dos direitos individuais serão atingidos *pro et contra*, formando-se a coisa julgada em cada processo que tramita individualmente, após a aplicação da tese jurídica geral fixada. Haverá coisa julgada material, tanto para beneficiar quanto para prejudicar o titular do direito individual, quando do julgamento do caso suspenso com a aplicação da tese firmada sobre a questão debatida no incidente ou no recurso repetitivo. O regime da coisa julgada individual se aplica normalmente após a aplicação da tese.

No caso das ações coletivas ocorre algo diferente, os titulares dos direitos individuais somente serão atingidos positivamente, ou seja, a extensão subjetiva da coisa julgada será *secundum eventum litis* apenas para beneficiar os titulares dos direitos individuais, em caso de procedência. É certo que sofrerão os efeitos do precedente (art. 927, III, CPC), eventualmente formado no IRDR ou REER, mas não haverá coisa julgada desfavorável aos titulares dos direitos individuais. A coisa julgada nestes casos, no entanto, impedirá a repropositura de ação coletiva sobre a mesma matéria decidida, independente do legitimado presente no polo ativo.

6. O modelo das causas (questões) repetitivas: incidente de resolução de demandas repetitivas, recurso especial e extraordinário repetitivo e recurso de revista repetitivo

Há uma ligação clara entre os casos repetitivos, formando-se um modelo de julgamento de casos repetitivos que deve ser direcionado para a garantia de um devido processo legal dos casos repetitivos.

Portanto, os artigos referentes ao IRDR devem ser lidos em conjunto com os artigos referentes ao REER, pois formam um modelo legislativo de normas que se interpenetram e subsidiam. A doutrina fala de um "microssistema dos casos repetitivos",[25] que incluiria além do CPC/2015 a Lei 13.015/2014, que alterou a CLT para estabelecer o julgamento dos casos de recurso de revista repetitivos (FPPC nº 346).[26] Preferimos o termo modelo por evitar a contradição que seria ter, dentro do próprio Código, um microssistema, visto que, como é sabido, os microssistemas surgiram na chamada "Era da Descodificação".[27]

São características do modelo de julgamento de casos repetitivos: a) atingir os processos tramitando, sejam eles individuais ou coletivos (art. 985, I); b) tendencialmente formarem precedentes para os casos futuros (art. 985, II); c) julgarem a *causa-piloto* e ao mesmo tempo admitirem o prosseguimento em caso de desistência para julgamento da *causa-modelo*;[28] d) regramento comum do abandono ou da desistência (art. 976, § 1º), que não impede o julgamento da tese jurídica a ser fixada; e) reconhecimento de conexão por afinidade, com suspensão dos processos que estão tramitando, individuais e coletivos; f) direito a distinção e revogação da suspensão indevida (art. 1.037, § 8º a 13º); g) estímulo à desistência dos processos, antes de proferida a sentença (art. 1.040,§

---

25 Alguns chegam a falar de microssistema de precedentes vinculantes, cf. PINHO, Humberto Dalla Bernardina de; RODRIGUES, Roberto de Aragão Ribeiro. O Microssistema de Formação de Precedentes Judiciais Vinculantes Previsto no Novo CPC. In.: DIDIER JR., Fredie; CUNHA, Leonardo Carneiro da. *Julgamentos de Casos Repetitivos*. Salvador: Juspodivm, 2016 (Coleção Grandes Temas do Novo CPC, coord. Geral: Fredie Didier JR., vol. 10), p. 281/310.

26 DIDIER JR., Fredie; CUNHA, Leonardo Carneiro da. Curso de Direito Processual Civil. Meios de Impugnação às Decisões Judiciais e Processo nos Tribunais, 13ª ed. Salvador: Jus Podivm, 2016 (já de acordo com o CPC/2015), p. 590; MEIRELLES, Edilton. Do Incidente de Resolução de Demandas Repetitivas no Processo Civil Brasileiro. In.: DIDIER JR., Fredie; CUNHA, Leonardo Carneiro da. *Julgamentos de Casos Repetitivos*. Salvador: Juspodivm, 2016 (Coleção Grandes Temas do Novo CPC, coord. Geral: Fredie Didier JR., vol. 10), p. 25/138; DIDIER JR., Fredie; BURIL, Lucas. O Julgamento de Recursos de Revista Repetitivos e a IN 39/2016 do TST: o Processo do Trabalho em Direção aos Precedentes Obrigatórios. In.: DIDIER JR., Fredie; CUNHA, Leonardo Carneiro da. *Julgamentos de Casos Repetitivos*. Salvador: Juspodivm, 2016 (Coleção Grandes Temas do Novo CPC, coord. Geral: Fredie Didier JR., vol. 10), p. 193/226.

27 IRTI, Natalino. L'Età della Decodificazione. 4ª ed. Milano: Giuffrè, 1999.

28 Trata-se, portanto, de um modelo misto, combinado de causa-piloto e causa-modelo, nesse sentido: DIDIER JR., Fredie; CUNHA, Leonardo Carneiro da. Curso de Direito Processual Civil. Meios de Impugnação às Decisões Judiciais e Processo nos Tribunais, 13ª ed. Salvador: Jus Podivm, 2016 (já de acordo com o CPC/2015), p. 597; Tb., DIDIER JR., Fredie; ZANETI JR., Hermes. *Curso de Direito Processual Civil. Processo Coletivo*. 11ª ed. Salvador: Juspodivm, 2017.

1º a 3º); h) comunicação aos órgãos, entes ou agências reguladoras da tese firmada no julgamento do caso repetitivo para que apliquem a tese jurídica fixada, ampliando os diálogos institucionais entre os poderes; i) regramento comum da competência para julgamento da tutela de urgência (arts. 982, § 2º e 1.029, § 5º, III); j) aplicação comum da decisão da tese jurídica aos casos pendentes/tramitando (arts. 985, I e 1.040, I e III).

Há, ainda, uma série de questões que devem ser disciplinadas pelos regimentos internos, como bem demonstra a doutrina.[29]

7. Conclusões

Apontados estes elementos de convergências e divergências entre as duas espécies de processos coletivos no direito brasileiro entendemos que a tarefa é desenvolver um processo justo, adequado, para que os conflitos de massa que lhes são objeto, seja nas situações em que as ações coletivas e os casos repetitivos estão cumulados, ou nas situações em que não ocorra essa cumulação, permita o julgamento justo, que garanta a efetividade e a tutela dos direitos objeto da decisão.

8. Referências bibliográficas:

ANDREWS, Neil. Complex civil litigation in England. *Revista de Processo,* São Paulo: Revista dos Tribunais, vol. 153, p. 87, nov. 2007.

ANDREWS, Neil. Controversie collettive, transazione e conciliazione in Inghilterra. *Revista de Processo,* São Paulo: Revista dos Tribunais, vol. 169, p. 62, mar/ 2009.

ANDREWS, Neil. Multi-party litigation in England: current arrangements and proposals for change. *Revista de Processo*, São Paulo: Revista dos Tribunais, vol. 167, p. 271, jan/2009.

BAKOWITZ, M. The German Experience with Group Actions – The Verbandsklag and the Capital Markets Model Case Act (KapMuG). In.: HARSÁGI, V.; VAN RHEE, C. H. *Multi-party Redress Mechanisms in Europe: Squeaking Mice?* Cambridge: Intersentia, 2014.

29 DIDIER JR., Fredie; TEMER, Sofia. A Decisão de Organização do Incidente de Resolução de Demandas Repetitivas: Importância, Conteúdo e o Papel do Regimento Interno do Tribunal. In.: DIDIER JR., Fredie; CUNHA, Leonardo Carneiro da. *Julgamentos de Casos Repetitivos*. Salvador: Juspodivm, 2016 (Coleção Grandes Temas do Novo CPC, coord. Geral: Fredie Didier JR., vol. 10), pp. 227/250.

BASTOS, Antonio Adonias Aguiar. Situações Jurídicas Homogêneas: Um Conceito Necessário para o Processamento de Demandas de Massa. *Revista de Processo*, São Paulo: RT, vol. 186, p. 87/107, ago/2010.

CABRAL, Antonio do Passo. A escolha da causa-piloto nos incidentes de resolução de processos repetitivos. *Revista de Processo*. São Paulo: RT, 2014, v. 231.

CABRAL, Antonio do Passo. Do incidente de resolução de demandas repetitivas. *Comentários ao Novo Código de Processo Civil*. 2ª ed. Antonio Cabral e Ronaldo Cramer (coord.). Rio de Janeiro: Forense, 2016.

CABRAL, Antonio do Passo. O novo procedimento-modelo (MusterVerfahren) alemão: uma alternativa às ações coletivas. *Revista de Processo*, São Paulo: RT, maio/2007, ano 32, n. 147.

DIDIER JR., Fredie; BURIL, Lucas. O Julgamento de Recursos de Revista Repetitivos e a IN 39/2016 do TST: o Processo do Trabalho em Direção aos Precedentes Obrigatórios. In.: DIDIER JR., Fredie; CUNHA, Leonardo Carneiro da. *Julgamentos de Casos Repetitivos*. Salvador: Juspodivm, 2016 (Coleção Grandes Temas do Novo CPC, coord. Geral: Fredie Didier JR., vol. 10), p. 193/226.

DIDIER JR., Fredie; CUNHA, Leonardo Carneiro da. Curso de Direito Processual Civil. Meios de Impugnação às Decisões Judiciais e Processo nos Tribunais, 13ª ed. Salvador: Jus Podivm, 2016.

DIDIER JR., Fredie; CUNHA, Leonardo Carneiro da. *Julgamentos de Casos Repetitivos*. Salvador: Juspodivm, 2016 (Coleção Grandes Temas do Novo CPC, coord. Geral: Fredie Didier JR., vol. 10).

DIDIER JR., Fredie; CUNHA, Leonardo Carneiro da. Recursos Contra Decisão Proferida em Incidente de Resolução de Demandas Repetitivas que Apenas Fixa a Tese Jurídica. In.: DIDIER JR., Fredie; CUNHA, Leonardo Carneiro da. *Julgamentos de Casos Repetitivos*. Salvador: Juspodivm, 2016 (Coleção Grandes Temas do Novo CPC, coord. Geral: Fredie Didier JR., vol. 10), pp. 311/325.

DIDIER JR., Fredie; TEMER, Sofia. A Decisão de Organização do Incidente de Resolução de Demandas Repetitivas: Importância, Conteúdo e o Papel do Regimento Interno do Tribunal. In.: DIDIER JR., Fredie; CUNHA, Leonardo Carneiro da. *Julgamentos de Casos Repetitivos*. Salvador: Juspodivm, 2016 (Coleção Grandes Temas do Novo CPC, coord. Geral: Fredie Didier JR., vol. 10), pp. 227/250.

DIDIER JR., Fredie; ZANETI JR., Hermes. Curso de Direito Processual Civil. Processo Coletivo. 10ª ed. Vol. 4. Salvador: Juspodivm, 2016.

DIDIER JR., Fredie; ZANETI JR., Hermes. *Curso de Direito Processual Civil. Processo Coletivo*. Vol. 4. 11ª ed. Salvador: Juspodivm, 2017.

GARNER, Bryan A. (ed.) *Black's Law Dictionary*. 9 ed. Thomson Reuters: s.l., 2013 (iPhone/iPad/iPod).

HARSÁGI, V.; VAN RHEE, C. H. *Multi-party Redress Mechanisms in Europe: Squeaking Mice?* Cambridge: Intersentia, 2014.

IRTI, *L'Età della Decodificazione Vent'Anni Dopo*, In.: IRTI, Natalino. L'Età della Decodificazione. 4ª ed. Milano: Giuffrè, 1999.

KAMP, Allen R. The History Behind Hansberry v. Lee. *U. C. Davis Review* vol. 20:481, p. 481/ 499, http://lawreview.law.ucdavis.edu/issues/20/3/articles/DavisVol20No3_Kamp.pdf , acesso em 17.01.2017.

LANES, Júlio. *Fato e Direito no Processo Civil Cooperativo*. São Paulo: RT, 2014.

MARINONI, Luiz Guilherme. *Incidente de Resolução de Demandas Repetitivas. Decisão de Questão Idêntica v. Precedente.* São Paulo: RT, 2016.

MARINONI, Luiz Guilherme; ARENHART, Sérgio Cruz; MITIDEIRO, Daniel. *Novo Curso de Direito Processual Civl.* Vol. 1. São Paulo: RT, 2015.

MEIRELLES, Edilton. Do Incidente de Resolução de Demandas Repetitivas no Processo Civil Brasileiro. In.: DIDIER JR., Fredie; CUNHA, Leonardo Carneiro da. *Julgamentos de Casos Repetitivos.* Salvador: Juspodivm, 2016 (Coleção Grandes Temas do Novo CPC, coord. Geral: Fredie Didier JR., vol. 10), p. 25/138.

MITIDIERO, Daniel. *Precedentes.* São Paulo: RT, 2016.

NUNES, Dierle; BAHIA, Alexandre de Melo Franco. Formação e Aplicação do Direito Jurisprudencial: Alguns Dilemas. *Revista do TST,* Brasília, v. 79, abr.-jun., 2013.

PINHO, Humberto Dalla Bernardina de; RODRIGUES, Roberto de Aragão Ribeiro. O Microssistema de Formação de Precedentes Judiciais Vinculantes Previsto no Novo CPC. In.: DIDIER JR., Fredie; CUNHA, Leonardo Carneiro da. *Julgamentos de Casos Repetitivos.* Salvador: Juspodivm, 2016 (Coleção Grandes Temas do Novo CPC, coord. Geral: Fredie Didier JR., vol. 10), p. 281/310.

THEODORO JR., Humberto; NUNES, Dierle; BAHIA, Alexandre Melo Franco; PEDRON, Flávio Quinaud. *Novo CPC. Fundamentos e Sistematização.* 3ª ed. Rio de Janeiro: GEN/Forense, 2016.

TEMER, Sophia. *Incidente de Resolução de Demandas Repetitivas.* Salvador: Juspodivm, 2016.

ZANETI JR., Hermes. *Comentários aos arts. 926 a 946.* In.: CABRAL, Antonio do Passo; CRAMER, Ronaldo. *Comentários ao novo Código de Processo Civil.* 2ª ed. Rio de Janeiro: Forense, 2016.

ZANETI JR., Hermes. *O Valor Vinculante dos Precedentes.* 3ª ed. Salvador: Juspodivm, 2017.

OS TRIBUNAIS SUPERIORES E OS PRECEDENTES

SISTEMA BRASILEIRO DE PRECEDENTES JUDICIAIS OBRIGATÓRIOS E OS DEVERES INSTITUCIONAIS DOS TRIBUNAIS: UNIFORMIDADE, ESTABILIDADE, INTEGRIDADE E COERÊNCIA DA JURISPRUDÊNCIA[1]

Fredie Didier Jr.[2]

1. Nota introdutória

Em março de 2015 foi promulgado o novo Código de Processo Civil brasileiro (CPC). A partir de março de 2016, fica revogado o Código de Processo Civil de 1973 (CPC-1973).

Um dos pilares do novo Código é a estruturação dogmática de um sistema de precedentes judiciais obrigatórios. Essa transformação do direito brasileiro deve-se muito ao modo pelo qual a jurisdição vem sendo examinada pelos estudiosos do Direito no Brasil.

---

1 Em homenagem a Nicola Picardi.

2 Livre-docente (Universidade de São Paulo), Pós-doutorado (Universidade de Lisboa), Doutor (Pontifícia Universidade Católica de São Paulo) e Mestre (Universidade Federal da Bahia). Professor-adjunto de Direito Processual Civil da Universidade Federal da Bahia. Membro dos Institutos Brasileiro e Ibero-americano de Direito Processual e da Associação Internacional de Direito Processual. Advogado e consultor jurídico. www.frediedidier.com.br.

Nicola Picardi, em texto célebre e muito difundido no Brasil, fala da "vocação do nosso tempo para a jurisdição"[3]. O Direito processual civil brasileiro é, hoje, uma comprovação da intuição do mestre italiano.

Esse ensaio, que tem por objetivo examinar uma parte nuclear do sistema de precedentes obrigatórios no Direito brasileiro, é, assim, a singela homenagem de um jovem brasileiro a um dos mais influentes juristas italianos.

2. Deveres institucionais dos tribunais relacionados ao sistema de precedentes.

O art. 926 CPC brasileiro inova ao dispor que "os tribunais devem uniformizar sua jurisprudência e mantê-la estável, íntegra e coerente"[4].

Prevê, assim, deveres gerais para os tribunais no âmbito da construção e manutenção de um sistema de precedentes (jurisprudência e súmula), persuasivos e obrigatórios, sendo eles: *a)* o dever de uniformizar sua jurisprudência; *b)* o dever de manter essa jurisprudência estável; *c)* o dever de integridade; e *d)* o dever de coerência.

Todos eles são decorrência de um conjunto de normas constitucionais: dever de motivação, princípio do contraditório, princípio da igualdade e segurança jurídica. Mas isso não elimina a relevância de sua previsão no plano infraconstitucional. A consagração legislativa explicita diretamente o comportamento exigido dos tribunais na atividade de elaboração e desenvolvimento de um direito judicial.

Cabe analisar cada um desses deveres.

3. Dever de uniformização da jurisprudência.

O dever de *uniformizar* pressupõe que o tribunal não possa ser omisso diante de divergência interna, entre seus órgãos fracionários, sobre a mesma questão jurídica[5]. O tribunal tem o dever de resolver essa divergência, uniformizando o seu entendimento sobre o assunto.

---

3 PICARDI, Nicola. "La vocazione del nostro tempo per la giurisdizione". *Rivista Trimestrale di Diritto e Procedura Civile.* Milano: Giuffrè, 2004, n. 1, p. 41 e segs.

4 Ao incluir os adjetivos "íntegra" e "coerente" no enunciado normativo, o Congresso Nacional acolheu a sugestão encaminhada por Lênio Streck, que já defendia essa tese em seus escritos há certo tempo.

5 Defendendo a existência de um dever de uniformizar a jurisprudência ainda sob a vigência do CPC-1973, e apenas com base na previsão do incidente de uniformização de jurispru-

O art. 926, §1º, CPC, desdobra o dever de uniformizar, dele extraindo o dever dos tribunais de sintetizar sua jurisprudência dominante, sumulando-a, ao determinar que, "na forma estabelecida e segundo os pressupostos fixados no regimento interno, os tribunais editarão enunciados de súmula correspondentes a sua jurisprudência dominante". Esse dever fica condicionado ao cumprimento do disposto no art. 926, §2º, CPC: "ao editar enunciados de súmula, os tribunais devem ater-se às circunstâncias fáticas dos precedentes que motivaram sua criação"[6].

O objetivo é esclarecer que o correto exercício deste dever de editar enunciados sumulares pressupõe a fidelidade do tribunal à base fática a partir da qual a jurisprudência sumulada foi construída. Cumpre preservar o caráter de concretude do direto judicial que se constrói. Produz-se norma geral, mas a partir de casos concretos.

Com isso, o legislador "neutraliza o problema histórico dos enunciados das súmulas criados de forma abstrata, sem referência aos precedentes que levaram à sua conformação"[7].

4. Dever de manter a jurisprudência estável.

Há, ainda, o *dever de o tribunal manter sua jurisprudência estável.*

Assim, qualquer mudança de posicionamento (superação; *overruling*) deve ser justificada adequadamente, além de ter sua eficácia modulada em respeito à segurança jurídica (art. 927, §4º, CPC).

Daí falar-se em um princípio da "inércia argumentativa", como a norma que:

a) estabelece a necessidade de uma *forte carga argumentativa* para aquele que pretende afastar (por distinção ou superação) o precedente diante de caso que se assemelhe àquele que ensejou sua formação, exigindo-se não apenas a fundamentação ordinária nos termos do art. 489, *caput* e §1º, CPC, como também uma fundamentação qualificada que justifique o *overruling* ou *distinguishing* nos moldes do art. 489, §1º, VI, CPC; e

---

dência do CPC-1973 (arts. 476 e segs.), VIGLIAR, José Marcelo Menezes. *Uniformização de jurisprudência – segurança jurídica e dever de uniformizar.* São Paulo: Atlas, 2003, p. 203; SANTOS, Ernane Fidélis. *Manual de Direito Processual Civil.* 6ª ed. São Paulo: Saraiva, 1998, v. 1, p. 600; DIDIER Jr., Fredie; CUNHA, Leonardo Carneiro da. *Curso de Direito Processual Civil.* 12ª ed. Salvador: Editora Jus Podivm, 2014, v. 3, p. 555.

6 A súmula é uma consolidação de enunciados que consagram as teses jurídicas que têm prevalecido no tribunal. O enunciado da súmula propõe-se a ser o texto da *ratio decidendi* do precedente que vem sendo reiteradamente seguido em determinado tribunal.

7 ZANETI JR., Hermes. *O Valor Vinculante dos Precedentes.* Salvador: JusPodivm, 2014, p. 380.

b) facilita a elaboração da fundamentação (carga argumentativa mais *fraca*) para aquele que pretende aplicar o precedente à resolução de caso semelhante[8], mas sem que se abra mão de, ao menos, identificar seus fundamentos determinantes e demonstrar que o caso sob julgamento se ajusta àqueles fundamentos (art. 489, §1º, V, CPC).

A "inércia argumentativa" vem em prol da preservação do *status quo*, cuja modificação pressupõe razões extras até então não cogitadas ou enfrentadas. Mais do que norma infraconstitucional (art. 489, §1º, V e VI, CPC), a "inércia argumentativa" encontra-se implicitamente consagrada na Constituição como exigência de uniformidade jurisprudencial que garanta: *i) igualdade* de tratamento para casos afins (art. 5º, *caput*, CF); *ii)* de *motivação* adequada tanto para a decisão que aplica como para aquela que afasta o precedente (art. 93, IX, CF); e *iii)* de *contraditório*, que pressupõe o direito de conhecer essa motivação para questioná-la por meios de impugnação cabíveis (art. 5º, LV, CF)[9].

Uma última palavra: "a estabilidade da jurisprudência do tribunal depende também da observância de seus próprios precedentes, inclusive por seus órgãos fracionários"[10].

5. Dever de coerência e dever de integridade.

5.1. Premissas.

O art. 926 do CPC atribui ao tribunal os deveres de manter íntegra e coerente a sua jurisprudência.

Este enunciado normativo é inédito e de difícil compreensão.

A começar pelo fato de ele incorporar dois termos muito difundidos nos estudos contemporâneos sobre a teoria do Direito, de um modo geral, e da decisão judicial, de um modo especial: a integridade e a coerência. Isso naturalmente leva o intérprete a relacionar o enunciado normativo a determinada concepção teórica a respeito do tema; sobretudo o termo "integridade", muito

---

8 ATAÍDE JUNIOR, Jaldemiro. O princípio da inércia argumentativa diante de um sistema de precedentes em formação no Direito brasileiro. *Revista de Processo.* São Paulo: RT, 2014, n. 229, p. 379 e 389.

9 ATAÍDE JUNIOR, Jaldemiro. O princípio da inércia argumentativa diante de um sistema de precedentes em formação no Direito brasileiro. *Revista de Processo.* São Paulo: RT, 2014, n. 229, p. 392 e 393.

10 Enunciado n. 316 do Fórum Permanente de Processualistas Civis. O Fórum Permanente de Processualistas Civis é uma reunião semestral de processualistas brasileiros, cujo propósito é apresentar enunciados doutrinários que sirvam à compreensão do CPC brasileiro de 2015. Os enunciados somente podem ser aprovados por unanimidade.

ligado às ideias de Ronald Dworkin[11]; já o termo "coerência", por outro lado, é bem disseminado.

Para que se possa ter uma dimensão do problema, há quem veja no termo "integridade", no sentido utilizado por Dworkin, sinonímia com o termo "coerência" [12]. E, como se verá nos exemplos de concretização desses deveres, há clara interseção entre as suas zonas de aplicação.

Sucede que se está diante de um *enunciado normativo*, e não de um *enunciado doutrinário*. É preciso dar sentido normativo ao que dispõe a parte final do art. 926 do CPC.

Embora esse sentido possa ser construído a partir das lições de autores que se vincularam a esses termos, não há necessidade, e nem poderia ser diferente, de o conteúdo normativo desses textos corresponder exatamente a determinada orientação filosófica.

É preciso concretizar o conteúdo normativo desses deveres, de modo a que se possa construir e compreender o microssistema de formação, aplicação e revogação de precedentes *do direito brasileiro*.

a) Temos, então, uma *primeira premissa*: a discussão muda de patamar; não se trata mais apenas de uma querela filosófica - que continuará existindo, é claro, até mesmo pela relevância da discussão. O problema da interpretação do que se entende por "coerência" e por "integridade" passou a ser dogmático.

b) A *segunda premissa* para compreender o conteúdo dogmático do art. 926 do CPC é a seguinte: o uso de dois termos pelo legislador indica claramente a existência de *dois deveres*.

Há o *dever de coerência* e há o *dever de integridade*.

A interpretação do dispositivo deve ser no sentido de dar-lhe máxima efetividade; não parece adequada qualquer interpretação que compreenda o dever de integridade como continente do qual o dever de coerência é conteúdo, ou vice-versa. A depender da concepção teórica a que se filie o intérprete, uma ou outra opção poderia revelar-se.

Há *dois* deveres, que, ao lado dos demais (uniformizar a jurisprudência, mantê-la estável e divulgá-la devidamente), compõem o complexo de situações jurídicas passivas imputadas aos tribunais. Tais deveres servem como ins-

---

11 DWORKIN, Ronaldo. *O Império do Direito*. Jeferson Luiz Camargo (trad.). São Paulo: Martins Fontes, 2003, p. 213-332.

12 PECZENIK, Alexsander. *On law and reason*. Lexington: Springer, 2009, p. 132. Essa sinonímia revela-se, com alguma clareza, na obra de autora expressamente influenciada pelo pensamento de Dworkin: BARBOZA, Estefânia Maria de Queiroz. *Precedentes judiciais e segurança jurídica – fundamentos e possibilidades para a jurisdição constitucional brasileira*. São Paulo: Saraiva, 2014, p. 252.

trumentos para o desenvolvimento do microssistema de precedentes judiciais obrigatórios brasileiros.

Há doutrina que simplesmente os misture[13]; há quem, embora os distinga, quando trata de concretizá-los, refere a um e a outro indistintamente[14]; e ainda há quem prefira referir-se a eles utilizando o termo "consistência".

São dois os deveres; mas eles formam um amálgama. É bem difícil compreender um sem o outro.

c) Isso nos faz caminhar para a *terceira premissa*: a necessária distinção dogmática entre esses deveres não impede que uma determinada conduta devida pelo tribunal possa decorrer de *ambos os textos normativos*.

Ou seja: os dois deveres podem impor ao tribunal uma só conduta.

Pode-se dizer sobre eles o que Canaris disse sobre os princípios[15]: não possuem pretensão de exclusividade como fonte de deveres dos tribunais na formação dos precedentes judiciais. Muitos dos exemplos que serão apresentados são promíscuos, por não serem fiéis a apenas um dos deveres, ou, visto por outra ótica, são rebentos com duas mães.

No final das contas, o relevante será a soma dos deveres atribuídos ao tribunal a partir dos postulados da coerência e da integridade.

A essa soma, a esse amálgama pode-se dar o nome de *consistência*.

d) À *quarta premissa*. O dever de coerência e o dever de integridade servem ao atingimento de um fim: a jurisprudência há de ser consistente. É preciso extrair desse dispositivo do CPC o dever de o tribunal produzir uma jurisprudência consistente.

Uma jurisprudência pode ser coerente, mas inconsistente: o tribunal interpreta o Direito de modo coerente (do ponto de vista lógico), mas a argumentação que sustenta a *ratio decidendi* é frágil e lacunosa.

Uma jurisprudência pode ser íntegra, mas inconsistente: o tribunal decide com atenção à unidade do Direito, às peculiaridades de determinado microssistema ou às relações entre o processo e o Direito material, mas o faz a partir de distinções inconsistentes, teorias obsoletas ou sem o enfretamento de todos os argumentos suscitados em torno da controvérsia.

---

13 Embora preferindo usar o termo "coerência", PECZENIK, Alexander. "Certainty or coherence". *The reasonable as rational? On legal argumentation and justification. Festschrift for Aulis Aarnio.* Berlin: Duncker & Humblot, 2000, p. 169.

14 STRECK, Lenio Luiz. Novo CPC terá mecanismos para combater decisionismos e arbitrariedades? Disponível em <http://www.conjur.com.br/2014-dez-18/senso-incomum-cpc-mecanismos-combater-decisionismos-arbitrariedades>. Acesso em 10 jan 2015.

15 CANARIS, Claus-Wilhelm. *Pensamento sistemático e conceito de sistema na ciência do direito.* Introdução e Tradução por A. Menezes Cordeiro. 2ª ed. Lisboa: Fundação Calouste Gulbenkian, 1996, p. 90.

De fato, "consistência" parece ser um termo mais adequado para designar o conjunto formado por *coerência* e *integridade*; talvez a melhor opção fosse simplesmente dizer que os tribunais deverão zelar pela "consistência de sua jurisprudência". Qualificar uma jurisprudência como "consistente" é, claramente, considerá-la "íntegra e coerente".

A terminologia, aqui, também é um problema. As lições de Peczenik sobre "coerência", muitas vezes seguidas neste capítulo, servem, em alguns casos, para a compreensão do que aqui se denomina por "consistência"[16] ou por "integridade". MacCormick distingue "coerência" de "consistência", sendo que na tradução brasileira de seu livro, a palavra "consistency" foi traduzida como "coesão"[17].

e) Quinta premissa: a condição mínima[18] para que se possa considerar uma jurisprudência como íntegra e coerente é estar ela lastreada em precedentes bem fundamentados (art. 489, §1º e art. 927, §1º, CPC).

A integridade e a coerência revelam-se no enfrentamento dos argumentos suscitados para a formação da tese jurídica do precedente. Tanto mais argumentos suportem a tese jurídica firmada, tanto mais consistente (íntegra e coerente) ela é[19].

f) Sexta premissa: o art. 926 do CPC consagra dois *exemplos* de *postulados hermenêuticos*[20], cuja utilização é necessária ao desenvolvimento judicial do Direito. Tanto na formação como na aplicação dos precedentes, os tribunais devem observar os postulados da coerência e da integridade.

g) Sétima premissa: a coerência e a integridade são pressupostos para que a jurisprudência possa ser universalizada, possa ser legitimamente aplicada a outros casos semelhantes. É da essência de um sistema de precedentes construídos de forma racional e não-autoritária que eles sejam universalizáveis. Não é legítimo universalizar o que não é íntegro ou coerente.

h) Finalmente, a *oitava premissa*: a verificação da integridade e da coerência da jurisprudência deve ser feita a partir da ponderação e do balanceamento

16 O mesmo acontece com as lições de Aulis Aarnio. (AARNIO, Aulis. "The procedure of legal reasoning". *Essays on the doctrinal Study of Law*. Dordrecht: Springer, p. 145-146).

17 MacCORMICK, Neil. *Argumentação jurídica e teoria do direito*. Waldéa Barcellos (trad.) São Paulo: Martins Fontes, 2009, p. 255.

18 Falando apenas de "coerência", mas cuja lição se aplica perfeitamente ao quanto aqui se defende, PECZENIK, Alexsander. *On law and reason*, cit., p. 131.

19 Adapta-se a lição de Peczenik, que se refere à coerência (PECZENIK, Alexsander. *On law and reason*, cit., p. 133).

20 Sobre os postulados hermenêuticos de um modo geral e o postulado da coerência, de um modo especial, ÁVILA, Humberto. *Teoria dos princípios*. 12ª ed. São Paulo: Malheiros Ed., 2011, p. 135-144.

de diversos critérios[21], que se relacionam entre si. Alguns desses critérios serão vistos a seguir. Na medida do possível, eles devem ser observados e não podem ser examinados isoladamente[22]

5.2 Dever de coerência

5.2.1. Generalidades

A coerência entre duas normas pode ser visualizada em dimensão *formal* ou em dimensão *substancial.*

A coerência formal está ligada à ideia de não-contradição; a coerência substancial, à ideia de conexão positiva de sentido[23]. O *dever de coerência* deve ser concretizado em ambas as dimensões.

A exigência de *coerência* produz efeitos também em duas dimensões: interna e externa.

Do ponto de vista *externo*, os tribunais devem coerência às suas próprias decisões anteriores e à linha evolutiva do desenvolvimento da jurisprudência. A coerência é, nesse sentido, uma imposição do princípio da igualdade - casos iguais devem ser tratados igualmente, sobretudo quando o tribunal já tem um entendimento firmado. Não pode o tribunal contrariar o seu próprio entendimento, ressalvada, obviamente, a possibilidade de sua superação.

Julgar um caso é essencialmente distingui-lo de outro. É preciso, porém, que as distinções feitas pelos tribunais sejam coerentes.

Não há coerência, por exemplo, na distinção que o Supremo Tribunal Federal brasileiro fez entre inquérito penal e inquérito civil, para fins de aferição da competência legislativa respectiva - como será visto no item sobre integridade.

Também não há coerência na distinção que o Superior Tribunal de Justiça brasileiro fez, na vigência do CPC-1973, entre núcleos de prática jurídica de instituições federais de ensino e núcleos de prática jurídica de instituições particulares de ensino, reconhecendo apenas aos primeiros o benefício da dobra dos prazos processuais[24].

---

21 PECZENIK, Alexsander. *On law and reason*, cit., p. 133.

22 PECZENIK, Alexsander. *On law and reason*, cit., p. 144-145.

23 ÁVILA, Humberto. *Teoria dos princípios.* 12ª ed. São Paulo: Malheiros Ed., 2011, p. 140.

24 Há precedente do STJ que não estende o benefício a núcleo de prática jurídica de entidade particular de ensino (STJ, 3ª T., AgRg no AgRg no AgRg na MC 5.149/MG, rel. Min. Carlos Alberto Menezes Direito, j. 15.10.2002, publicado no *DJ* de 25.11.2002, p. 227). Há precedente do STJ que estende o benefício a núcleo de prática jurídica de entidade pública

Além disso, a dimensão *externa* do dever de coerência reforça o inafastável caráter histórico do desenvolvimento judicial do Direito: o direito dos precedentes forma-se paulatinamente, em uma cadeia histórica de decisões, que vão agregando sentido e dando densidade à norma jurídica geral construída a partir de um caso concreto.

A coerência impõe o dever de *autorreferência*, portanto: o dever de dialogar com os precedentes anteriores, até mesmo para superá-los e demonstrar o *distinguishing*. O respeito aos precedentes envolve o ato de segui-los, distingui-los ou revogá-los, jamais ignorá-los[25].

É bem conhecida a metáfora, elaborada por Dworkin, de que a construção judicial do Direito é um romance em cadeia: cada julgador escreve um capítulo, mas não pode deixar de dialogar com o capítulo anterior[26], para que a história possa resultar em algo coerente. "A prática jurídica precisa se preocupar com o que foi feito anteriormente. (...) [a autorreferência] torna a prática mais comprometida com a coerência no discurso jurisdicional, por meio da criação de uma espécie de linha sequencial de decisões"[27]. Às vezes, nem mesmo o próprio julgador observa a sua própria cadeia decisória, submetido que está "às idiossincrasias decisórias de uma multiplicidade de assessores e analistas"[28-29].

---

de ensino (STJ, 3ª. T., REsp. n. 1.106.213/SP, rel. Mina. Nancy Andrighi, j. em 25.10.2011, publicado no DJe de 07.11.2011).

25 BARBOZA, Estefânia Maria de Queiroz. *Precedentes judiciais e segurança jurídica – fundamentos e possibilidades para a jurisdição constitucional brasileira.* São Paulo: Saraiva, 2014, p. 235.

26 DWORKIN, Ronaldo. *O Império do Direito.* Jeferson Luiz Camargo (trad.). São Paulo: Martins Fontes, 2003, p. 275-277.

27 MACÊDO, Lucas Buril de. *Precedentes judiciais e o direito processual civil*, cit., p. 271. O texto entre colchetes é nosso.

28 NEVES, Marcelo. "A 'desrazão' sem diálogo com a 'razão': teses provocatórias sobre o STF". Disponível em http://www.conjur.com.br/2014-out-18/desrazao-dialogo-razao-teses-provocatorias-stf, consultado em 17.02.2015.

29 Embora se referindo ao dever de integridade, o que reforça a interseção que há entre ele e o dever de coerência, a lição de Dierle Nunes, Alexandre Bahia e Humberto Theodoro Jr. merece reprodução: "Em face da pressuposição brasileira de que os Ministros (e juízes) devem possuir liberdade decisória, cria-se um quadro de 'anarquia interpretativa' na qual nem mesmo se consegue respeitar a história institucional da solução de um caso dentro de um mesmo tribunal. Cada juiz e órgão do tribunal julgam a partir de um 'marco zero' interpretativo, sem respeito à integridade e ao passado de análise daquele caso; permitindo a geração de tantos entendimentos quantos sejam os juízes". (NUNES, Dierle; BAHIA, Alexandre; THEODORO Jr., Humberto. "Breves considerações da politização do judiciário e do panorama de aplicação no direito brasileiro: análise da convergência entre o *civil law* e o *common law* e dos problemas da padronização decisória". *Revista de Processo.* São Paulo: RT, 2010, n. 189, p. 43).

Muito a propósito, no particular, o enunciado n. 166 do Fórum Permanente de Processualistas Civis: "A aplicação dos enunciados das súmulas deve ser realizada a partir dos precedentes que os formaram e dos que os aplicaram posteriormente".

A coerência deve, ainda, ser observada no espaço e no tempo: "geograficamente, não se autorizando que a mesma situação jurídica seja tratada de forma injustificadamente diferente por órgãos de locais díspares; e historicamente, precisando respeitar sua atuação anterior ou justificar a modificação da posição que foi adotada com referência e cuidado com o passado e suas consequências"[30].

A dimensão *interna* do dever de coerência relaciona-se à construção do precedente e, por isso, ao dever de fundamentação. Coerência, nesse sentido, é uma dimensão da congruência que se exige de qualquer decisão judicial. Mas essa congruência não se limita ao aspecto lógico (dever de não produzir decisão contraditória)[31]; ela impõe outros atributos à decisão.

5.2.2. Alguns critérios para aferição da coerência.

Abaixo, alguns critérios de constatação da coerência do precedente judicial e, por tabela, da jurisprudência.

5.2.2.1 Conformidade com o repertório conceitual da Teoria Geral do Direito e da Dogmática Jurídica.

A decisão deve estar de acordo com o repertório conceitual da Teoria Geral do Direito e da Ciência Dogmática do Direito.

Porque estabelece o compêndio dos *conceitos jurídicos fundamentais* (prova, capacidade, cognição, ato processual etc.), a Teoria Geral do Direito tem uma função bloqueadora: a solução jurídica que se der a um problema jurídico somente será aceitável se estiver em conformidade com a pauta conceitual por ela fornecida[32]. Uma das funções do saber dogmático (o conhecimento indis-

30 MACÊDO, Lucas Buril. *Precedentes Judiciais e o Direito Processual Civil.* Salvador: Jus Podivm, 2014, p. 433.

31 PECZENIK, Alexsander. *On law and reason*, cit., p. 131. A teoria sobre coerência desenvolvida por Alexsander Peczenik serve para a compreensão do sistema jurídico, da dogmática jurídica e da decisão judicial (PECZENIK, Alexsander. "Certainty or coherence", cit., p. 169).

32 FERRAZ Jr., Tércio Sampaio. *A ciência do direito.* 2ª ed. São Paulo: Atlas, 1980, p. 62. Especificamente sobre a função bloqueadora da Teoria Geral do Processo, DIDIER Jr., Fredie. *Sobre a Teoria Geral do Processo.* 2ª ed. Salvador: Editora Jus Podivm, 2013, p. 98-100.

pensável à solução dos problemas jurídicos) é, exatamente, *institucionalizar a tradição jurídica*, "gerando segurança e uma base comum para os técnicos do direito"[33]. Porque estabelece o compêndio dos *conceitos jurídico-positivos* (apelação, inspeção judicial, reconvenção etc.), a Ciência Dogmática do Direito também exerce essa mesma função bloqueadora.

À doutrina cabe a função de apontar "critérios precisos, que permitam processos discursivos transparentes e controles intersubjetivos"[34] das decisões. Em suma: "não é qualquer interpretação que vale, mas apenas aquelas que resultam de uma argumentação conforme os padrões dogmáticos"[35].

A força persuasiva da doutrina no exercício da função jurisdicional será maior ou menor conforme a tradição jurídica de cada país; mas não é razoável supor que o órgão julgador simplesmente ignore a produção da ciência jurídica[36].

Sem o manancial teórico fornecido pela ciência jurídica, a interpretação justa do Direito torna-se, rigorosamente, impossível[37]. A principal utilidade da ciência jurídica é exatamente possibilitar o uso coerente[38] dos inúmeros conceitos jurídicos[39].

5.2.2.2. Recondução a uma mesma norma superior.

A coerência entre duas normas (entre duas normas-precedente, por exemplo) revela-se, também, quando ambas podem ser justificadas com base em um mesmo princípio ou em um mesmo conjunto de princípios que estejam

---

33 FERRAZ JR., Tércio Sampaio. *Introdução ao estudo do direito – Técnica, decisão e dominação.* São Paulo: Atlas, 1994, p. 88.

34 ÁVILA, Humberto. "A doutrina e o Direito Tributário". *Fundamentos do Direito Tributário.* Humberto Ávila (org.). São Paulo: Marcial Pons, 2012, p. 230.

35 FERRAZ JR., Tércio Sampaio. *Introdução ao estudo do direito – Técnica, decisão e dominação,* 2ª ed., cit., p. 51.

36 PECZENIK, Aleksander. *Scientia juris – legal doctrine as knowledge of law and as a source of law.* Dordrecht: Springer, 2005, p. 7.

37 "Nenhuma tentativa séria de elucidar a natureza do direito ou das leis, ou de uma parte ou ramo de estudo jurídico, poderá deixar de incluir alguma análise de termos ou de conceitos". (MacCORMICK, Neil. "Analítica (abordagem do direito)" *Dicionário Enciclopédico de Teoria e Sociologia do Direito.* André-Jean Arnaud (org.). Tradução para a língua portuguesa sob a direção de Vicente de Paulo Barreto. Rio de Janeiro: Renovar, 1999. p. 25.)

38 "The doctrine plays an important role because it aims at *rationality*". "A teoria exerce um importante papel porque visa à racionalidade", em tradução livre. (PECZENIK, Alexsander. *On law and reason*, cit., p. 295.)

39 DIMOULIS, Dimitri. *O positivismo jurídico.* São Paulo: Método, 2006, p. 42.

hierarquicamente em nível superior. Ou seja: é preciso que essas duas normas "façam sentido", "em virtude de serem racionalmente relacionadas como um conjunto instrumental ou intrinsecamente voltado para a realização de alguns valores comuns"[40].

Define-se a coerência, aqui, como uma relação de justificação (de argumentação) entre duas normas[41].

Um exemplo. As regras extraídas dos arts. 139, IX, 282, §2º, 317, 321, 485, §7º, 487, 932, p. único e 1029, §3º, do CPC, formam um conjunto coerente de normas que se justificam em um mesmo princípio: o princípio da primazia da decisão de mérito (art. 4º, CPC). Se o tribunal ora segue essa linha no exame das questões de admissibilidade da petição inicial, ora segue linha oposta no exame da admissibilidade de incidentes processuais, produz uma jurisprudência incoerente.

Outro exemplo. Um tribunal que decida, em um caso, que a união homoafetiva é família, para fim sucessório, e, em outro, que não é família, para fim previdenciário, produz decisões incoerentes, pois não é possível reconduzi-las a uma norma superior comum.

Mais um exemplo. Há diversas normas que remetem ao princípio do respeito ao autorregramento da vontade no processo civil brasileiro. Elas, portanto, demonstram a coerência do sistema jurídico, no particular: *a)* amplo regramento da mediação ou conciliação (arts. 165 a 175, CPC); *b)* estruturação do procedimento de modo a pôr a tentativa de autocomposição como ato anterior ao oferecimento da defesa pelo réu (arts. 334 e 695, CPC); *c)* permissão de homologação judicial de acordo extrajudicial de qualquer natureza (art. 515, III; art. 725, VIII, CPC); *d)* permissão que, no acordo judicial, seja incluída matéria estranha ao objeto litigioso do processo (art. 515, §2º, CPC); *e)* permissão de acordos processuais (sobre o processo, não sobre o objeto do litígio) atípicos (art. 190, CPC); *f)* incentivo à arbitragem (Lei n. 9.307/1996); *g)* existência de vários negócios jurídicos processuais típicos (art. 63; art. 65; art. 168; art. 225; art. 311, II; art. 337, §6º; art. 362, I; art. 357, §2º; art. 373, §§3º e 4º; art. 471; art. 775; art. 998; art. 999; art. 1.000, CPC).

---

40 MacCORMICK, Neil. *Retórica e o Estado de Direito.* Conrado Hübner Mendes e Marcos Paulo Veríssimo (trad.) Rio de Janeiro: Elsevier, 2008, p. 252. Nesse sentido, MICHELON, Claudio. "Princípios e coerência na argumentação jurídica". *Direito e interpretação – racionalidades e instituições.* Ronaldo Porto Macedo Jr. e Catarina Helena Cortada Barbieri (org.). São Paulo: Saraiva, 2011, p. 267; ÁVILA, Humberto. *Teoria dos princípios.* 12ª ed. São Paulo: Malheiros Ed., 2011, p. 136; MITIDIERO, Daniel. *Cortes superiores e cortes supremas – do controle à interpretação, da jurisprudência ao precedente.* São Paulo: RT, 2013, p. 86.

41 MICHELON, Claudio. "Princípios e coerência na argumentação jurídica". *Direito e interpretação – racionalidades e instituições.* Ronaldo Porto Macedo Jr. e Catarina Helena Cortada Barbieri (org.). São Paulo: Saraiva, 2011, p. 267.

5.2.2.3 Conformidade com a regra que impõe requisitos para a congruência interna da decisão.

O *dever de coerência* impõe que o precedente observe, obviamente, a regra de congruência interna das decisões judiciais.

O precedente precisa ser certo, claro e coerente. Se um tribunal disser, por exemplo, que uma decisão é inexistente, mas, ao mesmo tempo, reputá-la rescindível, estará violando claramente o dever de coerência, pois algo não pode ser simultaneamente inexistente e rescindível.

5.3. Dever de integridade.

O *dever de integridade* relaciona-se com a ideia de unidade do Direito.

Embora o termo "integridade" esteja muito relacionado a Ronald Dworkin, este ensaio não interpretará o enunciado normativo do art. 926 do CPC brasileiro *exclusivamente* com base no seu pensamento. As ideias de Dworkin são importantíssimas para a compreensão do assunto, mas não são a única fonte para a concretização do dever de integridade no Direito brasileiro. Essa opção decorre da premissa teórica do professor estadunidense, segundo a qual somente há uma resposta correta para um problema jurídico. Neste ponto, essa prestigiada teoria da interpretação do Direito não é a seguida neste ensaio. A interpretação é, essencialmente, uma atividade de recriação e, também, de escolha de significado, "ainda que lógica e argumentativamente guiada"[42]. A teoria da "única resposta certa" não resolve, por exemplo, o problema da interpretação das cláusulas gerais e dos conceitos jurídicos indeterminados, textos normativos *genuinamente ambíguos*[43].

A observância do dever de integridade supõe que o tribunal adote certas posturas ao decidir. Eis algumas delas.

a) Decidir em conformidade com o Direito, observada toda a sua complexidade (normas constitucionais, legais, administrativas, negociais, precedentes etc.); não se admite, por exemplo, decisão com base em "Direito alternativo".

Nesse aspecto, o dever de integridade impede o *voluntarismo judicial* e argumentações arbitrárias[44]. "Um caso judicial só se pode resolver pela tota-

---

42 MITIDIERO, Daniel. *Cortes superiores e cortes supremas – do controle à interpretação, da jurisprudência ao precedente.* São Paulo: RT, 2013, p. 58.

43 AARNIO, Aulis. *The rational as reasonable - a treatise on legal justification.* Dordrecht: D. Reidel, 1987, p. 165.

44 AARNIO, Aulis. "The procedure of legal reasoning". *Essays on the doctrinal Study of Law.* Dordrecht: Springer, p. 145.

lidade do ordenamento jurídico, e não por uma só se duas partes, tal como o peso todo de uma esfera gravita sobre a superfície em que jaz, embora seja só um o ponto em que toma contacto."[45]

b) Decidir em respeito à Constituição Federal, como fundamento normativo de todas as demais normas jurídicas. O dever de integridade é, nesse sentido, uma concretização do *postulado da hierarquia*, "do qual resultam alguns critérios importantes para a interpretação das normas, tais como o da interpretação conforme a Constituição"[46].

c) Compreender o Direito como um *sistema* de normas, e não um amontoado de normas. O dever de integridade é, nesse sentido, uma concretização do *postulado da unidade do ordenamento jurídico*, "a exigir do intérprete o relacionamento entre a parte e o todo mediante o emprego das categorias de ordem e de unidade"[47].

E, consequentemente, reconhecer a existência de microssistemas normativos para, quando for o caso, decidir conforme as regras desse mesmo microssistema.

d) Observar as relações íntimas e necessárias entre o Direito processual e o Direito material.

Um exemplo. O tribunal, ao interpretar uma norma processual, demonstra as relações que ela mantém com uma determinada norma material – como no caso de interpretação das normas relativas à denunciação da lide, por exemplo. Ao fazer isso, o tribunal robustece a sua fundamentação, por estabelecer as conexões normativas entre os diversos ramos do Direito. Com essas conexões normativas, o tribunal, por observar o dever de integridade, torna a sua decisão ainda mais consistente[48].

Enfrentar, na formação do precedente, todos os argumentos favoráveis e contrários ao acolhimento da tese jurídica discutida. Esse desdobramento do *dever de integridade* está expressamente consagrado no §2º do art. 984 e no §3º do art. 1.038 do CPC – também nesse sentido o enunciado 305 do Fórum Permanente de Processualistas Civis: "No julgamento de casos repetitivos, o tribunal deverá enfrentar todos os argumentos contrários e favoráveis à tese jurídica discutida".[49]

---

45 Lição de Carlos Cossio, extraída de BORGES, José Souto Maior. *O contraditório no processo judicial (uma visão dialética)*. São Paulo: Malheiros Ed., 1996, p. 91.

46 ÁVILA, Humberto. *Teoria dos princípios*. 12ª ed. São Paulo: Malheiros Ed., 2011, p. 136.

47 ÁVILA, Humberto. *Teoria dos princípios*. 12ª ed. São Paulo: Malheiros Ed., 2011, p. 136.

48 Na linha do que defende Peczenik, que, não obstante, usa o termo "coerência", em vez de "consistência" (PECZENIK, Alexsander. *On law and reason*, cit., p. 138).

49 Para Ávila, a "completude" (conjunto de proposições contém todos os elementos e suas

Alguns exemplos de entendimentos que não observam o dever de integridade:

I) decisão que não reconheça capacidade processual do Ministério Público para propor mandado de segurança coletivo, por não encontrar referência a ele no art. 21 da Lei 12.016/2009, ignora a existência do microssistema de tutela coletiva de direitos[50];

II) o acórdão do STF que considera que o *inquérito penal* tem natureza processual e é, por isso, tema de competência legislativa privativa da União (art. 22, I, CF)[51] fere a integridade (e também a coerência) quando há precedente dessa mesma Corte no sentido de que o inquérito civil é procedimento administrativo, para fins de reconhecer a competência dos Estados para legislar supletiva ou suplementarmente sobre essa matéria (art. 24, XI, CF)[52];

III) decisão que não considerasse como obrigatória a intimação das fazendas públicas na ação de usucapião imobiliária de procedimento comum, porque silencia o CPC a respeito do assunto, violaria o dever de integridade. Se essa intimação é exigida no procedimento administrativo de reconhecimento da usucapião imobiliária (art. 1.071, CPC), tanto mais ela se justifica no procedimento judicial, que tem aptidão para a coisa julgada (nesse sentido, enunciado n. 25 do Fórum Permanente de Processualistas Civis);

IV) decisão que considera proibido o oferecimento à penhora, pelo executado, de bem de família disponível, viola o dever de integridade, pois incompatível com o sistema do Direito privado que permite que esse mesmo bem seja alienado, onerosamente (vendido ou hipotecado, por exemplo) ou gratuitamente (doado); se o bem pode ser alienado pelo seu proprietário, pode ser oferecido por ele à penhora, primeira etapa do procedimento de alienação judicial do bem.

---

negações) é um atributo da coerência e está relacionada à ideia de integridade (ÁVILA, Humberto. *Teoria dos princípios.* 12ª ed. São Paulo: Malheiros Ed., 2011, p. 140).

50 DIDIER Jr., Fredie; ZANETI Jr., Hermes. "O mandado de segurança coletivo e a Lei n. 12.016/2009". In: Eduardo Arruda Alvim; Glauco Gumerato Ramos; Gustavo de Medeiros Melo; José Henrique Mouta Araújo (Org.). *O Novo Mandado de Segurança.* Belo Horizonte: Fórum, 2010, p. 227-238.

51 Cf. STF, Pleno, ADI n. 1615-6 MC/DF, rel. Min. Néri da Silveira, j. em 12.6.1997, publicada no DPJ de 5.11.1997; STF, Pleno, ADI n. 3.896, rel. Min. Carmen Lúcia, j. em 04.06.2008 e publicada no DJe de 08.08.2008.

52 STF, Pleno, MC na ADI n. 1.285, rel. Min. Moreira Alves, j. em 24.10.1995, publicada no DPJ de 23.03.2001.

RECURSO EXTRAORDINÁRIO E RECURSO ESPECIAL COMO MECANISMOS DE SUPERAÇÃO DE PRECEDENTES VINCULANTES

Alexandre Freitas Câmara[1]

Após a aprovação da Lei 12.256/2016, que reformou o Código de Processo Civil de 2015 antes mesmo de sua entrada em vigor, surgiu uma grande dificuldade no que diz respeito à superação de precedentes vinculantes criados através do julgamento de recursos excepcionais repetitivos.[2] O problema, perceba-se, não está em se alterar o texto normativo antes de sua entrada em vigor. Até aí, nada demais. Também o CPC/73 foi reformado ainda durante sua vacância.[3] O problema, repita-se, não está em se reformar o texto legal. Afinal, ninguém poderia acreditar que o texto do novo CPC seria imutável. O problema está em uma dessas alterações, de que aqui se pretende tratar.

É certo que entre as alterações promovidas no novo CPC, uma chama a atenção, por ter sido apresentada como a razão da reforma: a volta do juízo de admissibilidade do Recurso Especial (REsp) e do Recurso Extraordinário (RE) ao tribunal de origem. Não é dessa modificação, porém, que se irá tratar. O objeto deste artigo é uma alteração "colateral": a recorribilidade da decisão que declara inadmissível o recurso excepcional.

Pelo novo texto, cabe ao tribunal de origem examinar a admissibilidade do recurso. É o que resulta da nova redação do art. 1.030, por força do qual o recurso excepcional será submetido ao presidente ou vice do tribunal recorrido, que deverá, conforme o caso, negar-lhe seguimento; encaminhá-lo de volta ao prolator da decisão recorrida para juízo de retratação; sobrestar o recurso

---

1 Desembargador (TJRJ). Professor emérito e coordenador de direito processual civil da EMERJ (Escola da Magistratura do Estado do Rio de Janeiro). Doutorando em direito processual (PUCMINAS). Membro do Instituto Brasileiro de Direito Processual, do Instituto Ibero-americano de Direito Processual e da Associação Internacional de Direito Processual.

2 Tratei do tema ainda antes da entrada em vigor do CPC/2015, em texto que nesta oportunidade revisito e amplio. Consulte-se CÂMARA, Alexandre Freitas. *Novo CPC reformado permite superação de decisões vinculantes*. *In*: http://www.conjur.com.br/2016-fev-12/alexandre-camara-cpc-permite-superacao-decisoes-vinculantes, publicado em 12/02/2016.

3 Basta lembrar da Lei nº 5.925/1973, que alterou diversos dispositivos do CPC/73 antes de sua entrada em vigor.

para aguardar a prolação de acórdão paradigma quando se trate de recursos repetitivos; selecionar o recurso como representativo da controvérsia; ou realizar o juízo de admissibilidade e, caso positivo, remeter o recurso ao Supremo Tribunal Federal ou ao Superior Tribunal de Justiça.

Segundo o novo texto, caso se verifique que a decisão recorrida foi proferida em conformidade com um padrão decisório (como seria uma decisão prolatada no julgamento de REsp ou RE repetitivo),[4] deverá o recurso ser declarado inadmissível (art. 1.030, I, *a* e *b*). E desta decisão caberá *apenas* agravo interno para o Plenário ou Órgão Especial do próprio tribunal (artigo 1.030, § 2°). Pode parecer, então, que estaria bloqueado o acesso ao STF ou STJ. Em outros termos, havendo padrão decisório, e tendo a decisão sido proferida em conformidade com ele, não se poderia levar a mesma questão ao tribunal superior que o estabeleceu.

Mas se assim é — e se, portanto, aqueles tribunais de superposição só examinarão cada uma das questões que lhe são submetidas *uma única vez* —, ter-se-á um sistema em que decisões vinculantes não são passíveis de superação (afinal, só o tribunal de onde se origina o precedente tem competência para, revendo a tese, superar o padrão decisório anteriormente estabelecido). Se só o tribunal que proferiu a decisão que serve como precedente pode superá-lo, e não se lhe pode mais levar a mesma questão, então não haveria meios para promover a superação. Haveria um *engessamento do direito* inaceitável. Mas por ser a evolução do Direito um fenômeno que lhe é conatural, então é preciso verificar como se daria a superação do padrão decisório vinculante.[5]

---

4 Usa-se, aqui, a expressão "padrão decisório" como gênero, capaz de englobar duas espécies (precedentes e enunciados de súmula), nos termos em que a mesma expressão aparece no § 5º do art. 966 do CPC, incluído no CPC pela mesma Lei nº 13.256/2016 de que aqui se trata.

5 Vale recordar, aliás, que mesmo na tradição do *common law*, em que a vinculação a precedentes é notória, já se pôde afirmar que "mudança e estabilidade devem coexistir" (no original: "change and stability may coexist"). Confira-se KOCOUREK, Albert; KOVEN, Harold. *Renovation of the common law through stare decisis. In*: Illinois Law Review, vol. XXIX, 1935, n. 8, pág. 971. Vale aqui, ainda, recordar a advertência de Dierle Nunes, Alexandre Freire, Daniel Polignano Godoy e Danilo Corrêa Lima de Carvalho, para quem "o posicionamento absolutamente restritivo que os Tribunais vêm adotando em relação à recorribilidade das decisões proferidas em consonância com os paradigmas firmados tende a 'engessar' o direito, praticamente suprimindo a possibilidade de que discussões sobre teses jurídicas já decididas cheguem às instâncias superiores, mesmo diante de circunstâncias que aconselhem a superação do precedente ou a sua não aplicação ao caso concreto (distinção), em razão de peculiaridades essenciais". Confira-se, então, NUNES, Dierle; FREIRE, Alexandre; GODOY, Danilo Polignano; CARVALHO, Danilo Corrêa Lima de. *Precedentes: alguns problemas na adoção do* distinguishing *no Brasil. In*: Revista Libertas, UFOP, v. 1, n. 1, 2013, pág. 21.

Uma primeira solução seria afirmar que, estabelecido um padrão decisório, ele só poderia ser alterado por via legislativa. Em outros termos, seria preciso que se editasse novo ato normativo, revogador daquele que serviu de base para o padrão decisório, para que se pudesse ter uma nova norma jurídica, distinta da construída quando da formação do precedente. Esta solução, porém, não é (não pode ser) adequada. É que, assim, se estaria a atribuir aos padrões decisórios originários do STF e do STJ uma força que nem textos constitucionais têm: imunidade a mudanças interpretativas.

É preciso, então, encontrar elementos que permitam construir meios para viabilizar o acesso aos tribunais de superposição e provocar o reexame dos padrões decisórios, a fim de permitir sua superação e a consequente evolução da interpretação. A não ser assim, seria preciso reconhecer que o direito brasileiro construiu um mecanismo de fechamento argumentativo incompatível com a Democracia.[6]

Será que o fato de já ter o STF ou o STJ se pronunciado sobre a matéria deve ser capaz de impedir que a mesma questão volte a ser suscitada, de modo a fazer com que a corte *nunca mais* se pronuncie? Imagine-se em que mundo se viveria hoje se a Suprema Corte dos EUA, por já se ter pronunciado em *Plessy v. Ferguson*,[7] não pudesse ter superado seu precedente: jamais teria sido proferida a decisão de *Brown v. Board of Education of Topeka*.[8]

O texto reformado, é certo, estabelece que contra a decisão que declara inadmissível o REsp ou RE por estar a decisão recorrida em conformidade com padrão decisório anteriormente fixado é cabível *apenas* agravo interno (art. 1.036, §3°). Não se pode, porém, interpretar esse dispositivo literalmente.

Em primeiro lugar, é o próprio novo CPC que estabelece, de forma expressa, que são admissíveis embargos de declaração contra qualquer decisão (art. 1.022). Se os embargos de declaração podem ser opostos contra qualquer decisão, então são cabíveis contra a que declara inadmissível o REsp ou RE. E tinha de ser assim, já que tal decisão pode conter algum dos vícios que através dos embargos de declaração são corrigidos. Tenha-se claro, então, que apesar

---

6 "É bastante claro (ao menos na *common law* não há dúvidas) que os precedentes significam o princípio e não o fechamento da discussão trazida a juízo" (BAHIA, Alexandre Gustavo Melo Franco; SILVA, Diogo Bacha e. *O novo CPC e a sistemática dos precedentes: para um viés crítico das reformas processuais*. *In*: Direito, Estado e Sociedade, n. 46, 2015, pág. 52. É que, como afirma Edward D. Re, "o caso decidido estabelece um *princípio*, e ele é na verdade um *principium*, um começo, na verdadeira acepção etimológica da palavra" (RE, Edward D. *Stare decisis*. Trad. bras. de Ellen Gracie Northfleet, *in*: Revista de Informação Legislativa, n. 122, 1994, pág. 282).

7 163 US 537 (1896).

8 347 US 483 (1954).

do texto reformado, contra a decisão que declara inadmissível o recurso excepcional são cabíveis embargos de declaração *e* agravo interno.

O agravo será apreciado pelo Pleno ou pelo Órgão Especial do tribunal a que esteja vinculado o presidente ou vice prolator da decisão recorrida. Inadmissível o agravo interno, estará preclusa a questão da inadmissibilidade do recurso excepcional. Provido o agravo interno, o recurso excepcional estará admitido e será encaminhado ao STJ ou ao STF, conforme o caso.

Fica o problema quando ao agravo interno se nega provimento. Neste caso, estar-se-á a dizer que a decisão contra a qual se interpôs o recurso estava, realmente, em conformidade com o padrão decisório anteriormente estabelecido pelo STJ ou pelo STF e, pois, foi correto o pronunciamento que declarou inadmissível o recurso interposto. Pois é neste caso que parece fechado o acesso ao tribunal de superposição e, portanto, à superação do padrão decisório. Ter-se-ia, aí, então, fixado um entendimento "eterno", imutável, quase como a dizer que a eficácia do precedente é algo equivalente a uma coisa soberanamente julgada. Assim, porém, não se pode entender.

Vale aqui recordar, antes de tudo, que esse julgamento é um acórdão que, proferido em última instância, pode ser impugnado por REsp ou por RE. Entendimento diverso contraria o disposto nos arts. 102, III e 105, III, CF.

Pois aqui está a solução: interposto REsp ou RE contra decisão conforme com padrão decisório *ao fundamento de existir motivo para sua superação*, deve-se admitir o recurso.[9] E no caso de não ser o recurso admitido, o que se terá a fazer será percorrer caminho mais longo para chegar ao tribunal de superposição: interpor o agravo interno e submeter a questão ao Pleno ou ao Órgão Especial do tribunal de origem. Caso este não proveja o agravo, interpor novo recurso (REsp ou RE), para fazer com que a matéria chegue ao STJ ou ao STF.

Surge aqui, porém, questão relevante: qual seria o fundamento da interposição do novo REsp ou RE? Qual o dispositivo constitucional (no caso do RE) ou infraconstitucional (no caso do REsp) contrariado pela decisão que declara inadmissível recurso excepcional por ter sido interposto contra decisão proferida em conformidade com padrão decisório?

Tudo que aqui se sustenta só faz sentido quando o recurso tiver sido interposto com a expressa afirmação da existência de fundamento para superar pa-

9 A admissão do recurso, no caso, dependerá, evidentemente, do preenchimento de todos os demais requisitos de admissibilidade. Além disso, deve-se exigir que o recorrente expressamente indique que busca, com seu recurso excepcional, a superação do padrão decisório anteriormente estabelecido, com a precisa indicação do fundamento novo, ainda não analisado, que pretende submeter ao Tribunal de Superposição. Neste caso, segundo o que aqui se sustenta, o recurso excepcional é admissível, ainda que a decisão recorrida esteja em conformidade com padrão decisório anteriormente estabelecido.

drão decisório. Recursos que se limitam a reproduzir argumentos já rejeitados devem mesmo ser inadmitidos, e os processos em que interpostos não devem subir ao STJ ou ao STF (que já rejeitou expressamente os fundamentos neles deduzidos). O que se impõe é a existência de mecanismos para superação de precedentes, a fim de evitar o engessamento das interpretações, e não eternizar a nefasta prática de permitir que tudo vá aos tribunais de superposição, como se fossem instâncias ordinárias.[10]

Volte-se ao ponto: qual teria sido a norma constitucional ou infraconstitucional violada, capaz de permitir a interposição de RE ou REsp contra acórdão do Pleno ou do Órgão Especial que nega provimento ao agravo interno interposto contra decisão que deixou de admitir recurso excepcional por estar a decisão recorrida em conformidade com padrão decisório?

Examine-se primeiro o caso do REsp. O novo CPC cria um microssistema de solução de casos repetitivos,[11] formado pelo Incidente de Resolução de Demandas Repetitivas (IRDR) e pelos recursos repetitivos, cujas disposições devem ser interpretadas em conjunto. Neste sentido, o enunciado 345 do Fórum Permanente de Processualistas Civis (FPPC): "O incidente de resolução de demandas repetitivas e o julgamento dos recursos extraordinários e especiais repetitivos formam um microssistema de solução de casos repetitivos, cujas normas de regência se complementam reciprocamente e devem ser interpretadas conjuntamente". Existe, ainda, no novo CPC, um microssistema de formação de precedentes (enunciados 459 e 460 do FPPC). Resulta daí que as disposições do novo CPC acerca de cada integrante desses microssistemas são supletivamente aplicáveis aos demais.

O IRDR e o IAC integram, juntamente com os recursos repetitivos, o microssistema de formação dos precedentes. E o IRDR compõe, ao lado dos recursos repetitivos, o microssistema do julgamento de casos repetitivos. É preciso, então, examinar a comunicação entre as disposições relativas àqueles incidentes e os recursos excepcionais.

Pois o novo CPC estabelece que os padrões decisórios fixados a partir do IRDR e do IAC são dotados de eficácia vinculante, "salvo revisão da tese".

---

10 De outro lado, não se trata aqui do caso em que se pretenda fazer uso do recurso especial ou extraordinário para realização de distinções. É que a situação aí é completamente diferente e, pelo menos na maioria dos casos, o recurso esbarraria na impossibilidade de manejo dessas vias processuais para reapreciação de matéria fática, o que é quase inevitável quando se cogita da distinção.

11 Reconhecendo este microssistema, NUNES, Dierle. *O IRDR do Novo CPC: este 'estranho' que merece ser compreendido*. *In*: http://justificando.cartacapital.com.br/2015/02/18/o-irdr-novo-cpc-este-estranho-que-merece-ser-compreendido/, acesso em 06/02/2016).

É o que se vê no art. 947, § 3° e no art. 985, II, sendo o art. 986 expresso em afirmar que a revisão da tese compete ao mesmo tribunal que produziu o padrão vinculante.

Tudo isso se aplica aos julgamentos de recursos repetitivos e aos padrões decisórios ali estabelecidos. Não pode haver dúvida de que só STF e STJ são competentes para rever as teses fixadas nos padrões decisórios estabelecidos em seus julgados, os quais só terão eficácia vinculante até que ocorra a revisão da tese. E se assim é, impõe-se reconhecer a existência de mecanismos que permitam o acesso àqueles tribunais para viabilizar tal revisão.[12]

Deste modo, o pronunciamento que declara inadmissível REsp ou RE por estar a decisão recorrida em conformidade com padrão decisório em caso no qual o recorrente tenha expressamente deduzido fundamentos destinados a suscitar a superação do precedente contraria o disposto nos arts. 947, § 3°, 985, II, e 986 do novo CPC, na sua aplicação supletiva aos recursos excepcionais. Neste caso, inadmitido o recurso originariamente interposto, e esgotadas as instâncias ordinárias, será cabível novo REsp (que, não sendo repetitivo, não se submete à regra que impede a subida de recursos que versem sobre matéria já apreciada pelo tribunal de superposição).

Agora é preciso identificar a norma constitucional violada nesse mesmo caso. Há, na hipótese, violação ao *caput* do artigo 102 da CF, por força do qual incumbe ao STF o papel de guardião da Constituição,[13] em razão do qual ao STF incumbe promover a evolução interpretativa da Constituição, evitando o engessamento do direito. A não se entender assim, ter-se-á de considerar que o novo CPC reformado retira do STF seu papel de atribuidor de sentidos aos

---

12 Vale recordar a lição de Burton, falando sobre *stare decisis* e *overruling* (em tradução livre): "Ambos são vitais para o sistema jurídico. Stare decisis alimenta unidade, estabilidade e igualdade ao longo do tempo. Overruling habilita as cortes supremas a corrigir seus erros passados e a adaptar o direito às circunstâncias cambiantes. Sem uma teoria sólida do overruling, resulta um paradoxo: uma corte suprema deverá seguir seus precedentes mas, em qualquer caso, pode superá-los. Isto é, uma corte suprema deve seguir seus precedentes, só que não precisa. Este paradoxo habilita cortes supremas a pegar e escolher o direito que os vincula. Ele tolera um direito incoerente e não confiável, com julgamentos orientados para o resultado, e, pelo menos, na Suprema Corte dos EUA, jurisdição constitucional ilegítima" (BURTON, Steven J., *The conflict between stare decisis and overruling in constitutional adjudication. In*: Cardozo Law Review, vol. 35, pág. 1.688).

13 O próprio STF, em publicação eletrônica denominada *A Constituição e o Supremo*, ao indicar decisões judiciais em que se interpretou o *caput* do art. 102 da Constituição da República, enumera alguns acórdãos em que a Corte se proclamou "guardiã da Constituição" (acesso em 06/02/2016).

dispositivos constitucionais.[14] E isto impediria o Supremo de contribuir para a evolução do direito. Basta pensar nos casos em que o STF modificou sua interpretação acerca de dispositivos constitucionais (*por exemplo*, a mudança de orientação acerca dos efeitos do julgamento do mandado de injunção). Pois não se pode considerar compatível com a Constituição uma interpretação do texto reformado do novo CPC que bloqueie o acesso ao STF pelo fato de já ter o Tribunal se manifestado uma vez sobre certa questão constitucional.

É o caso, então, de dar-se ao novo texto do novo CPC *interpretação conforme a Constituição*, para considerar que, no caso do RE, só pode haver vedação de acesso ao STF quando o recorrente não tiver expressamente suscitado ser caso de superação do padrão decisório, com a dedução de argumentos novos. E, quando se inadmitir o RE, será então cabível novo RE, por violação do art. 102, *caput*, da CF. Este novo RE, evidentemente, não terá caráter repetitivo e, por isso, não se poderá inadmiti-lo pelos mesmos fundamentos do recurso anterior.

Tenha-se claro este ponto: o novo recurso, interposto contra o acórdão que julga o agravo, não se submete ao regime dos recursos repetitivos. É que nele se terá necessariamente suscitado questão nova, ainda não submetida ao tribunal de superposição. E se a questão é nova, inédita, não é repetitiva. Assim, no caso do RE, incidirá o art. 1.030, V, *a*, do novo CPC reformado e, positivo o juízo de admissibilidade, o recurso deverá ser encaminhado ao STF para verificação da existência de repercussão geral do novo fundamento suscitado. De outro lado, no caso do REsp, este deverá ser — se positivo o juízo de admissibilidade — remetido ao STJ para exame do REsp, que não terá, como visto, caráter repetitivo.

Aliás, é preciso deixar bastante claro este ponto: se a superação do entendimento fixado em um padrão decisório só pode ser realizada pelo próprio Tribunal que o estabeleceu, então é preciso que no caso de se ter inadmitido recurso especial (pelo acórdão que nega provimento ao agravo interno contra a decisão de inadmissão do recurso) haja um mecanismo que permita levar o caso ao STJ. Do mesmo modo, inadmitido o recurso extraordinário, é preciso admitir-se a existência de um mecanismo capaz de levar a causa ao STF. É isto que justifica a construção aqui apresentada. É que se não for assim, e se con-

14 Tenha-se claro, porém, que não se adere aqui a uma visão realista do Direito, isto é, não se busca aqui afirmar algo como "a Constituição é aquilo que o STF afirma que ela é". O que se sustenta é que *também* ao STF incumbe atuar na construção dos sentidos da Constituição da República, e seus pronunciamentos, diferentemente dos pronunciamentos de outros intérpretes, são finais.

siderar que contra o acórdão que nega provimento ao agravo interno julgado pelo Plenário ou pelo Órgão Especial do tribunal de origem só poderia ser cabível um novo recurso especial, só se teria a solução para metade do problema, já que os padrões decisórios estabelecidos pelo STF jamais poderiam ser por ele próprio revistos. Daí a razão – perdoe-se a insistência – para afirmar que no caso de não se ter admitido recurso especial será possível a interposição de novo REsp, e no caso de não se ter admitido recurso extraordinário será possível interpor-se novo RE.

Considere-se, por fim, que o STF e o STJ, no exercício de suas competências constitucionalmente fixadas, são tribunais que julgam *causas*. Em outros termos, a eles cabe julgar casos concretos, concretizando o Direito nesses casos. Não são eles *tribunais de teses*, destinados tão somente a fixar em abstrato a interpretação dos textos normativos. Isto é incompatível, *data venia*, com a Constituição da República.[15] E no exercício de sua competência de julgar causas é que o Supremo Tribunal Federal e o Superior Tribunal de Justiça terão de verificar se os padrões decisórios anteriormente fixados não precisam ser revistos. Afinal, é no caso concreto que o Direito existe e se realiza. E se assim é, apenas diante de casos concretos é que o STF e o STJ poderão verificar se não teria chegado o momento de reconhecer que um padrão decisório anteriormente estabelecido não deveria ser superado, para que o Direito possa evoluir sempre, cumprindo seu papel de construtor de uma sociedade cada vez melhor e mais justa.

Fica, assim, demonstrada a ideia que se pretendia aqui comprovar: não obstante a reforma do novo CPC, é assegurada a possibilidade de revisão das teses, impedindo-se engessamento interpretativo incompatível com um sistema de padrões decisórios que se pretenda implantar em um ordenamento compatível com o Estado Democrático de Direito. Afinal, o Estado Democrático de Direito é o paradigma a partir do qual todo o sistema jurídico deve ser compreendido. Ou não haveria sentido na afirmação contida no texto normativo do art. 1º da Constituição da República.

---

15 Em seu discurso de posse na Presidência do STJ, a Ministra Laurita Vaz afirmou que estaria a haver um "claro desvirtuamento da função institucional do STJ – que hoje se ocupar muito mais em resolver casos do que teses", o que estaria a provocar "irreparáveis prejuízos à sociedade" (VAZ, Laurita. *Discurso de posse da Ministra Laurita Vaz no cargo de Presidente do Superior Tribunal de Justiça.* Disponível em http://s.conjur.com.br/dl/posse-stj-laurita--vaz-defende-rigoroso.pdf, acesso em 12/01/2017). Com todas as vênias devidas à Min. Laurita Vaz, magistrada que merece todo respeito e admiração, e a quantos mais defendam este mesmo entendimento, mas é preciso ter claro que tribunais, no exercício da função jurisdicional, julgam *casos*, e não teses.

Referências bibliográficas

BAHIA, Alexandre Gustavo Melo Franco – *O novo CPC e a sistemática dos precedentes: para um viés crítico das reformas processuais* (em cooperação com SILVA, Diogo Bacha e). *In*: Direito, Estado e Sociedade, n. 46, 2015.

BURTON, Steven J. – *The conflict between stare decisis and overruling in constitutional adjudication*. *In*: Cardozo Law Review, vol. 35.

CÂMARA, Alexandre Freitas – *Novo CPC reformado permite superação de decisões vinculantes*. *In*: http://www.conjur.com.br/2016-fev-12/alexandre-camara-cpc-permite-superacao-decisoes-vinculantes, publicado em 12/02/2016.

CARVALHO, Danilo Corrêa Lima de –*Precedentes: alguns problemas na adoção do* distinguishing *no Brasil* (em cooperação com NUNES, Dierle; FREIRE, Alexandre; GODOY, Danilo Polignano). *In*: Revista Libertas, UFOP, v. 1, n. 1, 2013.

FREIRE, Alexandre–*Precedentes: alguns problemas na adoção do* distinguishing *no Brasil* (em cooperação com NUNES, Dierle; GODOY, Danilo Polignano; CARVALHO, Danilo Corrêa Lima de). *In*: Revista Libertas, UFOP, v. 1, n. 1, 2013.

GODOY, Danilo Polignano –*Precedentes: alguns problemas na adoção do* distinguishing *no Brasil* (em cooperação com NUNES, Dierle; FREIRE, Alexandre; CARVALHO, Danilo Corrêa Lima de). *In*: Revista Libertas, UFOP, v. 1, n. 1, 2013.

KOCOUREK, Albert – *Renovation of the common law through stare decisis* (em cooperação com KOVEN, Harold). *In*: Illinois Law Review, vol. XXIX, 1935, n. 8.

KOVEN, Harold– *Renovation of the common law through stare decisis* (em cooperação com KOCOUREK, Albert). *In*: Illinois Law Review, vol. XXIX, 1935, n. 8.

NUNES, Dierle –*Precedentes: alguns problemas na adoção do* distinguishing *no Brasil* (em cooperação com FREIRE, Alexandre; GODOY, Danilo Polignano; CARVALHO, Danilo Corrêa Lima de). *In*: Revista Libertas, UFOP, v. 1, n. 1, 2013.

NUNES, Dierle – *O IRDR do Novo CPC: este 'estranho' que merece ser compreendido*. *In*: http://justificando.cartacapital.com.br/2015/02/18/o-irdr-novo-cpc-este-estranho-que-merece-ser-compreendido/, acesso em 06/02/2016).

RE, Edward D. – *Stare decisis*. Trad. bras. de Ellen Gracie Northfleet, *in*: Revista de Informação Legislativa, n. 122, 1994.

SILVA, Diogo Bacha e – *O novo CPC e a sistemática dos precedentes: para um viés crítico das reformas processuais* (em cooperação com BAHIA, Alexandre Gustavo Melo Franco). *In*: Direito, Estado e Sociedade, n. 46, 2015.

VAZ, Laurita. *Discurso de posse da Ministra Laurita Vaz no cargo de Presidente do Superior Tribunal de Justiça*. Disponível em http://s.conjur.com.br/dl/posse-stj-laurita-vaz-defende-rigoroso.pdf, acesso em 12/01/2017.

OS PRECEDENTES JUDICIAIS E SUA PUBLICIDADE PÓS CPC-2015

Dierle Nunes[1]

André Frederico de Sena Horta[2]

Sumário: 1 - Considerações iniciais. 2 - O problema da inadequada publicidade dos julgados e precedentes. 3 - Considerações finais.

1. Considerações iniciais

O processo constitucionalizado, pressuposto da compreensão de qualquer atividade de aplicação de direitos, prima pelo respeito a três dimensões, quais sejam, a participação efetiva de todos os sujeitos envolvidos, o diálogo genuíno entre os mesmos e, finalmente, o controle de suas atividades de modo a proporcionar uma *accountability (fiscalidade).*

Se excluirmos esta abordagem tridimensional o "processo" não servirá de contraponto ao exercício de poderes, deveres e ônus pelos sujeitos processuais e poderá servir como fonte de legitimação indevida de escolhas subjetivas (e enviesadas) do decisor ou de atividades estratégicas (abusivas) das partes.

Dentro deste pressuposto, uma das garantias de fiscalidade do sistema processual, ao lado do fundamentação, seguramente é a de devida publicidade de toda atividade processual, com ênfase para a decisória.

Este aspecto ganha especial destaque quando se percebe que um dos principais pilares do CPC-2015 é exatamente o de se construir um modelo

1 Doutor em direito processual (PUC-MG/Università degli Studi di Roma "La Sapienza"). Mestre em direito processual (PUC-MG). Professor permanente do PPGD da PUC-MG. Professor adjunto na PUC-MG e na UFMG. Secretário Adjunto do Instituo Brasileiro de Direito Processual. Membro fundador do ABDPC. Membro da International Association of Procedural Law, Instituto Panamericano de Derecho Procesal e Associação Brasileira de Direito Processual (ABDPRO). Diretor executivo do Instituto de Direito Processual – IDPro. Diretor do departamento de direito processual do IAMG. Membro da Comissão de Juristas que assessorou no Novo Código de Processo Civil na Câmara dos Deputados. Advogado.

2 Mestrando em Direito pela Faculdade de Direito da UFMG. Advogado.

deliberativo de formação e aplicação de precedentes sem o qual não seria possível a construção e a aplicação de uma jurisprudência coerente, íntegra e estável (art. 926).

Nesse desiderato, precisamos analisar nosso novo sistema dogmático em conformidade com as normas fundamentais processuais[3] constantes na Constituição da República e na nova lei, verificando o pano de fundo das reformas processuais que antecedeu o CPC-2015 e analisando os arts. 927, §5º e 979 do mesmo diploma legal de modo a de se discutir a necessidade de se garantir uma publicidade adaptável a esta nova realidade normativa que viabilize a aludida fiscalidade, além da transparência, essencial ao respeito da integridade do trato do direito jurisprudencial.

No entanto, vivenciamos uma tendência de "crença" que estes precedentes brasileiros (art. 927) poderiam cumprir um papel de fechamento argumentativo para os problemas trazidos nos processos, notadamente os idênticos, de modo a resolvê-los todos de forma quase mecânica, promovendo uma igualdade forçada e o "esvaziamento de escaninhos", dentro de uma pauta eminentemente utilitarista.

De outro lado, há de se perceber que uma decisão não se torna um verdadeiro precedente somente porque a lei atribuiu à mesma esta alcunha (art. 927) ou porque a mesma é fruto de um determinado procedimento (vide arts. 947, 976 *et seq* e 1036 *et seq*), pois a metodologia legislada deve ser somada ao conteúdo decisório que atendeu ao perfil deliberativo que permita extrair da decisão um pressuposto decisório convincente para os casos futuros, inclusive com extração de fundamentos determinantes na parte majoritária, sob pena de reduzirmos o que o CPC-2015 criou a um modelo metodológico de criação de padrões decisórios que devam ser mecanicamente reproduzidos nos casos repetitivos.

Para que os precedentes facilitem o uso dos aplicadores, não podemos reduzi-los a específicas metodologias, pois já se vivenciou no passado, a exemplo do período nazista, modelos de legitimação pelo procedimento. Aqui e agora, exige-se legitimação pelo devido processo constitucional em seus aspectos formal e material.[4]

---

3 Tratadas de modo extenuante em obra de fôlego: THEODORO JR, Humberto, NUNES, Dierle BAHIA, Alexandre, PEDRON, Flávio. *Novo CPC: fundamentos e sistematização.* 3ª Edição. Rio de Janeiro: GEN Forense, 2016.

4 Por isso, devemos levar em consideração a advertência de Taruffo ao salientar: "A maior utilização dos precedentes em qualquer sistema e o papel essencial que eles atingiram na prática judicial de todos os países são importantes fatores de mudança. Isto não quer dizer que as cortes tenham um poder ilimitados de criar o direito. É preciso compreender que,

Além disso, se o Estado Democrático de Direito impõe uma construção argumentativa das decisões judiciais e dadas as crises da legalidade e da noção de soberania no Estado Constitucional, com a inauguração de uma comunidade não apenas de regras como também de princípios, a diferença que marcou, especialmente do século XIX em diante, o comportamento do juiz em cada um dos sistemas - no *common law*, as regras eram buscadas no precedente; e no direito europeu-continental, na lei - é substancialmente reduzida, porque a aplicação de princípios, que exige a sua concretização e densificação à luz do caso concreto, demanda um processo rigorosamente idêntico em ambas as tradições.[5]

Desse modo, reunimos os três fatores que, a nosso ver, constituem as razões da aproximação entre as tradições[6] (sem completa equiparação) entre os sistemas jurídicos:

(I) os precedentes, nos países de *civil law*, desempenham importante função na formação de novas decisões e desenvolvimento do direito (atribuição de racionalidade e coerência);

(II) há uma tendente valorização das leis nos países de *common law*, ainda que elas se embasem em entendimentos extraídos do *case law*; e

(III) no marco do constitucionalismo contemporâneo, a importância cada vez maior de concretizar os princípios e interpretar as regras de acordo com eles.

No Brasil, apesar de se anunciar uma convergência de sistemas - por razões nem sempre corretas-, verifica-se, com frequência, uma deturpação da

---

mesmo nos sistemas de *civil law*, atualmente a interpretação dos códigos e dos estatutos é grandemente baseada nos precedentes que já interpretaram esses códigos e estatutos. Os precedentes se tornaram uma forma inevitável de 'concretização' de regras e princípios. Muitas situações relevantes são 'legalizadas' ou 'jurisdificadas' pelas cortes de acordo com os precedentes, e muitas questões jurídicas são decididas com base neles. A ideia de um verdadeiro conflito entre os precedentes e a lei perdeu completamente o sentido mesmo em sistemas de *civil law*. Ao contrário, precedentes são um constante e onipresente fator de interpretação judicial da lei." (Tradução livre) TARUFFO, Michele. *Institutional factors influencing precedents. In* Interpreting precedents: a comparative study. Edited by D. Neil MacCormick and Robert S. Summers, Aldershot: Ashgate, 1997. p.459.

5 BUSTAMANTE, Thomas da Rosa de. Teoria do Precedente Judicial: a justificação e a aplicação de regras jurisprudenciais. Editora Noeses: São Paulo, 2012, p. 116.

6 De acordo com MacCormick e Summers, "nenhuma ordem jurídica contemporânea é concebível se não se utilizar do dois métodos." Tradução livre de: "No contemporary legal order is conceivable that does not make large use of both". Por outro lado, os mesmos autores aduzem que, apesar disso, existem efetivas diferenças entre os sistemas jurídicos, dentre elas o modo como o precedente é percebido e utilizado à luz do Direito de cada país. MACCORMICK, Neil; SUMMERS, Robert S. *Introduction. In* Interpreting precedents: a comparative study. Edited by D. Neil MacCormick and Robert S. Summers, Aldershot: Ashgate, 1997, p. 5, 12.

utilização dos precedentes, pois se ignora, por exemplo, o método de sua elaboração (especialmente antes no Novo CPC) ou a sua finalidade, isto é, o precedente como meio de racionalização do sistema e exigência do princípio da segurança jurídica.

Apenas para ilustrar, são flagrantes as desonerações, por partes dos juízes e tribunais, quando da utilização de verbetes sumulares, pois isto se dá de forma absolutamente dissociada do contexto fático e jurídico que lhes é subjacente (algo agora normativamente dimensionado no §2º do art. 926). Não se pode, por exemplo, equiparar as súmulas dos tribunais superiores ao precedente; a diferença entre ambos pode ser resumida na seguinte frase, da lavra de Lenio Luiz Streck e de Georges Abboud: "*o precedente não cabe na súmula*"[7].

Como pondera Leonard Ziesemer Schmitz acerca do ementismo: "o reflexo mais pernicioso da propagação da cultura de ementas é a formação de um ciclo vicioso: se os tribunais superiores ditam os rumos do Direito, desde as Universidades até a vida prática do jurista será pautada em reproduzir o que aquelas cortes têm como "interpretação correta" de determinada questão jurídica. O espaço argumentativo para novas possibilidades hermenêuticas é praticamente nulo."[8]

O que sobressai no discurso brasileiro – perceptível na interpretação que alguns ofertam às reformas de valorização das decisões judiciais – é a crença no poder do texto (ressurgimento de uma Escola da Exegese),[9] a utilização da jurisprudência e dos precedentes como forma de redução quantitativa de litígios e de sumarização da cognição, e a aplicação mecânica de paradigmas decisionais, bastando uma verificação *superficial* de semelhanças entre o caso concreto e determinado paradigma – o que não se verifica na Inglaterra e nos Estados Unidos.[10]

---

7 STRECK, Lenio Luiz. ABBOUD, Georges. O que é isto – o precedente judicial e as súmulas vinculantes? 2ª ed., rev., atual., Livraria do Advogado: Porto Alegre, 2014, p. 84.

8 SCHMITZ, Leonard Ziesemer. Ementa. Função Indexadora. (Ab)uso Mecanizado. Problema Hermenêutico. WAMBIER, Teresa Arruda Alvim; NUNES, Dierle; MENDES, Aluisio. *Direito Jurisprudencial.* São Paulo: Revista dos Tribunais. Volume 3, 2016.

9 Theodoro Júnior, Humberto; Nunes, Dierle; Bahia, Alexandre. *Breves considerações da politização do judiciário e do panorama de aplicação no direito brasileiro – Análise da convergência entre o civil law e o common law e dos problemas da padronização decisória. Revista de Processo,* vol. 189, p. 3, São Paulo: Ed. RT, nov. 2010.

10 SILVA, Diogo Bacha e. Ativismo Judicial no controle de constitucionalidade: a transcendência dos motivos determinantes e a (i)legítima apropriação do discurso de justificação pelo Supremo Tribunal Federal. Pouso Alegre/MG, Dissertação de mestrado, Faculdade de Direito do Sul de Minas, 2012, p. 114.

Há, pois, muito que se aprender com os precedentes[11], principalmente sobre sua produção e funcionalidade, a fim de evitar que sejam utilizados de modo superficial em nosso Direito. A mera criação de técnicas que coloquem os precedentes e as decisões judiciais em destaque não nos livra desse risco, pelo contrário, pois o coloca em maior evidência, principalmente quando nos atentamos para a prática de nossos tribunais: uma aplicação mecânica e rasa de decisões, sem uma análise apropriada das circunstâncias fáticas e, mais importante, de uma argumentação democraticamente adequada.

2. O problema da inadequada publicidade dos julgados e precedentes

Na tradição do *common law*, já se percebeu há muito[12] a necessidade de se ofertar a devida publicidade às suas decisões mediante a consolidação de relatórios (*reports*) hábeis a dar conhecimento de seu teor à comunidade jurídica, e prioritariamente dos fundamentos daquelas decisões para a consolidação de uma teoria dos precedentes obrigatórios.

Dentro desta temática, notícia[13] divulgada pelo STJ revela que esse tribunal reformulou e disponibilizou uma nova página de recursos repetitivos com a nítida pretensão de aprimorar a divulgação de seus "precedentes".[14]

Tal postura decorre do advento do CPC-2015 e da consolidação do já aludido modelo deliberativo de formação e de aplicação de precedentes, no qual a publicidade vem encampada em seus aspectos mínimos por seu art. 979,[15]

---

11 Isto porque, "diferentemente do *civil law*, o *common law* deixou-nos como legado um rico conjunto de ferramentas metodológicas para interpretar e aplicar precedentes judiciais." BUSTAMANTE, Thomas. *Op. cit.*, p. 252.

12 Sobre a história dos *Law Reporting* dos séculos XIII a XX conferir HOLDSWORTH. W. *A history of English Law*. London: Sweet & Maxwell, 1927. No século XVIII tais relatórios deixaram de ser uma compilação privada e se tornou, paulatinamente, uma tarefa pública dos próprios tribunais com participação de experts (desde a fase dos *Authorized reports*). Pontue-se que durante muito tempo tais *reports* funcionavam como verdadeiros manuais da prática mediante a compilação por pessoas que assistiam aos julgamentos, mas sua mudança foi essencial para consolidação da força vinculante (*binding force*) do sistema inglês.

13 Link: http://www.stj.jus.br/sites/STJ/default/pt_BR/Comunicação/Not%C3%ADcias/Not%C3%ADcias/STJ-reformula-e-disponibiliza-a-sua-nova-página-de-recursos-repetitivos

14 Link: http://www.stj.jus.br/repetitivos/temas_repetitivos/

15 Art. 979. A instauração e o julgamento do incidente serão sucedidos da mais ampla e específica divulgação e publicidade, por meio de registro eletrônico no Conselho Nacional de Justiça. §1º Os tribunais manterão banco eletrônico de dados atualizados com informações específicas sobre questões de direito submetidas ao incidente, comunicando-o imediatamente ao

e em que tal divulgação torna-se capítulo extremamente delicado e essencial, pelo que elogiável a iniciativa do STJ, mas ainda insuficiente.

Isto porque, quando não se divulgam bem os precedentes como no sistema atual,[16] de modo a facilitar o acesso de seu teor a todos os profissionais, corre-se o risco, como alude Duxbury no sistema anglo-americano, de os precedentes serem utilizados como verdadeiros "precedentes-surpresa", provenientes de situações em que o julgador "saca" do banco de dados um julgado para dar fundamento à sua decisão que não foi devidamente publicizado à comunidade jurídica. Esse fenômeno, que deve ser enfrentado, é mais recorrente em países nos quais os meios de catalogação decisória impedem o conhecimento adequado do direito jurisprudencial pelos profissionais.

No novo sistema normativo, não se pode ignorar que o uso de precedentes dessa forma configurará nulidade da decisão, caso não precedido de alerta na

---

Conselho Nacional de Justiça para inclusão no cadastro. §2º Para possibilitar a identificação dos processos abrangidos pela decisão do incidente, o registro eletrônico das teses jurídicas constantes do cadastro conterá, no mínimo, os fundamentos determinantes da decisão e os dispositivos normativos a ela relacionados. §3º Aplica-se o disposto neste artigo ao julgamento de recursos repetitivos e da repercussão geral em recurso extraordinário.

16 De fato, até mesmo a própria divulgação pelo STF de suas decisões – desde as que não reconhecem a repercussão geral dos recursos extraordinários até as que julgam o seu mérito – é feita como se elas (decisões) pudessem ser reduzidas a temas – basta conferir os informativos de jurisprudência do citado tribunal. Esta confusão entre decisão jurisdicional e tema é tão grave que a admissão dos recursos extraordinários (para sua posterior análise pelos ministros) é feita por servidores despidos de poder jurisdicional e sem qualquer preocupação com, pelo menos, uma leitura atenta de cada peça. É o disposto na Portaria nº 138/2009, cuja finalidade é bem estabelecida em seu art. 1º, *in verbis*: "Determinar à Secretaria Judiciária que devolva aos Tribunais, Turmas Recursais ou Turma Nacional de Uniformização dos Juizados Especiais os processos múltiplos ainda não distribuídos relativos a matérias submetidas a análise de repercussão geral pelo STF, os encaminhados em desacordo com o disposto no § 1º do art. 543-B, do Código de Processo Civil, bem como aqueles em que os Ministros tenham determinado sobrestamento ou devolução." A análise da repercussão geral formal nos diversos recursos extraordinários interpostos constitui matéria de competência concorrente do STF e dos Tribunais de Justiças dos Estados e Tribunais Regionais Federais, enquanto que a repercussão geral material (a efetiva existência de questões de alta relevância) é privativa do STF. O preocupante é que a mencionada Portaria confere verdadeiros poderes decisórios a meros serventuários na averiguação da existência de repercussão geral nos recursos (considerados além do necessário para a representação da controvérsia), o que é atestado pela aposição de um carimbo na peça com a indicação de um número (cada tema teria um número específico), sem maiores indagações de adequação, o que, na prática, tem permitido até mesmo o reenvio do recurso para a instância de origem, a fim de que o Relator possa exercer o seu juízo de retratação, no momento oportuno, sem que qualquer ministro, juiz, ou mesmo um assessor tenha assumido formalmente a responsabilidade por esta decisão. Sobre o tema, cf. NUNES, Dierle; BUSTAMANTE, Thomas. MOREIRA, Ana Luisa de Navarro. Admissão de recursos: novo CPC exige reforma de norma do STF. Artigo publicado em 16 de maio de 2014, disponível no link <http://www.conjur.com.br/2014-mai-16/recurso-extraordinario-previsto-cpc-exige-reforma-norma-stf#_ftnref5_9662>.

fase preparatória, facultando-se às partes manifestação específica, nos termos dos arts. 10, 357, 933 e 1.037.

Essa questão ganha maior relevância no atual sistema (pós-CPC-2015), pois, a ausência de acesso adequado ao teor dos precedentes poderia, por exemplo, levar, o advogado a não se atentar ou não levar a sério importantes pronunciamentos judiciais carentes de divulgação adequada (notadamente os prescritos pelo art. 927[17]), prejudicado a formulação prévia de argumentos de distinção ou de superação. Ao contrário, submete-se o advogado e à parte ao enorme perigo de serem surpreendidos por uma sentença liminar de improcedência do pedido (art. 332), e a mesma espécie de risco afeta situações similares, a exemplo do que ocorre nas decisões liminares do sistema recursal (art. 932, IV e V), entre inúmeras outras hipóteses.

Além disso, é importante perceber que a divulgação dos precedentes não é relevante apenas no contexto processual. Os precedentes judiciais criam expectativas normativas para os jurisdicionados, que passam a confiar que o seu comportamento será juridicamente valorado segundo as leis e a interpretação que os Tribunais fazem dessas leis:

> No Direito, usamos duas noções de tempo diferentes. O tempo do relógio e sua contagem de maneira unidimensional. E, no sistema jurídico, falamos ainda de tempo autêntico, multidimensional, que mescla passado, presente e futuro em suas operações internas. Se as decisões judiciais se voltam precipuamente para o *input* (passado) do sistema, trabalham - por meio das leis, dos precedentes e da Dogmática - as informações seletivamente, através de conceitos mais universalísticos e de tipos (quer sejam conceitos cerrados ou tipos propriamente ditos), técnica a partir da qual elas envolvem o futuro, possibilitando a extensão das decisões a partes desconhecidas, em casos ainda não ocorridos. As decisões, sobretudo, permitirão prever as decisões futuras, internas ao sistema, formando-se expectativas normativas, o que significará mais segurança, mais confiança em um sistema próprio das sociedades de alto risco (com isso, mais risco será possível suportar).[18]

---

17 Art. 927. Os juízes e os tribunais observarão: I - as decisões do Supremo Tribunal Federal em controle concentrado de constitucionalidade; II - os enunciados de súmula vinculante; III - os acórdãos em incidente de assunção de competência ou de resolução de demandas repetitivas e em julgamento de recursos extraordinário e especial repetitivos; IV - os enunciados das súmulas do Supremo Tribunal Federal em matéria constitucional e do Superior Tribunal de Justiça em matéria infraconstitucional; V - a orientação do plenário ou do órgão especial aos quais estiverem vinculados. [...]

18 DERZI, Misabel Abreu Machado. Modificações na jurisprudência: proteção da confiança, boa-fé objetiva e irretroatividade como limitações constitucionais ao poder judicial de tributar. São Paulo: Noeses, 2009, p. 219.

Nessa linha de raciocínio, a ampla divulgação dos precedentes é condição imprescindível para a formação de expectativas normativas e para a promoção da confiabilidade do jurisdicionado nos Tribunais, de modo a possibilitar que as pessoas em geral tomem conhecimento do conteúdo dos precedentes e possam planejar e projetar suas vidas segundo o que os Tribunais devem decidir de forma estável, coerente e íntegra.

O precedente judicial e a argumentação jurídica pautada no Direito jurisprudencial não pode se limitar ao processo judicial, que pressupõe a realização e concretização de atos e fatos ocorridos no passado, os quais serão julgados segundo o Direito vigente na época de sua ocorrência. É essencial que, nesse passado, o jurisdicionado tenha podido tomar conhecimento e compreender qual era a interpretação conferida pelo Judiciário às normas relevantes que incidiriam nos atos por ele praticados, caso contrário a aplicação do precedente continuará sendo utilizada como um argumento-surpresa, ainda que colocado em debate processual desde a fase de conhecimento, pois a decisão final sempre decide algo consolidado no passado, e não no momento de sua prolação.

Onde não há condição de conhecimento, não há efetiva liberdade para deliberação particular e informada, e o jurisdicionado poderá ser surpreendido por um precedente cuja existência lhe faltou, não por negligência ou ignorância censurável, mas por ausência de condições externas para tanto – nesse caso, dificilmente se poderão realizar distinções consistentes quando judicializado o conflito, o que reforça o argumento segundo o qual a divulgação de precedentes não é relevante e necessária apenas para que os advogados possam trabalhá-los desde a primeira oportunidade que lhes é facultada. Mas fosse razoavelmente possível o prévio conhecimento daquele precedente, os processos internos de deliberação teriam sido outros, ainda que para assumir um risco de forma consciente, legitimando democraticamente eventual debate judicial acerca da aplicabilidade desse ou daquele precedente ao caso concreto.

Em síntese, o precedente judicial não deve ser divulgado apenas para a comunidade de pessoas formadas em Direito (comunidade de especialistas) e que atuarão de modo técnico no processo: o precedente judicial deve ter como público alvo as pessoas em geral, o cidadão que diariamente realiza planos para sua vida, celebra negócios, pratica atos que interferirão na vida de outras pessoas, confia nas instituições públicas e que, por tudo isso, têm o legítimo direito de tomar prévio conhecimento do que é o Direito e de como ele é interpretado pelos Tribunais, sob pena de transformá-lo em um mero jogo de argumentos restrito aos magistrados, advogados e membros do Ministério Público e da Defensoria Pública, em absoluto prejuízo das pessoas, que não podem ser reduzidas a peças naquele obscuro e complexo jogo, ficando à mercê de quem tem o melhor argumento, quando deveriam ser capazes de se colocarem como verdadeiros participantes do Direito.

Em assim sendo, percebe-se que a adoção de um sistema normativo de precedentes induz uma mudança brutal tanto da racionalidade de se decidir e de se postular, quanto no modo de se promover a publicidade dos julgados dos tribunais, mostrando a completa insuficiência de se divulgar prioritariamente (com destaque) as ementas, que possuem função eminentemente catalográfica e, com recorrência, não espelham os principais fundamentos decisórios dos arestos.[19]

Nesse sentido, com razão Leonard Schmitz pontua que: [20]

> Indexadores devem ser utilizados com cautela. É preciso percorrer os catálogos de decisões até encontrar uma que tenha sido escorada em fundamentos jurídicos aplicáveis como justificativa legitimadora da norma que está sendo construída para um caso concreto. E a mera leitura da ementa não entrega, desde logo, os fundamentos; apenas explicita as questões decididas no "precedente" que se quer invocar. Os enunciados e ementas precisam ser abordados como o símbolo de um passado a ser respeitado, nunca de um futuro ao qual ser submetido: A ementa de um julgado deve ser vista como não mais que um instrumento para proporcionar a catalogação da decisão nos repertórios jurisprudenciais, facilitando o acesso à informação nela contida.[...]O resumo catalográfico de um pronunciamento que conste do rol do art. 927 deve servir de convite para a leitura da íntegra dos votos que compõem o julgado. A ementa não pode, então, querer ter a pretensão de ser utilizada ela mesma. Nesse contexto, diante dos "precedentes" previstos no CPC/15, a função do ementário de jurisprudência fica ainda mais claramente relegada à indexação e facilitação de busca através dos mecanismos virtuais de pesquisa de cada tribunal. Extrapolar esse caráter, e utilizar-se do texto da ementa em um julgado, representa no CPC/15 uma impropriedade muito maior do que já o era no código revogado. [...] Se as ementas, e bem assim as súmulas, são indexadas (isto é, redigidas) tendo em vista o que foi *pedido* e *julgado*, e não com foco na *causa de pedir* e no *fundamento* da decisão, a busca por uma *ratio decidendi* jamais será possível pela mera pesquisa de jurisprudência catalogada. Assim como pelo título do presente artigo o leitor consegue ter apenas uma vaga ideia

---

19 Sobre isso ver, *e.g.*, NUNES, Dierle; BAHIA, Alexandre. Precedentes no CPC-2015: *por* uma compreensão constitucionalmente adequada do seu uso no Brasil. Revista do Ministério Público do Estado do Rio de Janeiro, Rio de Janeiro, n. 57, p. 17-52, jul./set. 2015. Artigo disponível no seguinte endereço eletrônico: http://bdjur.stj.jus.br/jspui/bitstream/2011/98634/precedentes_compreensao_constitucionalmente_nunes.pdf.

20 SCHMITZ, Leonard Ziesemer. Ementa. Função Indexadora. (Ab)uso Mecanizado. Problema Hermenêutico. WAMBIER, Teresa Arruda Alvim; NUNES, Dierle; MENDES, Aluisio. *Direito Jurisprudencial*. São Paulo: Revista dos Tribunais. Volume 3, 2016.

a respeito do que será abordado (e apenas a leitura integral pode fornecer elementos sobre seu conteúdo), os enunciados apresentam tão somente a casca daquilo que é a jurisprudência; para conhecê-la, não basta contentar-se com a aparência. Direito jurisprudencial, assim, é tema que exige uma caminhada (hermenêutica) firme, mas sem pressa e sem superficialidade.

Pontue-se que edição da resolução 256 pelo CNJ em 13.07.2016 representa uma tentativa de aprimoramento no sistema de publicidade dos julgados, inclusive com a indicação da necessidade de se franquear acesso as peças dos autos dos processos paradigmas.[21]

No entanto, cremos que o trato da temática exija uma abordagem bem mais aprofundada e que permita aos profissionais o conhecimento adequado das decisões e de seus fundamentos determinantes, para além do ementismo que impera em nossa praxe.

3 Considerações finais

Há bons anos, vêm sendo denunciados os problemas provenientes do desconhecimento do modo como os Tribunais decidem:[22] não é incomum, numa mesma Câmara ou Turma de um tribunal, encontrar-se decisões díspares sobre o mesmo tema, chegando-se ao absurdo de o mesmo julgador, na condição de relator (ou vogal), proferir decisões diferentes em casos idênticos, inclusive na mesma sessão de julgamento.

Todo esse quadro seria sensivelmente reduzido se houvesse uma mudança real do uso da publicidade das decisões judiciais na qual se ofertasse, de modo temático, a cadeia de decisões do tribunal sobre determinado assunto; desde o seu primeiro julgado (*leading case*), de modo que se indicassem, além da ementa, os argumentos suscitados pelas partes, os fundamentos determinantes, os dispositivos normativos a ela relacionados e as questões e teses enfrentadas no pronunciamento. Para o sucesso de um trabalho dessa magnitude,

---

21 O art. 8º da aludida resolução prevê: "O STJ, o TST, o TSE, o STM, os Tribunais de Justiça dos Estados e do Distrito Federal, os Tribunais Regionais Federais e os Tribunais Regionais do Trabalho manterão, na sua página na internet, banco de dados pesquisável com os registros eletrônicos dos temas para consulta pública com informações padronizadas de todas as fases percorridas dos casos repetitivos. Parágrafo único. O banco de dados previsto no caput conterá, no mínimo, as informações previstas no Anexo I desta Resolução e deverá permitir a consulta das peças eletrônicas dos processos paradigmas essenciais à compreensão da questão discutida e da tese firmada." Acessível em: http://www.cnj.jus.br/busca-atos-adm?documento=3155

22 http://www.conjur.com.br/2012-out-24/dierle-nunes-aos-tribunais-atribuida-forma-julgamento

seriam necessários profissionais capacitados que conseguissem criar técnicas de extração dos julgados das reais razões utilizadas pelos sujeitos processuais, e o CNJ poderia conduzi-lo criando objetivos qualitativos e quantitativos e estabelecendo um método para assegurar sua eficiência.

A simples compilação das decisões, com acesso ao inteiro teor (quase não consultado por parcela considerável dos aplicadores), a partir de critérios de palavras-chave (decisor, órgão julgador, temas etc.), sem se esmiuçar as questões que foram objeto de apreciação e sem se facilitar o acesso a toda a cadeia decisória proferida (salvo mediante uma pesquisa extenuante no *site* do tribunal) dificulta sobremaneira o cumprimento do comando prescrito no art. 926,[23] do CPC-2015, por ser necessário um esforço hercúleo e extremamente técnico (o que exclui a maior parte da população) para se conhecer a história institucional daquele tribunal ao julgar no passado questões análogas, sem desprezar que a tarefa do julgador não é menos espinhosa para cumprir o disposto no art. 489, §1°, V e VI.[24]

É imperativo perceber que só conseguiremos suplantar a barreira institucional de efetivo respeito dos comandos do Novo CPC se percebermos, desde já, que, sozinho, não terá o condão de criar um modelo deliberativo de formação e aplicação dos precedentes, corrigindo a jurisprudência lotérica que vige(ia) antes do sua entrada em vigor, sem que, antes, mudemos a própria deliberação decisória e o modo como os tribunais divulgam e compilam seus julgados.

A ausência de uma publicidade adequada torna cada vez real o risco de utilização de precedentes-surpresa, pois a dificuldade de pesquisa para acesso aos precedentes do art. 927, especialmente pelos números expressivos de processos que a justiça brasileira padece, continuará a ser uma constante.

Como contramedida ao uso de precedentes-surpresa, encobertos na ineficiência dos mecanismos de pesquisa e catalogação dos tribunais, o advogado deve defender a *nulidade decisória* por ocasião de sua aplicação com funda-

---

23 Art. 926. Os tribunais devem uniformizar sua jurisprudência e mantê-la estável, íntegra e coerente. §1° Na forma estabelecida e segundo os pressupostos fixados no regimento interno, os tribunais editarão enunciados de súmula correspondentes a sua jurisprudência dominante. §2° Ao editar enunciados de súmula, os tribunais devem ater-se às circunstâncias fáticas dos precedentes que motivaram sua criação.

24 Por isso mesmo, é de extrema relevância e lucidez a metáfora criada por Ronald Dworkin (em DWORKIN. *Uma Questão de Princípios*. São Paulo: Martins Fontes, 2005), acerca da figura do Romance em Cadeira (ou *Chain in Law*), na qual um conjunto de decisões do judiciário deve ser lido como um corpo coerente e íntegro de provimentos encadeados. Dessa forma uma lógica decisoria pode ser apreendida a partir de uma narrativa comum na qual cada magistrado se vincula ao esforço de promover uma sequência construtiva a partir de um diálogo com o passado.

mento na dimensão normativa prevista no art. 10[25] (que prescreve o contraditório como garantia de influência e não surpresa) e que estabelece ao magistrado o dever de provocar preventivamente o debate acerca de um fundamento decisório antes de usá-lo em seu pronunciamento. E não menos importante e independentemente desta dimensão normativa, cabe aos profissionais tornar sua pesquisa jurisprudencial mais sofisticada e profunda.

Pontue-se, assim, por derradeiro que se desejamos levar a sério todas as potencialidades de nosso novel modelo normativo de edição e aplicação de precedentes, tornar-se-á imperativo se implementar pelo CNJ e pelos Tribunais, entre outras medidas, uma mudança brutal da catalogação e da elaboração de relatórios jurisprudenciais, de modo a se criar, de fato, uma jurisprudência estável, coerente e íntegra disponível aos cidadãos em geral, que são os verdadeiros protagonistas na criação e no desenvolvimento do Direito.

25 cf. STRECK, Lenio; NUNES, Dierle; CUNHA, Leonardo; FREIRE, Alexandre. *Comentários ao Código de Processo Civil*. São Paulo: Saraiva, 2016; THEODORO JR., NUNES, BAHIA, PEDRON. *Novo CPC: fundamentos e sistematização*. 3ª Edição. Rio de Janeiro: GEN Forense, 2016.

A POLÊMICA ACERCA DA FORÇA VINCULANTE DOS PRECEDENTES JUDICIAIS

Délio Mota de Oliveira Júnior[1]

Sumário: 1 - Introdução. 2 - A doutrina do stare decisis. 3 - Os efeitos vinculante e persuasivo dos precedentes judiciais e a polêmica acerca da constitucionalidade da previsão vinculativa do juiz pelo Código de Processo Civil. 4 - Conclusão

1. Introdução

A teoria do *stare decisis*, que fundamenta o sistema dos precedentes judiciais, prevê a promoção da unidade do direito a partir do trabalho desenvolvido pelos juízes e tribunais. Contudo, "para que a unidade do direito seja promovida e para que o sistema jurídico se mantenha e desenvolva-se com observância da segurança jurídica, da igualdade e da coerência, é essencial que a doutrina organize um discurso jurídico a partir da decisão judicial capaz de assegurar a correta identificação e aplicação dos precedentes judiciais".[2]

O ordenamento jurídico brasileiro, visando a estabelecer a unidade do direito a partir dos precedentes judiciais, prevê que os tribunais devem uniformizar sua jurisprudência e mantê-la estável, íntegra e coerente (art. 926 do CPC).

Exigir a estabilidade do direito jurisprudencial impõe aos magistrados o dever de uniformização, estabelecendo que decisões constantes e pacificadas acerca de determinada matéria não podem ser aleatoriamente ignoradas ou modificadas de forma arbitrária e discricionária.[3] Ressalta-se que manter a jurisprudência estável não significa, de forma alguma, estabelecer um direito

---

1 Mestre em Direito Processual Civil pela Universidade Federal de Minas Gerais - UFMG. Bacharel em Direito pela Universidade Federal de Minas Gerais - UFMG. Diretor Executivo do Instituto de Direito Processual - IDPro. Professor universitário. Advogado.

2 MITIDIERO, Daniel. Fundamentação e precedente - dois discursos a partir da decisão judicial. *Revista de Processo*. São Paulo: *Revista dos Tribunais*. 2012, n. 206, p. 68-69.

3 CÂMARA, Alexandre Freitas. *O Novo Processo Civil Brasileiro*. 2ª ed., São Paulo: Atlas, 2016, p. 429

jurisprudencial estático, rígido e engessado, que não permita a evolução do entendimento. Em relação à modificação do entendimento, a exigência de estabilidade da jurisprudência apenas impõe que tal superação seja adequadamente justificada, respeitando a segurança jurídica do jurisdicionado.

O dever de uniformização estabelece a vinculação vertical dos precedentes judiciais, na qual o órgão julgador leva em consideração a tese jurídica fixada pelo tribunal hierarquicamente superior a ele; bem como a vinculação horizontal, em que o tribunal que formou a *ratio decidendi* tem o dever de observar os seus próprios precedentes.[4]

A coerência e integridade do direito jurisprudencial impõe aos magistrados o dever de não contradição, de modo a evitar que os juízes e tribunais decidam casos análogos contrariamente às decisões anteriores, salvo hipótese de distinção ou superação da tese jurídica. A coerência e integridade também se revela no enfrentamento dos argumentos suscitados na formação da tese jurídica, na medida em que o dever de fundamentação racional, com a análise de todos os argumentos suscitados pelas partes e interessados, torna o precedente mais consistente.[5]

A integridade do direito exige do órgão julgador uma interpretação adequada que leve em consideração tanto o texto normativo quanto a prática do passado para a resolução de problemas contemporâneos. Há necessidade da construção discursiva do processo decisório levando-se em consideração os precedentes judiciais, de modo a estabelecer a integridade do direito e atribuir coerência e consistência ao sistema jurídico.[6]

---

4 Hermes Zaneti Jr. pondera que "a teoria dos precedentes é uma teoria para Cortes Supremas. Isto quer dizer duas coisas: primeiro, que são as Cortes Supremas os principais destinatários de uma teoria dos precedentes por serem cortes de vértice e delas depender a uniformidade da interpretação do direito; segundo, porque também as Cortes Supremas devem ser vinculadas aos próprios precedentes do ponto de vista do ônus argumentativo para afastar a aplicação de um precedente ou superar um precedente antigo na aplicação atual." (ZANETI JR., Hermes. *O valor vinculante dos precedentes.* Salvador: Juspodivm, 2015, p. 311-312).

5 DIDIER JR. Fredie. Sistema brasileiro de precedentes judiciais obrigatórios e os deveres institucionais dos tribunais: uniformidade, estabilidade, integridade e coerência da jurisprudência. *Precedentes.* Coord: Fredie Didier Jr; Leonardo Carneiro da Cunha; Jaldemiro Rodrigues de Ataíde Jr.; Lucas Buril de Macêdo. Salvador: JusPodivm, 2015, p. 389.

6 Ronald Dworkin, ao defender a sua Teoria da Integridade do Direito, afirma que a interpretação adequada leva em consideração tanto o texto normativo quanto a prática do passado para a resolução de problemas contemporâneos. Neste sentido, Ronald Dworkin compara, metaforicamente, a atividade do juiz ao exercício de escrita de um romance em cadeia: "Cada juiz, então, é como um romancista na corrente. (...)Ao decidir o novo caso, cada juiz deve considerar-se como parceiro de um complexo empreendimento em cadeia, do qual essas inúmeras decisões, estruturas e convenções e práticas são a história; é seu trabalho

O magistrado comprometido com a integridade e a coerência do ordenamento jurídico não pode ignorar a existência de precedente judicial que verse sobre questões fáticas e de direito análogas ao caso concreto em julgado. Ainda que o juiz entenda que não deva aplicar tal precedente judicial, em decorrência de particularidades fáticas, que acarretem na distinção entre os casos, ele deve considerá-lo e justificar racionalmente as razões pelas quais o está afastando do caso concreto.

Acerca da importância da integridade na teoria dos precedentes judiciais, Dierle Nunes destaca que, "ao formar o precedente o Tribunal Superior deverá levar em consideração todo o histórico de aplicação da tese, sendo inviável que o magistrado decida desconsiderando o passado de decisões acerca da temática. E mesmo que seja uma hipótese de superação do precedente (*overruling*) o magistrado deverá indicar a reconstrução e as razões (fundamentação idônea) para a quebra do posicionamento acerca da temática".[7]

Constata-se, portanto, que o precedente judicial é ato-fato jurídico, que produz efeitos jurídicos independente da vontade de quem o pratica. Os efeitos da tese jurídica (*ratio decidendi*) do precedente são anexos à solução do caso concreto que foi decidido e, por questão de integridade e coerência do ordenamento jurídico, podem influenciar o julgamento de casos futuros.[8]

2. A doutrina do *stare decisis*

O ideal de que casos iguais devem ser tratados igualmente (*treat like case alike*) é decorrência dos princípios da segurança jurídica e da isonomia, sendo comum tanto na tradição do *common law* como no *civil law*. A peculiaridade da tradição do *common law* consiste na doutrina dos precedentes vinculantes,

---

continuar essa história no futuro por meio do que ele faz agora. Ele deve interpretar o que aconteceu antes porque tem a responsabilidade de levar adiante a incumbência que tem em mãos e não partir em alguma nova direção. Portanto, deve determinar, segundo seu próprio julgamento, o motivo das decisões anteriores, qual realmente é, tomado como um todo, o propósito ou o tema da prática até então." (DWORKIN, Ronald. Uma questão de princípio. Trad. Luiz Carlos Borges. São Paulo: Martins Fontes, 2001, p. 237-238)

7 NUNES, Dierle. Processualismo constitucional democrático e o dimensionamento de técnicas para a litigiosidade repetitiva.A litigância de interesse público e as tendências "não compreendidas" de padronização decisória. *Revista de Processo.* Vol. 199, ano 36, São Paulo: Ed. RT, set. 2011, p. 66-67.

8 DIDIER JR., Fredie; BRAGA, Paula Sarno; OLIVEIRA, Rafael Alexandria de. *Curso de Direito Processual Civil.* Vol 2. 11ª ed., Salvador: Editora JusPodivm, 2016, p. 466-467.

idealizada através do brocado "*stare decisis et non quieta movere*"[9], que indica a obrigação do juiz subsequente aplicar aos casos semelhantes o mesmo entendimento formado no precedente judicial anterior, ainda que o intérprete do caso concreto considere a solução impertinente.[10]

Esse efeito vinculante dos precedentes judiciais, previsto na teoria do *stare decisis*, nem sempre esteve presente na tradição do *common law*.[11] Até o final do século XIX, os juízes, ao julgarem os casos concretos, observavam os precedentes judiciais em razão da preocupação com a segurança jurídica e da ausência de interpretação distinta acerca de determinada norma jurídica. Todavia, não existia a obrigatoriedade de seguir o precedente, em decorrência da eventual autoridade destes, o que ocorria era apenas o costume de segui-los, sem qualquer força vinculante.[12]

Não havia óbice ao julgador que decidisse julgar o caso concreto de forma distinta ao precedente judicial, ainda que as situações fossem semelhantes. Sequer havia necessidade de o juiz demonstrar a distinção ou superação do entendimento, caso optasse por afastar a aplicação do precedente judicial.[13]

No direito inglês, a força vinculante do precedente judicial somente foi institucionalizada em 1898[14], no julgamento do caso *London Street Tramways Co. Ltda. v. London County Council*, em que a *House of Lords* reconheceu a obrigação dos juízes de seguir os precedentes.[15] Neste caso, a controvérsia era acerca dos parâmetros para a fixação do valor da indenização por desapropriação,

---

9 Significado: "mantenha-se a decisão e não moleste o que foi decidido".

10 MACÊDO, Lucas Buril de. *Precedentes judiciais e o direito processual civil.* Salvador: Juspodivm, 2015, p. 60-61. MATTEI, Ugo. *Il modelo di common law.* 3ª ed., Torino: Giappichelli, 2010, p. 141-142.

11 SIMPSON, Alfred William Brian. The common law and legal theory. *In:* HORDER, Jeremy (ed.) *Oxford Essays in Jurisprudence.* Oxford: Clarendon Press, 1973, p. 77.

12 Neste sentido: HOGUE, Arthur. *Origins of the Common Law.* Indianapolis: Liberty Fund, 1986, p. 201; MACÊDO, Lucas Buril de. *Precedentes judiciais e o direito processual civil.* Salvador: Juspodivm, 2015, p. 61.

13 GLENN, H. Patrick. *Legal traditions of the world.* 4ª ed., New York: Oxford University Press, 2000, p. 219; PLUCKNETT, Theodore F.T. *A concise history of the common law.* 5ª ed. Little, Brown and Co., 1956, p. 342.

14 Lucas Buril de Macêdo ressalta que já existia outros casos em que a *House of Lords* tinha reconhecido a força vinculante dos precedentes judiciais, como *Beamish v. Beamish,* de 1861, e *Mirehouse v. Rennel,* de 1833. (MACÊDO, Lucas Buril de. *Precedentes judiciais e o direito processual civil.* Salvador: Juspodivm, 2015, p. 62-63)

15 EVANS Jim. Change in the doctrine of precedent during nineteenth century. *In:* GOLDSTEIN, Laurence (ed). *Precedent in law.* Oxford: Claredon Press, 1987, p. 54-58; VARANO, Vicenzo; BARSOTTI, Vittoria. *La tradizione giuridica occidentale.* Vol. I, 4ª ed., Torino: Giappichelli, 2000, p. 322

sendo que a *House of Lords* entendeu que tais critérios já estavam definidos em caso anterior julgado em 1894.[16]

No referido julgado, a alta Corte inglesa assentou que os juízes devem seguir os precedentes formulados na sua própria jurisdição e nos tribunais superiores, ainda que discordassem do entendimento.[17] Além disso, chegou a afirmar que sequer a *House of Lords* poderia superar o seu próprio precedente. Tal concepção pautou-se na teoria de que os juízes apenas declaravam e anunciavam o direito; e não o criavam, de modo que a sua extinção ou superação somente poderia ser feita a partir do processo legislativo do Parlamento.[18][19]

Posteriormente, em 26 de julho de 1966, a *House of Lords*, em *Practice Statement*, entendeu pela possibilidade dos seus juízes superarem os seus pró-

---

16 Maiores detalhes acerca do caso *London Street Tramways Co. Ltda. v. London County Council*: TUCCI, José Rogério Cruz e. *Precedente Judicial como fonte do direito.* São Paulo: RT, 2004, p. 161.

17 "Perceba-se que, no mesmo século XIX, quando se sedimentava a doutrina dos precedentes obrigatórios da Inglaterra, no Continente a tendência era a Escola da Exegese e outras manifestações do positivismo legalista. O nascimento da doutrina do *binding precedent*, portanto, nasce a partir de uma concepção positivista, hierárquica e burocrática." (MACÊDO, Lucas Buril de. *Precedentes judiciais e o direito processual civil.* Salvador: Juspodivm, 2015, p. 66)

18 BANKOWSKI, Zenon; MACCORMICK, Neil; MARSHALL, Geoffrey. Precedente in the United Kingdom. MACCORMICK, Neil; SUMMERS, Robert S. (ed). *Interpreting Precedents.* Aldershot: Ashgate, 1997, p. 330-333.

19 Eis o voto do *Lord Chancellor* no julgamento do caso *London Street Tramways Co. Ltda. v. London County Council*: "É claro que eu não nego que casos especificamente difíceis possam surgir, e que possa haver uma corrente de opinião declarando que determinado julgamento foi errado. Mas o que é esta interferência ocasional, talvez uma justiça abstrata, se comparada com a inconveniência – a desastrosa inconveniência – de submeter-se cada questão à nova discussão, e os negócios das pessoas tornados incertos por motivo de decisões diferentes, de forma que, na verdade e de fato, não haveria uma verdadeira corte final de apelação? Meus Lordes, *interest rei pubicae* (i. e. é de interesse público) que deva haver *finis litium* (i.e. um fim para o litígio em algum momento, e poderia não haver *finis litium* se fosse possível sugerir, em cada caso, que ele poderia ser novamente discutido porque não é 'um caso ordinário', seja lá o que isso possa significar. Nestas circunstâncias, eu estou entre aqueles que não devem permitir que esta questão seja rediscutida." No original: "Of course, I do not deny that cases of individual hardship may arise, and there may be a current of opinion in the profession that such and such a judgment was erroneous; but what is that occasional interference with what is perhaps abstract justice, as compared with the inconvenience - the disastrous inconvenience - of having each question subject to being rearguarded and the dealings of mankind rendered doubtful by reason of different decisions, so that in truth there is no final court of appeal. My Lords, "interest rei publicae" is that there should be "finis litium" sometime and there can be no finis litium if it were possible to suggest in each case that it might be rearguarded because it is "not an ordinary case" whatever that may meant. Under these circumstances I am of the that ought not to allow this question to be re-argued." Tradução: Marcelo Alves Dias de Souza. *In:* SOUZA, Marcelo Alves Dias de. *Do Precedente Judicial à Súmula Vinculante.* Curitiba: Juruá, 2013, p. 62-63.

prios precedentes, quando achassem adequado e justo. Eis a manifestação do *Chancellor Lord Gardner*, na ocasião:

> Suas Excelências consideram o uso dos precedentes como um fundamento indispensável com base no qual se decide o que é o Direito e sua aplicação ao caso individual. Ele proporciona pelo menos algum grau de certeza sobre como os indivíduos podem confiar na condução de seus negócios, bem como uma base para o desenvolvimento ordenado de regras legais. Suas Excelências, entretanto, reconhecem que a adesão rígida demais ao precedente pode levar à injustiça num caso particular e, também, indevidamente restringir o próprio desenvolvimento do Direito. Eles propõe, portanto, modificar a prática atual e, apesar de tratarem as decisões antigas desta Casa como normalmente obrigatórias, afastarem-se de uma decisão prévia quando assim parecer a coisa certa a se fazer. Nesse sentido, eles levaram em conta o perigo de se perturbar retrospectivamente a base em que contratos, acordos de propriedade e arranjos fiscais foram entabulados, e, também, a necessidade especial de certeza em relação ao Direito Criminal. Este anúncio não deverá afetar o uso do precedente em qualquer outro lugar que não esta corte."[20]

Todavia, o fato da mais alta Corte inglesa reconhecer a faculdade dos seus juízes modificarem os precedentes judiciais não implicou no uso frequente e corriqueiro de tal prática e no enfraquecimento da teoria do *stare decisis*.[21] Naquela oportunidade, Neil MacCormick, inclusive, assentou que, "inquestionavelmente, esta mudança removerá os piores defeitos da regra do *stare decisis*, na medida em que regras incompatíveis ou injustas poderão ser reconsideradas. Mas não se trata, de modo algum, de uma reforma fundamental: é o velho sistema, com o que tinha de pior, retirado"[22].

---

20 No original: "Their Lordships regard the use of precedent as an indispensable foundation upon which to decide what is the law and its application to individual cases. It provides at least some degree of certainty upon which individuals can rely in the conduct of their affairs, as well as a basis for orderly development of legal rules. Their Lordships nevertheless recognise that too rigid adherence to precedent may lead to injustice in a particular case and also unduly restrict the proper development of the law. They propose therefore, to modify their present practice and, while treating formal decisions of this house as normally binding, to depart from a previous decision when it appears to be right to do so. In this connection they will bear in mind the danger of disturbing retrospectively the basis on which contracts, settlement of property, and fiscal arrangements have been entered into and also the especial need for certainty as to the criminal law. This announcement is not intended to affect the use of precedent elsewhere than in this House." Tradução: Marcelo Alves Dias de Souza. *In:* SOUZA, Marcelo Alves Dias de. *Do Precedente Judicial à Súmula Vinculante.* Curitiba: Juruá, 2013, p. 63-64.

21 McLEOD, Thomas Ian. *Legal Method.* 2ª ed., London: Macmillan, 1996, p. 178

22 MACCORMICK, Neil. *Can Stare Decisis be Ablolished?.* Juridical Review, 1966, p. 11. Tradução: Teresa Arruda Alvim Wambier. *Apud:* WAMBIER, Teresa Arruda Alvim. Precedentes e evolução do direito. *Direito Jurisprudencial.* 1ª Ed. São Paulo: RT, 2012, p. 41.

Constata-se, portanto, que a adoção da teoria do *stare decisis* revela a preocupação de garantir maior segurança jurídica e isonomia, estabelecendo um limite para a criação jurisprudencial do direito. Neil Duxbury pondera que "aceitar que os precedentes são dotados de autoridade importa em facilitar a consistência e a justiça no processo decisório: quando as autoridades decisórias tratam os precedentes como limites, elas aumentam as chances dos casos iguais serem tratados igualmente"[23].

Neste sentido, defendendo que a teoria do *stare decisis* garante certeza e previsibilidade às relações jurídicas, Gerald J. Postema afirma que o precedente "representa ou incorpora regras gerais (...). Estas regras são 'autoritátivas' no sentido de que (I) a razão imediata para seguir a regra reside no fato de que a matéria em questão foi decidida, que a regra foi prevista, e (II) as regras determinam certo curso de ação e precluem (ou, ao menos, reclamam precluir) deliberações posteriores sobre a propriedade da ação em questão"[24].

A teoria do *stare decisis* impõe a vinculação obrigatória dos precedentes tanto em sentido vertical (cortes superiores e inferiores), quanto em sentido horizontal (intra cortes). O respeito aos precedentes judiciais, em sentido vertical e horizontal, é a forma de dar coerência e integridade ao ordenamento jurídico, tornando o Direito mais seguro[25].

A interpretação do ordenamento jurídico precisa ser uniformizada, não sendo possível ser relativizada de acordo com a vontade e concepção de cada juiz. Neil MacCormick ressalta que "seria bizarro se um juiz cuja opinião foi rejeitada por um tribunal maior ou superior pudesse, no entanto, mantê-la em seus julgamentos posteriores. Além disso, a possibilidade de apelação

---

23 DUXBURY, Neil. The *Nature and Authority of Precedent. Cambridge: Cambridge University Press, 2008,* p. 24-25. Tradução livre. No original: "accept precedents as authoritative is to facilitate consistency and fairness in decision-making: when decision-makers treat precedents as constraints they increase the likelihood that like cases will be treated alike".

24 POSTEMA, Gerald J. *Bentham and the Common Law Tradition*. Oxford University Press, 1986, p. 14-15. Tradução livre. No original: "stand for or embody general *rules* (...). These rules are 'authoritative' in the sense that (I) the immediate reason for following the rule rests on the fact that the matter in question was *decided*, that the rule was laid down and (II) the rules dictate a certain course of action and precludes (or, at least claims to preclude) further practical deliberation about the propriety of the action in question"

25 "A estabilidade exige uma continuidade com o passado e é necessária para permitir que os membros da sociedade conduzam suas atividades diárias com um razoável grau de certeza quanto às consequências jurídicas de seus atos. A mudança implica numa variação ou alteração daquilo que está fixo ou estável. Sem mudança, no entanto, não pode haver progresso". RE, Edward D. *Stare Decisis*. Trad. Ellen Gracie Northfleet. Revista de Informação Legislativa. Brasília, ano 31, n. 122, mai./jul., 1994, p. 281-287, esp. 282.

faria esse exercício de individualmente inútil e meramente dispendiosa para os litigantes".[26]

Portanto, na tradição do *common law*, em decorrência da teoria do *stare decisis*, os precedentes judiciais são de observância obrigatória pelos juízes, de modo a dar-se coerência e integridade à aplicação do direito, bem como essenciais para conduzir o comportamento dos jurisdicionados, na medida em que garantem a segurança jurídica e a previsibilidade necessária para o exercício das atividades sociais.

Em clara convergência da tradição *civil law* com a *common law*, o Código de Processo Civil 2015 prevê que "os tribunais devem uniformizar sua jurisprudência e mantê-la estável, íntegra e coerente" (art. 926), bem como disciplina que os juízes devem se vincular ao direito jurisprudencial formado nos tribunais, principalmente as Cortes Superiores, ao dispor, em seu artigo 927, que os juízes devem observar determinados precedentes judiciais e enunciados de súmula.

3. Os efeitos vinculante e persuasivo dos precedentes judiciais e a polêmica acerca da constitucionalidade da previsão vinculativa do juiz pelo Código de Processo Civil

Os precedentes judiciais com efeito vinculante são aqueles aos quais os órgãos julgadores, inclusive a Corte que o formou, estão obrigados a adotar a tese jurídica nos casos análogos que serão julgados no futuro.

Os precedentes de eficácia vinculante devem ser observados independente das partes suscitarem a sua incidência ao caso concreto, de modo que o órgão julgador deve conhecê-los de ofício, sob pena de omissão e denegação da justiça.[27] Ressalta-se, contudo, que o fato do órgão julgador ter o dever de conhecê-los de ofício, não implica na sua aplicação ao caso concreto sem antes ser possibilitado às partes e aos intervenientes o exercício do contraditório, de modo a manifestar acerca da sua incidência no caso.[28]

---

26 MACCORMICK, Neil. *Can stare decisis be abolished*? Judicial Review, 1966, p. 199. Tradução livre. No original: "It would be bizarre if a judge whose opinion had been rejected by a larger or higher tribunal could nevertheless continue to hold to it in his judgements thereafter. Moreover, the availability of an appeal would make this exercise of individuality pointless and merely expensive for litigants".

27 DIDIER JR., Fredie; BRAGA, Paula Sarno; OLIVEIRA, Rafael Alexandria de. *Curso de Direito Processual Civil.* Vol 2. 11ª ed., Salvador: Editora JusPodivm, 2016, p. 469.

28 Enunciado nº 458 do FPPC: "Para a aplicação, de ofício, de precedente vinculante, o órgão julgador deve intimar previamente as partes para que se manifestem sobre ele."

Observe-se, inclusive, que o Código de Processo Civil estabelece, no parágrafo único do artigo 1.022, que é omissa a decisão que deixa de se manifestar sobre tese firmada em julgamento de casos repetitivos ou em incidente de assunção de competência aplicável ao caso sob julgamento.

A Constituição da República de 1988 disciplina, no §2º do artigo 102, que as decisões definitivas de mérito, proferidas pelo Supremo Tribunal Federal, nas ações diretas de inconstitucionalidade e nas ações declaratórias de constitucionalidade, possuem eficácia *erga omnes* e efeitos vinculantes.

Com a Emenda Constitucional nº 45/2004, também denominada de "Reforma do Judiciário", criou-se o instituto da súmula vinculante (art. 103-A), que revela o propósito do legislador constituinte derivado de atribuir efeito vinculante a determinados enunciados de súmula que expressam o entendimento consolidado do Supremo Tribunal Federal.

Através do Código de Processo Civil de 2015, o legislador previu, no artigo 927, que os juízes *observarão*: (a) as decisões do Supremo Tribunal Federal em controle concentrado de constitucionalidade (inciso I); (b) os enunciados de súmula vinculante (inciso II); (c) os acórdãos em incidente de assunção de competência ou de resolução de demandas repetitivas e em julgamento de recursos extraordinário e especial repetitivos (inciso III); (d) os enunciados das súmulas do Supremo Tribunal Federal em matéria constitucional e do Superior Tribunal de Justiça em matéria infraconstitucional (inciso IV); e (e) a orientação do plenário ou do órgão especial aos quais estiverem vinculados (inciso V).

Grande parte da doutrina vem entendendo que os precedentes que possuem eficácia vinculante estão enumerados no rol do artigo 927 do CPC[29]. Contudo, considerando que o Código de Processo Civil é lei ordinária, outra parte da doutrina passou a sustentar a inconstitucionalidade dos incisos III a V do artigo 927, que preveem a eficácia vinculante de tese jurídica firmada no julgamento de demandas subjetivas e em súmulas simples dos tribunais superiores e dos tribunais de segunda instância:

> "Assim como o juiz não é a boca da lei, pois interpreta, analisa os fins sociais a que ela se destina para aplica-la ao caso concreto, culminando com

29 Enunciado 170 do FPPC: "As decisões e precedentes previstos nos incisos do caput do art. 927 são vinculantes aos órgãos jurisdicionais a eles submetidos". Neste sentido: DIDIER JR., Fredie; BRAGA, Paula Sarno; OLIVEIRA, Rafael Alexandria de. *Curso de Direito Processual Civil.* Vol 2. 11ª ed., Salvador: Editora JusPodivm, 2016, p. 469; THEODORO JÚNIOR, Humberto. *Curso de Direito Processual Civil.* Vol. III, 47ª ed, Rio de Janeiro: Forense, 2016, p. 797-799; ZANETI JR., Hermes. Comentários aos arts. 926 a 928. In: CABRAL, Antonio do Passo; CRAMER, Ronaldo. *Comentários ao novo Código de Processo Civil.* Rio de Janeiro: Forense, p. 1.323; MACÊDO, Lucas Buril de. *Precedentes judiciais e o direito processual civil.* Salvador: Juspodivm, 2015, p. 447-448.

> a *sentença de mérito* que é a norma jurídica que faz lei entre as partes, o juiz *também não é a boca dos tribunais*, pois deve aplicar a súmula vinculante e o resultado de procedência da ADIn ao caso concreto (CF 102, §2º, e 103-A; CPC 927 I e II), e, nas demais situações (CPC 927 III a V), aplicar *livremente* os preceitos abstratos e gerais (leis, *lato sensu*) constantes das súmulas simples dos tribunais, orientações do plenário ou do órgão especial do TRF e TJ, justificando a aplicação ou não do dispositivo oriundo do tribunal. Só existe *hierarquia jurisdicional* do tribunal sobre o juiz no caso de competência recursal, vale dizer, quando o tribunal, qualquer que seja ele, julga matéria de sua competência Recursal. Aqui pode o tribunal cassar e reformar a decisão recorrida, em acórdão que vincula e vale apenas para o caso concreto. Nisso reside a hierarquia prevista no sistema constitucional brasileiro. Vinculação a preceitos abstratos, gerais, vale dizer, com características de lei, só mediante autorização da Carta Política, que até agora não existe. STF e STJ, segundo a CF 102 e 105, são tribunais que decidem mediante *casos concretos*, que resolvem lides objetivas (*e.g.* ADIn) e subjetivas (*e.g.* RE, REsp). Não legislam para todos com elaboração de preceitos abstratos: salvo quanto à sumula vinculante (STF, CF 103-A), não são tribunais de teses. Fazer valer e dar eficácia ao CPC 927 III a V é deixar de observar o *due process of law*, o texto e o espírito da Constituição."[30] [31]

Continuando este entendimento acerca da inconstitucionalidade dos incisos III a V do artigo 927 do CPC, Nelson Nery Júnior e Rosa Maria de Andrade Nery afirmam que o legislador ordinário não possui competência para delegar ao Poder Judiciário o poder de legislar:

> "Contudo, o CPC 927 concede à jurisprudência do STF, independentemente de o entendimento jurisprudencial estar contido em sumula vinculante ou não, nortear todos os tribunais do país, sem que, entretanto, exista autorização constitucional para que isso seja possível. À exceção das hipóteses enunciadas no CPC 927 I e II, os demais casos arrolados no dispositivo comentado (927 III a V) não podem vincular tribunal ou juiz, por lhes faltar autorização constitucional para tanto, isto é, por não haver prévia e imprescindível previsão constitucional autorizando a vinculação fora dos casos da CF 103-A (súmula vinculante do STF) e 102, §2º (sentença de mérito transitada em julgado proferida pelo STF em ADIn e ADC).

---

30 NERY JÚNIOR, Nelson; NERY, Rosa Maria de Andrade. *Comentários ao Código de Processo Civil.* 1ª ed., São Paulo: Revista dos Tribunais, 2015, p. 1836-1837.

31 No mesmo sentido: STRECK, Lenio Luiz; ABBOUD, Geirges. Comentários ao artigo 927. In: *Comentários ao Código de Processo Civil.* Org: Lenio Luiz Streck; Dierle Nunes; Leonardo Carneiro da Cunha. Coord: Alexandre Freire. São Paulo: Saraiva, 2016, p. 1200-1203.

O legislador ordinário - do CPC - não tem competência para conceder ao Poder Judiciário delegação para legislar."[32]

Se contrapondo ao entendimento defendido por Nelson Nery Júnior e Rosa Maria de Andrade Nery, Daniel Mitidiero assenta que "a necessidade de seguir precedentes não pode ser *seriamente* contestada no Estado Constitucional. Estado Constitucional é Estado em que há *juridicidade* e *segurança jurídica*. A *juridicidade* - todos *abaixo* do Direito - remete à *justiça*, que de seu turno remonta à *igualdade*. A juridicidade tem de ser dotada de *racionalidade*, o que conduz à necessidade de coerência - ou melhor, como lembra a doutrina, de 'dupla coerência' (*double coherence*). O direito à segurança jurídica constitui direito à certeza, à estabilidade, à confiabilidade e à efetividade das situações jurídicas".[33]

Defendendo a constitucionalidade da atribuição de efeitos vinculantes a determinados precedentes judiciais através de norma infraconstitucional, Aluisio Gonçalves de Castro Mendes assenta que:

> "o fato de a Carta Magna prever, nas duas hipóteses já mencionadas, ou seja, nos arts. 102, §2º, e 103-A, representa, apenas, que o referido comando foi inserido em nível constitucional porque (a) possuíam intima relação com assuntos (controle concentrado de constitucionalidade e inovação afeta ao STF, contendo inclusive a exigência de quórum qualificado de dois terços) tratados na norma maior; (b) foi estabelecido o efeito vinculante não apenas para os demais órgãos judiciais, mas também para a administração pública, nas esfera federal, estadual e municipal; (c) preservação do caráter vinculativo para as duas hipóteses previstas, de eventuais reformas infraconstitucionais, que pudessem afastá-lo; (d) reforço da possibilidade de efeito vinculante para os demais órgãos judiciais, diante de eventual alegação de independência funcional, que se poderia fortalecer se a inovação viesse, primeiramente, por determinação infraconstitucional."[34]

Observe que o simples fato da Constituição da República de 1988 estabelecer que as decisões definitivas de mérito, proferidas pelo Supremo Tribunal Federal, nas ações de controle concentrado de constitucionalidade, e os enun-

---

32 NERY JÚNIOR, Nelson; NERY, Rosa Maria de Andrade. *Comentários ao Código de Processo Civil.* 1ª ed., São Paulo: Revista dos Tribunais, 2015, p. 1840.

33 MITIDIERO, Daniel. Fundamentação e precedente - dois discursos a partir da decisão judicial. *Revista de Processo.* São Paulo: *Revista dos Tribunais*. 2012, n. 206, p. 69-70.

34 (MENDES, Aluisio Gonçalves de Castro. Precedentes e Jurisprudência: papel, fatores e perspectivas no direito contemporâneo. Coord: MENDES, Aluisio Gonçalves de Castro; MARINONI, Luiz Guilherme; WAMBIER, Teresa Arruda Alvim. *Direito Jurisprudencial.* Vol. II, São Paulo: RT, 2014, p. 36).

ciados de súmula vinculante têm eficácia vinculante não quer dizer que tal força obrigatória somente pode ser imposta através de emenda constitucional. Não há preceito constitucional que imponha tal exigência.

Quando o Código de Processo Civil prevê a obrigatoriedade de os juízes *observarem* os precedentes judiciais (art. 927), não há proibição à interpretação e ao desenvolvimento do provimento jurisdicional, em consonância com o contraditório comparticipativo e a fundamentação racional. Os juízes continuam tendo o dever de analisarem o caso concreto, de modo a verificarem se há similitude entre as circunstâncias fáticas do caso concreto e a decisão paradigma, que justifiquem a aplicação da tese jurídica formada no precedente. Portanto, não há violação à independência do juiz na formação do seu convencimento.

Ressalta-se, ainda, que a Constituição da República de 1988 prevê que o direito constitucional e infraconstitucional deve ser interpretado de modo uniforme, tanto é assim que é atribuído aos tribunais superiores a função de uniformizar a interpretação da norma (arts. 102, III, e 105, III). Além disso, a Constituição assegura aos cidadãos às garantias da segurança jurídica, da igualdade e da efetiva prestação jurisdicional. Portanto, estabelecer que o órgão julgador deve observar determinados precedentes judiciais apenas visa a promover a tais garantias, sem retirar do magistrado o dever de interpretar o caso concreto de modo a analisar se é adequada a aplicação da tese jurídica formada no precedente judicial.

Portanto, não há inconstitucionalidade no fato do legislador ordinário, com o intuito de assegurar às garantias da segurança jurídica, da igualdade e da efetiva prestação jurisdicional, disciplinar um sistema de precedentes judiciais que imponha a observância obrigatória à determinadas decisões judiciais. É constitucional o sistema de precedentes judiciais que visa a tornar estável, íntegra e coerente a interpretação do ordenamento jurídico brasileiro.

Ressalta-se, contudo, que a aplicação dos precedentes não pode ser automática e mecânica, diante das diversas e distintas realidades socioculturais do Brasil. Os juízes continuam autorizados a interpretar o direito nacional de acordo com a realidade sociocultural do local de aplicação da norma. Deste modo, os magistrados podem deixar de aplicar determinada tese jurídica se entenderem que as circunstâncias fáticas do caso concreto expõe uma realidade sociocultural diversa da situação analisada no precedente judicial (*distinguishing*).

No sistema brasileiro de precedentes, não é a constitucionalidade formal da norma (competência do legislador ordinário) que precisa ser questionada; mas, sim, a qualidade constitucional do provimento jurisdicional ao qual se pretende impor a observância obrigatória aos demais magistrados.

Somente é possível atribuir eficácia vinculante ao precedente judicial que possui alta qualidade constitucional, no sentido de ter sido formado em observância ao contraditório comparticipativo e à fundamentação racional.

Em relação às decisões do Supremo Tribunal Federal em controle concentrado de constitucionalidade (inciso I do artigo 927 do CPC), constata-se que tal hipótese se assemelha à previsão legal do §2º do artigo 102 da CRFB. Todavia, é importante ressaltar que a hipótese do inciso I do artigo 927 do CPC é mais abrangente que a norma constitucional. É que, com base no §2º do artigo 102 da CRFB, o efeito *erga omnes* da decisões definitivas de mérito, proferidas pelo Supremo Tribunal Federal, nas ações diretas de inconstitucionalidade e nas ações declaratórias de constitucionalidade, tem efeito vinculante imediato apenas para os jurisdicionados submetidos à lei que foi declarada (in)constitucional. Por exemplo, na hipótese de o Supremo Tribunal Federal declarar que a lei municipal X é inconstitucional, tal decisão não gera efeitos imediatos para que a lei Y de outro município, cujo conteúdo é igual ou similar, seja considerada automaticamente inconstitucional também.[35] [36]

Portanto, o inciso I do artigo 927 do CPC estabelece maior coerência e integridade às decisões proferidas em controle concentrado de constituciona-

---

35 Defendendo o caráter transcendente e vinculante dos fundamentos determinantes da decisão do Supremo Tribunal Federal no controle concentrado de constitucionalidade, no julgamento da Reclamação nº 2.363/PA, o Ministro Gilmar Mendes ponderou que "a aplicação dos fundamentos determinantes de um *leading case* em hipóteses semelhantes tem-se verificado, entre nós, até mesmo no controle de constitucionalidade das leis municipais. Em um levantamento precário, pude constatar que muitos juízes desta Corte têm, constantemente, aplicado em caso de declaração de inconstitucionalidade o precedente fixado a situações idênticas reproduzidas em leis de outros municípios. Tendo em vista o disposto no 'caput' e § 1º-A do artigo 557 do Código de Processo Civil, que reza sobre a possibilidade de o relator julgar monocraticamente recurso interposto contra decisão que esteja em confronto com súmula ou jurisprudência dominante do Supremo Tribunal Federal, os membros desta Corte vêm aplicando tese fixada. A Transcendência dos Motivos Determinantes e a Força Normativa da Constituição em precedentes onde se discutiu a inconstitucionalidade de lei, em sede de controle difuso, emanada por ente federativo diverso daquele prolator da lei objeto do recurso extraordinário sob exame. (...) Não há razão, pois, para deixar de reconhecer o efeito vinculante da decisão proferida na ADIn. Nesses termos, meu voto é no sentido da procedência da presente reclamação". (BRASIL, Supremo Tribunal Federal. Reclamação nº 2.363/PA. Rel. Ministro Gilmar Mendes. Plenário. Julgado em 01.04.2005).

36 Acerca do controle de constitucionalidade, a doutrina de Teori Albino Zavascki afirma que as decisões sobre legitimidade das normas tem uma vocação natural para assumir projeção expansiva, tendo em vista que "os preceitos normativos têm, por natureza, a característica da generalidade, isto é, não se destinam a regular específicos casos concretos, mas, sim, estabelecer um comando abstrato aplicável a um conjunto indeterminado de situações e de pessoas. Quando, portanto, se questiona a legitimidade desse preceito, ainda que no julgamento de um caso concreto, o que se faz é por em xeque também a sua aptidão para incidir em todas as demais situações semelhantes". (ZAVASCKI, Teori Albino. *Eficácia das sentenças na jurisdição constitucional.* 3ª ed. São Paulo: RT, 2014, p. 26)

lidade, ao disciplinar a transcendência dos motivos determinantes da decisão do Supremo Tribunal Federal no controle concentrado de constitucionalidade, permitindo maior alcance do efeito vinculante destes precedentes do Supremo Tribunal Federal, de modo a gerar mais segurança jurídica e igualdade aos jurisdicionados. Além disso, tais decisões são proferidas pelo plenário do Supremo Tribunal Federal, órgão máximo no dever de ditar a interpretação constitucional, com possibilidade de participação de *amici curiae*, de modo a ampliar o contraditório comparticipativo. Desta forma, não há como questionar a constitucionalidade do inciso I do artigo 927 do CPC.

No tocante ao inciso II do artigo 927 do CPC, verifica-se que a eficácia obrigatória dos enunciados de súmula vinculante decorre do artigo 103-A da CRFB, que estabelece que terão eles "efeito vinculante em relação aos demais órgãos do Poder Judiciário e à administração pública direta e indireta, nas esferas federal, estadual e municipal, bem como proceder à sua revisão ou cancelamento, na forma estabelecida em lei". Constata-se, portanto, que a hipótese do inciso II do artigo 927 do CPC apenas reproduz norma constitucional.

Destaca-se, ainda, que, diferentemente das súmulas simples, para a edição da súmula vinculante exige-se os seguintes requisitos constitucionais: (I) ocorrência de controvérsia atual entre órgãos judiciários ou entre esses e a administração pública; (II) risco de grave insegurança jurídica; (III) relevante multiplicação de processos sobre questão idêntica; e (IV) aprovação de dois terços dos membros do Supremo Tribunal Federal.

Em relação aos acórdãos em incidente de assunção de competência ou de resolução de demandas repetitivas e em julgamento de recursos extraordinário e especial repetitivos (inciso III do artigo 927 do CPC), constata-se que tais decisões compõem o microssistema de formação concentrada de precedentes judiciais, que visam a garantir maior segurança jurídica e isonomia aos julgamentos de casos repetitivos e/ou com grande repercussão social.

Nestes incidentes ou recursos repetitivos busca-se a uniformização do entendimento a partir do julgamento de casos pilotos, que serão representativos da controvérsia. Para a fixação da tese jurídica (*ratio decidendi*) de forma madura e completa, o Código de Processo Civil prevê a possibilidade de participação de *amici curiae,* de realização de audiências públicas para oitiva dos interessados e do relator solicitar informações aos tribunais inferiores a respeito da controvérsia. Além disso, haverá a intimação do Ministério Público para se manifestar a respeito da questão de direito controvertida, em razão do interesse público que envolve tais julgados.

Destaca-se, ainda, que, em relação a esses incidentes ou recursos repetitivos disciplinados no inciso III do artigo 927, o Código de Processo Civil prevê a obrigatoriedade de o provimento jurisdicional ser desenvolvido com ampla fundamentação racional, analisando-se todos os fundamentos suscitados concernentes à tese jurídica discutida, sejam favoráveis ou contrários (art. 984, §2º e 1.038, §3º).

Portanto, os provimentos jurisdicionais previstos no inciso III do artigo 927 do CPC devem ser construídos a partir da ampla observância às garantias do contraditório comparticipativo e da fundamentação racional. Deste modo, trata-se de acórdãos com alta qualidade constitucional, o que permite que lhes sejam atribuídos eficácia vinculante.

Já, no tocante aos enunciados das súmulas (não vinculantes) do Supremo Tribunal Federal em matéria constitucional e do Superior Tribunal de Justiça em matéria infraconstitucional (inciso IV do artigo 927 do CPC), constata-se que eles não constituem precedentes judiciais; mas, sim, extrato de diversos pronunciamentos jurisprudenciais dos tribunais superiores no mesmo sentido.

O enunciado de súmula "se extrai de diversas decisões sobre a mesma matéria. Tais decisões podem, até mesmo, basear-se em fundamentos determinantes distintos, mas em todas elas se identificou a mesma conclusão (...) Assim, é perfeitamente possível imaginar a existência de uma jurisprudência firme, constante, ensejadora de um enunciado de súmula, e que se apoia em distintos precedentes, baseados em fundamentos determinantes distintos".[37]

Deste modo, verifica-se que os enunciados de súmula simples podem não expressar uma tese jurídica uniforme com fundamentos determinantes bem delimitados, o enfraquece a sua força obrigatória, na medida em que dificulta a análise acerca da sua aplicação, de forma adequada, ao caso concreto.

A pesquisa "A força normativa do direito judicial: uma análise da aplicação prática do precedente no direito brasileiro e dos seus desafios para a legitimação da autoridade do Poder Judiciário"[38], promovida pela Faculdade de Direito da UFMG e subsidiada pelo CNJ, revela que alguns enunciados das súmulas dos tribunais superiores não são fieis aos precedentes que lhes serviram de fundamento, na medida em que possuem conteúdo mais restrito ou mais amplo do que a tese jurídica do precedente:

> "Entretanto, foi constatado que algumas súmulas possuíam conteúdo mais restrito ou mais amplo do que a questão discutida nos acórdãos paradigmas. Por súmula com conteúdo mais amplo se entendeu um enunciado que discute teses, doutrinas e considerações que vão além da regra judicial

---

37 CÂMARA, Alexandre Freitas. *O Novo Processo Civil Brasileiro.* 2ª ed., São Paulo: Atlas, 2016, p. 431

38 A pesquisa foi coordenada pelo Prof. Dr. Thomas da Rosa de Bustamante, tendo o autor do presente trabalho participado como membro da equipe executiva.

sedimentada na jurisprudência, ao passo que por súmula com conteúdo mais restrito se entendeu um enunciado que não discute todos os aspectos debatidos no precedente que gerou a súmula. No caso do Superior Tribunal de Justiça quase a metade das súmulas possuía conteúdo mais restrito. A existência de casos em que a súmula expressa uma orientação mais estrita que o precedente original não nos parece um dado preocupante, pois pode decorrer de uma opção do tribunal em sumular apenas um aspecto de sua jurisprudência. A hipótese inversa, no entanto, é motivo de preocupação porque parece desnaturar a súmula de forma a aproximála de um enunciado legislativo, na medida em que a fixação de regras em enunciados genéricos, para além do que foi decidido de maneira específica em cada caso concreto, constitui uma forma indireta de violação do requisito legal da existência de "reiteradas decisões" e, o que é ainda mais grave, implica a produção de uma *ratio decidendi* que não foi construída com a participação das partes e em observância do princípio do contraditório. Fixase, portanto, uma regra geral e abstrata que não foi produzida de acordo com o princípio da vinculação ao debate ("mootness principle"), o que pode levar a importantes dificuldades no momento de se aplicar a súmula vinculante no julgamento de outros processos."[39]

Os enunciados de súmula simples não podem ser analisados isoladamente, como se fossem normas gerais e abstratas, dissociados dos precedentes que lhe deram fundamento. A utilização argumentativa dos enunciados de súmula simples exige a análise concreta dos precedentes que lhe deram origem, para que se analise os seus fundamentos e consiga verificar quais são os fatos determinantes e se há uma tese jurídica uniforme.[40] [41]

---

39 BRASIL, Conselho Nacional de Justiça. *A força normativa do direito judicial : uma análise da aplicação prática do precedente no direito brasileiro e dos seus desafios para a legitimação da autoridade do Poder Judiciário.* Coord. Thomas da Rosa de Bustamante .. [et al.]; Alice Gontijo Santos Teixeira ... [et al.]; colab. Gláucio Ferreira Maciel Gonçalves ... [et al.]. -- Brasília: Conselho Nacional de Justiça, 2015, p. 43-44.

40 Neste sentido, eis as precisas lições de Humberto Theodoro Júnior, Dierle Nunes, Alexandre Melo Franco Bahia e Flávio Pedron: "Sem olvidar, o fenômeno cada vez mais corrente do uso de ementas e enunciados de súmula completamente dissociados do caso concreto que lhes deu fundamento, como se fossem normas gerais e abstratas que se desligariam, como a lei, de seus fundamentos originalistas (quando, corretamente, os julgados precisam ser aplicados, como fundamento, em consonância com os limites argumentativos do caso analisado). Sempre tivemos dificuldades em entender a afirmação "definitiva", de grande parcela dos pensadores pátrios, de que os enunciados de súmula seriam pronunciamentos dos Tribunais vocacionados à abstração e à generalidade, tal qual as leis, e de que sua aplicação poderia se dar desligada dos casos (julgados) que deram base à sua criação." (THEODORO JÚNIOR, Humberto. NUNES, Dierle. BAHIA, Alexandre Melo Franco. PEDRON, Flávio Quinaud. *Novo CPC – fundamentos e sistematização.* Rio de Janeiro: Forense, 2015, p. 295)

41 Misabel de Abreu Machado Derzi e Thomas da Rosa de Bustamante destacam que "a própria existência de súmulas pode constituir um risco para a independência das instâncias ordinárias do Poder Judiciário. Com efeito, muitas vezes se adota um desenho institucional

Constata-se, portanto, que os enunciados de súmula simples não possuem forte qualidade constitucional para que seja estabelecida uma eficácia vinculante em relação a eles.

Já, no que se refere à orientação do plenário ou do órgão especial dos tribunais de segunda instância, verifica-se que tais enunciados também não são precedentes judiciais, mas apenas extrato de entendimento jurisprudencial, que apresenta as mesmas dificuldades em relação à precisa identificação da tese jurídica e dos seus fundamentos determinantes. Além disso, "não tendo essas Cortes de Justiça competência para dar a última palavra a respeito do significado do direito, obviamente que a jurisprudência vinculante não desperta a confiança legítima que é própria dos precedentes judiciais"[42] oriundos dos tribunais superiores

Neste sentido, resta evidenciado que os provimentos jurisdicionais constantes dos incisos I a III do artigo 927 do CPC possuem uma forte qualidade constitucional para serem aplicados no sistema de precedentes judiciais com eficácia vinculante, enquanto os enunciados de súmulas e orientações jurisprudenciais arroladas nos incisos IV a V do artigo 927 do CPC devem ser considerados apenas com força persuasiva.

O precedente com eficácia persuasiva possui apenas força argumentativa, constituindo "indício de uma solução racional e socialmente adequada".[43] Os entendimentos decorrentes de precedentes persuasivos fornecem subsídios para as partes argumentarem junto ao magistrado na construção do provimento jurisdicional, sem impor qualquer força obrigatória de observância[44].

---

que exarceba o âmbito da aplicação do princípio da praticidade, estendendo-o não apenas à esfera da Administração e da Legislação, mas também da Administração da Justiça. Surge o risco de uma massificação das decisões judiais, uma desatenção às particularidades do caso, que constituem uma ameaça à dimensão da justiça do caso concreto. Uma aplicação mecanizada e automática das súmulas pode gerar uma deslegitimação do Judiciário na medida em que ele perde a capacidade de ajustar o direito aos casos concretos e, dessa forma, realizar a justiça em toda a sua plenitude". (DERZI, Misabel de Abreu Machado; BUSTAMANTE, Thomas da Rosa de. "A súmula vinculante no direito penal tributário: uma nota crítica à decisão do Supremo Tribunal Federal no julgamento do HC 108.093/ES. Revista Dialética de Direito Tributário. vol. 200, maio-2012, p. 78-94, esp. 93).

42 MITIDIERO, Daniel. *Precedentes: da persuasão à vinculação.* São Paulo: Revista dos Tribunais, 2016, p. 145.

43 TUCCI, José Rogério Cruz e. *Precedente Judicial como fonte do direito.* São Paulo: RT, 2004, p. 13

44 MELLO, Patrícia Perrone Campos. *Precedentes: o desenvolvimento judicial do direito no constitucionalismo contemporâneo.* Rio de Janeiro: Renovar, 2008, p. 108-109.

Todos os precedentes que possuem uma tese jurídica (*ratio decidendi*) definida têm força argumentativa, de modo que o efeito persuasivo é a eficácia mínima do precedente.[45]

No sistema processual brasileiro, há situações em que o legislador reconhece a importância do precedente de eficácia persuasiva, atribuindo-lhe o condão de repercutir em processo futuro. É o que ocorre, por exemplo, nos embargos de divergência (art. 1.043 do CPC) e no recurso especial fundado em divergência (art. 105, III, alínea *c*, da CRFB; e art. 1.029, §1º, do CPC), nos quais se autorizam a interposição desses recursos com fundamentos em aresto paradigma em sentido diverso do acórdão impugnado. Apesar de não se exigir que esse aresto paradigma tenha eficácia vinculante para ser suscitado como aresto paradigma nesses recursos, tal precedente é utilizado como mecanismo de convencimento e persuasão do julgador.[46]

4. Conclusão

A força vinculante dos precedentes judiciais, dimensionada pelo Código de Processo Civil de 2015, deve ser analisada a partir do modelo constitucional do devido processo legal, em observância as garantias do contraditório e da fundamentação racional.

Não há inconstitucionalidade formal no fato do legislador ter estabelecido, através de lei ordinária, um sistema de precedentes judiciais que imponha a observância obrigatória à determinadas decisões judiciais. É constitucional o sistema de precedentes judiciais que visa a tornar estável, íntegra e coerente a interpretação do ordenamento jurídico brasileiro, com o intuito de assegurar às garantias da segurança jurídica, da igualdade e da efetiva prestação jurisdicional.

Contudo, somente é possível atribuir eficácia vinculante ao precedente judicial que possui alta qualidade constitucional, no sentido de ter sido formado em observância ao contraditório comparticipativo e à fundamentação racional. A análise constitucional do rol previsto no artigo 927 do CPC revela que apenas os provimentos jurisdicionais constantes dos incisos I a III possuem forte qualidade constitucional, a autorizar a atribuição de eficácia vinculante, de modo que os enunciados de súmulas e orientações jurisprudenciais arroladas nos incisos IV a V do artigo 927 do CPC devem ser considerados apenas com força persuasiva.

---

45 DIDIER JR., Fredie; BRAGA, Paula Sarno; OLIVEIRA, Rafael Alexandria de. *Curso de Direito Processual Civil.* Vol 2. 11ª ed., Salvador: Editora JusPodivm, 2016, p. 470

46 DIDIER JR., Fredie; BRAGA, Paula Sarno; OLIVEIRA, Rafael Alexandria de. *Idem.*

5. Referências bibliográficas

BANKOWSKI, Zenon; MACCORMICK, Neil; MARSHALL, Geoffrey. Precedente in the United Kingdom. MACCORMICK, Neil; SUMMERS, Robert S. (ed). *Interpreting Precedents.* Aldershot: Ashgate, 1997.

BRASIL, Conselho Nacional de Justiça. *A força normativa do direito judicial : uma análise da aplicação prática do precedente no direito brasileiro e dos seus desafios para a legitimação da autoridade do Poder Judiciário.* Coord. Thomas da Rosa de Bustamante .. [et al.]; Alice Gontijo Santos Teixeira ... [et al.]; colab. Gláucio Ferreira Maciel Gonçalves ... [et al.]. -- Brasília: Conselho Nacional de Justiça, 2015.

__________. Supremo Tribunal Federal. Reclamação nº 2.363/PA. Rel. Ministro Gilmar Mendes. Plenário. Julgado em 01.04.2005.

CÂMARA, Alexandre Freitas. *O Novo Processo Civil Brasileiro.* 2ª ed., São Paulo: Atlas, 2016.

DERZI, Misabel de Abreu Machado; BUSTAMANTE, Thomas da Rosa de. "A súmula vinculante no direito penal tributário: uma nota crítica à decisão do Supremo Tribunal Federal no julgamento do HC 108.093/ES. *Revista Dialética de Direito Tributário.* vol. 200, maio-2012.

DIDIER JR. Fredie. Sistema brasileiro de precedentes judiciais obrigatórios e os deveres institucionais dos tribunais: uniformidade, estabilidade, integridade e coerência da jurisprudência. *Precedentes.* Coord: Fredie Didier Jr; Leonardo Carneiro da Cunha; Jaldemiro Rodrigues de Ataíde Jr.; Lucas Buril de Macêdo. Salvador: JusPodivm, 2015.

DIDIER JR., Fredie; BRAGA, Paula Sarno; OLIVEIRA, Rafael Alexandria de. *Curso de Direito Processual Civil.* Vol 2. 11ª ed., Salvador: Editora JusPodivm, 2016.

DUXBURY, Neil. The *Nature and Authority of Precedent. Cambridge: Cambridge University Press,* 2008.

DWORKIN, Ronald. Uma questão de princípio. Trad. Luiz Carlos Borges. São Paulo: Martins Fontes, 2001.

EVANS Jim. Change in the doctrine of precedent during nineteenth century. *In:* GOLDSTEIN, Laurence (ed). *Precedent in law.* Oxford: Claredon Press, 1987.

GLENN, H. Patrick. *Legal traditions of the world.* 4ª ed., New York: Oxford University Press, 2000.

HOGUE, Arthur. *Origins of the Common Law.* Indianapolis: Liberty Fund, 1986.

MACCORMICK, Neil. *Can Stare Decisis be Ablolished?.* Juridical Review, 1966.

MACÊDO, Lucas Buril de. *Precedentes judiciais e o direito processual civil.* Salvador: Juspodivm, 2015.

MATTEI, Ugo. *Il modelo di common law.* 3ª ed., Torino: Giappichelli, 2010.

McLEOD, Thomas Ian. *Legal Method.* 2ª ed., London: Macmillan, 1996.

MELLO, Patrícia Perrone Campos. *Precedentes: o desenvolvimento judicial do direito no constitucionalismo contemporâneo.* Rio de Janeiro: Renovar, 2008.

MENDES, Aluisio Gonçalves de Castro. Precedentes e Jurisprudência: papel, fatores e perspectivas no direito contemporâneo. Coord: MENDES, Aluisio Gonçalves de Castro; MARINONI, Luiz Guilherme; WAMBIER, Teresa Arruda Alvim. *Direito Jurisprudencial.* Vol. II, São Paulo: RT, 2014.

MITIDIERO, Daniel. Fundamentação e precedente - dois discursos a partir da decisão judicial. *Revista de Processo.* São Paulo: *Revista dos Tribunais.* n. 206, 2012.

__________. Fundamentação e precedente - dois discursos a partir da decisão judicial. *Revista de Processo.* São Paulo: *Revista dos Tribunais.* 2012, n. 206.

__________. *Precedentes: da persuasão à vinculação.* São Paulo: Revista dos Tribunais, 2016.

NERY JÚNIOR, Nelson; NERY, Rosa Maria de Andrade. *Comentários ao Código de Processo Civil.* 1ª ed., São Paulo: Revista dos Tribunais, 2015.

NUNES, Dierle. Processualismo constitucional democrático e o dimensionamento de técnicas para a litigiosidade repetitiva.A litigância de interesse público e as tendências "não compreendidas" de padronização decisória. *Revista de Processo.* Vol. 199, ano 36, São Paulo: Ed. RT, set. 2011.

PLUCKNETT, Theodore F.T. *A concise history of the common law.* 5ª ed. Little, Brown and Co., 1956.

POSTEMA, Gerald J. *Bentham and the Common Law Tradition.* Oxford University Press, 1986.

RE, Edward D. *Stare Decisis.* Trad. Ellen Gracie Northfleet. Revista de Informação Legislativa. Brasília, ano 31, n. 122, mai./jul., 1994.

SIMPSON, Alfred William Brian. The common law and legal theory. *In:* HORDER, Jeremy (ed.) *Oxford Essays in Jurisprudence.* Oxford: Clarendon Press, 1973.

SOUZA, Marcelo Alves Dias de. *Do Precedente Judicial à Súmula Vinculante.* Curitiba: Juruá, 2013.

STRECK, Lenio Luiz; ABBOUD, Geirges. Comentários ao artigo 927. In: *Comentários ao Código de Processo Civil.* Org: Lenio Luiz Streck; Dierle Nunes; Leonardo Carneiro da Cunha. Coord: Alexandre Freire. São Paulo: Saraiva, 2016.

THEODORO JÚNIOR, Humberto. *Curso de Direito Processual Civil.* Vol. III, 47ª ed, Rio de Janeiro: Forense, 2016.

THEODORO JÚNIOR, Humberto. NUNES, Dierle. BAHIA, Alexandre Melo Franco. PEDRON, Flávio Quinaud. *Novo CPC – fundamentos e sistematização.* Rio de Janeiro: Forense, 2015.

TUCCI, José Rogério Cruz e. *Precedente Judicial como fonte do direito*. São Paulo: RT, 2004.

VARANO, Vicenzo; BARSOTTI, Vittoria. *La tradizione giuridica occidentale*. Vol. I, 4ª ed., Torino: Giappichelli, 2000.

ZANETI JR., Hermes. Comentários aos arts. 926 a 928. In: CABRAL, Antonio do Passo; CRAMER, Ronaldo. *Comentários ao novo Código de Processo Civil*. Rio de Janeiro: Forense.

__________. *O valor vinculante dos precedentes*. Salvador: Juspodivm, 2015.

ZAVASCKI, Teori Albino. *Eficácia das sentenças na jurisdição constitucional*. 3ª ed. São Paulo: RT, 2014.

WAMBIER, Teresa Arruda Alvim. Precedentes e evolução do direito. *Direito Jurisprudencial*. 1ª Ed. São Paulo: RT, 2012.